检察智库成果

第5辑

主　编／童建明
副主编／谢鹏程　邓思清　蔡　巍

中国检察出版社

《检察智库成果》编委会

编委会主任：童建明
编委会成员：万　春　王松苗　苗生明　冯小光
　　　　　　张相军　胡卫列　高景峰　于洪斌
　　　　　　邓　云　赵志刚　朱建华　谢鹏程

主　　　编：童建明
副 主 编：谢鹏程　邓思清　蔡　巍

学 术 秘 书：陈　磊　倪　娜　许慧君

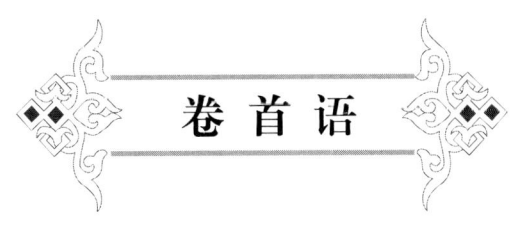

2020年是极不寻常的一年。面对汹涌来袭的新冠肺炎疫情和各类风险挑战,检察机关坚持"一手抓疫情防控,一手抓事业发展",以高度的政治自觉、法治自觉、检察自觉担当作为,各项工作实现新跃升。围绕"在办案中监督、在监督中办案""双赢多赢共赢"等新理念,凝聚法治最大"公约数",做优做强做实做好新时代法律监督职能,以检察履职能力现代化助推国家治理现代化。深入推进以"案-件比"为核心的案件质量评价改革,驱动"四大检察""十大业务"高效运转,"检察生产力"获得充分释放。

回首过去一年,检察理论界和实务界紧扣时代发展脉络,积极追踪检察实践中的重点、难点和热点问题,形成了一批高质量的研究成果,为检察工作的顺利开展贡献了智慧支持。《检察智库成果》(第5辑)按照从宏观到微观、从检察制度总体改革到"四大检察"实践应用的逻辑结构,对2020年度的部分优秀理论成果从五大板块进行布局展示,以飨读者。

第一专题"持续深化检察改革 展现检察时代担当"。党的十九届四中全会关于国家治理体系和治理能力现代化命题的提出,为我国检察权的发展提供了新的契机。在始终保持检察权法律监督性质不变的前提下,检察机关积极回应时代需求,经历了深刻的理念更新、职能调整、机构改革,构筑了"四大检察""十大业务"的法律监督格局,在推进"中国之治"上展现出了检察担当。本专题主要立足宏观视角,围绕新时代背景下更新检察理念、健全法律监督体系、优化检察权运行机制、持续落实"案-件比"质效评价标准等方面展示理论成果。

第二专题"做优刑事检察监督 严守公平正义底线"。在国家监察体制改革与刑事诉讼法修改的背景下,刑事检察工作相应作出了调整与优化。面对认罪认罚从宽制度的广泛适用和不断发展,检察官在刑事诉讼中的主导地位愈发凸显,精准化的量刑建议、公诉模式的适应性调整对于将该制度推向纵深至关重要;针对企业刑事合规,检察机关应以"监管者"的角色督促和引导企业构建合规计划，积极推动我国企业合规刑事化的发展；聚焦刑事审前程序，构建侦查指引制度，结合地方改革探索——派驻公安机关执法办案管理中心检察机制的有益经验，形塑一条检察机关加强侦查监督的中国路径；面向监察体制改革与检察职能重构，如何实现监察调查权与检察侦查权的有效衔接，保证检察机关侦查权的规范运行是检察理论与实务中的重点问题。本专题主要围绕构建刑事检察理论体系，着力提升量刑建议质量，持续优化诉讼监督格局等方面为做优刑事检察工作提供智识。

第三专题"做强民事检察监督 有效提升司法权威"。《中华人民共和国民法典》的正式实施为民事检察工作提出了新的要求，加强对司法活动的监督，畅通司法救济渠道，保护公民、法人和其他组织的合法权益是民事检察工作的重要任务。针对民事虚假诉讼，可探索实现民事检察权的司法化改造，使检察监督有效嵌入我国民事程序构造之中，实行常态化的检察监督，以维护司法权威。为了实现精准监督，可将民事检察听证程序作为案件审查的方式之一，推动民事检察监督完成现代化转型。本专题聚焦民事检察办案监督与公信力提升，选取部分优秀成果，希望推进认知和研讨。

第四专题"做实行政检察监督 实质化解行政争议"。新时代行政检察发展与法治政府建设同频共振，以行政诉讼、行政判决、裁定执行和非诉执行以及违法行政行为为监督对象，是行政争议多元化解机制的重要一环。在新形势下，要灵活运用检察建议，完善听证制度和专家咨询论证制度，推动专项活动监督模式常规化，建立健全促进行政争议实质性化解的长效机制，解决行政诉讼程序空转、案结事不了的情况，推进系统治理和源头治理。本专题以新时代行政检察的基本定位、与法治政府的关系以及行政争议实质性化解作为关注点，向大家推介2020年度行政检察理论研究的最新成果。

第五专题"做好公益诉讼检察 强化公共利益保护"。检察公益诉讼是富含治理内涵的司法体制创新，高度契合我国国家治理体系和治理能力现代化的内在要求。在2020年，公益诉讼范围"等外"探索的实例增多，更多的公共利益获得有效保护，诉前程序规范化运作效果不断增强，公益诉讼案件质量得到有力提升，理论研究也朝着纵深发展，精细化成果持续产出。本专题会集公益诉讼检察的制度定位、民事检察公益诉权、调查核实权、取证权、诉前程序以及制度运行实效等研究成果，旨在揭示公益诉讼检察的发展状况和可能的优化方略。

新时代检察制度改革和发展的丰富实践是检察理论研究的"富矿"，需要我们检察理论研究共同体真正扎根现实，不断深化认识和总结经验，协同在理

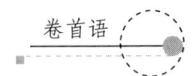

论上积极回应新命题、解答新难题,实现理论创新和实践创新的良性互动,推动我国检察事业的高质量发展。站在"两个一百年"历史交汇点上,检察人也应更加自觉担当作为,全面贯彻习近平法治思想,为全面建设社会主义现代化国家开好局、起好步提供坚强有力的检察保障。

目 录

■一、持续深化检察改革　展现检察时代担当

论我国检察权的新发展 ………………………………… 周　新／3
传承重构创新普通犯罪检察工作的三个维度 …………… 苗生明／27
"四大检察"改革背景下的检察权能配置探析 …………… 陈　军／34
"捕诉一体"与刑事检察权运行机制改革再思考 ………… 叶　青／50
"案－件比"：新时代检察机关办案质效的"风向标"
　…………………………………………………… 董桂文　郑成方／63

■二、做优刑事检察监督　严守公平正义底线

认罪认罚从宽制度相关制度机制的完善 ………………… 朱孝清／79
认罪认罚从宽制度与检察官在刑事诉讼中的主导地位 … 贾　宇／94
刑事检察理论体系的构建 ………………………………… 邓思清／111
派驻公安执法办案管理中心检察机制研究
　——侦查监督的中国路径探索 ………………………… 李华伟／123
论检察机关的犯罪指控体系
　——以侦查指引制度为视角的分析 …………………… 陈卫东／142
刑事诉讼的合规激励模式 ………………………………… 陈瑞华／160
单位刑事案件的附条件不起诉与企业治理理论探讨 …… 时延安／183

刑事合规的中国检察面向 ················· 石　磊　陈振炜 / 197

■三、做强民事检察监督　有效提升司法权威

借力体系化思维强化民事检察监督
　　——以民事诉讼监督为视角解读民法典 ··· 吕洪涛　肖正磊　兰　楠 / 211
民事虚假诉讼的检察监督路径 ············· 李卫东　张传广 / 225
民事程序构造中的检察监督论纲
　　——民事检察监督理论基础的反思与重构 ············· 肖建国 / 233
民事检察听证程序构想 ················· 汤维建　王德良 / 258

■四、做实行政检察监督　实质化解行政争议

论新时代中国特色行政检察 ··················· 姜明安 / 271
行政检察与法治政府的耦合发展 ················· 刘　艺 / 289
完善行政检察监督促进行政争议实质性化解 ··········· 杨建顺 / 307
检察机关开展行政争议实质性化解的路线图
　　························ 吴世东　王　斌　罗志丰 / 317

■五、做好公益诉讼检察　强化公共利益保护

国家治理视野下的公益诉讼检察制度 ··············· 胡卫列 / 327
检察公益诉讼调查核实权的规则优化 ··············· 刘加良 / 347
论检察公益调查核实权的强制性 ················· 曹建军 / 367
论民事检察公益诉权的本质 ··················· 韩　波 / 387
检察机关在行政公益诉讼中应享有取证权 ············· 关保英 / 404

持续深化检察改革 展现检察时代担当

论我国检察权的新发展

周 新[*]

改革开放以来，我国的经济体制与社会结构发生了深刻变化。这一变化得益于包括检察制度在内的整个法律制度的不断完善，同时，这一变化也在不断推动着包括检察制度在内的整个法律制度的深刻变革。近年来，国家权力架构发生了深刻调整，这对检察权提出了新的挑战。中国检察权是什么、向何处去，成为时代提出的新课题，也是发展中国检察制度的元问题。从探索中国检察权发展变革的一般规律这一层面出发，建立符合中国发展规律的检察体制机制，回应社会变革提出的新挑战，进而为党和国家工作大局、经济社会发展贡献检察力量，是我国检察改革的首要任务。有鉴于此，本文力图立足宪法规范，以历史和现实两个维度，透过检察权变革的中国叙事，揭示我国检察权发展变革的一般规律，进而提出构建中国特色社会主义检察体系的理论方案。

一、同与不同：中国检察权形成的历史规律

经济发展、社会变革以及权力架构调整带动了检察权发展，又催生了检察权性质之问这一既传统而又现代的课题。探讨中国检察权的发展变革绕不开检察权性质这一元命题。尽管理论争鸣百花齐放，却始终未能充分对中国问题给出具有充分解释力的答案。回答中国的检察权问题，不仅需要国际视野，追寻检察权发展变革的普遍规律，更需要历史与规范视野，挖掘中国检察权发展变革的特殊规律。

（一）检察权性质的理论争鸣与反思

1. 检察权性质的主要理论观点

我国《宪法》第134条规定，"中华人民共和国人民检察院是国家的法律监督机关"，明确地定位了我国检察机关是国家的法律监督机关，确立了检察

---

[*] 广东外语外贸大学法学院副教授。

权的法律监督权本质。但事实上，人们对检察权的性质并未达成共识。尤其是自1996年《刑事诉讼法》吸收了英美法系的一些诉讼理念和做法以来，不少学者对于检察权性质的传统观点提出了质疑。① 检察权宪法规定的应然定位与实然运行之间应有的契合关系被多元的理论迷雾所遮蔽，引致对检察权本质及其运行规律的一叶障目。

关于检察权性质的争鸣，虽历经数十年，但主要观点无外乎以下几种：第一种观点认为，检察权是行政权。② 主要理由是检察机关的组织体系与管理模式的行政化特征。③ 《人民检察院组织法》第10条、第17条、第24条等规定，均从立法角度彰显了"阶层式建构"和上令下从的行政化关系。如此"检察一体"的运行结构符合科层式权力机构的理想特征：专业化、自上而下的官员登记序列以及对技术性决策的严格要求。④ 第二种观点认为，检察权是司法权。⑤ 其理由主要是，受检察工作职责与范围的影响，检察机关有权追诉犯罪，同时又有查清事实真相、保持客观中立的义务。第三种观点认为，检察权是混合型权力，兼具行政权和司法权的特征。⑥ 其主要理由是检察权兼具组织结构方面的行政性与权力运行方面的司法性。⑦ 第四种观点认为，检察权是法律监督权，检察机关的所有职能都统一于法律监督权，属于法律监督的一种形式。⑧ 其主要理由是检察权的运行就是检察机关开展法律监督的过程，而法律监督内容与形式丰富多元，既包括对刑事诉讼活动的监督，也包括对民事与行政诉讼活动的监督。

考察中国检察权性质的理论观点可以发现，检察权理论发展既是中国检察权发展变革实践的必然结果，也是西方检察理论引入的结果，特别是受到西方

---

① 参见王守安、田凯：《论我国检察权的属性》，载《国家检察官学院学报》2016年第5期。
② 参见崔敏：《关于司法体制的若干思考》，陈光中、姜伟主编：《诉讼法论丛》第2卷，法律出版社1998年版，第44—67页。
③ 参见陈卫东：《我国检察权的反思与重构——以公诉权为核心的分析》，载《法学研究》2002年第2期；郝银钟：《检察权质疑》，载《中国人民大学学报》1999年第3期；等等。
④ 参见米尔伊安·R. 达马斯卡：《司法和国家权力的多种面孔——比较法律视野中的法律程序》，郑戈译，中国政法大学出版社2004年版，第27页。
⑤ 参见陈光中：《中国司法制度的基础理论问题研究》，经济科学出版社2010年版，第188页；另有类似的观点，参见万毅：《检察权若干基本理论问题研究——返回检察理论研究的始点》，载《政法论坛》2008年第3期。
⑥ 参见洪浩：《检察权论》，武汉大学出版社2001年版，第93—102页；龙宗智：《论检察权的性质与检察机关的改革》，载《法学》1999年第10期；等等。
⑦ 参见龙宗智：《试论检察官的定位——兼评主诉检察官制度》，载《人民检察》1999年第7期。
⑧ 参见石少侠：《论司法改革中的检察权》，载《吉林大学社会科学学报》2004年第5期；朱孝清：《中国检察制度的几个问题》，载《中国法学》2007年第2期；等等。

"行政权—司法权"范式的深刻影响。正是西方检察理论的引入,使得学界开始探索在上述范式中的中国检察权的定性及其发展方向,也引发了对中国检察权法律监督权定性的质疑。但被上述理论争鸣忽视的一个前提问题是,"行政权—司法权"范式是否具有绝对性,能否被用以回答中国的问题。

2. "行政权—司法权"范式的中国难题

尽管西方三权分立理论所具有的权力分立与制约理念值得参考,但我国实行的是"议行合一"的政治体制,立法权是一项母权力,而司法权、行政权由立法权所出,并受立法权的领导和监督。这种政治体制不同于三权分立体制。将我国检察权性质的研判置于这种理论框架之内,既与我国的国体、政体不相契合,也限制了检察权在我国权力架构中发展的空间。

具体而言,在我国,简单地将检察权定位为行政权的思路,很难行得通。虽然检察权与一般行政权在组织结构上存在"同构性",但将检察权等同于行政权,又会抹杀检察官在一定程度上享有的独立判断权和处置权。① 同时,将检察权定性为司法权的方案,也难以得到周全解释。原因在于,司法权的内涵以及司法功能的多元维度,容易使得基于不同理论背景、经验认知的学者进行差异化分析。例如,在三权分立理论语境中,司法权即审判权,将司法权统一划归法院行使,这是由以下观念决定的,即司法权属于裁判权的性质,而享有裁判权的国家机关理应为法院。② 但在我国议行合一体制下,何为司法、何为司法权这一理论议题本身就存有争议。通说将检察权界定为司法权。"在我国,按照现行法律体制和司法体制,司法权一般包括审判权和检察权,审判权由人民法院行使,检察权由人民检察院行使,因此,人民法院和人民检察院便是我国的司法机关,也即我国法的适用主体。"③ 就检察机关在诉讼领域的角色分析,检察权与司法权之间实际上属于交叉而非包含的关系。就权力运行特征而言,司法权的根本规律应当是独立运行,其本质是判断权。检察机关具有司法运行的特征,即独立运行与中立判断。然而需要厘清的是,司法权是判断权,但判断权并非都为司法权。且不论检察权体系下的独立是否完全符合司法权的独立性特征,作为检察机关典型"判断权"的公诉权也未能充分体现其司法特性。一方面,检察机关的公诉权实质上主要是程序性权力,其实体性处分的作用有限;另一方面,检察机关在审查起诉过程中又包含判断行为,但公诉本质是为了实现控诉犯罪之目的,仅是为后续的审判做准备,为法院行使裁

---

① 参见龙宗智:《理论反对实践》,法律出版社2003年版,第272页。
② 参见陈光中:《中国司法制度的基础理论问题研究》,第6—15页。
③ 参见张文显主编:《法理学》,法律出版社1997年版,第365页。

判权奠定基础。因此，即使因为检察机关参与诉讼活动而使得检察权具有了司法性，我们也不能简单地得出检察权即司法权的结论。

可见，采用"行政权—司法权"范式作为分析工具，存在着以偏概全的弊端。仅从检察权呈现出的部分表征来证成其根本属性，缺乏足够的立足点与稳定性。因此，那些认为检察权兼具行政权与司法权属性的观点，也是不成立的。观察近年来检察机关推行的司法化改革可以发现，这些改革的主要目的是解决检察机关过度行政化的弊端，使检察活动更具司法化特征。在检察一体模式下，检察官个体享有相当程度的自由裁量权，这便与要求保持一致性决策的科层结构产生矛盾。在尚未厘清检察权的行政与司法内核关系的前提下，不分主次的内容糅合会造成具体运作的混乱。

此外，将检察权的具体权能与某种权力的表征进行对应并得出契合该项权力的做法，混淆了权力属性与权能概念。"属性"一词在现代汉语中是指事物本身所固有的性质，是物质必然的、根本的特点。① "权能"则是对权力的一般性概括，是由权力所引申、在具体运行过程中的职能表现。② 可见，将检察权界定为行政权或司法权的观点，实质是对检察权的具体职能表现的归纳。对于我国的检察权而言，以行政权论，检察活动有领导组织体系与"检察一体"的特征；以司法权论，检察活动具有亲历、判断和独立的特点。而上述观点都是基于对检察职能的拆分，是对检察权运行的现象化表述，而缺乏对检察权本质属性的功能分析。作为相对开放的权力体系，检察权的职能会随着经济社会的发展而发生变化，如果仅仅对检察权的权能表现形式进行探讨，难以概括检察制度的全貌。申言之，权力的"属性"应当是"权能"的上位概念，具体到检察权属性，应当是满足其运行所要实现的目标与功能需要，在多元化的权能形态中寻找本质的统一性，使得各项检察权能都能打上根本属性的烙印。只有揭示了检察机关的本质特性，才能对检察职能的内涵及其发展规律有更深刻的认识和把握。③

（二）检察权法律监督权性质的中国答案

检察权性质的理论争鸣启示我们，鉴于政治体制、法律文化等方面原因，从比较法意义上无法找到完全对应的参照系，④ 在探索检察权的普遍属性与一

---

① 参见中国社会科学院语言研究所词典编辑室编：《现代汉语词典》，商务印书馆2016年版，第1215页。
② 参见陈卫东：《中国刑事诉讼权能的变革与发展》，中国人民大学出版社2018年版，第2页。
③ 参见谢鹏程：《论检察权配置的原理》，载《国家检察官学院学报》2012年第4期。
④ 西方国家受三权分立体制的影响，大多认为检察权系行政权的分支，在组织架构上也大多将检察权隶属于行政部门。

般规律时，既要考虑到世界检察权发展的普遍性，更需要以我国国情为基本出发点与落脚点。因此，在借鉴域外权力配置理念的同时，应更加注重从历史与规范视角出发，结合中国检察权的法治结构与实践基础，深度剖析检察权法律监督权的本质属性。

1. 检察机关法律监督权的历史演进

我国检察机关法律监督权的发展变化大致可以划分为三个历史阶段。第一阶段是法律监督权的初步确立阶段。在新中国成立后，我国检察制度主要以苏联法律监督理论为指导，逐步确定了检察机关作为国家法律监督机关的基本定位。1954 年宪法规定了检察机关的设置、领导体制、基本原则与主要职权等内容；同年制定的《中华人民共和国人民检察院组织法》进一步对检察制度进行了明确。① 这两部法律奠定了检察权基本体系的架构基础。自 1954 年后，检察机关对刑事案件进行侦查、提起公诉，对诉讼活动监督与民事、行政案件的审判监督等工作正式起步。在这一时期，宪法及相关法律为检察权的运行设定了基本的功能定位与行动目标，但所确立的法律监督权定位只是初步的、概括的。

第二阶段是法律监督权的曲折发展与重建阶段。自 1958 年开始至 1978 年期间，因受到各方面的影响，检察制度的发展陷入停滞状态。随着 1978 年党的十一届三中全会的召开，我国检察机关进入恢复重建时期，检察制度由此进入新的历史发展阶段。1979 年《人民检察院组织法》"奠定了法律监督机关是维护国家法制统一的机关这一基调，并且也奠定了法律监督机关要实行法律监督这一方向"。② 1982 年第五届全国人大五次会议通过的《宪法修正案》重新确立了检察机关的法律监督机关地位，对前述内容进行了明确规定。此次《宪法》修改，是对检察制度体系的重塑，也是我国进一步探索如何将马克思主义国家学说与中国特色的法律监督理论相结合的结晶。值得注意的是，在这一时期，《民事诉讼法》与《行政诉讼法》均规定了人民检察院的法律监督权，但因缺乏可操作的具体规定，实践中，检察机关并未充分发挥其在民事诉讼、行政诉讼领域的法律监督功能，反而逐渐形成了"重刑事、轻民行"的法律监督格局。

第三阶段是法律监督权的调整与完善阶段。在新的历史条件下，1996 年我国刑事诉讼法进行了重大修改，其中涉及检察机关职权的重要变化，即确立了检察院依法对刑事诉讼实行法律监督的基本原则。2012 年刑事诉讼法的修

---

① 参见何勤华：《检察制度史》，中国检察出版社 2009 年版，第 414 页。
② 田夫：《检察权性质新解》，载《法制与社会发展》2018 年第 6 期。

改,并未大幅改动检察机关的监督原则、监督方式,检察机关仍兼具职务犯罪案件侦查权与法律监督权。然而,从检察权的具体配置而言,将检察机关享有的职务犯罪侦查权概括为法律监督权,似乎并不妥当。监督本身具有客观中立的要求,其监督对象则是处分实体权利的各项法律行为。而侦查权在追诉属性或是实体处分内容等方面均脱离了监督内涵,刑事案件侦查权在刑事诉讼中是相当明确的,有其本质属性,不能用法律监督一言以概括。正因如此,关于职务犯罪侦查权与法律监督权的法理冲突,也成为我国检察机关法律监督性质饱受争议的重要原因。这一问题在2018年得到了有效解决。随着《宪法修正案》以及《监察法》的通过,国家架构由过去的"一府两院"正式转变为"一府一委两院",其中,检察机关职务犯罪的侦查职能转隶至监察机关,国家机关权力配置的变化必然对检察权内在运行造成重大影响。有观点认为,剥离了职务犯罪侦查的职能后,检察机关失去长期的"后盾"与"支持",法律监督的力度、刚性都将受到极大削弱。[①] 事实上,职务犯罪侦查权的转隶,并未在根本上动摇乃至改变检察机关法律监督机关的地位,反而适时地解决了长期以来检察机关重刑事监督而轻民行监督的难题,从而更加凸显了检察机关作为法律监督者的性质。2018年新修订的《人民检察院组织法》最终确认了刑事、民事、行政与公益诉讼"四大检察"为核心的监督格局,由此进一步拓宽了法律监督的范围。

可以说,我国自确立检察权体系至今,关于检察权的性质问题也几经周折,特别是受到多重因素的影响,检察职能在不同历史时期呈现出不尽相同的内涵。尽管如此,检察机关围绕检察监督进行积极探索与制度创新,使得检察权监督法律实施、保证国家法制统一适用的初衷未改。检察机关的法律监督权内涵随着中国特色检察制度理论的发展而逐渐丰富、多元。时至今日,检察机关法律监督体系已经发生了鲜明变化。因此,需要站在新的历史维度阐释法律监督权作为检察权本质属性的深刻内涵,由此方能厘清、完善检察权配置以及各项工作机制。

2. 法律监督的结构性基础

检察机关法律监督的职能定位具有深厚的理论基础与历史渊源。自检察权肇始之初,检察官就承担着法律监督的职责。马克思主义国家观认为,市民社会是国家得以形成的自然基础,国家是"从社会中产生但又自居于社会之上

[①] 参见姚莉:《监察案件的立案转化与"法法衔接"》,载《法商研究》2019年第1期。

并且日益同社会脱离的力量",① 随着生产力的发展与人类社会的进步,国家与市民社会二元结构在对社会格局发生巨大影响的同时,也造成了国家与市民社会之间的冲突,导致了公共利益与私人利益之间的紧张关系。②"一切有权力的人都容易滥用权力,这是万古不变的一条法则。"③ 只有通过国家权力配置赋予特定机关对法律实施进行必要监督的权力,才能实现权力制约与平衡。从这一角度看,作为有效制约公权力的约束手段,检察机关负责对其他权力的监督与制约,有利于实现公平正义与维护公共秩序。

随着社会分工的日益复杂化与精细化,检察权向权力干预与私利保障的社会公益职能转变。在笔者看来,检察机关逐渐成为社会公益的代表者这种演进动态,正是国家与政府职能实现现代化转型的必然结果。检察权在国家权力结构中,发挥了监督制约的功能,保证法律能够得到统一规范的适用,维护法律尊严与统一。现代检察权的产生与发展深受国家权力分立与制衡理论的影响,而在权力分立与制衡理论中蕴含着法律监督的核心价值与运行机制。④ 从域外检察权发展来看,许多国家的检察机关都享有法律监督的权力。例如,德国、法国等主要大陆法系国家赋予了检察官作为"法律守护人"的职能,使得检察官在刑事司法体系中承担监督功能,即在提起公诉的同时担负对警察执法、审判、执行等活动的监督义务。⑤ 随着社会经济的深入发展,以检察权作为平衡国家权力与公民权利的有力手段,已经成为部分国家社会治理的重要选择,并逐渐呈现出全球化的趋势。

同时,我国历来有着集中统一政权模式的政治传统,而没有三权分立的文化基础。⑥ 从我国检察制度的历史发展脉络来看,古代从周朝直到清朝存在着一种特殊而重要的监督制度——御史制度,对我国检察权体系产生了持久而深刻的影响。古代御史制度的设置主要是纠察违反朝纲的官吏,监督法律、法令

---

① [德]卡尔·马克斯:《马克思恩格斯全集》第4卷,中共中央马克斯恩格斯列宁斯大林著作编译局译,人民出版社1972年版,第166页。

② 关于马克思"国家—市民社会"理论的探讨,具体可参见何增科:《市民社会概念的历史演变》,载《中国社会科学》1994年第5期;俞可平:《马克思的市民社会理论及其历史地位》,载《中国社会科学》1993年第4期;马长山:《市民社会与政治国家:法治的基础和界限》,载《法学研究》2001年第3期;等等。

③ 孟德斯鸠:《论法的精神》,张雁深译,商务印书馆1961年版,第154—155页。

④ 参见凯尔森:《法与国家的一般理论》,沈宗灵译,中国大百科全书出版社1996年版,第270页。

⑤ 例如,法国的检察官在负责审查证据、确定是否起诉的同时,对于警察的侦查行使监督职能……这是有组织的法律监督框架特质。参见 Jacqueline Hodgson, "The Police, the Prosecutor and the Juge D'Instruction: Judicial Supervision in France, Theory and Practice," British Journal of Criminology, vol. 41, no. 2, 2001, pp. 342 - 361.

⑥ 参见何勤华:《检察制度史》,中国检察出版社2009年版,第411页。

的实施,作为一种法律文化,御史制度对我国检察制度模式的形成产生潜移默化的影响。① 新中国成立后,我国没有照搬照抄苏联法律监督模式,而是结合我国历史法律传统与法律监督理论,在中国特色政治体制与法治实践基础上,对检察机关法律监督体系进行发展与制度创新。具体而言,在国家权力结构层面,我国的权力架构属于权力集中模式。② 社会主义国家以民主集中制建构国家政权,而具体体现即由人民代表大会集体决策,实现对各项国家公权力的监督。正如马克思所言,"应把一切政治权力集中于人民代议机关之手"。③ 因此,在民主集中制与人民民主专政的背景下,所有国家机关权力正当性与合法性均源于最高国家权力机关,检察权也不例外。检察机关源自人民的授权,接受人民代表大会的监督。检察权在中国特色社会主义的国家权力模式中,隶属于国家权力的分支,是在集中基础上的监督与制衡。检察机关通过充分运用宪法赋予的法律监督职能,确保各项权力的规范行使。可见,作为中国化的法律概念,法律监督以我国一元化的权力配置为结构基础,从根本上反映了检察权的本质属性与功能目的,进而解决了在现代社会如何实现权力制约和监督的问题,也契合了我国议行合一政治模式要求权力监督的现实。申言之,法律监督引领并涵盖了整个检察权体系,检察机关的各项权能均统摄于法律监督之下。正因如此,将检察权在组织体系与运行方式等方面所呈现的特征归纳为行政化或司法化的论点,都不能完整概括检察权在中国特色社会主义权力架构中的权力性质。无论是定位为行政权抑或司法权,检察权都内含制约与监督意味,这表明法律监督权的定位从根本上反映了检察权的性质与职能。对于检察权的理解,应当围绕宪法的基本定位,将其放置于国家权力的基本框架中,只有以法律监督为基础理论与指引,才能全面认识我国检察权性质以及其在国家治理与公民权利保障中的重要作用。

综上可见,从规范和历史视角来看,我国检察权是法律监督权。这一定性是各种因素综合作用的结果,既有其普遍性的一面,更有其自身的特色。而且,中国检察权发展的历史表明,尽管历史上经历过诸多变化,但是检察权的法律监督权定性自确定以来始终未发生过变化,检察机关始终都是国家的法律监督机关。而与此同时,检察权的外延和行使方式则并非一成不变,而是随着不同时期国家任务、各项制度的变革而进行动态调整。

---

① 有学者将御史制度称为我国古代的检察制度,参见何勤华:《检察制度史》,中国检察出版社2009年版,第411页。

② 参见种松志:《论权力模式与检察权的关系》,载《人民检察》2008年第3期。

③ 《马克思恩格斯全集》第22卷,人民出版社1987年版,第275页。

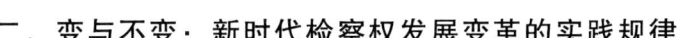

二、变与不变：新时代检察权发展变革的实践规律

进入新时代，我国检察权发展和创新的步伐进一步加快，检察权的动态调整频率更为频繁，检察权外延和行使方式等方面呈现出许多新特质。要推进检察制度体系的完善，需要透过检察权发展变革的诸多现象，把握其发展规律，逐步实现"从现象到本质、从不甚深刻的本质到更深刻的本质的深化的无限过程"。①

（一）检察权法律监督权本质不变

虽然《宪法》历经多次修改，检察权的外延也经过多次调整，但《宪法》134条规定的检察机关属于法律监督机关的定位没有发生任何变化，这表明检察权的法律监督权本质从未变动。进入新时代，尽管检察权外延和行使方式有了重大发展，不过，检察权的动态调整没有改变检察权法律监督权性质，反而巩固并发展了检察机关法律监督者的宪法和法律定位。

国家权力架构的调整，并未影响检察机关的法律监督在国家监督体系中的地位。监察体制改革的初衷在于重塑我国的监督体系，无意于在根本上变革检察机关的法律监督机关地位。尽管监察体制改革引发了职务犯罪侦查权的调整，但这不会改变检察权法律监督权的定性。通过监察体制改革，监督体系更为科学，检察机关的法律监督和其他监督形式各有所司。在我国权力监督形态中，党的监督是政治监督，主要是对国家行政机关及其工作人员的监督，其对于维护国家政权稳定的意义重大；人大及其常委会的监督是工作监督，主要包括听取、审议工作报告以及检查法律的实施情况，这是我国人民代表大会制度的重要组成部分；监察委员会的监督是对人的监督，即对所有行使公权力的公职人员进行监督，有利于整合反腐败力量；②与前述不同，检察机关的监督则是对事的监督，其主要是对司法工作人员的诉讼活动进行监督，即将监督的视野聚焦在具体的诉讼活动中，审查各机关办案过程中是否存在违反法律规定、危害公共利益等行为，相应的监督途径以及监督手段通常也与办案有着密切联系。通过对各项权力及其之间的关系进行调整与整合，我国的监督体系更加全面完整，国家权力结构趋于平衡稳定，同时也促进了政治体制的完善以及各项改革举措的顺利平稳推进。

因应国家权力架构的调整，检察权外延和行使方式的变革强化了检察机关

---

① 《列宁全集》第38卷，人民出版社1986年版，第239页。
② 参见陈瑞华：《论国家监察权的性质》，载《比较法研究》2019年第1期。

的法律监督机关地位。检察权外延的变革拓宽了法律监督的空间，法律监督权配置更为全面而均衡。2017年6月，全国人大常委会表决通过了关于修改民事诉讼法和行政诉讼法的决定，其中，检察机关有权提起公益诉讼被明确写入这两部法律，标志着我国以立法形式正式确立了检察机关提起公益诉讼制度。由此，公益诉讼权能逐步建立完善，形成了包括民事公益诉讼和行政公益诉讼在内的公益诉讼制度体系，在检察机关整体业务中的比重也日益提高。民事检察、行政检察获得了独立授权，成为法律监督的重要内涵——检察机关除了聚焦于传统刑事、民事、行政诉讼活动的监督，也将法律监督的触角延伸至行政执法领域。① 由此取得的成绩是显著的，例如，2019年，全国检察机关发出诉前检察建议103076件，回复整改率87.5%。这确保了绝大多数问题在诉前得到解决。②

检察权行使方式的变革推动了法律监督运行机制的科学化，强化了法律监督效果。第一，办案、监督一体化机制提升了法律监督能力。检察机关通过提前介入侦查工作，一改过去对侦查进行事后监督、书面监督的做法，提前全面介入，实现了事中同步、全流程监督引导，从整体上强化了法律监督职能。一方面，检察机关在第一时间对证据收集、提取、固定及侦查方向提出法律意见，引导和规范侦查机关侦查取证；另一方面，检察机关全程同步参与案件侦查，便于随时发现可能的违法不当行为，及时监督侦查机关依法办案。第二，同体监督、异体监督模式互补，克服了单一监督模式的弊端。派驻检察模式下，派驻检察人员和被检察对象极容易同质化，产生"驻而不察""熟而生腐"等问题。③ 派驻检察也面临着人力不足问题。例如，尽管全国已经实现了对97%监狱的派驻检察，但平均每个监狱的派驻检察人员不足三人。④ 比较而言，巡回检察因流动性、不定期性等特征可以解决派驻检察的弊端。实行"派驻检察+巡回检察"模式可以发挥两者优势，规避两者弊端，从而强化法律监督效果。2018年修改后的《人民检察院组织法》第17条第1款进行了确认，提供了将"监督"进行到底的制度支撑。第三，柔性监督方式的刚性化改革提升了法律监督体系的刚性。明确检察建议作为法律监督措施，强调检察

---

① 参见苗生明：《新时代检察权的定位、特征与发展趋向》，载《中国法学》2019年第6期。
② 参见2020年5月25日张军在第十三届全国人民代表大会第三次会议上所作的《最高人民检察院工作报告》。
③ 参见《最高检通报即将开展的对监狱巡回检察试点工作情况》，http://www.scio.gov.cn/xwfbh/qyxwfbh/Document/1632846/1632846.htm，2020年4月26日访问。
④ 参见卞建林、谢澍：《刑事执行检察监督：资源整合与体系建构》，载《河南社会科学》2015年第7期。

机关拥有调查核实权,以及加强对检察建议的督促落实,强化了检察建议的刚性。一方面,明确检察机关要通过回访、调查等方式,了解检察建议落实中的困难,帮助被建议单位落实检察建议;另一方面,强调了对检察建议的跟踪督促,被建议单位不落实检察建议的,可以将相关情况报告上级检察院,通报被建议单位的上级机关、行政主管部门或者行业自律组织等,必要时可以报告同级党委、人大,通报同级政府、纪检监察机关。符合提起公益诉讼条件的,依法提起公益诉讼。① 上述诸多改革举措无不重塑了检察建议的刚性。

(二) 检察权外延动态调整和运行科学化

1. 检察权外延动态调整

尽管检察权的法律监督性质不变,但检察权的外延却并非一成不变,而是随着社会的发展变化而进行动态调整。当前,受到国家治理任务的调整和检察机关角色的转变,我国检察权正处于新一轮调整期,检察权的外延有减有增,整体上呈现出动态平衡状态。

伴随着监察体制改革而来的是检察机关职务犯罪侦查权的限缩,职务犯罪侦查权几乎全部转由监察委行使,检察机关由主导职务犯罪侦查转变为补充性的侦查。与检察权部分外延限缩相对应,另一趋向则是检察权一部分外延的持续拓展。

一是检察权由"重刑轻民"向多元均衡发展。隐藏在检察机关内设机构调整背后的内容,除了检察权的专业化、专门化趋势,② 更有检察权外延调整的深层意涵。检察机关借助内设机构调整将传统民行检察权能分置,为民事检察权能、行政检察权能、公益诉讼检察权能与刑事检察权能的均衡发展搭建了组织框架。自此,检察权能实现了由"刑事检察"一家独大到"四大检察"多元发展的转型。2019 年,检察机关受理民事申诉持续高位运行,同比上升23.9%,提出民事抗诉同比上升29.8%,提出再审检察建议同比上升95.1%。而行政检察权能也势头迅猛,对认为确有错误的行政判决、裁定提出抗诉156件,同比上升33.3%。③ 而从刑事检察权能中剥离出未成年人检察权能,除确立新的检察权能之外,也是平衡各项检察权能、综合服务于法律监督的改革需要。

---

① 参见高景峰等:《〈人民检察院检察建议工作规定〉理解与适用》,载《人民检察》2019 年第 8 期。
② 关于检察机关内设机构调整逻辑的解读,参见张建伟:《逻辑的转换:检察机关内设机构调整与捕诉一体》,载《国家检察官学院学报》2019 年第 2 期。
③ 2020 年 5 月 25 日张军在第十三届全国人民代表大会第三次会议上所作的《最高人民检察院工作报告》。

二是检察权的外部拓展。最典型的体现是，随着认罪认罚从宽制度的发展，检察机关通过认罪认罚具结书、量刑建议等方式，强化了检察权的拘束效力，在认罪认罚案件领域获得了一定的实质处断权。调研显示，法院对检察机关量刑建议的采纳率非常高，法院罪名采纳率为94.76%，法院判罚刑期在检察院量刑建议范围内的比例为96.37%。① 伴随认罪认罚从宽制度适用比例的持续提升，检察机关的实质处断权成为在刑事案件中的一项重要权能。"在司法实践中，检察官量刑建议主导司法裁判已经成为常态，检察官实际上成为'背后的法官'"。② 尽管人们对此所持看法不同，但至少表明检察权在认罪认罚从宽制度领域的发展变化。

2. 检察权运行科学化

与检察权外延调整相一致的是，检察权运行方式也朝着更加科学化方向迈进。一是打造监督、办案一体化机制。新一轮改革中，"在办案中监督、在监督中办案"理念成为指导检察权运行方式变革的基础，在制度上集中体现为"捕诉一体化"办案机制改革，由同一部门、同一办案人员履行公诉职能和侦查监督职能，在履行公诉职能中兼顾侦查监督职能，在履行侦查监督职能中兼顾公诉职能，通过一体化运行实现法律监督权本位的科学回归。"捕诉一体化"运行机制是检察权行使方式的内部调整，而"侦捕诉一体化"运行机制改革则反映了检察权行使方式外部调整的努力，通过向侦查机关办案场所派驻检察人员，派驻检察人员可以实时跟进立案情况、人员信息、人身检查、讯问实施、涉案物品流转等，对相关侦查活动全面掌控。③ 由此形成了侦查监督的内部参与型引导模式，检察机关也发展出了一种新型权力分支——检察引导侦查权，④ 进一步演绎了法律监督权本位的科学化内涵。

二是推进刚柔并济法律监督体系化。针对检察建议制度刚性不足、质量不高、机制欠佳、落实不力等问题，最高人民检察院制定《2018—2022年检察

---

① 该调研结果源自对2019年前三季度18个认罪认罚试点城市和6个非试点城市共57744个适用认罪认罚从宽制度的案件（含一审和二审）的结果分析。统计方式以"认罪认罚"为关键词，以24城为地区范围限定，以2019年1—9月为时间范围限定，对中国裁判文书网上的文书进行抽取。

② 参见朱孝清：《认罪认罚从宽制度对检察机关和检察制度的影响》，载《检察日报》2019年5月28日，第3版。

③ 例如，深圳市南山区检察院探索了"侦捕诉一体化"办案机制改革，挂牌成立派驻公安各侦查大队和派出所的"检察官办公室"，采取派驻检察官入驻派出所现场办公（每周派驻时间不少于两个工作日）与定期带队分片区巡查走访相结合的方式，实现对区公安分局13个侦查单位的全覆盖。参见《"侦捕诉一体化"办案模式研讨会在深圳南山区检察院召开》，http://www.yidianzixun.com/article/0N5lJSY8? title_ sn=0，2019年9月2日访问。

④ 参见周新：《检察引导侦查的双重检视与改革进路》，载《法律科学》2020年第2期。

改革工作规划》，将"完善检察建议制度"作为检察改革的一项关键内容，同时，2018 年《人民检察院组织法》以立法的形式把检察建议确立为法律监督的方式之一，① 随后《人民检察院检察建议工作规定》的出台以及最高人民检察院向教育部发送的"一号检察建议"更是为检察建议制度的完善提供了依据与范本。② 检察建议的制度化折射了构建刚柔并济法律监督体系的努力，是"监督"科学化的又一个有益探索。

（三）检察权的动态调整与国家治理变革

检察权外延的动态调整、行使方式的日益科学化，不是无缘由的转变，而是因应国家治理任务的变革而进行的调整。这揭示了检察权属性变革的一个重要规律，即检察权的属性不是一成不变的，在检察权性质不变的前提下，会随着国家治理任务的调整而处于动态发展之中。当下，检察权赖以存在的社会基础和体制基础发生了重大调整，使得检察机关的角色、职能发生了深刻变革，正在影响着检察权的发展。

1. 检察机关由一般监督机关向专门监督机关角色的转变

随着监察体制改革，我国国家权力结构进行了重大调整。在角色定位上，检察机关的角色发生了重大变化，由"一般监督机关"调整为"专门监督机关"。③ 由此，检察系统慎重思考法律监督权的合理规划与布局，这为检察机关回归主责主业提供了新的契机。"法律监督"是一个具有纵深性的、涵盖面很广的概念，可以根据社会和国家治理层面的调整进行重新诠释。④ 最高人民检察院在《"十三五"时期检察工作发展规划纲要》中提出，要完善法律监督体系和工作机制，更好发挥检察监督在中国特色社会主义法治体系中的职能作用，提高检察机关的司法公信力。其中，最高人民检察院提出的"四大检察"之间相互分工，相互配合，形成合力，共同提升了法律监督的效能，⑤ 彰显了

---

① 2018 年《人民检察院组织法》第 21 条规定："人民检察院行使本法第二十条规定的法律监督职权，可以进行调查核实，并依法提出抗诉、纠正意见、检察建议。有关单位应当予以配合，并及时将采纳纠正意见、检察建议的情况书面回复人民检察院。"

② 2018 年 10 月，最高人民检察院向教育部发送了高检建〔2018〕1 号检察建议，该检察建议是最高检针对校园安全管理规定执行不严格、教职员工队伍管理不到位，以及儿童和学生法治教育、预防性侵害教育缺位等问题，历史上首次以最高检名义发出的。参见戴佳、徐日丹：《25 省份党政领导批示要求落实最高检检察建议书》，载《检察日报》2019 年 2 月 27 日，第 2 版。

③ 参见苗生明：《新时代检察权的定位、特征与发展趋向》，载《中国法学》2019 年第 6 期。

④ 参见张建伟：《逻辑的转换：检察机关内设机构调整与捕诉一体》，载《国家检察官学院学报》2019 年第 2 期。

⑤ 参见万春：《"四大检察"协同推进实现全面协调充分发展》，载《人民检察》2019 年第 19—20 期合刊。

检察权拓展权力外延的努力。而"捕诉一体化"、侦查阶段的提前介入、"派驻检察+巡回检察"以及检察建议制度的规范化,则彰显了检察机关权力行使方式朝着科学化努力的尝试。经过改革,法律监督的刚性得到强化,更好地适应了检察机关由一般监督者向专门监督者角色的转变。

2. 检察机关公共利益维护者角色的强化

现代社会的发展表明,以政府执法作为维护社会公共利益的主渠道存在失灵的问题。公共利益是不特定多数人的利益。文化差异、价值多元、贫富不均、诉求不一,都使得公共利益日益多元化、复杂化。这些问题在转型时期的我国更为突出。近年来,随着经济的迅速发展,我国社会的主要矛盾已经转化为"人民日益增长的美好生活需要和不平衡不充分的发展之间的矛盾"。对此,国家需要构建多元公共利益维护机制,特别是要注意将法治手段作为实现人民美好生活的必经途径和制度保障。① 其中,关键方案便是强化检察机关作为公共利益维护者的角色。

现代检察官制度诞生于启蒙时代,享有"革命之子"的雅誉。检察官制度产生的目的便是使客观的法律意旨贯通于整个刑事诉讼的全过程,检察官不是政府的传声筒,而是国家法意志的代表人,除了追诉犯罪之外,最重要的便是保障民权。② 可见,检察官本来就是公共利益的代言人——检察官制度自始即蕴含着维护国家利益、社会公共利益的追求。现代法治国家强化了检察官公共利益维护者的角色。在我国,强调检察机关公共利益维护者的角色逻辑上更为融洽,既可以从宪法层面——检察机关作为法律监督机关的角色定位——找寻到依据,也可以从国家权力结构中找寻到依据。强化检察机关的公共利益维护者角色和加强对包括政府执法在内的监督制约是互为表里的,也是我国回应公共利益维护诉求的当然选择。

作为国家的诉讼代理人,作为国家和社会公共利益的"受托者",检察机关行使公益诉讼职责是维护国家法治和社会公共利益的需要,也是法律监督的应有之义。赋予检察机关提起公益诉讼权,对违背公共利益的侵权行为提起民事公益诉讼,以及对行政执法部门的违法行为提起行政公益诉讼,既强化了对公共利益的保护,也强化了对行政执法权的监督制约,"诉讼是监督的主要手段,而监督又可以通过诉讼来实现",③ 由此搭建起了由弱到强的制度体系。而且,检察机关还建立了专门履行公益诉讼职能的内设机构,在组织建设上保

---

① 参见孙谦:《法治建构的中国道路》,载《中国社会科学》2013年第1期。
② 参见林钰雄:《刑事诉讼法》(上册),新学林出版股份有限公司2017年版,第130—131页。
③ 参见孙谦:《设置行政公诉的价值目标与制度构想》,载《中国社会科学》2011年第1期。

障了公益诉讼职能的发挥。这反映了强化检察机关公共利益维护者角色下的制度与组织应对。

3. 检察机关诉讼资源调控者角色的确立

"诉讼爆炸"是转型期中国刑事司法的现实写照。刑法因其严厉性、有效性而成为社会治理的有效手段,但同时也导致了犯罪圈的扩大。"20年来的刑法修正,以56个新罪名和60个放宽入刑范围的罪名的确逐步扩大了实然犯罪圈"。① "犯罪圈在扩大过程中,轻罪增多的现象比较明显"。② 在利用有限的社会资源解决日益激增的案件方面,域外的处理经验是,构建以认罪答辩为特征的快速处理机制,③ 同时,赋予检察机关更大的自由裁量权,发挥案件处置的分流作用,以缓解法院的审判压力,由此产生了"检察裁决"现象。④

在借鉴域外经验的基础上,我国通过确立认罪认罚从宽制度等方式,赋予了检察机关审前司法资源调控者角色。顺应角色调整,检察机关公诉权的实质化改造成为改革的重要一环。⑤ 就内容而言,认罪认罚案件中的量刑建议已不再是检察机关单方的意志,而是检察机关、被追诉人甚至包括被害人等诉讼主体在内的合意,更代表了检察机关有司法公信力的承诺。⑥ 因此,不同于普通案件中的量刑建议,认罪认罚案件的量刑建议原则上应当得到法院的尊重和采纳。这也是激励被告人认罪认罚的需要。在此过程中,检察机关扮演着案件繁简分流决定者、审前主导者角色,⑦ 从而演变为"法官之前的裁判者"。⑧ 由此,在以认罪认罚具结书为前提的量刑建议制度格局下,检察权与审判权共同构成了中国特色语境中的二元司法模式。⑨ 可见,实质处断权则是回应检察机

---

① 参见白建军:《犯罪圈与刑法修正的结构控制》,载《中国法学》2017年第5期。

② 参见刘传稿:《法治语境下犯罪圈的扩张及其限度——访武汉大学法学院教授何荣功》,载《人民检察》2017年第5期。

③ 参见Erik Luna, "Prosecutorial Decriminalization," The Journal of Criminal Law and Criminology, vol. 102, no. 3 (Summer 2012), pp. 758 – 819.

④ 参见古尔蒂斯·里恩:《美国和欧洲的检察官——瑞士、法国和德国的比较分析》,王新玥等译,法律出版社2019年版,第251页。

⑤ 参见朱孝清:《认罪认罚从宽制度对检察机关和检察制度的影响》,载《检察日报》2019年5月28日,第3版。

⑥ 参见杨立新:《对认罪认罚从宽制度中量刑建议问题的思考》,载《人民司法》2020年第1期。

⑦ 2016年最高人民检察院在工作报告中明确提出,检察机关要"充分发挥审前主导和过滤作用"。随后,最高人民检察院检察长张军在多个会议中强调,要"发挥好检察官的主导责任"。参见张军:《关于检察工作的若干问题》,载《人民检察》2019年第13期。

⑧ Erik Luna and Marianne Wade, "Prosecutors as Judges," Washington and Lee Law Review, vol. 67, no. 4, 2010, p. 1427。

⑨ 关于"二元司法模式",参见谢鹏程:《论我国的二元司法体制》,载《光华法学》编委会编:《光华法学》第3辑,西南财经大学出版社2009年版,第137—138页。

关审前司法资源调控者角色定位的必然产物。

三、不变与变：我国检察权的未来发展方向

"新时代检察工作的核心命题，就是找准检察权的定位，按照检察权的特征科学配置权力，建立符合规律要求的权力运行机制"。① 在新时代背景下，检察权不仅在国家司法权力配置中起到枢纽性的作用，更是现代国家治理与社会治理体系中的重要一环。当前，检察机关正处于恢复重建40多年来前所未有的深刻变局之中，这一变局实际上主要是检察权运行机制的发展，而非检察权的法律监督性质的转变。那么，应该如何发展我国的检察权？我国检察权形成和变革的规律已经昭示了未来的发展方向，即坚持检察权发展的一般规律，在坚持检察权的法律监督这一定性不变的前提下，根据时代任务和历史使命的不同，对检察权的外延和行使方式进行动态调整，从而构建中国特色社会主义检察体系的理论方案。

（一）坚持检察权是法律监督权的定性不变

检察权的定性问题是完善检察权体制机制的宪法性前提。在中国特色社会主义语境下，检察权在国家权力结构中的定性依然是法律监督权，这一根本属性未曾改变，也不会改变。尤其是在多种重大改革举措相继出台，检察机关行使法律监督权的形式发生重大变化的背景下更是如此。国家监督体系的完善需要检察机关的法律监督作为我国议行合一体制下重要的监督支点。检察权在这一国家权力架构中的重要性决定了其法律监督本质不会发生改变。而具体到诉讼体制和诉讼制度领域，司法体制改革需要强化检察机关作为公权力的监督制约者地位。典型的是以审判为中心的诉讼制度改革，随着这项改革的推进，在案件的办理上将呈现出以审判权为顶点的权力运行体系。检察机关通过案件办理，向前加强对侦查权的控制，向后强化对审判权的制约，其"双重把关者"的角色将更为突出。因此，推进我国的各项改革，需要加强对检察权作为法律监督权这一根本定性的认识。

对于检察机关而言，要坚持法律监督机关定位，将检察权是法律监督权作为检察工作的基本理念，并完善相应的法律监督体系建设。检察权法律监督属性的立法化发展有利于确保检察机关把法律监督作为理念引导和工作宗旨，充分发挥检察权能，实现其在国家治理和权利保障上的重要作用；同时，检察权在国家权力体系中的特殊地位同样有赖于通过立法的方式予以确立，从而保证

---

① 苗生明：《新时代检察权的定位、特征与发展趋向》，载《中国法学》2019年第6期。

权力结构的稳定和法治发展的顺利推进。在确立了检察权属于法律监督权这一基本理念基础上，还需进一步关注检察权的具体落实问题。而检察权运行形式的变化，是检察机关在坚持法律监督定位的基础上，创新各种检察权实践机制的变化，其目的是适应国家和社会的发展进步，从而更好地实现其维护国家法制统一、保障法律的正确实施的价值追求。①

在这一领域，应当重视实现两个维度的五大"关系论"，即检察权与侦查权、调查权、审判权的权力配置新关系，以及检察权与公共利益、公民权利的司法保护新关系，从而充分发挥检察权在国家权力体系中的作用。具体而言：一方面，借助以审判为中心的诉讼制度改革重塑检察权与其他国家权力之间的互动关系。根据宪法和法律规定，检察权与侦查权、审判权、监察权之间具有互相配合、互相制约的密切关系。就刑事诉讼而言，经过侦查或调查、审查起诉和审判程序，整个过程循序渐进、环环相扣，各项程序进程中办案主体及其诉讼意见都对案件的最终裁判产生着重要影响，检察机关真正依法行使自身职权，并与其他机关的办案活动形成有效配合、制约，是保证实现司法公正的决定性因素。另一方面，发挥检察机关在维护公共利益、公民权益方面不可替代的作用。推动检察权的现代化演进，不仅在于更好地履行法律监督职能，更在于有效地化解社会矛盾，服务发展大局。

（二）进一步拓展检察权外延并强化其科学化运行

检察机关必须遵循检察权发展变革的一般规律，顺应时代需要，通过转变法律监督的理念，开拓法律监督权能的新形式，强化法律监督权能的制度保障。

1. 进一步拓展法律监督的格局

法律监督权的扩张需要完整的法律监督体系为依托。当前，"四大检察"布局逐渐形成并深化实践，有力助推了新时代检察机关法律监督职能的延伸。下一步，应立足于"四大检察"的监督格局，准确把握各项检察业务的关键，切实提升法律监督的质效。

概言之，第一，就刑事检察工作而言，无论是捕诉一体化改革还是认罪认罚从宽制度适用，抑或其他相关工作活动，都迫切需要检察机关贯彻落实监督

---

① 有实务工作者指出，检察机关为了有效开展法律监督工作和司法办案工作，推动各项职能的落实，需要坚持"一元定位、两大主线、三项基本职责"，其中，一元定位是指一元宪法定位，即检察机关是国家法律监督机关；两大主线即司法办案和法律监督两大工作主线，对应着检察机关的诉讼权能和法律监督权能；三项基本职责则是指监督、审查与追诉。参见敬大力：《检察机关法律监督的理论和实践问题》，https：//www.bjjc.gov.cn/bjweb/rdxw/104813.jhtml，2020年2月26日访问。

与办案相统一的理念，依托专业化刑事办案机构，在调整刑事立案监督机制的前提下，注重在办案过程中实现对刑事诉讼活动监督的全面覆盖，特别是建立健全检察机关内部监督制约制度，调动办案人员敢于适用不起诉权力的积极性，致力于提高刑事案件繁简分流的现代化水平。第二，就民事检察工作而言，其围绕民事诉讼和执行活动展开，牵扯案件数量众多、涉及面也十分广泛，应当准确认识民事检察活动的主要内容及其事项，细化民事检察精准监督的具体要求，在这一领域，还需要加大对虚假诉讼的监督力度，切实维护人民群众的合法权益以及司法活动的公信力，真正发展"以人民为中心"的法律监督理念。第三，就行政检察工作而言，考虑到行政检察的核心在于督促依法行政，这种检察监督活动贯穿于行政诉讼和行政执法活动的全过程，既包括对结果的监督，也包括对程序的监督。作为专门对公权力进行监督的检察活动，那么，检察机关应当重点针对行政诉讼立案难、审理难、执行难等问题，以及行政机关履职中存在的突出问题，在全面调查核实的基础上提出具有针对性、可实施的监督建议，督促行政机关依法行政。第四，就公益诉讼检察工作而言，其凸显检察机关作为公共利益的代表这一法律定位的特殊性，对此，既要明确检察机关提起民事公益诉讼的程序规则，又要提升检察建议的刚性效力。目前，公益诉讼检察工作仍处于发展上升阶段，还有必要科学确定公益诉讼案件范围、妥当处理检察公益诉讼与其他诉讼之间的关系，特别是根据行政公益诉讼、民事公益诉讼以及刑事附带民事公益诉讼的实际特点，建立健全相应的协同运行机制，保障公益诉讼的持续高效发展。

2. 合理配置以量刑建议为着力点的实质处断权

认罪认罚案件中的量刑建议权的发展，意味着检察权的外延已经涉及实体裁判领域，从某种程度上说是司法职权配置变化的结果。① 实质处断权是检察权扩张的典型体现，维护好、发展好这一权力将是未来检察工作的重点内容。

在刑事案件繁简分流诉讼机制日益成熟的背景下，检察机关通过行使实质处断权的方式在某种程度上影响了法院审判权的运行活动，这集中表现为量刑建议精准化改革的实践效果。在尊重控辩双方协商具结合意的基础上，强调检察机关的实质处断权，不是要求替代法院审判权或者剥夺法院的自由裁量权，相反，通过认罪认罚从宽制度的适用，推动审前程序与审判程序的有序、迅速流转，可以保障法院集中有限司法资源以解决疑难复杂案件，这是司法职权优化配置的必然结果。② 因此，理解以量刑建议为着力点的实质处断权，首先应

---

① 参见熊秋红：《认罪认罚从宽的理论审视与制度完善》，载《法学》2016年第10期。
② 参见王敏远：《认罪认罚从宽制度疑难问题研究》，载《中国法学》2017年第1期。

当把握检察权与审判权的合理界限。诚然,通过量刑建议的方式,检察机关可以在某种意义上决定部分案件的量刑结果,但这应被视作检察机关在认罪认罚案件中依法履行法律监督权的具体表现。其原因在于,认罪认罚从宽制度格外强调被追诉人认罪认罚的自愿性以及认罪认罚具结书的真实性、合法性,而只有被追诉人在理解犯罪性质以及具体罪名的基础上所作的认罪供述才是形成最终刑罚结果的前提,那么,检察机关通过审前阶段的一系列工作,监督公安机关开展侦查活动,监督检察机关内部各部门开展审查起诉活动,保证控辩协商具结符合法律规定的各项要求,在提高诉讼效率的同时,也使得认罪认罚案件中的量刑建议获得了不同于非认罪认罚案件的量刑建议的法律效力,从而获得法院的尊重和认可。从这一角度看,检察机关行使实质裁断权,是基于其审前具结主导地位的结果,也是提升审前阶段与审判阶段繁简分流质效的必然要求。[①] 对于检察机关在审查起诉阶段的工作及其结果,法院在行使审判权时应当加以肯定。

因此,检察机关实质处断权应当服务于法律监督权的实现,它督促检察机关主动承担认罪认罚案件办理的主导责任,不会因为工作量增加而怠于适用认罪认罚从宽制度,以至于损害该制度改革的实践效果。与之相应的,这种实质处断权力与法院审判权之间存在明显的界线:前者以法律监督权为本质基础,是检察机关以主导协商具结为前提形成的拘束法院量刑裁判活动的权力,从而保证认罪认罚从宽制度适用的正当性、合法性;虽然后者依法对前者予以尊重,但不可否认的是在审判中心主义改革语境中,后者应当是定罪量刑裁判的最终权力。[②] 由此,调整检察权与审判权的关系,需要先行确定量刑建议的法律效力,方能实现认罪认罚案件办理机制的社会效果、法律效果,进而探寻合理配置实质处断权的基本方案。有鉴于精准量刑建议是决定认罪认罚从宽案件办理成功的"最后一公里",[③] 应当从激励辩方自愿认罪认罚、引导控辩双方平等协商、保证控方依法提出精准量刑建议、巩固法院审查判断地位等角度,建立健全精准量刑建议制度以及相应的辅助规则,既能够解决检察机关与法院之间就量刑建议法律效力的分歧争议,又能够解决被追诉人因任意反悔而引发的程序回转或者上诉二审等实务难题。

[①] 参见汪海燕:《认罪认罚从宽制度中的检察机关主导责任》,载《中国刑事法杂志》2019年第6期。
[②] 参见左卫民:《审判如何成为中心:误区与正道》,载《法学》2016年第6期。
[③] 参见周斌:《共同凝聚中国社会治理的法治智慧——检察机关承担主导责任、推动实施认罪认罚从宽制度全面深入落实纪实(上)》,载《法制日报》2019年7月12日,第3版。

3. 提升以检察建议为着力点的科学化运行

检察权能的行使方式对检察权的效果发挥具有至关重要的作用。强化法律监督权，更要从权能运行方式入手，对检察权能的运作机制进行改革，提升其科学化水平。作为柔性监督方式的检察建议被纳入法律监督措施，体现了法律监督权的重大转变。提升检察建议的科学运行，不仅意在强化检察建议的功能，更是为法律监督权的强化提供一份改革样本。强化包括检察建议在内的检察权运行的科学性，需要坚持"四化"思维，即类型化、案件化、司法化以及公开化。

提升检察建议的科学化运行，首要的是坚持类型化思维。检察建议问题归根结底是检察职能的配置问题。而不同的检察职能则需要有不同的检察建议，这些不同职能类型的检察建议其价值功能并不一样，生成机制也不一样，完善路径和发展方向当然也不可能完全一致。① 因此，应将检察建议的发展完善同检察职能的配置结合起来，在此基础上，根据检察职能的不同类型对检察建议进行类型化建构，明晰不同类型检察建议的功能和特质，在坚持检察建议一体化的基础上，有针对性地设置不同的制度。

检察建议的运行应遵循案件化思维。检察机关在履行法律监督职能过程中要融入办案意识，向法律监督中注入办案的元素，把履行法律监督职能当成案件进行办理，以案件化的方式实现监督，增加监督的专业性和规范性，强化监督效果。② 从理念层面来看，应该将检察建议的办理视为独立的"案件"，而非将其视作案件的附属品。检察建议案件与审查起诉案件、审查批准逮捕案件是相同的，也是同等重要的。从制度建设来看，应该按照办理案件的流程，对检察建议的线索受理、立案、调查核实、办案、宣告、跟踪反馈、复议复核、到结案归档等构建一系列的程序和规则，包括程序和证据两个方面。③ 需要指出的是，案件化思维和当前检察改革中的"案－件比"质效评价标准并不是相互矛盾的，两者是不同层面的问题。检察业务的案件化发展强调的是检察业务自身的专业性、科学性，而"案－件比"强调的是在办案中要重视办案质

---

① 参见王志坤：《正确把握和运用各种类型的检察建议》，http://www.sohu.com/a/337897277_120032，2019年9月2日访问。

② 《关于政法领域深化改革的实施意见》（中办发〔2019〕32号）明确提出要"完善人民检察院法律监督体系"，并对法律监督改革提出了很多要求，其中就包括：探索重大监督事项案件化办理模式，完善重大监督案件办理机制，推动重大监督案件专业化办理。参见敬大力：《检察机关法律监督的理论和实践问题》，https://www.bjjc.gov.cn/bjoweb/rdxw/104813.jhtml，2020年2月26日访问。

③ 参见李辰：《检察监督视野下重大监督事项案件化办理制度的建构》，载《法学杂志》2018年第8期。

量,减少不必要的程序倒流和程序空转,尽可能以最少的"案件"、最少的资源获得最大的效益。①

检察建议的运行应遵循司法化思维。检察权的司法化强调的是权力运行中的主体参与性,削弱决策作出中的单方、书面、行政化色彩。检察权的司法化是因应检察权属性的必然要求,也是提升其决策科学性和结果可接受性的重要保障。以检察建议为例,加强检察建议的司法化,需要强化检察建议作出过程中的主体参与性。一是要打造主体参与的权力架构,塑造一个由检察建议作出者、被建议机关以及利益相关方构成的类似审判的三方主体构造。二是要打造主体参与的"场域",检察建议的作出应当以诉讼化的程序进行。对于司法审查属性的权力以及重大且有争议的程序性事项,应当采用或借鉴对审或听证的方式,在听取双方意见甚至是对抗的基础上作出决定。② 三是要提供各方参与的权利机制,明确被建议机关、利益相关方的参与权和意见表达权。

检察建议的运行还应坚持公开化思维。一是要注重公民参与。检察机关应重视借助外力,发挥社会公众的力量,通过社会公众的力量来强化检察建议的效果。以检察建议为例,检察机关在制作检察建议的过程中应该吸收社会公众的参与,社会公众不仅可以参与并发表意见,并可以成为检察建议决策者中的一员。对此,应进一步健全完善人民监督员制度,既可以发挥社会公众力量,也可以加强对检察权的监督制约。二是要注意决策过程的公开。检察建议应向社会公开,妥当的检察建议会获得社会公众的支持,成为促使被建议机关尊重检察建议,进而积极采取措施解决问题的重要力量。例如,最高人民检察院积极向社会公布了"一号检察建议",获得了社会的广泛支持,在某种程度上起到了督促推动部门采取改进措施的效果。

(三) 创新检察权发展的体制机制

科学的检察权发展体制机制是确保检察权发挥效果的重要保障,是尊重检察权力运行规律的基本要求,也是构建中国特色社会主义检察体系的应有之义。创新检察权发展的体制机制,需要融入国家政法改革、司法体制改革的大局,落实司法体制综合配套改革的目标。下一步应在司法体制综合配套改革下,以"四性"为目标,加快构建公正、高效、权威的社会主义检察权发展体制机制。

首先,强化检察权维护国家法制的统一性功能。我国是单一制国家,法律体系是统一的。维护国家法律的统一性是法治建设中面临的一项重大课题。检

---

① 参见张军:《关于检察工作的若干问题》,载《人民检察》2019 年第 13 期。
② 参见龙宗智:《检察机关办案方式的适度司法化改革》,载《法学研究》2013 年第 1 期。

察机关是为了维护法制的统一而专门设置的法律监督机关，在维护国家法制的统一性方面具有重要作用。① 但是当前受制于司法的地方化，检察机关在维护国家法制的统一性方面还有改进的空间。下一步应当通过去地方化改革重塑检察权发展的体制机制，更好地发挥检察权维护国家法制统一性的功能。具体而言。一方面，需要进一步推动人财物的省级统管改革。我国作为单一制国家，检察权作为中央事权，检察机关的人财物由地方掌管并非长久之计，也不利于检察权的独立行使。人财物省级统管是中央提出的一项重要改革任务，对于解决司法的地方化问题至关重要，但是遗憾的是，这项改革在实践中的进展缓慢。下一步有必要推动制定省级以下地方检察院人财物统管改革实施方案，进一步明确中央、省级经费保障责任，健全人财物管理体制。另一方面，需要推进跨行政区划检察院的设置。当前，最高人民法院已经建立起了巡回法庭，但是缺少相应的巡回检察与之相对应，下一步应当探索建立与之相对应的巡回检察。在地方上，真正跨行政区划的法院、检察院尚未建立起来，这也是需要予以改进的方向。

其次，强化检察权发展中的合规律性。检察权发展有其自身规律，这是由检察权的特质所决定的。其中，检察权发展的根本规律是，检察一体下的检察官独立，即检察官在独立行使职权的基础上，受检察一体的指挥监督。检察官的独立性是首要的，检察一体的指挥监督是次位的。因此，亟需推进检察权发展的合规律性，提升检察权的科学化、规范化水平。当前，影响检察权发展合规律性的首要问题是检察权运行的行政化问题。强化检察权发展的合规律性，需要在司法体制综合配套改革这一背景下，着力从体制和机制入手推进检察权发展的去行政化改革。从体制上来讲，最重要的是推进检察行政事务管理权和检察权的分离改革。"权力运行的行政化只是司法行政化的表象，而管理的行政化则是司法行政化的实质。"② 因此，不改变这种行政化的管理体制，检察权的独立行使就不可能得到根本保障。改革行政化的管理体制，最重要的举措之一就是在检察机关内部进行检察事务和检察行政事务的区分，包括身份上的区分、职能上的区分和效力上的区分，也就是负责检察行政事务的人员不能行使检察权，也无权干预检察活动的进行，检察行政职能不能也不应干预检察权的正常运作，检察行政管理要尊重检察办案人员的意见，以服务办案为宗旨。从机制上来讲，需要去除检察权发展中的过度行政化，强化以检察官独立为

---

① 参见李如林：《检察理论重点问题：最高人民检察院理论研究所建所以来论文选》，中国检察出版社2015年版，第30—31页。

② 参见张智辉：《司法责任制综合配套改革研究》，载《中国法学》2018年第2期。

主、检察指挥监督为辅的权力运行机制。对此，一是要继续以员额制改革为抓手，明确办案主体和办案责任；二是要强化"授权"，要进一步扩大检察官的办案权限，最大程度推进检察官的独立性；三是要强化"限权"，要完善检察官权力清单制度，进一步规范检察长、部门负责人的权限。

再次，强化检察权的专业性。检察权的专业化是检察权科学性的重要标志，也是畅通检察权运行机制的前提。检察权的专业化需要在业务的专业化、人员的专业化方面持续推进。只有业务的专业化才会有检察权的独立性和科学性，而人员的专业化则是确保检察权独立、规范运行的制度环境基础，从这一角度看，专业化即职业化。① 当前，检察机关通过员额制改革、人员分类管理基本实现了办案人员的专业化，下一步需要进行综合配套改革，巩固改革的成果。而在检察业务的专业化方面，如前所述，当前通过内设机构改革，对检察机关内部的业务按照刑法的逻辑进行了更为专业化的划分。② 随着社会、经济的发展，检察机关面临的业务也更为复杂、专业，下一步要及时因应社会形势的发展，进一步推进检察业务的专业化。在实践中，影响检察业务专业化的重要因素就是检察业务评价机制的不科学。检察官业务评价机制应以促进不同检察业务的专业化、均衡发展为目标。对此，其一，需要对检察机关的业务进行案件化改革，实现不同检察业务的同等重视。例如，应该将检察建议的办理纳入办案体系进行考核，在检察建议的考核上实现与审查起诉案件、审查批准逮捕案件考核的同等看待，真正实现把办理检察建议作为办案看待，推进检察建议业务的专业化。其二，要根据不同检察业务的实际情况，设置科学合理的权重。不同检察业务在人、财、物方面的投入不同，在业务评价上不能简单地等同看待。要考虑不同类别、不同形式检察业务的特点，结合办案数量、办案质量、办案效率和办案效果，通过科学测算，设定合理的权重，确保检察机关业务评价机制的科学性，以确保不同检察业务得到公平对待，促进检察业务的均衡发展。其三，要进一步推进"案—件比"质效评价标准建设。"案—件比"质效评价标准旨在强化检察官责任意识和专业意识，提升司法能力，避免不应有的程序空转，对于提高人民群众的获得感具有重要意义。③ 下一步应当建立健全"案—件比"质效评价理念和标准，进一步提升检察权运行的质效。

最后，强化检察权的有责性。检察权是他向性权力，对于被监督者而言是

---

① 参见胡铭：《司法公信力的理性解释与建构》，载《中国社会科学》2015年第4期。
② 参见张建伟：《逻辑的转换：检察机关内设机构调整与捕诉一体》，载《国家检察官学院学报》2019年第2期。
③ 参见张军2020年5月25日在第十三届全国人民代表大会第三次会议上所作的《最高人民检察院工作报告》。

更高位阶的权力,因此,检察权面临着法律监督者由谁来监督的难题。特别是随着社会的发展变化,检察权的外延日益丰富,如何确保检察权在规范轨道上运行是未来检察权体制机制创新的重要领域。在笔者看来,强化法律监督权的有责性是塑造法律监督公正性、权威性的重要一环。有权必有责,滥权必担责。唯有如此,检察权才不至于任性。检察权的有责性首先体现为社会责任,即通过检察权运行过程的公开性和结果的公开性而向社会负责。其中,检察权运行结果的公开性,不单包括法律文书公开,更是指法律文书说理,即公开作出决定的理由和根据,便于当事人和社会公众的监督制约。检察权的有责性的第二个层面是办案责任,当检察权存在滥用时,需要承担相应的纪律惩戒责任。检察权的社会责任是事前制约,而办案责任是事后惩治,两者密切配合,共同加强对检察权的监督制约。完整的办案责任体系,需要有明确的检察官承担办案责任的情形、科学的惩戒机构设置以及完备的惩戒程序。这些都需要继续在司法责任制改革下推动相关制度机制的健全完善。

结　语

随着党的十九届四中全会关于国家治理体系和治理能力现代化命题的提出,我国检察权发展需要在这一宏大历史背景下进行有序变革和调整。这一变革和调整既涉及检察权能具体内涵的新阐释,涉及检察权外延的多元化创新,涉及检察权的运行方式的科学化发展,更涉及检察权体制机制的创新。现阶段,应当认为,在多项重大检察改革举措不断推出的背景下,检察权的法律监督性质并未发生实质性变化,以此为前提,在不同的职能领域,检察机关以"四大检察"履行职责的具体方式虽有所改变并呈现出差别增大的趋势,但不应被视作检察权性质的改变,毋宁说是检察权发展朝着"监督"领域更加广泛化、"监督"方式更加科学化、"监督"体制机制更加精细化方向的一种努力。未来,只有在坚持检察权法律监督权基本属性的基础上,准确把握检察权服从和服务于国家治理体系和治理能力现代化的总体国家目标,尊重检察权发展的一般规律,厘清检察权的权力边界,从构建具体有效的制度入手,扎实推进检察改革,方可早日建成具有中国特色社会主义检察体系。

（原载于《中国社会科学》2020年第8期）

传承重构创新普通犯罪检察工作的三个维度

苗生明[*]

在"四大检察""十大业务"法律监督格局之下,应从传承、重构、创新三个维度充分发挥普通犯罪检察职能作用,为推进国家治理体系和治理能力现代化提供更优质的法治产品、检察产品。为此,各级普通犯罪检察部门要坚持持续更新理念,更加注重政策策略在刑事检察实践中的运用;主动融入党和国家工作大局,全力保障经济发展和社会稳定;切实履行主导责任,充分发挥检察机关在刑事诉讼中的主导作用;要以规范化建设为重心推动刑事检察制度机制成熟定型;坚持以"四化""四个铁一般"为方向,全面加强队伍素质能力建设。

2019年,普通犯罪检察部门紧紧围绕"讲政治、顾大局、谋发展、重自强"总体要求,努力践行"落实、稳进、提升"总基调,聚焦党和国家工作大局,依法履行普通刑事犯罪检察职责,认真抓好各项检察改革任务落实,不断加强队伍建设,努力做优普通犯罪检察工作,取得了显著成效。2020年,各级普通犯罪检察部门要坚持持续更新和转变司法理念,坚持改革创新与规范司法并举,坚持司法办案与诉讼监督并重,深化认罪认罚从宽制度适用,加强过硬队伍建设,从传承、重构、创新三个维度,充分发挥普通犯罪检察职能作用,为推进国家治理体系和治理能力现代化提供更优质的法治产品、检察产品。

一、持续更新理念,更加注重政策策略在刑事检察实践中的运用

针对实践中依然较为普遍存在的重打击、轻治理,重追诉、轻保护,构罪即捕、构罪即诉,眼里只有卷宗、手中只有法条,机械教条、本本主义、方法简单等突出问题,应当坚持治罪与治理一体并重,树立检察官既是案件的承办人,还是社会治理者的主体意识;坚持谦抑审慎善意理念、少捕慎诉理念,要以是否更有效地维护公共利益为判断标准,强化案件社会危害性、刑事可罚性

---

[*] 最高人民检察院第一检察厅厅长。

评价,健全非罪化、非刑罚化、刑罚轻缓化处理机制;坚持恢复性司法、和谐司法理念,把化解矛盾纠纷、减少社会对抗、犯罪损害修复等贯穿于司法办案始终;坚持平等保护理念,落实民营企业平等保护政策,在捕与不捕、诉与不诉等方面落实"同城待遇"、人人平等政策;坚持效果导向,充分运用政治智慧、法律智慧、检察智慧,讲究政策策略,改进方式方法,在办理每一起案件中以"求极致"的高标准,努力实现三个效果的有机统一;坚持以高质量的刑事检察监督办案引领社会进步,落实好张军检察长关于检察官既是犯罪的追诉者,也是无辜的保护者,更要努力成为中国特色社会主义法律意识和法治进步的引领者的指示要求。

二、主动融入党和国家工作大局,全力保障经济发展和社会稳定

(一)依法严惩危害政治安全和社会稳定的严重刑事犯罪

要强化检察环节保安全、护稳定各项措施,依法履行批捕、起诉职能,强化对各类严重危害社会秩序的影响性案件的指导办理。深入开展反邪教斗争,加强对"法轮功""全能神"等邪教组织犯罪以及其他新型邪教犯罪、"精神传销"犯罪等邪教案件的指导。加大对人民群众反映强烈的暴力伤医、组织出卖人体器官等犯罪的打击力度,深入推进"平安医院"创建,坚持提前介入侦查引导取证,依法快捕快诉,形成高压态势。积极参加扫黄打非专项行动,依法惩治利用网络和政治性、宗教性非法出版物实施的犯罪活动,营造积极健康的社会文化环境。

(二)以强烈的政治担当组织开展好扫黑除恶专项斗争

紧扣扫黑除恶专项斗争三年为期总目标,特别是最后一年的任务和要求,既要在深挖根治上见成效,又要在长效常治上下功夫。认真落实中央政法委"一十百千万"行动部署。紧紧抓住审查起诉、出庭公诉这一阶段性核心任务,指导各地在确保案件质量的前提下,进一步提高办案效率,加快办案进度,省级检察院可视情调配辖区内检察官集中办案、提级管辖、异地管辖。对所有黑社会性质组织犯罪案件,检察机关一律提前介入,扫黑除恶专项斗争领导小组办公室要切实督导落实。进一步落实省级检察院对涉黑和重大涉恶案件统一把关、市级检察院对所有涉恶案件统一把关制度,严格依照法定标准认定黑恶犯罪,从讲政治的高度坚决做到"一个不放过、一个不凑数"。持续抓好"打财断血"工作,深入贯彻落实黑恶案件财产处置意见。狠抓"破网打伞"不放松,要把摸排"保护伞"线索作为办案必经环节,对已经办结的案件要查漏补缺,要重点深挖黑恶势力盘踞时间长、经济实力强、社会影响大的案

件。对移送纪委监委后未收到反馈的线索，层报最高人民检察院移送给中央纪委国家监委。

（三）主动服务打好"三大攻坚战"

依法从严打击扶贫领域犯罪，加大力度整治欠薪行为，促进脱贫攻坚工作。落实全国人大常委会《关于全面禁止非法野生动物交易、革除滥食野生动物陋习、切实保障人民群众生命健康安全的决定》，严厉打击非法捕杀、交易野生动物犯罪行为。落实2019年中央经济工作会议"依法治污"的要求，加强与有关部门沟通协调，通过联合挂牌督办、现场指导、联合督查等方式加强对重大破坏生态环境案件的指导。

（四）加大力度保障民营经济健康发展

坚持依法惩处与平等保护相结合，惩治企业人员犯罪与最大限度降低对企业生产经营的影响相结合，严格把握逮捕必要性和起诉标准，能不捕的不捕、能不诉的不诉、能不判实刑的提出适用缓刑的建议。严惩侵害企业利益犯罪，审慎办理民营企业家涉罪案件，适时发布涉民营企业的不捕、不诉典型案例，向党委、政法委汇报，向公安机关、法院、司法行政机关、工商部门等通报，形成依法平等保护民营企业合力，为民营企业发展营造良好法治环境。

（五）全力服务保障疫情防控、复工复产相关工作

一方面，严惩扰乱医疗秩序、防疫秩序、市场秩序、社会秩序等犯罪行为，维护社会稳定、公共安全和国家安全。另一方面，对于情节较轻、犯罪嫌疑人或被告人认罪悔罪的刑事案件，要遵循刑法惩罚犯罪、保护人民、维护社会主义社会秩序的目的，认真贯彻宽严相济刑事政策，充分发挥认罪认罚从宽的制度优势，促进恢复生产、生活正常秩序，实现办案政治效果、法律效果和社会效果的统一，为企业特别是民营企业复工复产提供司法支持，营造良好法治环境。

（六）认真贯彻司法为民办案要求

要严格落实申诉案件"7日内程序性回复、3个月内办理过程或结果答复"要求，健全申诉案件繁简分流办案机制，提升申诉案件办理效率。针对申诉案件息诉难问题，建立健全四级检察院共同负责机制，进一步压实首办责任，加强释法说理工作。

三、切实履行主导责任，充分发挥检察机关在刑事诉讼中的主导作用

秉承客观公正立场，履行在刑事诉讼中的主导责任，是法律赋予检察机关

的重要职责，是落实以人民为中心的必然要求。

（一）深化认罪认罚从宽制度适用

要落实常态下"重在质量、效果"的要求，认真执行最高人民法院、最高人民检察院、公安部、国家安全部、司法部2019年10月联合发布的《关于适用认罪认罚从宽制度的指导意见》，狠抓准确规范适用，加强与法院沟通协调，促进实现"两提高、一降低"即提高确定刑量刑建议适用率，提高法院量刑建议采纳率，降低被告人上诉率的目标。坚决贯彻"可用尽用"要求，继续在保持较高适用率上下功夫，在积极主动适用上做文章，防止出现适用率上的大起大落，确保2020年检察机关开展认罪认罚从宽制度全年平均适用率稳定在70%以上。要积极推动值班律师工作制度化建设，有效解决值班律师资源短缺、经费保障不足等问题。要加强调查研究，对认罪认罚从宽制度重点问题进行研讨，总结制度适用情况、重大成效和积极意义，剖析存在的突出问题，研究解决深化制度适用的举措。

（二）大力推进量刑建议精准化、智能化、规范化建设

要会同最高人民法院等部门，联合制发《关于常见犯罪的量刑指导意见》和《关于规范量刑程序若干问题的意见》，共同推广"规范量刑智能辅助系统"，提升认罪认罚案件量刑建议精准度。修改《人民检察院开展量刑建议工作的指导意见》，编发认罪认罚案件量刑建议典型案例。加大量刑建议学习培训力度，组织全员网络培训，指导各地积极开展多种形式的培训活动，促进提升检察官量刑建议能力和水平。

（三）加强刑事诉讼监督工作

落实"在办案中监督，在监督中办案"理念要求，健全完善强化检察监督的工作机制。完善侦查监督平台建设，跟踪推进上线工作，下发操作指引，组织开展系统培训，确保平台充分发挥功能作用。着力推进公安机关执法办案管理中心派驻检察工作，推动出台在公安机关执法办案管理中心设立派驻检察室的意见。加强刑事挂案检察监督，就刑事挂案问题开展专项核查，对公安机关应移送审查起诉而未移送，应撤销案件而不撤案等导致案件久侦不决的情况摸清底数，深入分析，进一步明确关于挂案的认定和处置标准，加强与公安机关会商，建立完善相关工作机制，有效解决刑事挂案问题。强化刑事审判监督，结合认罪认罚从宽制度适用，突出重点，加强刑事抗诉工作，提升普通犯罪案件审判监督工作精准化。开展优秀刑事诉讼监督案例评选，及时总结推广好的案例、做法。

（四）推动非羁押诉讼，降低审前羁押率

践行新时代"枫桥经验"，坚持少捕慎捕，加强对社会危险性条件的审查把关，坚持可捕可不捕的不捕，推动修改完善最高人民检察院、公安部《关于逮捕社会危险性条件若干问题的规定（试行）》。构建羁押必要性审查一体化机制，加强捕后羁押必要性审查，根据证据收集、固定、采信的稳定性情况和社会危险性的变化情况，及时变更强制措施，制定《人民检察院办理羁押必要性审查案件工作指引》。探索建立异地检察机关取保候审和社区矫正检察联动机制，完善异地逮捕必要性审查的监督，健全检调对接机制，最大限度降低审前羁押率。

（五）完善不起诉制度

全面贯彻"慎诉"理念，充分发挥审前把关和分流作用，完善各类不起诉适用标准，逐步扩大相对不起诉在认罪认罚案件中的适用，加强对认罪认罚案件量刑结果的研判，对法院有可能判处免予刑事处罚的轻罪案件，依法可以不起诉。完善不起诉制度，正确评价不起诉案件，制定下发《人民检察院适用不起诉制度的指导意见》。

（六）大力推行公开听证

加强刑事申诉案件公开听证的指导和应用，加大推广公开听证力度，特别是注重选取不支持当事人意见的申诉案件，进行公开听证，以公开促公正、赢公信。推动审查逮捕诉讼化改造，继续开展审查逮捕听证改革，研究制定《人民检察院办理审查逮捕重大影响案件听证实施办法》。指导、支持开展不起诉案件公开审查和公开宣告，规范办案程序，确保检察机关的决定客观公正。

四、在传承、重构、创新上做文章，以规范化建设为重心推动刑事检察制度机制成熟定型

国家治理体系和治理能力的现代化，法治体系和司法制度乃至检察制度的现代化，根本在于制度建设和制度执行。伴随着检察机关内设机构重塑性改革的落地实施，"捕诉一体"办案机制的运行，越来越需要健全完善的规范化制度保障。

（一）要传承好侦监、公诉分设期间建立的、依然行之有效的制度机制和办案规范

刑事检察工作经过多年的发展，无论是审查逮捕、审查起诉，还是立案监督、侦查监督、审判监督，均积累了许多好的经验做法，形成了诸多好的制度

机制，比如审查逮捕、侦查监督、立案监督工作指引，逮捕、公诉证明标准，公诉人出庭公诉规范，以及提前介入引导侦查取证机制，等等。这些好的制度机制应当传承并进一步完善。要系统梳理和编选侦监、公诉分设期间建立的制度机制和办案规范，对依然行之有效的予以传承完善。

（二）重构适应"捕诉一体"新要求的规范化制度体系

"捕诉一体"办案机制运行以来，刑事检察办案模式发生了重大变化，同一检察官既负责审查逮捕，也负责审查起诉，还负责后续的监督，这就给办案提出了更高要求，也蕴含着巨大的一体化办案优势，需要以此重构系统完备的办案规范体系。比如要构建一体化的检察引导侦查机制，在审查逮捕时即要按照起诉和审判的要求提出取证意见，并在捕后或者不捕后继续加强跟踪引导，要加强补充侦查工作，提高退回补充侦查提纲质量。凡退回补充侦查必须详细列明退回的理由、案件定性的考虑、继续侦查的方向、具体取证要求的目的和意义。

（三）探索适应改革要求、符合刑事检察规律的制度创新，进一步健全完善刑事检察监督制度机制

要探索推行重大监督事项案件化办理机制，健全刑事检察裁量权运行机制。全面梳理规范相关法律文书和工作文书，修改完善认罪认罚案件文书模板。加强对案件审查报告、补充侦查提纲、不起诉书等检察文书质量、规范问题的专题调研，随机抽查不批捕、不起诉案件相关法律文书，查找剖析其中存在的具有代表性、普遍性的问题，有针对性地加强和改进检察文书工作，有效提升刑事案件办理质量。

（四）完善办案机制建设

适应"捕诉一体"改革新要求，探索完善与之相适应的专业化分工、轻罪案件集中办理等办案机制。充分发挥检察一体化的体制优势，建立健全在更大范围调配检察官的工作机制，对于社会影响大、媒体关注度高的案件，指导各地做好检察长、副检察长亲自出庭或在更大范围选配优秀检察官办理。完善速裁程序、简易程序和普通程序相互衔接的多层次诉讼体系，在确保司法公正的前提下建立健全"简案快办""繁案精办"办案机制。

五、坚持以"四化""四个铁一般"为方向，全面加强队伍素质能力建设

（一）加强思想政治建设

认真学习习近平新时代中国特色社会主义思想和党的十九大精神，以高度

的政治自觉、法治自觉、检察自觉,抓好习近平总书记重要讲话精神和系列指示批示精神在日常工作中的落实。充分发挥党组织的战斗堡垒和党员的先锋模范作用,不断增强"四个意识",坚定"四个自信",切实把"两个维护"融入到具体工作之中,全面提升队伍思想政治素养。

(二)加强队伍专业化建设

大力加强业务培训,围绕当前普通犯罪检察工作中的重点、难点问题,组织办理扫黑除恶、正当防卫、认罪认罚从宽、量刑建议、"两项监督"(即立案监督和侦查活动监督)等专项业务培训活动,全面提高办理疑难案件水平和创新发展能力。探索完善人才培养机制,深入推进刑事检察系统岗位练兵,继续开展十佳公诉人暨优秀公诉人业务竞赛活动,培养一批高层次领军人才。充分发挥先进典型的示范引领作用,大力培养和选拔理想信念坚定、公正司法为民、办案实绩突出、业务能力精湛的办案团队或者个人。

(三)加强纪律作风建设

大力加强队伍纪律作风建设,履行好党风廉政建设主体责任和"一岗双责",建立健全廉政风险排查防控机制,严格遵守中央八项规定精神,有针对性地组织开展警示教育活动。严格执行中央"三个规定",定期如实填报过问或干预、插手检察办案等重大事项,促进规范司法行为。定期对本条线检察人员违纪违法情况进行通报,以"零容忍"态度严格执纪,做到警钟长鸣,防微杜渐,着力打造一支忠诚可靠、清正廉洁的干部队伍。

(原载于《人民检察》2020年第9期)

"四大检察"改革背景下的检察权能配置探析

陈 军*

前 言

2019年1月，习近平总书记在中央政法工作会议上强调，要积极优化政法机关职权配置，构建各尽其职、配合有力、制约有效的工作体系。最高人民检察院比照总书记的指示要求，适时提出刑事检察、民事检察、行政检察和公益诉讼检察四位一体的"四大检察"权能配置格局①。作为一次系统性、重塑性的检察权能整合和拓展②，"四大检察、四轮驱动"这一检察权新运行机制，使得中国特色社会主义检察制度与实践迎来了新的发展时期。

新的检察权能配置模式的提出，亟待相应理论的充分设证，预估和防控可能面临的制度风险。制度风险的法律治理必须秉持价值理性与工具理性统一以及法律控制与技术规制统一的理念，形成应对风险社会的观念体系和制度系统③。检察权能四位一体之划分，恰逢监察体制改革后检察权的被动调整，使得检察权在实践运行层面遭遇诸多困惑。首先"四大检察"横向权力配置下的检察权，内置于当前的司法运行环境和原生检察权能配置客观现实之中，每一轮的权重比例如何重新调试"四大检察"权能调试不均抑或运行失调有无导致改革异化的风险，这些问题亟需改革者从时热的变革中冷静下来思考。其次，公益诉讼检察单列一轮的法理依据何在。公益诉讼检察权内生于民事公益诉讼和行政公益诉讼，规整前分别隶属于民事检察权与行政检察权，规整后权

---

* 中南财经政法大学法学院副教授。

① "四大检察"理念，是最高人民检察院党组书记、检察长张军在2019年1月3日新闻发布会答记者问中，基于习总书记对司法机关职权配置的思想，从检察机关权能配置的客观现实出发正式提出的。

② 2019年3月12日，两会召开期间，大检察官首秀"部长通道"为"四大检察"进行宣传，童建明副检察长在回答记者提问时，将"四大检察"界定为内设机构进行了一次系统性、重塑性的改革。参见 http：//www.s个案正义 ohu.com/a/300817984_118060，2020年8月30日访问。

③ 吴汉东：《知识产权的制度风险与法律控制》，载《法学研究》2012年第4期。

能竞合的处理方式和规则适用方面如何进行理论阐释和规则建构，也需要在立法和司法层面予以释明。再次，监察体制改革背景下的刑事检察权能收缩，如何处理检察机关司法性法律监督权与监察机关反腐性法律监督权的关系，刑事检察权如何从理论和实务上进行权能提振等，都是"四大检察"横向权力配置改革难以回避的关键论题。

一、"四大检察"横向权能配置的理论设证

"四大检察"权能配置模式的提出，不可缺少检察权运行理论和检察实务经验的理据支撑，理论和实务部门也据此对"四大检察"的运行环境和实践风险进行评估论证。其中，改革者提出"四大检察"要实现"四轮驱动"的目标，只有保证"四大检察"横向权能配置处于同一层次抑或权重相当，才能确保改革之下的检察权运行方向正确，才能推动检察权的持续良好运行。易言之"四大检察"之"四轮驱动"，要求考究"四大检察"横向配权的实质内容和格局定位，以此为"四大检察"全面协调和充分发展提供理论支撑。

（一）"四大检察"横向配权的实质内容：公诉权与法律监督权

1. 大"公诉权"下的"四大检察"。检察权类别化标准的争论从未停歇，我国检察权内涵和外延、性质和功能、权能或形态等，几乎从宏观到微观的每一个方面都存在争论①，不同部门乃至检察权内部，都会对检察权的内容有不同的归类。司法权、起诉权、一般监督权、法律监督权和诉讼监督权等，是检察权的基本类别。从检察权的发展历程来看，其行权范围也在动态调整（见图1）。检察权其本身实质上就是公诉权和法律监督权的有机结合。这里的公诉权，是一种大"公诉权"，既包括刑事公诉权，如刑事起诉权和刑事不起诉权，也包括民事公诉权（民事公益诉讼）和行政公诉权（行政公益诉讼）。

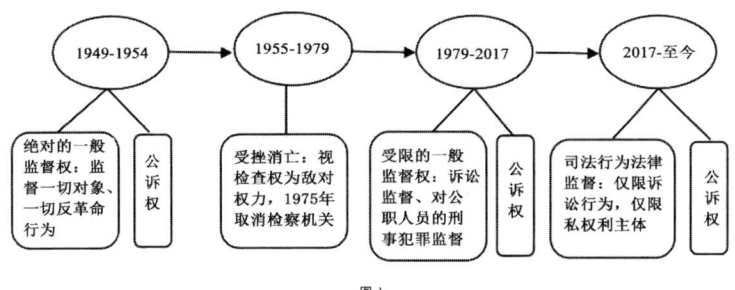

图1

---

① 傅郁林：《我国民事检察权的权能与程序配置》，载《法律科学（西北政法大学学报）》2012年第6期。

理解"四大检察"的横向配权模式,要谨防步入公益诉讼跳脱公诉权行权规则的误区,此亦为公益诉讼检察隶属于大"公诉权"范畴之意涵所在。当前仍有学者认为,公益诉讼不属于公诉权,"检察机关行使的公诉权与公益诉讼权是两种不同的法律监督权"[1]。其理据是公益诉讼中的检察机关应当作为平等诉讼主体而存在,但公诉权属于公权力,对应的公诉机关与被诉对象之间具有非平等性,很难形成一种平等的诉讼关系。实质上,该质疑的根源在于刑事诉讼结构的思维局限。刑事诉讼中"侦、诉、审"三机关作为公权力主体,与刑事案件的被告形成鲜明对比,即使在强化了"控、辩、审"诉讼结构之后,在形式上刑事被告也很难与公诉机关之间形成平等的诉讼关系。但是该情形是建立在刑事案件特殊性质基础上的,公诉机关实质上是替代弱势的刑事被害人起诉,以公权力加持才能保证被害人全面地抗衡已强势的违法犯罪行为,力求建立一种被害人与被告的平等关系。因此,公诉并不意味着不平等,以刑事公诉推及其他是一种典型的形而上学思维。在民事公益诉讼和行政公益诉讼中,检察机关与被诉对象之间不能想当然地套用刑事诉讼法律关系。

在民事公益诉讼当中,当事人地位平等原则是检察机关行使民事公诉权的首要原则[2]。检察机关对侵犯公益的单位提起诉讼,在审判前既不要求限制被追诉者的人身自由,也不限制其经营活动。在审判中,检察机关尽管是公权力机关,履行民事公诉职能,但是检察机关与被诉对象之间形成平等的诉辩关系,实质上是民事实体法益的博弈。尽管在民事公益诉讼实践中检察机关和被诉对象之间并非完全的平等地位,但是这并不影响法律上的平等关系。

相较于刑事公诉和民事公益诉讼,行政公益诉讼在诉讼地位上的平等性更为突出,甚至在行政公益诉讼中显示出被追诉对象强势于起诉者的现象,这也是一直以来较低的行政诉讼胜诉率的反映。在当前的法治生态下,作为被追诉对象的行政机关,无论是行权范围还是践行权力的力度,一般都优于司法机关,"信访不信法、弃法转访、以访压法"等问题就是例证[3]。但是,立法上作为追诉机关的检察机关和作为被诉对象的行政机关,二者在法律地位上是平等的。

综上,公诉并不意味着追诉机关和追诉对象之间地位不平等,质言之,刑事公诉、民事公诉和行政公诉,都可以归为大"公诉权"理论范畴"四大检

---

[1] 王秀哲:《检察机关的公诉权与公益诉讼权》,载《法学论坛》2008 年第 5 期。
[2] 洪浩、邓晓静:《公益诉讼制度实施的若干问题》,载《法学》2013 年第 7 期。
[3] 彭小龙:《涉诉信访治理的正当性与法治化——1978 – 2015 年实践探索的分析》,载《法学研究》2016 年第 5 期。

察"中的刑事公诉、民事公诉和行政公诉都能够从"公诉权"中得以理论溯源。

2. 法律监督权下的"四大检察"法律监督一元论的支持者主张,在检察权的每一项具体的权能中都体现着法律监督的实质,每一项法定的检察权权能都是法律监督权的具体表现形式,因而检察权的全部权能在性质上都应当统一于法律监督权①。从发展历程来看,诉讼监督职能是检察机关的具体权能之一。以诉讼监督的视角,可以将法律监督权分为刑事、民事和行政方面的法律监督。因此"四大检察"横向配权从法律监督权上,也能够找到对应的权力类别。

应当注意的是,监察体制改革后,形成了两个法律监督机关行使法律监督权的局面②。监察机关实行的是对公职人员廉洁性的法律监督。另外,监察机关作为诉讼中的一环,行使职务犯罪行为的调查权,其本质上是一种侦查属性的诉讼行为③。比对监察机关的监督权,《刑事诉讼法》第19条保留了检察机关对职务违法行为的机动侦查权,即对于非法拘禁、刑讯逼供和非法搜查行为,可以基于诉讼需要选择自行侦查的权力。这种机动侦查权形式上的司法属性使其跳脱于公诉权和法律监督权之外,但实质还是检察机关法律监督方式延伸。质言之,检察机关既可以交由监察机关对公职人员的职务违法行为进行调查监督,也可以通过自身的法律监督权从形式上纠正违反诉讼程序的行为。

(二)"四大检察"之格局定位:检察职能的区块链和一体化

张军检察长在2019年1月3日的新闻发布会上,首次将检察职能系统划分为刑事、民事、行政和公益诉讼这"四大检察"权能。将检察机关的业务性质作为划分检察职能的依据,是对当前检察机关业务领域不同区块的制度确认。检察职能在监察体制改革后,检察机关法律监督定位和法律监督方式遭遇全面危机④。明确"四大检察"的检察职能格局定位,有利于提振检察机关的信心,也为检察机关提供了新的职能定位和发展的方向。

"四大检察"分为不同的区块,并不意味着民事、刑事、行政和公益诉讼检察职能间失去了联系。四种检察职能应当是区块链,区块链使得彼此之间无

---

① 石少侠:《我国检察机关的法律监督一元论—对检察权权能的法律监督权解析》,载《法制与社会发展》2006年第5期。
② 朱孝清:《国家监察体制改革后检察制度的巩固与发展》,载《法学研究》2018年第4期。
③ 汪海燕:《监察制度与〈刑事诉讼法〉的衔接》,载《政法论坛》2017年第6期。
④ 陈瑞华:《论检察机关的法律职能》,载《政法论坛》2018年第1期。

需借助一个中立的中央权威而进行合作①。"四大检察"职能虽然在业务领域上有所区别，但是现实的案件远不会如理想的那样性质单纯。民刑交叉案件、民事公益诉讼案件、行政公益诉讼案件和行政诉讼案件中的附带民事赔偿诉讼，这些都涉及到检察职能领域的交叉。"四大检察"交叉领域的程序规则如何适用，如何实现检察职能的协调联动和信息共享，发挥"四大检察"职能的区块链优势功能，是"四大检察"权能格局提出之后所要亟待解决的问题。

还需注意的是，不能因为提出了"四大检察"的权能格局，就忽视了检察一体。检察一体是检察职能区块链的前提，这也是由检察机构的特殊属性决定的。检察一体要求检察机关的检察官作为一个整体从事检察业务，检察官行使检察权必须保持整体的统一。检察系统的上级指挥监督权、事务调取权和转移权，上级对部下的代理权是这一原则的具体体现。其中的指令权，是检察一体的核心概念，包括对内指令和对外指令②。检察机关业务区块链，目的是建构不同性质模块的检察权能之间的联系，解决检察权能不同区块产生的信息梗阻和规则冲突的问题，即"四大检察"是在检察一体下的权能区块划分与有机整合。民、刑、行交叉案件，以及民事、行政公益诉讼案件，本身就是检察职能交叉与结合的典型。抛开检察一体谈"四大检察"，其结果就是割裂检察职能，更谈不上"四轮驱动"了。

二、公益诉讼检察权能独立配置的理据

公益诉讼单列检察职能一轮的理论设证是什么，确切地说是公益诉讼检察职能独立化的理论依据在哪里，不仅要从公益诉讼的特性进行分析，还要结合检察权改革的方向进行综合评定。

(一) 公益诉讼代表公诉法律关系的形式突破

公益诉讼之"公"，承载着双重功能。一是维护对象的人数之多，检察机关是以公众利益代表者的诉讼资格起诉侵害公众法益的被告，即群体性为公益诉讼的显著特征。公众利益与个体私益相对应，公益诉讼中的被侵害公益，侵权主体或侵权事由具有同一性或同类性，并非简单的私益之集合。二是含有公诉属性，检察机关属于公权力机关，兼备公力救济的属性。但是，这种公诉具

---

① The Trust Machine, Economist, https://www.economist.com/news/leaders/21677198 - technology - behind - bit - coin - could - transform - how - economy - works - trust - machine, October31, 2015.

② Schweichel, Vom " ministerepublic" zur Staatsanwaltschaft, in: Wolfram, Klein (Hrsg.), Rech- tund Rechtspflegeinden Rheinlanden. Festschriftzum150 j? hrigenBestehendes OberlandesgerichtsK? ln, 1969, S. 365ff.

有特殊属性,主要体现在诉讼主体之间的平等性。检察机关只是公益诉讼的起诉主体之一,只有起诉权,不能强制调查起诉对象。易言之,公益诉讼在救济方式上,赋予了被侵害对象的选择权,但是救济途径上的拓展,并不改变诉讼主体间的平等法律地位。综上,无论是起诉主体资格,还是起诉行为属性,公益诉讼法律关系中作为起诉主体的检察机关和被起诉对象之间,在法律上的诉讼地位是平等的。

前文也已述及,公益诉讼检察本质上属于公诉,但公益诉讼的诉讼主体具有平等性,在法律上认可公益诉讼检察中的检察机关和被追诉对象之间诉讼地位平等,是公益诉讼检察之公诉区别于传统公诉的重要特征,即公益诉讼代表着传统公诉法律关系的形式突破。因为传统的公诉限于刑事公诉,在刑事诉讼实践中,公诉机关和被诉对象间很难达到形式上的平等。而在公益诉讼检察中,被诉对象只需应诉,而无需被限制自由。诉讼中无论是起诉、应诉还是法庭辩论,公益诉讼检察中的检察机关和起诉对象之间平等对抗,通过提供证据、质证和辩论,实质上遵循当事人主义诉讼模式的理念。

(二) 公益诉讼法益维护模式的新发展

公益诉讼检察单列"四大检察"权能一轮的另一要素,是公益诉讼维护的是公益,受害方具有群体性,区别于一般诉讼维护私益的目标。新堂幸司曾言:"如果传统民事诉讼争执焦点限于私益,现代型诉讼的争点则表现在社会化"①。小岛武司也将"这种站在公共立场大力倡导公共利益的新型的诉讼模式界定为公益诉讼"。维护法益的公益性,要求公益诉讼具备更为多元的起诉主体和更为灵活的诉讼规则支撑。

1. 公益诉讼法益维护主体的多元化。公益诉讼有别于传统诉讼的另一特点,是起诉主体的多元化。民事诉讼法和行政诉讼法都对公益诉讼的起诉主体进行了多元化的规定,初步建构了私力救济和公力救济相结合的公益诉讼起诉制度②。当前公益诉讼的起诉主体,不仅包含公诉机关,其他团体或组织也有权提起公益诉讼。起诉主体的多元选择,实质上是救济方式的规则拓展。将公益诉讼赋予公诉属性,一个重要原因就在于公益侵害案件中,被侵害的主体人数众多、侵害面大和社会影响恶劣,单一的私权利个人很难应对强势的加害主体,甚至多数人联合的共同诉讼都很难实现正当权益的保障。兼具公诉权和法律监督权的检察机关加入进来,能够很好地补充公益诉讼起诉主体存在的短

---

① [日] 新堂幸司:《现代型诉讼及其作用》,载《基本法学 (七)》,岩波书房 1993 年版,第 320 页。

② 参见《民事诉讼法》第 55 条和《行政诉讼法》第 25 条。

板。这时候，公益诉讼自然而然实现了"利益归属主体和利益代表主体的诉权分离"①。总而言之，公益诉讼法益维护的主体相较于一般诉讼而言是多元的，起诉主体的多元代表着救济途径的多元，公益诉讼在起诉方式上赋予受害者更多的选择权。

2. 公益诉讼程序规则的灵活变通。公益诉讼程序规则灵活变通的第一点体现，是对有损害才有诉讼的程序规则的突破。一般的诉讼都是以案件结果为导向，侧重于事后的救济，而公益诉讼则体现出很强的预防性功能。与私益诉讼相比，环境公益诉讼的诉因未必一定要有损害发生，只要合理判断某种行为有危害环境利益的可能即可由潜在的受害人（公众及其团体）提起诉讼②。特别是在环境民事公益诉讼中，预防功能就显得更为重要。因为涉及到环境公益诉讼的案件，一般来说影响的群体众多，事后治理成本巨大，且很难再恢复原状。将侵害公益的违法行为消灭于萌芽状态，侧重于预防而非完全依赖事后惩治，可以说是公益诉讼的重要特征。因此，立法上应当在侵害行为还没有发生或未完成时就赋权适格的主体排除违法行为的权力，以达到阻止环境公益遭受无法弥补的损失或危害。

公益诉讼程序规则灵活变通的第二点体现，是公益诉讼级别管辖的灵活性，民事公益诉讼一般由中级人民法院管辖，行政公益诉讼一般由基层人民法院管辖。至于民事公益诉讼，主要考虑涉诉利益的群体性和起诉的阻力都与传统诉讼存在区别，其诉讼动力更为羸弱。民事公益诉讼在赋予检察机关提起公益诉讼权力的同时，更要考虑到司法地方保护对公益诉讼制度异化的风险。正因民事公益诉讼程序运作的艰巨性和复杂性，才应当因诉制宜，灵活变通管辖规则。与起诉主体相对应，审级也应相应提高，应由中级人民法院管辖公益诉讼案件③。相对于基层人民法院的职业法官，中级人民法院的职级更高，专业性相对而言也更强。此外，还有一个重要的原因，在于基层人民法院业务多而杂，精力有限；而中级人民法院业务相对于基层人民法院来说少很多，更有精力对公益诉讼案件进行专门集中处理。现行最高人民法院《关于适用〈中华人民共和国民事诉讼法〉的解释》和行政诉讼法都将公益诉讼案件管辖权赋权于中级人民法院④，是立法与实践契合的结果。至于行政公益诉讼，将管辖

---

① 黄锡生、谢玲：《环境公益诉讼制度的类型界分与功能定位——对环境公益诉讼"二分法"否定观点的反思为进路》，载《现代法学》2015年第6期。

② 汪劲：《环境法学》，北京大学出版社2014年版，第330页。

③ 王政勇：《消费公益诉讼的司法理念及特殊审判规则的构建》，载《法律适用》2014年第11期。

④ 参见2020年最高人民法院《关于适用〈中华人民共和国民事诉讼法〉的解释》第285条。

法院设定在基层人民法院,主要是考虑到与行政机关的对应问题。行政公益诉讼的案件范围主要是行政机关的违法行使职权或不作为导致的公益损害案件,被诉对象是行政机关及其负责人,如果将管辖法院设定为中级人民法院,异地应诉会导致行政工作的困境。同时,行政公益诉讼案件一经起诉,一般会通过行政监督的方式提前予以解决,这也是行政公益诉讼前置程序的特别之处。基于此,将行政公益诉讼的管辖法院设定为基层人民法院,是程序理性和诉讼事实折中的做法。

(三) 公益诉讼检察提振检察权存续的信心

法益维护的目的和程序规则的特色,是支撑公益诉讼单列"四大检察"之一的法理依据。如果跳脱公益诉讼自身的特性,从外在改革的视角对公益诉讼检察进行证成,会更具说服力。这里的改革特指对检察机关侦查权进行调整的国家监察权改革,检察机关的重要职能部门摘牌。监察体制改革后,检察权能中的职务犯罪侦查职能转隶到监察机关,刑事诉讼检察失去了唯一坚硬"触手"的侦查权,"检察机关将缺少落实法律监督的重要手段"[1]。在法律监督权中的对公权力监督被强制分离的背景下,检察权有被定格为纯粹公诉机关的风险,存续的合理性面临前所未有的挑战。其他权力机关,甚至包括检察机关自身都对自身的法律定位产生困惑。作为我国权力机关的基本存在形式,检察机关应当强化检察权的正当性理论,反思和总结在国家法律监督权改革之后的权力存续合理性问题。不仅要证成检察权存续的合理性与正当性,而且要实现检察权的理论升华。拓展检察权的权力范围,成为升华检察权的应时之需。在民事检察、刑事检察和行政检察之后,适时提出公益诉讼检察之权力,将公益诉讼检察作为法律监督一元论下广义的法律监督权形式,强化检察机关在维护国家和社会公益领域的重要功用,进一步证成检察机关法律监督职能的存续符合法理依据和社会需求。检察机关的存续,宪制依据也是重要的基础。这是从国家的基本权力架构视角证成检察权存续的合理性和必要性。我国宪法明确规定,检察机关是国家权力架构下的最基本的形式之一,应当整体性地去理解其权力地位,突出检察权的国家性、专门性和程序性。坚持检察机关是国家的法律监督机关这一宪法定位,增强对中国特色社会主义检察制度的制度自信[2]。检察机关对于国家反腐权力重组的改革,不仅要积极配合和实现法律监督权力的合理归位,而且应当在权力行使的合理范围内,积累和升华检察权理论,实现检察权运行范围的合理突破,推动检察权的发展。因为改革不只会对

---

[1] 秦前红:《全面深化改革背景下检察机关的宪法定位》,载《中国法律评论》2017年第5期。
[2] 朱孝清:《国家监察体制改革后检察制度的巩固与发展》,载《法学研究》2018年第4期。

原有制度形成挑战,还有提供破茧重生的机遇。监察体制改革之于检察职能也应如此,检察机关应当在改革中化危为机,抓住改革的机遇,在现有职能设置的基础上,勇于突破和创新。

三、监察体制改革下的刑事诉讼检察新动向

毋庸置疑,刑事诉讼检察是检察权能中的重中之重。监察体制改革下的刑事诉讼检察权能,如何实现机动调试达到"四大检察"的"四轮驱动",如何增能刑事诉讼检察的"引擎",回归"护诉为民"之角色,成为检察权发展的新动向。

(一)"元气"已伤但"筋骨"犹在:由量到质的刑事诉讼检察价值理顺

论及刑事诉讼检察已伤的"元气",直接原因在于监察体制改革产生的深刻影响。在侦查权失权和法律监督权分权的改革背景下,理论与实务界对检察机关在刑事诉讼检察中成为纯公诉机关的质疑,以至于检察机关作为法律监督机关存在的必要性讨论甚嚣尘上。检察机关也在进行反思,并寻求权力合法性的新诠释和新突破。在法律监督权的改革现实前,检察机关在形式上确实失去了与其他权力部门正面硬扛的资本,这一点不可否认。但是,虽被伤了"元气",刑事诉讼检察的"筋骨"犹在。具体而言,可以从刑事诉讼案源量化和法律监督实质程序两个方面进行阐释。

1. 一方面,刑事诉讼检察中,职务犯罪方面的检察业务虽然重要,但是在刑事诉讼检察业务总量比例上,始终维持在4%以内,占比很小(见表1)。普通刑事案件仍是检察业务的最为主要部分,是刑事诉讼检察的工作重心。检察业务主要案源并没有受到较大的影响。从权力调整的属性上看,监察体制改革将职务犯罪刑事案件的办案权由检察机关转隶到监察机关,实质上是将检察机关对公权力的法律监督权让渡予监察机关。基于反腐一体化的需求,检察机关的业务重心真正意义上转移到普通刑事案件的法律监督上来,与监察机关合理分配法律监督中对公职人员监督和对普通公民监督的功能,实现监督主体合理分工和权力的优化配置。另一方面,监督重心转移也可以很大程度上避免检察机关在诉讼活动中"既当运动员、又当裁判员"的司法责难。监察体制改革引发了检察机关对刑事诉讼检察职能的深层反思。改革之前,检察机关既可以作为职务犯罪案件的侦查机关和起诉机关,又可以作为职务犯罪案件办案过程合法性的法律监督机关。一般而言,侦办案件的主体对自身办案的瑕疵,很难进行自我监督,监督效果也难以让人信服。此种情形下,检察机关的司法属

性和法律监督属性在权力性质上是难以契合的。监察体制改革后，检察机关尽管还承担刑事起诉的司法职能，但是起诉职能本身还涉及对刑事案件侦查的合法性监督功能。公诉权除了具有启动刑事审判程序的作用外，还具有维护法律被切实遵守、保障法律实施的作用①。质言之，检察机关的刑事公诉具有监督属性②，公诉职能与法律监督职能之间具备价值契合性。改革之后，检察机关专职一般刑事案件的起诉职能和实质意义上的诉讼监督职能。尤其是对公职人员腐败的侦查活动监督更为合理，检察机关首次实现中立，无论是职务犯罪案件，还是普通刑事案件，检察机关都作为局外法律监督者，形式上是释权减负，实质上是对自身法律监督公正性和权威性的一种保护。

表1

	2013年		2014年		2015年		2016年		2017年	
	案数	人数	案数	人数	案数	人数	案数	人数	案数	人数
总起诉	958727	1369865	1027115	1437899	1500879	1434714	1609547	1440535	1219603	1705772
职务犯罪数	37551	51306	41487	55101	40834	54249	35397	47650	34163	46113
职务犯罪占比	3.92%	3.75%	4.04%	3.83%	2.72%	3.78%	2.20%	3.31%	2.80	2.70%

2. 监察体制改革，很大程度上有利于增强检察机关对公权力的实质性法律监督。《监察法》第47条赋予了检察机关对职务犯罪案件的机动侦查权，即检察机关可以自行补充侦查；《刑事诉讼法》第170条也有同样的表述，实现了监察法与刑事诉讼法的程序协调和衔接③。监察体制改革实现机构重组，使执政党对反腐工作的领导从幕后走到台前，国家监察机关实时互联共同致力于反腐最前沿，实现党纪监察制度化。④ 易言之，监察体制改革并未从实质上消解检察机关对职务犯罪案件的法律监督权，改革反而是对公职人员犯罪案件"纪检先查、司法补充"的反腐规律之法律认可。实践当中，对国家公职人员的腐败行为，一般都是纪检部门优先介入，这是执政党工作机制的效率性决定的。在确定了是否违反党纪之后，再决定是否移送司法机关，由检察机关进行国法的追责。检察机关的法律监督阶段在改革之后也更为明朗和中立。而且，改革的过程涉及到权力部门之间的力量博弈。监察法出台之后，刑事诉讼法也及时进行了修改，对于两个监督机关在司法环节的监督权位阶上予以制度明

---

① 孙谦：《检察：理念、制度与改革》，法律出版社2004年版。
② 朱孝清：《中国检察制度的几个问题》，载《中国法学》2007年第2期。
③ 龙宗智：《监察与司法协调衔接的法规范分析》，载《政治与法律》2018年第1期。
④ 李声高：《新监察制度下的侦诉关系之重构——兼论监察权与法律监督权关系》，载《西部法学评论》2018年第4期。

确,此次改革,检察机关争取到了实质的职务犯罪案件机动侦查权。通过两部法律衔接建立起实质性案卷退补机制,等于在法律上认可了检察机关在程序法上的法律监督效力高于监察机关。

(二)浴火重生:刑事诉讼检察"护诉为民"角色的回归

监察体制改革,将检察机关的反腐部门抽离,归入新成立的国家监察机关。检察机关原本的反腐角色已经正式退却。法律监督权的主体按照监督对象正式一分为二,由监察机关和检察机关分别予以行使。监察机关正式挑起反腐部门的大梁,全方位、立体化、连续性地对公职人员的腐败行为实施法律监督,这种法律监督是对公的,监督对象是权力部门的公职人员。检察机关的刑事诉讼监督权能,在监察体制改革后回归到"护诉为民"检察机关不再行使对公职人员的反腐职能后,可以集中精力实现对诉讼活动,特别是审判活动的法律监督,而这种监督更多地是对事而非对人。检察机关强化民事检察和行政检察监督,不是针对某个人或者某个特定的机关,而是针对法律,是对法律执行的监督,保障国家法律的统一正确实施①。即使是对监察机关职务犯罪调查行为的法律监督,也主要侧重于对案件事实及调查行为合法性的审核。检察机关的法律监督职能,行使领域主要限于审判活动监督、执行监督和一般公民的守法行为监督。从监督事项和监督对象可以看出,刑事诉讼检察的重心已经从反腐回归到"护诉",司法职能更为纯粹化,监督的阶段定格于司法的过程,反腐配合角色向司法监督角色转化,国家司法机关的定位更为明晰,诉讼监督的公信力也相应地得到提升。检察机关的权能,真正意义上转移到对普通刑事犯罪案件的法律监督上来,检察机关对司法的法律监督权能也更为彰显。权能重新定位后的检察机关,无论是起诉和诉讼行为法律监督的业务范围,还是"四大检察"业务的人员配备,都能够更好地为诉讼监督活动服务,真正体现检察机关"护诉为民的角色。

四、"四大检察、四轮驱动"的图景设计

通过对"四大检察"权能的理论溯源,系统阐释公益诉讼单列检察一轮的依据,对监察体制改革下刑事诉讼检察权能的挑战与机遇分析,已然可以规划出"四大检察"宏观权能的配置图景。

(一)轴轮适配"四大检察"实现"四轮驱动"的架构铺设

1. 主轴适配:刑事诉讼检察与公益诉讼检察互彰互显。基于检察权能行

---

① 杨立新:《民事行政诉讼检察监督与司法公正》,载《法学研究》2000年第4期。

使的业务权重和司法改革动力导向的综合考量，检察权能的主轴架构应当由刑事诉讼检察和公益诉讼检察构成。检察权改革应当强化刑事诉讼检察权，拓展公益诉讼检察权的行使方式和规则。

其一，检察权能中，刑事诉讼检察是一个真正意义上由检察机关全程参与的权能，也是检察机关最具存在感的权能。一方面，业务量的占比上，刑事诉讼检察具备绝对的优势地位，这一点前文已有述及。另一方面，从检察机关的内设机构设置上，负责刑事诉讼检察的业务机构占据主要部分。刑事诉讼检察本质上包括刑事公诉权能和刑事法律监督权能。主轴之上的刑事诉讼权能，即使在监察体制改革的大背景下，其刑事公诉和刑事法律监督权力仍然居于检察权能的首位①。没有刑事诉讼检察，或是弱化刑事诉讼检察，检察权就会成为无本之木和无源之水。易言之，在以后的检察权改革的过程中，刑事诉讼检察应当持续成为检察权能最为重要的一支。

其二，检察权能中，公益诉讼检察应当成为主轴中另一重要驱动之轮。公益诉讼检察在我国的确立，打破了检察机关只能在刑事诉讼中事前参与的局限。民事诉讼检察和行政诉讼检察中，检察机关主要行使的是法律监督职能，通过抗诉为当事人提供救济路径。公益诉讼检察的加入，穿插于民事和行政诉讼之中，使得检察机关可以依法同刑事诉讼检察一样，提前以诉讼主体的资格启动诉讼程序，参与诉讼活动。此外，公益诉讼检察是检察机关参与社会治理的重要方式之一。无论是民事公益诉讼还是行政公益诉讼，检察机关都有权作为公益诉讼案件的起诉主体，与公益诉讼被告分庭抗礼。将公益诉讼检察也划入公诉之列，原因在于起诉主体是公权力部门。从这个角度来看，作为民事公诉和行政公诉的公益诉讼检察，在公益诉讼日益倚重和改革不断推进的背景之下，理应成为检察权能主轴上的重要一轮。

2. 辅轴适配：民事诉讼检察和行政诉讼检察实效补充。公益诉讼检察职能独立之后，在民事和行政诉讼检察中，检察机关就仅以抗诉的形式行使法律监督的职能。之所以将民事诉讼检察和行政诉讼检察称为"四大检察"之辅轴上的双轮，原因在于民事和行政诉讼检察依存的抗诉行为具有滞后性。同时，民事诉讼检察和行政诉讼检察相对于持续坚挺的刑事诉讼检察，同方兴未艾的公益诉讼检察，不管是抗诉案件比例还是立法比重都是弱化的。实现

---

① 以监察体制改革前的最高人民检察院为例，内设机构包括办公厅、政治部、侦查监督厅、公诉厅、反贪污贿赂总局、渎职侵权检察厅、监所检察厅、民事行政检察厅、控告检察厅、刑事申诉检察厅、铁路运输检察厅、职务犯罪预防厅、法律政策研究室、纪检组、监察局、国际合作局、计划财务装备局、机关党委、离退休干部局。改革之后，反贪、反渎和职务犯罪预防部门予以裁撤，刑事诉讼检察属性的机构仍然占据业务机构的主要部分。

"四大检察"的"四轮驱动",应当改变这两种检察权行使滞后的局面。

一方面,民事案件在我国所有案件类型中比重最大,在诉讼中出现违法行为的概率相对而言最大。民事违法是一种不争的事实,民事检察监督有客观生成的土壤①。对民事违法行为的法律监督不可或缺,而且要持续输出法律监督的力量,此为强化民事诉讼检察的现实必要性。另一方面,行政诉讼检察在我国检察权能中最为弱化,行政诉讼中的诉讼双方地位实质不平等。人们对现行制度之下检察与行政的关系缺乏系统的、全面的认识,因而行政诉讼检察很少为人们所重视②。如果检察机关还不能依据法律监督权能给予支持,行政诉讼的实践就会更不如人意,公权力对私权利的侵害也会更肆无忌惮,法治建设也就更举步维艰。因此,行政诉讼检察中应当强化检察机关的法律监督权能,赋予检察机关检察建议的实质性法律效力,即实现检察建议与抗诉的有机结合,真正意义上实现检察权能格局由一元化向二元化转变③。同时,可以有条件试点行政诉讼检察的异地抗诉改革,即行政诉讼当事人认为案件受理地的检察机关行使抗诉权时有受到地方保护的威胁,可以在符合抗诉条件的情形下,向省级以下的异地检察机关申请抗诉,以应对行政诉讼检察的地方保护风险。

(二)聚合效应:业务模块基础上的检察权能一体化

检察权的一体化,实质上包括三个方面的内容:一是检察官的一体化;二是检察部门的一体化;三是检察业务的一体化。④ 传统的检察权一体化,强调的是检察官作为一个整体从事检察业务,具体而言,体现在等级关系的上命下从、职务行为的继承转移和主体对外代表检察机关三个方面。易言之,传统的检察一体化侧重于人和部门的一依"四大检察"业务模块化和区块链基础上的检察权一体化,与传统界定最大的区别,不仅在于强化业务上的一体化,而且这种一体化是对原有检察业务的优化重组,实现了"四大检察"业务的聚合效应。

1. 业务模块化是检察业务一体化的基础。"四大检察"将公益诉讼专门设定为一项检察业务,同时强化了民事诉讼检察和行政诉讼检察的权能,调适监察体制改革下的刑事检察权能行使方式。在此基础上,正式界定了检察权的四大支柱业务。一方面,能够规避部门一体化导致的业务混同之办案风险,另一

---

① 田平安、李浩:《中国民事检察监督制度的改革与完善》,载《现代法学》2004年第1期。
② 张步洪:《行政检察基本体系初论》,载《国家检察官学院学报》2011年第2期。
③ 韩静茹:《民事检察制度的体系化革新》,载《国家检察官学院学报》2013年第3期。
④ 贾济东:《"检察工作一体化"与"检察一体化"、"部门一体化"概念辨析》,载《法学评论》2008年第6期。

方面也能保证在业务模块分明的前提下,配合检察人员和检察部门的一体化,最终实现检察系统上下统一、横向协作、内部整合、总体统筹的改革目标。

2. "四大检察"业务模块基础上的检察权能一体化,必然涉及不同业务之间权能交叉的协调处理问题,此为"四大检察"业务聚合效应又一源动力。较为典型的就是公益诉讼检察,实现了民事公益诉讼检察和行政公益诉讼检察的业务重组。但是,在公益诉讼主体界定规则、举证责任规则和成本分摊规则等程序规则上,还是需要同民事诉讼和行政诉讼检察规则进行合理承接。此外,刑事附带民事公益诉讼异军突起,而法源现状映衬出其欲实现有效运行而应尽快解决规则供给不足的问题,致使案件分流困难、附带起诉与单独起诉界限模糊[1]。"四大检察"业务模块划分的另一导向,就是要解决公益诉讼涉及到的民刑交叉问题。在民刑交叉治理路径上有所突破,定然会实现"四大检察"业务一体化大于四种检察业务机械相加效果的聚合效应。

3. "四大检察"的一体化,最终要回归到法律监督一体化的权力本质上来。"四大检察"权能配置的改革,也是因循法律监督一元论的思想,将公诉权能归入法律监督权的行使方式。易言之,检察机关首先是法律监督机关,在行使诉讼权能中的公诉权时,才具有司法机关的特定属性。通过强化检察机关法律监督属性的定位,能够对国家法律监督权分设改革做到有力的制度回应,增强检察机关权力存续的必要性和合理性。明确检察机关"四大检察"业务,通过聚合效应的法律监督权,能对检察权的改革予以稳序推进。

(三) 实质突破:检察机关法律监督权的改革方向

统归于一元法律监督的"四大检察"权能改革,终究要寻求权力行使瓶颈的实质突破。在国家法律监督权分设的改革背景之下,检察机关唯有切中实务当中法律监督权行使限狭、滞后和弱化之痛点,从监督对象、监督时机和监督范围上实现突破"四大检察、四轮驱动"的检察权能改革才能真正发挥实效。

1. 对案监督与对人监督:检察机关监督对象的机动侧重。检察机关权能调整之后,检察权与国家监察权在法律监督权的划分上,不仅要比照监督对象的人身属性,而且要参照监督对象涉案事由属性。司法实务中,检察机关侧重于诉讼监督,主要通过程序上的制裁机制,对侦查人员和审判人员的违法行为进行法律评价,这种法律行为失效的程序性制裁制度[2],通常很少涉及对侦查人员和审判人员人身的责难。相较而言,监察机关对公职人员的法律监督则侧

---

[1] 刘加良:《刑事附带民事公益诉讼的困局与出路》,载《政治与法律》2019年第10期。
[2] 陈瑞华:《程序性制裁理论》,中国法制出版社2005年版。

重于对人监督，涉及到诉讼中对公职人员的违法行为监督，一般都是直接针对违法的公职人员个人进行人身方面的惩戒。质言之，在监督对象上，检察机关的法律监督侧重于对案监督。

检察机关的法律监督的属性，更为偏向司法性，即侧重对案监督，服务于司法，推动诉讼进程，以此作为法律监督权的主要目标。但是，检察机关作为法律监督机关，面对诉讼活动中的公职人员违法行为，也并非对人的制裁毫无力度。任何规则，如果只对事不对人，即责任无法落实到个人，规则的约束力都会走向虚无。在监察体制改革与刑事司法改革程序衔接的基础之上，都保留了检察机关对职务犯罪行为主体的机动侦查权。机动侦查权的功能定位是适时监督，寻求个案正义①。对于涉嫌犯罪的公职人员，检察机关有权基于诉讼监督权，对其实施必要的临时性人身制裁。这表现为检察机关实施检察建议后，如果侦查人员或审判人员仍然坚持诉讼违法犯罪行为，检察机关可以依据刑事诉讼法的相关规定，对违法的公职人员实施机动性侦查措施。

2. 事前监督与事后监督：检察机关法律监督时机的合理调试。检察机关法律监督的一个显著特点是监督的滞后性，即违法行为发生之后，检察机关基于报案材料或依职权调查，对业已产生的违法问题实施法律监督。但是，法律监督不仅要强化事后的惩戒功能，而且要建立一道防止越权和滥权行为的防火墙②，增进法律监督的预防功能。实现该功能的路径，莫过于强化事前监督的预防力度。检察机关法律监督权的实质性制裁权能，一是提升法律监督权的权力位阶，二是通过具体惩戒案例对潜在的违法行为形成震慑作用。

需要注意的是，检察权能中的民事和行政公诉权能也是法律监督时机前置的一种映射。将公诉权的行使范围从刑事案件扩展到民事和行政案件，特别是对侵害公益或对公益有危险时，应当降格适用公益诉讼的起诉标准，对公益诉讼等现代型诉讼的起诉标准应作出特殊规定③，并积极拓宽公益维护的救济主体范围。最为典型的就是环境民事公益诉讼，并不要求实际形成了环境污染损害事实，只要有环境污染的必然风险即可。检察机关对危害公益的行为提起公诉，亦是发挥预防潜在危害公共利益行为的法律监督功能。而且，检察机关仍在积极探索事前预防功能的途径，对一般社会主体违法行为的法律监督，即对公民守法行为法律监督，正在跳脱事后监督的悖论圈，在检察权向一般社会主

---

① 董坤：《检察机关机动侦查权研究——从 2018 年修改的《刑事诉讼法》第十九条第 2 款切入》，载《暨南学报（哲学社会科学版）》2019 年第 1 期。

② 陈云生：《法律监督的价值与功能》，载《法学杂志》2009 年第 10 期。

③ 王翠敏：《美国环境公益诉讼起诉标准上的回归与启示》，载《云南大学学报（法学版）》2013 年第 1 期。

体法律监督转型之后,可以有更多精力、更少风险来践行法律监督者的角色。

3. 诉讼监督与诉外监督:检察机关法律监督范围的司法突破。我国检察机关法律监督限狭于诉讼监督,是基于国家机关权力博弈的衡平需要,也是从检察机关业务行使的现实考量。但是,检察机关法律监督的权力属性,加之新监察制度下的检察机关权能变迁,检察权能由诉讼监督向诉外监督的权力渴望和业务宿愿日益引起关注。"四大检察"业务改革的实践表明,检察机关正在积极寻求法律监督范围的司法突破。

检察权能由诉讼监督向诉外监督拓展路径,主要有两条:其一,直接作为一般社会主体的角色,对违法主体实施法律监督,表现为公益诉讼标准的降格适用,即公益诉讼的预防功能,实质上是对司法之外公民守法行为的法律监督。其二,新监察制度下的检察机关作为主要对一般社会主体实施监督的法律监督机关,形式上规避了与其他公权力之间的冲突风险,因此可以逐步尝试跳脱诉讼监督的桎梏,积极做好守法行为法律监督者角色,真正让检察机关走向基层、贴近生活。检察机关对守法行为的监督,应当完善派出检察制度的现有规制,规范和发展基层派出检察室制度,延伸检察机关法律监督触角和促进检力下沉①,强化基层检察人员的法律监督能动性,做好守法宣传和接收报案材料的本职工作。

总而言之"四大检察"权能改革目标是要实现检察权的聚合效应,检察机关的法律监督一元化权力属性是检察一体化的前提和基础,公益诉讼检察和刑事诉讼检察又代表着检察权发展的新兴型和砥柱型权力。国家法律监督权分设改革对于检察权来说既是挑战也是机遇,"四大检察"之改革正是抓住权力革新机遇,从权力本源证成检察权存续和发展的价值。检察权在改革中必然会遇到不同的声音和阻力,但是,检察权的法律监督和"护诉为民"的价值不会消失,也定能在改革中走得更远。

(原载于《政法论丛》2020年第5期)

---

① 胡常龙:《走向理性化的派驻检察室制度》,载《政法论丛》2016年第3期。

"捕诉一体"与刑事检察权运行机制改革再思考[*]

叶 青[**]

我国新一轮司法改革以来,检察机关经历了深刻的理念更新、职能调整、机构改革,三方面相辅相成,至今方兴未艾。新时代刑事检察工作应当以捕诉一体为突破口,重构、优化检察权运行机制,促进司法公正和司法效率在更高层次上实现有机统一。

2018年以来,最高人民检察院以"捕诉合一"为突破口,在全国范围内推动内设机构系统性、整体性、重构性改革,迄今已初具规模。与此前开展的"捕诉合一"理论探索、局部地区试点时不同,当"四大检察""十大业务"等改革设想由上而下落地生根、运行半年有余以后,我们对于捕诉关系以及刑事检察未来发展道路的思考已可跳出聚焦于利弊之辨的"沙盘推演",[①] 转而以鲜活的司法实践检视相关机制创新的价值成就。

一、新时代刑事检察职能配置述评

2018年12月,最高人民检察院推出以"捕诉合一"为突出特征之一的"十大检察厅"内设机构改革方案,并要求省级以下人民检察院在今年内全面落实、上下贯通。根据最高人民检察院的改革方案,所谓"捕诉合一",可以归纳为对于本院管辖的同一刑事案件的适时介入、审查逮捕、延长侦查羁押期限审查、审查起诉、出庭公诉、诉讼监督等办案工作,原则上由检察机关同一

---

[*] 本文系作者主持的最高人民检察院2019年度检察理论研究重点课题"捕诉一体运行机制实证研究"(GJ2019B05)阶段性研究成果。

[**] 华东政法大学校长、教授、博士生导师。

[①] 在2018年兴起的最新一轮有关"捕诉合一"的讨论中,支持、反对的两方观点针锋相对。参见张建伟:《"捕诉合一"的改革是一项危险的抉择?——检察机关"捕诉合一"之利弊分析》,载《中国刑事法杂志》2018年第4期;参见谢小剑:《检察机关"捕诉合一"改革质疑》,载《东方法学》2018年第6期。

办案部门的同一承办检察官办理。① 不难发现,"捕诉合一"着眼于内设机构、检察职能的归并,突出检察官办案主体地位,与深化党和国家机构改革提出的"一类事项由一个部门统筹,一件事情由一个部门负责"的精神一脉相承。也正是在此意义上,笔者认为"捕诉合一"不单纯是检察机关自生自发的一场内部改革,更应提升至国家治理体系和治理能力现代化改革的高度,理解其时代背景和深远影响。

其一,"捕诉合一"是检察机关内设机构改革的前提。恢复重建以后,检察机关对应刑事诉讼法规定的立案侦查、审查逮捕、审查起诉、执行、再审(申诉)等前后相继的诉讼环节,在组织架构上分别设立不同职能的刑事检察部门,再加上偏重反贪的总体工作思路,使得检察机关"重刑轻民"倾向十分明显。职务犯罪侦查与预防部门转隶至国家监察机关后,如果延续上述机构设置的思路,则改革几乎没有多少腾挪空间,也与中央提出的机构改革总体思路有所出入。"捕诉合一"的再度提出,恰好为检察机关转变制度逻辑、重整业务格局提供了基础。

其二,"捕诉合一"是对刑事检察职能的重新配置。2018年度我国刑事法理论和实务界最为热门的话题之一是批准(决定)逮捕这项影响公民基本权利的公权力该配置给哪个机关、哪个部门更合适。一种较为务实的观点是,"捕诉合一"有利有弊,学理上分析弊大于利;但在中国特定制度背景之下的操作实践看,也许利大于弊。② 笔者同意这一论断,同时认为以捕、诉二者为代表的刑事检察职能"多合一",是本轮检察改革的一大突破性变革。这里要注意的是,此种"多合一"并未改变刑事法定程序和相应的办案标准,检察机关必须遵循程序正义原则,按照每一种检察职能所对应的程序规范行使检察权。

其三,"捕诉合一"是刑事检察未来发展的基础。当组织架构重建和机构职能调整完成后,如何发挥新机制下刑事检察权对司法公正和效率的促进、保障作用,就成了摆在理论和实务界面前的一个新课题。"捕诉合一"不仅是内设机构和若干职能的合并,更重要的是其对检察队伍专业化建设、司法责任制完善、公检法三机关关系等方面均具有溢出效应。

---

① 根据2018年10月修改后的《人民检察院组织法》第28条,检察机关的办案组织分为独任检察官、检察官办案组两种形式,实务中还有"办案团队"等较为通俗的称呼。本文为论述方便,以"承办检察官"这一实务界沿用多年的称谓指代行使检察权并承担相应司法责任的检察机关办案主体,包括但不限于检察长、副检察长、检察委员会委员、检察员等检察官以及由两名以上检察官组成的检察官办案组。

② 参见龙宗智:《检察机关内部机构及功能设置研究》,载《法学家》2018年第1期。

就笔者先后深入到 S 市四个试点基层检察院的情况看,"捕诉合一"相较于"捕诉分离"的优势在于:一是避免重复劳动,促进审案效率提升。承办普通刑事案件的第一检察部,用相当于试点前侦监、公诉、未检三个部门 50% 的办案力量,承办了相当于原侦监、公诉部门 80% 以上的案件量以及全部未检工作。2019 年上半年,这四个基层院审查起诉平均结案时间为 34.4 天,同比减少近四成,该部审查起诉平均用时为 23.8 天,较之前的 38.7 天,减少 38.6%(14.9 天);二是避免监督空窗,促进大控方格局构建。捕后侦查引导加强,表现在对于证据尚存在瑕疵或不足的案件,检察官基于后续起诉的需要,也更加重视捕后诉前的引导督促,审查逮捕案件和相对不捕案件制作继续侦查取证意见书的数量大幅增加,其中 H 区院上升比例分别为 86.2% 和 800%(原为 0,现为 8)。且补侦要求总体趋于细致化,更有针对性和操作性。督促移诉效果显现,对于报捕时即事实清楚、证据充分的简单案件,捕后督促移诉增多,最短的捕后 4 个工作日即移送起诉;① 三是诉监适度分离,促进监督发力。诉监适度分离与"捕诉合一",过程上同步推进、关系上互为因果,既弥补了捕诉部门无暇开展立案监督、前端监督、类案监督的短板,也为捕诉部门强化随案监督腾出了精力。以 H 区院 2018 年 7 月至 2019 年 6 月办案数据为例,新设立的第二检察部监督公安机关立案 4 件,撤案 26 件,制发纠违通知书 3 份,制发情况通报 52 份,制发检察建议 7 份。可以说,自内设机构改革以来,变静态审查为主动出击,加大监督线索调查核实力度,有效激活了调查核实权;四是理念更新,促进少捕慎押。"捕诉合一"后更加强调对"社会危险性"条件的科学把握,承办检察官有意识改变"构罪即捕"理念,摒弃"以捕代侦"的习惯做法。笔者调研时注意到,羁押必要性审查机制被主动激活了,H 区院 2018 年 7 月至 2019 年 6 月间,共立案审查 141 人,同比上升 78.5%,提出变更强制措施或释放建议 135 人,占到建议数的 100%,同比上升 5.3%。被采纳建议中,各个阶段相对均衡,属于侦查阶段的 33 人,占 24.5%;属于审查起诉阶段的 47 人,占 34.8%;属于审判阶段的 55 人,占 40.7%。从其他 3 个区院调研的情况看,呈同态化,并没有出现反对"捕诉合一"观点最担心的,案件承办检察官会基于审查起诉立场,倾向"构罪即捕",进而导致审前羁押率上升或者审前羁押过长影响量刑的现象。这 4 个

---

① 在当前疫情防控的特殊时期,"捕诉一体"办案机制被专家学者认为,无论是在提前介入案件,加快办案进程方面,还是在引导侦查机关及时调取关键证据,严格把好证据关、事实关、法律适用关,并对侦查活动是否违法进行法律监督等方面均发挥了积极的作用。参见陈章:《以程序法治保障实体正义依法从快从严办理涉疫刑事案件》,载《检察日报》2020 年 3 月 13 日,第 3 版。

试点区院,自实行"捕诉合一"办案模式后,由于负责起诉的检察官在批准逮捕阶段已经及时跟进案件办理,对整个案件的事实、证据均十分熟悉,通过引导侦查补充证据,为审查起诉作好了充分准备,相反有效地减少了退回补充侦查的概率,较之以往,大大地缩短了审前羁押期限;五是增大刑辩律师辩护空间,促进人权保障。在刑事辩护领域,犯罪嫌疑人从拘留到逮捕的37天被称为"黄金救援时间"。现在"捕诉合一"后,由于批捕、起诉由同一名检察官负责,辩护律师只需要联系一名检察官表达辩护意见,不仅减少了沟通成本,保持了辩护的持续性和一致性,在一些证据薄弱、"可捕可不捕"的案子中,如果辩护律师的辩护意见具有足够说服力,也增加了审查批捕阶段不批捕的可能性,凸显了辩护效果。但是,笔者认为,"捕诉合一"改革远未到"功德圆满"的时候,优化刑事检察权运行机制,强化新时代法律监督还有许多新难题等待破解。"捕诉合一"后刑事检察工作遇到的难题至少表现在以下三个方面:

第一,时间管理难题。就单个案件而言,同一承办检察官"一竿子插到底",从适时介入直至出庭公诉负责到底,能够保持对案件的把控程度和执法尺度的统一,相较"捕诉分离"可以提升办案效率。但司法现状是,一方面,一名检察官同时承办多起、多类案件已成刑事检察工作常态,且每个案件所处诉讼阶段、法定办案期限、繁简程度不可能整齐划一;另一方面,根据司法亲历性的要求,承办检察官需要分配必要的时间依法开展阅卷、提讯、复核在案证据、公开审查等工作。此种情形下,时间管理能力成为必备工作技能,一旦办案时间分配失当就有可能导致工作节奏拖沓、法定办案期限告急,从而消解"捕诉合一"改革的一项主要价值,即司法效率。

第二,证明标准之惑。《刑事诉讼法》第81条规定,逮捕以"有证据证明有犯罪事实"作为事实证明标准。一般认为,该标准低于侦查终结、提起公诉、作出有罪判决通用的证明标准,即"犯罪事实清楚,证据确实、充分"。但是,从司法实务角度看,如何把握逮捕的证明标准至今尚未形成具有说服力的通行做法。一种可期待的做法是用法院判决结果倒推批准逮捕的质量,即首要的审视对象就是事实认定正确与否。有地方试行以后似乎效果不错。[①] 笔者认为,"以审判为中心"并不意味着要以法院的裁判来评价刑事审前程序中的逮捕质量,公正这一司法价值的核心命题在不同诉讼阶段具有不同的面相,解决逮捕证明标准之惑确乎需要理论、实践双管齐下,但最主要的还

---

① 参见郭烁:《适应鲜活实践彰显"捕诉合一"价值》,载《检察日报》2018年7月12日,第3版。

是通过指导性案例、检察官释法说理等途径，逐步明确、细化逮捕的事实要件、刑罚要件的证明标准。对于羁押必要性或者说社会危险性要件则可借诸类似于自由证明的方法，以优势证据标准来指导司法实践，不失为可行之策。

第三，资源分配失衡。检察机关内设机构改革甫定，机构、人员现虽已调整到位，但执法理念、办案素能一时难以跟上的现象客观存在。例如，改革后刑事检察部门新增了传统上由控告申诉检察部门负责的刑事申诉案件办理任务，这让大部分长期从事批捕、起诉业务的检察人员感到十分陌生。如何研判来自非法律人士（当事人）所写的或冗长或杂乱的信访材料，在快速进行繁简分流的基础上确定申诉人的诉求要点、审查原生效法律决定的依据，将法言法语、说理精微的司法审查决定用老百姓听得懂的语言答复信访群众，是许多承办检察官从未接触的领域，能力短板在一段时期内将较为突出，不可避免地存在。换言之，改革前控告申诉检察部门的职责被分解给"四大检察"相关业务部门后，司法资源配置格局并未随之同步调整，这就有可能加剧原本就存在的检察人员办案素能参差不齐问题，影响同一检察部门、承办检察官所承担的各项刑事检察职能的充分发挥。

笔者认为，在诸多司法改革举措并行，人民群众对刑事司法工作产生新期待的当下，已经随着检察机关内设机构而定型的"捕诉合一"完成了"物理整合"的历史使命，但尚不足以引领刑事检察"化学反应"的未来发展，我们应当将视域放宽，运用系统论的观点深入探究改革后刑事检察权的组成要素及其运行方式，立足"捕诉一体"立场将检察改革推至新阶段、新高度，确保法定诉讼程序和刑事司法体系得以顺利运行。

二、"捕诉一体"基本问题探讨

无论是司法体制改革还是办案机制完善，功能价值分析都必不可少。如果说改革之初提出的"捕诉合一"主要着眼于从组织架构、职能配置等相对静态的体制层面建章立制、克服"捕诉分离"弊端的话，那么本文所论的"捕诉一体"侧重于检察权整体运行的基本立场及其所产生的对外效果问题。所谓"捕诉一体"，是指在审查逮捕、审查起诉、诉讼监督等诸项职能由同一部门的同一承办检察官行使的基础上，检察机关秉持客观公正立场，发挥检察一体和专业化办案等制度优势，综合运用各项法定职能维护司法公正、强化法律监督。具体而言，"捕诉一体"包含以下四个方面的要素：

第一，坚持客观公正立场。联合国第八届预防犯罪和罪犯待遇大会于1990年9月7日通过的《关于检察官作用的准则》第13条要求，检察官在刑事诉讼中应不偏不倚地履行其职能，保证公众利益，按照客观标准行事，适当考虑到嫌疑犯和受害者的立场,并注意到一切有关的情况,无论是否对嫌疑犯有利或不利。① 我国刑事诉讼法律、刑事司法政策和检察系统也向来要求包括检察官在内的刑事司法工作人员本着实事求是、有错必纠的立场行事。但是,1996年刑事诉讼法修改引入抗辩式审判因素以来,关于"谁来监督监督者"、公诉权是司法权还是行政权等检察学基础理论问题在社会各界争论不已,有相当一部分论者认为检察机关难掩其追诉犯罪冲动,对有利被追诉人的事实、证据、法律适用等问题以及诉讼监督职能行使关注不够,公诉权应归入行政权或者准行政权的范畴。这种观点的潜台词或许是,刑事司法公正主要依靠控辩对抗、法官居中裁断的审判场域来实现,检察官只是一方诉讼当事人。也是基于上述理由,在2018年的大讨论中,有论者认为"捕诉合一"是危险的选择。

然而,司法竞技主义与我国的法律文化传统和现行司法制度存在相当距离,希冀复制英美法系国家诉讼制度不具有现实可能性。况且迟到的正义已非正义,如果可以在刑事审前程序通过特定机制实现司法公正与效率,就完全不必拖延至审判阶段去解决。以审判为中心的刑事诉讼制度改革以后,处于侦查、审判"中间层"的检察官如何确定行使检察权的立场,其答案还需从横向、纵向多维度寻找。2019年4月修改后《检察官法》第5条规定,检察官履行职责,应当以事实为根据,以法律为准绳,秉持客观公正的立场。检察官办理刑事案件,应当严格坚持罪刑法定原则,尊重和保障人权,既要追诉犯罪,也要保障无罪的人不受刑事追究。这一原则规定,与前述联合国1990年《关于检察官作用的准则》遥相呼应,是"捕诉一体"条件下检察官办案的根本遵循。检察官无论行使传统意义上的诉讼职权还是监督职权,均应以客观公正作为基本立场。那种认为检察官追诉时以惩罚犯罪价值为先,监督时以司法公正价值为要的旧观念已不再有法制依据。落实到检察实务中,便是审查逮捕时对于案件实体问题和羁押必要性问题应当并重,审查起诉时要考虑有利或不利于双方当事人的各种因素,诉讼监督时则须跳出诉讼当事人的视角限制,以法律秩序的和平性、社会公共利益以及案件事实真相为追求。

第二,发挥主导作用。2018年10月修改后的刑事诉讼法吸收了此前在18个城市试点两年的认罪认罚从宽制度的主要内容,由此检察官在刑事司法中发挥主导作用、行使"准法官"职责具有坚实的法治基础。根据修改后刑事诉讼法,参考试点经验,检察官在"捕诉一体"体制下的主导作用突出表现在以下两个方面:

---

① 参见《关于检察官作用的准则》,https://www.un.org/zh/documents/treaty/?les/OHCHR-1990-3.shtml("联合国·联合国公约与宣言检索系统"),2019年8月3日访问。

一是运用认罪认罚从宽制度办理刑事案件。检察官不仅在传统上被视为其"主场"的审查起诉阶段，通过告知权利、听取双方当事人意见、释法说理，促成加害方与被害方和解、赔偿，依法提出量刑建议，而且可以在适时介入、审查逮捕时即告知当事人相关诉讼权利，引导侦查机关积极运用该制度收集证据、促进社会矛盾化解；在延长侦查羁押期限审查期间，重点关注侦查活动进展和当事人态度变化，对于已经符合起诉条件的，不批准延长期限并建议侦查机关尽快移送审查起诉；在审判阶段，公诉人围绕认罪认罚合法性、自愿性这一核心问题，履行指控犯罪、法庭教育等职能，确保量刑建议被法院所认可。总之，在认罪认罚从宽制度实践中，检察官应当让正义以看得见的方式充分、迅速实现。

二是更为积极地运用不起诉制度。"捕诉一体"叠加司法责任制改革效应，使得检察官办案主体地位越发突出，其与检察长责任制一道，构成了我国检察机关司法责任制的基本内容。对于经过侦查、起诉两个诉讼环节的调查取证、法律审查仍然不符合起诉条件的案件，检察官依法可以运用不起诉制度作出终结性处理。但以往由于种种主客观原因，更主要的是由于司法理念上的自我设限，不起诉制度没有充分发挥其预设功能。司法改革以来，我国检察机关积极落实宽严相济刑事司法政策，承办检察官以更加有为、担当、负责的姿态把好审前程序的入罪分流关口，以正当防卫案件为突破口，大胆适用不起诉制度，激活了沉睡已久的刑法条文，引领"法不能向不法让步"的社会风尚，这样处理被普遍地认为既有利于制止不法侵害行为，又有利于保障公民正当权益，更有利于维护公民人身权利和安全。如 2018 年 12 月，最高人民检察院发布第十二批指导性案例，于海明正当防卫案（即"江苏昆山龙哥案"）等社会反响强烈的案例入选。此后，各地检察机关以不起诉制度办结了"河北涞源反杀案"等一批有影响的案件，使刑事诉讼法所规定的不起诉制度在新的历史时期焕发出了蓬勃生机和活力。

第三，强化法律监督力度。根据国家宪法法律规定，我国检察机关对刑事诉讼活动实施法律监督。诉讼监督是刑事司法实践中关注度极高的问题之一，其直接关系到诉讼的顺利进行、当事人合法权益的有效保障以及司法公正、公信力的全面实现，从全局看还关系到全面依法治国方略的实施。在多年前兴起的学术讨论中，关于检察机关诉讼职权和诉讼监督职权能否分离、诉讼业务机构和监督业务机构能否分设的问题催生了不同的学术观点和检察改革方案。[①]例如，北京市检察机关近几年单设诉讼监督部门，与公诉、审查逮捕等业务部

---

① 参见龙宗智：《检察机关内部机构及功能设置研究》，载《法学家》2018 年第 1 期。

门并行;天津市检察机关则将诉讼、监督职权融合于同一业务部门,由同一承办检察官行使相应职权。按照"捕诉一体"机制,"监督中办案,办案中监督"理念指导下的诉讼监督工作,将诉讼(办案)、监督作为检察权的一体两面,检察官在审查逮捕、延长侦查羁押期限审查、审查起诉、退回补充侦查、非法证据排除等诉讼活动中,其诉讼行为目的和效能均一方面着力于惩治犯罪,另一方面着眼于对侦查活动实施法律监督,实现对侦查权的控制,二者相互结合,共同发力;履行审判监督、申诉审查职能时,则须面向审判活动进行法律监督,超脱于"指控成败""判刑轻重"等当事人视角下的公诉工作评判标准。

在以往的学术讨论中,有一种观点是"捕诉一体"后检察官为了指控便利会容让违法侦查行为,导致诉讼监督力度下降。笔者认为,无论是从理论上看还是揆诸司法实践,都恰恰相反,"捕诉一体"使得检察官对于侦查行为合法性问题更为敏感,依法调查核实、排除非法证据的动力更为充足,这是因为"捕诉一体"后检察官一面连着侦查,一面参与庭审,侦查的瑕疵、程序违法问题如被不当容让,均会经由同一承办检察官之手传导至法庭,证明不力的后果也最先为该检察官所感知、承受。因此,应该有这样的认识,那就是虽然审查起诉是检察权行使的标志性阶段,但法庭才是检验案件质量的最终环节;在侦查、审查逮捕、延长侦查羁押期限审查、审查起诉、出庭公诉等不同诉讼环节,检察官的职责内容统一于法律监督职责使命。

第四,丰富检察一体内涵。经过5年来的新一轮司法改革,我国检察权的运行机制已基本形成了由"单一制"向"双轨制"格局的演变,即从检察长负责制下的"三级审批制"发展为检察长负责制与检察官办案责任制并行。这一点在刑事检察领域体现得尤为明显。得益于员额制、权力清单制度、"捕诉一体"等改革举措,当前的刑事检察官拥有了相对独立的办案职权,这符合司法规律和检察工作规律。在突出检察官办案主体地位的同时,司法改革顶层设计没有否定检察一体化原则,而是在新修订的人民检察院组织法和司法实务中赋予其新的内涵。所谓检察(工作)一体化,是指检察机关"上下统一、横向协作、内部整合、总体统筹"。① 与审判权运行机制相比,检察权运行机制的一大突出特点就是检察长在必要时可以对检察官办案决定依法进行复核、干预乃至直接改变;上级检察机关对下级检察机关不适当的决定既可以指令撤销或者改变,也可以直接撤销或者改变。有鉴于此,充分发挥"捕诉一体"优势,优质高效办理捕诉案件,既是某一检察院、业务部门、检察官的理性选

---

① 参见龙宗智:《论检察》,中国检察出版社2013年版,第214页。

择,也是对具有上下级领导关系的检察系统整体所提的要求。有别于以往侦查监督、公诉、控告申诉等部门并立,各级检察机关各业务条线条块分割式的办案、业务指导模式,"捕诉一体"以后"一类事项由一个部门统筹,一件事情由一个部门负责",辅之以人民检察院组织法规定的办案组织形式、人员调用制度,① 检察机关既能够在本级机关范围内灵活调配人力资源承办案件,又可以藉由检察一体化体制优势统一调用辖区资源满足个案办理需要,以及某一地区特定时期的"异地用检""人才输血"需求。如此,非但前文所述的检察官在刑事诉讼中的主导作用、诉讼监督力度能够更为稳定可期,全国范围内的检察官队伍建设和司法办案规范化工作也得到新的助力。②

三、基于"捕诉一体"的刑事检察革新

组织法层面的捕诉关系调整以后,诉讼法视域内的刑事检察权运行机制乃至审前程序形态都已经并将继续发生明显改变。为了全面落实以审判为中心的刑事诉讼制度改革,刑事检察应在以下四方面作出革新:

第一,确立比例原则,对于审查逮捕的公正性给予更为明确的保障。检察官负有客观公正义务,既不能偏向侦查,也不应偏向辩方,而是依法独立作出判断。为了进一步强化司法人权保障,要全力克服以往存在的"批捕绑架公诉"现象,打破"捕了就得诉,诉了就得判"传导链条,卸下"捕诉一体"后检察官在捕后是否应当一律起诉问题上可能"自我否定,自我矛盾"的思想枷锁。其中,最为重要的是从源头上坚决反对"构罪即捕"的旧观念,扭转司法人员的羁押偏好,真正落实刑事诉讼法所规定的逮捕条件以及宽严相济

---

① 2019年1月1日起施行的《人民检察院组织法》第24条:"上级人民检察院对下级人民检察院行使下列职权:……(四)可以统一调用辖区的检察人员办理案件。上级人民检察院的决定,应当以书面形式作出。"第28条:"人民检察院办理案件,根据案件情况可以由一名检察官独任办理,也可以由两名以上检察官组成办案组办理。由检察官办案组办理的,检察长应当指定一名检察官担任主办检察官,组织、指挥办案组办理案件。"

② 2018年度,鉴于新疆反恐维稳任务繁重,最高人民检察院部署从西北四省区选派60名检察业务骨干支援新疆。近年来类似的紧缺急需检察业务"组团式"援助,使新疆检察的业务素质和办案水平有了很大提高。参见潘从武、何海燕、王晨:《检察援疆助力新疆长治久安》,http://www.spp.gov.cn/spp/zdgz/201810/t20181015_395259.shtml("中华人民共和国最高人民检察院·重点推荐"),2019年8月4日访问。

刑事司法政策对于"可捕可不捕的，不捕"要求。① 一种可以考虑的措施是引入源自德国公法的"比例原则"，在进行审查逮捕时依次考虑适当性、必要性和狭义比例原则，选择最为符合法律目的、手段最为温和、手段与所要实现的目标相称的司法处理方式。②

当然，立法已有规定，理念也已更新以后，相应的配套措施也要及时跟上，使得检察官能够放心大胆地不批准逮捕。例如，对于不批准逮捕后取保候审的人员，除了加大预算投入、普遍采取电子监控等技术手段以外，公安机关执行力量（实务中主要是犯罪嫌疑人户籍地派出所警力）也要同比例增加投入，确保社会面管控力度。如此，检察官对事实清楚的案件作出相对不捕的决定会更有底气；对事实不清的案件作出存疑不捕的决定也会更有动力，而不必迁就侦查需要勉强作出批捕决定。根据新近的一次司法统计，在实施"捕诉一体"的某经济社会发展发达地区，审前羁押率逐年下降，近年来已连续低于50%，③ 这无疑是各方都乐见其成的好事，未来的刑事检察工作所要做的就是在全国范围内实现强制措施层面的轻缓化。

第二，推进量刑建议精准化建设，将相对不起诉工作做成精细司法典范。自开展认罪认罚从宽制度试点以来，我国检察机关对于量刑建议精准化的认识不断深化，检察官提出量刑建议正逐步成为司法办案中的"必选动作"而非改革前的"可选项"。但是与法院的量刑规范化工作相比，检察实务中确定型建议少、相对确定（幅度型）建议多，附加刑建议精准度不够等问题不同程度存在，影响了犯罪嫌疑人、被告人、辩护人对于参加这项试点的热情以及辩方对自身诉讼行为、结果的合理预期，反映出检察官对于量刑建议权与法院审判权界限的认识还带有一定模糊性。前段时间，对认罪认罚从宽后又以量刑过重为由上诉的案件，检察机关能否提出抗诉问题引起广泛争议，集中反映了各方对于认罪认罚从宽制度的立法目的、实践价值、检法两家权力性质认识还不统一，其中很重要的一个症结就是检察机关量刑建议本身精准化程度还停留在犯罪事实与量刑情节"加加减减"的初级阶段，关于量刑的法庭举证、论证

---

① 在十余年前进行的一次实证调研中，有学者就发现即使是在"双向保护"做得较好的未成年人司法领域，公安、检察人员对于是否具有逮捕必要性的判断仍然受其自身羁押偏好的影响，而与实质推理、规范等置法律素养关系不大，犯罪嫌疑人一方提出的符合法律规定的申请取保候审条件并未促使司法人员作出相应改变。参见雷小政：《刑事诉讼法学方法论·导论》，北京大学出版社2009年版，第167—170页。

② 参见陈景辉：《比例原则的普遍化与基本权利的性质》，载《中国法学》2017年第5期。

③ 参见李乐平：《捕诉合一的优势与实践价值——以江苏省无锡市检察机关捕诉办案实践为样本》，载《人民检察》2018年第18期。

说理、价值阐释不够，无法得到法院和辩方的完全认同。下一步如何借力大数据、人工智能辅助办案系统提升量刑建议的科学化程度，是检察机关需要着力破解的技术难题。

与量刑建议工作存在的问题相类似的，尽管检察机关以法定不起诉制度激活了沉睡已久的刑法所规定的正当防卫条款，但是从总体上看，适用相对不起诉制度办结刑事案件的标准还较为原则、抽象，无法满足实践中对常见罪名类案适用不起诉制度的需求，这也是承办检察官不愿适用该制度的一个重要原因。据悉，北京、上海等地检察机关已经在酝酿出台常见罪名类案的不起诉标准，笔者希望这一改革能够高起点、严要求，让检察机关的不起诉权力运行在公开、公正的法治轨道上，使之成为精细司法的典范。

第三，加强刑事诉讼程序内的制约机制，减弱行政化的内部制约环节。"捕诉一体"以后，检察官手中权力变得更为集中，出于对滥权、怠政的警惕，新型的检察权制约机制亟待建立。检察机关办案模式的改革方向是实行检察官办案责任制，即在检察长的领导下，承办检察官对职权范围内或者经检察长授权的事项，依法独立行使决定权，并承担相应司法责任。以往依靠"三级审批"的内部行政化管理模式实现对办案质量层层监督的做法，已经被否弃。笔者在调研座谈时，注意到有一些检察官提出，"扶上马"以后是否还需要"送一程"，对于检察官所作办案决定由相关组织、人员按照一定制度渠道予以复核、把关。平心而论，完善司法责任制固然是强化司法人员责任的制度性创新，但绝不意味着落实了司法责任制就什么问题都解决了，实务中屡见不鲜的司法人员职务犯罪现象，尤其是扫黑除恶专项斗争中暴露出来的司法人员充当"保护伞"问题，严重损害了司法作为社会正义最后一道防线的公信力，上述担心不无道理。不过，检察委员会、检察官联席会议、案件质量评查、检务督察等检察机关内部机制已经对办案决策质量、司法责任落实、廉政风险防控等给予较为周全的保障，①叠床架屋地加设复核把关环节，无疑又走上了变相的"三级审批"老路，殊不足取。在"捕诉一体"的办案模式下，同一承办检察官既审查逮捕又审查起诉"一办到底"，在强化指控、提升办案效率的同时，确也存在权力失范失控和滥用等风险问题。笔者以为，对此，应当着力完善侦查机关、当事人复议、复核、申诉制度，创新人民监督员制度，将检察权的运行过程和结果置于其他公权力主体、诉讼参与人的制约之下，并将此种制约纳入法定程序，赋予其程序法上的意义，而非检察机关内部管理、纪律处

---

① 参见林中明、钱宇文：《上海长宁：出台"捕诉一体"廉政风险防控机制》，载《检察日报》2019年8月18日，第1版。

分的范畴。

第四,实现专业化建设。近年来,检察机关加大了专业化建设力度。司法需要专业知识、专业技能,从一般意义上来说,专业化建设无疑是正确和必要的,但本轮改革中的检察机关"专业化建设"有其特定内涵,那就是按照刑法分则章节分别设立业务部门,全面推行"捕诉一体",以适应当前追究犯罪的实际需要。对于这一"专业化建设"思路,有论者认为案件类型专业化和业务类型专业化都是专业化,"捕诉合一"并不是"专业化"的唯一形式。① 笔者认为,从务实的立场看,"捕诉一体"相较"捕诉分离"更有利于实现类案办理专业化和职业培训专业化,内设机构改革以来蓬勃展开的检察机关"四大检察"专业化培训活动便是明证。与此同时,类案办理专业化不能抹煞业务类型专业化,批捕、起诉、申诉业务的专业化要求各不相同,检察官需要掌握的相关办案技能主要是证据规则等程序法内容。因此,对于检察机关"专业化"建设的较为全面理解可能是,既要加强批捕、公诉、诉讼监督、申诉等程序法意义上的专业化刑事检察素养的传承、提高,又要着力提升刑法专业方面的专业化水准,让每一个检察官都成为刑法相应领域的精英化人才。

需要注意的是,"专业化"建设在现行发展阶段应当主要聚焦于法学专业领域,而不应盲目追求铺摊子,在经济、金融、网络、环保、知识产权等领域"遍地开花",要求检察官成为"一专多能"的"全科"型人才。笔者之所以有此论断,理由主要有二:一是随着法学教育的普及和人员迭代,青年法学人才已经成为检察队伍的主要组成部分,对于这些有着基本学术训练的青年法律人来说,提升刑法、刑事诉讼法意义上的检察工作专业化水准显然是当务之急,这一点在2018年修改后的刑事诉讼法实施以来检察机关自侦队伍建设方面表现得尤为明显;二是在社会分工日益细化、犯罪智能化程度渐升的时代大背景下,司法人员"半瓶醋"式的跨界"专业化"已经无法满足司法办案,尤其是庭审对抗的需要,对于专业性强的案件需要的是实现在该领域内真正的"专业化",术业有专攻,这在轰动一时的"快播案"第一次庭审中展现得淋漓尽致。为了平衡日常办案压力以及新类型、新领域案件办理需求之间的张力,应当巩固发展"有专门知识的人"参与办案制度②,按照专业化、公信力等指标推动建立"有专门知识的人"推荐名单库,吸收环保、税务等政府主

---

① 参见万毅:《检察权运行的改革调整》,载《中国检察官》2018年第8期。
② 2012年刑事诉讼法修改时增加了公诉人、当事人和辩护人、诉讼代理人可以申请法庭通知有专门知识的人出庭,就鉴定人作出的鉴定意见提出意见的规定。具体参见《刑事诉讼法》第197条第2款、第3款。

管部门人员担任特别检察官助理,将案件涉及领域的专业人员作为检察办案的"外脑",从而实现广义上的检察办案"专业化",而非检察人员个体意义上的"专业化"。

从改革历程上看,"捕诉合一"主要是内设机构和检察职能合并,"捕诉一体"则指向职能职权集中行使,二者是形式与实质的差别。"捕诉一体"更能体现检察监督职能作用的聚焦与精准发力。对于新时代检察工作而言,"做优"刑事检察不是低水平的重复过往、小修小补,而是大刀阔斧改革后的精密司法、强化监督。

(原载于《法学》2020年第7期)

"案－件比":新时代检察机关办案质效的"风向标"

董桂文[*] 郑成方[**]

准确理解"案－件比"须把握好其概念、计算方法、项目选择及目的意义,特别是其导向性、引领性、综合性、开放性、人民性。当前"案－件比"高的主要原因有:检察官的办案理念跟不上时代发展,工作开展存在顾此失彼现象,滥用延长审查起诉期限和退回补充侦查权限等。降低"案－件比"的对策在于更新检察监督理念,提高案件质量和效率,发挥提前介入、捕后引导的作用,严格把控延长审查起诉期限、退回补充侦查措施的适用,全面适用认罪认罚从宽制度,加强释法说理,努力争取案结事了等。

2020年1月9日,最高人民检察院印发了《检察机关案件质量主要评价指标》(以下简称《指标》)标志着以"案－件比"为核心的案件质量评价指标体系的"四梁八柱"基本搭建完成。在这个指标体系中,"案－件比"居于核心和引领地位"案－件比"是一个崭新的概念,由最高人民检察院张军检察长提出,简单说就是指发生在人民群众身边的案,与该案进入司法程序后所引起的有关业务活动之和相比,形成的一组对比关系。笔者有幸全程参与了"案－件比"的研究论证工作,下面以最能体现这一概念之理念和价值的审查逮捕、审查起诉工作"案－件比"为例,谈一谈初步的认识和想法,以期为广大读者全面了解"案－件比"发挥微薄之力。

一、"案－件比"提出的背景

(一)以人民为中心的发展思想是"案－件比"提出的肥沃土壤

党的十八大以来,习近平总书记多次强调以人民为中心的发展思想。以人

---

[*] 最高人民检察院案件管理办公室主任、一级高级检察官。
[**] 最高人民检察院案件管理办公室统计信息管理处副处长、三级高级检察官助理。

民为中心的发展思想,贯穿于习近平新时代中国特色社会主义思想的各个方面,包含着一系列相互联系、相辅相成的思想和观念。检察机关作为国家的法律监督机关,当然要坚持以人民为中心的发展思想,无论过去还是将来,人民性是检察权的根本属性,以人民为中心是检察机关司法办案之本。这就要求检察机关要将人民群众的中心地位体现在工作的方方面面,需要一个与人民群众司法感受相关联的评价指标体现检察业务活动的质量和效率。

(二)社会主要矛盾的变化是"案-件比"提出的时代背景

党的十九大报告指出,我国社会主要矛盾已经转化为人民日益增长的美好生活需要和不平衡不充分的发展之间的矛盾。我国社会主要矛盾的变化是关系全局的历史性变化,中国特色社会主义进入新时代,我国发展处于新的历史方位。新时代体现出新特点、新特征,其中最明显的就是人民群众在民主、法治、公平、正义、安全、环境等方面有更高水平、更丰富内涵的需求。人民群众不仅希望在每一起案件中感受到公平正义,而且期望公平正义来得更加及时、更加高效,这些都为政法机关提出了新任务、新要求。就检察机关来讲,不仅要向人民群众提供更加优质的司法产品、检察产品,而且要提供得更加及时、更加精准,让正义由不缺席向不迟到提升。检察机关迫切需要一个评价指标对人民群众新时代新需求予以正面回应。

(三)重大司法体制改革是"案-件比"提出的实践需要

司法人员的分类管理改革,是司法体制改革的核心,检察官员额制改革之后,按照员额制检察官不超过39%的标准,一线办案人员减少,在案件量逐年增加的情况下,急需提高办案效率;"捕诉一体"改革是重大办案模式变革,一名检察官既负责审查逮捕又负责审查起诉,理论上能够提高办案质量和效率,但实践中还需要具体引导;内设机构改革突出专业化建设、促进专业能力提升,但如何促动检察官更新办案理念,是面临的新课题。面对这些司法体制改革的现实挑战,司法实践需要一个科学的评价指标引领办案活动。

(四)部分业务活动的粗疏是"案-件比"提出的问题导向

根据目前法律、司法解释规定,检察机关可能参与的刑事业务活动有50余项。这里面既有像审查逮捕、审查起诉等主体业务活动,也有像退回补充侦查、延长审查起诉期限、撤回起诉、上下级院的交办移送等围绕主体业务活动而开展的其他业务活动。统计数据反映,这些围绕主体业务活动而开展的其他业务活动数量很多、工作量很大,但是不少情况下,当事人对此的感受和评价并不好。根据实地调研发现,这些业务活动有的没有开展必要,有的有开展必要却无实际效果,有的纯属因工作不到位而引发,比如有些退回补充侦查提纲非常简略,名为退回补充侦查实为借用办案时间,到期后公安机关原封不动又送回检察机关,出现了程序空转、实体不变的问题;还有的释法说理草草了事,让对方不能信服,直接引起了不必要的复议、复核、申诉,等等。正是由于这些粗疏的业务活动,增加了办案环节、延长了办案时间,降低了当事人的感受,研究提出一个科学的评价指标,向问题开刀,挤掉这些业务活动中的水分势在必行。

(五) 传统评价指标的落后是"案-件比"提出的内生动力

对检察机关业务活动的评价指标一直都有,但随着时代的发展,有些指标已经变得不合时宜,比如过去的评价指标往往重数量轻质量、重实体轻程序,这与新时代人民群众对司法产品质量、效率的更高需求已经不相适应,急需提出反映业务活动质量、效率的新指标。当然传统指标中也有反映办案质量和效率的指标,比如不捕不诉复议复核率、捕后案件不起诉率等。不可否认,这些指标在评价某一项业务活动时很有价值,但是这些指标分散于审查逮捕、审查起诉的各项具体业务活动中,反映的只是某一项业务活动的质量或效率,不能够从整体上、宏观上反映刑事办案活动的质效。另外,由于这些指标过细、专业性过强,不符合信息化时代下标示需要简单、快捷、方便的要求,所以需要一个反映检察办案质效的综合评价指标。

顺应新时代的呼唤,站在国家治理层面,"跳出检察看检察",以人民群众对司法业务活动的实际感受为出发点和落脚点,以全力提升检察官的政治素养、业务素养、职业道德素养为内生动力,以为人民群众提供更优、更实的检察产品为最终目的,最高人民检察院提出了以"案-件比"为核心的案件质量评价指标体系。这个指标体系可以反映刑事案件审查逮捕、审查起诉的整个检察过程甚至整个司法过程的办案质效,是对传统评价指标的有效继承和创新。

二、"案-件比"的概念、计算方法、项目选择和目的意义

在介绍"案-件比"概念之前,为了便于理解,先举例说明一个刑事案件可能经历的诉讼环节以及与之相关的业务活动。比如张三将李四打伤,公安机关以涉嫌故意伤害罪对张三立案侦查。首先公安机关可能提请检察机关对张三批准逮捕,检察机关批准逮捕后,公安机关继续侦查;如果检察机关不批准逮捕,公安机关可能提出复议,检察机关维持原决定,公安机关还可能向上级检察机关提出复核,张三和李四对检察机关的批捕(不批捕)决定还可以进行申诉。对于检察机关批捕的案件,公安机关一般要2个月内侦查终结,如果

不能按期侦查终结，根据案件的复杂程度，经过批准，可以3次延长侦查羁押期限。公安机关将案件侦查终结后，移送检察机关审查起诉。

检察机关收到公安机关移送审查起诉的案件后，一般要在1个月内作出是否起诉的决定，复杂的案件可以延长审查起诉期限1次，时间为半个月。如果检察机关认为证据不足，可以将案件退回公安机关补充侦查2次，每次退回补充侦查后，重新计算审查起诉期限，也可以重新延长审查起诉期限。检察机关作出起诉决定后，案件就进入法院的审判阶段。如果检察机关作出不起诉决定，公安机关可能提出复议，如果检察机关不改变原决定，公安机关还可能向上级检察机关提出复核，当事人可以提出申诉。

案件进入法院审判阶段后，检察机关还可以撤回已起诉的案件，也可以向法院建议延期审理，法院也可以将案件退回检察机关。一般案件，法院的审理期限是2至3个月，复杂案件还可以延长3个月。法院经过审理后，作出一审判决。对于一审判决，被告人可以上诉，检察机关可以抗诉，从而进入二审程序，二审作出的判决为终审判决。当事人对生效判决不服，可以申诉；法院也可以自行启动再审程序；检察机关可以启动审判监督程序提出抗诉。经过法院再次审理的案件，如果推翻原生效判决结果，比如有罪改为无罪，当事人可以申请国家赔偿。

根据我国法律有关规定，司法机关办理一起犯罪案件，一般会经历刑事侦查（含审查逮捕活动）、起诉、审判三个大的环节，就检察机关的办理环节来说，在各界比较熟悉的审查逮捕、审查起诉活动之外，还可能会经历诸如对不批捕案件或者不起诉案件的复议复核，对逮捕、起诉案件的申诉和审查起诉阶段的退回补充侦查、延长审查起诉期限以及起诉后的撤回起诉等，20多项业务活动。而每一项业务活动，都有相应的办案期限。如果一起案件将上述20多项业务活动都经历一遍，即使各业务活动之间无间隔时间，总体诉讼时限也可长达5年以上，这样的时间跨度无论是对当事人还是办案机关，都是沉重的代价和成本。毋庸置疑，法律上规定这些业务活动，都是为了查清案件事实，确保准确追诉犯罪，切实保障人权，但是如果每一个环节能够将工作做到极致，这当中有些业务活动是可以不发生或者少发生的，"案–件比"的引导价值就在于减少不必要的程序空转，更好地实现实体正义和程序正义，提升当事人的司法感受。

（一）"案–件比"的概念

"案–件比"是指发生在人民群众身边的案，与案进入司法程序后所经历的有关诉讼环节统计出来的件相比，形成的一组对比关系。简单说就是"案"的数量与"件"的数量作的一个对比。这里的"案"，是指发生在人民群众身边的案,也就是我们通常说的有一个案子在法院、在检察院等,比如张三故意伤害案。这里的"件",就是司法机关在办案过程中,在统计上作为一个个"案件"数量来统计的案件。在不同的司法机关,针对同一个当事人的同一个"案子",一般都会根据该案进入司法程序后所经历的有关诉讼环节、各项业务活动情况而统计为多个"案件"。也就是说,"件"数一般都远远多于当事人自己认为的在司法机关的那一个"案子",比如公安机关将一起刑事案件移送检察机关审查起诉,检察机关作出不起诉决定,公安机关对此提出了复议和复核。复议、复核就是针对该案在检察机关产生的更多的业务活动,统计为2件,这也就是"案-件比"中的"件"。"案-件比"中"件"数越高,说明"案"经历的业务活动越多,办案时间越长,当事人对办案活动的评价相对越低,办案的社会效果越差。准确理解"案-件比",还需要把握以下几点:

1. "案-件比"是一组对比关系,理想状态为1∶1。"案-件比"是"案"与"件"相对比并将"案"的数量取为1时,所形成的一组对比关系,前者为"案",后者为"件",不能简单地将其看作一个比值。为便于"案-件比"直观呈现办案质效,将"案-件比"的理想状态设定为1∶1,即检察机关受理1起刑事案件,通过1次终结性业务活动,就结束这起案件的诉讼,这就是理想状态,如果有必经环节,与终结性业务活动合并为1,也同样形成1∶1的理想结果。如果检察机关对一起移送审查起诉的案件作出不起诉决定后,公安机关、当事人都认可,不提出复议、复核或申诉,这起案件也就算终结了,这样就是1∶1的理想状态;如果检察机关起诉到法院后,法院作出有罪判决,有罪判决为终结性业务活动,提起公诉为必经环节,两者合并为1,也形成了1∶1的理想状态。

在计算"案-件比"时,首先将"案"的基准数纳入了"件"的集合,目的就是为了形成1∶1的关系,这里的前"1"为"案",后"1"实为各种终结性诉讼活动,包含了必经环节统计成的"件",只是在计算上用"案"的基准数做了替代。为什么不用终结性诉讼活动?主要是考虑"件"被赋予了特殊含义。在一起案件中,如果公安机关对检察机关的不起诉决定提出了复议和复核,最终检察机关还是维持了原决定,这样检察机关就增加了2项业务活动,各统计为1件,"案-件比"就变成了1∶3,办案时限上就会更长,从这个意义上理解,在"案"为1时,"件"超过1之后越高,反映的办案质效相对越差。

2. "案-件比"中1∶1之外的"件"被赋予了特殊含义。"案-件比"中的"案"比较好理解,就是指发生在人民群众身边的需要执法司法机关按照诉讼程序处理的事。但"件"的集合比较复杂,前面提到,根据目前法律、司法解释所规定的检察机关可能参与其中的刑事业务活动有50余项。这里面既包括像审查逮捕、审查起诉等检察机关被动受案的活动，也包括像对侦查活动监督这样的主动办案活动，既包括像决定起诉、决定不起诉这样必然经过的诉讼环节，也包括像对不起诉决定申诉这样非必然经过的诉讼环节；既包括像对不批捕、不起诉决定复议复核这样的诉讼环节，也包括像退回补充侦查、延长审查起诉期限这样的业务活动，等等。根据"案-件比"的设计初衷，在选择哪些业务活动纳入"件"的集合时，主要把握五个标准：

一是这项业务活动是基于审查逮捕、审查起诉工作而引起的。检察机关的法律监督权体现在刑事检察中，主要包括审查逮捕、审查起诉等业务活动和对侦查、审判等活动开展的诉讼监督业务，审查逮捕、审查起诉以及与之相关的业务活动一般理解为因公安机关移送案件而被动开展的业务活动；诉讼监督活动一般理解为检察机关主动开展的业务活动，两类业务活动开展的驱动力不同，所以不宜放在一个集合中进行评价，现在纳入"件"集合的业务活动主要是基于审查逮捕、审查起诉工作而引起的业务活动。

二是这项业务活动不是刑事诉讼的必经程序。如前所述，检察机关参与的诉讼活动，有些是必经程序，比如提起公诉、不起诉，公安机关移送审查起诉案件后，检察机关必须作出类似决定。但是，从"案-件比"的价值引导上讲，"件"是被重点挤压或者说减少的对象，所以必经环节不是"案-件比"考察的对象，而像作出起诉决定后又撤回起诉、作出不起诉决定后公安机关提出复议、复核等非必经环节的业务活动，才是"案-件比"考察的对象，从统计数值上讲，必经程序数值体现了该项工作的"量"，非必经程序数值体现的是某项工作的"质"，所以必经程序未纳入"件"的集合。

三是这项业务活动原本可以减少或者避免发生，但因前一个环节未将工作做到极致而产生。比如检察机关作出不批准逮捕决定的同时，应该进行释法说理，如果释法说理到位，公安机关或者当事人也就容易接受这一决定，案结事了；如果释法说理不够全面、清晰甚至不批捕决定错误，就很难让公安机关或者当事人信服，从而提出复议、复核、申诉，这类复议、复核、申诉就是本可以减少或避免发生，却由于工作没做到极致而发生的"件"。

四是这项业务活动主要反映检察机关办案质量或者效率。由于检察机关处于刑事诉讼的中间阶段，前面承接公安机关的侦查活动，后面对接法院的审判活动，所以参与的刑事诉讼活动较多，但在"件"的选择上，坚持了刀刃向内原则，仅选取了直接反映检察机关办案质效的业务活动。

五是这项业务活动会影响诉讼期限。这主要从缩短诉讼时间上考虑，比如退回补充侦查、延长审查起诉期限等都会造成诉讼时间的延长，因此纳入

"件"的集合。有些业务活动虽然产生了程序上的流转，但并不延长诉讼时间，比如向上级检察机关的请示报告等，就没有纳入"件"的集合。

上述五个标准是一个相互联系、相互补充的整体，共同形成了"件"的选取标准。不可否认，无论设定何种标准，检察机关开展的纳入"件"范围的业务活动或者办案环节，都有法律依据。但是，如果上一个环节将工作做到极致，能够避免和减少下一个环节发生的，就应该尽量避免或者减少，从而提升当事人的司法感受，节约司法资源。至于将工作做到极致仍无法避免的环节，不是"案-件比"负面评价的对象，"案-件比"的导向是挤掉那部分能够避免或减少的"件"，所以这里的"件"被赋予了特殊含义。

3. "案-件比"重在体现检察机关的办案质量和效率。之所以这样说，可以举一个例子来说明。比如，一起故意杀人犯罪案件经历以下诉讼环节：公安机关侦查→检察机关批捕→检察机关起诉→法院判决有罪，被告人认罪服判不上诉，检察机关不抗诉，罪犯服刑，案件诉讼终结。这个案件在检察机关经过一次批捕、一次起诉而被定罪结案，这个案件的处理对于检察机关而言，应该没有比这更为理想的状态了。既然是最理想的状态，那么在检察环节的"案-件比"应该是1∶1，而不是1∶2。换句话说，在对"案-件比"理想状态是1∶1的前提界定下，诉讼程序中一些即使把前一个环节工作做到极致，也必经的法定环节，是不能作为"件"叠加计算的，这样的环节再多，也不是"案-件比"的评价对象，应该合并为1。所以，"案-件比"的价值在于体现办案的质量和效率，而不在于体现办案数量和工作量。

4. 当前"案-件比"是基于大数据分析下的趋势判断。面对全国检察机关海量的办案数据，最高人民检察院统计分析全国或者各省级检察院的"案-件比"，只能将纳入"件"范围的所有业务活动一并计算，从而进行大数据分析，所以"案-件比"是一个趋势判断，是一个宏观指标，包括其他上级检察院统计分析本辖区内检察机关的"案-件比"时，也是同样情况。应该说，很多个案的"案-件比"已经达到或者接近1∶1的理想状态，部分未达到1∶1理想状态的案件又千差万别，有的因客观原因而引起，有的工作已做到极致却依然发生，有的是不必要发生而发生，"案件比"的重点评价对象是那些不必要发生而发生的业务活动，所以用总体"案-件比"对应个案评价并不精准，这个对比关系更恰当的作用界定，应是基于大数据分析下的趋势判断。

当然，"案-件比"并不是不可以评价个体或者个案，只是要与评价整体时有所区别，才会比较客观。比如在评价一名检察官的工作时，可以对"件"作一些区分，看是工作做到极致因客观原因而发生的，还是因工作不到位而造成的，这可以让检察官作出说明，并辅以相关的证明材料，经审查后，在计算

"件"时该扣除的予以扣除。另外，不同类型案件难易程度也不一样，检察院内部开展评价、具体分析时也有必要予以区分。

（二）"案－件比"的计算方法

根据"案－件比"的概念，可以看出，将一个时间段内的终结性诉讼活动，比如生效判决确定为"案"的基准数，具体向前查询这些案件之前经历的纳入"件"集合的业务活动，用生效判决数与这些业务活动之和相比较，得出一个比例关系，这种"案－件比"的计算方法比较准确。采用这种跟踪测算方法得出的"案"与"件"是直接对应关系，最能直观地体现观测意图。但是，目前通行的统计方式是同时段统计，即业务统计是各项业务活动在同一时段的数量反映，而不是同一批案件跟踪办理数量，由于目前全国检察机关统一业务应用系统功能所限，尚不能进行常态的跟踪查询和统计，所以只能用一个时间段内办理的刑事案件数与有关业务活动案件数之和相比较，得出一个比例关系来计算"案－件比"，暂且称之为同时段概算法。

采用同时段概算法，最大问题是"件"与"案"不是直接对应关系。比如 A 时间段受理审查起诉 100 件案件，A 时间段开展不起诉复议、复核等各类业务活动 50 件，这 50 件并不一定是针对 A 时间段受理的 100 件案件开展的业务活动，可能是 A 时间段之前受理的案件所开展的业务活动；同时，这 50 件也不包含这 100 件案件中在 A 时间段未办结，从而在 A 时间段之后所开展的有关业务活动。但是计算 A 时间段的"案－件比"，只能用 100 比 150，得出 1∶1.5。这样概算的"案－件比"不如跟踪测算的准确，但综合考虑，因为存在前期积存案件，也存在当期未结案件，两者相抵，大致可以反映实际情况。当然，选择的时间段越长，从受理到结案都在这一时间段内的案件数就越多，积存和未结案件被稀释的程度就越高，误差就会越小。

（三）"案－件比"的具体指标选择

1. "案"的选取。如前所述，目前计算"案－件比"只能选择同时段概算的方法，所以在"案"与"件"的选择上与跟踪测算就会有所区别。就检察机关掌握的数据而言，最能反映一个时期发生在人民群众身边的刑事案件是检察机关受理的审查逮捕案件和审查起诉案件，但二者有很大一部分是重合的案件，即逮捕后移送审查起诉的案件，因此将受理的审查逮捕案件数与扣除经过审查逮捕环节的审查起诉案件数之和作为"案"的基准数较为科学。

2. "件"的选取。如前述"件"的选择标准，重点指原本可以避免或者减少发生，但因前一个环节未将工作做到极致而产生，引起当事人负面感受并反映检察机关办案质效的业务活动。除了"案"的基准数外，目前主要选取了16项业务活动：批捕（不批捕）申诉、不批捕复议、不批捕复核、一次延长审查起诉期限、二次延长审查起诉期限、三次延长审查起诉期限、一次退回补充侦查、二次退回补充侦查、不起诉复议、不起诉复核、不起诉申诉、撤回起诉、法院退回、被告人上诉、检察机关建议延期审理、国家赔偿。这些"件"选取的合理性还需要检察办案的进一步检验，在司法实践中及时作出校正和调整。

对于上述选取的"件"，在计算时，检察机关尽可能考虑了办案的实际情况，比如因法律、司法解释改变而撤回起诉，因被告人不在案而被法院退回等，往往是因客观原因造成，与上一环节的办案质量关联不大，故在计算时作了扣减。

（四）"案－件比"的目的、意义

不难看出，设定"案－件比"的直接目的，就是挤压检察业务活动中的水分，提高检察机关的办案质效，让正义不缺席，也让正义不迟到；中端目的在于引导检察官在每一个办案环节将工作做到极致，从而提高检察官的政治素质、业务素质，职业道德素质；终极目的在于为人民群众提供质效更优的检察产品。

从"案－件比"的概念和设定标准看，其作用和意义体现在以下几个方面。

1. "案－件比"的导向性使其成为"多余"业务活动的"挤压器"，具有精准的引导作用。一个评价指标是否科学合理，最重要的是看该指标是否符合目标设定，是否能够为实现目标发挥指挥棒作用。"案－件比"将1∶1设定为理想状态，1之外的"件"数越少越好，"件"的选择以人民群众的司法感受为首要原则，必然引导各级检察机关在保证办案质量的前提下，积极降低"件"数，通过挤压诸如退回补充侦查、延长审查起诉期限等16类业务活动的次数，减少办案环节、缩短办案周期、减少当事人讼累，从而实现办案政治效果、法律效果、社会效果的有机统一。从各地反映的情况和2019年业务数据来看，部分存在水分的业务活动数量应声而落。

2. "案－件比"的引领性使其成为业务管理的"指挥棒"，具有纲举目张的管理价值。《指标》涵盖"四大检察""十大业务"主要案件类型、主要办案活动、主要诉讼流程，共计51组87项。"案－件比"在这一指标体系中居于核心地位并发挥引领作用，与其他指标一起，相互牵制，相互平衡，共同反映办案活动的数量、质量、效率、效果。同时更要看到，"案－件比"对这一体系中不捕复议、复核率，退回补充侦查率等刑事检察指标的包含作用，尤其是"件"的集合中既包含延长审查起诉期限等直接反映办案时长的指标，也包含当事人申请国家赔偿等直接反映办案质量的指标，实现了效率与质量的兼顾，可以用一个指标从总体上反映一个院、一个部门、一名检察官的办案质效，这都凸显了"案－件比"的独特性和引领作用。"案－件比"势必成为上级检察院对下级检察院办案活动运行态势判断，各级院检察长开展业务管理的指挥棒。

3. "案－件比"的综合性使其成为更新理念、深化改革的"助推器"，具有明显的溢出效应。"案－件比"是一个综合指标，把贯穿刑事检察的多项业务活动联系在一起，聚合后的放大效应明显。比如，"件"的集合中纳入了不捕、不诉的复议复核数量，批（不）捕、不诉的申诉数量，必然推动办案检察官牢固树立"双赢多赢共赢"的理念，强化释法说理和沟通能力；再比如，将退回补充侦查、延长审查起诉期限、法院退回、国家赔偿等纳入了"件"的集合，必然引导检察官在审查逮捕阶段就开始强化对侦查工作的引导，继而在整个诉讼活动中加强监督，整体上提高案件质量，也必然引导检察官积极适用认罪认罚从宽制度尤其是其中的速裁程序，从而减少退回补充侦查、延长审查起诉期限次数，这就更好地推动了新机制新制度的落地、落实，引导检察官在刑事诉讼活动中发挥主导作用。不言而喻，"案－件比"的溢出效应是非常明显的。

4. "案－件比"的开放性使其成为反映各层级司法办案质效的"风向标"，具有更广的适用空间。从前述"案－件比"的具体内容不难看出，"案－件比"是一个开放性概念，根据适用范围、目的、评价对象的不同，调整"案"和"件"的集合，"案－件比"既可以对整个检察系统或者一个检察院的办案活动进行评价，也可以从微观上对于个案、个体进行评价，还可以从宏观上反映整个政法机关办案活动质效甚至整个国家司法资源的投入情况。比如，扩容"件"的集合，"案－件比"能够在一定程度上反映整个司法机关刑事诉讼工作质效。除了前文提到的纳入"件"的16种业务活动，再加上延长侦查羁押期限的案件数，就能够从一个侧面反映公安机关的办案质效；再加上抗诉数，法院发回重审数、法院自行再审数等，就能够从一个侧面反映法院办理刑事案件的质效。这样测算出的"案－件比"数值，可以从宏观上观测刑事司法业务的工作质效。继续扩容"件"的集合，"案－件比"可以反映国家对一个时期发生的刑事案件司法资源的投入情况。"件"的集合中，还可以将一个时期的刑事申诉案件、控告案件、检察机关的立案监督案件、侦查监督案件、审判监督案件纳入其中，这时求出的"案－件比"数值，就能够从一个侧面反映政法机关对一个时期发生的刑事案件司法资源投入的多少问题。

5. "案－件比"的人民性使其成为检察为民的新抓手，具有很好的社会价值。"案-件比"的直接作用或效果,就是引导检察官在办案过程中减少办案环节,缩短办案时间,让发生在人民群众身边的案件能够及时案结事了,满足不同社会群体的司法需求。从犯罪嫌疑人或者被告人的角度讲,让所涉诉讼及早定分止争,可以减少讼累;从被害人的角度讲,让受到的侵害能够从法律上及时确认并得到补偿,能够及早弥补创伤;从社会大众层面讲,让犯罪及时得到惩处,回应社会关切,能够及时发挥惩治犯罪的预警、教育和引导功能。可以说,"案-件比"发挥的引导价值是检察机关落实以人民为中心发展思想的最直接体现。

三、对当前全国刑事检察"案-件比"的分析及对策建议

笔者以2018年的有关业务数据为例,具体分析全国检察机关审查逮捕、审查起诉"案-件比"的实际情况。

(一) 基本情况

经过测算,2018年全国检察机关审查逮捕、审查起诉的"案-件比"为1∶1.895。尽管1∶1.895的比例不是很高,但将1∶1作为理想状态,当事人有负面感受的"件"的数量也不小。我们观测的基准"案"的数量为133.8万余件,全国1∶1.895的"案-件比",意味着多出了119.7万的"件"。这119.7万"件"中,有增加一次"件"的案子,也有增加多次"件"的案子。但不管怎么说,多了一次"件",就意味着当事人可能多受了一次"讼累",有了一次负面感受。多出119.7万"件",同时还意味着检察机关多出了119.7万项的业务活动。虽然这些业务活动是基于刑事诉讼法的正当诉讼程序,但如果案件各个办理环节都做到极致,就可以减少一些不必要的、可以避免的、负面的"件",司法资源的投入可以更为合理、有效、集约。

(二) 影响"案-件比"的主要业务活动及原因分析

不可否认,因案件的复杂程度不同,不同案件的"案-件比"会有所差别。从纳入观测的16种业务活动来看,对审查逮捕、审查起诉工作"案-件比"影响较大的诉讼活动主要有退回补充侦查、延长审查起诉期限和上诉三类,合计占16类业务活动总数的97%以上,2019年和2020年第一季度的数据也基本反映了这一情况。经过梳理和分析,"案-件比"高的主要原因有以下几个方面:

1. 检察官的办案理念跟不上时代发展,对办案效率等问题重视不够。实践中,一线办案检察官对诸如退回补充侦查、延长审查起诉期限等业务活动的认知,普遍还只是底线办案思维,即只要法律允许,不违反法律规定的措施,

就可以充分使用。这些表象背后反映的是，检察官对程序公正、效率公正的追求还没有充分认知，对检察官客观公正的履职立场还没有全面把握，对人民群众在民主、法治、公平、正义、安全、环境等方面内涵更丰富、标准更高的需求还没有深刻理解，这与新时代要求将工作做到极致、真正落实以人民为中心的发展思想还有不小的差距。

2. 司法责任制、"捕诉一体"、内设机构改革叠加，检察官更加审慎，工作开展存在顾此失彼现象。司法责任制改革后，按照"谁办案谁负责"的原则，检察官要对所办理的案件终身负责，在提高了员额检察官责任意识的同时也使其对案件的处理更加审慎，更加注重追求案件质量无瑕疵，某种程度上会忽略实体中对效率的追求。"捕诉一体"、内设机构改革，让每一名检察官对审查逮捕或审查起诉工作都有一个重新认识熟悉的过程。除了熟悉实体业务需要时间外，在办案安排上往往受审查逮捕案件审限短，应先行审结审查逮捕案件，公诉案件审限较长，可以稍微放一放思想的影响。殊不知，审查逮捕案件会源源不断地报送过来，随之而来的公诉案件只能再往后放，致使公诉案件审结顺序始终拖后，直至拖出审查起诉期限不够的问题。

3. 检察官存在滥用延长审查起诉期限、退回补充侦查权限的情况。司法体制改革后，延长审查起诉期限、退回补充侦查最低审批权限为员额检察官，个别检察官结案意识不强，为变相增加办案时间，随意退回补充侦查或延长审查起诉期限。根据《刑事诉讼法》第 172 条规定，重大、复杂的案件才可以延长办案期限 15 日。实践中，个别检察官将许多简易案件也习惯性延期，稍微复杂的普通案件一般都退回公安机关补充侦查，导致审限过长，积案增多，审结率降低。

4. 检察官引导侦查的能力不强，受理的审查起诉案件质量不高。在现有的司法权力配置中，检察机关引导侦查的措施和手段比较多，像审查逮捕、审查起诉阶段的提前介入侦查，审查逮捕的同时提出继续侦查取证提纲，对侦查活动的监督等等，都能够发挥引导侦查的作用。但从实践情况看，这些手段一方面适用率较低，另一方面发挥的作用有限，比如某省级检察院的办案数据反映，2019 年上半年全省提前介入侦查案件仅占审查逮捕和审查起诉阶段受理案件总数的 2.9%，退回补充侦查、延长审查起诉期限案件中，提前介入案件分别仅占 7.5%、4.8%；又比如，另一省级检察院的办案数据反映，2019 年上半年退回补充侦查、延长审查起诉期限的案件中，采取了逮捕强制措施的超过一半，分别占 61.7%、61.6%，可以看出批捕后引导侦查的作用依然有限。

5. 检察官释法说理工作不到位，增加办案工作的时间和成本。释法说理工作不到位，使得公安机关、当事人不理解、不信服检察机关办案结果，造成有关"件"的增加。实践中，有相当数量的不捕复议复核、不诉复议复核、上诉等案件，最终以维持原决定（维持原判）结案，说明案件定性没问题，但许多时候由于检察官未及时与相关人员进行沟通，也未自觉、主动地进行释法说理，或者说理性不强，导致有关人员对检察机关的办案结果不服甚至不满而引起上访、缠访，使原本可以短时间办结的案件被拖长，直接影响案件的质量和效率，增加了办案时间和成本。

（三）降低"案－件比"的对策建议

1. 更新检察监督理念，努力提高案件质量和效率。最高检新一届党组提出了双赢多赢共赢的法律监督理念，在办案中监督、在监督中办案的履职方式，在刑事诉讼中承担主导责任的职能定位，以及求极致的工作要求。随着中国特色社会主义进入新时代和社会主要矛盾的转化，一线检察官应将这些新的工作理念、方式方法内化于心、外化于行，将法律监督贯穿刑事诉讼全过程，强化办案活动整体质量意识，进一步提高对办案效率的认知，统筹安排，前后兼顾，提高办案质效；应积极适应司法体制改革要求，真正担负起办案主体责任以及在刑事诉讼中的主导责任，加强对"案－件比"的研究分析，降低办案中的"环节""件"数，向社会提供优质、高效的法治产品、检察产品，以适应新时代人民群众的更高要求。

2. 发挥提前介入、捕后引导的作用，提高侦查机关的办案质量。健全完善"捕诉一体"模式下的提前介入工作机制，加强与侦查机关的沟通，明确提前介入的情形、时间、工作内容、协调机制等，及时引导侦查机关收集固定证据，确保从源头上提高办案质量。在审查逮捕过程中，制作详细的逮捕案件继续侦查取证意见书，对不批准逮捕的案件制作补充侦查提纲，积极引导侦查方向，并及时跟进，为审查起诉环节快速审查、快速结案创造条件。

3. 严格把控延长审查起诉期限、退回补充侦查措施的适用，提高运用效果。加强监督制约，严禁用退回补充侦查延长办案期限，消除"假退查、真延期"的现象，减少不必要的业务活动。对于确实需要退回补充侦查的案件，补充侦查提纲要尽量清晰详实、列明具体的事项、有可操作性，对需要核实、补充侦查的事实和证据进行详细说明。要注意加强沟通，与侦查机关共同研究，统一对证据标准的认识和理解，努力达成共识，减少因双方理解不一造成的反复退回补充侦查。同时对退回补充侦查的后续工作要及时跟进，了解案件补充侦查进度，督促侦查机关完善证据链条。

4. 加强沟通协调，全面适用认罪认罚从宽制度。认罪认罚从宽制度是刑事诉讼制度现代化的体现和要求，重在化解矛盾、减少社会对抗、节约司法资源。根据最高人民检察院《人民检察院刑事诉讼规则》的规定，犯罪嫌疑人认罪认罚，检察机关经审查，认为符合速裁程序适用条件的，应当在10日内作出是否提起公诉的决定，对可能判处的有期徒刑超过1年的，可以延长至15日。因此，加强沟通协调，全面适用认罪认罚从宽制度，特别是提高速裁程序适用率，可以大大减少退回补充侦查、延长审查起诉期限以及上诉的"件"数，缩短诉讼时间，直接降低"案－件比"。

5. 加强释法说理，努力争取案结事了。检察机关应严格执行《最高人民检察院关于加强检察法律文书说理工作的意见》，在办案过程中自觉、主动地进行释法说理；要规范释法说理程序，细化说理内容，努力将工作做到极致，竭力做到案结事了，从而降低不批捕复议复核、不诉复议复核、上诉、申诉案件数量，减少缠访、上访案件数量，这样才能让、也一定能让检察办案质效更高，司法资源投入更少，当事人感觉更好。

（原载于《人民检察》2020年第11期）

做优刑事检察监督　严守公平正义底线

认罪认罚从宽制度相关制度机制的完善

朱孝清[*]

自刑事诉讼法规定认罪认罚从宽制度以来，通过有关各方的共同努力，认罪认罚从宽制度实施工作进展顺利、成效初显：对法律规定的理解渐趋准确，对制度价值的认识逐渐深化，对制度运行中一些主要问题的共识不断扩大，制度的适用率稳步提升，效果良好。据检察机关统计，2019年12月，全国检察机关认罪认罚从宽制度适用率达83.1%，量刑建议采纳率79.8%，一审服判率96.2%，高出其他刑事案件10.9个百分点。[①] 与此同时，也发现与该制度相关的一些制度、机制还不能适应该制度的需要。欲把认罪认罚从宽制度的实施工作推向纵深，提质增效，并使该制度的功能得到充分发挥，就必须完善这些制度、机制。其途径有些要完善立法，有些则要完善司法。只有在完善静态的法与完善动态的法这两个方面并进，才能实现良法善治。

一、完善值班律师制度，确保被追诉人享受到最基本的法律帮助

值班律师制度是认罪认罚从宽制度中的一项重要制度，也是2018年刑事诉讼法修正的一大亮点。有关论著显示，在2018年刑事诉讼法修正前，有律师（包括委托律师和法律援助律师）辩护的案件仅占刑事诉讼案件总数的30%左右，[②] 且这些律师大多集中于不认罪案件，认罪案件有律师辩护的很少。因为被追诉人认为自己已经认罪，请不请律师关系不大，为节省开支计，就不再聘请律师。但是，在认罪认罚从宽制度中，律师介入并提供有效辩护或法律帮助却具有特别重要的意义。因为该制度与以往认罪案件诉讼程序的一个显著区别是，被追诉人有权就自己案件的处理与追诉方协商，也就是说，被追

---

[*] 最高人民检察院咨询委员会主任。
[①] 张军：《最高人民检察院工作报告——2020年5月25日在第十三届全国人民代表大会第三次会议上》，载《检察日报》2020年6月2日，第2版。
[②] 参见顾永忠：《以审判为中心背景下的刑事辩护突出问题研究》，载《中国法学》2016年第2期，第71页。

诉人在诉讼中拥有决定自己命运的一定的权利。而在控辩协商时，"检察官占尽'天时、地利、人和'的优势"，① 被追诉人与追诉方相比，在社会地位、心理素质、法律知识、诉讼经验等方面，都不可同日而语。在这种情况下，如果没有律师有效辩护或法律帮助，就很难有真正平等公正的控辩协商，被追诉人的合法权益也难以得到有效保障。为此，2018 年修正的刑事诉讼法规定了值班律师制度，对没有委托辩护人和不具备获得法律援助律师辩护条件的被追诉人，由值班律师为其提供法律咨询、程序选择建议、申请变更强制措施、对案件处理提出意见等法律帮助。

然而，"在司法实践中，值班律师存在供给不足、参与度不高、经费保障不够等问题"。② 因为认罪认罚案件数量多，而一些地方特别是发展滞后地区律师数量有限，有些县级地域甚至没有律师；值班律师对案件事实和证据情况不大了解，很难就案件处理为被追诉人提出有价值的意见，更难以与检察机关进行有效协商；虽然"两高三部"③《关于适用认罪认罚从宽制度的指导意见》明确了值班律师可以会见犯罪嫌疑人和阅卷，但值班律师因报酬微薄，阅卷的积极性往往不高，介入案件的程度也十分有限，"基本上处于'见证人'和'认罪认罚辅助者'的地位"。④

为此，建议律师主管部门和行业协会会同政法机关、政府财政部门完善值班律师制度，使值班律师为没有辩护人的被追诉人提供有效的法律帮助，确保被追诉人得到最基本的法律帮助。一要落实值班律师对没有辩护人的认罪认罚案件全覆盖。对于律师资源短缺的地区，要在全省或全地区范围统筹调配律师资源，并采取现场值班和电话、网络值班相结合，在人民法院、人民检察院毗邻处设置联合工作站，建立政府购买值班律师服务机制等方式，确保每案都有值班律师提供法律帮助。办案机关应当及时告知没有辩护人的被追诉人有权约见值班律师为其提供法律帮助，并为值班律师了解案件有关情况提供便利。二要制定规范性文件，明确值班律师的职责范围和法律帮助的最低标准，其中应当包括掌握案件的基本事实、主要情节和主要证据，搞清被追诉人认罪认罚是否自愿等内容，使值班律师对案件有最基本的了解，为履行法律帮助职责提供

---

① 陈瑞华：《刑事诉讼的公力合作模式——量刑协商制度在中国的兴起》，载《法学论坛》2019 年第 4 期。
② 胡玉菡：《谢文敏委员：完善值班律师制度落实认罪认罚从宽》，载《检察日报》2020 年 5 月 23 日，第 6 版。
③ 指最高人民法院、最高人民检察院、公安部、国家安全部、司法部，下同。
④ 陈瑞华：《刑事诉讼的公力合作模式——量刑协商制度在中国的兴起》，载《法学论坛》2019 年第 4 期。

最起码的条件,同时也使被追诉人享受到最基本的法律帮助。三要提高值班律师报酬,使之与其付出相适应。值班律师制度是一项需要长期坚持的重要制度,它关系到大多数刑事被追诉人的权利保障,关系到刑事诉讼程序正义,必须使该制度建立在可靠的经费保障上,而不能建立在律师个人作奉献上。四要办案机关确保值班律师的诉讼权利,包括会见权、阅卷权、被听取案件处理意见权、签署具结书时在场权等,还应当允许值班律师出庭。五要高度重视值班律师提出的意见,合理的予以采纳,不采纳的要充分说明理由。通过以上措施,确保被追诉人享受到最基本的法律帮助,守住有效法律帮助的底线。

二、完善裁量不起诉制度,提高适用率,确保适用的公正和安全

我国裁量不起诉有三种制度形式:《刑事诉讼法》第 177 条第 2 款规定的酌定不起诉,第 282 条规定的附条件不起诉,第 182 条规定的特别不起诉。由于第三种不起诉即特别不起诉还没有出现具体的实践样本,故本文研究的是前两种不起诉。

裁量不起诉对于程序分流,减轻审判程序压力,实现诉讼经济;对于优化司法资源配置,推进以审判为中心的诉讼制度改革;对于贯彻宽严相济刑事政策,使被追诉人尽早回归社会,促进社会治理,都具有重要意义。设置认罪认罚从宽制度的初衷之一,就是落实宽严相济刑事政策,优化司法资源配置,提高诉讼效率,它必然要求检察机关加强对认罪认罚案件的程序分流,对符合不起诉条件的案件予以不起诉。

纵观世界刑事诉讼发展史,随着有罪必罚的报应刑理念让位于预防主义的刑罚理念,随着犯罪高涨所导致的司法资源供求关系的失衡,随着诉讼经济思想的勃兴和人权保障理念的增强,刑事诉讼第四范式即"放弃(完整)审判制度"迅猛发展,[①] 与此相适应,检察机关的自由裁量权呈扩大之势。其中在英美法系国家特别是美国,由于当事人处分主义的诉讼理念,检察官的自由裁量权几乎不受限制;在大陆法系国家,则由起诉法定主义转变为起诉法定主义与起诉便宜主义相结合。因为诉讼实践表明,实行起诉便宜主义,有利于根据案件具体情况对案件作出有针对性的处理,从而实现个案的具体正义;有利于使不需要判处刑罚的人尽快从刑事诉讼中解脱出来,回归社会,防止短期刑所带来的交叉感染;有利于减少司法资源投入,实现诉讼经济。根据有关论著,在德国,"在已然查明犯罪嫌疑人的案件中,约有三分之二的案件是由检察官

[①] 参见熊秋红:《比较法视野下的认罪认罚从宽制度——兼论刑事诉讼"第四范式"》,载《比较法研究》2019 年第 5 期。

终结诉讼程序的"，① 其中作酌定不起诉处理的占检察机关审结案件总数的27.85%。在法国，由检察机关不起诉和以替代性刑罚方式处理的案件占刑事追诉案件总数的50%以上，其中不起诉占12.2%。在日本，2015年检察机关的起诉犹豫率达50.4%。② 不过这里需要注意的是，这些国家都是单轨司法，而不像我国实行行政执法、刑事司法双轨制，他们的许多犯罪在我国仅属于违法。尽管如此，检察机关裁量处理包括裁量不诉的案件占比较高是不争的事实。

在我国，裁量不起诉的犯罪嫌疑人人数近些年虽然有所提高，但占检察机关审查起诉阶段审结的刑事案件总数的比例还比较低，为5%左右。其原因是多方面的：一是有个别时期由于个别地方社会风气不好，出现司法腐败情况，国人对司法机关的自由裁量权相当警惕。在这一氛围中，立法机关严控裁量不起诉的空间，③ 检察机关自身也采取了许多把关措施，④ 社会舆论则要求强化监督而不是鼓励适用。二是裁量不诉会增加检察机关工作量和风险，如听取公安机关和被害人意见、调查分析犯罪嫌疑人社会危险性、检察机关内部审批等，特别是附条件不起诉，检察机关还要负责监督考察，由此又带来了后续的风险和责任。而将案件诉至法院，则轻松许多又避免了不少风险。在上述两方面因素的共同作用下，检察官对裁量不诉往往有"三怕"：一怕被人怀疑存在私情私利或接受了说情送礼；二怕增加工作量，在考核中影响办案业绩评价；三怕不诉后犯罪嫌疑人出现反复，给自己带来风险。⑤ 于是，一些办案人员对一些符合条件的微罪案件和未成年人犯罪案件往往没有作不诉处理，而是将其诉至法院。

我国裁量不起诉制度实际运行的上述情况，与犯罪总量连年上升、司法资源难以承载的情况不相适应，与认罪认罚从宽制度关于落实宽严相济刑事政策、提高诉讼效率的内在要求不相适应，也与世界刑事诉讼发展大趋势不相适

---

① 信息来源于德国的托马斯·魏根特教授于2018年10月12日在中国人民大学的演讲"德国刑事诉讼制度的新发展"，转引自樊崇义：《2018年〈刑事诉讼法〉修改重点与展望》，载《国家检察官学院学报》2019年第1期。

② 参见郭烁：《酌定不起诉制度的再考查》，载《中国法学》2018年第3期。

③ 例如，作为专门用于挽救涉罪未成年人的附条件不起诉，只能对三类犯罪中可能判处一年有期徒刑以下刑罚的被告人适用。据此分析，根据立法本意，酌定不起诉的法定适用空间应该更小。

④ 如审批把关、考核评价等措施。

⑤ 参见朱孝清：《如何对待被追诉人签署认罪认罚具结书后反悔》，载《检察日报》2019年8月28日，第3版。

应,需要采取有力措施,稳步提高适用率,确保适用的公正和安全,① 其中措施之一,就是完善裁量不起诉制度。

其一是完善立法。建议扩大附条件不起诉适用范围,适当缩小酌定不起诉适用范围。因为附条件不起诉制度附有条件,考验期内有关单位要对适用对象监督考察,适用对象如违反有关规定会被撤销附条件不起诉,提起公诉,而酌定不起诉却不附什么条件,故附条件不起诉对适用对象的约束力明显大于酌定不起诉;适用的安全性和效果也好于酌定不起诉。有鉴于此,一方面,要扩大附条件不起诉适用范围:适用对象由现在的未成年人扩大到成年人;适用的可能判处的刑罚由现在的1年有期徒刑以下刑罚扩大到3年有期徒刑以下刑罚;适用罪名可以像现在的酌定不起诉那样不作具体规定,由检察机关根据案件具体情况把握;考验期要在现行规定的基础上适当加长,使之能够与适用对象可能判处刑罚的轻重相适应。此外,还要调整监督考察主体,由现在的人民检察院调整为社区矫正机构,其理由是:(1)检察院在基层没有"脚",难以有效地对适用对象实施监督考察,而社区矫正机构却方便许多。(2)附条件不起诉是对构成犯罪的人有条件地作非罪处理,与管制、缓刑、假释、监外执行等刑罚或刑罚执行方式虽性质不尽相同,但相类似;对附条件不起诉适用对象进行监督考察也是一种矫正,故由社区矫正机构一并负责监督考察符合职能分工原则。(3)有利于实现决定权与执行权相分离,促进严格执法,提高适用率。因为现行的规定使检察院每办一件附条件不起诉案件,就给自己增加了一项后续任务,这难免影响执法的严格程度和适用制度的积极性。而将监督考察主体调整为社区矫正机构,则有利于促进严格执法,并提高制度的适用率。总之,通过以上改革完善,就可以将现行裁量不起诉的大多数案件纳入附条件不起诉制度范围。但有些案件如流动人口的轻微犯罪等案件,因难以对其实施监督考察,因而难以对其作附条件不起诉处理。另一方面,适当缩小酌定不起诉的适用范围,将其适用于可能判处一年有期徒刑以下刑罚的案件。因为该制度不附条件,既不监督考察,也无反制措施,故对其适用范围不宜大,可能判处的刑罚也只能是比较轻的,否则,难以保证适用的安全。作此修改后,经实践运行如认为可以扩大其适用范围,届时再作扩大。

其二是完善司法制度、机制。一是完善审批制度,除了敏感、有影响等案件须报请检察长决定外,一般可以授权检察官决定,必要时也可经部门负责人审核,审核意见供检察官参考。二是完善考核评价体系,使之有利于鼓励和促

---

① 所谓"安全",是指犯罪嫌疑人被不起诉后不出现反复,不重新违法犯罪。裁量不起诉既要提高适用率,又要确保适用公正和安全,也就是说,既要增加数量,又要确保质量,而不能只顾一头。

进检察官依法敢用用准用好裁量不起诉,而不是促退,使检察官望而却步。三是制定裁量不起诉指导意见,明确其原则、标准和基本要求,提高规范化水平,并把加强释法说理、加强监督管理防止司法腐败等措施都纳入其中,以供遵循。四是收集典型案例下发和上网,以供参照。

三、制定量刑指导意见和量刑建议程序规范,促进量刑建议精准、规范

"适用认罪认罚从宽制度的前提是认罪认罚,落脚点则是从宽,而从宽的核心在于量刑",① 量刑的前提又在于量刑建议。在认罪认罚从宽制度中,检察机关负有提出量刑建议并听取犯罪嫌疑人、辩护人或者值班律师、被害人及其诉讼代理人意见的职责;量刑建议经控辩双方协商并取得合意后,除法定情形外,就具有"人民法院依法作出判决时一般应当采纳"的法律效力。因此,"量刑建议是认罪认罚从宽制度的基础",也是"凝聚控辩合意的重要载体",② 相当程度上决定了人民法院的判决。

既然量刑建议在认罪认罚从宽制度中如此重要,检察机关就必须提得精准、规范。而且,"两高三部"《关于适用认罪认罚从宽制度的指导意见》要求检察机关"一般应当提出确定刑量刑建议",只有对"新类型、不常见犯罪案件,量刑情节复杂的重罪案件等",才可以提出幅度刑量刑建议。这就对量刑建议提出了很高的要求。

量刑是综合的平衡的艺术,它涉及实体和程序这两个方面的规范。以前,"两高"也出台过相关的规范性文件。2010 年,最高人民检察院制发了《人民检察院开展量刑建议工作的指导意见》。2013 年和 2017 年,最高人民法院分两次制发了《关于常见犯罪的量刑指导意见(试行)》和《关于常见犯罪的量刑指导意见(试行)》(二),除了规定量刑的指导原则、基本方法、常见量刑情节的运用等内容之外,还对 23 种常见犯罪的量刑(基准刑)作出了规定。在程序规范方面,2010 年,"两高三部"联合制发了《关于规范量刑程序若干问题的意见》。在这几个规范性文件的指导下,检察机关量刑建议工作有过相当规模的开展,并积累了一定的知识和经验。但从总体上看,长期以来,检察机关比较重视案件定性,对量刑重视得不够,提出的量刑建议也比较粗放,表现为幅度刑量刑建议居多,精准度不够高。

为了适应认罪认罚从宽制度的需要,检察机关需要作多方面的努力,其中

---

① 陈国庆:《量刑建议的若干问题》,载《中国刑事法杂志》2019 年第 5 期。
② 陈国庆:《量刑建议的若干问题》,载《中国刑事法杂志》2019 年第 5 期。

很重要的措施,就是要会同最高人民法院制定适用于认罪认罚从宽制度的量刑指导意见,并自行制定适用于认罪认罚从宽制度的量刑建议程序规范。制定这两个规范性文件,不仅能为检察机关提量刑建议以及控辩双方进行量刑协商提供遵循,提高量刑建议的精准度和控辩协商的效率,而且有利于压缩检察官在量刑建议中的自由裁量空间,防止司法不公和司法腐败;有利于提高人民法院对量刑建议的采纳率;还能为被害人及其诉讼代理人、广大人民群众对量刑建议进行监督提供依据。

制定这两个文件,应当厘清以前有关文件所涉内容与认罪认罚从宽制度的联系和区别,以以前的文件为基础,紧扣认罪认罚从宽制度的特点来规定。

在量刑实体规范即量刑指导意见方面,特别要注意以下两个问题:一要坚持依法量刑原则。认罪认罚案件的量刑建议虽然可以控辩协商,但所建议之刑必须依据法律。故在拟定量刑建议时,要坚持以事实为根据、以法律为准绳、罪刑法定、罪责刑相适应、证据裁判等原则,防止主观随意性。二要突出"从宽"这一重点。认罪认罚从宽制度的落脚点是"从宽",因而要突出"从宽"这一重点,并体现认罪认罚越早、从宽幅度越大的精神,以激励被追诉人尽早认罪认罚。在以往的司法实践中,一些地方规定了四三二一的从宽梯度,即主动投案的,最高可从宽40%;侦查阶段认罪认罚的,最高可从宽30%;审查起诉阶段认罪认罚的,最高可从宽20%;审判阶段认罪认罚的,最高可从宽10%。对于与量刑有关的其他情节,如犯罪的性质、情节,认罪是否彻底、一贯,退赃退赔情况,向被害人赔礼道歉、赔偿损失情况以及被害人的态度等,都纳入上述从宽梯度的大框架中去考虑。这种根据被追诉人到案是否主动、认罪认罚所处阶段,来构建量刑从宽梯度大框架,并将其他量刑情节纳入其中的做法,有利于激励被追诉人尽早认罪认罚,特别是有利于为侦查人员教育引导被追诉人提供政策"武器",解决一些侦查人员反映认罪认罚从宽制度没有赋予侦查机关什么权力和办法的问题。故这一思路值得借鉴。

在量刑建议程序规范方面,根据认罪认罚从宽制度的特点和已进行办案责任制改革的实际,须注意以下几点:一要明确职权划分。明确量刑建议由办案的检察官拟定或报检察长决定的案件范围。有观点认为,检察机关对法官独任审理的案件,应尽量提出确定刑量刑建议;但对合议庭审判的案件,最好提出幅度刑量刑建议,因为这类案件往往事实情节较多,不易权衡,而一个检察官的判断能力,不可能超过一个合议庭的判断能力。[①] 笔者认为该观点有一定道

---

① 参见胡云腾:《正确把握认罪认罚从宽保证严格公正高效司法》,载《人民法院报》2019年10月24日,第5版。

理,故对拟提出确定刑量刑建议、刑期在3年有期徒刑以上、法院将组成合议庭审判的案件,宜提请检察长决定,或提请员额检察官会议讨论,以收集思广益之效。另外,对于由检察长决定的量刑建议,有些在后续的诉讼程序中还需要调整,如在听取辩方或者被害方意见后,办案检察官认为对方提出的意见有道理,需要调整原量刑建议;犯罪嫌疑人具结后反悔,或者法庭上出现变数,办案检察官认为需要调整原量刑建议等,对此,是授权检察官临场决定,还是仍须报检察长决定,需要作出明确规定。笔者认为,认罪认罚从宽制度是在守住公正底线的前提下最大限度追求效率的制度,故应贯彻效率导向,原则上应授权检察官根据变化了的情况临场依法处置。二要规定好"听取意见"程序。鉴于该程序的重要性,笔者将在后文专门阐述。三要加强量刑建议说理。检察机关之所以提出这样的量刑建议而不是那样的量刑建议,总有一些理由。加强量刑建议说理并把它作为量刑建议程序规范中的一个要素,不仅有利于倒逼检察官全面考虑量刑的各个情节,把量刑建议提得精准,而且有利于辩方、被害方、人民法院接受该量刑建议。四要明确被追诉人对原同意并具结的量刑建议反悔后的效力。

四、规范控辩协商程序,提高其公信力

"控辩协商"是认罪认罚从宽制度中的一个核心环节,也是认罪认罚案件的诉讼程序与非认罪认罚案件诉讼程序的最大区别。正是由于这一区别,使得认罪认罚从宽制度在发挥其积极作用的同时,引发了一些不同认识乃至担忧。如有的担忧检察官滥用自由裁量权,并造成案件误判。因为"检察官完全主导了量刑协商过程,值班律师基本上处于'见证人'和'认罪认罚辅助者'的地位,而没有有效参与量刑协商的机会,而法官的司法审查又处于流于形式的状态,因此,这种量刑协商机制存在着诸多方面的缺憾,容易带来检察官滥用自由裁量权、被告人被迫作出认罪认罚、案件定罪难以达到法定标准等方面的问题,并可能造成一定程度的司法误判。"[①] 有的担忧背离公正原则。因为"与一些法治发达国家相比,我国是在刑事诉讼'第三范式'发育尚不充分的情况下迈向刑事诉讼'第四范式',导致现代性问题与后现代性问题叠加,由此可能带来更大的背离公正原则的风险"[②]。至于法学法律界之外,对控辩协

[①] 陈瑞华:《刑事诉讼的公力合作模式——量刑协商制度在中国的兴起》,载《法学论坛》2019年第4期。

[②] 熊秋红:《比较法视野下的认罪认罚从宽制度——兼论刑事诉讼"第四范式"》,载《比较法研究》2019年第5期。

商的疑虑和担忧就更多,如有的担忧对犯罪打击不力;有的担忧检察官自由裁量权过大;有的担忧司法不公、司法腐败等。可见,控辩协商程序为各方所关注,必须加以规范,明确其一般程序、基本要求和注意事项。这对于防止协商的随意性,促进协商程序规范化,保证犯罪嫌疑人认罪认罚的自愿性、明智性和具结书内容的真实性、合法性,保障协商的公平、公正,减少外界对控辩协商的疑虑,提高协商程序的公信力,都有重要意义。

规范控辩协商程序,要突出以下重点:

其一,要依法协商。要按照法律规定和程序规范进行协商。检察官要充分说明量刑建议、审理案件适用程序等协商事项的法律依据,而决不能有意无意地夸大个人的权力。要使协商程序的进行有利于增强被追诉人的法治观念、树立法治权威,而不是迷信个人权力,产生检察官可以随心所欲甚至超越法律的误解。

其二,要平等协商、充分协商。检察官要以平等的姿态与犯罪嫌疑人进行理性的沟通协商,防止居高临下、以强凌弱。要给予犯罪嫌疑人对量刑建议、程序适用等内容进行思考权衡并听取律师意见的时间,防止片面求快,催促犯罪嫌疑人签字具结。要充分听取辩方意见,辩方提出的意见有道理的应予采纳,调整原提出的量刑建议或程序适用;没有道理不采纳的要解释说明,并充分说明不采纳的理由。总之,要以程序确保被追诉人认罪认罚的自愿性、明智性和具结书内容的真实性、合法性。

其三,进行"三方在场、共同协商"的试点。检察官、犯罪嫌疑人、律师"三方在场、共同协商",对于保证协商的公平、公正,提高控辩协商的透明度和公信力很有好处,法学界对此也较为关注。在前期,检察官为了协商的顺利和效率,多数地方是检察官分别听取犯罪嫌疑人、律师的意见,再在律师在场的情况下签署具结书。这种协商方式容易招致一些同志的担忧,因为它不仅有"各个击破"之嫌,而且"在得不到辩护人或值班律师有效帮助的情况下,嫌疑人在检察官的凌厉攻势下,根本谈不上与检察官进行平等协商,而最多算是与检察官签订一项'城下之盟'"。① 在犯罪嫌疑人同意后再征求律师意见,有的律师会觉得"反正犯罪嫌疑人本人都同意了,我没有必要再说什么了"。因此,建议进行"三方在场、共同协商"的试点,同时鼓励有条件的地方特别是律师资源充足的地方先走一步,先行开展,并注意总结经验。

其四,对控辩协商过程进行全程同步录音录像试点。对控辩协商过程进行

---

① 陈瑞华:《刑事诉讼的公力合作模式——量刑协商制度在中国的兴起》,载《法学论坛》2019年第4期。

全程同步录音录像，不仅有利于促进检察官依法公正协商，提高控辩协商的透明度和公信力，而且有利于证明犯罪嫌疑人认罪认罚的自愿性和具结书内容的真实性与合法性，遏制无正当理由的反悔。在以往的职务犯罪侦查中，检察机关对讯问过程全程同步录音录像制度实行了多年。就录音录像对检察官的心理压力而言，审查起诉时对控辩协商过程录音录像，比侦查讯问时的录音录像要小得多。因为侦查讯问的过程，是突破犯罪嫌疑人口供的过程，难度很大，需要检察官运用各种谋略，斗智斗勇，检察官对录音录像往往有所顾虑（正是因为有所顾虑，才能促进依法讯问）；而对控辩协商过程录音录像，此时的犯罪嫌疑人绝大多数已经构成犯罪（因为侦查终结、移送审查起诉的条件是"犯罪事实清楚、证据确实充分"），且很大一部分已经认罪认罚，检察官只要秉持客观公正，以平等的态度，依法理性地沟通协商，一般就能达成目的，故实施的难度不会很大。因此，建议对控辩协商过程进行全程同步录音录像试点，并鼓励有条件的地方先走一步，先行开展，总结经验后再予推开。

五、制定"建议在法定刑以下量刑"的核准机制，弥补法律空白

《刑法》第63条第2款规定："犯罪分子虽然不具有本法规定的减轻处罚情节，但是根据案件的特殊情况，经最高人民法院核准，也可以在法定刑以下判处刑罚。"以前，法院适用该条款的案件不多，适用的程序也很清楚，且检察机关的的量刑建议不具有法律效率，即使检察机关认为某一案件需要提出在法定刑以下判处刑罚的建议，也不需要在检察系统先行核准，因而不存在什么问题。但随着认罪认罚从宽制度的贯彻，如何适用该条款，实现在法定刑以下判处刑罚（俗称"降格量刑"）的问题变得突出起来，需要通过完善立法加以明确。其原因有三：

其一，认罪认罚从宽制度内部逻辑所需。《刑事诉讼法》第182条规定了特别从宽制度，即"犯罪嫌疑人自愿如实供述涉嫌犯罪的事实，有重大立功或者案件涉及国家重大利益的，经最高人民检察院核准，公安机关可以撤销案件，人民检察院可以作出不起诉决定，也可以对涉嫌数罪中的一项或者数项不起诉"。而除此之外的一般的认罪认罚案件，只能在法律规定的有限幅度内依法从宽。显然，该条规定的从宽幅度与一般认罪认罚案件的从宽幅度存在"断崖式落差"。根据法律内部协调性原理，对于虽不具有法定减轻处罚情节，但根据认罪认罚案件的特殊情况，需要在法定刑以下判处刑罚的案件，经过严格的核准手续，在法定刑以下判处刑罚，就是理所应当的了。因此，《刑法》第63条第2款规定的"在法定刑以下判处刑罚"（俗称"降格量刑"），是《刑事诉讼法》第182条规定的"特别从宽处理"与一般认罪认罚案件的"正

常从宽处理"之间的衔接和过渡。有这个衔接和过渡，认罪认罚从宽制度内部就形成"特别从宽""降格量刑从宽""正常从宽"这三个既梯次分明又紧密衔接相互协调的从宽处理阶梯。

其二，认罪认罚从宽制度实践中确有少数案件需要降格量刑。认罪认罚从宽制度作为落实宽严相济刑事政策的重要措施，自然要求对认罪认罚案件原则上予以从宽处理。但是，有少数案件由于量刑上的"地板"效应，却无法对其从宽。因为根据法律规定和司法解释，有许多犯罪，都主要根据犯罪数额来规定刑罚的档次和幅度，但有些数额相同的案件，其情节却差异甚大、轻重悬殊。根据犯罪数额，有些案件刚刚够上法定刑的上一刑罚档次，又有特殊的从轻情节（但无法定减轻处罚情节），犯罪嫌疑人即使不认罪认罚，也只能在上一刑罚档次内判最低刑（俗称"底线刑"或"地板刑"）；如果犯罪嫌疑人认罪认罚，也无法穿越"地板"，在下一个刑罚档次量刑。也就是说，犯罪嫌疑人无论是否认罪认罚，在量刑上都没有任何区别。这不仅不合理，而且无疑会影响认罪认罚从宽制度功能的应有发挥。显然，对这样的案件，就只能通过《刑法》第63条第2款的适用，在下一个刑罚档次内量刑，从而使从宽政策得到落实，彰显认罪认罚从宽制度的功能，实现司法公正。

其三，认罪认罚案件如何在法定刑以下判处刑罚程序不明。因为根据法律规定，对认罪认罚案件，检察机关提出量刑建议并听取辩方及被害方意见是必经程序，且经控辩协商取得合意的量刑建议人民法院一般应当采纳。据此，检察机关如果认为某一案件确需提出在法定刑以下判处刑罚的量刑建议，其程序如何运作，法律尚无规定。

因此，对认罪认罚的少数案件如何提出在法定刑以下量刑的建议，实现在法定刑以下判处刑罚，就需要立法机关在程序上作出规定。似可考虑，由承办案件的检察院将建议在法定刑以下量刑的要求及其理由，层报最高人民检察院核准，然后再按法律规定的听取意见、签字具结、移送法院等程序办理。在报请最高检核准的内容上，可以有两个思路：其一是只报请核准在法定刑以下提量刑建议，而不报请核准建议量什么刑、量多少刑。待最高检核准后，承办案件的检察院再提出具体的量刑建议。其二是将要求在法定刑以下提量刑建议和所建议的具体刑罚，都报请核准。由于检察机关提出的量刑建议还要听取辩方和被害方的意见，量刑建议还有加以调整可能，如按后一个思路，则听取意见作调整后的量刑建议还要再次报请最高检核准。这不仅有失最高检核准的严肃性和权威性，而且影响办案效率。因此，前一个思路为宜。此外，还要指出的是，立法机关对该问题作出规定后，"两高"还需要就法定刑以下判处刑罚问题制定司法解释或规范性文件，以统一司法尺度。

六、完善上诉制度或者抗诉制度，因应认罪认罚从宽制度之需

现行刑事诉讼法规定的上诉制度，是依据对抗式诉讼的特点设计的：诉讼在控辩对抗中进行，法院以裁判的方式终结诉讼程序，故只要被告人不服一审法院的判决，无论其理由是否正当、有理，都可提出上诉。但认罪认罚案件的诉讼是合作式诉讼，控辩双方在犯罪事实、性质、程序适用、案件处理等方面都持合作的态度，并达成了合意，还在律师见证下以具结书这种方式确认了双方的承诺；法院的判决是被追诉人事先同意的，判决是控、辩、审三方合意的结晶。这与对抗式诉讼具有显著区别。如何根据认罪认罚从宽制度的特点，建立不同于对抗式诉讼的上诉制度或抗诉制度，是必须研究的问题。

再从认罪认罚从宽制度实际运行来看，被告人在一审法院判决后提起上诉的情况时有发生，有的不服一审认定的犯罪事实；有的不服一审判处的刑罚。有的上诉有正当理由，如法院没有采纳控辩双方商定的量刑建议；认为认罪认罚非出于自愿、明智；认为没有犯罪事实、不应当追究刑事责任等等。有的没有正当理由，如认为反正上诉不加刑，想通过上诉获得更轻的刑罚；想通过上诉拖延诉讼，避免送监狱服刑等。诚然，上诉是被告人的诉讼权利，应当予以保障；有正当理由的上诉有利于发现和纠正诉讼中的不当和错误，实现司法公正，更应予以支持。但是，无正当理由的上诉却违反司法诚信，[1] 不仅使审前和一审程序中已做的工作如听取意见、签字具结、开庭审理等归于无效，干扰认罪认罚从宽制度的正常运行，还无谓地引起二审程序，徒增司法资源开支，因而应当予以约束。约束的路径是，在"完善上诉制度"和"完善抗诉制度"这两者中二选一。

其一，对认罪认罚案件的上诉予以合理限制，建立有条件上诉制度。从世界范围来看，对认罪协商（辩诉交易）案件中被告人的上诉权，许多国家和地区都在法律上或者司法实践中加以限制。如在英美国家，法律允许有罪答辩的被告人对量刑提出上诉，但对定罪的上诉作了极其严格的限制。且在司法实践上，美国联邦和绝大多数州还允许检察官在答辩协议中要求作出有罪答辩的被告人一并放弃对量刑的上诉权。[2] 在意大利，被称为意大利认罪协商程序的

---

[1] 在认罪认罚从宽制度中，控辩双方经协商，对量刑建议、程序适用等事项取得了合意，犯罪嫌疑人在律师在场的情况下签署了认罪认罚具结书，这就等于控辩双方签署了一份公法意义上的司法协议。对该协议，控辩双方都应信守，不得无正当理由反悔。详见朱孝清：《如何对待被追诉人签署认罪认罚具结书后反悔》，载《检察日报》2019年8月28日，第3版。

[2] 参见孙长永：《比较法视野下认罪认罚案件被告人的上诉权》，载《比较法研究》2019年第3期。

"依当事人请求适用刑法的程序",被告人不得提出普通上诉,但根据该国宪法的有关规定,对司法机关作出的关于人身自由的裁判可以就法律问题向最高法院上诉。在德国,法律规定认罪协商案件的被告人对事实问题和法律问题都有上诉权,但在司法实践上,该规定没有被严格遵守,往往在认罪协商达成协议时就约定被告人放弃上诉权,因而被告人提出上诉的情形极为罕见。在我国台湾地区,依据协商程序所作的科刑判决,除了法定情形外,不得上诉。① 借鉴境外国家和地区的立法、司法实践,根据我国实际,建议在法律中明确规定,具有正当理由的才可以提出上诉,并列出"正当理由"的具体情形。当然,这里的"正当理由",是指当事人所认知的正当理由,而不是经司法机关审查认定的正当理由。"正当理由"的情形如:认罪认罚非出于自愿、明智的;签署具结书的程序违反法律规定的;没有犯罪事实、不应当追究刑事责任的;法院认定的犯罪事实或判处的刑罚超出起诉书和量刑建议范围的;无辩护人的被告人没有获得值班律师有效法律帮助的等。这样规定,有利于对认罪认罚的被追诉人给予明确的法律宣示和告知;有利于引导被告人正确行使上诉权,减少无正当理由上诉的发生;有利于认罪认罚从宽制度的顺利实施,有效实现其价值目标。

其二,如果立法机关认为不宜对上诉加以限制,则应完善抗诉制度。它包括两方面内容:一是补充抗诉的事由。在认罪认罚案件中,如果法院采纳检察机关的量刑建议,那其判决已对被追诉人"认罪""认罚"这两个情节都作了量刑减让,被追诉人已得到了实实在在的从宽处罚的好处。在这种情况下,被追诉人提起无正当理由的上诉,有的等于不认罪认罚了,有的等于不认罚了。为了实现司法公正,二审法院应当收回一审对"认罪认罚"或"认罚"的量刑减让。但法律规定"上诉不加刑",二审无法主动收回这一量刑减让,因而只能由检察机关提出抗诉,以此排除"上诉不加刑"原则的适用。这样,被追诉人无正当理由的上诉才能得到遏制,司法公正才能得到实现,认罪认罚从宽制度也才能正常运行。否则,如果检察机关对被追诉人无正当理由上诉不作出任何反应,仍让其享受原"认罪认罚"或"认罚"的量刑减让,那么,司法公正就难以实现,无正当理由的上诉之风就会愈演愈烈,认罪认罚从宽制度所追求的节约司法资源、提高诉讼效率的价值目标也难以实现。但是,根据现行刑事诉讼法的规定,检察机关抗诉的对象和理由是"人民法院判决、裁定确有错误"。而检察机关因被告人无正当理由上诉而提出抗诉的案件,法院判

---

① 参见孙长永:《比较法视野下认罪认罚案件被告人的上诉权》,载《比较法研究》2019 年第 3 期。

决并不存在错误,且绝大多数还采纳了检察机关的量刑建议;抗诉所针对的不是"人民法院的判决、裁定",而是被告人无正当理由的上诉;抗诉的理由也不是"判决、裁定确有错误",而是收回被告人不应得的量刑减让。这说明,现行刑事诉讼法所规定的抗诉事由无法适用于认罪认罚案件,法律还需要规定一种不同于通常情形的抗诉事由。建议刑事诉讼法作相应的补充完善。二是适当延长检察机关提出抗诉的期限。现行法律规定的抗诉期限是10日,与被告人上诉期限相同。这是适应针对一审判决而提出上诉和抗诉需要的。因为一审判决后,被告人与检察机关即可同步考虑是否需要提出上诉、抗诉,并做相应准备工作,10天时间能够满足需要。但被告人认罪认罚后反悔而提出无正当理由上诉的案件,检察机关抗诉针对的是被告人无正当理由上诉,检察机关在知悉被告人上诉后,还要核查其上诉是否有正当理由,发现其理由不正当后,才能提出抗诉;有些被告人为了使检察机关措手不及、来不及抗诉,故意把上诉拖到期限的最后一天提出。在这种请况下,检察机关就难以在接到法院判决书后10日内提出抗诉。根据此类抗诉不同于通常抗诉的情形,检察机关提出抗诉的期限,应当在知悉被告人上诉后10日内提出。建议法律对此作出规定。

七、制定速裁程序审理规范,守住程序正义底线,确保司法公正

认罪认罚案件的诉讼重心虽然前移,但审判仍是诉讼的中心;人民法院在认罪认罚从宽制度中的工作量虽然有所减轻,但对案件质量和司法公正的最终把关责任丝毫没有减轻,速裁程序虽然"一般不进行法庭调查、法庭辩论",但仍要对认罪认罚的自愿性、具结书内容的真实性与合法性、定性定罪的可靠性以及量刑建议的适当性进行审查,仍要对案件的定性处理负最终把关的责任。从前期实践情况来看,有两个现象需要重视:一是对认罪认罚案件的审理不负责任,"检察院怎么诉我就怎么判",使审判流于形式;二是片面求快,庭审只用几分钟时间,"有的甚至对适用速裁程序审理的认罪认罚案件进行'批发式'的集中视屏审判,几个乃至十几个犯罪事实互不相关的被告人在同一视频法庭上接受独任法官的'审判'","庭审成为可有可无的过场"。① 虽然"两高三部"《关于适用认罪认罚从宽制度的指导意见》已就法院审理程序包括速裁程序作出了原则规定,但只有把文件上的这些原则规定转化为可操作的具体的审理规程,并落实到每一个适用速裁程序审理的案件之中,文件的规定才能落到实处。为此,建议最高人民法院制定专门适用于认罪认罚案件速裁

---

① 孙长永:《比较法视野下认罪认罚案件被告人的上诉权》,载《比较法研究》2019年第3期。

程序的审理规程,包括庭前必要的阅卷准备、庭审必经程序、查明法定事项的路径、基本要求等,易言之,就是为速裁程序设定最低限度的程序正义标准,供各级法院执行,从而守住程序正义底线,确保司法公正。

(原载于《中国刑事法杂志》2020年第4期)

认罪认罚从宽制度与检察官在刑事诉讼中的主导地位

贾 宇[*]

2018年10月我国《刑事诉讼法》修改后,"认罪认罚从宽制度"正式被确立为我国刑事诉讼体系中的一项基本原则和制度。作为一次重大诉讼制度改革,其影响意义深远。认罪认罚从宽制度不仅充分体现了现代刑事司法的发展走势,有效助推国家治理体系和治理能力现代化,也使得检察官在刑事诉讼中的主导地位愈发凸显,为做优新时代刑事检察工作带来更多发展机遇与使命责任。如何全面落实认罪认罚从宽制度,准确把握检察机关在刑事诉讼中的地位作用,继而持续优化刑事检察职能格局,都将是今后一段时期检察机关面临的重大课题。

一、认罪认罚从宽制度的基本内容

近年些来,我国社会大局保持长期稳定,但国家安全和社会治安形势依然严峻复杂,涉暴恐、网络金融诈骗、新型毒品、"套路贷"等涉众广危害大的类型犯罪案件不断增多,司法办案难度加剧。[①] 同时,如图所示,案件数量、人数均呈现大幅增长。2018年,三年以下有期徒刑的轻罪案件比例占到全国检察机关移送审查起诉案件总量的80%。司法机关惩治犯罪、维护稳定面临着巨大案件压力,甚至有时超过司法资源的最大承载量。[②] 司法超负荷运转,极易出现"公平打折"的情况。同时,久拖不决的案件亦或是"简单粗暴"的办理方式都会激发案件内外矛盾,增加社会风险。

---

[*] 浙江省人民检察院党组书记、检察长。
[①] 参见靳高风、守佳丽、林晞楠:《中国犯罪形势分析与预测(2018-2019)》,载《中国人民公安大学学报(社会科学版)》2019年第3期。
[②] 2018年最高人民法院周强院长在第十三届全国人民代表大会第一次会议作人民法院工作报告时称有85名法官因积劳成疾或遭受暴力因公牺牲。

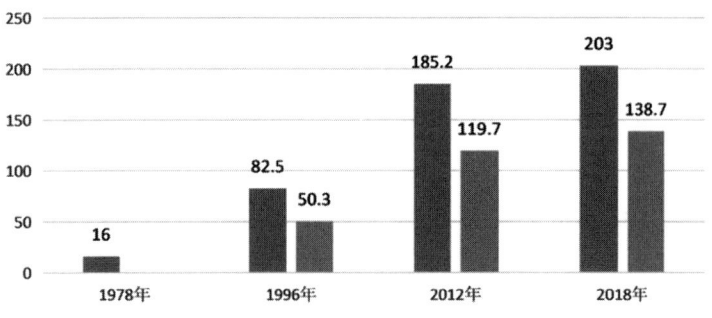

全国检察机关移送审查起诉人数及案件量情况

在此背景下,党的十八届四中全会提出"完善刑事诉讼中认罪认罚从宽制度"。试点"催生"立法,从探索刑事案件速裁程序的局部程序试点到刑事案件认罪认罚从宽制度整体制度试点,司法机关用将近5年的时间合力交出一份立法认可、富含"法治智慧"的改革答卷。2018年10月26日,全国人大常委会通过《关于修改〈中华人民共和国刑事诉讼法〉的决定》,司法改革成果以法律形式予以固定,认罪认罚从宽制度至此正式确立,标志着我国以速裁程序、简易程序、普通程序有序衔接、繁简分流的多层次刑事诉讼体系逐步成熟定型。2019年10月24日,"两高三部"共同发布《关于适用认罪认罚从宽制度的指导意见》(以下简称《指导意见》),为准确理解、适用认罪认罚从宽制度提供了更具规范性、可操作性的实施路径。

(一)认罪认罚从宽制度的核心要素

《刑事诉讼法》第15条规定,"犯罪嫌疑人、被告人自愿如实供述自己的罪行,对指控的犯罪事实没有异议,愿意接受处罚的,可以依法从宽处理"。从中可得知,"认罪""认罚"和"从宽"系认罪认罚从宽制度的核心要素,《指导意见》也在如何把握上述"三要素"方面作出专门规定。其中,"认罪""认罚"是适用条件,"从宽"是处置结果。

1."认罪"的认识与把握。"认罪"体现了犯罪嫌疑人、被告人(以下统称为被追诉人)对行为犯罪性质的认识,是悔过态度的外在表现。其定义实际上融合了刑法中自首、坦白条款有关"如实供述自己的罪行"的解释规定,要求"认罪"必须是实质性的承认。[①] 实践中,主要需注意三个问题:一是认

---

① 参见陈国庆:《刑事诉讼法修改与刑事检察工作的新发展》,载《国家检察官学院学报》2019年第1期。

罪的真实性。要求被追诉人自愿如实地作出，特别注意审查排除有些被追诉人在存有不利证据指向或无法忍受被羁押、等待审判煎熬的情况下，"退而求其次"，以有违事实真相的"有罪供述"博取从快、从宽处理的"好处"。二是认罪的完整性。供述的内容能够反映主要犯罪事实，或仅对个别事实情节及行为性质有一定辩解但最终接受司法机关的认定意见，不影响定罪量刑基本事实的，可被认定为"认罪"。但对于隐瞒自身身份、认为部分或全部犯罪事实不是犯罪的，则无法对整个案件适用认罪认罚从宽制度。三是认罪的时间点。认罪认罚从宽制度有着激励、引导被追诉人主动供述犯罪事实、积极配合司法活动等设计初衷，"认罪"时间越提前，内容越全面、准确，就越有助于司法机关及时获取证据、侦破案件、减少损失。因此，需要关注"认罪"的具体时间点，并根据不同诉讼阶段，在后续的处置环节作区别化"从宽"对待。如认罪认罚从宽制度试点中，浙江某基层人民检察院制定了《认罪认罚情节考察表》，记录从侦查到提起公诉等诉讼环节的"认罪"情况，通过定位时间点，分别适用30%、20%、10%的从宽幅度量刑。

2. "认罚"的认识与把握。"认罚"是被追诉人悔罪态度的直接表现。即在认罪基础上，自愿接受所认之罪在实体法上带来的刑罚后果，同意检察机关量刑建议，签署具结书。在这份具结书中，包含个人身份情况、认定的犯罪事实及罪名、量刑建议、适用诉讼程序等相关内容。由于"认罚"与"认罪"同为适用认罪认罚从宽制度的前提条件，故而其要求也必须是实质性的。被追诉人只"认罪"不"认罚"，或者表面上"认罚"，背地里却有串供、毁灭证据或者故意隐匿、转移财产、不赔偿被害人损失等类似行为的，均不能适用该项制度。"认罚"仅限实体处罚，与司法程序选择适用并无关联，即在没有新的犯罪事实的情况下，被追诉人不同意案件适用速裁程序、简易程序的，不影响"认罚"的认定。

3. "从宽"的认识与把握。"从宽"是在同时具备上述二要素条件下的最终司法处理结果，也是该项制度的"魅力"所在。具体而言，在侦查阶段更早地达致采取非羁押性强制措施条件，特殊案件的撤销制度；在审查起诉阶段检察机关作出不起诉决定、从宽的量刑建议、适用或变更宽缓强制措施等；在审判阶段法院采纳检察机关的"从宽量刑建议"，或根据查明的犯罪事实及被追诉人认罪认罚具体情况等依法作出"从宽"判决。这其中，也有三点需要明确：一是依法"从宽"。"从宽"的司法处置均应当遵循刑法、刑事诉讼法的基本原则和具体规定，必须于法有据，不具备法定减轻处罚情节的，应当在法定刑幅度以内提出从轻处罚的量刑建议；对其中犯罪情节轻微不需要判处刑罚的，可依法作出不起诉决定。二是一般应当从宽。树立认罪认罚案件从宽处置的基本导向,即符合制度适用条件的案件一般应当"从宽处置"。三是从宽有度。严格贯彻宽严相济刑事政策,根据犯罪行为的具体事实、性质、情节和对社会的危害程度,决定是否予以"从宽",并确定"从宽"的幅度,确保宽严有别、罚当其罪。特别是对于犯罪性质恶劣、犯罪手段残忍、危害后果严重以及累犯、再犯的犯罪分子,应当严格限制"从宽"幅度,或依法予以严惩。

(二) 认罪认罚从宽制度的中国特色

2016 年中央政法工作会议指出要在借鉴辩诉交易等制度合理元素基础上,抓紧研究提出认罪认罚从宽制度试点方案,并经全国人大常委会授权后,选择有条件的地方开展试点。[①] 从试点到立法确立,始终有舆论观点认为,我国认罪认罚从宽制度本质上是美国"辩诉交易"的"翻版",这种观点是不符合实际的。美国的辩诉交易制度正式确立于 1970 年的"布拉迪诉美国案",在美国联邦及各州的犯罪案件中,均有超过 90% 以上的案件通过辩诉交易解决。该项制度是指检察官与被告方进行谈判,以撤销指控、降格控诉或要求法官从轻判处刑罚等为条件,换取被告人作认罪答辩或满足控诉方其他要求。如果达成协议,且经法官审查协议内容自愿、合法,则不再进行开庭审理,直接对被告人定罪判刑。

我国的认罪认罚从宽制度一定程度上吸收借鉴了域外如美国"辩诉交易制度"、英国"有罪答辩制度"等诉讼制度的有益经验,但并不是单纯的"拿来主义",而是在此基础之上,内化融入于我国刑事诉讼体系,符合我国国情的一项特殊制度创新。这其中,既能反映出对中华传统"和合"文化的继承,也可体现对红色法律文化如陕甘宁边区刑事调解制度、本土社会基层治理经验如"枫桥经验"等的发扬。[②] 在制度设计上与域外制度尤其是辩诉交易制度有着显著区别:一是证据裁判标准。认罪认罚从宽制度坚持证据裁判原则,不以降低案件证明标准为代价,即审查与裁判仍应达到"犯罪事实清楚,证据确实、充分"的认定标准;案件事实不清、证据不足的,即便被追诉人认罪认罚也不能定罪处理。而辩诉交易制度中控辩双方在案件事实有争议或者证据有疑问的情况下仍可进行协商"交易"。二是控辩协商内容。认罪认罚从宽制度坚持罪刑法定原则,控辩双方仅能就具体量刑进行协商,罪名和罪数均不在协商范畴。而辩诉交易的内容不仅包括量刑,还包括罪名和罪数,即美国检察官

---

① 王逸吟:《我国将开展认罪认罚从宽制度试点》,载《光明日报》2016 年 1 月 24 日,第 3 版。
② 自汉唐以来,"和合"传统从未在中华民族文化里被边缘化;中国共产党人早在 20 世纪 40 年代初就已在陕甘宁边区创造了系统的刑事调解(和解)制度。贾宇:《陕甘宁边区刑事和解制度研究》,载《法律科学(西北政法大学学报)》2014 年第 6 期。

可将降格指控作为条件,与被告方进行协商"交易"。三是法定诉讼程序。适用认罪认罚从宽制度案件除作不起诉处理以外,对被追诉人的定罪量刑依然要坚持庭审实质化原则,必须经过法庭开庭调查核实。而辩诉交易制度下,只要被告人认罪服法,法官就可以不经审理直接作出判决。

(三)认罪认罚从宽制度的价值意义

最高人民检察院张军检察长强调,"要从推进国家治理体系和治理能力现代化的高度,充分认识认罪认罚从宽制度是节约司法资源、化解社会矛盾、减少社会戾气、促进社会和谐的重要落实方式和环节。"[①] 认罪认罚从宽制度有着极为丰富的价值内涵和重要的实践意义,具体表现为:

1. 认罪认罚从宽制度是贯彻宽严相济刑事政策,促进国家治理体系和治理能力现代化的重要路径。宽严相济刑事政策作为我国的基本刑事政策,要求根据犯罪的具体情况,实行区别对待,做到"该宽则宽,当严则严,宽严相济,罚当其罪"。[②] 全面适用认罪认罚从宽制度,进一步释放了谦抑、审慎、善意的刑事司法理念,对适用认罪认罚从宽制度的刑事案件,特别是对其中轻罪案件的从宽、从快、从简处理,一方面可以鼓励和促使更多被追诉人认罪服法,降低审前羁押率,使案件及时得到司法处置,避免诉讼迟延;另一方面也有利于促成双方当事人达成和解,被害人及时得到赔偿,被破坏的社会关系尽早得以修复,维护社会和谐稳定;同时,在量刑协商的过程中,既对被追诉人惩罚警示和教育矫治,也对被害人释法说理、安抚救助,司法活动的参与充分性、处置精准度将显著提升,司法机关对案件风险控制化解能力也得到进一步增强。

2. 认罪认罚从宽制度是推动案件繁简分流,提升刑事司法质效的有力抓手。据统计,适用认罪认罚从宽制度以来,检察机关审查起诉平均用时缩短至26日,速裁案件缩短至5天;适用速裁程序审结的占70%左右,当庭宣判率达95%;适用简易程序审结的占25%左右,当庭宣判率为79.8%。[③] 通过刑事案件的繁简分流,为司法机关腾出资源空间,可以集中精力办理5%的重大复杂疑难案件,真正实现了简案快办、繁案精办。在司法效率提升的同时,案件质量并没有降低,证据裁判意识反而得到了加强和巩固,特别是被追诉人为

---

① 张伯晋、戴佳、史兆琨、李春薇:《共同凝聚中国社会治理的"法治智慧"——检察机关承担主导责任、推动认罪认罚从宽制度全面深入落实纪实(上)》,载《检察日报》2019年7月12日,第1版。

② 参见高铭暄:《宽严相济刑事政策与酌定量刑情节的适用》,载《法学杂志》2017年第1期。

③ 数据援引自2017年12月23日在第十二届全国人民代表大会常务委员会第三十一次会议上所作的《关于在部分地区开展刑事案件认罪认罚从宽制度试点工作情况的中期报告》。

争取"从宽"的结果,主动积极地自愿如实供述,有效促进司法机关收集客观性证据、起获犯罪工具或者赃款赃物等关键物证、查明犯罪事实等,因而也有利于提高案件质量。

3. 认罪认罚从宽制度是优化刑事诉讼结构,构建良好诉讼生态的重要举措。现代刑事司法的发展趋势是让当事人更为充分地参与刑事诉讼活动。推行认罪认罚从宽制度,检察机关在充分听取被追诉人及其辩护人或值班律师以及被害方意见的基础上,控辩双方进行充分平等有效的量刑协商,由检察机关根据案件实际和认罪认罚情况提出量刑建议,最后由法院判决确认,控辩审三方诉讼结构得以优化。此外,认罪认罚从宽制度还对侦查机关、检察机关、审判机关及律师(值班律师)在量刑具结等方面提出了明确的要求,推动各方沟通协作。传统的对抗、单向诉讼结构逐步向合作、互动的良性诉讼生态转变。

二、检察机关在认罪认罚从宽制度中的角色定位

根据《刑事诉讼法》《指导意见》相关规定内容,检察机关在认罪认罚从宽制度中主要承担权利告知,意见听取,被追诉人自愿性、合法性审查,证据开示,认罪认罚具结,起诉裁量,刑事活动监督等职责。具体而言,可体现为如下角色定位:

(一) 国家追诉的执行者

现代法治国家对犯罪的追究是通过检察官代表国家将犯罪人告诉交到法院审判而实现的,我国亦是如此。作为一项重要的诉讼职能,检察机关负责将涉嫌犯罪的被追诉人提起公诉,要求法院审判,以实现国家刑罚权。因此,审判需以起诉为前提,并受起诉范围的限制。特别是认罪认罚从宽制度推行以来,被追诉人更早地感知到国家的司法惩戒态度,检察官的追诉内容也以具结书的形式予以提前展示,秉持客观公正立场的检察官"双重身份"将会更为充分地呈现出来:[①] 一方面,通过引导侦查、指控、证明、辩论等履职方式追诉犯罪;另一方面,检察官还有保护无辜者的法定职责,在证据收集方面不仅要收集有罪罪重的证据,也要注重无罪罪轻证据的收集;在适用法律时要全面考虑,"宁失不经,不伤无辜"。

(二) 案件流转的过滤者

一直以来,关于刑事诉讼中公检法三家的职能有一种流水线作业式的比

[①] 参见缐杰、高翼飞:《认罪认罚从宽应贯彻客观公正义务》,载《检察日报》2019 年 11 月 2 日,第 3 版。

喻：即公安"做饭"、检察"端饭"、法院"吃饭"。[1] 这其实是对我国刑事诉讼的制度设计、检察机关的法律监督职能等的误解。在此比喻之上，刑事检察工作不仅包括"端饭"，还要引导公安"选菜""放佐料"，并能自行"寻菜""翻炒"，甚至将质量不合格的"菜品"扣留，自行消化或是要求公安拿回。因此，检察机关不是案件的"搬运工"，而是案件的"质检员"，具有案件过滤的功能：检察官通过对提请批捕、移送审查起诉案件的审查，将未达批捕、起诉标准的案件筛选出来，仅将"犯罪事实清楚，证据确实、充分"的案件提起公诉，从而确保案件质量。在认罪认罚从宽制度中还规定了例外情形。《刑事诉讼法》规定，被追诉人自愿如实供述涉嫌犯罪的事实，有重大立功或者案件涉及国家重大利益的，经最高人民检察院核准，检察机关可以作出不起诉决定或者部分不起诉，公安机关可以撤销案件。这表明法律赋予了检察机关对极少数特殊有罪案件的实体超常规出罪权。

（三）诉讼程序的分流者

检察机关除依法充分运用不起诉职权对案件"限流"外，主要还实现了对案件"导流"，即以"认罪"为分叉点，"不认罪"的案件自然适用普通程序，"认罪"的案件则根据案件具体情况再决定适用速裁程序、简易程序或是普通程序。这里面需要注意的有三点：一是程序的适用标准。"繁简"的判断标准并不完全取决于案件的罪名、人数、危害程度等因素，而主要是取决于案情的本身。二是程序的影响阶段。传统意义上讲，三种类型的诉讼程序仅适用于审判阶段，直接体现在庭审之中。实际上，随着认罪认罚从宽制度的推行，审判阶段的区别化处理已经渗透到审前阶段。[2] 这种渗透，虽然仅表现为办理期限缩短等程序性变化，不会对定罪量刑产生影响，但减轻因等待司法制裁的煎熬，对于被追诉人来说，也是极具吸引力的。三是程序的启动主体。虽然刑诉法明确，适用速裁程序、简易程序要征得被追诉人的同意，但并不意味着被追诉人有程序的决定权。实践中，在审查起诉阶段，侦查机关及被追诉人及其辩护人均有权向检察机关提出适用何种程序的建议，但最终向被追诉人列出程序"可选菜单"的是检察机关。换言之，检察机关负责划出程序最简红线后，再由被追诉人根据其意愿进行选择。

---

[1] 参见钟简参：《从"做饭、端饭和吃饭"说起——从餐厅主导看检察作用》，载《法制日报》2019年10月9日，第5版。

[2] 例如我国《刑事诉讼法》对检察机关适用速裁程序的案件的办理期限也作出限定，即应当在10日内作出决定，对于可能判处有期徒刑超过一年的，可以延长至15日。

（四）合法权益的保障者

在认罪认罚从宽制度中，检察机关对三类刑事诉讼参与人的合法权益保护尤为关注，法律上也对此作了特殊的制度安排。第一类是被追诉人。通常而言，被追诉人无论是在法律知识储备，还是诉讼经验累积等方面均相对匮乏。为全面、充分地促使其对认罪认罚的性质和法律后果的认知，检察机关在受理案件时应当及时全面地告知其可免费获得值班律师的法律帮助、自愿认罪一般获得从宽处罚等诉讼权利内容，尤其是要详细而又具体地告知认罪认罚从宽制度的相关法律规定。随后，检察官除通过审阅卷宗、讯问核实等工作查明案件事实以外，还要对被追诉人认罪认罚的自愿性进行同步审查，排查是否有外力的不当干涉或是自身的认知错误等情况。而后进行的认罪认罚协商，检察官将会进一步就被追诉人涉嫌的罪名、适用的法律条款、具备的从宽处罚情节、提出的量刑建议和程序进行阐述，并充分听取意见，最终在法律允许的范围内达成各方接受、认可的"理想结果"。待被追诉人签署具结书后，这种结果以书面化形式予以固定，具有了法律效力的保障。第二类是辩护人（值班律师）。被追诉人量刑具结时，应当有辩护人或值班律师在场方能签字具结，以体现其认罪认罚的自愿性；辩护人或值班律师也需在具结书上签字，表明其见证了认罪认罚具结过程的合法性、真实性。实践中，目前争议较大的问题是值班律师能否阅卷，有观点认为值班律师仅为法律咨询和程序见证，没有必要阅卷。从浙江省的情况看，全省认罪认罚案件中有80%的犯罪嫌疑人系由值班律师提供法律帮助。我们倾向认为值班律师享有阅卷权，因为值班律师只有阅卷才能真正对案件事实、证据及定性发表意见，否则就成了"花瓶摆设"，无法达到制度设计的预期效果。为此，浙江公检法司和国安部门还联合出台了《关于进一步加强和规范刑事法律援助全面推进刑事案件律师辩护全覆盖和值班律师法律帮助工作的意见》，在委托辩护、法律援助辩护律师和值班律师帮助之间建立了无缝对接机制。该意见中就明确规定，值班律师提出阅卷要求的，办案机关应当及时予以安排，并为其阅卷提供便利。而在后续出台的《指导意见》中，也支持了这一观点。第三类是被害人。《刑事诉讼法》规定，适用认罪认罚从宽制度应当听取被害人意见。尊重和保障被害人合法权益，对于修复社会关系、化解矛盾意义重大。检察机关应当将犯罪嫌疑人是否与被害人达成和解协议或者赔偿被害人损失、取得被害人谅解，作为提出量刑建议的重要考虑因素。此外，即便双方已经达成谅解，检察机关仍应及时听取被害人的意见。虽然，被害人一般不会对认罪认罚程序的适用提出异议，但通过这样的制度设计，被害人的诉讼参与渠道被拓宽，话语权和知情权也得到有效保障，检察机关在核实"谅解"的真实性过程中能够增进对案情和风险的把控。总之，检察机关应以认罪认罚从宽制度为契机，鼓励被追诉人退赃退赔，挽回被害人经济损失。同时，不能因为被害人的无理要求，就让真诚悔罪的被追诉人失去从宽处罚的机会。检察机关要严格按照法律规定给予从宽处罚的机会，强化对双方当事人的释法说理工作，争取理解，努力化解纠纷矛盾。

（五）诉讼活动的监督者

强化对认罪认罚案件多维度的法律监督制约，确保制度准确适用，是检察机关法律监督宪法定位的必然要求。认罪认罚案件中，检察机关的监督制约作用有两个侧重点：一是对侦查活动的监督。检察机关通过提前介入侦查引导取证、自行补充侦查、建立案件质量评析和证据标准指引机制、检察建议等，加强对侦查阶段认罪认罚自愿性和取证合法性的审查工作，对非法证据坚决予以排除，避免因犯罪嫌疑人认罪认罚降低证明标准，确保准确适用法律，防止无罪案件发生。比如浙江省某基层人民检察院办理的一起案件，侦查机关认定犯罪嫌疑人严某入户盗窃金额近1200元，尚未达到数额较大标准（3000元），但因构成入户盗窃，遂以盗窃罪移送审查起诉。严某到案后也表示认罪认罚。按照惯常处理，这类案件可以适用速裁程序，一般在10日之内即可提起公诉。但检察官经审查发现，严某进入盗窃的平房处于一片苗木地的中心，建造的最初目的是摆放生产工具、农忙时做饭及避雨，不是用于"家庭生活"。经补强证据和分析论证，检察官认为该案不具备"入户"情节。据此，检察机关认定严某虽有盗窃的行为，但不构成犯罪，对其作不起诉处理，并建议侦查机关对其行政处罚。二是对审判活动的监督。认罪认罚案件的审理容易出现两个极端：一种是庭审形式化，另一种是过于强调审判权，对检察机关的量刑建议无故不予采纳。检察机关要着重审查人民法院适用法律是否正确，诉讼程序是否合法，并加强对诉判不一案件的审判监督。比如浙江某检察机关办理的一起危险驾驶认罪认罚案件，控辩双方已经认罪认罚具结，检察机关依法提出拘役2个月15日的量刑建议，但一审法院在没有充分理由的前提下，未采纳检察机关量刑建议，判了拘役3个月10日。检察机关认为一审法院违反刑诉法中关于量刑建议"一般应当采纳"的规定，适用法律不当，遂提出抗诉。二审法院采纳了抗诉意见，撤销原判，改判被告人拘役2个月15日。

三、检察官在刑事诉讼中的主导地位

在侦查阶段工作量基本不变，审判阶段明显精简的情况下，检察机关承载了大部分且是实质性的诉讼工作，认罪认罚从宽制度的决定适用权在检察机关，最为关键的量刑具结在检察环节，检察官的量刑建议法官还"一般应当采纳",以上都体现了检察官的主导责任。有不少学者指出,随着认罪认罚从宽制度的适用,将会建立或者加强检察机关在刑事诉讼中的主导地位。① 这种观点是有法律和实践依据的。检察官有权决定刑事案件走向,是刑事诉讼程序事实上的核心,检察官的主导地位在刑事诉讼中早就存在,有其形成的历史必然性。在域外,欧美检察官常扮演着刑事案件中"独特"的裁判者角色,在刑事司法中的作用也随诉讼制度的演化发展而不断得到增强:美国检察官的辩诉提案很少被法官否决,欧洲检察官的刑事处罚决定鲜被驳回,等等。② 而此次我国以认罪认罚从宽制度为重点的刑事诉讼制度改革有力地将这种"检察官主导"从"幕后"推到了"台前",这才有了更多人的认同与支持。③

(一)检察官在刑事诉讼中的主导地位释义

从某种意义上讲,指控、证明犯罪最终"舞台"在于审判环节的庭审,而批捕、审查起诉等诉讼活动均系为达到审判标准而做的准备。因此,检察官必须审查采取何种强制措施,决定捕与不捕,还要对案件的走向、证据的收集给予指引,侦查机关也要按照检察机关的意见去补充侦查、收集证据、完善事实的认定,如达不到标准,检察官还要将案件退回补充侦查,继续给予指引。这种侦查"引导"正是主导地位的体现。

在审判阶段,检察官的"主导"地位更为明显。根据不诉不理的中立原则,法官的职责为"听"与"断",案件审判程序的发起、审理进程、控辩交锋等均由检察官的指控职能所决定。因此,真正主导并决定庭审走向的应为检察官(公诉人),他需要在法庭上指控犯罪事实,指明适用的法律条款,并拿出相应令人信服的证据、理据,倘若无法拿出就会面临被法院宣告无罪、改变案件定性的风险。审判后,检察官认为判决不当的还要抗诉,执行环节违法的也要监督。通过以上分析,就会发现检察官的"主导"并不是明确你高我低,或者是权力上的主次,而是一种源于责任的使命担当,要求检察官务必正确、充分、积极地履职。据此,检察官主导地位可分三方面予以把握:

1. 检察官的主导地位是由宪法所赋予的。《宪法》第134条规定:"中华人民共和国人民检察院是国家的法律监督机关。"这决定了检察机关必须对包

---

① 参见孙谦:《检察机关贯彻修改后刑事诉讼法的若干问题》,载《国家检察官学院学报》2018年第6期;曹东:《论检察机关在认罪认罚从宽制度中的主导责任》,载《中国刑事法杂志》2019年第3期,等等。
② [瑞士]古尔蒂斯·里恩:《美国和欧洲的检察官——瑞士、法国和德国的比较分析》,王新玥、陈涛等译,法律出版社2019年版,第80—83、175、188页。
③ 2019年,最高人民检察院根据全国人大代表对检察工作报告提出的意见,将检察官在刑事诉讼中的主导责任写入工作报告。

括刑事诉讼活动在内的执法行为进行过程性监督，以防止侦查滥权和审判恣意，推动侦查机关、审判机关依法履职。同时，《宪法》第140条规定："人民法院、人民检察院和公安机关办理刑事案件，应当分工负责，相互配合，相互制约，以保证准确有效地执行法律。"检察机关处于刑事诉讼中承上启下的重要环节，贯通整个诉讼程序，前承侦查、后启审判执行。一方面，检察机关通过行使公诉权，主导推动刑事诉讼进程，以追诉犯罪的方式督促各类参与社会活动的主体遵守法律；另一方面，检察机关以审查逮捕、审查起诉、出庭公诉、判决裁定审查等方式，从实体与程序两个维度，对案件事实及犯罪性质认定、强制措施适用等侦查及审判活动实施监督，确保案件质量，做到不枉不纵，防止错案、漏案的发生。因此，检察官对侦查的引导监督、审前的过滤、积极的庭审指控及审判、执行监督所体现的主导地位，均是严格在宪法框架下履行，是新的时代背景下强化检察履职的客观需要。

2. 检察官的主导地位是由刑事诉讼制度设计所决定的。根据我国刑事诉讼的制度设计，检察机关是唯一全程参与刑事诉讼活动的国家权力机关。从立案到审判，甚至再到判决执行，检察机关几乎能够接触到所有诉讼环节和诉讼参与人，可以掌握最为详实的案件信息，同时还拥有充足的制约监督手段。因此，唯有检察机关具备刑事诉讼全流程监督制约的条件和能力。随着认罪认罚从宽制度的确立，检察机关对于案件处理有了更为实质性的影响。一方面，程序上的影响。检察机关拥有适用认罪认罚从宽制度启动权、诉讼程序选择权，虽然侦查机关、审判机关以及被追诉人、辩护人等均可建议，但最终的决定权在检察机关。另一方面，实体上的影响。检察机关运用不起诉权等"截流"未达追诉标准的案件，就是对案件的实质处理。对于提起公诉的案件，同样会产生实质影响。例如前文提及"一般应当采纳"的问题。根据《刑事诉讼法》第201条第1款的规定，认罪认罚案件，人民法院依法作出判决时，一般应当采纳人民检察院指控的罪名和量刑建议。"一般应当"意味着以采纳为原则，不采纳为例外。上述规定赋予了检察机关量刑建议相对的刚性。过去，检察机关的量刑建议是一种程序性的建议权，是否采纳决定权在于法院。但是在认罪认罚从宽制度下，量刑建议权不同以往仅是"建议权"，而是检察机关基于被告人认罪认罚，代表国家公权力作出的具有司法公信力的允诺，应当得到审判权的充分尊重。《刑事诉讼法》规定，法官可以改变检察官量刑建议的理由有5种情形。除此之外，法官只能在量刑建议"明显不适当"的情形下才能改变量刑。换言之，法官如果不采纳检察官的量刑建议，且不具备以上5种情形的，必须依法说明量刑建议有怎样的"明显不适当"。对于这一问题，理论实务界仍有不同看法，有的专家认为办案机关要有容忍被告人反悔、正确对待法院依法裁判的心态，不宜动用抗诉权。① 但这一观点忽视了检察机关系法律监督机关的职能属性，检察机关的量刑建议权不是域外所谓的"求刑权"，检察机关的抗诉权也不是当事人的"上诉权"；这种观点也忽视了认罪认罚从宽制度中司法机关相互配合相互制约的关系，《指导意见》明确指出完善人民检察院对刑事审判活动的监督机制，加强对认罪认罚案件办理全过程的监督，规范认罪认罚案件的抗诉工作，确保无罪的人不受刑事追究、有罪的人受到公正处罚。检察机关行使抗诉权是有充分的条件和理由的：一是抗诉权是检察机关的一项重要法律监督职能。无论是英美法系还是大陆法系，尽管两大法系之间的司法文化传统和诉讼结构模式存在差异，但均存有以检察（控方）上诉或抗诉制约审判权的权力配置。既然《刑事诉讼法》对"一般应当采纳""应当说明理由和依据"等作出专门规定，检察机关自然有权通过行使抗诉权制约未能遵循法律规定的审判行为。二是被追诉人上诉后从宽基础丧失。从宽系在认罪认罚基础上方能获得的司法宽恕，被追诉人上诉表明了这种从宽基础已经丧失，在现有刑事诉讼体系下，唯有动用抗诉权才能保障罪责刑相适应。三是基于维护良好诉讼秩序的考量。实践中已出现有的认罪认罚被追诉人为达到"留所服刑""试探性求宽"等目的滥用"上诉不加刑"原则的情形。② 如不加以限制，极易出现竞相效仿的诉讼秩序混乱局面，形成破窗效应。这不仅违背了制度设计初衷和原则，把蕴含司法公信的"认罪认罚具结书"当做参与诉讼流程的"作弊工具"，还使得刑事案件处置变得更为冗杂，案件办理效率大打折扣。

3. 检察官的主导地位是由现代刑事诉讼制度发展所孕育的。在大陆法系国家流传着一个法谚："刑事程序是检察官的程序"，意指检察官是刑事程序的主导者。传统的大陆法系诉讼理论和程序中，检察官是侦查权的法定主体，警察只是检察官的辅助机构。而随着刑事案件的高发以及司法负担的加重，传统的刑事诉讼程序正在进行价值和结构上的变革，包括欧美主要法治国家在内，刑事诉讼制度普遍经历了从自诉到公诉的转变，其刑事程序均不同程度地出现部分案件的实体处置权由法官向检察官转移的改革动向：美国自1704年康涅狄格州首个完全废除自诉制度后，至18世纪末各州基本都建立了检察官公诉制度；瑞士、德国、意大利等大陆法系国家废除预审法官，将刑事调查实

---

① 参见胡云腾：《正确把握认罪认罚从宽保证严格公正高效司法》，载《人民法院报》2019年10月24日，第5版。
② 参见朱孝清：《如何对待被追诉人前述认罪认罚具结书后反悔》，载《检察日报》2019年8月28日，第3版；董坤：《认罪认罚从宽案件中留所上诉问题研究》，载《内蒙古社会科学（汉文版）》2019年第3期。

质性地交与检察官,使之成为诉讼程序的掌握人;作为刑事处罚令制度的发源地,德国规定只有经检察官书面申请方可启动刑事处罚令程序,且检察官应向法官提出具体的处罚建议,法官可不经庭审程序接受申请并向被追诉人发出,刑事处罚令效力等同于生效判决,等等。① 最高人民检察院原副检察长朱孝清同志曾指出,"纵观世界刑事诉讼发展史,随着有罪必罚的报应刑理念让位于预防主义的刑罚理念,随着犯罪的'高涨'和诉讼经济思想的勃兴,检察官的自由裁量权都呈扩大之势。"② 由此可见,检察官的主导地位是现代刑事诉讼制度发展的必然结果,符合刑事司法规律,与世界刑事诉讼改革大势同向。

(二)审判"中心"与检察"主导"的关系

实践中,在对认罪认罚从宽制度、检察官主导地位的认识上,目前还存有一定争议。有的认为适用认罪认罚从宽制度案件中,庭审环节被大大简化,有的案件仅需几分钟就可审理完成,根本没有实现庭审实质化。还有的认为既然检察"主导",那么审判就不可能是"中心",更何况认罪认罚从宽制度还把大量重要工作放到了庭前。因此,上述两种观点均认为认罪认罚从宽制度、检察官的主导地位偏离了我国"以审判为中心"的刑事诉讼制度改革方向。如何理解"以审判为中心"成为准确认识上述问题的关键。③ 首先,需要明确的是,以"审判"为中心,不是以法院为中心。这里的"审判",实质上是以审判职能为中心,即侦查、起诉服务于审判,均要为刑事诉讼目的实现、诉讼程序终结提供一切便利的条件。各项服务工作又最终具化为符合审判要求和标准的证据,而证据的形成、取得、运用的工作主要由侦查、起诉承担。因此,"以审判为中心"实际上加重了侦查、起诉的重要性和责任。由此,我们可以得出这样的结论:第一,"以审判为中心"是诉讼规律的必然要求,应以"切实有效地达到审判条件和目的"作为判断标准。第二,证据是审判、庭审的核心,它在不同诉讼程序的实现方式可能有所差异,但均要达到审判的标准。"轻轻重重"的司法资源分配更能满足"轻"案兼顾效率的需求,为"重案"庭审证人、鉴定人、侦查人员出庭作证和律师辩护留足空间。第三,保证诉讼参与人充分参与,强化公检法配合制约是法院作出高质量公正裁判的基础和需要,这也是服务保障审判职能的重要组成部分。认罪认罚从宽制度、检察官的

---

① [瑞士]古尔蒂斯·里恩:《美国和欧洲的检察官——瑞士、法国和德国的比较分析》,王新玥、陈涛等译,法律出版社2019年版,第35—36、45—46页。

② 朱孝清:《认罪认罚从宽制度对检察机关和检察制度的影响》,载《检察日报》2019年5月28日,第3版。

③ 参见朱孝清:《认罪认罚从宽制度中的"主导"与"中心"》,载《检察日报》2019年6月15日,第3版。

主导地位并没有改变和动摇审判职能的中心地位，反而为实现这一目标提供了重要的助推力。

审判"中心"与检察"主导"是依据各自的职能而存在的，也是依据各自的职能分别发挥着作用，但其目的具有一致性，都是为了实现司法公正，使人民群众在每一个司法案件中感受到公平正义。"主导"是"中心"深化发展的必然产物，是将审判的标准和要求传导至审前的有效路径；"主导"也是"中心"深化发展的有力支撑，通过审查、过滤、分流案件，提出量刑具结意见，有效推动审判活动的进行。此外，"中心"与"主导"还存在着良性的制约："主导"限定了审判范围，对审判活动进行监督；而"中心"的审判活动要检验"主导"的工作成果，也就是审理案件，拥有最终的裁判权。因此，二者不是对立的概念，反而是相互作用，相辅相成。

四、新时代刑事检察工作的展望与思考

当前，我们正面临着世界百年未有之大变局，国际形势、国内发展等各方面带来许多不确定因素，检察工作也面临着诸多新情况新挑战。党的十九届四中全会明确提出要完善检察制度，加强对司法活动的监督，确保司法公正高效权威。2019年以来，全国检察机关主动顺应社会主要矛盾变化，通过内设机构系统性、整体性、重塑性改革等，构建形成了刑事、民事、行政、公益诉讼检察并行的"四大检察"法律监督总体布局，并作出了做优刑事检察、做强民事检察、做实行政检察、做好公益诉讼检察的重要部署。刑事检察是检察机关的传统职能和优势项目，如何擦亮检察机关的这一"金字招牌"，更好地履行主导地位、发挥主导作用，对检察工作的长远发展至关重要。笔者认为，要以落实认罪认罚从宽制度为牵引，走司法办案专业化、组织体系科学化、检察队伍职业化道路。具体地讲，需实现法律监督理念现代化、法律监督体系现代化、法律监督能力现代化，并着重把握以下五个方面的内容：

（一）加快更新检察办案理念

理念是指导、引领检察机关办好案件的思想、灵魂。"头脑"要与时俱进、常思常新，才不会限制住"手脚"。对于检察机关而言，就是要以习近平总书记全面依法治国新理念新思想新战略为指引，主动融入国家治理体系和治理能力现代化发展大局，不断完善更新司法政策、检察政策。具化到刑事检察领域，首先要树立"三位一体"的追诉理念。检察官应秉持客观公正的立场，

坚持不放纵犯罪、不伤及无辜、罪责刑相适应三者统一、并重。[①] 中国检察机关是司法机关，检察官不是政府律师，不仅仅是公诉人。检察机关是犯罪的追诉人，同时也是无辜者的保护人，追诉中的公正司法人。特别是当前，检察官对案件办理的实质性影响不断扩大，更要准确适用法律，审慎行使诉讼职权。比如近年来检察机关对河北涞源反杀案、昆山于某某案、福州赵某案、杭州盛某某案等几起正当防卫案件依法履职，通过不起诉权的行使，纠正了社会关注的一些案件，得到了广泛认可，同时也引领了社会正义和价值取向。其次要倡导双赢多赢共赢的监督理念。在刑事诉讼中，检察机关依法对侦查机关、审判机关、执行机关进行法律监督，通过监督帮助解决问题、补齐短板。监督者与被监督者的地位是平等的，目标是共同的，价值是一致的。不能因检察机关的法律监督职能或是主导地位等，就非得分出个"你高我低""你对我错"。而是应当认识到开展监督最根本的目的就是为了做好工作，让广大人民群众在每一个案件中都感受到公平正义。所以检察机关要更新监督理念，摆正自身位置，要充分运用好政治智慧、法治智慧，既要问题找得准、谈得透，也要时机正确，方式恰当。第三要践行新时代"枫桥经验"的治理理念。"枫桥经验"发源于浙江的诸暨枫桥，经过五十多年来的探索创新、复制推广，现已成为中国特色社会主义社会治理体系的重要组成部分，集中体现了基层社会治理的中国智慧和中国方案。做好新时代的刑事检察工作也要践行好"枫桥经验"，以人民为中心，摒弃"就案办案"传统思维，大力推进诉源治理工作，通过"检调对接"、释法说理等方式促成刑事和解、认罪认罚，努力把案件矛盾化解在检察环节。同时，深挖总结案件背后的深层次社会问题，以检察建议、专题调研报告等形式有力推进社会治理现代化建设。

（二）深入推进"捕诉一体"改革

"捕诉一体"，即检察机关内部同一刑事案件的审查逮捕、审查起诉、诉讼监督等工作由原来的不同办案部门的不同承办人办理转变为同一办案部门的同一承办人办理。这种设置优化了审查模式，减少了不必要的重复劳动，与繁简分流的刑事诉讼程序设计相配套，有利于实现简案快办、繁案精办；还能强化审查引导侦查，实现诉讼全流程监督，特别是使捕、诉两个环节的侦查引导有效衔接了起来，从源头上确保案件的质量。"捕诉一体"是检察机关对检察职能调整、刑事诉讼制度改革作出的积极应对，有利于检察官主导地位的作用发挥。当前和今后一个时期，深化推进"捕诉一体"都是检察机关的一项重

[①] 张军：《关于检察工作的若干问题》，载《人民检察》2019 年第 13 期。

要任务,要建立健全符合"捕诉一体"要求的程序规范,以完善分案机制、突出实质审查、加强侦查监督工作指引、推行监督事项案件化办理等方式,探索克服解决检察官以起诉标准代替逮捕标准、批捕和起诉两项办案工作节奏把握不当、侦查监督工作被办案弱化等"改革阵痛"。

(三)着力提升量刑建议质量

检察官能否对认罪认罚案件处理产生实质性影响,主要依靠量刑建议的质量,即精准程度。量刑建议的精准化主要体现在三方面:第一,全案事实精准到点。要求检察机关综合被追诉人所涉罪行的恶劣程度、社会危害性、造成的侵害后果、认罪情况、有无积极退赔等因素,提出确定量刑建议,应当主刑到月、附加刑到量;第二,认罪时间体现到段。要求检察机关量刑建议应根据认罪认罚的诉讼阶段,区分体现从宽梯度,增强被追诉人尽快认罪认罚的引导力、感知度;第三,共同犯罪定制到人。要求检察机关在处理共同犯罪案件中,要充分考虑各被追诉人的情节因素,特别是犯罪情节轻重、认罪认罚与否等,作出区别化、定制式的量刑建议。

实际上,量刑建议不仅仅是作用并影响被追诉人,也是对审判活动有力监督制约,使检察机关监督焦点从单一的"定罪"发展为全面的既"定罪"又"定量"。检察机关的量刑建议权将会是一个不断发展完善的过程,适用案件从局部到全部,精准程度从幅度到确定。伴随司法经验的累积、量刑指导意见的出台,量刑建议将会从幅度量刑逐渐演变为精确量刑,并逐步向附加刑、是否使用缓刑、增强说理性等方面发展。在量刑建议精准化这一问题上,有的专家学者存在有不同见解,认为量刑建议要有所区分,法官独任审理的案件,量刑建议可以提到精确刑;合议庭审理的案件,量刑建议应当为幅度刑。① 量刑建议的精准化是认罪认罚从宽制度发展的应有之义,一方面,推行精准化的量刑建议才能让检察官握有与被追诉人进行协商的有利条件,同时也体现了对被追诉人权利的充分保障,有利于认罪认罚从宽制度的推行适用;另一方面,也是通过量刑建议的精准化实现了对审判环节法官量刑裁量的监督制约,《指导意见》第33条指出,人民检察院一般应当提出确定刑量刑建议。当然,在推行认罪认罚从宽制度的初期,检察机关缺乏量刑实践经验积累、犯罪类型新颖或案情复杂多样等因素势必会导致确定型量刑建议工作存在一定困难。对上述案件,检察机关应加强与审判机关、辩护律师(值班律师)的沟通协调,可提出幅度刑量刑建议,并全面完善落实量刑建议说理性分析工作。

---

① 参见胡云腾:《正确把握认罪认罚从宽保证严格公正高效司法》,载《人民法院报》2019年10月24日,第5版。

(四) 积极推动科技与办案融合

大数据、人工智能等科技手段的应用,为刑事检察办案带来了颠覆性的变革,不仅能从繁杂的办案事务中解放生产力,还可辅助办案提升监督质效。科技与刑事检察业务的深度融合要以需求为牵引,以问题为导向,着力在阅卷、提审、审查、法律文书编写、量刑等方面降低办理成本,提高办案效率,缩短经验累积时间。在认罪认罚从宽制度试点、实施中,浙江省已经加快推行智慧司法、智慧刑检进程。例如,浙江检察机关正在推广使用的"三远一网"远程办案系统,实现了远程提审、远程开庭、远程送达、网上办案,远程提审系统边提审、边录音录像,使认罪认罚过程直观可见、有据可查。再如,浙江政法机关推进一体化办案系统应用,构建了公安、检察、法院、看守所、监狱、社区矫正机构等单位之间的网上业务办理闭环,打造了基于"通、用、融、析"工作法的网上一体化办案格局,检察官"足不出院"在业务内网上就可完成阅卷、审查、案件移转等业务工作。

(五) 持续优化诉讼监督格局

任何一项制度的施行都不可能是完美无缺的,认罪认罚从宽制度也会带来一定的风险担忧,比如程序急迫式推动会不会影响认罪认罚的真实性?"认罪"会不会引发"口供至上"的传统侦查取向复苏?如何避免强制措施成为"认罪认罚"的隐形筹码?怎样避免大控方(侦查机关、检察机关)基于强势地位所带来的司法肆意?等等。防控诉讼风险,必然要加强监督制约,尤其是法律监督制约。一方面,检察机关将依托"捕诉一体"专业化背景提升诉讼监督水平,依法用好非法证据排除、不批准逮捕、不起诉、羁押必要性审查、提出抗诉等职能,不断延伸对下行案件、刑事拘留、查封扣押财产等方面的监督工作。另一方面,检察机关也要严格落实司法责任制,规范内部监督办案流程,建立充分的权利义务告知机制、完备的听取意见机制、有效的值班律师参与机制、全面的证据开示制度,以制度压实责任,以合作排除风险。

(原载于《法学评论》2020 年第 3 期)

刑事检察理论体系的构建

邓思清[*]

刑事检察理论体系是刑事检察工作的理论基础，而构建刑事检察理论体系则是做优刑事检察的根本保障。刑事检察理论体系是由刑事检察性质理论、刑事检察职权理论、刑事检察主体理论、刑事检察保障理论等组成的一个完整系统。对这些理论问题进行研究，必将促进我国检察制度进一步完善，推进刑事检察工作健康发展。

我国进入新时代后，随着国家监察体制改革和司法体制改革的深入推进，我国修改完善了《人民检察院组织法》《刑事诉讼法》《民事诉讼法》《行政诉讼法》《检察官法》等法律，调整了检察机关的职能，形成了刑事检察、民事检察、行政检察、公益诉讼检察等"四大检察"职能并行的新格局。[①] 在"四大检察"职能中，刑事检察职能起步最早，内涵最为丰富，诉讼程序最为完善，是检察机关的最基本职能和核心业务，也是检察机关服务党和国家大局最为重要的职能，必须持之以恒的强化、优化。[②] 然而，新形势下如何做优刑事检察，将面临许多新的问题，其中，刑事检察理论体系则是其中最为核心的问题，它对刑事检察工作具有理论统摄和引导作用，因而需要我们深入研究。

但是，目前我国学术界对刑事检察理论体系问题尚缺乏深入研究，刑事检察理论体系还不够完善。笔者愿抛砖引玉，对此问题进行探讨，以完善我国刑事检察理论体系。在我国，法律监督是检察机关各项检察活动的根本属性，刑事检察理论体系构建必须坚持法律监督一元论，必须以法律监督理论为基础和

---

[*] 最高人民检察院检察理论研究所副所长、研究员。

[①] 2019年3月15日，第十三届全国人大第二次会议通过关于最高检工作报告的《决议》指出：全面深化司法体制改革，加强过硬队伍建设，更好发挥人民检察院刑事、民事、行政、公益诉讼各项检察职能，为决胜全面建成小康社会提供更高水平司法保障。这表明，最高检提出的"四大检察"职能得到了最高国家权力机关的认同与肯定，标志着我国检察机关法律监督体系、职能运行模式的重塑与基本定型，对丰富和发展中国特色社会主义检察制度具有里程碑意义。

[②] 参见万春：《"四大检察"协同共进实现全面协调充分发展》，载《检察日报》2019年10月24日。

前提。笔者认为，刑事检察理论体系是由刑事检察性质理论、刑事检察职权理论、刑事检察主体理论、刑事检察保障理论等组成的一个完整系统。对这些问理论题进行研究，必将丰富我国法律监督理论体系，促进我国检察制度繁荣发展。

一、刑事检察性质理论

刑事检察性质理论，就是有关刑事检察活动根本属性的理性认识、决定因素、理论观点或者主张以及相关论述。在我国，关于检察权的性质，学术界一直存在不同的观点，主要有行政权、司法权、兼具行政权和司法权、法律监督权等①，而主流观点则认为，检察权的根本属性是法律监督，即一切检察职权都具有法律监督的性质。但是，随着国家监察体制的改革，检察机关反贪、渎职职能的转隶，一些学者对检察机关是否仍保留"国家的法律监督机关"宪法地位产生了质疑和动摇。例如有的学者认为，"将职务犯罪侦查职能剥离后，检察机关将缺少落实法律监督的重要手段"②；有的认为，"它带来了检察机关法律监督定位和法律监督方式的全面危机"③；还有的认为，"中国检察制度又一次走到了历史的十字路口"，并提出"失去了职务犯罪侦查权的检察机关该如何实现其法律监督职能，处在大变革前夕的中国检察制度将何去何从"的疑问④；还有人认为，国家监察体制改革后，我国权力架构中有两个监督权，这在世界上是少有的，即使本次宪法修正不对检察机关的定位作修改，也不等于以后就不会改⑤；有人则认为，检察机关应定位为公诉机关和诉讼监督机关。⑥

上述各种观点均认为，职务犯罪侦查作为法律监督一种重要手段的转隶，必然会影响检察机关的法律监督属性，因而对检察机关的宪法定性产生了质疑。但是，我们认为，职务犯罪侦查权的转隶并不能改变检察机关的法律监督性质，检察机关的刑事检察仍具有法律监督的性质，这是因为：

---

① 参见胡勇：《复合型态的检察权能：中国检察改革再思考》，法律出版社2014年版，第82—113页；邓思清：《中国检察制度概览》，中国检察出版社2016年版，第67—69页等。
② 参见秦前红：《全面深化改革背景下检察机关的宪法定位》，载《中国法律评论》2017年第5期。
③ 参见陈瑞华：《论检察机关的法律职能》，载《政法论坛》2018年第1期。
④ 参见魏晓娜：《依法治国语境下检察机关的性质与职权》，载《中国法学》2018年第1期。
⑤ 这是某位学者在一次研讨会上发言时提出的观点。转引自朱孝清："国家监察体制改革后检察制度的巩固与发展"，载《法学研究》2018年第4期。
⑥ 参见胡勇：《监察体制改革背景下检察机关的再定位与职能调整》，载《法治研究》2017年第3期。

第一，职务犯罪侦查权并非决定刑事检察性质的根本因素。有学者认为职务犯罪侦查权的转隶会使得检察机关法律监督名不符实，从而改变检察权的根本属性。[①] 这种观点其实是放大了职务犯罪侦查权在刑事检察权体系中的地位和作用。在我国，刑事检察权是由多种权力构成的，除了职务犯罪侦查权外，还有批捕权、刑事公诉权、刑事诉讼监督权等职权，而这些刑事检察职权都是独立存在的，并不依附于职务犯罪侦查权。这是因为：一方面，从现代检察制度的起源来看，刑事公诉权是检察机关的最早职权，它起源于中世纪法国的国王代理人制度和英国的陪审团制度，以检察官的设立为标志，检察官的主要职能是追诉犯罪并监督对犯罪人的审判和判决执行。[②] 可见，伴随检察机关出现的是公诉权，而非职务犯罪侦查权。另一方面，检察机关的批准权、刑事诉讼监督权等其他职权都是由法律直接赋予的，而不是由职务犯罪侦查权所派生的。因此，职务犯罪侦查权的转隶并不会影响刑事检察权的性质。

第二，批捕权和刑事公诉权具有法律监督的性质。我国检察机关行使批捕权，主要是对公安机关提请逮捕犯罪嫌疑人进行审查，审查的内容包括犯罪嫌疑人是否涉嫌犯罪且符合法定的逮捕条件、有无遗漏犯罪嫌疑人及案件、侦查活动是否合法等，这些审查都体现了对公安机关侦查活动及结果的法律监督。同时，检察机关的批捕和不批捕决定，对公安机关的侦查活动都具有控制和引导作用，可以防止其滥用强制措施，保证法律的统一正确实施。可见，批捕权具有法律监督的性质。检察机关行使刑事公诉权，一方面对公安机关移送起诉的案件进行审查，判断案件是否符合法定起诉条件、犯罪嫌疑人是否构成犯罪以及所认定的罪名是否正确、有无遗漏罪行和其他应当追究刑事责任的人、侦查活动是否合法等，体现了对公安机关侦查活动及结果的法律监督。另一方面起诉的罪名和罪行对法院审判范围具有限定作用，可以防止法院滥用审判权，而刑事抗诉权的行使，则可以对法院的审判活动及结果进行有效的监督。可见，刑事公诉权也具有法律监督的性质。正基于此，我国检察机关实行捕诉一体的办案机制改革，更有利于强化检察官的法律监督职能，突出法律监督的作用。

第三，刑事诉讼监督权更具有法律监督的性质。除了批捕权、刑事公诉权外，我国检察机关还享有其他具有法律监督性质的刑事检察权，主要包括刑事立案监督权、侦查监督权、刑事审判监督权和刑罚执行监督权等权力。这些权

[①] 参见《保留检察机关对司法人员职务犯罪的侦查权之商榷——反贪转隶和司法改革背景下检察权重构及改革重点》，载微信公众号"刑事正义"2017年5月10日。

[②] 参见朱孝清、张智辉主编：《检察学》，中国检察出版社2010年版，第181页。

力是对公安机关刑事立案、侦查活动及其结果，法院的审判活动及其结果，刑罚执行机关的刑罚执行监管活动等整个刑事诉讼活动是否合法进行监督，因而都具有明显的法律监督性质。

二、刑事检察职权理论

刑事检察职权理论，就是有关刑事检察职权配置原则、职权范围、如何配置以及运行等方面的理论阐述及观点。目前我国学术界对刑事检察职权的研究较多，出版和发表了许多专著和论文，对许多问题都有深入的研究。但是，随着检察改革的深入和新时代的发展，我国刑事检察职权如何配置和发展变化，则成为研究的重点问题。关于刑事检察职权的配置问题，目前主要有以下两种观点：

第一种观点认为，应当扩大刑事检察职权。即主张扩大检察机关的职务犯罪侦查权、批捕权、不起诉后的处罚权、刑事诉讼监督权等职权。如有的学者认为，为了体现《宪法》规定的"互相制约原则"，检察权与监察权之间应当建立以下司法监督衔接机制：一是对监察委适用的留置措施应当进行监督，可以参考适用刑事诉讼制度中的批准逮捕机制。[1] 二是对监察委办案人员违法办案，实施刑讯逼供、非法拘禁等侵害公民权利、损害司法公正的犯罪，应当纳入检察机关的侦查范围，以更好地体现对权力的制衡制约，避免权力被滥用。[2] 有的学者认为，随着案件量逐步提升，不起诉作为案件终结的一种方式，将来可能会被更多地运用，应当对其配套处罚措施进行完善，为此建议法律授予检察机关一定程度的处罚权，即在作出不起诉决定后，结合案件实际，对犯罪嫌疑人给予缴纳罚金（罚金不是刑罚所独有的惩罚措施）、强制参加公益劳动、赔礼道歉等处罚措施。[3] 还有的学者认为，为了防止侦查机关滥用强制措施和强制性侦查行为，更好地保障人权，应当分步骤完善立法，逐步实现对侦查中强制措施和强制性侦查行为的司法审查。按照先重后轻的原则，第一步，宜对会严重损害公民人身自由权、财产权、住宅安宁和隐私的拘留、指定居所监视居住、搜查、监听这四种措施实行司法审查，待总结经验后再逐步扩

---

[1] 参见李红勃：《迈向监察委员会：权力监督中国模式的法治化转型》，载《法学评论》2017年第3期。

[2] 参见樊崇义：《全面建构刑诉法与监察法的衔接机制》，微信公众号"中国法律职业观察网"2018年5月15日；秦前红、王天鸿：《国家监察体制改革背景下检察权优化配置》，载《理论视野》2018年第4期。

[3] 参见秦前红、王天鸿：《国家监察体制改革背景下检察权优化配置》，载《理论视野》2018年第4期。

大。至于负责司法审查的机关,根据我国的实际,应当是检察机关。①

第二种观点认为,应当缩小刑事检察职权。即主张应当消减检察机关的批捕权和刑事审判监督权。如有的学者认为,批捕权不属于"法律监督权",而是一种程序性裁判权,即司法权的组成部分,而检察机关是公诉机关,不应当享有裁判权;检察机关享有批捕权,在法理上缺乏必要的正当性与合理性,在实践中容易导致"以捕代侦""该捕不捕,不该捕乱捕"等种种弊病。批捕权作为一种重要的司法权力,应当由人民法院来行使;并应当通过设置上诉审程序和庭审法院与批捕法官相分离制度,来保障其公正实现。② 还有的学者认为,控辩双方在诉讼上平等,审判方居中裁判,是现代刑事诉讼的基本要求,但是,检察官对法官的庭审活动进行监督,就打破了这种平衡,使得法官不再居中裁判,同时也威胁了审判的独立性和终结性,损害了司法权威,因而应当取消检察机关的庭审监督权。③ 我国检察机关在庭审中"一身二任",既担任公诉又进行庭审监督,动摇法官的中立地位,使检察官成为"法官之上的法官",为了确保法官超然中立之地位,建议应当弱化乃至取消检察机关的庭审法律监督权。④

上述两种观点各执一端。第一种观点以强化法律监督为由主张扩大检察职权,第二种观点以控辩平等、法官审判中立为由主张缩减检察职权。但是,笔者不赞成这两种观点,认为在今后一段时间内,既不应当增加检察机关的职权,也不应当缩减检察机关的职权,而应当维持检察机关的现有职权,其主要理由如下:

第一,扩大和缩减检察职权的理由不能成立。扩大检察职权的理由是强化法律监督,而缩减检察职权的理由是控辩平等和审判中立,但是,这些理由都不完全成立。因为强化法律监督的关键在于严格行使法律监督权,而不在于扩大职权,一味地扩大检察职权不仅不能强化法律监督,反而容易导致检察职

---

① 参见朱孝清:《国家监察体制改革后检察制度的巩固和发展》,载《法学研究》2018年第4期。
② 参见郝银钟:《批准权与司法公正》,载《中国人民大学学报》1998年第6期;任寰:《关于在我国刑事诉讼中建立司法审查制度的构想》,载《法学》2000年第4期;郝银钟:《批捕权的法理与法理化的批捕权》,载《法学》2000年第1期;陈卫东、刘计划:《谁有权力逮捕你——试论我国逮捕制度改革》,载《中国律师》2000年第9、10期;陈瑞华:《未决羁押制度的理论反思》,载《法学研究》2002年第5期;陈卫东著:《刑事诉讼法实施问题对策研究》,中国方正出版社2002年版,第186—205页。
③ 参见吴小帅:《谦抑理念下我国检察权配置的反思与重构》,载《法制与经济》2010年第10期。
④ 参见卞建林、李菁菁:《从我国刑事法庭设置看刑事审判构造的完善》,载《法学研究》2004年第3期;陈卫东、李奋飞:《论刑事诉讼中的控审不分问题》,载《中国法学》2004年第2期;詹建红:《我国检察权配置之反思》,载《东方法学》2010年第4期。

权的闲置或者滥用,破坏法律的正确实施,历史上曾有过这种教训,我们不应该忘记。① 而检察机关享有批捕权和审判监督权,不仅不会破坏控辩平等和审判的中立性,而且有利于保障人权,保证裁判的公正性,维护审判的权威,目前这方面的论述较多,这里不再赘述。

第二,国家各机关的职权需要协调平衡。我国的一切权力都来自于人民,由全国人民代表大会统一行使。在人大之下"一府一委两院"的国家结构中,各国家机关的权力都来源于人大的赋予,并受人大的调控和监督。要发挥各国家机关的应有作用,人大应当根据其职能的要求和形势变化的需要,合理配置并适时调整各项国家权力,以保证各国家机关所享有职权的协调和平衡。就检察机关来说,在新形势下,为了适应反腐败的要求,人大将职务犯罪侦查权从检察机关转隶给国家监察委,符合整合反腐败力量、加大反腐败力度的客观需要。在职务犯罪侦查权转隶后,人大赋予了检察机关以公益诉讼检察权,因而检察机关的职权总体上保持平衡,因而在一定时期内不需要再对检察职权进行调整。

第三,强化法律监督关键在于行使好现有的检察职权。我国检察机关作为法律监督机关,要发挥其应有的作用,就应当不断提高法律监督能力,强化法律监督,有效维护国家法律的统一正确实施。然而,从目前司法实践来看,还存在有执法不严、司法不公、司法腐败等问题,这说明检察机关的法律监督职能尚没有履行到位,检察机关提高各项检察职权的行使能力还有较大的空间,因而在今后一定时期内,检察机关应当把行使好现有的检察职权,作为强化法律监督的关键和重要任务,抓实抓好,而不应当将强化法律监督的途径放在扩大检察职权上,因为"有为才有位,有位才有权"。

三、刑事检察主体理论

刑事检察主体理论,就是有关刑事司法办案主体的确定依据和标准、内涵和范围、司法办案责任等方面的理论阐述及观点。刑事检察主体理论是解决检察权内部配置、司法办案责任落实的重要依据。目前我国学术界对刑事检察主体问题有一些论述,也存在不同的观点。但是,随着我国检察改革的深化,员额检察官制度改革和检察机关内设机构改革的全面实施,对我国刑事检察主体理论也提出了新的研究课题。

从目前已有的检察理论研究成果来看,关于刑事检察主体的确定标准和范围问题,学术界主要有以下两种观点:

---

① 1996年修改《刑事诉讼法》时,由于检察机关滥用免予起诉权而遭到学界的强烈批评,最后导致该权力被法律所废止。

第一种观点认为，以是否独立行使检察权为标准，我国刑事检察主体应当包括检察机关和检察官。例如有的学者则认为，从依法独立行使检察权的角度看，我国法律规定检察机关应当依法独立行使检察权，但是，无论从检察权实际运行情况和克服检察一体上命下从所带来的弊端来看，还是从刑事诉讼活动的特性与规律要求，以及目前刑事司法改革实践和趋势来看，都要求检察官独立行使职权，因而检察机关和检察官都是刑事诉讼活动的主体。① 有的学者则认为，从优化检察职权行使来看，在目前的社会背景和司法状况下，检察权是不可能完全交由个体的检察官独立行使的。那么，哪些案件的检察权由检察官个人行使，哪些案件的检察权由检察院行使。在"员额制"改革完成之后，检察机关办理普通案件的决定权原则上都应当由检察官（包括担任领导职务的检察官）独立行使；特殊案件的决定权依然由检察院行使。②

第二种观点认为，以是否独立行使部分检察权为标准进行划分，我国刑事检察主体应当包括检察长和骨干检察官。例如有的学者认为，长期以来，我国检察机关实行以"检察人员承办，办案部门负责人审核，检察长或者检察委员会决定"的办案方式（以下简称"三级审批制"）。该办案方式区分承办、审核与决定三个环节，依上命下从的管理机制，将决定权都集中于检察长。③ 由于"三级审批制"具有典型的行政化特征，不符合检察机关的司法属性，因而必须改变"三级审批制"一统天下的做法，建立骨干检察官独立的办案机制，其他检察官在一段时间内可以仍按原机制运行，使骨干检察官独立办案机制与"三级审批制"并存。具体来说，将一部分刑事检察职权交由骨干检察官独立行使，使部分骨干检察官成为相对独立的办案主体。可以按照刑事检察职权的重要性区分为独立决定的职权与审批决定的职权。如公诉部门，一般案件的公诉决定权，由骨干检察官行使；重大、复杂案件的公诉决定权，以及不起诉决定权需报检察长行使。其他业务部门可以参照这种标准进行业务划分。④

从上述两种观点来看，之所以有不同的主张，是因为它们判断刑事检察主体的标准不同，第一种观点的判断标准是独立行使完整检察权。即凡是能够独立行使检察权的人员和组织，就是刑事检察主体。以此为标准，我国法律规定

---

① 参见陈卫东、李训虎：《检察一体与检察官独立》，载《法学研究》2006年第1期。
② 参见张智辉：《论司法职权内部配置的优化》，载《法学家》2019年第4期。
③ 在检察长负责制之下，检察委员会即使形成与检察长意见不同的多数意见也不能改变检察长的决定。此时，对案件可以报请上一级人民检察院决定；对事项可以报请上一级人民检察院或者本级人民代表大会常务委员会决定。
④ 参见龙宗智：《检察机关办案方式的适度司法化改革》，载《法学研究》2013年第1期。

人民检察院依法独立行使检察权,因而人民检察院是刑事检察主体;而从检察改革的方向看,检察官应当独立行使检察权,成为真正的办案主体,检察官也应当是刑事检察主体,因而主张检察机关和检察官都是刑事检察主体。第二种观点的判断标准是独立行使部分检察权。即法律规定的检察权具体都是由检察人员来行使的,只要能够独立行使部分检察权(如批捕权、公诉权等)的检察人员,就是刑事检察主体。我国实行检察长负责制,检察长能够行使所有的检察职权,因而检察长是刑事检察主体。同时,从司法责任制改革的方向来看,骨干检察官应当成为司法办案主体,独立行使部分检察职权,如一般案件的起诉权等,对其所办理的案件终身负责,因而骨干检察官也应当是刑事检察主体。

由此我们不难发现,上述两种观点的共同点都是以独立行使检察职权为标准进行划分,其不同点在于独立行使检察职权的范围大小不同,一个是以独立行使整个检察职权为标准,另一个则是以独立行使部分检察职权为标准。关于这两个标准哪个更合理,我们认为,从检察职权实际运行来看,由于检察机关内部都要设置不同的业务部门,各业务部门需要配备不同数量的检察官,无论今后我国法律如何规定,除了检察长可以行使法律规定的各种检察职权之外,一般检察官只能行使部分检察职权,不可能行使法律规定的所有检察职权,因而以行使整个检察职权为标准来确定刑事检察主体,显然不符合检察实践。因此,以独立行使部分检察职权为标准来确定刑事检察主体,则是符合客观实际的。但是,到底以独立行使哪些部分检察职权为标准来确定刑事检察主体,上述第二种观点则没有太具体的意见。由于检察权的内涵较为丰富,如果不确定部分检察职权的范围,则将难以准确地确定刑事检察主体,因而如何界定部分检察职权的范围则需要我们进一步研究。

从目前我国检察改革来看,检察机关的职权配置是以内设机构为载体的。就刑事检察来说,我国检察机关的刑事检察内设机构已由原来主要按照刑事诉讼阶段来设置,改为主要以犯罪案件类型来设置,即主要以刑事诉讼法为依据改为主要以刑法为依据。① 在我国实行捕诉一体改革后,各级检察机关设立了不同的刑事检察内设机构,如最高人民检察院设六个刑事检察厅,省市级人民检察院设六个刑事检察部,基层人民检察院设三至五个刑事检察部等。这样,我国刑事检察职权就划分为普通犯罪案件检察权、重大犯罪案件检察权、职务犯罪案件检察权、经济犯罪案件检察权、未成年人犯罪案件刑事检察权、刑事执行检察权和部分职务犯罪侦查权等。因此,我们认为,这种检察职权就是确

---

① 参见张建伟:《"捕诉合一"的改革是一项危险的抉择?——检察机关"捕诉合一"之利弊分析》,载《中国刑事法杂志》2018年第4期。

定刑事检察主体的部分检察职权,只要能够独立行使这其中的任何一种检察职权,能够对该部门负责的刑事案件享有独立处理的决定权,就应当是独立的办案主体,即刑事检察主体。

根据上述部分检察职权的标准,我们认为,从我国法律规定和检察改革发展方向来看,我国刑事检察主体应当是检察长、检察委员会和检察官(目前是员额检察官)。因为检察长是检察机关的代表和负责人,可以独立行使检察机关的所有法定职权;检察委员会是检察机关的最高决策机构,对重大疑难复杂的刑事案件享有决定权;检察官是未来检察机关的主体(目前是员额检察官),是司法办案的真正主体,应当享有刑事案件处理的决定权,因而检察长、检察委员会和检察官应当是我国刑事检察的主体。

四、刑事检察保障理论

刑事检察保障理论,就是保障刑事检察主体独立行使检察职权方面的理论依据、刑事理念、体制机制建设等方面的理论阐述及观点,主要包括刑事检察理念保障、人财物保障、体制机制保障等内容。刑事检察保障理论是保障刑事检察主体依法独立充分行使检察职权的重要理论,因而成为刑事检察理论体系中的一项重要内容。目前我国学术界对刑事检察保障问题有较多的论述,其中对刑事检察理念保障、人财物保障问题形成了比较一致的观点,但对检察官独立行使检察职权的内部体制机制保障问题,尚有不同的认识,需要我们进一步加强研究。

从目前已有的研究成果来看,关于检察官独立行使检察职权的内部体制机制保障问题,学术界主要有以下两种观点:

第一种观点认为,检察机关应当建立有关体制机制,保障检察官完全独立行使检察职权。即凡是由检察官享有的检察职权,检察官可以完全独立行使,直接领导不能对其发号施令,对此应当建立相关的内部体制机制予以保障。例如有学者认为,按照权力分配的规定,凡是应当由检察官行使的权力,承办案件的检察官就没有必要向自己的直接领导请示汇报,他应当按照法定程序查明案件的事实真相,并依照有关法律的规定,自行作出处理决定,并按照程序进行办理。对于这类案件,直接领导不能对检察官发号施令。[1] 还有学者认为,在刑事诉讼中应当保障检察官独立行使检察权。当然,这种独立是与作为检察体制建构基础原理的检察一体原则相调和的产物。对于检察事务,应当贯彻法

---

[1] 参见张智辉:《论司法职权内部配置的优化》,载《法学家》2019年第4期。

定主义，规定检察官独立行使职权的范围，严格防范上级对于下级权力的取代与限制；对于检察行政事务，应当贯彻检察一体、上命下从的原则。[1]

第二种观点认为，检察机关应当建立有关体制机制，保障上级领导对检察官享有指令权。即检察官独立行使检察职权是相对的，上级领导有权对检察官发出指令，原则上指令应当以书面形式，但紧急情况下也可以口头形式，对此应当建立相关的内部保障制度予以保障。例如有学者认为，检察官独立行使职权是检察改革的要求，但是检察一体原则赋予上级检察官对下级检察官以指令权，检察官的独立具有相对性，上级检察官可以书面附理由的形式向下级检察官行使检察指令权。[2] 也有学者认为，在检察一体化之下，虽然检察官相对独立，但是其只是在特定范围内独立，许多事项仍应完全服从于上级检察官，否则无法实现检察一体化的目标，比如对法律的解释、裁量权行使，上级对这些事项应有权通过指令权，实现其意志。[3] 还有学者认为，突出检察官的主体地位，并不意味着其他相关主体对案件没有发言权，而是其他主体的权力应通过必要的形式限制在一定的范围内，即通过检察指令的法治化，以规范上级检察院、检察官对下级检察官的指令权。一般而言，检察指令应当以书面指令形式，在紧急或特殊情况下，检察指令可以采取口头形式，但事后应在书面材料上予以补签。[4]

从上述两种观点来看，第一种观点强调检察官的绝对独立，在检察官的职权范围内上级检察官不得发号施令，可称为"检察官强势独立说"；第二种观点强调检察官的相对独立，上级检察院和检察官都可以对下级检察官行使指令权，可称为"检察官弱势独立说"。这两种学说虽然都具有一定的合理性，但都存在一定的片面性，都不符合我国的检察实际。这是因为：第一种观点过分强调检察官的独立性，忽视了我国上级领导下级的检察体制，也不符合上级检察官对下级检察官享有指令权的客观实际，如果一味强调检察官的独立，扩大检察官的独立性，势必破坏检察一体的原则，因而该观点是不正确的；第二种观点虽然强调检察官在行使检察职权方面具有一定的独立性，但不加区分地认为上级检察机关和检察官都享有对下级检察官的指令权，扩大了行使检察指令权的主体范围，不利于保证检察官依法独立行使检察职权，也不符合检察改革的发展方向，因而也是不可取的。

---

[1] 参见陈卫东、李训虎：《检察一体与检察官独立》，载《法学研究》2006年第1期。
[2] 参见杜磊：《检察指令权的程序性规制》，载《国家检察官学院学报》2016年第4期。
[3] 参见谢小健：《司法责任改革中检察一体化的完善》，载《中国刑事法杂志》2017年第5期。
[4] 参见郑青：《论司法责任制改革背景下检察指令的法治化》，载《法商研究》2015年第4期。

我们认为，对检察官的独立性应当坚持适度原则，主张"检察官适度独立说"，即检察官依法独立行使检察职权，只有对其享有直接领导权的上级检察官，才享有检察指令权，其他没有直接领导权的上级检察官则不能对其进行指令，并且应当规范检察指令权的范围和行使方式，以有效保证检察官的独立性。同时，尽管我国已经实行员额检察官制度，保证检察官的独立性，但是，如果完全由检察官独立行使检察职权，可能会因检察官个人能力所限或者外界压力所致而出现滥用检察职权，导致刑事司法丧失公正。同时，如果检察官绝对独立，检察官就会过分自信而依赖自我判断，可能造成自由裁量权的滥用，因而有必要对检察官的独立进行适度限制。

具体来说，检察官适度独立应当包含以下内容：（1）检察指令权发布的主体。即只有检察长、检察委员会和主管副检察长才享有检察指令权，其他任何人无权发布指令。根据我国法律规定，检察长和检察委员会是检察机关的领导和最高决策机构，副检察长协助检察长工作，因而检察长、检察委员会和主管副检察长是检察官的直接领导，应当对检察官享有检察指令权。虽然上级检察院领导下级检察院，但上级检察院不直接领导下级检察院的检察官，因而上级检察院不能直接对下级检察院的检察官行使检察指令权。（2）检察指令权的范围。即上级检察官的检察指令权包括事前指挥型检察指令权和事后监督型检察指令权，前者如检察长对下级检察官所办理的案件，为了保证案件的正确处理而事前予以指令[①]，后者如检察长发现检察官实施不当检察行为，进行监督管理而发布检察指令。（3）检察指令权的底线。为了防止检察指令权的滥用而侵蚀检察官行使检察职权的独立性，应当规定检察指令权在内容上的底线，即上级检察官的检察指令不得违反法律规定（法律底线）、不得造成冤假错案等错误（错误底线）。[②]（4）检察指令权的程序。为了规范检察指令权，上级检察官行使检察指令权应当遵循书面、公开、说理、入卷等程序要求，即检察指令原则上应当采取书面形式、公开并附理由，在紧急情况下，上级检察官可以先口头发出检察指令，后补发书面检察指令，或者检察官对口头检察指令进行记录，后由发出检察指令的领导签字确认，书面检察指令应当存入办案

[①] 2015年中共中央办公厅、国务院办公厅出台了《领导干部干预司法活动、插手具体案件处理的记录、通报和责任追究规定》，2016年印发的《保护司法人员依法履行法定职责规定》第2条明确："法官、检察官依法办理案件不受行政机关、社会团体和个人的干涉，有权拒绝任何单位或者个人违反法定职责或者法定程序、有碍司法公正的要求。"对于严重侵犯检察官法定权力的行为，要追究责任。如果干预与指令权界限不清，必将影响检察指令权的规范行使，因而建议立法应当明确上级检察官的事前指挥型指令权。

[②] 参见邓思清：《我国检察一体保障制度的完善》，载《国家检察官学院学报》2016年第2期。

检察官的工作档案备查。

五、总结

通过上述分析，我们认为，刑事检察理论体系的构建应当包括刑事检察性质理论、刑事检察职权理论、刑事检察主体理论和刑事检察保障理论等四大部分。而这四大部分是密切联系的，不可分割的，共同构成刑事检察理论体系。即刑事检察性质理论决定刑事检察职权理论，刑事检察职权理论决定刑事检察主体理论，刑事检察主体理论决定刑事检察保障理论。也就是说，有什么样的刑事检察性质理论，就应当有什么样的刑事检察职权理论，刑事检察职权理论是对刑事检察性质理论的诠释；刑事检察职权理论与刑事检察主体理论、刑事检察主体理论与刑事检察保障理论的关系也是如此。同时，这四大部分理论各自又包括许多具体的内容，如刑事检察性质理论又包括刑事检察性质理性认识、刑事检察性质决定因素、刑事检察性质理论观点等，刑事检察职权理论又包括刑事检察职权配置原则、刑事检察职权范围、刑事检察职权配置及运行等，刑事检察主体理论又包括刑事检察主体确定标准、刑事检察主体内涵和范围、刑事检察主体司法责任等，刑事检察保障理论又包括刑事检察理念保障、刑事检察人财物保障、刑事检察制度机制保障等，具体机构体系可见下图。这些刑事检察理论构成一个完整的理论体系，共同对刑事检察实践发挥指导作用，同时，通过刑事检察实践的改革探索，共同促进刑事检察理论体系的丰富和发展。

（原载于《西南政法大学学报》2020 年第 4 期）

派驻公安执法办案管理中心检察机制研究

——侦查监督的中国路径探索

李华伟*

引　言

侦查是国家权力与个人权利的直接博弈，侦查活动构成对公民宪法基本权利的干预，一旦滥用将造成侵犯人权的严重后果，因而对侦查活动实施监督势在必行。英美法系主要通过司法令状和大陪审团听审（预审）程序，大陆法系主要通过司法令状和检察权对警察侦查权的指挥来实现对侦查权的制约。[①] 我国则是由检察机关承担侦查监督职责，《宪法》《人民检察院组织法》和《刑事诉讼法》分别明确了检察机关侦查监督的宪法依据、组织法依据和诉讼法依据。[②] 司法实践中，检察机关的侦查监督逐步形成了"一体两翼"工作格局，即以审查逮捕为主体，以立案监督和侦查活动监督为两翼。[③] 学者亦指出，"我国的侦查监督制度，在传统上主要围绕检察机关这一国家专门的法律监督机关，行使审查批准逮捕权、立案监督权、侦查活动监督权等权力构筑起来"。[④] 由于审查逮捕本身具有独立的程序价值，所以更为典型意义上的侦查

---

* 北京市人民检察院第十一检察部主任。

① 参见孙谦：《刑事立案与法律监督》，载《中国刑事法杂志》2019年第3期。

② 我国《宪法》第134条规定："中华人民共和国人民检察院是国家的法律监督机关"；《人民检察院组织法》第20条第5款规定：(人民检察院)"对诉讼活动实行法律监督"；《刑事诉讼法》第8条规定："人民检察院依法对刑事诉讼实行法律监督"。

③ 2000年9月，最高人民检察院在浙江杭州召开全国检察机关第一次侦查监督工作会议，将批捕厅更名为侦查监督厅，负责对刑事案件的审查逮捕和立案监督、侦查活动监督工作进行指导。随后地方各级检察院也相继将批捕部门更名为侦查监督部门，由此形成了以审查批捕为主体，以立案监督和侦查活动监督为两翼的侦查监督基本格局。

④ 参见但伟、姜涛：《侦查监督制度研究——兼论检察引导侦查的基本理论问题》，载《中国法学》2003年第1期。

监督是指立案监督和侦查活动监督。① 除了立法依据明确,在理论上与审判监督屡遭质疑形成对比的是,学界对检察机关监督公安机关的立案、侦查活动不仅没有异议,而且大都主张强化监督力度。② 但长期以来,我国侦查监督在实践中处于乏力状态,法条与实践脱节,检察机关对侦查活动不能实施有效的法律控制,存在监督盲区,导致侦查任意主义。

党的十八届四中全会通过的《中共中央关于全面推进依法治国若干重大问题的决定》,提出"完善检察机关行使监督权的法律制度""加强对刑讯逼供和非法取证的源头预防""健全冤假错案有效防范、及时纠正机制",无疑对侦查监督工作提出了更高要求。北京市检察机关应势而为,于 2016 年首创派驻公安机关执法办案管理中心检察机制(以下简称派驻中心检察机制),组建派驻中心检察室,③ 加大侦查监督工作力度,成效显著。2019 年 7 月召开的政法领域全面深化改革推进会明确要求"在县、市公安机关建设执法办案管理中心,探索建立派驻检察机制"。这标志着北京的探索得到充分认可,具备了研究样本意义。党的十九届四中全会从推进国家治理体系和治理能力现代化的高度,要求加强对司法活动的监督,在这一总体背景下,系统梳理派驻中心检察机制是怎样运行的,为什么能取得明显成效,蕴含了哪些价值启示,怎样沿着该种价值机理完善我国的侦查监督制度,无疑具有鲜明的理论和实践价值。

一、派驻中心检察机制工作模式分析

自 2017 年派驻中心检察机制运行以来,不仅北京市公安机关各执法办案管理中心未发生刑讯逼供或暴力取证,有力保障了犯罪嫌疑人和案件当事人的基本权利,还带动了北京市侦查监督工作整体实现飞跃发展,其中立案监督尤为显著。2017 年北京市检察机关立案监督数量是 2016 年的 3.4 倍,2018 年在 2017 年的基础上提升了 40%,2019 年上半年这一数字又在 2018 年基础上提

---

① 后文中的侦查监督均指这种实质意义上的侦查监督,即立案监督和侦查活动监督。
② 陈国庆、石献智:《刑诉法再修改涉及检察机关的几个问题》,载《人民检察》2004 年第 11 期。
③ 派驻中心检察机制的产生依托于公安机关执法办案管理中心的组建。2016 年北京市公安局开始以市属行政区为单位组建执法办案管理中心,搭建刑事案件集中办理的平台,要求派出所和各专业警队办理的刑事案件在抓获犯罪嫌疑人后立即送押到对应的执法办案管理中心,在中心开展包括讯问在内的侦查取证工作,直至采取拘留等强制措施后将犯罪嫌疑人带离。为引入外部监督,公安机关邀请检察机关派驻检察。2016 年 11 月,北京市人民检察院与北京市公安局会签《关于在公安机关执法办案管理中心派驻检察室的通知》,派驻中心检察机制正式诞生。2016 年 11 月 24 日,北京市首家派驻检察室在海淀公安分局执法办案管理中心成立。其后,随着公安执法办案管理中心在北京市各区建设的推进,派驻中心检察室同步跟进,至 2019 年 2 月实现了全市 16 个区的全覆盖。

升8%，保持了平稳发展。① 更为重要的是，从线索发现的来源看，派驻中心检察室已经成为立案监督线索的主要渠道。2017年1月至2019年9月，通过派驻中心检察室收集的线索共计941件，占同期北京市检察机关受理立案监督线索的41%。在监督立案和监督撤案的案件中，北京市检察机关监督立案589件，其中线索来源于派驻中心检察室的308件，占同期全部监督立案案件的53%；监督撤案741件，其中线索来源于派驻中心检察室的438件，占同期全部监督撤案案件的59%（见图1）。取得成绩的主要原因在于该种派驻工作模式的科学性。

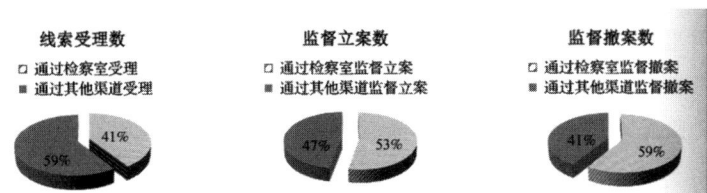

图1 2017年1月至2019年9月立案监督数据

（一）符合幂次分布原理，对准了关键部门和环节

幂次分布原理也称80/20法则，系由19世纪意大利经济学家帕累托（Pareto）发现。帕累托在研究个人收入统计分布时发现少数人的收入要远多于大多数人的收入，20%的人口掌握了80%的社会财富，遂提出了著名的80/20法则，即幂次分布原理。② 其后的统计学研究发现，这种80/20的分布形态广泛存在于多个社会领域，准确把握和运用幂次分布原理，往往能事半功倍。而侦查监督中同样可以运用这一原理，这是因为侦查违法集中在特定部门或某些环节，如果能够对准这些环节和部门发力，监督效果自然能立竿见影。

就我国的侦查工作格局来说，一方面，从侦查违法发生的部门来看，学者实证研究表明非法讯问基本上发生在派出所而不是看守所内。③ 随着侦审一体化改革的推进，公安派出所承担的刑事办案量比例又迅速上升，在很多省份都超过了70%，④ 自然应成为侦查监督的重点。最高人民检察院审时度势，2015年选择山西等10个省市进行了为期两年的对公安派出所刑事侦查监督试点，

---

① 这里的立案监督数字是监督立案和监督撤案的合计。
② 参见胡海波、王林：《幂律分布研究简史》，载《物理》2005年12期。
③ 参见马静华：《非法讯问与监控式讯问机制——以公安机关侦查讯问为中心的考察》，载《法学家》2015年第6期。
④ 参见元明、张庆彬：《公安派出所刑事执法的检察监督》，载《国家检察官学院学报》2013年第6期。

成效明显。① 但由于派出所数量多且地域分散，而从事侦查监督的检察人力、精力有限，制度的推行面临困局。② 公安执法办案管理中心的设立，将一定区域内的派出所办案格局由各自分散变为集中在一个特定场域，使对派出所的监督可以集约进行，解决了人力精力不足的难题。另一方面，从侦查违法发生的时间看，也是相对集中的，其中犯罪嫌疑人被抓获后至送押看守所前的 24 小时是问题多发阶段。基于黑数现象的存在，侦查阶段实际存在多少违法行为无从考据，但从概率的角度来讲，某一时间段发生的违法行为越多，暴露的可能性也就越高。通过对法院生效判决的统计分析，近十年来刑讯逼供犯罪在嫌疑人到案后 24 小时之内发生的比率高达 60%。③ 因此，设置派驻中心检察室，监督工作对准的恰是犯罪嫌疑人到案后的 24 小时，④ 同样符合幂次分布原理，保证了侦查监督的效果。

（二）监督时间起点前移，实现了监督与侦查同步

检察机关对刑事诉讼实施法律监督，理应覆盖侦查全过程。我国的侦查程序从刑事立案开始，历经传唤（拘传）、拘留、逮捕、起诉、审判等节点，直至交付执行。从应然角度讲，检察机关侦查监督的时间起点应从刑事立案开始。但由于我国公、检、法机关办理刑事案件遵循"分工负责、相互配合、相互制约"原则，刑事诉讼呈现侦查、起诉和审判线段连接的模式。各条线段都有自己的"射程"，刑事案件则如流水作业般由一道工序进入下一道工序。⑤ 这样，公安机关就拥有几乎完全自主的侦查权，除逮捕外，对立案、实施拘留、搜查、查封、扣押、冻结财产、启动技术侦查等皆可自行决定实施。由此，检察机关能够了解并接触到案件和犯罪嫌疑人的时间点要延后至公安机关报请逮捕时，即检察机关开展侦查监督的时间起点一般要到审查逮捕程序的启动，之前包括立案、传唤、拘传、拘留等时间节点都是监督盲区。派驻中心检察机制的构建，使检察机关侦查监督时间轴线的起点向前延伸至立案阶段——从公安机关抓获犯罪嫌疑人开始，就进入检察机关侦查监督视野之中，有

---

① 参见徐日丹：《最高检召开全国电视电话会议部署对公安派出所刑事侦查活动监督工作》，载《检察日报》2017 年 3 月 30 日。

② 参见单民、尹畅：《着力构建对派出所的刑事执法监督协作机制》，载《人民检察》2017 年第 12 期。

③ 2019 年 11 月 2 日笔者以"刑讯逼供"为关键词搜索法信平台，统计 2010 年至 2019 年刑讯逼供犯罪一审判决共计 25 件，其中 15 件刑讯逼供发生在受害犯罪嫌疑人被抓获的 24 小时内，占比为 60%。

④ 犯罪嫌疑人到案后送押至执法办案管理中心，使用的是传唤和拘传的手续，时间期限为 24 小时。

⑤ 参见陈瑞华：《刑事诉讼的前沿问题》，中国人民大学出版社 2000 年版，第 231 页。

效缩减了盲区（见图2）。尤其是如上文所述，把侦查违法问题高发的24小时纳入到侦查监督范围，意义重大。

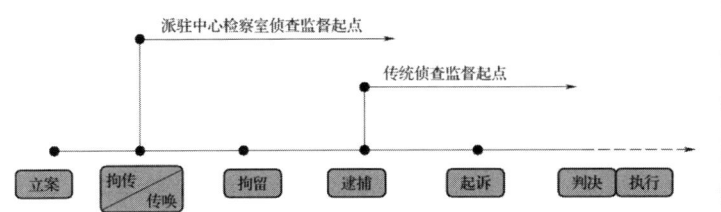

图2　检察机关侦查监督时间轴线的变化

派驻中心检察机制还推动了侦查监督模式由事后监督变为同步监督。派驻中心检察室设立前，由于检察机关在报请逮捕的环节才能接触到案件，而此时犯罪嫌疑人被拘留时间可能已达30日，大量的侦查取证工作已经完成，侦查监督主要采取书面审查方式，以报请逮捕的卷宗材料为中心，具有明显滞后性。在滞后的状态下，由于缺少对侦查活动实施情况的参与和了解途径，再加上报请逮捕时的卷宗材料已经过层级审批和公安法制部门把关，通过审阅卷宗很难发现侦查违法线索，导致了侦查监督工作的虚化。而随着派驻中心检察机制的设立，派驻检察官办案单元在执法办案管理中心专职长驻，①通过对立案情况、人员信息、人身检查、讯问实施、涉案物品流转等及时跟进，就能够围绕相关侦查活动实时开展监督，实现了监督与侦查的同步。信息化手段的运用更进一步巩固了监督的同步性。以对侦查讯问的监督为例，依托公安机关执法办案管理中心信息平台、执法办案中心监控平台等信息系统，派驻检察官不仅可以实时监督审讯工作进程，还可通过平台回放功能，对同一时间段内开展的审讯活动做到监督全覆盖，②这对审讯活动的规范起到了有力的督促作用。

（三）办案数据信息拓展，扩大了监督线索来源

由于公安机关拥有独立的刑事立案决定权，检察机关对公安机关的立案数据无法全面掌握，特别是对公安机关立案后不报请逮捕、不移送审查起诉的案件更是无从了解，而统计数据表明该部分案件占有较大比重（见图3）。

---

① 作为派驻中心检察机制履职主体的派驻中心检察室不是单独设立的一级机构，而是一个检察官办案单元，包括检察官及检察官助理、书记员，在执法办案管理中心专职常驻，开展侦查监督。

② 派驻检察官拥有各执法办案管理中心信息系统的最高查询权限，为信息化的运用奠定了良好基础。

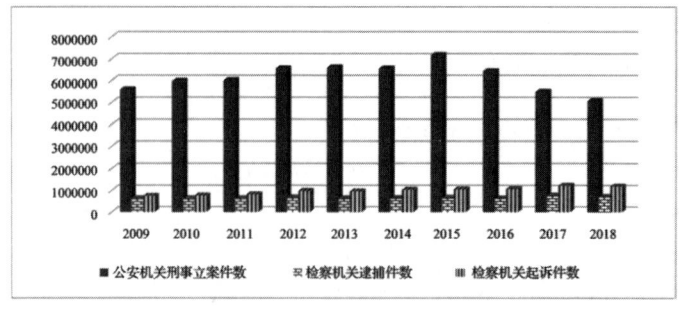

图 3　近 10 年公安刑事立案与检察机关逮捕、起诉案件统计①

统计数据显示，2009 年至 2018 年，公安机关刑事立案总数为 61397519 件，而检察机关批捕总数为 6659031 件，占比 10.85%；起诉总数为 9835352 件，占比 16.02%。即使依照较高的起诉总件数占比，鉴于只有为数不多的当事人对违法侦查提出控告、申诉，能够进入检察机关侦查监督视野范围的不足二成。不可否认，由于公安机关采取以事立案模式，对于这部分案件，在确定并抓获犯罪嫌疑人前，无法报请逮捕或移送审查起诉，但检察机关对公安立案数据掌握有限是不争事实。虽然早在 2010 年最高人民检察院就与公安部联合发布了《关于刑事立案监督有关问题的规定（试行）》，明确规定公安机关与检察机关刑事案件信息共享，但侦查活动的秘密性以及侦检的相互独立性决定了检察机关难以全面掌握刑事立案与侦查情况。②派驻中心检察机制运行后，这一情况得到了改观。通过查阅执法办案管理中心信息平台，可以生成派驻中心检察室信息数据库。随着案件审查逮捕、审查起诉程序脉络推进，又会相应生成派驻看守所信息数据库和统一业务应用系统信息数据库，最终形成一个以派驻中心检察室信息数据库为前端、看守所在押人员数据库为中端、检察机关统一业务应用系统数据库为后端的数据库系统（见图 4）。数据库系统不仅能够实现信息共享，提供数据统计资料，而且还可以通过分析已输入案件，实施数据对比，扩大侦查监督线索来源。具体来讲，通过派驻中心检察室信息数据库，检察机关可以掌握一定时期内抓获犯罪嫌疑人的全部刑事立案案件。对比在押人员信息数据库，可发现哪些犯罪嫌疑人被抓获后没有被采取羁押性强制措施，锁定监督重点。再经过一定的时间周期后③，通过与统一业务应用系统

---

① 数据来源国家统计局官网，参见 http：//data.stats.gov.cn/easyquery.htm，2020 年 2 月 8 日访问。
② 参见孙谦：《刑事立案与法律监督》，载《中国刑事法杂志》2019 年第 3 期。
③ 通常包括 2 个月、6 个月或 1 年，分别对应逮捕、取保候审、监视居住等强制措施的法定期限。

信息数据库比对，可以进一步掌握哪些案件在犯罪嫌疑人到案后没有报请审查逮捕和移送审查起诉，进而形成了"挂案"①，实现监督重点的再次锁定，使侦查监督工作开展有的放矢。

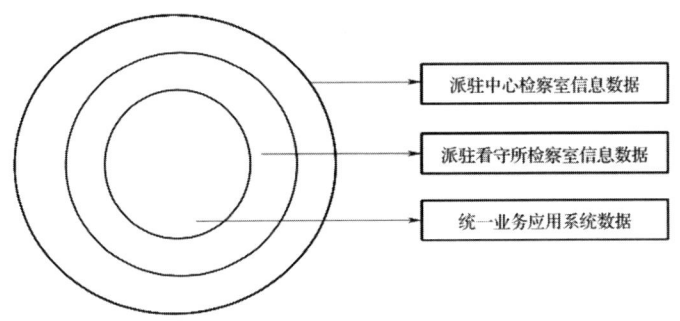

图 4 派驻中心检察机制数据库比对

此外，派驻中心检察室还利用大数据技术延伸职能范围，形成了良性监督关系。通过对发现线索的大数据进行分析，派驻中心检察室绘制了监督案件高发区域分布地图，梳理出存在问题较多的基层执法办案单位或存在问题集中的侦查活动环节，通过定期数据通报、制发检察建议、召开联席会、组织专项培训等方式，将监督工作有效延伸至具体办案单位。2017 年 1 月至 2019 年 9 月，北京市派驻中心检察室共发出纠正违法通知书 12 份，检察建议 14 份，口头纠正违法 139 次，与公安机关开展情况通报 278 次，案件研讨 298 次，联合开展业务培训 40 次，围绕以审判为中心，向侦查一线传递证据标准，形成了融洽的检警关系（见图5）。而这种融洽的关系有利于侦查监督的进一步深入。

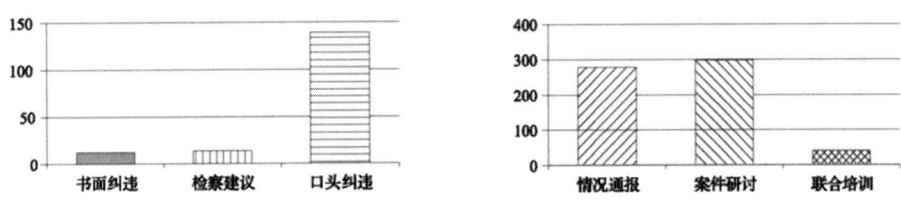

图 5 派驻中心检察室延伸监督数据统计（单位：次）

二、派驻中心检察机制诉讼价值分析

正如有学者在研究检察改革时指出，"无论是历史发展惯性分析，还是从

---

① 指公安机关立案后不报请逮捕或不移送审查起诉，长期得不到处理、没有结论的案件。

制度演进规律解析,乃至现实需要都表明,未来检察改革应当对那些自下而上的、内生的改革探索给予更多关注。"因为"这些改革顺应了现实需要,蕴含着制度的内生发展力量"。① 派驻中心检察机制是一种典型的自下而上、内生性的改革,分析其中包含的诉讼价值,对于把握好侦查监督的完善路径具有重要的指导意义。

(一)涵育了以人权保护为导向的监督理念

我国侦查监督长期依附于审查逮捕或审查起诉的开展,导致理念上更突出对犯罪的控制。以立案监督为例,刑事诉讼法仅规定了检察机关监督立案的制度。② 虽然监督立案体现了对被害人权利的保护,但这一制度设立的主要目的是发现公安机关有案不立导致对犯罪漏诉的情况。检察机关通过启动立案监督程序,纠正公安机关怠于行使侦查权的行为,在实质上体现为检察机关追诉犯罪基本职责的延伸。而现实中存在公安机关滥用刑事立案权的现象,特别是运用刑事手段插手民事经济纠纷,实践中检察机关自行发展出了监督撤案制度。③ 与监督立案不同,监督撤案是对权力的制约,更能体现出人权保护的本位色彩。应当说监督撤案机制的产生,是我国侦查监督一个重大的制度进步。尽管如此,统计数据显示,2009年至2018年的10年间,在检察机关实施的立案监督活动中,监督立案的件次远超监督撤案,前者约为后者的1.45倍,监督的价值仍然偏重追诉立场(见图6)。

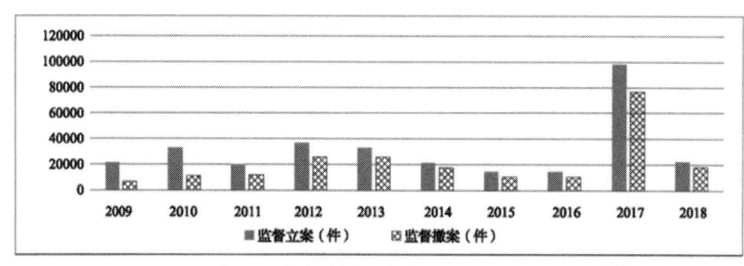

图6 2009年-2018年全国检察机关监督立案、监督撤案数据情况④

---

① 参见徐鹤喃:《制度内生视角下的中国检察改革》,载《中国法学》2014年第2期。

② 立案监督是1996年《刑事诉讼法》修改时新增加的制度,规定在该法第87条。立法部门指出:"本条是根据实践中存在的一些公安机关应当立案而不立案,群众告状无门,对犯罪打击不力的实际情况而新增加的规定。"参见全国人大常委会法制工作委员会刑法室:《中华人民共和国刑事诉讼法条文说明、立法理由及相关规定》,北京大学出版社2008年版,第242页。

③ 监督撤案最早出现在1999年的《人民检察院刑事诉讼规则》第378条规定:"对于公安机关不应当立案而立案侦查的,人民检察院应当向公安机关提出纠正违法意见。"

④ 数据来源于《最高人民检察院工作报告》《中国法律年鉴》。

而随着派驻中心检察机制的运作,侦查监督的人权保护理念正在逐步得以显现。统计数据显示,派驻中心检察机制运行之前,北京市侦查监督情况与全国一致,监督立案重于监督撤案。而制度运行后这种态势明显改观。以派驻机制正式运行的 2017 年为分界点,对比前后 3 年的数据就能够发现这一趋势(见图 7):2014 年至 2016 年,北京市检察机关监督立案的数量总体高于监督撤案数量。① 派驻中心检察机制构建和运行后,在立案监督整体规模显著提升的同时,更为引人注目的是监督撤案的数量逐步超越监督立案的数量,2016 年至 2019 年 9 月,前者总量已是后者的 1.16 倍。

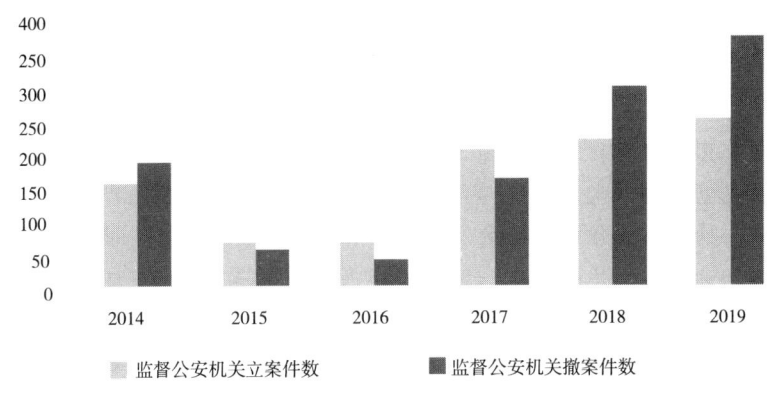

图 7 2014 年 – 2019 年 9 月北京市检察机关立案监督情况

值得注意的是,这种变化是一个自然发生的过程。原因在于派驻中心检察室设立后,监督数据获取更为充分,使相当一部分公安机关采取立案措施,但又不报请逮捕或移送审查起诉的"挂案"进入监督视野,为监督撤案提供了更为广泛的案件线索。而随着对发掘监督线索规律的不断熟络和监督撤案的反复实践,以人权保护为导向的侦查监督价值观念得以涵育。其具体表现除了监督撤案数量的上升外,还表现在侦查监督的范围由人身权向财产权有效拓展,F 区办理的一起伪造身份证件监督案即是典型。2017 年 4 月,F 区公安分局办案中心派驻检察室发现,该分局启动专项行动,立案侦查了一批伪造身份证件犯罪案件,涉案人员摩托车车牌、行驶证、驾驶证均系伪造,随即对该专项行动跟进监督。通过调查核实,发现部分涉案人员购买、使用伪造车牌、驾驶证、行驶证是为驾驶摩托车或为摩托车加油等日常生活所需,纯属自用而无其他严重情节,不应作为犯罪处理,监督撤案 16 件 16 人。在这一过程中,派驻

---

① 2014 年监督立案的件数虽然少于监督撤案的件数,但从监督立案的人数上看达到 222 人,远高于 2015 年和 2016 年监督立案各 92 人的规模,再次印证当时监督立案工作的优势地位。

中心检察室发现部分案件除对伪造证件扣押外,还扣押了摩托车,并且在案件侦查终结、犯罪嫌疑人已经被不起诉或判处刑罚后,依然没有对摩托车进行发还。派驻中心检察室又将不当扣押作为侦查活动监督线索,继续跟进监督。经调阅材料、询问当事人、走访承办的7家派出所,发现扣押车辆大多是通过合法途径购买,属犯罪嫌疑人合法财产,遂发出《纠正违法通知书》,督促公安机关发还扣押摩托车,保护了犯罪嫌疑人的合法财产权益。

(二)缓和了"追诉人"与"监督者"的角色冲突

现代检察制度最早出现在大陆法系国家,源自于破除中古时期由法官包办侦查与审判的纠问式诉讼。所以"检察机关从诞生之日便是一种新型的代表国家追诉犯罪的机关"。① 可见,"追诉人"系检察官基本角色定位。但检察官亦被定位为"国家权力之双重控制"角色,要"以一个受严格法律训练及法律拘束之公正客观的官署,控制警察活动的合法性,摆脱警察国家的梦魇",② 即检察官是侦查的"监督者"。组织行为学中的角色冲突理论告诉我们,当一个主体同时扮演不同角色时,会发生矛盾和冲突。③ 检察官同时肩负追诉和监督职责同样会产生角色冲突:一方面,作为"追诉人",检察官要与警方协同作战,共同指控被告人,实现胜诉目标;另一方面,作为"监督者",检察官要秉持客观立场,限制侦查恣意,实现程序公正。尽管理论上两种角色间存在统一性,即监督是随着追诉而展开,没有追诉则没有监督,但在实践中,则对立多于统一,且往往控诉角色占居上风。"不容否认,一个时期以来,社会上、司法机关内部往往把检察机关只看作是犯罪的追诉人。相当一部分检察人员往往也认同这样的标签",④ 这导致检察官要么控诉有余而监督不足,要么做有利于控诉的监督而放任不利于控诉的监督。而随着"捕诉一体"推行,由同一检察官行使捕诉权和监督权,角色冲突有加剧的隐忧。

交往行为理论表明,行为者的规范行为中具有动机情节(motivationaler komplex),行为动机生成有两个重要因素,自我认知和外在诱因。⑤ 就自我认知而言,在"谁办案谁负责,谁决定谁负责"的司法责任制改革大背景中,"捕诉一体"促使检察官本能地"关注捕后诉不诉得出、判不判得下",⑥ 相

---

① 参见陈卫东:《我国检察权的反思与重构》,载《法学研究》2002年第2期。
② 参见林钰雄:《检察官论》,法律出版社2008年版,第6、7页。
③ 参见[美]约翰·W.纽斯特罗姆、基斯·戴维斯:《组织行为学》,陈兴珠等译,经济科学出版社2000年版,第35—40页。
④ 参见张军:《关于检察工作的若干问题》,载《国家检察官学院学报》2019年第5期。
⑤ 参见[德]哈贝马斯:《交往行为理论》,曹卫东译,上海人民出版社2004年版,第73页。
⑥ 参见曹烨琼:《"捕诉一体"有效提升检察办案质效》,载《检察日报》2019年3月12日。

应的侦查监督典型体现为"挖出案中案","追捕在逃犯嫌疑人"。① 外在诱因上,"捕诉一体"实施后,起诉率和有罪判决率仍是衡量和评价检察官业绩的硬性指标,而这两个指标均导向控诉犯罪。在评价指标的惯性导向下,监督同样会倾向利于控诉的立场,可能导致部分侦查监督线索流失,王某涉嫌非法持有枪支监督案即为例证。F 区派驻中心检察室在该案提请逮捕阶段审查电子卷宗时发现,2019 年 7 月 20 日 20 时 30 分至 21 时 20 分的一份审讯笔录未填写讯问人、记录人,缺少犯罪嫌疑人王某签名,侦查人员亦未签字。再比对本案移送审查起诉的卷宗,发现已经没有该份笔录。调查核实中,承办民警称该份笔录在报请逮捕时就应撤出而忘记撤出。但从内容上看,本份笔录并非应撤出。对比前后笔录,本次重点了解王某将枪支交给其友刘某保管的情况,与前一份笔录内容连贯,衔接自然。调取看守所监控录像发现,在 12 月 10 日移送审查起诉前一天,有民警到监区将王某提至监区筒道核对笔录。王某证实是让其核对该份笔录并签字,但在其提出要对交给刘某枪支的动机部分进行修改时,民警却径行拿走笔录。至此侦查人员移送审查起诉时擅自撤走笔录,意图隐瞒未交犯罪嫌疑人核对违法事实的情况查清。从发现监督线索的条件看,审查逮捕的承办检察官无疑更具便利。但因存在即使排除本份笔录也不影响王某非法持有枪支认定的证据条件,在追诉理念的指引下,审查逮捕承办检察官忽略了这一线索,"监督者"的角色弱化。而派驻中心检察官的适时介入则补强了被弱化的"监督者"角色。不仅个案如此,工作机制层面的这种补强也有成功运作的范例。如 D 区检察院于 2018 年设立独立的卷宗审查组,由专职从事监督工作的检察官办案组与捕诉承办检察官同步开展侦查机关报请逮捕或移送审查起诉卷宗的阅卷工作,查找发掘侦查监督线索。2018 年设立当年,该办案组直接发现线索 24 件,诉讼部门移送 45 件,主动发现占比 34.79%;2019 年办案组发现侦查活动监督线索 97 件,而同期捕诉部门移送 36 件,主动发现占比提升至 72.93%。在防止侦查监督线索流失的同时,有效缓和了"追诉者"与"监督者"角色冲突。

(三)实现了侦查监督程序运行由依附走向独立

检察业务实践中形成的"一体两翼"基本格局决定了侦查监督,无论立案监督还是侦查活动监督,在程序运行上都不具有独立地位。具体来讲,一方面侦查监督缺乏程序独立运行的人员力量支撑。开展侦查监督,调查核实是关键,无论是判断侦查机关立案、撤案结论的正当与否,还是分析侦查活动是否

---

① 参见查日平:《捕诉一体推动刑事检察提质增效》,载《检察日报》2019 年 5 月 8 日;龚文颖等:《"捕诉一体"机制跑出"加速度"》,载《广西日报》2019 年 1 月 16 日。

违法以及违法的程度如何，都需要以扎实的调查核实为前提，这也是证据裁判原则在侦查监督中的具体落实和必然要求。没有调查核实，监督的事实依据基础不牢，就难以令人信服。① 而司法实践证明，侦查监督中的取证工作大多不是简单地审阅卷宗就能够完成，往往要通过讯问犯罪嫌疑人，询问办案人员，调取讯问笔录、讯问录音录像等措施，以及组织实施勘验、鉴定等复杂的取证活动，才能把监督建立在确实充分的证据基础上，才能得出令人信服的结论。以 C 区检察院为例，2016 年 8 月以来，该院共办结侦查活动监督案件 189 件。这些案件可分为三类：第一类是检察机关发出《提供证据收集合法性说明通知书》后，公安机关说明证据收集合法性进而排除了存在取证违法或不规范情形的案件，共 19 件，占比 10.05%；第二类是通过阅卷等书面审查方式可以认定存在侦查违法的，主要是拘留、取保候审或侦查羁押期限超期等违法情形，共 22 件，占比 11.64%；第三类是开展调查核实工作的案件 148 件，占全部案件的 78.31%。② 上述复杂多样的取证工作需要专门的办案力量保障，而在传统的侦查监督格局中这种办案力量阙如。另一方面，侦查监督缺乏独立运作的时间条件。由于审查逮捕时间为 7 日，虽然对侦查监督的开展没有限定在 7 日内必须完成，但在侦查监督部门案多人少、快节奏高负荷的现实面前，侦查监督主要也在这一时间段中完成。在这种情况下，能够完成监督的主要是通过阅卷就能发现的诸如超期羁押等程序性违法，尽管性质严重，但浮于表面。且随着公安机关执法规范化的提升，可以预见此类问题将逐步减少。而大量侦查监督需要开展复杂的调查核实工作的客观现实，注定了侦查监督程序周期要远超审查逮捕乃至审查起诉的期限。以北京市检察机关 2019 年评选的 10 起立案监督典型案件和 10 起侦查活动监督典型案件为样本，通过对其中调查工作的统计（见下表），在这 20 起案件中，监督立案平均用时 3.14 个月，监督撤案平均用时 6 个月，侦查活动监督平均用时 4.89 个月，远超审查逮捕的法定周期。

---

① 参见黄河、赵学武：《侦查监督的现状、问题及发展方向》，载《人民检察》2016 年第 21 期。
② 参见孙伟等：《侦查活动监督调查核实权实证研究——以 B 市 C 区近三年侦查活动监督为样本》，载《北京政法职业学院学报》2019 年第 4 期。

侦查监督案件调查核实工作统计表①

	讯问犯罪嫌疑人（次）	询问办案人员（次）	询问在场人员（次）	听取辩护人意见（次）	调取讯问笔录、录音录像（次）	调取出入看守所记录（次）	进行伤情、病理鉴定（次）	其他（次）
立案监督	2	9	7	1	9	2	1	8
侦查活动监督	0	33	2	2	9	2	0	14

派驻中心检察机制的产生则满足了侦查监督程序运行由"依附"走向"独立"的条件。在人员力量方面，随着派驻检察官办案组的组建和专职常驻的实施，有了专司队伍。② 侦查监督对这支队伍来讲由"副产品"变成了"主业务"，承办检察官一改被动等待线索的状态，在通过评估初核后迅速启动程序，实施全方位监督，实现了主动开源。并且，侦查监督有了充分的时间保障。通过派驻中心检察机制开展侦查监督，由于实现了与公安机关侦查进程的同步，不仅启动时间早，而且完全摆脱了审查逮捕7日完成的时间限制，可以从容地开展调查，从而实现了侦查监督程序的独立运行。

三、侦查监督中国路径的再梳理

党的十九大报告明确指出，中国特色社会主义进入新时代，我国社会主要矛盾已经转化为人民日益增长的美好生活需要和不平衡不充分的发展之间的矛盾。人民群众对民主、法治、公平、正义、安全、环境等方面提出了内涵更丰富、标准更高的需求。与此同时，检察机关提供的法治产品、检察产品无论从量上还是质上都相对不足。深化司法体制改革就是要努力通过供给侧改革解决这些问题。③ 从派驻中心检察机制的运行实践看，改变侦查监督的乏力状态，开展供给侧的改革，要对我国侦查监督实施路径进行再梳理，具体包括强化对侦查活动监督的实质性、推动程序运行独立、落实监督案件化等三个方面。

（一）适度调整检警关系——强化对侦查活动监督的实质性

深化侦查监督直接涉及检警关系调整。为加强对侦查活动的监督，我国学

---

① 表格中的8项内容是根据2013年《人民检察院刑事诉讼规则（试行）》规定罗列，"其他"项目栏中的主要内容包括调取卷宗、互联网数据检索、走访派出所、鉴定咨询、询问诉讼部门意见等。

② 就北京市来看，还专门设立了侦查监督的工作条线。北京市检察机关2019年3月完成内设机构改革，在原侦查监督部的基础上设立了立案监督和调查监督部门，负责立案监督、侦查活动监督、行刑衔接和检察机关所辖在监管场所外发生的特定职务犯罪的侦查，现有检察官84人，检察官助理74人，书记员34人。

③ 参见张军：《关于检察工作的若干问题》，载《国家检察官学院学报》2019年第5期。

者提出了多种调整方案,最具代表性是"检警一体化"①。检警一体化是指检察官主导整个刑事侦查、公诉程序,检察官与司法警察之间是领导与被领导、指挥与被指挥、监督与被监督关系,检警双方目标一致,在刑事诉讼活动中相互协作,从而成为一体。② 但现实证明这种方案并不具备可行性。一方面是法律与实践相脱节。即使在"检警一体化"的法国,亦有论者指出"尽管他们也意识到了自己监督工作有缺陷,但多数检察官并不离开自己的办公室。法律文本上的确规定了检察官与预审法官可以亲自从事很多侦查活动,但多种原因导致人们并不指望这变成现实。"③ 更为糟糕的是这种脱节甚至还限制了侦查活动的有效展开,"检察机关难以承担主要侦查任务,而实际担当'一线侦查'主要责任的司法警察有时因其在法律上的辅助性而感到办案权能不足。"④ 另一方面是身份与能力不匹配。由于职能分工及人员选拔机制不同,检察官相对警察在法律素养方面具有明显优势,但比起具备较强"技术能力"的警察,侦查素质不足,难以实际承担多数案件的侦查责任。"检察官才是侦查主宰,司法警察仅仅是辅助机关,这是法制上应然面。但于现实而言,已与规范背离,所以这种规范与现实的落差,不是存在而已,而是落差的相当大,在现实面而言,其运作正与规范面相反,当某位检察官真的实践刑诉法所赋予给他的侦查主体地位时,可能会引起警察机关的微言,甚至采取一种消极的态度,而被冠以外行领导内行之语。"⑤

制度的改革具有文化传承性,任何试图进行异质化、深层次变革的企图,均会导致不可预期的风险。⑥ 改革实践告诉我们:在现行体制下的司法改革最好能兼顾各方利益,在现有的制度框架下逐步达到司法改革的目的。⑦ 检警关系调整应建立在充分尊重我国司法体制和当前国情的基础上,选择对现有制度环境不会造成太大冲突和震动的方案。从我国检警关系的现状来看,"分工负

---

① 参见陈兴良:《诉讼结构的重塑与司法体制改革》,载《人民检察》1999年第1期;陈卫东、郝银钟:《侦、检一体化模式研究》,载《法学研究》1999年第1期;刘计划:《检警一体化模式再解读》,载《法学研究》2013年第6期。

② 参见陈卫东、郝银钟:《侦检一体化模式研究》,载《法学研究》1999年第1期。

③ 参见[英]杰奎琳·霍奇森:《警察、检察官与预审法官:法国司法监督的理论与实践》,朱奎彬、廖耘平译,载《中国刑事法杂志》2010年第2期。

④ 参见龙宗智:《评"检警一体化"——兼论我国的检警关系》,载《法学研究》2000年第2期。

⑤ 参见吴景钦:《从检察官强制处分权的逐步废除探讨检警职权之消长》,载《法令月刊》2002年第4期。

⑥ 参见施鹏鹏:《为职权主义辩护》,载《中国法学》2014年第2期。

⑦ 参见陈岚:《我国检警关系的反思与重构》,载《中国法学》2009年第6期。

责,互相配合,互相制约"的模式是大体符合我国实际国情的。我国目前仍处于社会转型期,犯罪高发,打击和控制犯罪仍是检警共同面临的主要任务。而由公安机关负责除监察调查和检察自行侦查案件之外大部分刑事案件的侦查,责任划分明确,名实相符,有效减少了推诿扯皮,保证了侦查效率。同时检察机关与公安机关通过分工,发挥了各自优势,在快速查处犯罪,确保公民人身安全、财产安全和社会秩序稳定方面成效显著。而通过"相互制约",也一定程度上体现了检察机关侦查监督的宗旨。但随着我国法治化进程和以审判为中心的诉讼制度改革不断推进,警察行为不能有效受到监督制约、人权保障能力不能达到新时代人民群众需求的问题逐步显现,因而检警关系存在适度调整的现实需要。但这种调整应在现有的检警关系框架内进行。重点是强化对侦查行为监督的实质性,而实质性强化的着力点是明确的,即"对立案及撤销案件的监督制约"和"对强制性处分权行使的监督与制约"。① 关键是怎样落实。通过统计数据分析,对于检察机关的侦查监督工作,无论立案监督还是侦查活动监督,公安机关纠正率还是很高的,立案监督保持在90%以上,侦查活动监督也超过了85%。② 在最高人民检察院突出强调监督刚性的当前,我们有理由相信这一比率能够保持甚至会进一步上升。

落实侦查监督实质性的关键点就集中在要确保检察机关对侦查工作的知情权。派驻中心检察机制的运行,实现了检察机关对犯罪嫌疑人到案的刑事案件的同步掌握,但对于嫌疑人未到案的仍然不能掌握。那么是否需要公安机关悉数通报呢?从实践的角度看并无太大必要。一方面,公安机关大量以事立案,并不涉及具体人,侦查监督的必要性并不强;另一方面,侦查具有高度保密性的要求,索要过多数据必然引起警方反感,导致制度空转。合理可行的通报范围可从线索和案件两个方面界定。在线索方面,2015年公安部颁布了《关于改革完善受案立案制度的意见》,明确规定了刑事案件决定立案的审查时间。因而对公安机关超过法定期限不作出是否立案决定的应及时通报检察机关。在案件方面,依照2018年最高人民检察院、公安部联合修订印发的《关于公安机关办理经济犯罪案件的若干规定》,公安机关对犯罪嫌疑人解除强制措施之日起12个月内或者对犯罪嫌疑人未采取强制措施自立案之日起两年内,仍然不能移送审查起诉或者依法作出其他处理的,应当撤销案件。对符合上述时间条件的案件应当通报检察机关。对强制性处分权行使的监督与制约,目前最为突出的问题是公安机关随意延长拘留期限。从强化监督实质性要求看,应当对

---

① 参见宋英辉、张建港:《刑事程序中检、警关系模式之探讨》,载《政法论坛》1998年第2期。
② 参见刘计划:《侦查监督制度的中国模式及其改革》,载《中国法学》2014年第1期。

拘留制度进行改革，规定凡是延长拘留至 30 日的须由检察机关批准。

(二) 转变侦查监督的格局——推动程序运行独立

刑事诉讼程序中侦查权所及之处，均应有监督。① 故检察机关对侦查活动进行监督，防止权力滥用，应在侦查启动时同步跟进，即侦查监督程序的运行格局应全程覆盖侦查程序整个过程。但现行的运行格局是侦查监督依附于审查逮捕，审查逮捕是"开展立案监督、侦查活动监督的重要基础"②。究其原因，一是公安机关报请审查逮捕，是检察机关在目前的诉讼结构中介入侦查的法定事由，实现了检察机关对侦查信息的知悉。二是由于逮捕要达到一定的证据标准，即"有证据证明有犯罪事实"，检察机关需进行实体审查，侦查机关则要提供相应的证据卷宗材料，通过审查和研判，检察机关同时可以从监督的角度审查侦查活动是否违法，及时发现漏案、漏罪或者依法不应当追究刑事责任的情形，从而解决开展侦查监督的前提问题。三是逮捕能够长期剥夺人身自由，有利于固定口供、防止逃跑、深挖余罪，同时公安机关对"刑拘转捕率"等批捕指标有内部考核，故将侦查监督与审查逮捕绑定，使检察机关的监督有了批捕权的背书，在不执行将可能导致不捕后果的压力下，侦查监督更容易得以落实。可见侦查监督依附于审查批捕，实属自生自发的制度演进结果，或者说是无奈之举。

为突破这种无奈的局面，拓展侦查监督的运行空间，检察机关进行了积极探索，其中以提前介入侦查最为引人关注。提前介入侦查的类型分为依职权介入和依申请介入，前者是检察机关在公安机关未提出申请的情况下，在法律授权的范围内，主动介入引导侦查工作；后者是指检察机关应公安机关申请予以介入。③ 通过提前介入，检察官可以参与现场勘查、调查取证、讯问犯罪嫌疑人、讨论案件等侦查活动，在进行取证引导的同时，开展必要的监督。提前介入使检察机关侦查监督的空间得到了有效拓展，但也存在明显不足：一是案件范围有限，主要限定在重大疑难复杂案件。具体包括：证据标准高、易发生违法取证的命案；涉案人数多、组织性强、危及国家社会安全稳定的暴恐、黑恶案件；专业性强、法律适用难以把握的金融证券、知识产权、非法集资类新型复杂案件；社会关注度高、容易快速发酵传播的网络舆情案件，等等。④ 二是侧重有利于追诉的角度实施监督。不可否认，通过介入对侦查行为予以规制具

---

① 参见孙谦：《刑事侦查与法律监督》，载《国家检察官学院学报》2019 年第 4 期。
② 参见朱孝清：《强化侦查监督，维护公平正义》，载《人民检察》2005 年第 12 期。
③ 参见孙谦：《刑事侦查与法律监督》，载《国家检察官学院学报》2019 年第 4 期。
④ 参见刘辰：《侦查监督论》，中国人民公安大学出版社 2018 年版，第 242—243 页。

有保障人权的积极作用,但司法实践中,提前介入中对侦查活动的监督往往是从有利于认定犯罪的角度出发,突出的是对犯罪的控制。例如,2014年至2015年底,山西省检察机关共介入命案侦查685件,提出引导取证意见和建议539条,公安机关采纳519条,采纳率96.3%;共提出纠正违法意见15件,公安机关纠正15件,纠正率100%。①"捕诉一体"实施后,这种态势依然延续。有检察官指出,在对一起赌博案进行审查逮捕时,检察官办案组发现赌资计算上存在问题,根据相关司法解释的规定,赌资包括赌博犯罪中用作赌注的款物、换取筹码的款物和通过赌博赢得的款物,公安机关在移送审查逮捕时,仅仅计算了下线投注给上线的资金,没有计算在中奖的情况下上线转给下线的资金,检察官对这部分资金进行了梳理,向公安机关提出意见,被公安机关采纳。②

诉讼程序与包括立案监督在内的诉讼监督程序不能简单地混同,③侦查监督应当拥有职能运行的完整空间。如果说提前介入侦查是点上的突破,派驻中心检察机制的设立则提供了从点到面转化的契机。通过适当保持派驻中心检察机制的独立运行,一方面从侦查活动监督来看,可以避免侦查监督线索的流失,特别是随着电子卷宗技术的成熟和推广,可以实现派驻中心检察室检察官与审查逮捕、审查起诉检察官的双重阅卷,互相制约,使侦查监督线索的发现拥有双保险;另一方面,从立案监督来看,可以降低"硬捕硬诉"造成错案发生的可能。因为监督立案遵守的是"有犯罪事实需要追究刑事责任"的证明标准。而在监督立案后,随着侦查的深入或者客观情况的变化,可能会发现不应当追究刑事责任或者证明犯罪的证据不充分,此时就存在因属自己监督立案,所以非捕不可、非诉不可的执念,进而产生"硬捕硬诉"造成冤错案件的可能。而在派驻中心检察官办案组保持独立运作的情况下,由其具体负责监督立案,捕诉检察官只是发现和移交线索,能够保持相对超然,有利于从机制上消除"硬捕硬诉"造成错案的隐患。需要说明的是,这种情况并不是对"捕诉一体"机制的违背,捕诉检察官仍然承担着侦查监督的职责,只是将侦查监督的线索发现和操作实施进行了适当的分离。

(三)转变侦查监督的运作模式——落实重大监督事项案件化办理

侦查监督是办理原案派生出来的"案中案",故在运作模式上应当实施案

---

① 参见刘子阳:《检察机关频频提前介入热点案事件如何把握度》,载新华网http://www.xinhuanet.com/legal/2018-09/05/c_1123380129.htm,2020年2月17日访问。
② 参见王琳口述、林中明整理:《"捕诉一体"给办案带来哪些变化——听主办检察官以"地下六合彩"系列案件办理为例细道分明》,载《检察日报》2019年6月2日。
③ 参见孙谦:《刑事立案与法律监督》,载《中国刑事法杂志》2019年第3期。

件化办理。2016 年最高人民检察院将监督工作案件化写入《"十三五"时期检察工作发展规划纲要》,提出要"探索实行重大监督事项案件化,加大监督力度,提升监督实效"。2019 年中央《关于政法领域深化改革的实施意见》再次明确提出探索重大监督事项案件化办理模式。重大侦查监督事项案件化办理的落实具体包括实体和程序两部分内容。

在实体上,由于侦查监督涉及领域、类型、违法情形多样,内容繁多、范围广泛,一律交由监督部门实施,既不能区分重点,又挤占有限的司法资源,不具有实际操作性。因而案件化应被限定在重大监督事项的范围内。随之而来的问题则是怎样区分重大监督事项?从实体和程序两方面,根据诉讼违法情形的严重程度,可以把侦查监督区分为一般监督事项、重大监督事项和涉嫌职务犯罪三种情形。一般违法事项即同时满足事实清楚、情节轻微、不需要启动调查程序、不需要制发监督文书的违法事项。对一般违法事项,实行立项办理,即"事项化"办理,随案监督,即时发现、即时纠正。重大监督事项,指严重诉讼违法行为,需要启动调查核实程序,或者可能作出正式监督处理决定的违法事项。对重大监督事项,实施案件化办理。涉嫌职务犯罪需要追究刑事责任事项,指司法工作人员利用职权实施的非法拘禁、刑讯逼供、非法搜查等侵犯公民权利、损害司法公正,涉嫌职务犯罪需追究刑事责任的情形。实践证明,对侦查监督进行科学分类,相应分别采取"事项化"或"案件化"等不同办理方式,能够有效促进工作的提升。北京市检察机在探索实施的 2018 年,立案办理监督案件数、立项办理监督事项数同比分别增长 27% 和 89%。①

在程序完善方面,要建立一套符合监督运行规律的案件办理流程,形成涵盖检察监督线索移送、受理、审查、立案、调查核实、处置决定、跟踪反馈、结案归档等全过程的监督程序。② 审查即对发现的线索进行研判分析,不需要调查核实即能判断的轻微违法,直接口头纠正。对于较重大的监督事项,或者当时无法断明的,要启动调查核实。对经研判属重大监督事项的进行立案,向案件管理部门申请和分配案号,实行一案一号,对涉及多名犯罪嫌疑人、多起监督事实的分立为多个案件处理。调查核实是监督事项案件化的核心,对于调

---

① 参见敬大力:《检察监督改革重在抓好三化》,载《法制日报》2019 年 11 月 14 日。
② 参见敬大力:《检察监督改革重在抓好三化》,载《法制日报》2019 年 11 月 14 日。

查核实权的行使方式，需严格依照法律规定①，尤其要兼听则明，注重听取被监督单位及相关人员对其行为合法性的说明，对于重大复杂、社会影响较大的侦查监督案件，在必要时可采取公开审查或听证方式进行，增强监督透明度与公信力。调查核实清楚后视情况向被监督单位发出法律监督文书或者纠正意见。监督纠正时，要注意复议复核渠道的畅通，被监督单位提出异议的，可以要求复查，检察机关应当及时启动复议复核程序，依法作出维持或改变原纠正意见的决定。监督纠正后还要做好跟踪反馈。一方面，向检察机关反馈监督决定的执行情况是被监督单位的法定义务。② 另一方面，检察机关也要跟踪收集法律监督事项的整改落实情况，保障监督决定落到实处。对于应当回复未回复或拒不整改的，可采取向其上级主管部门反映、通过人大质询、提起诉讼等各种方式推进，增强监督刚性。

结　语

形象地描述侦查监督，往往表现为从简单的一份证言、一封举报信，甚至只是证据之间的逻辑漏洞，通过大量的调查核实工作演变成一个案件的过程。侦查监督工作的素能标准主要体现在线索发现、调查核实、结果运用、跟踪反馈等方面。在大数据时代，还要具备信息梳理和运用能力，这样才能在面对海量侦查信息时，从容梳理分析，准确发现其中存在的问题。侦查监督的开展还要运用证据规则、法律解释、价值衡量等司法技能，这些技能具有很强的专业性，需要通过长期、反复的实践才能够掌握。③ 可以预见，侦查监督从"乏力"到"给力"的转变将是一个渐进和长期的过程，但无疑派驻公安执法办案管理中心检察机制的出现迈出了重要一步。

（原载于《国家检察官学院学报》2020年第2期）

---

① 依据最高人民检察院2019年12月30发布的《人民检察院刑事诉讼规则》第551条，人民检察院对于涉嫌违法的事实，可以采取的调查核实方式有10种：（1）讯问、询问犯罪嫌疑人；（2）询问证人、被害人或者其他诉讼参与人；（3）询问办案人员；（4）询问在场人员或者其他可能知情的人员；（5）听取申诉人或者控告人的意见；（6）听取辩护人、值班律师意见；（7）调取、查询、复制相关登记表册、法律文书、体检记录及案卷材料等；（8）调取讯问笔录、询问笔录及相关录音、录像或其他视听资料；（9）进行伤情、病情检查或者鉴定；（10）其他调查核实方式。

② 2018年10月26日修订通过的《人民检察院组织法》第21条规定：人民检察院行使本法第二十条规定的法律监督职权，可以进行调查核实，并依法提出抗诉、纠正意见、检察建议。有关单位应当予以配合，并及时将采纳纠正意见、检察建议的情况书面回复人民检察院。

③ 参见苗生明：《新时代检察权的定位、特征与发展趋向》，载《中国法学》2019年第6期。

论检察机关的犯罪指控体系

——以侦查指引制度为视角的分析[*]

陈卫东[**]

为顺应新时代刑事司法制度改革，最高人民检察院在《2018—2022年检察改革工作规划》（以下简称《检察规划》）中提出要"健全完善以证据为核心的刑事犯罪指控体系"，以构建刑事诉讼以审判为中心、审判以庭审为中心、庭审以证据为中心的刑事诉讼新格局。刑事犯罪指控体系是一个极为复杂的概念，涉及检察机关刑事检察职能的各个方面，包括完善证据收集、审查、判断工作机制，符合庭审和证据裁判要求、适应各类案件特点的证据收集、审查指引，完善举证、质证和公诉意见当庭发表机制，等等。应当说，完善以证据为核心的刑事犯罪指控体系是一项系统工程，涵盖证据收集、证据审查和证据运用三项基本工作，贯穿于侦查阶段的引导取证、审查起诉阶段的证据审查判断和审判阶段的出庭支持公诉之中，需要检察机关从多项任务、多重职能的角度做出努力，其中最为基础性的工作乃是证据收集。证据的审查与运用对于刑事犯罪指控体系而言固然重要，但证据出现的问题往往根源于侦查活动的失范，即便经由后续审查逮捕、审查起诉程序发现了相关问题，其处理亦将面临不小的困难。[①] 因此，从科学、有效履行检察职能的角度来说，应当对构建和完善检察介入侦查引导取证的相关机制予以充分重视，在源头上确保侦查获取证据符合审判的要求，唯有如此，检察机关指控犯罪的有效性才可能在打牢证

---

[*] 本文系国家重点研发计划资助项目"领域模型驱动的司法业务协同服务技术研究"（项目编号：2018YFC0831200；课题编号：2018YFC0831204）的阶段性成果。

[**] 中国人民大学法学院教授、博士研究生导师。

[①] 类似问题大体可分为两个方面，其一，补充侦查机制缺乏对公安机关的正向激励，侦查人员往往怠于履行职责，导致补充侦查效果不佳；其二，有时候关键证据的发现、收集和固定就在某一个特殊时间段，事后再行补充侦查为时已晚，不但造成诉讼资源浪费，而且可能由此放纵了犯罪。参见陈卫东：《"以审判为中心"与审前程序改革》，载《法学》2016年第12期。

据体系的基础上得以提升。

一、历史脉络：侦查指引制度的定位转移与最新发展

检察机关介入侦查引导取证（以下简称侦查指引）并非新的概念，它来源于我国改革开放初期的司法实践经验，即"人民检察院在受理公安机关提前批捕、移送起诉的重大刑事案件前，必要时派人参与公安机关的侦查活动，熟悉案情，发现并共同解决问题，为审查批捕、起诉做好准备，是在1982年整顿社会治安中总结出来的一条经验"。[①] 该制度设立初期意在由检察机关协助公安机关更好地取证，以加强警检工作的沟通交流、提升办案效率、从重从快打击刑事犯罪，以强化刑事追诉的方式来维护社会秩序和为社会主义建设服务。在当时的背景下，"由于证据意识薄弱和证据规定落后的双重局面，研究者普遍没有充分了解警检机关证据认知偏差这一议题的重要性，加上侦查权强势的基本国情，'提前介入'遭遇了极大的阻碍"。[②] 虽然该项制度从诞生之日起就一直备受质疑，但是当下中国的法治环境已发生重大变化，新的时代背景赋予了该制度新的内涵和使命，当前是研究和推进该制度的最佳时期，这对于理性认识和改善中国警检关系亦颇有意义。可以说，新的司法改革环境和社会形势背景将侦查指引拉入了新的研究视野，并赋予其在刑事诉讼中强化以证据为核心的刑事指控体系的重要使命。

（一）制度沿革：定位的重心转移

侦查指引在新的时代背景下被赋予强化侦诉合力、完善指控体系的重要使命，但是从它的功能设定和价值目标来看，该制度并非一项新事物，它实际上与以往的检察提前介入侦查机制（以下简称提前介入机制）密切相关，具有内在衍生关系。提前介入机制是改善警检工作衔接方式的实践探索，从内容上来看大体包括提前介入引导侦查取证和提前介入执行侦查监督，与之相对应的分别是检察机关公诉职能和法律监督职能在侦查程序中的合理延伸。

提前介入机制最早于1980年在实务中被探索运用，1979年我国《刑事诉讼法》颁布后，为了响应从重从快打击犯罪、准确指控犯罪的目的，部分省、市检察机关在公安机关提请批准逮捕或起送审查起诉之前，探索了提前介入侦查阶段，主动参与公安机关的现场勘查、调查取证、询问被告、讨论案件等活

[①] 李志华：《人民检察院的"提前介入"应在法律中明确规定》，载《法学评论》1988年第3期。

[②] 崔凯、彭魏倬加、魏建文：《检察机关"介入侦查引导取证"的理论重塑》，载《湘潭大学学报（哲学社会科学版）》2017年第2期。

动的联动办案机制。① 1996年我国《刑事诉讼法》修改后，侦查预审的取消以及控辩式庭审方式的确立，使得证据在庭审中的作用愈发凸显，检察官出庭支持公诉时对于强化证据质量的需求也随之而来。为了在审前阶段打牢证据基础，更好地履行批捕、起诉职责，最高人民检察院在其第一次侦查监督工作会议上提出了"引导取证"的概念，要求检察机关"全面履行职责，加强配合，强化监督，引导取证"。2002年全国刑事检察工作会议提出要"坚持、巩固和完善'适时介入侦查、引导侦查取证、强化侦查监督'工作机制"。② 此后，河南、吉林、陕西、广西、江苏、重庆等诸多省市检察机关积极探索和推进检察介入侦查的办案机制，相关省市陆续制定了规范性指导文件。2015年，《最高人民检察院关于贯彻落实〈中共中央关于全面推进依法治国若干重大问题的决定〉的意见》（以下简称《意见》）首次在认真落实推进严格司法的措施中明确提出"探索建立重大疑难案件侦查机关听取检察机关意见和建议制度"。同年印发的《最高人民检察院关于加强出庭公诉的意见》提出，对重大、疑难、复杂案件，坚持介入范围适当、介入时机适时、介入程度适度原则，通过出席现场勘查和案件讨论等方式，按照提起公诉的标准，对收集证据、适用法律提出意见，监督侦查活动是否合法，引导侦查机关（部门）完善证据链条和证明体系。

侦查指引的司法实践存在已久，但总体上还是停留在局部探索和自我调整的阶段，外在压力和理论质疑使得其在制度建设和发展上始终未能进入更高层次、更广范围。③ 2002年，最高人民检察院形成了《人民检察院引导侦查取证试行办法（讨论稿）》，但这一司法解释草案最终并未能正式通过；2011年8月《中华人民共和国刑事诉讼法修正案（草案）》曾试图增加一条作为该法的第113条，即"对于公安机关立案侦查的故意杀人等重大案件，人民检察院可以对侦查活动提出意见和建议"，但其最终被删除。这种"立"与"废"的变化，一方面表明了立法机关将实践经验上升到法律规范时所持有的严谨态度，另一方面也反映出这一论题尚存在一定争议和困惑，有必要对其进一步研

---

① 参见武延平、张凤阁：《试论检察机关的提前介入》，载《政法论坛》1991年第2期。
② 吴杨泽：《论检察机关的提前介入机制》，载《重庆理工大学学报（社会科学）》2017年第2期。
③ 提前介入机制在当时的社会背景下备受质疑，有持反对意见者认为："这样做极易发生公、检二机关在侦查中职责混淆不清，不仅破坏了分工负责的原则，而且会大大削弱、甚至取消相互制约的作用。"参见张仲麟、傅宽芝：《关于"提前介入"的思考》，载《法学研究》1991年第3期。也有学者担心，在"侦查中心主义"的诉讼结构中，"检察有时为了与侦查形成合力不得不在某些侦查监督方面妥协让步"。参见童邦俊：《检察引导侦查之应然方向》，载《法学》2010年第4期。

究和探讨。

总结长期以来的实践经验可以发现,检察提前介入侦查的工作从内容上来说大体包含提前介入的引导取证和侦查监督两项任务,且前者既是这一制度诞生时的首要使命,也是长久以来检察机关力推这一举措的内在动力。然而,从形式上来看,检察机关提前介入侦查的工作长期以来被定位于法律监督,[①] 官方在提及"提前介入"和"引导侦查"时基本上都是将这种制度、机制纳入法律监督的范畴,时至今日依然有不少人依托这一观点来探讨相关问题。以往的一种观念认为"分工负责"的权力结构排斥公诉职能提前介入侦查职能,因此检察机关只能以法律监督者的身份介入侦查引导取证。这种定位上的认识偏差某种程度上阻碍了侦查引导机制的良性发展,也导致相关改革实践遭受了来自社会各界的质疑。总体上看,中国的检察机关是法律监督机关,但不能认为称检察机关为公诉机关就是贬低其地位,因为一些重要职权就是作为公诉机关来配置给检察机关的,在检警关系和侦诉关系方面尤其如此。就检察机关而言,分工负责、互相配合、互相制约的关系主要就是着眼于公诉职能。值得关注的是,《意见》将检察提前介入的工作主要定位于公诉领域,目的主要是加强公诉能力而非以往所强调的诉讼监督,该文件不仅使用了"适当""适时""适度""介入""引导"等较为中性的词语,而且将"引导侦查机关(部门)完善证据链条和证明体系"作为根本目标,如此既避免了在形式上使用刚性用语引发警检关系紧张的局面,也将侦查引导的制度定位作了合理界定。正如学者评价的那样,《意见》勾勒了我国"检察介入侦查引导取证的基本蓝图,按照起诉标准对侦查机关'提出意见','引导其完善证据链条和证明体系'的制度构建非常具有想象力,契合我国的基本国情"。[②]

(二)制度发展:捕诉一体办案模式的功能延伸

在捕诉分离的办案模式下,一般由检察机关侦查监督部门开展提前介入工作,检察机关公诉部门几乎不参与。由于审查逮捕和审查起诉环节对证明的标准把握并不一致,审查逮捕环节仅要求能证明犯罪成立,并不注重案件细节,尤其是量刑证据。例如,侦查监督部门为了履行好批捕职能提前介入并作出批捕决定后,相关介入引导工作即告结束,这很容易导致案件在捕后、诉前的一

---

① 例如1993年《最高人民检察院工作报告》指出:"把提前介入公安、国家安全机关对重大、特大刑事案件的侦查、预审活动,作为加强侦查监督的一项重要措施,并逐步走向制度化,有效地加强了对侦查活动的监督。"

② 崔凯、彭魏倬加、魏建文:《检察机关"介入侦查引导取证"的理论重塑》,载《湘潭大学学报(哲学社会科学版)》2017年第2期。

段时间缺乏监督和指引，难以形成对侦查取证活动的介入全覆盖。审查逮捕前的阶段往往是侦查取证的初期，受到法律规定的采取刑事强制措施的时间限制约束，该阶段形成的证据材料从质和量上还不够完善、充分，有待审查批捕之后继续通过侦查程序收集、固定和保全证据。在以往的模式下，一方面侦查监督部门难以全面掌握起诉与审判的证明标准，另一方面侦查监督部门提出的补充证据意见由于缺乏后续跟踪，有可能被公安机关轻视甚至忽略。为此，前几年即有人提出，解决这一问题的办法是建立捕诉合一的引导侦查体制，由检察机关同一职能部门依法承担审查批捕和审查起诉工作并履行相关法律监督职能的引导侦查机制。① 《"十三五"时期检察工作发展规划纲要》指出，要完善介入侦查、引导取证机制，建立重大疑难案件侦查机关听取检察意见和建议制度，从源头上提高报捕质量，推动建立新型良性互动警检关系。捕诉一体办案模式的推行，为推进侦诉关系的良性互动发展提供了契机。且不论捕诉一体模式在理论上对于检察监督和权力制约可能产生的消极作用，这一模式从强化指控角度而言确实有利于提高侦诉效率，统一证据的引导标准。捕和诉两个职能分离还是合一行使，其实各有各的利弊，关键是权衡利弊大小的问题。就现阶段而言，案件通常比较复杂且有法定办案时限要求，为了与现实条件相适应，尤其在复杂案件中，推行捕诉合一可能利大于弊。引导侦查取证的目的是提高庭审质量，从控诉角度看，检察机关诸多内设部门中唯有公诉部门有足够的动力和能力介入侦查程序指引取证工作。捕诉一体后，两个部门的办案人员进行整合，自然会用公诉证据标准去引导侦查机关取证，从而一方面增强和侦查人员的沟通，另一方面提升侦查人员的证据观念及对侦查阶段证明标准的要求。② 不过这也对检察官提出了更高要求，这意味着该检察官在办理案件的不同阶段要合理掌握不同标准，③ 因为立案、批捕、起诉的证明标准是不同的。

在此基础上，侦查指引迎来新的发展机遇。近年来，有试点地区检察官在捕诉一体基础上更进一步，全程介入公安派出所主要侦查活动，不仅在程序上延伸至立案前，还在侦查过程中实现同步和动态监督。④ 这种被称为"侦捕诉一体化"的办案模式是检察系统在推行捕诉一体化既定制度框架之下，完善

---

① 参见刘建国：《刑事公诉的实践探索与制度构建》，中国检察出版社 2003 年版，第 81 页。
② 参见熊东来、王艳：《捕诉一体办案模式下检警关系问题研究》，载《检察调研与指导》2019 年第 3 辑。
③ 审查批捕和提起公诉对于证据的要求存在差异，证明标准是由"有证据证明有犯罪事实"向"证据确实、充分"逐步过渡，这对于单一办案主体合理把握"双重标准"而言无疑是一个挑战。
④ 参见深宣：《"侦捕诉一体化办案模式"研讨会在深圳举行》，载《法制日报》2019 年 10 月 16 日，第 9 版。

警检良性互动关系的积极探索。这一实践探索使警检一体化的议题重新进入讨论的视野,并且在"捕诉一体化"的办案模式中重新得到审视。它在捕诉一体化基础之上,由检察机关内部的职能调整或者内设机构调整,扩大到外部的警检办案模式的调整,从而把以往乃至现在不少地方检警之间相对隔离的状态通过改革予以改善,在融合检警关系的同时也适应了以审判为中心的诉讼制度改革对于变革审前检警关系的要求,有助于审前阶段融合侦诉关系,强化证据搜集、证据固定、事实认定和法律适用的效果,为检察机关出庭指控奠定坚实的基础。从积极意义上来讲,这种"广义上的一体化"构建,对于中国刑事司法的透明度有一个增进作用(当然,这是一种定向透明,只是向某个特定机关加以透明):检察官能够入驻公安机关,在办案机构中设值班办公室和人员,这样就使侦查中高度密闭性的状态打开一个窗口,整体上使司法的透明度有所增强。此外,在审判作为中心的前提下,把审前程序作为总体的轮廓性设置,打破了现在诉讼阶段论中各个阶段壁垒森严、沟壑纵横、难以跨越的现状。这样就形成了以审判为中心之下的审前程序的功能整合,也就是"侦捕诉一体化"形成的检警合力。

为了服从以审判为中心的刑事诉讼程序顺利展开的要求,检察机关在起诉时必须将对证据的审查和运用向审判看齐,确保侦查、起诉的案件事实清楚、证据确实充分,经得起法律和历史的检验。从以往的实践经验来看,为了在批捕、起诉工作上得到检察机关的更多支持,公安机关也认同和欢迎检察机关在重大、疑难、复杂案件中提前介入。① "侦捕诉一体"的改革以证据为抓手,对侦查取证行为进行技术补强,试图构建和完善侦捕诉三种职能之间的良性衔接关系,其并不是对审前诉讼结构的颠覆,而是一种有限度的、合理的创新举措。从强化控诉职能的角度来讲,这种方式力求在不突破现有理论和制度框架的情况下,通过捕前介入侦查、不捕后补充侦查和逮捕后深入取证的全流程引导,实现"完善刑事指控体系"的预设目的,同时将可能遭遇的改革阻力和成本降到最低。

二、时代背景:健全完善犯罪指控体系的重要使命

(一)固有侦查模式的弊端

在分工负责、接力办案的侦诉关系下,我国目前的侦查模式属于典型的

---

① 参见崔凯、彭魏倬加:《检察机关"审前主导"的客观阻碍和实施进路》,载《湖南社会科学》2016年第5期。

"警察主导模式",① 侦查取证采取的是单一主体取证方式。在我国,公安机关对绝大多数案件实施独立侦查,所以检察机关对一般刑事案件不享有侦查权也无法直接参与公安侦查活动,在此情况下,检察机关负责的审查起诉工作与侦查机关负责的侦查工作存在脱节现象。这种警检关系模式在实践中导致很大的困难。一方面,检察机关对于侦查权的监督缺乏"活力",监督实效不佳;另一方面,侦诉关系疏离,侦诉合力难以达成。如此一来,"既无法满足集中高效、步调统一地追诉打击犯罪的目的,也不能体现出权力制约与人权保障的法治精神"。②

在这种单一的侦查取证模式下,警察在行使侦查权的时候会尽可能利用行政化办案的优势,强调对办案效率目标的追求。一旦警察将破案效率作为首要目的,就很可能忽视审查起诉以及法庭审判对于证据之"质"和"量"的要求,在侦查过程中很可能出现证据收集不规范不合法的情况。从时间和空间两个维度看,侦查和起诉基本上属于截然分离、互不相交的关系,这种严格区分前后序列的衔接模式使得侦诉关系过于疏离,警检之间缺乏规范的沟通互动机制,容易产生认识分歧。在缺少科学有效的沟通、协作机制的情况下,"检警关系因检警任务上之差异性,专业功能及组织隶属之不同,在合作关系上形成紧张状态","司法警察但求消极不拒绝检察官之指令,却缺乏动力积极配合检察官之侦查工作。而检察官则因受有严格法律训练,善于证据之法律评价及逻辑思维,并因对案件负有起诉与否之最终决定权,故经常不满意司法警察所搜集之证据及对案件所持之法律意见"。③ 虽然公安机关目前的刑事侦查技术已经有了很大的进步,但是在证据的收集、固定、保存方面还缺少像公诉人员那样的程序意识和证据意识,难以适应检察机关有效追诉的需要。

侦诉关系过于疏离、沟通不畅,两个主体在证据的理解和认定上存在差异,致使案件退回侦查比例居高不下。退回侦查机制实质上是一种程序回流机制,存在诸多缺陷。首先,退回侦查本身具有滞后性,是对司法资源的浪费,影响诉讼效率。其次,退回侦查具有局限性,很多时候并不能取得良好的预期效果,一些关键证据很可能因为错过最佳取证时间而毁损或灭失。最后,退回侦查机制在实践中不规范或不科学导致补充侦查质量不高,对于"补充何种

---

① 世界上存在的侦查模式主要可分为三种:(1)警方检察官模式,指警察侦查犯罪并负责起诉;(2)检察官引导模式,指检察官在刑事侦查活动中起主导作用;(3)警察主导模式,指警察主导侦查但将案件的起诉工作移交给检察官。参见 [瑞典] 布瑞恩·文斯林:《比较刑事司法视野中的警检关系》,侯晓焱译,载《人民检察》2006 年第 22 期。
② 刘计划:《警检一体化模式再解读》,载《法学研究》2013 年第 6 期。
③ 蔡碧玉:《检警关系实务研究》,载《法令月刊》第 48 卷第 1 期。

具体证据、该证据在证据链中的作用以及缺失的后果"等补充侦查要素不能有效解释,使得补充侦查缺乏可操作性。以上原因导致了退回侦查在完善证据体系方面的作用严重受限,由此产生的负面后果是,要么案件因证据不足不起诉,要么只能以轻罪、轻情节起诉,刑事追诉的价值遭受贬损,同时,公诉人员也有可能因此陷入进退两难的境地,一旦"带病"起诉,那么庭审上的风险陡增。

(二)"以审判为中心"改革的要求

在传统的"以侦查为中心"的刑事诉讼格局下,侦查机关在整个刑事诉讼中处于决定性地位,侦查结论直接影响着裁判结论的形成——集中表现为笔录中心主义的裁判模式。在此情形下,重口供笔录轻实体证据的办案思维长期以来主导着刑事侦查实践,证据不足却强行定案的情况屡禁不止,"刑讯逼供"等程序违法行为虽然长期为法学界所诟病却得不到有效遏制。在司法实务中,我国侦查程序在取证的规范性、合法性方面存在着较大问题,这与"以审判为中心"的基本要求是不相符合的。在这种诉讼格局下,即便司法界一直致力于探索检察介入侦查的工作机制,并试图构建检察主导的审前程序模式,但是这种努力始终被制度的惯性所抑制,无法达到预期目的。

随着"以审判为中心"刑事诉讼制度改革的不断推进,侦诉关系问题的解决也已刻不容缓。① 诉讼制度改革是牵一发而动全身的系统化工程,实现"以审判为中心"的诉讼制度的改革要求审前程序的合理化改造,② 警检关系乃是其中的关键性问题,这必然要求"警检之间形成更为密切的关系,合力完成追诉犯罪的职能"。③ 以审判为中心的核心要义之一在于庭审的实质化审理,确保庭审在查明事实、认定证据、保护诉权和公正裁判中发挥决定性作用,这种决定性作用的发挥主要来源于控辩双方以证据为基础的庭审对抗和法官在庭审中依照直接言词原则作出的审查判断。因此,"侦查、起诉活动应当面向审判、服从审判的要求"。④ "审判要求"的实质是对证据的要求,确保庭审活动围绕证据进行有效、充分的举证、质证和认证。在中国的案卷制度下,侦控方提供的证据在整个证据体系中占据核心地位,是法官据以裁判的主要依据,因此检察机关在移送案件材料前从控方角度对证据提前进行严格把关十分

---

① 参见张小玲:《审判中心背景下审前侦诉关系之重塑》,载《政法论坛》2016 年第 3 期。
② 参见陈卫东:《以审判为中心:当代刑事司法改革的基点》,载《法学家》2016 年第 4 期。
③ 樊崇义:《"以审判为中心"的概念、目标和实现路径》,载《人民法院报》2015 年 1 月 14 日,第 5 版。
④ 龙宗智:《"以审判为中心"的改革及其限度》,载《中外法学》2015 年第 4 期。

重要。

这对公诉方在庭审中的举证和质证活动提出了更高的要求，庭审对于证据规格的高标准、严要求必然会经由公诉传导到侦查，从而反向要求侦查人员提高侦查取证质量。由于侦查人员和检察人员的办案立场不同，两者对案情把握的优势和重心亦有所差别，警察办案多关注"抓人"和"破案"的侦查手段和侦查技巧，从任务分工上并不直接参与后续的审查起诉和法庭审判，因此很难对以证据为核心的刑事指控体系有完整和清晰的认识；检察官担负着代表国家向审判机关控诉犯罪的核心职能，在法庭上需要直面辩方进行诉讼攻防，从构建完整的刑事指控体系的角度来说，其对于证据链的结构、证据的关联性、证据能力和证明力有着更为深刻的认识。"这就客观上要求公诉方即检察机关能够提前介入引导公安机关取证，以确保侦查环节所收集的证据能够符合庭审的证据规格和标准。"[①] 2016 年《最高人民检察工作报告》提出了检察机关"充分发挥审前主导和过滤作用"。"审前主导"就此以官方文件的形式提出，成为检察机关推进以审判为中心的诉讼制度改革的主要措施之一。"审前主导"作用的发挥应当以证据为抓手，以强化刑事指控体系和构建大控方格局为目标，而侦查指引便是"完善刑事证据链和证明体系"的重要工作机制。[②]

（三）犯罪形势的新变化

在新时代背景下，检察理念、检察职能的定位有所更新，这必然引出检察权运行方式、运行机制改革的命题。看待权力运行方式时，应关注到公检法每个机关职能配置都在发生类似的变化：案件管辖、内设机构的改革普遍按照案件类型来划分，与之密切相关的一个客观因素就是犯罪形势的变化。

在最近十几年里，犯罪形态已发生非常重大的变化，普通刑事犯罪数量几乎一直在下降，各种专业性的犯罪、组织性的犯罪不断增长。从 2017 年至 2018 年统计的全国公安机关刑事案件立案情况来看，近年来，"犯罪类型结构逐渐发生变化，传统的暴力犯罪、财产犯罪逐步减少，以电信、互联网等为媒介的非接触性犯罪逐步增多。电信网络诈骗的高发势头得到控制，但社交网络平台、App 软件、二维码、付款码等成为电信网络诈骗的新途径。非法集资、网络传销等涉众经济犯罪严重扰乱经济秩序，食品药品犯罪、环境污染犯罪案

---

① 万毅：《构建介入侦查引导取证制度完善证明体系》，载《检察日报》2019 年 8 月 3 日，第 3 版。

② 为了贯彻党的十八届四中全会对于以审判为中心的改革要求，2014 年 12 月 25 日，最高人民检察院曹建明检察长强调要认真研究强化检察机关在审前程序的主导作用，强化引导取证，严把起诉标准，保证公诉案件的质量和效果。参见王治国、戴佳：《积极适应以审判为中心诉讼制度改革要求，提升司法能力强化检察监督保证公正司法》，载《检察日报》2014 年 12 月 26 日，第 1 版。

件数量增长明显。互联网成为犯罪的天堂和引擎,网络涉黄赌毒问题持续突出,网络安全成为国家安全的关键"。① 现在对犯罪的应对,需要的控诉知识水平和能力都发生了很大变化,"取证有困难、认识分歧大的案件、网络犯罪案件等疑难案件在起诉时对证据要求更高,需要更好地引导侦查,这只会产生多赢的法律后果"。② 所以检察机关机构调整要考虑到如何适应现代社会条件和犯罪形态,从而更好发挥职权。"任何形式司法制度的重大调整都是犯罪形势、形势政策和立法准备集体发力的结果",虽然"我国当前犯罪形势和形势政策没有发生重大变化,并不存在大幅度调整司法程序的客观环境",③ 不需要对警检结构进行大幅改造,但为了应对犯罪形势较为显著的新变化,有必要从工作方式、办案机制的层面对警检关系进行符合客观规律的微调。

在新的犯罪形势下,从以犯罪构成要件、要素为证明对象的角度来说,构建完整的证据链需要办案人员对涉嫌的罪名本身有专业、系统的了解,检察官作为公诉主体,其对于法律的理解和适用能力更强。侦查人员逐渐认识到,与绝对单一的公安取证方式相比,检察介入侦查引导取证对于警检两家是"双赢"的。就多数传统自然犯如盗窃、故意杀人、强奸等案件而言,侦查机关长久以来的实战经验较为成熟,对于证据的把握程度较高,无需过多介入,检察人员可以把重点放在证据的查漏补缺和监督取证规范性之上。就法定犯尤其是新型犯罪案件而言,往往涉及网络技术、金融证券、知识产权等较为前沿的专门知识,这类案件尤为需要具有知识优势的检察人员的侦查指引,并且很多情况下类案证据指引可以发挥很好的作用。

三、理论焦点:警检关系及其职能冲突的厘清

侦查引导机制涉及的核心和基础理论问题是警检关系。该机制遭遇阻碍和排斥的一个深层次原因就是在制度定位和警检结构的问题上备受质疑,需要在理论上予以进一步回应和廓清。

(一)基于警检关系的理论探讨

我国理论界十余年前就对警检关系进行过激烈论战,其研究成果至今仍有借鉴价值。"侦、检双方关系的设置并非是随意的,它要反映诉讼规律的基本

---

① 靳高风、朱双洋、林晞楠:《中国犯罪形势分析与预测(2017-2018)》,载《中国人民公安大学学报(社会科学版)》2018年第2期。
② 唐颖、庆新:《公诉与侦查缘何"亲密接触"》,载《检察日报》2015年9月6日,第1版。
③ 参见崔凯、彭魏倬加:《检察机关"审前主导"的客观阻碍和实施进路》,载《湖南社会科学》2016年第5期。

要求"，① 但是从确保有效追诉犯罪的角度来看，侦查取证工作在审前程序中始终处于核心位置，无论是检警分立还是检警合一，侦查机关和公诉机关都有着提高取证质量的强烈愿望。

德日等传统大陆法系国家实行警检一体模式，检察官是法定的唯一侦查主体，警察只是辅助检察官行使侦查权的专业技术机构，因此检察官有权直接指挥侦查活动。然而，由于检察资源有限，检察官事实上在侦查中并非频繁地指挥侦查。以日本为例，除了贪污渎职、经济犯罪等特定案件由检察官自行侦查外，绝大多数案件都是交由警察独立实施侦查的，两者的关系更类似于互助的伙伴关系。在此基础上，检察官有权对警察的侦查取证提出意见，警察则根据意见对证据进行收集和补充。检察官可以根据办案需要采取恰当的形式介入侦查程序，发挥其在适用法律和把握证据方面的优势作用，指导或者配合侦查机关处理案件工作，确保移送的案件符合提起公诉的要求。

在实行警检分离模式的英美法系国家，警检之间也存在密切的良性互动关系，检察官会采取适当的方式对警察的侦查行为提出专业意见，以保障案件能顺利起诉。例如，1998 年美国国会决定，检察系统应在警察局派驻律师（即检察官），并向警察提供建议。② 出于提高刑事追诉效率的考量，英国议会也在 1998 年决定在警察局派驻检察院的律师，积极发挥检察对于侦查的引导作用，向警察提供建议，加强检察院与警察局之间的联系。③ "严格来说，检察官并不能命令警方做任何事，警察对检察官之发号施令理论上有拒绝权。对刑事案件起诉与否取决于检察官的裁量权，因而若警方的侦查质量低导致所收集证据的证明能力有欠缺，引发检察官对其工作的质疑进而不对警方移送的案件提起指控，则意味着警方先前的刑事侦查所做的努力付诸东流。与此同时，检察官出庭指控胜诉与否很大程度上要依赖于警方证据。在这种情况下，检察官就证据收集、逮捕或电子监控等侦查策略向警方提供专业指导意见就水到渠成，警方对此也收益其中。"④ 可见，虽然警察的侦查能力、素质相对较高，但是在案件的处理上警察与检察官的工作依然保持互动与合作的关系，这种密切联系不但体现在法庭审理阶段的警察出庭作证支持公诉方面，而且体现在审判前阶段中的检察介入侦查活动的引导规范取证方面。

从实践经验来看，侦查指引本质上是一种侦诉衔接机制，目的是在现有职

---

① 刘计划：《警检一体化模式再解读》，载《法学研究》2013 年第 6 期。
② 参见姜伟：《公诉制度教程》，法律出版社 2002 年版，第 145 页。
③ 参见刘立宪、谢鹏程主编：《海外司法改革的走向》，中国方正出版社 2000 年版，第 98 页。
④ 张鸿巍：《美国检察机关立案侦查阶段之职权探析》，载《中国刑事法杂志》2012 年第 4 期。

能架构内构建良性互动的侦诉关系,其本身并未上升到动摇权力关系结构的层面,可以算作是对现有警检关系的微调和优化。这种侦诉衔接机制的核心内容是以公诉标准引导侦查取证,是公诉和侦查两种职能在工作层面上的必要交流,是建立在诉讼职能分工基础之上的合理配合。这种侦查指引机制既存在于中国的司法实践中,也普遍活跃于归属任何法系、采用任何警检模式的国家,且多数案件都是由警察直接负责侦查,检察官根据实际情况指挥或者引导侦查。因此,侦查指引机制的构建和运行与警检结构的深层次命题并不存在绝对的"依附关系",相关的理论探讨亦不构成为阻碍该机制良性发展的"绊脚石"。

(二) 立足于证据问题的两项职能

侦查指引的法理基础主要是"公诉准备观"。公诉准备观的主要观点是"侦查不是审判的准备阶段,不是为了审判的顺利推进而开展相关准备活动,而是为了满足提起公诉之需要,其收集证据和查获嫌疑人的工作乃是服务于公诉职能,是公诉的准备阶段"。① 公安机关的侦查职能和检察机关的公诉职能之间具有天然的亲和性和合作性,这为检察机关提前介入引导侦查制度提供了一部分理论基础。② 公诉准备观认为侦查的主要任务和目的就是收集证据、为刑事指控作准备,侦查机关应当以公诉标准为方向收集、固定证据,检察机关基于完善以证据为核心的刑事指控体系的目的,可以适时介入侦查程序,提前对证据问题作出引导,防止侦查机关做"无用功"。侦查指引因而被视为公诉职能的延伸,是一种公诉准备活动。

如前所述,中国的检察介入侦查机制除了包含引导侦查取证的内容外,通常还被赋予侦查监督的任务。法律监督理论是我国检察权理论中极具中国特色的法律理论,"我国的检察机关被赋予全能的法律监督者地位,以真实和正义为目标,以合法性和客观性为行为准则"。③ 检察机关是宪法和法律规定的法律监督机关,有权对刑事诉讼的全过程实施法律监督,侦查监督是其中最为重要的部分。然而,"监督的重心在于约束侦查权,是监督权对侦查权的反向制约;而引导取证则立足于帮助侦查权,是与监督权相向而行的",④ "两种改革目标和价值选择的冲突性,决定了我们希冀检察机关在此项改革中既与侦查机

---

① 万毅:《侦查目的论——兼评我国侦查程序改革》,载《国家检察官学院学报》2003年第1期。
② 万毅:《构建介入侦查引导取证制度完善证明体系》,载《检察日报》2019年8月3日,第3版。
③ 陈卫东:《转型与变革:中国检察的理论与实践》,中国人民大学出版社2015年版,第42页。
④ 吴杨泽:《论检察机关的提前介入机制》,载《重庆理工大学学报(社会科学)》2017年第2期。

关紧密配合又能恪守客观义务的良好愿望难以实现"。①

当然，这种职能冲突并非绝对不能调和，虽然侦查引导和侦查监督整体而言分属互相独立的两个领域，但是在任务上存在一定交叉，这一"交叉"就是证据质量问题。即使公诉准备观和法律监督理论的立论依据截然不同，但重要的落脚点都是证据问题，因为在证据问题上公诉和法律监督有着目标的一致性：提前介入引导侦查取证是为了更加充分、有效地收集证据，以确保刑事指控的有效性；提前介入监督和纠正违法侦查取证的目的，是避免"带病起诉"，防止在庭审中因关键证据被排除而败诉。以此落脚点为基础，检察机关的公诉职能和法律监督职能在价值目标上形成合力，在追求刑事追诉有效性的同时使人权保障的命题得到关注。② 检察机关法律监督的对象除了非法取证外，还有其他类型的违法侦查行为（如适用强制措施、不履行权利告知义务等），但后者至少不是介入侦查的公诉人员可以或应当关注的重点，否则会给参与侦查引导的检察官带来过大的工作负担，很可能造成理论上和实践中的角色错乱：控诉职能的追诉倾向性价值和监督职能的客观中立性价值之间产生严重冲突，造成引导机制丧失可操作性。

（三）指挥与指引的关系

虽然侦查指引与警检模式不存在绝对的"依附关系"，但是为了避免该机制的构建和运行落入颠覆警检结构的理论"窠臼"，有必要将侦查指引与参与侦查、指挥侦查进行合理区分。

检察机关的提前介入侦查系意见互动层面的"引导"，而非实质性地参与侦查活动，更不能代位行使侦查权；引导的方式是对证据收集发表意见或提供建议，而不能指挥侦查。实际上，"指挥"是警检一体模式的办案方式，如果在中国的语境下运行，那么这种刚性化设计无异于动摇了既有的警察权力结构，造成检察干预侦查的实践担忧，使得这一实践方案难以有效推进。这种界分也在一定程度上帮助解决了办案人员在实践中较为困惑和担忧的责任划分的争议问题。因此侦查程序实际上还是由侦查人员来"主导"的，检察人员的提前介入既非实质性的参与侦查，也非指挥侦查，更非代位行使侦查权，所以从"谁办案谁负责"的司法责任制要求来说，不能让只提供了意见或建议的

---

① 付凤、杨宗辉：《检察引导侦查与公诉引导侦查合理性辨析》，载《中国人民公安大学学报（社会科学版）》2013年第3期。

② 检察机关开展提前介入工作，在案发第一时间参与侦查程序，以第三者的身份出现在公安机关和犯罪嫌疑人面前，及时引导公安机关全面提取有罪和无罪证据，并监督公安机关合法取证，这对于约束侦查权合法运行、保障犯罪嫌疑人合法权益、防止产生冤假错案，都具有十分重要的意义。参见吴杨泽：《论检察机关的提前介入机制》，载《重庆理工大学学报（社会科学）》2017年第2期。

检察官承担错案责任；捕诉一体的情况下，检察官也不能因为提前介入进行了侦查指引就必然在后续环节中对案件进行批捕和公诉。在介入程度的把握上，应当实现检察权的合理配置，促进警检关系的良性互动。① 应当对检察介入侦查机制予以合理定位，在强调公诉职能在审前程序中的引领作用的同时，确保警检关系的适度分离，明确其不同于侦诉一体化机制的关键点，把握好"参与而不干预、参谋而不代替、指导而不包办的尺度"，② 合理划分引导与指挥之间的界线，不能以决定权取代建议权。

过去有观点认为："建立一种毫无约束力的，没有任何程序后果的引导、指导，一旦检警关系紧张时它是毫无意义的。"③ 虽然引导方式不具有行政命令的效力，其着力点是配合而非指令，这种偏柔性化的设计不能在侦查阶段发挥程序上的约束效力，但其并不是没有后果意义的制度摆设。因为中国的公、检、法三机关的关系既有分工、配合，也有制约，如果这种建立在分工基础之上的警检配合机制遭遇不当阻碍，那么检察机关可以使用不批准逮捕或作出不起诉决定的方式进行有效制约，一旦如此，就会对侦查形成"痛感"传递。

四、争点辨析：侦查指引相关问题的分析与纾解

从改革方案和实践探索情况来看，侦查引导机制的推行并不是对我国现有警检结构的颠覆，而是在现有体制框架内对构建良性互动警检关系和改良侦诉衔接机制的积极探索。在运行多年并取得一定积极成效的同时，这一机制也面临着一些内在问题和外来质疑，这些问题和质疑往往成为改革道路上的现实阻碍，需要予以正视并作出回应。

（一）检察机关的困境

从检察机关的角度来讲，很多试点单位普遍反映的突出问题是人员保障不足，检察机关可派驻或介入侦查的人员少，而公安办案单位数量多、办案涉及面广、案件数量多，这严重制约了检察机关介入侦查工作的有效展开，有的地方甚至存在形式主义的倾向。对此，有必要从两个方面寻找解决问题的突破口。

---

① "检察机关在随机行使参与权的前提下，只是根据实际需要，自行决定介入侦查的时机与程度。"刘计划：《警检一体化模式再解读》，载《法学研究》2013年第6期。
② 冯仁强、张海峰：《检察机关提前介入刑事侦查的思考》，载《浙江警察学院学报》2011年第3期。
③ 周口市人民检察院：《"检察指导侦查"研讨会观点摘编》，载《国家检察官学院学报》2002年第5期。

其一，优化检察资源配置，合理把握介入的案件和侦查事项的范围。首先，司法资源的有限性决定了检察机关不可能对所有的刑事案件和侦查事项予以介入，介入侦查的广度和深度都应当有所限制。① 其次，随着刑事侦查技术的进步和公安侦查能力、业务素质的提高，实际上需要检察机关予以介入的案件比例其实很低。即使是在警检一体化国家，检察机关也并非对所有的刑事案件行使领导、指挥侦查的权力，对于侦查事项也并非予以全面介入。通常情况下，需要检察官直接介入的案件所占的比例较低，针对的主要是重大、复杂案件；② 其介入的程序主要是重大侦查事项。③ 在现阶段员额制改革的背景下，考虑到我国检察机关依然面临"案多人少"的压力，应当对现有司法资源进行合理配置，优先把握主要矛盾，解决突出问题。

其二，重视类案指引的作用。从世界范围内来看，检察引导侦查多是以各种混合形式存在的，检察官可以根据办案需要采取恰当的形式介入侦查程序，发挥其在适用法律和把握证据方面的优势作用，指导或者配合侦查机关处理案件工作，确保移送的案件符合提起公诉的要求。侦查引导一般在两个层面上予以构建：一是宏观层面的类案指引，二是微观层面的个案指引。即便是推行警检一体的日本，检察官侦查指挥权作用的发挥也是有选择性的，检察官有三种途径指挥侦查：一是"一般性指示"，即检察官通过制定实施侦查活动的准则，要求司法警官遵守这些准则行事；二是"一般指挥"，即检察官有权发出诸如"拘留破坏选举罪的犯罪嫌疑人"这样的命令；三是"具体指挥"，即针对个案具体如何办理进行指挥。"一般性指示"和"一般指挥"实为宏观层面的侦查指引，名为"指挥"，实为"指引"。④ 司法资源的有限性决定了，检

---

① 例如，在德国检察介入侦查的实践中，"由于这样的检察官办公室统辖着数十个警察局和数百名警察，亲自莅临警察局或者宪兵队并不可行，同时，除了收集基本的证据，也没有足够多的时间去做其他的工作"。参见 [英] 杰奎琳·霍奇森：《法国刑事司法——侦查与起诉的比较研究》，张小玲、汪海燕译，中国政法大学出版社 2012 年版，第 228 页。

② 司法实务中，警察的侦查活动一般都是自主进行的，不会受到检察官的随意干预。例如，德国于 1877 年在刑事诉讼法中确立了警检一体化体制，并规定检察官领导刑事案件的侦查，但是实际上检察官介入侦查的案件只占到所有案件的 30% 左右，大部分犯罪案件是由警察单独实施的。参见前注 [15]，刘计划文。

③ 可见，决定检察官领导警察侦查广度与深度的因素是警察的侦查水平和案件的性质。经过百年的职业历练，德国警察的职业化、专业化水平日益提高，侦查能力得到提升，侦查质量也较高。在这种情况下，检察官完全没有必要就所有侦查事项进行指挥，由此，检察官会逐渐减少指导、领导，乃至坐享其成。参见 [德] 魏根特：《德国刑事诉讼程序》，岳礼玲、温小洁译，中国政法大学出版社 2004 年版，第 51 页。

④ 万毅：《构建介入侦查引导取证制度完善证明体系》，载《检察日报》2019 年 8 月 3 日，第 3 版。

察官难以介入所有需要侦查指引的案件,因此寻求指引方式的多元化构建,成为一个必要的选择。在类案指引中,检察机关除了适时出台相应的指导性文件外,还可以结合当下正在大力推进的司法信息化建设,强化证据指引在司法信息化办案平台中的开发与应用,将侦查指引的一般性要求嵌入审前办案系统,通过智慧检务的建设来"向科技要人力"。

(二)公安机关的担忧

长期以来,侦查机关固守的"侦查秘密原则"成为阻碍检察介入侦查工作有效展开的重要"说辞"。公安系统普遍认为,检察人员对于侦查活动的介入违背"侦查秘密原则",有可能干扰公安正常办案。然而,"侦查秘密原则"作为公安机关排斥检察介入侦查工作的"挡箭牌",其理由并不成立。第一,"侦查秘密原则"更多体现的是"侦查中心"或者"侦查主导"的特征,这与以审判中心的改革不一致,以审判为中心不仅要对审判程序进行改革,还要对审前程序进行改革,提高审前程序的公开性与可参与性。从世界范围内来看,侦查程序的诉讼化改革倾向明显,"侦查秘密原则"在很大程度上正在被弱化。第二,侦查秘密原则并不是绝对的,并不是所有的侦查程序和侦查事项都要被纳入"侦查秘密原则"的"保护圈",应当合理区分,就关键证据的收集、固定、证据标准的指引而言,其并不能绝对地与"侦查秘密原则"相挂钩。其三,有关侦查秘密的问题完全可以通过机制、方法创新的方式予以消解或缓解,例如,为了确保涉及秘密侦查事项的指引工作能够顺利开展,警检两家可以选择签订"保密协议"。

此外,公安机关出于对承担错案责任的考量不敢以积极的心态对待检察介入侦查的工作。然而,这种担忧实属不必要。从价值目标上来看,警检两家有着追诉犯罪的目标上的一致性;从引导的要义来看,引导是为了更为准确、有效地追诉,目的是确保控诉职能的最终实现;从监督的要义来看,"监督是为了更好地保护监督对象",目的是及时纠正错误,防止错案发生。并且,错案责任的认定主要受考核方式方法的影响,相关问题要从调整和改变不当的错案考核方法的途径予以解决。如果侦查行为和引导行为均合乎程序要求,参与主体对实体错误结果的出现没有重大过错以上的主观责任,那么就不能认定为错案,更不能追究相关人员的办案责任。

(三)警检关系的嫌隙

侦查指引机制的构建关乎警检两家的工作,需要较为高层次的互动与沟通,但是到目前为止,较为全面的关于检察"提前介入"的最高级别联合文件仍然是最高人民检察院和公安部在1988年发布并实施的《关于加强检察、公安机关相互联系的通知》,也就是说,自1988年起的30余年内,公安机关对这一工作并没有实质性的回应。① 这种警检之间的部门格局在域外的司法制度发展史中也曾存在。例如,在检讨美国的命案侦查管理制度曾经存在的问题时,学者认为"部门之间的对立"属于三大主要原因之一,因此主张"检察官和侦查机关必须相互沟通,保持密切联系,在侦查过程中不要存在嫌隙或者本位主义色彩"。② 随着程序法治水平的提高,公安司法机关对于诉讼规律和证据作用的重视达到前所未有的程度,从宏观层面重塑警检两家的利益关系格局实为必要,从部门高层的立场出发联合出台指导意见有利于从大方向上消除部门之间的成见。

从微观层面讲,应当建立健全相应的改革配套制度。当下的责任分工模式下,侦查机关将案件移送检察机关审查起诉后,对于由于违法侦查行为排除关键非法证据或者证据收集不充分而产生的败诉风险主要由公诉人承担,这在实质层面上制约了大控方利益共同体的形成。因此,"应当考虑将侦查行为纳入庭审评价体系,由警检双方共同承担案件的败诉风险,将责任倒追至侦查工作中,以此倒逼侦查机关接受引导的主动性和积极性"。③ 此外,警检之间的信息共享机制还不够完善。目前很多地方已建立刑事案件信息通报机制,但是并未建立信息共享平台。有的地方只通报有关数据,并未涉及案件的具体内容;有的地方需派员到派出所,查询公安执法办案系统,无法在检察机关办公室进行查询,也就无法及时掌握办案信息,从而影响了侦查介入工作的深入开展。为了改变这种局面,各试点单位应当以试点工作为契机,建立与完善部门间的信息共享机制。加强与公安机关的协同互动,共同推动信息共享平台建设,或可建立检警网上信息共享平台,④ 统一建设标准、统一软件平台、明确查询条件和要求,真正实现网上信息通报。

五、余论

完善以证据为核心的刑事犯罪指控体系是一项系统工程,涵盖证据收集、证据审查和证据运用的三项基本工作,贯穿于侦查阶段的引导取证、审查起诉

---

① 崔凯、彭魏倬加、魏建文:《检察机关"介入侦查引导取证"的理论重塑》,载《湘潭大学学报(哲学社会科学版)》2017年第2期。

② Vernon J. Geberth. Practical Homicide Investigation,CRC press,1996,P800.

③ 参见熊东来、王艳:《捕诉一体办案模式下检警关系问题研究》,载《检察调研与指导》2019年第3辑。

④ 目前虽然有些地方公安机关开放警综平台查询通道,但基本都是用公安机关人员自身密匙、账号登录,其如何开放主要取决于当地公安机关的态度,且查询的时间、内容等都受到很大的限制。

阶段的证据审查判断和审判阶段的出庭支持公诉，需要检察机关从多项任务、多重职能的角度进行完善。检察机关的指控证据来源于侦查活动，由于刑事诉讼阶段性、单向性的特质，在侦查进行到一定阶段或已经终结后，检察机关难以在实质层面改变证据的质与量。换言之，"起诉的成功与否很大程度上取决于检察机关在法庭上的举证、质证，取决于检察机关所拥有的证据材料，而这些证据材料在多大程度上能够支持公诉则取决于侦查的质量"。[①] 完善刑事犯罪指控体系，必须基于检察机关对公安机关有效的侦查指引展开，这是该论域的基石性问题。

侦查指引的目标在于从诉讼的前置阶段构建扎实、合法的证据体系，为后续的审查和运用证据、指控犯罪打下基础，确保整个刑事犯罪指控体系在良好的"证据环境"之中运行。不过，取证后对证据的审查及运用并非不重要，其与案件审理的情况亦存直接关联，在这些方面应当重点强化以下两个方面的工作。第一，建立精细化、亲历性的证据审查制度。《检察规划》明确要求要"深化书面审查与调查复核相结合的亲历性办案模式，确保审查起诉的案件事实证据经得起法律检验。建立健全技术性证据专门审查制度，完善对鉴定意见、电子数据、视听资料等技术性证据的审查机制，发挥技术性证据审查对办案的支持作用"。长久以来，以卷宗笔录材料为审查对象、以行政化审批程序为载体的粗放式证据审查模式，是提高检察机关审查起诉工作质量的最大阻碍。第二，完善举证、质证和公诉意见当庭发表机制，提高揭示犯罪本质、运用证据证明犯罪的能力，充分运用刑事司法政策、认罪认罚制度，使法庭增强对指控犯罪的本质、危害性及证据证明意义的认同，更好发挥指控、证明犯罪的主动性和有效性。

（原载于《政治与法律》2020年第1期）

[①] 陈卫东：《我国检察权的反思与重构——以公诉权为核心的分析》，载《法学研究》2002年第2期

刑事诉讼的合规激励模式

陈瑞华*

一、问题的提出

作为一种新型的公司治理方式，企业合规是一种以避免合规风险为导向，针对违法犯罪行为进行事先防范、事中监控和事后补救的管理机制。但是，企业仅仅建立纸面上的合规体系是没有意义的。这种管理机制要得到切实有效的实施，就必须具有行政监管和刑事司法上的双重激励机制。对于那些涉嫌实施犯罪行为的企业而言，在刑事法中确立以合规换取宽大刑事处理的机制，是督促其实施有效合规计划的必要条件。其中，对于那些承诺建立或者完善合规管理体系的涉案企业，检察机关设置考验期，根据其实施合规体系的效果来决定是否对其提起公诉，这被越来越多的国家确立为一种重要的制度。迄今为止，美国确立了暂缓起诉协议和不起诉协议制度，英国、法国、澳大利亚、加拿大、新加坡等国，则仿效美国，确立了暂缓起诉协议制度。[①]

随着我国改革开放政策的深入推行，也随着国家"一带一路"计划的实施，我国企业不断受到西方国家行政监管部门乃至刑事司法机关的调查和处罚，建立企业合规计划的压力也与日俱增。我国立法机关在一些行政法规中引入了企业合规制度，一些政府监管部门也开始发布企业合规管理的国家标准。在此背景下，一些研究者开始呼吁在经济法、行政法、刑法和刑事诉讼法中确立企业合规的法律激励机制。在刑事法领域，不少学者呼吁改革单位犯罪制度，将单位责任与员工责任、高管责任加以分离，确立以合规为依据进行企业无罪抗辩的机制，并将合规作为法定的量刑情节[②]；一些学者主张将企业合规引入认罪认罚从宽制度之中，检察机关对于认罪认罚的涉案企业提出宽大的量

---

* 北京大学法学院教授、教育部"长江学者奖励计划"特聘教授。
① 参见陈瑞华：《企业合规基本理论》，法律出版社 2020 年版，第 233—236 页。
② 参见时延安：《合规计划实施与单位的刑事归责》，载《法学杂志》2019 年第 9 期。

刑建议①；还有学者和司法界人士建议借鉴西方国家的暂缓起诉协议制度，迫使涉案企业通过承诺建立合规体系来换取检察机关的相对不起诉决定②。尤其是在制度构建方面，越来越多的刑法学者开始青睐刑事诉讼中的附条件不起诉制度，主张将这一制度的适用范围从原来的未成年人刑事案件，扩大到企业犯罪案件，并将企业建立合规机制作为对涉案企业进行监督考察的内容以及作出不起诉的根据。③

近期，我国一些地方的基层检察机关开始了合规不起诉制度的改革探索。所谓合规不起诉，是指检察机关对于那些涉嫌实施犯罪并作出认罪认罚的涉案企业，在其承诺或者实施有效合规管理体系的前提下，对其作出不起诉决定的制度。

从性质上看，合规不起诉属于相对不起诉的一种类型，企业依据刑法构成犯罪，但接受检察机关的检察建议，承诺建立合规管理体系，或者企业与检察机关达成刑事合规监管协议，接受检察机关一定期限内的合规监管，定期向检察机关报告建设合规管理体系的进展情况，因此，检察机关对该企业作出了不起诉的宽大处理，使得企业避免了被定罪判刑的结局。

从实际效果来看，通过对合规不起诉制度的实践探索，检察机关向涉案企业施加了程度不同的压力，并给予企业建立合规管理体系的明显激励，大大推动了涉案企业推进合规体系建设的动力。而那些涉嫌犯罪的企业，为避免被定罪判刑的结局，防止企业陷入经营困境，甚至出现无法上市或退市的结局，按照检察机关的要求建立合规计划，接受检察机关、行政监管部门或者被委派的合规监控人的监督指导。这属于检察机关从外部督促企业开展合规体系建设的改革尝试。

本文试图对合规不起诉改革问题进行一次初步的理论分析。根据合规被引入公诉制度的不同路径，笔者将实践中正在探索的合规不起诉分为"检察建议模式"和"附条件不起诉模式"，对这两种模式的优劣得失作出初步的评价。在此基础上，笔者将对合规不起诉改革的基本经验作出总结，概括出这一制度的积极效果。鉴于合规不起诉的改革探索刚刚起步，检察机关在此过程中遇到了多方面的制度难题，笔者对于这些主要制度难题以及可能的改革出路，

---

① 参见李勇：《检察视角下中国刑事合规之构建》，载《国家检察官学院学报》2020年第4期。
② 参见霍敏：《探索企业犯罪司法治理新模式》，载《人民检察》2020年第12期。
③ 《中国刑事法杂志》刊发的多篇论文，都提出了这方面的主张和建议。参见杨帆：《企业合规中附条件不起诉立法研究》，载《中国刑事法杂志》2020年第3期；欧阳本祺：《我国建立企业犯罪附条件不起诉制度的探讨》，载《中国刑事法杂志》2020年第3期；时延安：《单位刑事案件的附条件不起诉与企业治理理论探讨》，载《中国刑事法杂志》2020年第3期。

将作出初步的分析和评论。合规不起诉制度属于检察机关参与社会治理的新方式，通过引入合规激励机制，对传统的犯罪预防理论和企业监管理论带来重大冲击，并蕴含着发展新的法律理论的契机。

二、合规不起诉的两种模式

检察机关在探索合规不起诉过程中，创造出了两种制度模式：一是"检察建议模式"；二是"附条件不起诉模式"。前者是指检察机关在审查起诉过程中，对于犯罪情节轻微同时认罪认罚的涉案企业，在作出相对不起诉决定之后，通过提出检察建议的方式，责令其建立合规管理体系的制度。后者则是检察机关在审查起诉过程中，设立一定的考验期，对涉嫌犯罪的企业暂时不予起诉，并对企业建立刑事合规的情况进行监督考察，在期满后根据企业建立合规管理体系的进展情况，对其作出起诉或者不起诉决定的制度。[①]

这两种合规不起诉制度模式都适用于那些犯罪情节轻微，并自愿认罪认罚的涉案企业，都要求企业具有积极配合刑事执法的意愿和行动，如披露实施不法行为的直接责任人，对被害方的损失加以赔偿，补缴所偷逃的税款，上缴违法所得、犯罪工具和相关的违禁品，向行政监管部门积极缴纳罚款，等等。在适用合规不起诉制度过程中，检察机关要对企业进行必要的走访考察，调查企业的性质、经营状况、在当地的经济地位、主要商业经营模式、违法犯罪的记录等情况，还要对提起公诉对企业乃至当地经济带来的负面影响作出一定的评估。此外，检察机关经过考察评估，只有认为企业愿意采取或者承诺采取必要的补救措施的，才会提出刑事合规要求。

这两种模式在推进企业建立刑事合规体系方面，存在着一些重大差异，这主要体现在责令企业建立合规体系的方式、时间、制度载体以及法律约束等方面。对于这些差异，下面作出简要的分析和评论。

（一）检察建议模式

通过提出检察建议的方式来督促涉案企业建立合规体系，这是大多数探索合规不起诉的检察机关所采取的一种制度模式。检察建议是检察机关依法履行法律监督职责，参与社会治理，预防和减少违法犯罪，保护国家利益和社会公共利益的主要方式。从所发挥的法律职能来看，检察建议大体可以分为再审检察建议、纠正违法检察建议、公益诉讼检察建议、社会治理检察建议等几种主

[①] 参见合规及政府监管组：《多地检察机关积极探索开展企业"刑事合规不起诉"》，载微信公众号"方达律师事务所"2020年8月26日。

要类型。其中，社会治理检察建议是指检察机关在办理案件中发现社会治理工作存在制度不健全、管理不完善、管理存在监督漏洞、有关单位不依法及时履职需要整改消除等情形的，向有关单位或部门所提出的改进工作、完善治理的检察建议。检察机关在作出不起诉决定时，对涉案企业推进合规体系建设所提出的检察建议，就属于社会治理检察建议的一种重要方式。

检察机关在作出相对不起诉决定后，向企业提出推进合规体系建设的检察建议，这是具有法律依据的。在法定的审查起诉期限内，检察机关对于涉嫌犯罪的企业，既要完成对其是否适用相对不起诉制度的审查，也要进行必要的合规调查，在作出不起诉决定的同时，向企业发出建立合规体系的检察建议。

从性质上看，检察机关在作出不起诉决定后，对涉案企业就推进刑事合规体系所提出的检察建议，属于一种社会治理检察建议。检察机关在审查起诉过程中，不是单纯地"为办案而办案"，而是发现了涉案企业在投资、并购、经营、生产、销售、推广业务等环节存在管理制度的漏洞，在预防违法犯罪方面存在重大隐患，使得员工、高管、下属企业、第三方合作伙伴或者被并购企业，可能实施违法犯罪行为的，就需要通过检察建议督促其采取相关整改措施，加强内部控制体系，建立合规团队，完善风险预警防范措施，通过及时整改消除犯罪隐患。显然，这是一种通过检察建议督促企业重建治理体系的方式，是针对违法犯罪行为所采取的预防、监控和应对体系。检察机关由于在办案过程中发现企业的违法犯罪行为与其管理体系上存在密切联系，因此，通过检察建议要求企业建立一种以避免特定合规风险为目标的合规管理体系。根据企业涉案犯罪的类型，这种合规体系可以分为反走私合规体系、税收合规体系、知识产权保护合规体系、环境保护合规体系、反商业贿赂合规体系、反洗钱合规体系、金融合规体系、产品质量合规体系、数据保护合规体系，等等。

从提出检察建议的根据来看，检察机关在审查起诉过程中，可以对涉案企业的性质、经营情况、主要合规风险、违法犯罪经历以及起诉带来的风险等问题进行专门调查核实，可以采取查询、调取证据材料，向企业相关人员了解情况，听取被建议单位意见，咨询专业人员、相关监管部门或行业协会的意见，委托鉴定、评估、审计、现场走访、查验等相关的调查措施。经过调查核实，检察机关要写出调查终结报告。在一定程度上，这种调查核实活动具有一定的"合规内部调查"的性质。经过这种调查核实活动，检察机关可以查明与推进合规体系有关的基础事实，如违法犯罪事实、直接责任人违法犯罪事实、企业经营管理方面的制度漏洞、企业内部控制体系的缺陷，等等。在此基础上，检察机关针对企业管理和控制上的漏洞，才可以量身定制一套专门的合规管理体系要求。

从激励效果来看，检察机关提出建立合规体系的检察建议，是与作出不起诉决定同步展开的。检察机关一旦对企业作出不起诉决定，即意味着企业以及主要责任人都被宣告为无罪，企业不仅免受高额罚金处罚，而且还有可能保住上市、从事特许经营资格、继续从事营业等方面的资格，从而避免出现灾难性的后果，由此获得巨大的利益。因此，在宣告不起诉决定之前，检察机关对企业建立合规体系问题进行调查核实，并提出推进合规体系建设的检察建议，就形成了一种企业以实施合规计划来换取相对不起诉的局面，使得不起诉成为企业建立合规体系的重大激励机制。正因为存在这种强大的外部激励机制，涉案企业对于检察机关的检察建议才具有采纳的动力。

从督促方式来看，检察机关的检察建议对涉案企业具有一定的约束力。为加强检察建议的约束效力，最高人民检察院确立了若干项配套制度。例如，检察建议书具有正式的格式要求，包括"存在的违法情形或者应当消除的隐患""建议的具体内容及所依据的法律法规和有关文件的规定""被建议单位提出异议的期限""被建议单位书面回复落实情况的期限"，等等。又如，检察建议书正式发出前，要征求被建议单位的意见，允许被建议单位提出异议，征得被建议单位同意，可以公开宣告送达。再如，检察机关提出检察建议后，应要求被建议单位在收到建议书之日起两个月内作出相应处理，并书面回复检察机关。检察机关可以督促、支持和配合被建议单位落实检察建议，可以采取询问、走访、不定期会商、召开联席会议等方式。经督促无正当理由不予整改或者整改不到位的，检察机关可以报告上一级检察机关，并向上级机关、行政主管部门、行业自律组织进行通报，必要时报告同级党委、人大，通报同级政府、纪检监察机关。对于符合公益诉讼条件的，检察机关可以对有关单位提起公益诉讼。

检察机关在审查起诉过程中，对于犯罪情节轻微同时有认罪认罚的涉案企业，在作出相对不起诉决定之后，通过提出检察建议的方式，责令其建立合规管理体系。这种通过提出检察建议的方式来推进企业合规体系建设的做法，是检察机关参与社会治理的重要方式。

（二）附条件不起诉模式

与"检察建议模式"不同，"附条件不起诉模式"是在借鉴西方国家暂缓起诉协议制度的基础上确立的一种合规不起诉模式。本来，"附条件不起诉"作为已经确立在我国刑事诉讼法中的制度，目前仅仅适用于轻微的未成年人刑事案件。但是，一些有志于进行合规不起诉改革探索的检察机关，认识到检察建议制度在推进企业建立刑事合规方面的局限性，于是在现行刑事诉讼法设定的制度框架下，将合规机制引入公诉制度之中，使之具有了"附条件不起诉"

的制度形式。

1. 对企业启动合规监管程序的评估

原则上,对于涉嫌犯罪的企业是否适用合规监管程序,检察机关要对企业的性质、犯罪事实、认罪认罚情况、是否具有建设刑事合规体系的意愿等因素进行全面审查和评估。企业具有建立刑事合规体系意愿的,要向检察机关提交有效的书面合规计划。根据一些检察机关的经验,对于企业涉嫌犯罪的案件,检察官可以提前介入侦查活动,引导侦查工作,了解企业的犯罪情节,是否认罪认罚,初步甄别评估企业是否符合适用合规监管程序的启动条件。根据需要,检察机关可以聘请公安机关、市场监管部门、工商联等相关部门人员组成专家团队,召开专门听证会,对涉案企业的社会危害性、处罚适当性等问题进行综合评估,听取被害人的意见,以便确定是否启动合规监管程序。

而有些检察机关则建立了独立监控人开展刑事合规调查的制度,检察官在审查逮捕和审查起诉两个阶段,对于符合条件的企业涉嫌犯罪案件,启动企业刑事合规程序,责令企业在合理期限内聘请独立监控人协助推进刑事合规工作。独立监控人应对行业情况、企业生产经营状况、违法违规记录、可能造成的社会影响、可替代处罚措施等合规事项进行调查,并出具刑事合规调查报告。检察机关根据该项调查报告,听取公安机关、辩护人、被害人的意见,认为企业符合适用刑事合规条件的,可以作出附条件不起诉的决定,并启动刑事合规程序。

2. 合规监管协议的签署

采取附条件不起诉模式的检察机关,都建立了合规监管协议制度。所谓合规监管协议,是指检察机关与涉案企业就企业配合调查、采取补救措施、建立合规计划、接受合规监管、报告合规进展情况等所达成的协议。检察机关和涉案企业一旦签署该项协议,都要受到该项协议的约束。在考验期届满之前,检察机关认为涉案企业遵守合规监管协议,成功地推进合规计划实施的,就可以据此作出不起诉的决定。相反,涉案企业假如不履行协议条款,或者实施新的犯罪行为,或者违反监管规定的,检察机关就可以解除合规监管协议,保留向法院提起公诉的权力。可以说,企业签署合规监管协议,并严格履行该项协议的内容,是其最终获得宽大刑事处理的关键之所在。

一些检察机关要求承办检察官和刑事合规专员以检察机关的名义,与涉案企业签订合规监管协议。这一协议一般包括以下条款:一是企业承诺配合公安机关、检察机关的调查工作;二是企业承诺赔偿被害人,或者缴纳相关的行政性罚款,以达到修复受损法益的效果;三是企业按照检察机关的要求制定刑事合规计划,建立有效的合规管理体系,以达到预防犯罪的效果;四是企业指派高级管理人员或聘请律师等专业人员组建合规监管小组，监督合规计划的执行和改进，检察机关也可以聘请有合规管理经验的专业人员作为外部监管人，协助企业制定合规计划并监督计划的执行；五是企业定期向检察机关报告合规计划制定的进度；六是协议考察期限、执行协议以及违反协议的法律后果。①

3. 合规监管考验期的设置

要将企业合规纳入相对不起诉的框架之中，就需要设置一定的合规监管考验期。在这一期限内，企业按照所提交的合规计划改进管理体系，独立监控人对企业实施合规计划的进展情况进行持续监督，并向检察机关作出定期报告，检察机关也要对企业实施合规计划的效果进行监督和评估。要确保企业建立有效的合规管理体系，真正发挥预防违法犯罪的效果，检察机关所设定的考验期就应有一定的时间跨度。

对于适用附条件不起诉的企业而言，检察机关在法定的审查起诉期限之内，为企业实施合规计划确定一个合理的考验期。例如，深圳市宝安区检察院所设定的附条件不起诉考验期为1个月至6个月。在此考验期之内，检察机关在独立监控人协助下，对企业执行合规计划的情况进行监督考察。检察机关还可以指派检察官进驻企业进行监督考察工作。② 又如，深圳市南山区检察院所设定的合规监督和考察期限为6个月至12个月。在此考验期之内，检察官应定期（通常为每隔2个月一次）对企业执行合规计划的情况进行监督考察，并指导其进一步完善合规计划，向检察机关提交相应的监督考察报告。③

4. 独立监控人的遴选和职责

独立监控人制度的引入，是合规不起诉制度探索中取得的最大突破之一。所谓独立监控人，是指那些接受检察机关的聘请，协助涉案企业推进合规管理体系建设的外部专业人员。根据检察机关试行合规不起诉的经验，独立监控人一般可以从律师、审计、会计、税务等专业工作人员中加以遴选和委任。检察机关或者司法行政机关可以经过严格遴选，设定一个具备独立监控人资格的专家库。检察机关根据特定企业涉嫌犯罪的情况，以及建立合规计划所需要的专业知识，从专家库中选出合适的独立监控人，并委派其对企业建设合规体系的情况进行调查，协助企业制定合规计划，协助检察机关监督合规计划的执行，对企业推进合规计划的情况定期出具书面监管报告，以作为检察机关作出不起

---

① 参见《深圳市宝安区人民检察院涉企刑事案件附条件不起诉适用办法（试行）》，内部发布稿。
② 参见《深圳市宝安区人民检察院涉企刑事案件附条件不起诉适用办法（试行）》，内部发布稿。
③ 参见《深圳市南山区人民检察院关于涉企业犯罪案件适用附条件不起诉试点工作方案（试行）》，内部发布稿。

诉决定的参考依据。

独立监控人应向检察机关出具书面保证，承诺恪尽职守，秉承诚实、信用、谨慎、勤勉、中立的立场，承担以下几项基本义务：一是服从检察机关的监督；二是认真、有效地实施合规监控；三是定期向检察机关报告企业合规监控情况；四是发现涉案企业未曾披露或者新出现的不合规行为，及时报告并督促其进行整改；五是对监控过程中知悉的商业秘密、案件情况和个人隐私等信息予以保密；六是禁止损害涉案企业的合法权益。对于违背上述义务的独立监控人，检察机关有权予以更换。①

当然，对于如何监控涉案企业推进合规体系建设问题，还有一些检察机关采用了一种替代性的改革措施。根据宁波市检察机关的改革经验，检察机关决定对企业实施合规考察的，会委托相关行政监管部门担任"企业合规的考察机关"，后者监督涉案企业按照提交的合规计划进行合规体系建设，督促企业完善合规计划，跟踪企业进行制度整改和合规实施的过程，定期派员对企业合规计划的实施进行监督考察，并将考察情况向检察机关进行书面反馈，进行合规效果评估，向检察机关提交涉案企业合规考察评估报告。②

5. 考验期结束前的审查和不起诉决定

在合规监管考验期届满之前，检察机关要对涉案企业履行合规监管协议的情况进行综合审查和评估。对于企业严格遵守合规监管协议的条款，顺利执行刑事合规协议，完成了制度整改、建立合规管理体系的企业，检察机关应作出不起诉的决定，对其作出无罪处理。相反，对于拒不履行合规监管协议所确定的义务，或者不服从监督指导，或者又实施新的违法犯罪行为的企业，检察机关可以作出提起公诉的决定。

一些检察机关要求独立监控人在考验期满之前，根据其监督考察情况，出具专门的监督考察报告。检察机关经过审查该项报告，并结合监管考察的其他情况，对企业是否履行完毕刑事合规计划、是否违反监督考察规定，作出是否提起公诉的决定。还有一些检察机关要求作为合规考察机关的行政机关，在合规考察期满之前，督促企业提交完整的合规自查报告，重点围绕与企业涉嫌犯罪相关的制度建设等内容对合规计划实施效果进行评估，并向检察机关提交企业合规考察评估报告。检察机关根据考察机关的评估报告等相关材料，作出是否提起公诉的决定。

---

① 深圳市宝安区人民检察院采取了这一模式。参见《深圳市宝安区人民检察院涉企刑事案件附条件不起诉适用办法（试行）》，内部发布稿。

② 参见陈东升：《"合规考察"护航民企健康发展》，载《法治日报》2020年9月23日，第4版。

(三) 合规不起诉的模式选择

上述两种合规不起诉模式具有程度不同的合规激励效果。但相比之下，附条件不起诉模式更符合国际惯例，也更有助于发挥合规激励的效果。① 通过推行这种激励机制，检察机关可以从两个方面给予涉案企业一定的奖励：一是对于配合调查、积极补救并具有合规意愿的企业，与其签署合规监管协议，作出附条件不起诉的决定，这本身就是对该企业的一种奖励；二是通过合规监管程序，在考验期内成功执行合规计划的企业，作出不起诉决定，这成为检察机关作出的终极奖励。有了两种激励机制，涉案企业就具有了建立合规计划的强大动力；那些潜在的涉案企业，也更可能具有与检察机关达成合规监管协议的愿望。应当说，从针对涉案企业和潜在涉嫌犯罪的企业建立合规机制的激励效果来看，附条件不起诉模式具有明显的优势。

相比之下，检察建议模式对于涉案企业建立合规机制的激励作用并不明显。一方面，检察机关通常都是先对企业作出不起诉的决定，然后再送达或者宣告包含着合规要求的检察建议。至于涉案企业执行所承诺的合规计划，以及对合规计划的执行达到预期的效果，都很难换取检察机关进一步的宽大处理结果。另一方面，检察建议对于涉案企业并不具有太大的强制力。在司法实践中，被作出不起诉的无论是企业还是自然人，因为不履行检察建议而被检察机关重新提起公诉的案例，可以说是微乎其微。这说明，重新提起公诉并不是检察机关的通常选项，也难以成为检察机关对拒不履行合规计划的企业进行制约的常规手段。

尽管如此，检察建议模式契合我国的检察制度，能够发挥检察机关在参与社会治理方面的作用，因此仍然具有一些独特的制度优势。而附条件不起诉模式尽管从理论上具有一定优势，却面临着与现有制度难以兼容的问题，其实施效果也有待于法律制度的大幅度变革。在笔者看来，检察建议模式和附条件不起诉模式各有其制度局限，但也各有其发挥作用的空间。从长远角度来看，在将企业合规机制纳入公诉制度，发挥检察机关推行合规计划的功能而言，检察建议模式和附条件不起诉模式将是两种并行不悖的制度选择。

三、合规不起诉制度探索的主要动因

最近二十年以来，我国刑事司法制度出现了司法机关进行改革探索、立法机关进行制度总结的发展模式。诸如未成年人司法制度、量刑规范化制度、刑

---

① 参见陈瑞华：《企业合规基本理论》，法律出版社2020年版，第231—268页。

事和解制度、认罪认罚从宽制度等，都经历了这一制度形成过程。目前出现的合规不起诉制度，也属于一些基层检察机关自生自发的改革探索。那么，在我国法律没有确立刑事合规制度的情况下，检察机关为什么会启动这方面的改革探索呢？通过考察相对不起诉的实践情况，笔者发现，检察机关推行这一制度，主要有三个方面的改革动力：一是对民营企业采取特殊保护措施；二是督促民营企业对其经营模式进行合规改造；三是通过引入合规激励机制，来探索参与社会综合治理的新方式。

（一）民营企业的特殊保护

近年来，伴随着最高决策层反复作出保护民营企业的政治宣示[①]，司法机关也将对民营企业的特殊保护列为一项新型的刑事政策。[②] 原则上，对于那些以实施犯罪为目的或者以犯罪为常业的企业而言，对其实施严刑峻罚确实是必要而正当的。但是，对于大多数偶然实施诸如虚开增值税发票、非法经营、侵犯知识产权、污染环境、商业贿赂等犯罪活动的企业而言，它们毕竟不是为实施犯罪而成立的非法组织，而是为了正常生产经营而成立的合法团体。对它们动辄采取刑事追诉行动，会带来诸多负面的影响。尤其是在我国各地经济版图中占有较高比例的民营企业而言，本来在经济竞争中就不敌国有企业，难以获得平等待遇。这些企业的生存状况会直接关系到地方经济的发展，关系到政府的税收效益，关系到民众的就业问题，甚至关系到地方政府的政治利益。尤其是一些中小微民营企业，一旦被检察机关提起公诉，被法院定罪判刑，就不仅会面临极大的经营困难，甚至有可能走向停产停工和破产倒闭的结局。而一些上市企业或者拟上市企业，一旦被法院定罪，或者其法定代表人或董事被定罪，也面临被迫退市或者上市无望的后果。

正是基于对民营企业进行特殊保护的考虑，我国检察机关提出了"尽量不捕""尽量不诉"以及"扩大适用相对不起诉"的公诉理念；公安机关则提出了防止发生"趋利性执法"和"单方面跨区域执法"的要求，防止公安机关对民营企业随意启动立案侦查程序，避免滥用查封、扣押、冻结等强制性处分措施；法院加大了启动民营企业再审程序的力度，贯彻罪刑法定和无罪推定原则，坚持定罪的法定标准和慎重适用刑事处罚的原则。

在这一社会政治背景下，检察机关将企业合规管理机制引入公诉制度之

---

① 参见《中共中央、国务院关于营造更好发展环境支持民营企业改革发展的意见》，载《中国市场监管报》2019年12月24日，第1版。

② 参见董凡超：《最高检发布首批涉民营企业司法保护典型案例》，载微信公众号"法治日报"2019年1月17日。

中,作出了合规不起诉的制度探索。通过这一探索,那些依照刑法已经构成犯罪的企业以及高级管理人员,可以获得以企业合规换取宽大刑事处理的机会,被作出相对不起诉的决定,避免了被法院定罪的结局。作为一种出罪机制,合规不起诉制度避免了民营企业和高级管理人员被定罪判刑的结果,使其不会被钉上"犯罪企业"或"犯罪企业家"的标签,避免了企业失去交易资格、被迫退市、无法上市甚至被吊销营业执照的危险,使得企业和企业家的命运得到挽救,防止了企业可能出现的停产停工甚至破产倒闭的结果。① 在一定程度上,合规不起诉制度的实施不仅可以"救活一个企业",保护当地的经济发展,而且还可以避免损害企业员工、投资人、股东、合作伙伴等善意相关者的利益。"对一个公司提起公诉,等于宣告公司死刑",因为这种起诉会带来程度不同的"水漾效应"。② 而合规不起诉制度的实施,可以通过对涉案企业的特殊保护,使得大量利益相关者的利益获得有效的法律保护。

(二) 民营企业经营模式的合规化改造

对于那些涉嫌犯罪的民营企业而言,仅仅强调给予平等保护或者特殊保护,还是远远不够的。毕竟,这些民营企业实施了危害社会的行为,侵害了特定领域的法益,造成了程度不同的消极后果。尤其是在当前复杂的经济环境中,众多民营企业为追求高额利润,在合法与违法的边缘地带从事带有冒险性的投资和经营活动,而疏于建立完善的企业内部控制机制,对于员工、客户、第三方合作伙伴和被并购方的经营活动,缺乏必要的监管措施,甚至存在着鼓励乃至放任上述商业实体从事违法犯罪活动的制度隐患。在这一方面,众多企业所存在的商业贿赂、侵犯知识产权、污染环境、虚开增值税发票等刑事风险,就是典型的例证。另一方面,众多从事新型业务的高科技民营企业,在设计经营模式和交易方式过程中,只注重这种经营模式和交易方式的营利性和便利性,而忽略了其中所蕴含的刑事法律风险。尤其是那些从事互联网金融、大数据征信、商业直销、商业融资等业务的民营企业,由于不注重对经营模式合规性的事先评估和实时监控,因此普遍存在着触犯刑律的风险,所涉及的罪名可以涵盖诸如诈骗、非法经营、组织领导传销活动、骗取贷款、贷款诈骗、非法吸收公众存款、侵犯公民个人信息、拒不履行信息网络安全管理义务等多项罪名。刑事司法实践的经验表明,假如不对民营企业进行合规化治理,从源头上消除这些企业违法犯罪的制度原因和管理隐患,将其公司治理结构和商业模

---

① 参见陈瑞华:《企业合规制度的三个维度—比较法视野下的分析》,载《比较法研究》2019年第3期。

② 参见陈瑞华:《企业合规视野下的暂缓起诉协议制度》,载《比较法研究》2020年第1期。

式进行"除罪化处理",那么,越来越多的企业被采取刑事立案、侦查和公诉措施,甚至被追究刑事责任,将成为一个不可避免的发展趋势。

通过进行合规不起诉制度的探索,检察机关在对涉案企业进行宽大刑事处理的同时,还采取了"源头治理"的措施,督促其在采取配合调查手段和补救措施的前提下,对企业的管理机制和经营模式进行全方位的合规化改造,消除其中的制度隐患和管理漏洞,使其减少再次发生违法犯罪行为的机会和可能。① 从制度探索实践来看,检察机关采取"检察建议模式"的,通常会责令企业提交合规承诺书,提出较为具体的整改建议,督促其搭建合规风险的防范、监控和应对体系,包括建立员工培训制度、风险评估、合规审计、实时举报等合规管理机制。对于企业所作的合规承诺,检察机关假如在作出不起诉决定后,继续进行跟踪监管,促使企业逐渐形成一种合规经营的制度和文化,那么,涉案企业的"除罪化改造"也就大功告成了。②

相比之下,那些采取"附条件不起诉模式"的检察机关,在督促涉案企业进行合规改造方面走得更远一些。在检察机关的督促下,这些企业聘请了外部专业的合规监控人,提交了有针对性的合规监管计划,并与检察机关签署了合规监管协议。这些企业在检察机关和合规监管人的监督管理下,通过定期提交合规进展报告,接受合规监管评估,逐渐消除那些导致犯罪发生的管理漏洞和制度隐患,彻底改变旧有的商业模式和交易方式。③ 通过这种"脱胎换骨"的合规改造工作,涉案企业有望确立合规经营的习惯和文化,企业高层重视合规管理的重要性,建立对每一项交易、经营、投资、决策活动合规性的审查,将可能发生的违法犯罪行为消灭在萌芽之中。

(三) 检察机关参与社会治理的新方式

检察机关作为国家法律监督机关,不仅承担着公诉、逮捕、立案侦查等诉讼职能,还要在办案过程中贯彻社会综合治理的司法理念,探索参与社会治理的新方式。自2014年新一轮司法体制改革启动以来,检察机关为贯彻国家治理现代化的政治理念,逐渐开始通过提起公益诉讼、提出检察建议等方式,来参与解决社会治理中出现的新问题,堵塞社会治理中可能存在的管理漏洞和制度隐患。而检察机关推行的合规不起诉制度,就属于通过引入刑事合规机制来

---

① 参见孙佳:《当检察官听说企业准备不干了 检察建议助力跨境电商保障新型小微企业复工复产》,载微信公众号"青岛市人民检察院"2020年6月15日。
② 参见史济峰:《不起诉决定助力企业焕发生机》,载《检察日报》2020年6月12日,第3版。
③ 参见《肖文齐主任到深圳市龙华区人民检察院调研合规不起诉制度》,载微信公众号"广东粤通律师事务所"2020年9月3日。

参与社会治理的最新探索。①

企业合规是一种以合规风险为导向的公司治理方式，其实施目的在于建立有效的违法犯罪行为的防控机制，确立及时识别合规风险的制度，对于已经出现的违法犯罪事件采取必要的应对措施。② 通过将企业合规机制引入公诉制度之中，检察机关为涉案企业确立了一种合规激励机制，使其获得建立有效合规计划的强大动力。其中，检察机关推行"检察建议模式"的，可以通过举行不起诉公开听证会等方式，督促企业提交合规承诺书，促使其推行合规管理机制。对于承诺建立合规机制的企业，检察机关还要进行不定期跟踪访问，审查其合规计划的执行情况，并保留对拒不履行合规承诺的企业提起公诉的权力。这种合规不起诉制度，既使得企业获得了建立合规管理机制的动力，也赋予了一定程度的制度压力。③

而那些采纳"附条件不起诉模式"的检察机关，在参与社会治理方面作出了更为深远的制度探索。

首先，这些检察机关建立了合规监控人制度，引入了独立的外部专业机构和专业人员协助检察机关进行合规监管工作，这是继法院确立破产管理人制度之后，我国司法机关引入外部专业力量协助企业监管的又一制度创新。

其次，检察机关经过合规调查，对于积极配合调查、采取补救措施并具有建立合规机制意愿的企业，责令其提交合规监管计划，签署合规监管协议，作出附条件不起诉的决定，这本身就属于对承诺推进合规管理的企业的一种重大奖励，也会发生吸引其他企业做出合规承诺的激励效果。

最后，在数个月的合规监管考验期内，检察机关不仅督促企业接受监督考察，而且持续不断对企业执行合规计划的情况进行跟踪审查，合规监控人协助检察机关进行实时监控，定期提交合规进展报告，检察机关最终对企业接受监督考察和执行合规计划的情况进行审查评估，对于那些表现良好的企业作出不起诉的决定，从而对企业产生了极大的奖励效果。

此外，在推动企业执行合规计划的过程中，检察机关还督促企业采取配合调查措施，在认罪认罚的前提下，积极赔偿被害方的损失，足额补缴罚款和税款，这既避免了被害方与涉案企业出现矛盾激化的可能，修复了双方因犯罪发生而遭破坏的社会关系，也促使涉案企业履行应尽的赔偿和缴纳款项的义务。

---

① 参见童建明：《充分履行检察职责努力为企业发展营造良好法治环境》，载《检察日报》2020年9月22日，第3版。

② 参见陈瑞华：《企业合规的基本问题》，载《中国法律评论》2020年第1期。

③ 参见孙佳：《当检察官听说企业准备不干了检察建议助力跨境电商保障新型小微企业复工复产》，载微信公众号"青岛市人民检察院"2020年6月15日。

这本身就具有对涉案企业加以矫正和改造的效果，是检察机关消除企业犯罪隐患、参与社会治理的重要方式。

四、合规不起诉制度探索中的争议问题

尽管检察机关已经开始推行合规不起诉制度，但这种将企业合规机制引入公诉制度的做法，毕竟属于一种全新的改革试验，不仅对检察机关的办案方式产生一定的冲击，也引发了一系列有待解决的制度衔接和配套问题。在改革探索过程中，一些检察机关借鉴了其他国家推行暂缓起诉协议的经验，但这种制度和经验在我国面临着"难以兼容"的问题，一些在其他国家被普遍推行的做法，在我国却不具有实施的可行性。要使得企业合规机制真正实现在我国的"生根落地"，就需要在保持开放容纳心态的前提下，树立创新性的改革理念，对相关制度进行必要的改造，探索出具有生命力的合规不起诉制度。在以下的讨论中，笔者拟对合规不起诉制度所面临的若干争议问题作出简要的评论。

（一）检察机关的罚款权问题

根据其他国家推行暂缓不起诉协议制度的经验，检察机关在与涉案企业签署暂缓起诉协议时，通常会责令企业在设定的考验期之内，缴纳高额的罚款。通过缴纳这种动辄数以百万、千万甚至数亿美元的天价罚款，涉案企业要为其违法犯罪行为付出高昂的代价，检察机关借此发挥替代刑事处罚的功能，使涉案企业受到严厉的经济处罚，并借此产生特殊威慑的效能。[①]

但在中国司法实践中，很多涉嫌犯罪的企业都是陷入经营困难的"中小微民营企业"。这些企业之所以实施诸如虚开增值税发票、生产销售假冒注册商标商品、商业贿赂、非法经营、污染环境等犯罪行为，往往都是因为产品竞争力不强，企业经营陷入困境，因此根本无力承受如此高额的罚款。另一方面，按照我国的法律制度，行政机关享有行政处罚权，法院享有定罪量刑权，而检察机关作为国家公诉机关，既不依法享有行政罚款权，也不享有科处罚金等刑事处罚权。迄今为止，我国尚未按照整体主义的思路，建立行政处罚与刑事处罚一体化的责任制度，检察机关尚无法行使"检察罚"，法院也无法将行政处罚权纳入"法院罚"体系之中。[②] 结果，我国检察机关在推行合规不起诉时，就无法对涉案企业采取罚款或者罚金等经济制裁措施，而只能向行政监管

---

① 参见尹云霞等：《企业能动性与反腐败"辐射型执法效应"——美国FCPA合作机制的启示》，载《交大法学》2016年第2期。

② 参见袁雪石：《整体主义、放管结合、高效便民：〈行政处罚法〉修改的"新原则"》，载《华东政法大学学报》2020年第4期。

机关提出科处罚款等方面的检察建议。这就大大影响了合规不起诉在替代刑事处罚方面的功能发挥。

在探索合规不起诉制度过程中,检察机关基于上述原因,通常不对涉案企业采取罚款措施,而是直接责令具有合规意愿的企业自行向被害人提供必要的赔偿,或者缴纳违法所得,补交税款,然后就可以与其签署合规监管协议了。这样做固然有其现实原因,但不对涉案企业采取罚款措施,也会存在纵容其犯罪行为的问题,既无法实现必要的惩罚功能,也无法达到特殊威慑效果。有鉴于此,在合规不起诉制度发展到成熟程度时,可以考虑改革我国的行政处罚制度,建立一体化的行政处罚制度,赋予检察机关实施行政处罚的权力,对于那些由行政执法案件转化过来的刑事案件,检察机关在作出合规不起诉决定时,可以直接科处包括罚款在内的行政处罚。但即便如此,其他国家对涉案企业采取动辄科处天价罚款的做法,也并不适合我国的情况。

（二）合规监管考验期的设置问题

根据其他国家推行暂缓起诉协议制度的经验,检察机关与涉案企业达成和解协议的,通常需要设置1年至3年的考验期,企业承诺建立或者完善专项合规计划,检察机关委派合规监督官来监督和指导企业实施合规计划,合规监督官定期向检察机关报告合规管理体系的进展情况。对于主动披露犯罪事实或犯罪人的企业,检察机关可以进行适当的合规奖励,不再委派合规监督官监控企业合规计划的实施情况,但会责令企业自行定期提交专门的合规进展报告。在考验期结束之前,检察机关对企业建立或者完善合规计划的情况进行全面审核,最终决定是否提起公诉。①

但是,我国一些基层检察机关在探索合规不起诉改革过程中,通常设置了6个月至12个月的考验期。如此短的合规考验期,可能无法督促企业建立较为成熟的合规计划,也难以给合规监控人最起码的观察期和指导期,企业在建立合规计划问题上,很可能会流于形式,难以使其合规计划取得实际效果。可以说,合规监管考验期限不足的问题,已经成为合规不起诉制度改革探索的最大瓶颈之一。要走出这一困境,唯一可行的办法就是在合规不起诉改革探索被上升为法律制度以后,立法机关改革刑事诉讼制度,将涉嫌犯罪的企业正式纳入法定的"附条件不起诉制度"之中。对于符合附条件不起诉适用条件的企业犯罪案件,刑事诉讼法设立为期1年至3年的合规监管考验期,使其独立于审查起诉的办案期限。只有在合规考验期期满之后,检察机关才开始启动审查

---

① 参见陈瑞华：《企业合规视野下的暂缓起诉协议制度》，载《比较法研究》2020年第1期。

起诉程序,并受到法定审查起诉期限的规范。

(三)检察机关与公安机关的程序衔接问题

在很多国家法律制度中,对企业涉嫌实施的商事犯罪案件,通常由检察机关进行立案管辖。在企业犯罪案件发生后,检察机关作为侦查机关,可以尽快实施必要的合规调查,对符合合规监管条件的企业,尽快签署暂缓起诉协议或者不起诉协议。这种快速实施的暂缓起诉协议制度,可以避免企业受到不必要的损失,尽快进入合规监管程序,从而发挥企业合规的实施效果。

但在我国,对于企业涉嫌实施的大多数刑事案件而言,拥有立案侦查权的国家机关通常都是公安机关。公安机关在动辄长达数月乃至一年以上的侦查时间里,对案件采取专门性调查活动,对有关嫌疑人采取强制措施。在很多情况下,公安机关经常对嫌疑人采取剥夺人身自由的强制措施,对涉案企业采取查封、扣押、冻结等强制性处分措施。而案件一旦进入审查起诉程序,涉案嫌疑人都已经被剥夺较长时间的人身自由,涉案企业也已经遭受了既定的强制处分措施,企业的生产、投资、研发、销售等经营活动早就受到了程度不同的影响。可以说,检察机关对企业进行必要保护、挽救和整改的最佳时机已经错过,开展合规不起诉的效果可能受到消极的影响。①

为解决这一难题,一些参与探索合规不起诉的检察机关,通过寻找现有制度的空间,利用审查批捕和提前介入的时机,尽早发现符合适用合规不起诉条件的案件,尽早与企业达成合规监管协议。尤其是借助于我国目前全面推行认罪认罚从宽制度的经验,对于涉案企业或者涉案企业高管自愿认罪认罚的案件,在侦查阶段就开始将其纳入"特殊程序通道",大幅度缩短刑事侦查的周期,或者检察机关在侦查阶段提前介入,在责令涉案企业或涉案嫌疑人签署认罪认罚具结书的前提下,通过确定必要的考验期,与企业签署"合规监管协议"。

(四)检察机关与行政监管部门的程序衔接问题

在企业犯罪案件发生后,西方国家的检察机关和行政监管部门可以展开同步介入,同步展开刑事调查和行政监管调查,并通过协调一致的行动,与企业达成暂缓起诉协议和行政和解协议。西门子公司涉嫌违反美国反海外腐败法,以及中国中兴公司涉嫌违反美国出口管制法的案例,都呈现了这种同步调查和同步和解的经验。在西门子案件中,美国司法部和证交会与西门子公司同时达成了刑事和解协议和行政和解协议,并对西门子采取统一的合规监

---

① 参见陈瑞华:《论企业合规的中国化问题》,载《法律科学》2020年第3期。

管措施。①

相比之下，我国法律制度确立了一种行政处罚前置制度，也就是先由行政监管部门对涉案企业展开行政调查，甚至作出行政处罚，对于其中涉嫌犯罪的企业，再移送刑事侦查部门进行立案侦查。在行政监管调查和刑事立案侦查程序之间，就存在着一个"时间差"，也存在着一个程序衔接问题。检察机关在将企业合规机制纳入公诉制度时，经常面临着"孤军奋战"、无法获得行政监管部门支持和配合的问题。对于部分涉案企业而言，假如行政部门在执法程序中作出了过于严厉的行政处罚，如取消特许经营资格、取消上市资格、吊销营业执照等，那么，在案件进入刑事诉讼程序之后，检察机关就不可能吸引企业选择合规监管程序了，所谓的"合规不起诉"也就无法实施了。

另外，在目前的合规不起诉制度探索中，各地检察机关几乎普遍没有发布有效合规计划的基本标准。这就导致检察机关在确定企业是否符合合规监管条件，以及是否成功地执行合规计划方面，可能存在滥用自由裁量权的空间。当然，检察机关即便要发布有效的合规计划，也需要与相对应的行政监管部门进行配合，针对诸如商业贿赂、违反税收征管、侵犯知识产权、违反网络安全管理、污染环境、扰乱金融管理秩序、违反产品质量等方面的违法犯罪行为，发布基于专门合规风险的有效合规计划。在很大程度上，检察机关与相关行政监管部门联合发布专项合规计划，为企业制定具体可行的合规管理标准，这可能是在全面推行合规不起诉制度过程中所要解决的重大课题。

（五）独立监管人制度的有效性问题

其他国家在推行暂缓起诉协议制度过程中，创设了一种独立合规监督官或合规协调人制度，吸收外部专业人士协助检察机关监督企业的合规进展，对企业是否实施有效的合规计划作出专业性的评估。② 这些合规监督官或者合规协调人，尽管并不是检察机关的雇员，从被监管企业领取报酬，但其独立性和专业性大体可以得到相应的保证。当然，对于已经建立合规计划的涉案企业，检察机关也可以免除企业聘请合规监督官的义务，而代之以定期提交合规报告的制度。

我国一些检察机关在推行合规不起诉制度时，他国经验，确立了外部监控人或合规监管人的制度。这些由司法行政机关纳入名录的外部专业机构或者专业人员，要被企业聘请为合规监管人，要取得检察机关的批准，并受到检察机关的监督。但是，在领取报酬的方式上，检察机关采取了两种截然不同的制

---

① 参见陈瑞华：《企业合规基本理论》，法律出版社2020年版，第127—129页。
② 参见李玉华：《我国企业合规的刑事诉讼激励》，载《比较法研究》2020年第1期。

度：一是由被监管企业支付报酬①；二是由检察机关统一发放报酬②。这两种支付报酬的方式各有利弊：被监管企业支付报酬的，合规监管人可以提出较高的费用标准，但是这种直接从涉案企业领取报酬的方式，却有可能损害合规监管人的独立性。相比之下，由检察机关发放报酬的，可以避免合规监管人与被监管企业发生利益上的联系，保证其独立性，但这种报酬很可能难以具有较高的标准，可能影响合规监管人的工作积极性，甚至会导致涉案企业在实现合规监管目标方面大打折扣。

另外，合规监管人不同于一般的法律援助律师，所从事的是督促涉案企业建立专项合规计划的工作。这种工作具有高度的专业性，需要有业务精湛、执业经验丰富并享有较高威望的资深律师、会计师、审计师、税务师、工程师等参与其中，方能保证合规监管制度的顺利实施。③ 目前，一些检察机关与当地司法行政机关进行合作，推进建立合规监管人名录的工作。但是，如何吸收优秀的外部专业人员进入合规监管人名录，如何督促这些合规监管人提供称职的合规监管工作，如何督促合规监管人遵守职业行为守则，防止出现与被监管企业发生不正当的利益输送问题，这将是一项亟需解决的重大课题。在这一方面，法院在破产清算案件中对破产管理人的监控制度，可以成为检察机关对合规监管人进行有效监督的经验。

一些检察机关在推行合规不起诉制度时，确立了外部监控人或合规监管人的制度。如何吸收优秀的外部专业人员进入合规监管人名录，如何督促这些合规监管人提供称职的合规监管工作，如何督促合规监管人遵守职业行为守则，防止出现与被监管企业发生不正当的利益输送问题，这将是一项亟需解决的重大课题。在这一方面，法院在破产清算案件中对破产管理人的监控制度，可以成为检察机关在建立合规监管人制度方面可以借鉴的经验。

（六）企业合规的适用对象

其他国家在实施合规机制方面有一项重要的经验，那就是"要放过涉嫌犯罪的企业，就必须严惩负有责任的自然人"检察机关在与涉案企业达成暂缓起诉协议之后，企业要建立并实施有效的合规计划，就需要组织合规内部调查，实施有效的奖惩机制，对于负有责任的公司员工和高管，进行严厉惩戒，

---

① 深圳市宝安区人民检察官采取了这一模式。参见《深圳市宝安区人民检察院涉企刑事案件附条件不起诉适用办法（试行）》，内部发布稿。
② 深圳市南山区人民检察院采取了这一模式。参见《深圳市南山区人民检察院关于涉企业犯罪案件适用附条件不起诉试点工作方案（试行）》，内部发布稿。
③ 参见刘健：《我院与宝安区司法局举行〈企业刑事合规协作暂行办法〉会签仪式》，载微信公众号"深圳市宝安区人民检察院"2020年8月21日。

必要时将其送交司法机关启动刑事追诉程序。为了鼓励公司配合调查和采取补救措施，检察机关甚至对主动披露公司高管违规行为的企业，作出幅度较大的合规奖励，使其受到更为宽大的刑事处理。①

但在我国，很多中小型企业的法定代表人往往是公司的创始人，是决定企业发展乃至生存的灵魂人物。司法机关一旦对这些法定代表人采取羁押性强制措施，提起公诉，甚至追究刑事责任，那么，企业就有可能面临停产停工、中断资金链甚至破产倒闭的危险。与此同时，对于诸多上市公司或者拟上市公司而言，假如司法机关对公司的法定代表人或者执行董事加以定罪的话，那么，公司就可能面临上市失败甚至被迫退市的危险，对公司本身造成灾难性后果，对当地经济发展造成消极的影响。正因为如此，检察机关在推行合规不起诉制度时，就不得不考虑这种特殊情况，采取"既要放过涉案企业，也要放过涉案自然人"的激励措施，并在此基础上与企业签订刑事合规协议，推行企业合规监管措施。②

基于保护民营企业的考虑，合规不起诉不能仅仅适用于涉案企业，而且还可以扩大适用于涉嫌犯罪的民营企业家。这属于一种富有中国特色的合规监管制度。当然，为避免合规监管制度的滥用，检察机关在针对民营企业家涉嫌犯罪的案件适用合规不起诉时，还应当考虑企业是否存在监管不力、制度有漏洞、管理有隐患等方面的问题，并注意将建立合规监管机制作为消除隐患、减少漏洞、建立内部控制机制的有效举措。无论是对于企业还是对于企业家，在作出附条件不起诉和不起诉的宽大处理时，检察机关都应注重发挥合规机制在防范违法行为方面的有效作用，使得企业真正改变经营模式，实现实质上的合规化改造。③

五、合规不起诉对刑事诉讼理论的影响

合规不起诉制度的探索，意味着一种合规激励模式在我国刑事诉讼中得到确立，这种模式属于合作性司法程序的一种类型，在包含了公力合作因素和私力合作要素的同时，还具有以不起诉吸引企业实施合规机制的激励因素。由此，检察机关就可以从外部推动企业建立合规机制方面，推动企业建立一种基于合规风险的自我监管机制。相对于传统刑事诉讼制度而言，这是一种建立在

---

① 参见陈瑞华：《合规视野下的企业刑事责任问题》，载《环球法律评论》2020年第1期。
② 参见南检新媒体：《依法适用不起诉促进企业合规经营》，载微信公众号"深圳市南山区人民检察院"2020年4月16日。
③ 参见《宁波市检察机关关于建立涉罪企业合规考察制度的意见（试行）》，内部发布稿。

合规激励基础上的协商性司法模式,改变了检察机关的公诉方式,使其通过外部监管和合规激励并用的方式,促使企业激活内部的合规管理和风险控制机制,从而发挥预防犯罪、监控违规行为以及进行制度修复的作用。可以说,合规不起诉制度对于刑事诉讼理论的发展会带来积极的影响。

(一)合规激励效应

检察机关对协商司法理念的不断接受,是我国公诉制度发生持续改革的强大动力。从实质上看,任何一种协商性司法程序,都包含着一定的激励机制,也就是被追诉人通过放弃诉讼对抗,做出诉讼上的妥协,来换取司法机关较为宽大的刑事处理。我国现行的认罪认罚从宽制度,作为一种公力合作模式,其实属于一种"认罪激励模式";现行的刑事和解制度,作为一种私力合作模式,这主要是一种"赔偿激励模式"。相比之下,检察机关正在探索试行的合规不起诉制度,则属于一种"合规激励模式"。

具体而言,合规不起诉制度可以对涉案企业产生一种合规激励效应:对于承诺建立或者有效实施合规计划的企业,检察机关可以作出暂缓起诉的决定,使其获得接受合规监管的机会,或者作出不起诉的决定,使其获得无罪处理的机会,这显然是一种奖励措施。而对于那些拒绝建立合规计划或者没有按照承诺实施合规机制的企业,检察机关则可以作出提起公诉的决定,使其有可能受到定罪量刑的处理,这显然是一种惩罚性措施。①

合规不起诉制度是检察机关对协商性司法模式的最新探索。通过探索这一制度,检察机关放弃了"父权主义"的公法理念,引入了市场经济中的协商、交换和妥协的私法理念,与涉案企业达成合规监管协议,以合同管理的方式吸引并督促企业推进合规计划的实施。合规不起诉制度的实施,显示出检察机关接受了一种"互利双赢"的协商性公诉理念,采取了一种"平等协商"和"等价有偿"的市场经济思维,通过放弃提起公诉的承诺,激励涉案企业全面推行合规计划;通过设立合规监管考验期,吸引企业接受监督考察和合规监管;通过将建立合规计划的效果与不起诉的决定发生联系,来奖励成功实施合规机制的企业,惩罚那些拒绝接受监管的企业。这种将不起诉作为合规激励机制的制度探索,属于协商性公诉理念的最新发展。

(二)一种新的犯罪预防理论

传统的刑事法理论注重惩罚犯罪和保障人权双重目标的实现,强调刑事诉讼程序与执行程序在法律职能上的分离,刑事诉讼过程主要发挥"发现和甄

---

① 参见尹云霞、李晓霞:《中国企业合规的动力及实现路径》,载《中国法律评论》2020年第3期。

别犯罪流水线"的功能,而刑罚执行程序则发挥教育、改造和挽救犯罪人的功能。但是,这种理论对于企业涉嫌犯罪的案件难以具有解释力,使得司法机关可能会陷入两难境地:不对民营企业和民营企业家网开一面,就会造成灾难性的政治、经济和社会后果;但假如一味地对其采取特殊保护措施,而不对其再次犯罪的可能性加以消除的话,那么,这些企业为追逐经济利益,可能会无所不用其极,再次走上犯罪的道路,甚至会实施一些更大、更为严重的危害社会行为。①

在此背景下,合规不起诉制度应运而生,成为检察机关解决企业犯罪问题的一种方案。检察机关仿效未成年人刑事案件中的附条件不起诉制度,对企业建立了合规激励机制。在检察机关的监管下,企业针对特有风险建立专门的合规防控机制,达到自我预防违法犯罪行为发生的效果。在检察机关的制度激励下,涉案企业可以针对自己的特有合规风险,建立基本的违法犯罪防范体系。例如,企业可以对其特有合规风险进行定期评估,对客户、商业伙伴、被并购企业进行尽职调查,对员工、第三方进行定期或专门的合规培训,责令其签署合规承诺书,在企业内部建立合规政策的沟通宣传机制,使企业内部树立起合规经营的管理和文化。这种针对合规风险所实施的预防机制,可以使企业建立起对员工、客户、子公司、第三方、被并购企业的内部控制机制,明确其行为的边界,作出必要的责任切割,督促其依法依规从事经营活动。

通过推行合规不起诉制度,检察机关在放弃了"报应"和"威慑"功能的同时,督促企业建立了旨在预防犯罪再次发生的合规防控体系,将犯罪预防置于这一制度的首要目标,通过与企业签署合规监管协议、督促企业执行合规计划和对合规项目进行最终验收,来推动企业建立一套防范违法犯罪行为的管理体系。与此同时,检察机关在审查起诉过程中推动企业实施合规体系,将通过合规来预防犯罪的理念贯彻于刑事诉讼过程之中,发挥了原来由刑罚执行部门所发挥的预防犯罪职能。检察机关充分发挥了参与社会综合治理的积极作用,体现了犯罪预防和社会治理一体化的刑事司法理念。

(三)企业自我监管理论

传统的公诉制度则强调检察机关作为国家公诉机关,对于涉嫌犯罪的企业进行宽大处理,在对企业作出相对不起诉决定之后,最多提出一些较为笼统抽象的制度整改建议,而很少对企业提出全面建立合规管理机制的要求。结果,一个涉嫌违法犯罪的企业,在受到宽大的行政处罚或者刑事处理后,其经营模

---

① 参见时延安、孟珊:《规制、合规与刑事制裁—以食品安全为论域》,载《山东社会科学》2020年第5期。

式和管理机制竟然没有发生任何实质性的改变,尤其是那些导致违法犯罪行为的制度漏洞和管理隐患仍然没有消除,该企业再次发生违法犯罪的可能性继续存在。①

合规不起诉制度的引入,意味着检察机关放弃了过去那种"为办案而办案"的方式,从外部推动企业启动了一种自我监管的机制。一方面,企业通过对各个经营环节的实时监控,实现自我识别违法犯罪行为的目的。一个企业建立的预防机制再完备,也无法消除所有的违法犯罪行为。在检察机关及其所聘请的外部监控人的监管下,企业需要建立类似雷达一样的实时监控机制,对企业经营的每一环节都采取合规性监控,以便及时识别和发现违规行为,并对这些违规行为作出及时处置,防止其演变成严重的犯罪行为。另一方面,企业通过必要的制度补救和及时整改措施,完成自行改造经营模式、进行自我修复的任务。在违法犯罪行为发生后,企业在进行合规内部调查的基础上,应当及时惩处负有责任的自然人,发现管理制度和内部控制上的缺陷和漏洞,并采取必要的整改措施。通过及时改造经营模式,进行制度上的及时修复,企业完善管理制度的机能就得到了激活,其自我监控、自我防范、自我管理的能力也得到显著的提升。

从检察机关推动企业自我监管的角度来看,合规不起诉制度犹如一种"传感器",使得检察机关在提出激励方案、全程主持合规监管并对合规效果加以验收的情况下,推动了企业的自我修复进程,激活了企业实施内部控制的机制,并完成了企业在管理机制方面发生"脱胎换骨"般的变化。在一定程度上,检察机关不必事必躬亲,也不必深入到企业管理的内部,就可以督促企业启动自我监管机制,完成对违规风险的预防、监控和修复过程。或许,这就是合规不起诉制度探索的最大价值。

结　论

基于加强对民营企业特殊保护的考虑,我国检察机关启动了合规不起诉制度的改革探索。从合规引入公诉制度的路径来看,合规不起诉具有检察建议模式和附条件不起诉模式。从有效合规的激励效果来看,这两种模式各有其利弊得失,但可能成为我国检察机关引入合规机制的两种制度载体。合规不起诉制度的探索,不仅有着保护民营企业的政策考量,也有着改造民营企业经营模式、进行除罪化改造的考虑,最终实现减少和预防民营企业犯罪的积极效果,

---

① 参见[美]菲利普·韦勒:《有效的合规计划与企业刑事诉讼》,万方译,载《财经法学》2018年第3期。

发挥检察机关在参与社会治理中的积极作用。目前,合规不起诉制度正处于探索阶段,各地检察机关进行了不少制度创新,但也面临着诸多方面的制度困境和现实难题。但无论如何,合规不起诉制度的推行,意味着一种合规激励模式在我国刑事诉讼中开始出现,对刑事诉讼理论的发展会产生深远的影响。

从制度发展的角度来看,合规不起诉制度经过部分地区检察机关的探索,一旦取得积极的效果,就有可能作为一种改革经验,在全国检察机关得到普遍的推行。甚至从长远角度看,这一制度一旦具有普遍的制度价值,还有可能得到刑事诉讼法的确立,使其发挥刑事合规激励机制的作用。

只要司法机关认识到企业合规机制的独特价值,那么,就有可能通过进一步的制度探索,来发挥刑事法律对于企业合规的激励作用,使得企业具有推行合规体系的动力机制。例如,对于已经建立有效合规管理体系的企业,检察机关可以直接作出不起诉的决定,法院也可以作出无罪判决;对于具有建立合规体系意愿的企业,检察机关除了对其适用合规不起诉制度以外,还可以在量刑建议中降低量刑幅度,说服法院作出宽大的刑事处罚;法院对于建立合规计划的企业,也可以将此作为一种独立的宽大量刑情节。

当然,在探索合规不起诉制度过程中,检察机关也会面临着一些制度安排上的挑战。对于涉嫌实施相似犯罪行为的不同企业,检察机关在确定是否与其签署合规监管协议方面,肯定会享有一定的自由裁量权。但如何防止这种裁量权的滥用,确保涉案企业获得平等对待,这将是一个考验检察机关法律智慧的问题。

在现行的行政监管与刑事司法相对独立的法律体制下,检察机关如何与行政监管部门保持沟通和合作,在督促企业建立专项合规计划方面取得监管部门的专业支持,使得对涉案企业的合规评估具有相对客观的标准,这也是一个亟待解决的难题。不仅如此,检察机关在有限的合规考验期内,如何督促企业建立一套行之有效的合规计划,而不是仅仅收获一堆没有成效的书面合规承诺,切实发挥企业合规在防范违法犯罪行为方面的作用,这可能是检察机关面临的最大挑战。要解决上述问题,检察机关需要在探索合规不起诉制度过程中不断总结经验,勇于试错,发现制度形成的规律,探索出一套切实有效的刑事合规机制。

(原载于《中国法学》2020年第6期)

单位刑事案件的附条件不起诉与企业治理理论探讨[*]

时延安[**]

一、引言

最近几年刑事法学界有关"刑事合规"的讨论较多,其时代背景可以归纳为两个方面:一是受多重因素影响,中国的一些跨国企业受到美国国家的法律制裁并被要求进行强制性合规建设。[①] 毋庸讳言,这是美国政府的"阳谋",是其自 20 世纪 20 年代以来公司治理政策的一个延续,也是其管控跨国经济的一个手段。[②] 二是国内民营企业在一定程度上面临刑事法律风险,既有来自内部的也有来自外部的,其原因也比较复杂,[③] 因而越来越多的企业开始关注企业内控问题,进而防范刑事法律风险给企业造成不利影响。相应地,刑事法学界的讨论也集中在,合规建设对预防企业刑事法律风险方面的意义,以及如何在刑事法制中引入合规这个视角暨工具。已有研究成果主要在三个方面展开,且三个方面带有递进性:(1)单位(主要是民营企业)刑事法律风险以及犯

---

[*] 本文受国家市场监督管理总局"市场监管刑事法律责任比较研究及完善建议"项目资助。

[**] 中国人民大学刑事法律科学研究中心特聘研究员、法学院教授。

[①] 例如,2016 年,美国政府对中兴通讯颁布禁止令。在双方达成协议后,中兴通讯除缴纳高额罚款外,还被要求在进出口方面加强合规建设。参见申楠:《中兴通讯首席法务官申楠谈合规治理》,载中兴网,https://www.zte.com.cn/china/about/magazine/zte-technologies/2019/4-cn/2/2,2020 年 2 月 20 日最后访问。

[②] 例如,美国"安然公司事件"后,美国国会于 2002 年出台"萨班斯·奥克斯利法",其全称为《2002 年公众公司会计改革和投资者保护法案》,对在美国上市的公司提供了合规性要求。参见陆建桥:《后安然时代的会计与审计——评美国〈2002 年萨班斯—奥克斯利法案〉及其对会计、审计发展的影响》,载《会计研究》2002 年第 10 期。

[③] 参见张远煌:《企业家刑事风险分析报告(2014-2018)》,载《河南警察学院学报》2019 年第 4 期。

罪预防,就是通过加强企业合规建设来解决犯罪预防问题。①(2)单位刑事责任与归责的教义学分析,就是将企业合规的视角引入单位犯罪的刑事责任追究中。②从某种意义上讲,这些研究成果尝试将英美法人犯罪理论与德系刑法教义观念加以整合,而合规理论作为一种分析工具恰恰提供了一种可能。(3)单位犯罪的附条件不起诉(暂缓起诉协议)制度的构建,即参考美国检察机构的法律实践经验,针对犯罪嫌疑企业构建一个新类型的不起诉制度,其中又可以分为两个不同思路:一是直接参考美国经验引入暂缓起诉协议制度;③ 二是从推动我国检察机关参与公司企业治理,维护市场经济健康发展的角度,设计附条件不起诉制度。④ 对这三方面的讨论,都将刑事法制与企业治理问题紧密结合起来。

在有关"刑事合规"的讨论中,也发现刑事法制和刑事法学研究的一个"欠账",就是有关单位犯罪的预防和刑事追究的制度建设与学术供给比较薄弱。由于当前犯罪单位主要是民营企业,因而这个"欠账"问题就与民营企业的刑事法保护联系起来。正是如此,在这场讨论中"合规与企业犯罪预防"的视角,逐渐延伸为"合规——企业犯罪预防、刑事追究和司法救济"的视角,也就是说,讨论刑事合规问题与对企业的刑事追究联系起来,并希望通过在刑事追究过程中加入救济的因素,减轻刑事追究给企业带来的不利后果,从而使企业能够尽快恢复正常状态。由于合规这一"新"视角和分析工具的引入,⑤对单位犯罪刑事责任追究的理解和对单位犯罪的预防(包括再犯预防),就形成了新的认识乃至理论;而对于一些能够及时认罪、悔罪并进行内部整改的单位,能否在刑事诉讼中创设从宽处理的程序,也就成为刑事司法改革中一个具

---

① 参见[德]托马斯·罗什:《合规与刑法:问题、内涵与展望——对所谓的"刑事合规"理论的介绍》,李本灿译,载赵秉志主编:《刑法论丛》(第48卷),法律出版社2016年版,第349页;李本灿:《企业犯罪预防中合规计划制度的借鉴》,载《中国法学》2015年第4期;张远煌、龚红卫:《合作预防模式下民营企业腐败犯罪的自我预防》,载《政法论丛》2019年第1期。

② 孙国祥:《刑事合规的理念、机能和中国的构建》,载《中国刑事法杂志》2019年第2期;黎宏:《合规计划与企业刑事责任》,载《法学杂志》2019年第9期;时延安:《合规计划实施与单位的刑事归责》,载《法学杂志》2019年第9期。

③ 陈瑞华:《企业合规视野下的暂缓起诉协议制度》,载《比较法研究》2020年第1期;李玉华:《我国企业合规的刑事诉讼激励》,载《比较法研究》2020年第1期。

④ 参见时延安:《发挥检察职能有效保护民营企业权益》,载《检察日报》2019年4月29日,第3版。

⑤ 严格地讲,合规并非新鲜事物,但对我国刑事法学研究来讲却是一个新事物。有关合规的源流,参见[日]川崎友巳:《合规管理制度的产生与发展》,载《合规与刑法:全球视野的考察》,李本灿等编译,中国政法大学出版社2018年版,第5页;邓峰:《公司合规的源流及中国的制度局限》,载《比较法研究》2020年第1期。

体而极富建设性的选项。①

严格地讲,在企业内部加强防范刑事风险的合规建设,是犯罪的一般社会预防问题,虽然属于刑事法制的组成部分,但更主要地通过政府、企业和社会力量共同来完成。在刑事法制中融入合规的内容,更主要地体现在对企业进行刑事追究之后,从实体上看,就是涉嫌犯罪企业的合规建设对其刑事责任判断是否有影响,从程序上看,就是司法机关能否以及如何促进企业进行合规建设,以及在刑事诉讼中如何予以体现,而实体和程序问题是紧密相连的。由此可见,对如何构建针对单位的附条件不起诉问题,首先要解决三方面的法理论证问题:一是对单位适用附条件不起诉的实体法根据是什么?二是赋予检察机关这种特定不起诉的权力,是否属于宪法所赋予的检察机关的法定职权范围?三是如何将刑事法制与企业法律制度相结合,即如何将单位犯罪的刑事法制治理与企业治理结合起来?如果能够圆满地回答上述三个问题,就可以为针对单位的附条件不起诉制度的构建确立良好的法理基础。当然,为什么是参考而不是照搬美国暂缓起诉协议的思路?也是要讨论的问题,不过在解决第二个论证问题时也就解决了这个问题。本文将试图回答以上三个问题。

二、对单位适用附条件不起诉的实体法根据

现行刑事诉讼法规定的一般不起诉类型②,除了"犯罪嫌疑人、被告人死亡的"(第16条)、"证据不足,不符合起诉条件的"(第175条第4款)和"没有犯罪事实"(第177条)之外,其适用条件源于刑法规定,即便与刑法条文表述存在一定的差异。③ 对于单位刑事案件来讲,这些实体法根据也同样可以适用,也就是说,刑事诉讼法现有的、一般不起诉规定是可以适用于单位的,当然,在对单位进行刑事追究中如何理解"不需要判处刑罚或者免除刑罚"(第177条)的规定,还需要从理论上进行阐述,对此完全可以从刑法的一般原理中推论。成问题的是,如果对单位刑事案件设定附条件不起诉,如何确定其实体法标准?显然,附条件不起诉的实体条件与三种一般不起诉不同,对前者的设计仍要考虑单位承担刑事责任的根据。

客观地讲,我国现行刑事法制存在明显的自然人中心主义的特点,这点在

---

① 司法实践中有针对被告单位适用认罪认罚从宽、刑事和解的先例,例如:广东省高级人民法院刑事判决书(2019)粤刑终9号;辽宁省沈阳市苏家屯区人民法院刑事判决书(2019)辽0111刑初434号;吉林省敦化市人民法院刑事判决书(2018)吉2403刑初120号。

② 这里指存疑不起诉、法定不起诉和酌定不起诉。

③ 可以比较《刑事诉讼法》第177条和《刑法》第37条以及其他有关"免除处罚"的规定。

刑法、刑事诉讼法和刑事执行方面的法律中都有明显的表现。迄今为止，刑法理论对单位的刑事责任根据的讨论，仍没有形成主导性的学说。在法律已经承认单位犯罪的情况下，对单位追究刑事责任，就要构建区别于自然人的刑法教义学理论，将单位犯罪成立判断的重点放在归责之上。① 如此，对单位的刑事责任追究，就要从组织体内部的内部治理和经营方式来判断。只有认为一个刑法规范所规定的法律后果能够归责于单位的内部治理结构和经营方式，才应对该单位进行刑事责任的追究。如果简单地以"是否以单位的名义"和"单位是否从中获益"为定罪根据的话，则忽视了企业作为组织体的特性，因为在很多情形下，自然人虽然以单位名义实施危害行为并客观上给单位带来利益，但这种做法是违反单位内部治理要求、为单位日常管理活动所排斥的。以往的刑法学研究也会强调"单位的意志"，但从存在论上讲，"单位的意志"完全是虚拟出来的，管理层的合意未必代表董事会的意志，董事会的决定也未必能够代表股东大会的意志。只有从单位的内部治理结构和运营方式来理解单位的刑事责任，才符合单位的组织体特征和治理特征，这一点对理解企业的刑事责任尤为重要。

在刑法视野中，对于自然人而言，我们不能简单地假设"人性善"或者"人性恶"，而是以其认识和控制能力作为刑事谴责的基础。同样，我们也不能简单地假设单位作为组织体是"无辜的"还是"邪恶的"，而要以组织体内部治理是否符合法律规定（主要是行政法和商法）以及行业规范要求作为追究刑事责任的根据：如果单位内部治理和运营是按照法律以及行业规范和企业伦理规范行事，我们可以说，这个单位是"好的"，反之则是"坏的"。对单位的法律责任理解上，应当放弃任何拟人的倾向。单位犯罪的具体行为实施由自然人完成，而因自然人实施的危害行为要对单位追究刑事责任，就是因为单位内部治理结构和经营方式没有能够制约甚至是促进了这种危害行为发生；倘若单位内部治理结构健全、能够依法依规行事，那么，就可以有效制止自然人实施危害行为，而自然人即便实施危害行为，也与单位没有关联。所以，单位承担刑事责任的基础就是其内部治理结构和经营方式存在重大问题，没有按照法律法规的要求进行活动。将单位的刑事责任根据与其内部治理结构和经营方式相联系，就意味着，对单位进行刑事责任追究，要重点考察其内部治理结构和经营方式状况，而不能仅仅从形式上进行判断。如此理解单位的刑事责任根据，也就为单位的附条件不起诉问题确定了实体法根据。

以针对未成年人的附条件不起诉为参照，可以为单位适用附条件不起诉确

---

① 参见时延安：《合规计划实施与单位的刑事归责》，载《法学杂志》2019年第9期。

定更为明确的法理基础。现行刑事诉讼法中规定未成年人刑事案件的附条件不起诉的根据在于，未成年犯罪嫌疑人罪行较轻且有悔罪表现（第282条），而更为深层次的原因还在于特殊预防的考虑，即基于未成年人刑事责任能力的特殊性，更多发挥特殊预防中改善和教育的目的。同理，对单位适用附条件不起诉，同样也是基于特殊预防的考虑加以理解，就是犯罪嫌疑单位所实施罪行已达到起诉标准，但考虑到单位管理层能够代表公司认罪悔罪，能够主动挽回犯罪损失，那么，就可以考虑对其适用附条件不起诉。当然，对单位的特殊预防和对自然人的特殊预防在根据上存在差异：对自然人的特殊预防，是根据其人身危险性程度进行判断，当人身危险性较低时就可以进行从宽处罚，相应地在程序上就可以通过各种类型不起诉来解决其刑事责任追究问题；① 对单位的特殊预防，是根据其单位的组织体特性，即单位内部治理结构及运营方式的守法程度，当其合法程度较低时，也可以理解其具有较高的社会危险性，反之，则社会危险性较低，进言之，当其内部治理结构及运营方式虽然存在问题，但仍具有明确守法的倾向且开始付诸行动时，在刑事责任追究上就应当予以体现，在程序上就通过不起诉来解决其刑事责任问题。

从单位承担刑事责任和特殊预防的根据出发，在已经能够充分证明企业实施的罪行相对较轻，且企业组织体基本健全、具有明确的守法倾向、能够主动整改解决其管理上漏洞以避免违法风险时，就可以决定对企业适用附条件不起诉。而适用附条件不起诉而不是酌定不起诉的理由，则应从两方面理解：一是从已有查明证据看，犯罪嫌疑企业的行为已经构成犯罪应当受到刑事处罚，尽管其情节较轻。从现行刑事诉讼法对各种不同类型不起诉规定分析，虽然同为不起诉，但附条件不起诉比酌定不起诉对犯罪嫌疑人的谴责性更高、法律后果更为严重，这是因为前者适用的实体条件即犯罪危害程度比后者要严重些。这一点是附条件不起诉区别于酌定不起诉的一个很重要的因素。在刑事追究过程中，无论是自然人还是单位，都要实现刑罚报应的要求，当涉嫌犯罪的自然人或单位的罪行已经达到应当予以刑罚惩罚的程度时，适用酌定不起诉就是不妥当的了。二是犯罪嫌疑企业有守法的倾向并已经开始整改，但对企业进行整改的能力和真实意愿存在一定疑问，进言之，虽然企业管理层已经表示出完善合规计划、重建合规机制的意愿，但对企业整改的能力和意愿还存在疑问，因而必须给予一定的外在限制和约束，以促使其依照法律法规乃至行业规则完善企业内部治理结构和运营方式。

综上，对犯罪嫌疑单位设置附条件不起诉的实体法根据，是从单位作为组

---

① 严格地讲，酌定不起诉和附条件不起诉都有实体上确定刑事责任的性质。

织体的特点来判断，因而在相关制度和规范的设计中，要充分考虑单位承担刑事责任的根据，不能简单照搬现有附条件不起诉制度的法理根据。当然，在制度和规范设计中，可以利用刑事诉讼法已有制度资源（如认罪认罚、刑事和解）予以统筹考量。①

三、对单位附条件不起诉的检察权根据

我国学界讨论的"刑事合规"，最终溯源还是美国刑事司法实践。一些学者主张设立暂缓起诉协议制度，就是将美国司法实践作为参照物。② 从某种意义上说，将合规引入刑事法领域，就会"顺势"引入暂缓起诉，理由在于：如果只是将合规作为防范企业刑事法律风险的手段的话，只是解决了犯罪预防的问题，而如果将合规"嵌入"刑事追究的过程中，要么在诉讼中予以体现，要么在定罪后体现。③ 而在诉讼中体现，最好的"嵌入"环节就是起诉阶段。所以说，将合规这种公司治理中的"元素"引入刑事法制中，会带来一系列连锁反应，而附条件不起诉只是其中一个环节。

不过，如果在我国刑事诉讼制度中规定针对犯罪嫌疑单位的附条件不起诉，就要回答，赋予检察机关这种不起诉决定权是否符合其职权的性质。这里，首先要明确我国检察机关与美国检察机构行使职权在法律性质上的差异。如果在权力属性上存在认识不清的话，那么，在制度和规范设计上难免会形成不必要的偏差。和很多国家一样，美国检察机构（无论是联邦层面还是州层面）属于行政机关，其权力属性属于行政权，因而美国检察官与被诉企业达成暂缓起诉协议，具有双重法律性质：一方面，由于该协议达成是在刑事程序当中，可以理解为，这是一个刑事性和解协议；另一方面，由于美国检察机构行使的行政权，因而其与企业达成的和解协议又带有行政性质，可以理解为，这也是一个行政性的和解协议。④

根据我国宪法规定，我国检察机关是国家的法律监督机关（第134条）。

---

① 参见李本灿：《认罪认罚从宽处理机制的完善：企业犯罪视角的展开》，载《法学评论》2018年第3期。

② 陈瑞华教授认为，我国法律在接受暂缓起诉协议制度方面已经具有一定的兼容性，并不存在根本的价值冲突和制度障碍。参见陈瑞华：《企业合规视野下的暂缓起诉协议制度》，载《比较法研究》2020年第1期。

③ 在审判及定罪后环节考虑合规问题，则涉及企业的司法救助问题。参见时延安、史蔚：《涉刑事案件企业的救助保护模式》，载《人民检察》2018年第17期。

④ 行政性的和解，在我国法律实践中也存在，例如，中国证券监督管理委员会在2015年2月17日颁布了《行政和解试点实施办法》，在证券期货领域试点行政和解制度。

按照这一基本界定,我国检察机关行使的权力并非行政权,而是法律监督权。2018年宪法修正案确立国家监察制度,国家监察机关实施的也是一种监督性权力。由于监督对象和方式不同,检察机关的法律监督权与国家监察机关的监察权在法律上界限是清晰的。进言之,尽管现行宪法的修改和监察法对国家的监督权力进行了调整,但检察机关行使职权的性质没有改变。监督是一种单向活动,即监督者对被监督者行为合法或者合规与否的单向审查。所以,从监督权这一权力行使的基本理念看,监督者可以允许被监督者限期改正问题,但监督者与被监督者不能通过达成协议的方式进行妥协。就检察机关行使法律监督权而言,就不宜采取暂缓起诉协议的方式来进行。可能的质疑是,美国检察机关是行使起诉权与被诉企业达成暂缓起诉协议,而相关制度设计也是我国检察机关行使起诉权时作出,为何不能认为,这是行使起诉权的一种考量,而不是行使监督权呢?这里需要澄清我国检察机关行使起诉权与法律监督权的关系。实际上,从宪法对检察机关的法律地位设计出发,检察机关行使起诉权本身就是法律监督活动的主要组成部分,其监督性质表现在三个方面:一是对侦查行为的监督;二是对涉嫌犯罪的个人和单位的罪行(即被诉事实)进行审查,这也具有监督性质;三是对审判活动的监督。① 比较而言,美国等国家检察机关并无法律监督的职能,也谈不上其具有侦查监督和审判监督职能。所以,虽然同样是行使起诉权,我国检察机关的起诉权也需要从法律监督角度加以理解。

如前所述,我国检察机关的职权与美国检察机构的职权在性质上不同,因而美国暂缓起诉协议的实践不能直接被引入我国刑事法制当中。比较而言,采取附条件不起诉的方式更为适宜。同样基于法律监督权的法理,对附条件不起诉制度的设计应解决四个认识问题:一是附条件不起诉的适用是一个单向的法律适用活动,并非检察机关与被诉企业之间的妥协。如果回溯最近十余年刑事诉讼方面的改革,也会得出同样的认识。我国2012年刑事诉讼法修改时引入"刑事和解",从实体法上分析,是将犯罪嫌疑人、被告人与被害人之间的和解作为一个从宽处罚的情节,这种和解并非犯罪嫌疑人、被告人与检察机关的和解。刑事诉讼法2018年修改时引入认罪认罚从宽制度,虽然受到美国"诉辩交易"实践的些许启发,② 但实体法根据仍在于犯罪嫌疑人、被告人罪后情

---

① 目前学界对检察机关的审判监督多持质疑态度,但这是从宪法规定引申的当然结论;学界的质疑,更多地可以从监督方式来进行优化。

② 参见陈瑞华:《刑事诉讼的公力合作模式———量刑协商制度在中国的兴起》,载《法学论坛》2019年第4期。

节显示出较低人身危险性，而法院是根据这一情节作出从宽处罚，即便受到检察机关罪名指控和量刑建议的影响。这两项制度虽然都带有某种"和解""妥协"的色彩，但都可以从实体法上找到从宽的根据，① 检察机关或者审判机关作出从宽处理的根据总体上讲是充分的。

上述两个新制度的设计理念，实际上都显示了对检察机关法定职权性质的充分考量。同样，对附条件不起诉制度的设计，也应认为，在实体法层面明确附条件不起诉适用条件的基础上，由检察机关依职权确定应否予以适用；犯罪嫌疑企业管理层乃至其投资方的态度，只是检察机关作出决定的一个重要考量因素，并不意味着由检察机关与犯罪嫌疑企业达成和解或者形成某种协议。

二是附条件不起诉的判断权和裁量权，符合检察机关的职权性质。从我国刑事诉讼法规定不起诉制度尤其是针对未成年人的附条件不起诉制度来看，法律认可检察机关具有一定的判断权和裁量权，尽管和审判机关相比，检察机关的判断权和裁量权是相对有限的。从法理上分析，法律监督权中也包括一定的判断权和裁量权，否则，法律监督权就无法形成权威，也无法有效实施。可能的质疑是，这种做法是否会影响乃至冲击"以审判为中心"的法治原则？对此可以给出两点回应：（1）从分权理论讲，只要法律对适用条件（主要是实体条件）给予清晰界定，法律监督权的实施与审判权并不冲突。（2）从诉讼效益上讲，前者可以有效"过滤掉"一部分刑事案件，这反倒可以缓解审判压力。

三是附条件不起诉的"条件"，是犯罪嫌疑企业作出一定改正行为的承诺，该承诺的内容及其能否实现，需要检察机关进行审查。可能会有观点认为，"附条件"即是一种妥协方式，是涉嫌犯罪的人或者单位向检察机关给出的"要约"，而检察机关接受"要约"即可以给予不起诉。这种理解是错误的。如前所述，检察机关适用附条件不起诉的基础，在实体上看，一方面其罪行相对较轻，适用不起诉并不影响刑罚报应和特殊预防目的的实现；另一方面该企业具有较好的改变违法生产、经营的倾向。在这种情况下，检察机关既可以主动提出，要求该企业做出具体方案，有效且全面地遵守法律，犯罪嫌疑企业也可以主动提出，无论是哪种情形，检察机关都是在审查其守法意愿及方案可操作性的基础上作出的。犯罪嫌疑企业做出的承诺就是一种保证，如果在一

---

① 当然，这两种刑事诉讼法规定的制度与现行刑法之间都存在的一定的断裂。参见时延安：《刑事诉讼法修改的实体法之维——以刑法为视角对〈刑事诉讼法修正案（草案）〉增设三种特别程序的研究》，载《中国刑事法杂志》2012年第1期；周光权：《论刑法与认罪认罚从宽制度的衔接》，载《清华法学》2019年第3期。

定时间内该承诺兑现了,检察机关就不再提起公诉,反之,检察机关应当认为其缺乏改正的真实意愿,因而还有通过刑事处罚予以特殊预防的必要,进而提起公诉并由法院予以惩罚。

四是检察机关不能通过附条件不起诉对犯罪嫌疑企业进行实体性惩罚。在美国,当检察机构与企业达成暂缓起诉协议时,企业一般会缴纳高额罚款换取暂缓起诉。很显然,暂缓起诉协议既带有交易性,又带有惩罚性。虽然企业迫于压力"自愿地"缴纳罚款并接受强制性合规,但这种方式的惩罚性质不容否认。这种模式不适合我国刑事法制,除了我国检察机关的职权性质不允许采取这种协议方式解决刑事责任追究之外,主要理由在于,我国检察机关的法律监督权力并不包含实体性、终局性惩罚的权能。我国以往刑事诉讼改革中涉及检察机关具体职能的调整,从未赋予检察机关以惩罚权,这正是基于检察机关基本职权性质所决定。基于此,在设计附条件不起诉制度中,检察机关对犯罪嫌疑企业设定的不起诉条件中不应包含罚款以及其他惩罚的内容。

综上,在我国刑事法制中引入附条件不起诉制度,要从我国检察机关职权性质角度进行思考,不能直接"照搬"美国有关暂缓起诉协议制度的思路。从这个角度讲,对其他国家经验的参考,应充分结合我国法律体制和制度的特点和要求,这样在制度设计中才能避免走弯路。

四、附条件不起诉:刑事法制与公司制度的融合

如果我国刑事法制中引入附条件不起诉,就会形成刑事法制与公司企业制度的结合,在单位刑事案件审查起诉阶段开了个"接口",促使检察机关推进涉案企业进行公司内部治理。对此,需要解决认识问题,更要考虑检察机关在促进公司内部治理中的角色与功能。

这里要解决的认识问题,就是检察机关在作出附条件不起诉决定后,是否要进行监督考察。检察机关具有附条件不起诉的决定权,即根据犯罪嫌疑企业的罪行程度和内在治理结构、经营方式及守法意愿来判断并决定是否适用这一特殊类型的不起诉,还要决定犯罪嫌疑企业的整改时间。与此相关的问题是,检察机关如何进行监督考察?可能的思路有四个:一是由犯罪嫌疑企业自行整改,定期向检察机关进行汇报,在整改期限结束后,检察机关对其整改情况进行评估;二是由检察机关派员到犯罪嫌疑企业进行现场监督整改,检察官作为特别监事参与企业经营管理;三是由检察机关直接委托律师事务所、会计师事务所、审计师事务所、行业组织或其他第三方主体进行现场监督整改,受委托人定期向检察机关提交评估报告;四是检察机关与政府主管部门共同确定监督考察方式,由政府主管部门委派工作人员进行监督考察,必要时可邀请市场第

三方主体提供辅助。实际上，选择其中任何一条路径，都涉及监督考察的法律性质以及实施主体问题。

对此，可以首先分析下现行刑事诉讼法中针对未成年人适用附条件不起诉的监督考察问题。根据《刑事诉讼法》第283条规定，由检察机关对被附条件不起诉的未成年犯罪嫌疑人进行监督考察；而未成年犯罪嫌疑人的监护人，"应当对未成年犯罪嫌疑人加强管教，配合人民检察院做好监督考察工作"。这一规定将未成年犯罪嫌疑人附条件不起诉决定权和监督考察权一并交给检察机关，如此规定有利于事权集中、有利于检察机关及时了解未成年犯罪嫌疑人的情况。不过，这一规定还有进一步思考的空间：第一，对未成年犯罪嫌疑人监督考察的法律性质是什么？如果从实体法的观念上分析，其应当属于一种预防性措施，而具体实施就带有预防性措施执行的性质。按照这一认识分析，检察机关作为法律监督机关，可否作为某种法律措施的执行机关？第二，法律监督的本意，是对被监督者是否违法进行监督，监督未成年犯罪嫌疑人是否遵守法律规定要求（第283条第3款），基本属于治安权的范畴，不尽符合检察机关的职能定位。以最常见的检察建议为例，检察建议向来都是指出相关单位存在违法或者违法风险的情况，而没有指导相关单位具体如何遵守民事行政法律法规的内容。这里可以比较刑法中有关管制和缓刑监督执行的规定，其与刑事诉讼法规定对未成年犯罪嫌疑人监督考察的内容十分相似，但前者都由社区矫正机关进行，① 也就是，将管制和缓刑监督的决定权与监督考察权分开。总之，即便可以认为由检察机关进行监督考察便于办案机关及时了解未成年人的情况，但从职权属性上看，由检察机关监督也会分散检察机关的工作重心。

对犯罪嫌疑企业适用附条件不起诉，应将决定权与监督考察权加以区分，由检察机关履行决定权，而具体监督考察由其他主体完成。以上第三个思路有可取之处，但就我国司法体制现状而言，还不宜完全由市场第三方机构进行监督考察。从以往立法例（包括刑法）看，这类监督考察带有一定的强制性，因而由公权力机关实施更为适宜。同时，如果引入第三方机构进行监督考察，也会涉及政府采购（即向市场招标适格的第三方机构）、对第三方机构及人员的审查和监督、对第三方机构监督考察合法性评估乃至腐败预防等一系列问题。因而从目前司法体制看，第三个思路应当予以舍弃。可能会有观点认为，美国司法实践就是采取这个思路并收到较好的效果，且聘请第三方机构进行监督考察有利于确保指导企业合法生产经营的专业性。这种看法确有道理，不过考虑到我国司法体制的特点和司法文化，由私营机构来从事带有公权力行使性

---

① 以往由公安机关执行管制和进行缓刑监督的考察。

质的监督考察，还不容易为公众所接受，也不容易被犯罪嫌疑企业所接受。犯罪嫌疑企业可以自行聘请律所等第三方机构来协助制定合规计划、推动其合规计划实施，但由律所等对其进行现场监督，企业很难接受这种机制安排。当然，从实践需要看，政府主管部门也可以和行业组织合作，由行业组织配合政府主管部门实施监督考察。

比较第三、第四个思路，由检察机关与行政主管部门协商，由行政主管部门（如市场监督管理部门）进行监督考察更为适宜。理由有三点：一是行政主管部门本身即具有对企业行为进行规制的行政职权，其可以通过行政许可、行政指导、行政检查乃至行政处罚促使企业合法经营，而对附条件不起诉考察期间的犯罪嫌疑企业的监督考察，符合行政主管部门的职权范围。二是由行政主管部门进行监督考察，也有利于确保对企业监管的专业性。企业的合规建设，不仅要遵循法律，还要遵循大量的行政法规、部门规章以及行业规范等。由检察机关工作人员来指导企业遵循行政类、行业类规范，可行性较小也没有必要。三是如前所述，检察机关行使监督权意在监督违法，而没有指导合法生产经营的权能。综合以上三点理由，对犯罪嫌疑企业的监督考察，应由行政主管部门来进行。当然，行政主管部门可以要求犯罪嫌疑企业聘请专业人士为其提供专业咨询和帮助，但行政主管部门不宜直接聘请律所等第三方机构主持监督。

由行政主管部门来主持对犯罪嫌疑企业的监督考察，就又形成一个新的"行刑衔接"问题，更为准确地说是"刑行衔接"，也就是检察机关如何让行政主管部门来进行监督考察。这可能是一个非常棘手的问题，如果解决不好，可能会重回第二个思路设计附条件不起诉的监督考察。和其他各种"行"和"刑"衔接难题一样，法律层面的职责及衔接程序上设计粗陋，是造成"行""刑"衔接不畅的主要原因之一。就附条件不起诉监督考察的设计来讲，关键是要赋予行政主管部门特定的法律职责，使其能够积极配合检察机关的不起诉决定。具体的设计思路可以概括为：检察机关作出附条件不起诉决定后，应根据属地原则将该决定及通知函及时移交给行政主管部门（通常是市场监督管理部门和行业主管部门）；行政主管部门在接到通知函后，应及时派员到犯罪嫌疑企业进行现场监督考察；行政主管部门应定期向监察机关反映犯罪嫌疑企业整改情况；在附条件不起诉考验期满时，行政主管部门对该企业合规建设情况进行评估，而后将评估报告移交给检察机关；检察机关可以根据评估报告情况决定是否再行起诉，必要时检察机关可以到场核查评估事项。总之，解决这个问题，对行政主管部门的职责和衔接程序的规定，必须由法律予以明确。

在厘清基本思路的前提下，对附条件不起诉的监督考察的设计应考虑六个具体方面：

1. 监督考察的内容是什么？答案是很清晰的，这也是本文的关键词之一，合规计划的制定与实施。单位犯罪的刑事责任根据就是其内部治理结构和运营方式出现了问题，是这种结构和方式造成单位实施了危害行为。促使企业"改恶向善"，就是要改变企业内部治理结构和运营方式，就是要促使企业从上到下遵循法律法规进行各项经济活动。促进企业进行合规建设，是一种积极的、由外向内的整改方式。因而对犯罪嫌疑企业进行整改，就是促使其全面加强合规建设，包括根据公司法和公司章程改组其管理层、制定完善会计审计制度、制定反腐败合规等，并应根据行业特点制定或完善相应的管理制度。与制定合规计划相比，更为重要的是，如何落实合规计划的具体内容。

2. 对犯罪嫌疑企业的监督考察是否意味着参与公司的经营管理？答案显然是否定的。这里应与企业托管相区分。一般而言，企业托管是指企业所有者将企业的整体或部分经营权，以契约形式在一定条件和期限内，委托给其他市场主体进行管理。这在美国和我国法律实践中都有类似做法。[①] 对犯罪嫌疑企业的监督考察与托管经营完全不同，具体表现在前者并不参与企业的经营管理，而只是指导企业制定合规计划并监督合规计划的实施，如果类比的话，执行监督考察的工作人员（这里可以简称为"政府合规官"）更像"临时监事"。政府合规官不参与公司经营管理，也是维护企业产权和经营自主权的需要，如此可以避免外在原因干扰企业的自主经济活动。

3. 如何对犯罪嫌疑企业合规建设的效果进行评估？简单地说，政府合规官对企业合规计划及实施情况进行评估，除纸面制度以外，要对企业各项制度运作情况进行检查。在内容方面，评估的重点是与犯罪嫌疑企业之前所犯罪行相关的制度建设。例如，企业涉嫌单位行贿罪，那么重点应在企业反腐败制度构建方面进行检查评估；企业涉嫌污染环境罪，则重点应放在企业处置污染物排放方面的制度建设。在程序上，企业应定期向政府合规官提交自评报告，后者对自评报告的真实性进行审查；政府合规官应在附条件不起诉考验期满时向检察机关提交评估报告，检察机关根据报告内容以及企业现状作出起诉与否的最终判断。

4. 合规建设的费用由谁支付？显然，合规建设的费用应由犯罪嫌疑企业自行支付。不过，值得讨论的是，政府合规官进行现场监督考察的费用，应由

[①] 在美国一些反有组织犯罪的刑事案件中，检察官与犯罪嫌疑企业达成诉辩交易，同意检察官委派特别官员对该企业进行托管。参见［美］詹姆斯·B. 杰克布斯等：《被解缚的哥特城：纽约黑帮兴衰史》，时延安译，北京大学出版社 2009 年版，第 276—277 页。

政府承担还是企业承担？从常理讲，犯罪嫌疑企业被要求进行合规建设，是因为该企业实施危害行为所导致，因而有关合规建设的全部费用应由该企业全部负担。不过，从权力属性分析，行政主管部门对犯罪嫌疑企业的监督考察，仍属于其职权范围之内的工作，因而不应将履行其职权的费用交由企业承担。可以类比的是，对管制犯和缓刑犯监督所产生的费用，应由社区矫正机关负担，而不是由管制犯和缓刑犯来承担。此外，如此考虑，也是减少企业的额外负担。如果政府合规官需要市场第三方主体的专业协助，可以要求企业聘请，政府合规官可以进行人事审查。

5. 如何预防因监督考察而带来的腐败风险？这个问题并非杞人忧天。任何公权力介入企业经济活动的情形，都不可避免地创造"寻租空间"。实际上，无论采用上述哪种思路，都要考虑创设附条件不起诉制度附随而来的腐败风险。简单地说，政府合规官进入犯罪嫌疑企业进行监督，而企业为尽快摆脱可能被起诉的困境，就可能与政府合规官达成某种私下交易。为此，在制度设计过程中，从一开始就应当从制度和机制上解决腐败预防问题，具体可以考虑四项措施：（1）坚决禁止政府合规官以任何形式在犯罪嫌疑企业取薪；（2）对政府合规官的索贿、渎职等不法行为，犯罪嫌疑企业可及时向国家监察机关反映，或者向检察机关举报后，由检察机关将案件线索转交国家监察机关处理；（3）委派政府合规官的行政管理部门应对政府合规官的监督考察活动进行指导和约束；（4）企业以任何形式向政府合规官输送利益的，检察机关可以决定撤销附条件不起诉并向法院提起公诉，并将企业的腐败行为纳入量刑建议考量情节当中。

6. 如何避免行政主管部门的消极作为和不作为？如前所述，采用第四个思路，在制度设计中应充分考虑"刑""行"衔接问题，如果行政主管部门在附条件不起诉方面采取消极作为或不作为的做法，犯罪嫌疑企业的合规建设很容易流于形式。从以往法律实践看，这一担心也非向壁虚造。解决这个问题，可以充分发挥已有制度资源的功能，具体来讲主要有两个方面：一是可以通过检察建议方式对相应的行政主管部门提出改正意见；二是可以将相关情况移送国家监察机关处理。

综上，对犯罪嫌疑单位设置附条件不起诉制度，就使得刑事法制与公司企业制度之间建立起"链接"，这将是以往刑事法制所没有的现象。对此，一方面要积极分析、研究其他国家法律实践的经验和教训，从我国法律体制和制度出发，来构建这一制度；另一方面，形成制度创新，就是将不同法律部门之间的制度紧密衔接，通过创设附条件不起诉制度来完善企业治理的途径，相应地，通过企业治理的完善来解决单位犯罪预防问题。

五、结语

在我国刑事法制中创设对犯罪嫌疑单位的附条件不起诉制度,无疑又将是一项重大的刑事司法改革,并会大大提升刑事法制保护市场经济的功能。与以往不同的是,刑事法制对市场经济的保护,是通过惩罚和预防经济犯罪来实现的,但从未关注市场经济最重要的主体——企业的内部治理问题。附条件不起诉的设计理念,就是发挥检察机关的能动性,促使陷入刑事追究困境的单位(主要是企业)及时"止损"并尽快依法进行整改,如此可以使单位能够尽快恢复正常状态。

以上制度设计理念,比较美国等国家的思路,看起来过于"仁慈"了。后者通过暂缓起诉协议达到的惩罚效果并不亚于将企业送上法庭,因为企业需要缴纳高额罚款。这涉及制度设计理念问题:附条件不起诉的设计思路,更强调尽可能减少刑事追究对单位造成的不利影响,强调积极促进单位进行整改。这种思路带有一定"恢复性司法"的意味,即强调促进单位尽快走上合法轨道,这对单位有利,对市场经济整体健康发展也有利,而单位走上正轨,也有利于其弥补之前危害行为造成的各种损失。高额罚款虽然有利于形成对犯罪嫌疑企业的特别威慑,但给已经处于困境的企业无疑造成更大的负担,更何况,在我国涉嫌犯罪的单位主要是中小型民营企业。

构建针对犯罪嫌疑企业的附条件不起诉制度,还需要形成法治一体化思维,即要将不同法律制度进行积极而有效的整合①,进而形成不同类型职权行使之间的充分协调和配合。针对犯罪嫌疑企业附条件不起诉制度的构建,必然会将刑事法制与企业管理制度结合起来,新制度设计能否达到预期目标,很大程度上也受这个条件限制。不过,只要构建这一新制度的目标明确、共识广泛,各种限制和难题都会得到很好的解决。

(原载于《中国刑事法杂志》2020 年第 3 期)

---

① 这类问题一直是我国社会主义法治建设中的一个"绊脚石",诸如"民刑交叉""行刑衔接"等带有制度层面"断裂"的问题都是典型事例。

刑事合规的中国检察面向

石 磊[*] 陈振炜[**]

合规不仅受到我国政府和企业的重视,更在学界引起激烈的讨论,越来越多的学者和实务工作者将之视为监测、预防和应对企业不法行为的重要工具。目前,企业的合规意识普遍较低,未能认识到合规计划对于自身规范经营和预防刑事犯罪风险的重要性。同时,在合规问题上,我国刑事立法和司法处于滞后状态,这也给予了刑事法律一个契机——在更新对企业犯罪惩治策略的同时,促进企业刑事合规的发展。其中重要的一个环节,便是在刑事诉讼程序中,检察机关如何惩处企业犯罪,既可以有效地治理和减少企业犯罪,又能健全企业合规计划,推动合规刑事化的发展。

一、合规与刑事合规

"合规"一词起源于美国,最早被理解为"法规的遵守",这里的法规既可以是正式的法律,也可以是具体的行业标准,或者仅仅是道德上的鼓励。[①] 1991年美国《联邦组织量刑指南》首次将企业合规计划引入到法律实践中,企业合规计划是指"用于预防、发现和制止企业违法犯罪行为的内控机制"[②]。

我国对合规的研究起步较晚,近年来逐渐认识到"合规管理制度""合规计划""企业文化"等一系列合规相关概念所蕴含的价值和意义。2017年《合规管理体系指南》指出,"合规意味着组织遵守了适用的法律法规及监管规定,也遵守了相关标准、合同、有效治理原则或道德准则"。2018年《中央

---

[*] 最高人民检察院检察理论研究所副研究员。
[**] 中国人民大学刑事法律科学研究中心博士研究生。
[①] 转引自[德]托马斯·罗什、李本灿:《合规与刑法:问题、内涵与展望——对所谓的"刑事合规"理论的介绍》,载《刑法论丛》2016年第4期;参见Rotsch'in: Achenbach/Ransiek (Hrsg.) Handbuch Wirtschaftsstrafrecht' 3. Aufl. 2012, 1. Teil4. Kap. Rdn. 1; Rotsch, in: Rotsch (Hrsg.) Criminal Compliance vor den Aufgaben der Zukunft, 2013, S. 7, 1.
[②] U.S. SENTENCE GUIDELINES MANUAL § 8B2.1 (a) (2004).

企业合规管理指引（试行）》规定："本指引所称合规，是指中央企业及其员工的经营管理行为符合法律法规、监管规定、行业准则和企业章程、规章制度以及国际条约、规则等要求。"在法律语境下，合规即是企业为规避法律责任，在遵守法律法规及行业规范的基础上，制定的一系列健全内部监督管理与风险防控体系而确保企业员工行为合法的措施。

刑事合规是合规的下属概念，是指为避免因企业或企业员工相关行为给企业带来的刑事责任，国家通过刑事政策上的正向激励和责任归咎，推动企业以刑事法律的标准来识别、评估和预防公司的刑事风险，制定并实施遵守刑事法律的计划和措施。① 刑事合规是实体规则与形式规则的整体，在法定可罚性的前置领域内，确保企业的员工遵守现行的刑法规定，同时前瞻性地避免企业的刑事责任风险。② 其实质是企业自身对刑事犯罪风险的监管、防控与应对：首先，企业以刑事法律为基础，制定确保企业及其员工履行刑事义务，从而规避刑事责任的合规计划或合规措施；其次，企业的高层人员监督合规计划的执行，并配套相应的惩戒机制和补救措施，增强犯罪风险的防控能力；最后，在刑事法律回应合规的视角下，适当的刑罚激励机制能够促进企业识别自身遗留的问题、完善合规计划以及构建企业文化，进而使企业持续健康发展。

合规刑事化发展已然成为经济全球化发展下的趋势，尤其是在腐败、行贿、欺诈和洗钱等领域。我国刑事法律对企业犯罪的回应则是，当企业涉嫌犯罪时，检察机关便会以刑事追诉的方式对其进行追责。但是，一方面，对企业启动追诉程序往往会令其遭受巨大的损失，如商业信誉的受损、上市资格的剥夺等，同时也会连带地殃及善意的客户、员工、股东、债权人。③ 另一方面，从检察机关的角度考量，启动刑事诉讼同样存在高昂的成本和巨大的风险。刑事追诉并不是检察机关处理企业不法行为的最优选择。④ 从犯罪治理的整体效果而言，刑法和刑罚的实际运用是被迫的，也是无奈的，只有在运用民法或者行政法难以充分保护法益时，才有必要启动刑法来进行规制。⑤ 犯罪治理的理想状态是在犯罪发生之前，刑法和刑罚就能显著地发挥作用，能切实地预防犯

---

① 孙国祥：《刑事合规的理念、机能和中国的构建》，载《中国刑事法杂志》2019年第2期。
② Frank Saliger, Grundfragen von Criminal Compliance in：RW Rechtswissenschaft, Seite 263 – 291, RW, Jahrgang 4（2013），Heft3, ISSN print：1868 – 8098, ISSN online：1868 – 8098.
③ 萧凯：《美国金融检察的监管功能：以暂缓起诉协议为例》，载《法学》2012年第5期。
④ 萧凯：《美国金融检察的监管功能：以暂缓起诉协议为例》，载《法学》2012年第5期。
⑤ 李明鲁：《从"盗版链接"谈网络著作权的刑法保护》，载《山东科技大学学报（社会科学版）》2019年第5期。

罪的发生。① 在促进刑事合规发展的背景下，我国目前的刑事追诉方式显然不合于企业刑事合规体系的快速构建和经济发展，亦降低了司法机关惩治企业犯罪的效率。

思忖刑事法律对合规刑事化发展的应对，面临的问题是企业合规体系特别是刑事合规计划及合规活动对我国刑事立法与司法体系有何影响？企业的刑事合规活动在刑法教义学中的地位何在？合规计划能否成为减轻刑事责任甚至不起诉的工具？检察机关在对企业问罪追责时，除了起诉或者不起诉这种非此即彼的选择之外，是否有其他选择性替代方案？此时检察机关的角色定位又当如何？笔者将借鉴美国的"暂缓起诉协议"制度，在下文对这些问题展开剖析。

二、"暂缓起诉协议"制度

（一）美国"暂缓起诉协议"起源与发展

"暂缓起诉协议"制度最初针对的是少年犯罪。1991年颁行的《组织量刑指南》并未就起诉企业的方案制定统一的标准。在1993年，美国《组织量刑指南》的实施初期，"暂缓起诉协议"制度开始被适用于企业刑事案件，检察官不再从起诉和撤诉之间二选一，取而代之的是在对企业刑事案件不定罪的情况下与企业签订协议。② 这些协议或是对企业不予指控，即不起诉协议，或是延缓对企业的指控，即暂缓起诉协议。③ 企业刑事案件中第一次达成暂缓起诉协议是1993年洛杉矶联邦检察官办公室与违反出口管制的美国阿穆尔公司达成的。④ 在安达信事件爆发之后，为避免刑事调查和刑事追诉对企业造成永久损害，助理总检察长拉里·汤普森于2003年1月发布了汤普森备忘录（即2003年《联邦起诉商业组织原则》），更新了对企业的诉讼策略以及起诉企业时应当考量的因素。⑤ 汤普森备忘录中明确提出，要加强对企业合作调查真实

---

① 石磊：《刑事合规：最优企业犯罪预防方法》，载《检察日报》2019年1月26日，第3版。
② Peter J. Henning, "The Organizational Guidelines: RIP?", 116 YALE L. J. 312, 312–13 (2007).
③ Scott D. Michel&Kevin E. Thorn, *Deferred Prosecution Agreements: Implications for Corporate Tax Departments*, THETAXEXECUTIVE, Jan. – Feb. 2006, at 5051, available at http://www.capdale.com/files/Publication/f3aeb828 – 5d17 – 4719 – b74189ec48afd09d/Presentation/Publication – Attachment/70ab2303 – 1321 – 44b0 – ad528cbbc995b19f/Deferred%20Prosecution%20Agreements.pdf.
④ 转引自 Ryan D. McConnell, etal'"Plan Now or Pay Later: The Role of Compliance in Criminal Cases", *Houston Journal of International Law*, Vol33, 2011; Deferred Prosecution Agreement, United States v. Armour of America (C. D. Cal. Dec. 29, 1993) [here in after Armour DPA]. 因为唯一一个比它更早的协议，即 Aetna 与联邦检察官办公室达成的协议是一个民事协议，所以我们引用 Armour DPA 作为第一个暂缓起诉协议。
⑤ 万方：《企业合规刑事化的发展和启示》，载《中国刑事法杂志》2019年第2期。

性以及企业治理与合规计划两方面的关注。同时，汤普森备忘录提供了一项促进政府与企业合作的选择性替代方案，即建议检察官使用审前分流协议（包括暂缓起诉协议或者不起诉协议）。至此，暂缓起诉协议正式成为美国司法部应对企业刑事案件的诉讼方案。

暂缓起诉协议的适用，意味着检察官将享有更大的自由裁量权和执法灵活性。检察官在追究企业刑事责任、保障刑事法律预防犯罪功能实现的同时，监督涉案企业建立行之有效的合规守则。同时，涉案企业获得"戴罪立功"的机会，避免了刑事调查和刑事追诉可能对企业造成的永久影响，并且能够更快识别自身问题和完善合规计划，改善内部治理与风险防控，确保企业及其员工遵守刑法规定，规避企业的刑事责任风险。暂缓起诉协议的一般程序是，在指控前阶段，企业在律师的帮助下自愿与检察官达成并签署暂缓起诉协议。该协议的监督期限一般不超过18个月，如果企业按要求履行了协议中罗列的监督项目并且达标，那么检察官将正式对企业不予起诉；如果企业未履行甚至违反协议内容，检察官将正式起诉企业。[①] 具体而言，暂缓起诉协议的内容主要涉及：第一，企业承认其犯罪事实；第二，企业与检察官合作，协助检察官调查涉案职员及其不法行为；第三，企业监督期限内，建构有效的合规管理制度和合规守则；第四，检察官指派合规监督官进驻企业，监察企业执行协议的具体情况；第五，条件允许下，企业应当聘请有合规经验的律师或审计人员作为企业监管人；第六，企业定期向检察官报告构建合规计划的进展情况；第七，企业缴纳高额罚金并采取相应的补救措施。[②]

（二）其他国家"暂缓起诉协议"制度的概况

有鉴于"暂缓起诉协议"制度的实践成效，英国、加拿大、澳大利亚和法国等国相继借鉴该制度，并通过立法确立了相类似的惩处企业犯罪的诉讼策略。

英国《犯罪与法院法》明确规定，反严重欺诈办公室和皇家检察署均可以与涉嫌犯罪的企业自愿达成暂缓起诉协议，协议经法官审查和批准后生效。英国暂缓起诉协议的适用对象仅包括企业，自然人被排除在外。同时，协议在法官审批之后必须公诸于众。[③] 加拿大和澳大利亚确立的"暂缓起诉协议"制

[①] 侯晓焱：《美国刑事审前分流制度评介》，载《环球法律评论》2006年第1期。

[②] Ryan D. McConnell'etal, "Plan Now or Pay Later: The Role of Compliance in Criminal Cases", Houston Journal of International Law, Vol33, 2011.

[③] Michael Bisgrove & Mark Weekes, "Deferred Prosecution Agreements: A Practical Consideration", *Criminal Law Review* 416-438 (2014).

度与英国极为相似。加拿大 2018 年修订的《刑法》规定,对于涉嫌贿赂、欺诈和洗钱等严重经济犯罪的企业,检察官可以同其自愿达成暂缓起诉协议。协议经法官审批之后生效并且对外公布,以保证公正公开。加拿大"暂缓起诉协议"的适用对象同样只包括企业。① 而澳大利亚的"暂缓起诉协议"制度主要适用于贿赂、内部交易等企业犯罪案件。皇家检察院与涉案企业自愿达成的协议经法官审批后生效,协议内容同样需要公之于众。②

由于大量法国企业在美国因为商业贿赂行为面临巨额罚金,同时为了表达对美国《反海外腐败法》的不满,法国借鉴"暂缓起诉协议"制度设置了"基于公共利益的司法协议"。与美国"暂缓起诉协议"制度不同的是:一是该协议仅适用于腐败和洗钱领域,③ 二是适用对象为公司、企业,三是监督机关为法国反腐败局,四是企业不需要作有罪的供述。④

三、刑事合规中中国检察机关治理企业犯罪的新路径

对于刑事合规而言,关键点不在于对涉嫌犯罪的企业定重罪或处重刑,而是刑事司法在规制企业犯罪时是否给予企业多元化的法律救济机制以及适当的监督方式,使得企业在涉嫌犯罪时能够获得"改过自新"的机会。在这个过程中,作为追诉机关的检察机关(检察官)起到了最为关键的作用。企业在协助检察机关(检察官)调查员工不法行为的同时,建构和完善合规管理制度,确保企业及员工远离刑事犯罪风险,最终形成良好的"合规"氛围。

在中国,随着合规刑事化进程的方兴未艾,可以预见,确立我国检察机关在刑事合规中的地位和作用是促进我国企业刑事合规和企业犯罪治理的关键环节。

(一)作为预防企业犯罪"监管者"的检察机关

我国检察机关的刑事检察职责是批准逮捕、提起公诉和法律监督。在司法实践中,由于体制和观念的影响,检察机关的起诉裁量权运用得并不充分。有的检察机关囿于责任担当、考核指标等因素,对不起诉的适用并不积极。据统计,2014 年至 2018 年,不起诉率分别占比是 5.3%、5.3%、5.9%、6.3%、

---

① Jennifer Wells'"The U. K.'s Deferred Prosecution Agreements Are Instructive for the SNC – Lavalin Drama", *The Wall Street Journal*, Feb. 15, 2019.
② "Australia: Business Crime 2019", https://www.iclg.com/practiceareas/businesscrime/Australia.
③ 陈瑞华:《法国〈萨宾第二法案〉与刑事合规问题》,载《中国律师》2019 年第 5 期。
④ Margot Seve'Is the French Approach to International Financial Crime Enforcement on the Verge of a Paradigm Shift? https://www.kramer – levin.com.

7.7%，虽然呈现稳步上升的状态，但占比仍然较低。同期检察机关起诉到法院的案件，法院最终判处管制、拘役、缓刑、免刑、单处罚金等轻缓刑的总人数占同期生效判决的总人数的比例分别是49%（2014）、48.8%（2015）、49.7%（2016）、44.6%（2017）、44.5%（2018），这些案件适用相对不起诉可能会有更好的效果。① 因而，检察机关应当秉持客观公正的立场和义务，贯彻可诉可不诉的不诉的办案理念，从案件事实状况、犯罪嫌疑人（企业）情况、公共利益、刑事政策等多方面出发，确立诉与不诉的考量因素与操作标准，合理运用不起诉权。对于涉嫌犯罪的企业而言，"一刀切"式地对涉案企业进行追诉，企业必然受到损害，一些中小型企业往往由于刑事追诉而倒闭。由此可见，在惩治企业犯罪措施上，一味追诉显然不是最好的处理措施。在现有刑事法律框架下如何做到既维护社会秩序，又能保证经济健康运行，是当前刑事检察工作的一项重要课题。企业刑事合规运动的兴起，成为解决这一问题的重要契机。

2018年11月，最高人民检察院发布了《明确规范办理涉民营企业案件执法司法标准》，强调人民检察院办理涉民营企业案件，要把控舆论影响和准备风险预案，以合法的办案方式和有效的治理措施，避免给企业的正常生产和工作秩序造成影响，尽可能维护民营企业的声誉。由此可见，在刑事合规的全球化浪潮中，我国检察机关已经意识到应当积极地、直接地参与到企业合规管理制度的建构中，作为预防企业犯罪的"监管者"，督促企业改善治理结构、经营方式，构建合规计划，纠正其违法经营做法，防止发生单位或其工作人员犯罪，积极预防其他单位或个人针对企业实施违法犯罪活动。②

在上述刑事政策和观念的指导下，有些地方的检察机关已经对介入企业刑事合规活动展开了积极探索。例如，有的地方的检察机关对单位犯罪开展认罪认罚从宽制度探索。对于涉嫌犯罪的企业，检察院聘请相关主管单位、监管部门人员等组成专家团队，对涉案单位行为的社会危害性、处罚适当性进行综合评估。对于整改到位、认罪认罚的企业，依法不起诉。③ 检察机关的这种做法，与其说是对单位犯罪认罪认罚从宽制度的探索，不如说是中国版刑事合规制度的雏形。

事实上，检察机关在刑事合规中"监管者"角色和地位的确立，对企业

---

① 童建明：《论不起诉权的合理适用》，载《中国刑事法杂志》2019年第4期。
② 时延安：《发挥检察职能有效保护民营企业权益》，载《检察日报》2019年4月29日，第3版。
③ 《上海浦东新区：探索单位犯罪认罪认罚从宽试点工作》，载《法制日报》2018年3月7日；《给企业容错、改错的时间和空间》，载《解放日报》2018年3月1日。

刑事合规运动的兴起和深入，有着深远的影响。检察机关作为公权力机关对企业刑事合规活动的介入，使得刑事合规这一企业内部的经营管理活动具有了国家意义，从而保证刑事合规的长久发展。

在中国目前的法律框架下，刑事合规制度与认罪认罚从宽制度具有一定的相容性，检察机关可以在开展单位犯罪认罪认罚从宽制度实践的基础上，探索检察机关介入企业刑事合规活动的角色和地位，尝试确立检察机关在企业刑事合规活动中"监管者"地位。但从总体而言，认罪认罚从宽制度和刑事合规制度的立法定位、目的等均不相同。从这一意义上讲，目前刑事合规制度只是寄居于认罪认罚从宽制度之中。在长远意义上，必须谋求从立法上确立具体的刑事合规制度，在刑事合规制度中赋予检察机关一定的自由裁量权，才能保证中国刑事合规制度的最终建立。

具体而言，检察机关介入刑事合规的路径主要有三种：一是借鉴美国"暂缓起诉协议"制度，在我国刑事诉讼程序中适用类似"监督式"的诉讼策略，即扩展我国刑事诉讼中的附条件不起诉制度，使其在惩治企业犯罪时亦能发挥作用；二是在检察建议的适用对象中纳入公司、企业，使检察机关能够直接针对企业的活动和行为的合法性进行监督；三是赋权检察机关参与涉刑案企业的托管和重整程序，帮助企业更好地"再生"。

（二）适用于企业犯罪的附条件不起诉制度

对于自然人犯罪，我国刑事立法已为检察机关设立了一套相对成熟完整的诉讼制度。但是企业（单位）犯罪较为特殊，不同于自然人犯罪，因而2018年11月最高人民检察院发布的《明确规范办理涉民营企业案件执法司法标准》再次强调了办理涉民营企业案件可以不起诉的情形。

在明确司法标准的基础上，为了督促涉案企业正确认识和评估企业及其员工的行为可能带来的刑事责任，形成良好的刑事合规文化，构建刑事合规计划并确实实施之，从而预防刑事犯罪，在刑事立法上有必要设立一种"监督式"诉讼方案。

1. 构建适用于企业犯罪的附条件不起诉制度

为加强司法部门对企业的监管，美国"暂缓起诉协议"制度应运而生。该制度使得美国检察官能够在涉案企业的协助下调查员工的不法行为，规避对涉案企业的刑事调查和刑事追诉，同时直接监管其合规守则的构建。美国"暂缓起诉协议"制度实质上就是一种附条件不起诉制度。在我国，根据《刑事诉讼法》第282条的规定，附条件不起诉制度只适用于涉嫌犯罪的未成年人。不妨在此基础上，针对企业犯罪以及企业合规的特性，通过立法修订等方式扩大我国附条件不起诉制度的适用对象，将企业犯罪案件纳入其中，同时设置相配套的考量因素、适用条件和操作标准。这一制度的建立，既可将刑事诉讼程序对涉案企业的影响降至最低，亦可使检察机关获得对涉罪企业建立有效的合规管理体系进行有效督促和实时监管的空间，最终摆脱检察机关在目前立法条件下对涉罪企业只能作出诉或者不诉的终局性决定的局面。

（1）影响检察机关决定对企业适用附条件不起诉制度的因素。1999年霍尔德备忘录（即1999年《联邦起诉商业组织原则》）针对"检察官只对情节极为严重且容易查证的犯罪行为提起诉讼"这一联邦刑事诉讼基本规则，补充列举了在联邦检察官决定是否对企业提起诉讼时应当考虑的8项具体因素：一是犯罪行为的性质和严重程度；二是企业内部不法行为的普遍性；三是企业类似行为的历史；四是企业及时主动地披露不法行为，以及同调查人员合作的意愿程度；五是企业是否拥有合规计划以及完备程度；六是企业采取的补救措施；七是任何附带的后果，包括对无个人责任的股东、员工造成的不成比例的损害；八是可用的非刑事措施是否足够。① 2003年汤普森备忘录在上述8项因素的基础上添加了第9项因素，即对公司不法行为负责的个人进行犯罪指控是否已经足够。②

借鉴美国的司法经验，可以设想对我国附条件不起诉制度的适用对象和适用条件进行调整，使之符合企业犯罪的特性，并能有效合理地惩治企业犯罪。具体而言，刑事诉讼法应当规定，检察机关在决定是否对涉案企业提起刑事诉讼时应当具体斟酌以下几项因素：第一，不法行为是否属于涉嫌破坏社会主义市场经济秩序罪、贪污贿赂罪等犯罪；第二，不法行为的社会危害性程度；第三，企业类似行为的历史，包括曾经被采取的刑事、行政和民事措施和处罚；第四，不法行为在企业内部的普遍性，以及企业高层或管理层对不法行为的态度；第五，企业是否主动及时地披露不法行为，并愿意与调查人员合作；第六，企业是否拥有有效的、完备的合规计划；第七，企业是否在不法行为发生后采取了补救措施；第八，对企业不法行为负责的个人进行犯罪指控是否已经足够；第九，对企业提起诉讼是否存在不成比例的附带后果，如令无个人责任的股东、员工遭受过量的损失；第十，企业是否自愿签订"附条件不起诉协议"，并同意由检察机关按照协议内容进行监督和考察。

（2）"附条件不起诉协议"涉及的内容。在检察机关决定对涉案企业适用附条件不起诉制度的情况下，涉案企业应当自愿签署"附条件不起诉协议"。此协议旨在使企业构建有效完备的合规计划，为改善内部治理结构和增强风险

---

① 1999 Holder Memo, supranote108, at Section II. A.
② Thompson Memo, supra note 15.

防控意识而设置相应的合规修正内容,并赋予检察机关"监管者"的角色,对企业进行实时监管。企业要在一定的考验期限内达到预期的要求。

具体而言,"附条件不起诉协议"的内容一般包括:第一,企业主动承认其犯罪事实;第二,企业缴纳一定额度的保证金;第三,企业采取充足的补救措施,如主动将合规风险事件向有关部门或司法机关汇报;第四,企业与检察机关合作,协助调查涉嫌犯罪的员工;第五,企业建构有效的合规管理制度和合规守则,指派高管人员组建合规监管小组监督合规计划的执行和改进;第六,检察机关指派监督官监察企业对协议的执行情况,并指导其完善合规计划的缺漏之处;第七,企业可以聘请有合规经验的律师或审计人员作为外部监管人,协助合规计划的改进;第八,企业定期向检察机关报告合规计划建设的进度;第九,设置不超过 2 年的监督和考察期限。

在约定的考验期限内,如果被附条件不起诉的企业存在以下情形之一的,人民检察院应当撤销附条件不起诉的决定,提起公诉:未履行协议内容的或不达标的;实施新的犯罪的;发现决定附条件不起诉以前还有其他犯罪需要追诉的;多次违反考察机关有关附条件不起诉的监督管理规定的;等等。如果被附条件不起诉的企业在期限届满时完成协议内容并且达到标准,人民检察院应当作出不起诉的决定。

2."有效的合规计划"在附条件不起诉制度中的定位及其有效性评价

"有效的合规计划"可以极大限度地令企业降低违背道德或法律法规的风险,① 所以,"有效的合规计划"既是检察机关决定是否对企业进行追诉的重要因素,也是"附条件不起诉协议"和检察机关监督企业合规建设的首要内容。由此可见,"有效的合规计划"是构建适用于企业犯罪的附条件不起诉制度的核心内容。

美国司法部同样强调有效的合规计划在诉讼程序中的重要性。1999 年霍尔德备忘录和 2003 年汤普森备忘录都指出,如果企业并未采取措施执行合规计划,即使制定了最完善的合规计划,也不应当豁免与合规相关的指控(或者罚金计算的减免)。② 反之,如果企业采取实质措施执行合规计划,并确保员工理解并遵循该合规守则,便不能因为企业个别员工的不法行为而把责任强加到一个拥有有效的合规计划的企业上。在 1999 年霍尔德备忘录中关于决定是否起诉企业的考量因素便印证了这个观点,因为 8 个因素里有 3 项是涉及

---

① Ryan D. McConnell,et al,"Plan Now or Pay Later: The Role of Compliance in Criminal Cases", *Houston Journal of International Law*,Vol33,2011.

② 1999 Holder Memo, supra note 108, at Section Ⅶ. B;Thompson Memo, supra note 15.

"有效的合规计划"的，即企业内部不法行为的普遍性、企业是否拥有合规计划、企业是否采取补救措施3项因素。

对于惩处企业犯罪而言，"有效的合规计划"是附条件不起诉制度的核心组成部分，是否拥有"有效的合规计划"将极大程度地影响检察机关对涉案企业是否提起诉讼以及是否最终作出不起诉的决定。"有效的合规计划"可以成为犯罪豁免的事由，这种"豁免激励机制"的存在以及检察机关的直接监管，能够促使企业间形成良好的企业合规化氛围，促进企业积极构建或完善合规计划，使原本的"纸面计划"转变为能够规范员工行为、防范刑事风险、预防刑事犯罪的切实有效的合规计划。可以说，"有效的合规计划"是联结检察机关和涉案企业的关键节点。虽然"有效的合规计划"只针对企业内部的管理活动，但这个"有效的合规计划"又是在检察机关监督下做出和实施的，具有影响和决定刑事诉讼程序的意义，是具有公权意义的企业自我救赎书。

鉴于"有效的合规计划"在企业刑事诉讼程序中的独特地位，应当如何衡量企业是否拥有"有效的合规计划"？

美国《联邦组织体量刑指南》列举了7个评判"有效的合规计划"的要素：一是企业应建立合规计划，二是企业应指定高管监督企业的合规计划，三是企业不得聘请具有犯罪前科记录的人员作为高管，四是对所有员工进行合规计划的培训，五是内部控制体系和举报制度，六是合理的奖惩机制，七是预备不法行为发生后的补救措施。① 此外，法国的《萨宾第二法案》②、意大利2001年的231号法令③也对有效的合规计划的标准作出了具体规定。

根据我国《合规管理体系指南》和《中央企业合规管理指引（试行）》的具体规定，评价一份有效完备的合规计划时应当考虑以下要素：第一，制定完备的合规管理规章，内容主要包括所有员工应当遵守的合规义务、行为准则以及针对全体员工的合规培训。第二，建立合规审查监督体系，设置合规监管部和首席合规官，针对合规计划的执行、规章制度的制定、重大事项的决策等

---

① 万方：《企业合规刑事化的发展及启示》，载《中国刑事法杂志》2019年第2期。
② 陈瑞华：《法国〈萨宾第二法案〉与刑事合规问题》，载《中国律师》2019年第5期。合规制度的基本内容为：1. 制定行为准则；2. 建立内部预警系统；3. 风险评估；4. 内外会计控制程序；5. 培训体系；6. 奖惩机制；7. 内部控制和评价体系。
③ 转引自周振杰、赖祎婧：《合规计划有效性的具体判断：以英国SG案为例》，载《法律适用（司法案例）》2018年第14期；参见 Stefano Mana‑corda, Francesco Centonze and Gabrio Forti（eds.），Preventing Corporate Corruption, New York：Springer, 2014. P. 334. 2001年6月8日的第231号法令规定，有效的合规计划必须满足：1. 评估风险；2. 制度设计和实施的具体指南；3. 建立预防犯罪行为的财务资源管理制度；4. 设定向监督委员会提供信息的义务；5. 设定奖惩机制，定期检查合规计划的执行情况。

重大经营管理行为进行监管和审查。条件允许情况下,可以聘请有合规经验的律师或审计人员作为外部监管人,协助合规监管部更好地展开审查监督工作。第三,建立合规风险预警和应对机制,通过合规管理信息化建设实现对企业经营行为的在线监控和风险分析,同时开设举报渠道鼓励员工举报有违规风险的行为。此外,还应制定风险预案和预备违规行为发生后的补救措施。第四,设置纪律处分程序,明晰违规责任范围和处罚标准,纠正违规行为,必要时主动上报司法机关。第五,建立合规审查评估机制,定期对合规计划的有效性进行评估,同时定期更新合规管理规章,将外部的法律法规变化和监管动态及时纳入其中。第六,建立违规行为上报机制,将严重的违法违规行为上报有关部门。第七,建立合规文化培养体系,通过合规培训、合规手册等方式强化全员安全、质量、诚信和廉洁等意识,树立依法合规、守法诚信的价值观,筑牢合规经营的思想基础。

在适用于企业犯罪的附条件不起诉制度中,检察机关可以通过上述罗列的7个要素来判断在决定是否对企业提起诉讼时企业是否拥有"有效的合规计划",以及作出终局性不起诉决定前企业合规计划改革是否达标。但是,应当明确的是,上述对合规计划的评价标准,是针对一般企业为预防违规行为而设置的。检察机关对于涉案企业合规计划的审查,应当重点审查合规计划的实施是否能够消除犯罪条件,是否惩治肇事员工,是否改造企业文化等关乎企业再犯的刑事风险方面。

(三)针对企业的检察建议

2019年2月,最高人民检察院发布了新修订的《人民检察院检察建议工作规定》(以下简称《规定》)。

《规定》第2条规定:"检察建议是人民检察院依法履行法律监督职责,参与社会治理,维护司法公正,促进依法行政,预防和减少违法犯罪,保护国家利益和社会公共利益,维护个人和组织合法权益,保障法律统一正确实施的重要方式。"《规定》将检察建议分为5类:再审检察建议、纠正违法检察建议、公益诉讼检察建议、社会治理检察建议、其他检察建议。其中的社会治理检察建议便是针对存在管理制度不健全和刑事犯罪风险单位的。对于单位存在违法犯罪隐患的,按照《规定》第11条,检察机关应当向相关单位发出检察建议。与前文所述的附条件不起诉制度重在防止涉案企业再犯不同,检察建议重在犯罪预防,因而附条件不起诉制度和检察建议是针对企业和企业员工犯罪的两种手段,在效力上一硬一软,在效果上一直接一间接,共同构成了检察机关介入企业刑事合规活动的基本状态。

检察机关在向有关单位提出检察建议时,首先应当重点关注企业合规管理制度的完备程度。由于合规计划在我国发展较晚,多数企业并未意识到合规计划的重要性,也没有足够的能力构建合规计划,致使企业并未建立完整的合规管理制度和风险防控机制。所以,检察机关应当对此类企业发出检察建议书,普及合规计划理念与建构指南,帮助企业提高合规意识,规范企业员工的行为,预防内部和外部的刑事犯罪风险。其次,检察机关应当考察企业内部的治理框架和经营方式,一旦发现违规违法行为,或是一定时期内某类违规行为频发,应立即通过检察建议的方式告知企业,并督促企业在一定期限内进行整改,加强对经营活动和内部治理的审查,防止企业或企业员工实施不法活动。最后,检察机关应当监督地方公权力机关是否存在利用公权力欺压中小企业的现象。一旦发现公权力机关不依法履行职责,致使企业遭受损失时,应当及时发出检察建议。

(四)参与托管或重整程序

我国法律并未对涉刑事案件企业进入托管程序或重整程序作出明确规定。在实践中,当企业因被刑事调查或刑事起诉而陷于重大经营困难或是面临破产时,可以将企业受托于政府或相关行业组织进行管理和经营,而检察机关参与内部治理结构和经营方式的监管。这种模式有助于维持企业正常运营,避免企业破产而使企业员工、投资人和债权人的利益受损。检察机关的监管将督促企业纠正违规违法行为,推进合规计划的建构,帮助企业重新步入正轨。

检察机关参与企业托管或企业重整的程序,应当重点关注以下方面:第一,适用对象与适用条件。一是涉嫌刑事案件的或正在被刑事调查或刑事起诉的企业;二是此时企业处于严重经营困境、财务困难或企业面临破产;三是企业的法定代表人或主要管理者已被逮捕而无法继续经营和管理企业;四是企业一旦破产将有严重的附带后果,如企业员工、债权人等其他权利人会遭受不成比例的损失,或是大型企业的破产将使当地经济发展和就业遭受重大影响。第二,监管内容。检察机关重点引导企业构建合规计划,使企业在一个良好的、有效的合规管理制度下运营。具体而言,检察机关监督企业内部治理结构和经营方式的改革,纠正企业及其员工的不当行为,审查企业作出经营行为决策的程序合规性,把控企业合规风险,避免企业重蹈覆辙。第三,去"犯罪"标签化。对于涉嫌或已构成单位犯罪的企业,在法律允许的范围内,检察机关应当谨慎发布有关企业刑事案件的信息,及时澄清报道失实的内容,努力维护企业的声誉,帮助企业更好更快地"再生"。

(原载于《山东社会科学》2020年第5期)

做强民事检察监督　有效提升司法权威

借力体系化思维强化民事检察监督

——以民事诉讼监督为视角解读民法典

吕洪涛[*] 肖正磊[**] 兰 楠[***]

民法典将于2021年1月1日起施行。在当前和今后一个时期,学习、掌握和吃透民法典,落实习近平总书记关于"加强民事检察工作,加强对司法活动的监督,畅通司法救济渠道,保护公民、法人和其他组织合法权益"的重要指示,是全国检察机关民事检察部门的重要任务。

一、民法典编纂的意义与过程

（一）民法典编纂工作的重大意义

1. 民法典编纂是完善中国特色社会主义制度和国家治理体系的现实需要。纵观全球各国民法典的立法、编纂过程,都是一个凝结大智慧的过程,体现着一国法治文明的发展水平,是一个国家、一个民族走向繁荣强盛的象征和标志。民法规范各类平等主体之间的人身关系和财产关系,涉及社会和经济生活的方方面面,被称为"社会生活的百科全书",民法通过确立民事主体、民事权利、民事法律行为、民事责任等民事总则制度,确立物权、合同、人格权、婚姻家庭、继承、侵权责任等民事分则制度,来调整各类民事关系。民法与其他部门法一起,共同构筑国家制度和国家治理体系,是全面依法治国的前提和基础。在系统总结制度建设成果和实践经验的基础上,编纂一部具有中国特色、体现时代特点、反映人民意愿的民法典,为人类法治文明的发展进步贡献了中国智慧和中国方案。

---

[*] 最高人民检察院第六检察厅副厅长。
[**] 最高人民检察院第六检察厅副厅长。
[***] 最高人民检察院第六检察厅检察官助理。

2. 民法典编纂是保障社会主义市场经济高效有序运行的客观要求。民法典通过规范民事主体制度中的法人制度，规范民事活动的民事法律行为制度、代理制度，规范调整财产关系的物权制度，规范调整交易关系的合同制度，规范保护和救济民事权益的侵权责任制度，从而规范和完善社会主义基本经济制度的运行。由于我国法律制度中"民商合一"的传统，民法实际上还为各类商事活动提供基本遵循，有助于推动不断完善商事领域基本法律制度和行为规则，调动民商事主体的积极性和创造性、维护交易安全、维护市场秩序，有利于营造各种所有制主体依法平等使用资源要素、公开公平公正参与竞争、同等受到法律保护的市场环境，推动经济高质量发展。

3. 民法典编纂是维护最广大人民根本利益的必然要求。随着我国社会主要矛盾的变化，经济社会的不断发展和财富的不断积累，信息化和大数据时代的到来，社会生产生活方式的剧烈变革，现行民事立法中的一些规范已经难以适应人民在民主、法治、公平、正义、安全、环境等方面的实际需要。编纂民法典，健全和充实民事权利种类，形成更加完整的民事权利体系，完善权利保护和救济规则，积极应对经济社会科技发展带来的新变化、新挑战，对于维护人民权益，不断增加人民群众获得感、幸福感和安全感，促进人的全面发展，具有重要的意义。

4. 民法典编纂为民事诉讼精准监督提供了体系化的百科全书。民事诉讼监督是为保障国家法律统一正确实施而进行的监督，其核心是对公权力的监督，通过对公权力的监督间接地维护当事人的合法权利。民法典不仅是社会生活的百科全书，还是民族精神、时代需求的立法表达，同时展现出总则编与各分编之间以及各分编之间结构严谨的制度体系，于全国各级检察机关而言，民法典更是民事诉讼精准监督的百科全书，为包括民事诉讼监督工作在内的司法实践提供了更加坚实的制度基础。民法典体系化的立法思维和立法表达方式填补了许多制度空白，作出了许多制度完善，明确了法律适用，这必然会在相当程度上压缩司法解释的制定空间，限缩法官的自由裁量权，统一类案的裁判尺度，在将来的民事诉讼监督实践中，关注涉及民法典的司法解释清理工作，统一司法标准，增强检察监督工作的精准化、体系化将成为具体的工作思路和重点。

（二）检察机关参与民法典编纂研究工作的基本情况

根据党中央部署，编纂民法典的起草工作由全国人大常委会法工委牵头，最高人民法院、最高人民检察院、司法部、中国社会科学院、中国法学会为参加单位。检察机关参与立法工作，特别是参与民法典等基本法律的立法工作，既是科学立法、民主立法的客观要求，也是检察机关维护法律的统一正确实施、促进公正司法、保障人民权益的使命所在。最高检党组高度重视民法典编纂研究工作,在全国人大常委会法工委首次召开民法典编纂工作协调小组会议提出初步计划和安排后,最高检迅速成立了民法典编纂工作研究小组,在全国范围内选拔和培养了一批民法典编纂研究工作业务骨干,对各分编进行了持续研究,完成了各分编的问题清单,组织召开了多次研讨会,形成了一系列研究成果,并最终向立法机关汇总提出了修改意见和建议条款。

二、民法典的重大变化和解读

民法典共7编、1260条,各编依次为总则、物权、合同、人格权、婚姻家庭、继承、侵权责任以及附则。民法典施行后,有关民事单行法律将被替代,相应的立法解释同步废止,对涉及的相关司法解释有待进行清理和重新制定。

(一) 总体变化和解读

从各编条文分布来看,总则编204条,物权编258条,合同编526条,人格权编51条,婚姻家庭编79条,继承编45条,侵权责任编95条,附则2条。民法典体现了鲜明的时代特征,回应了科学技术的发展和时代变革,回应了人民群众的新需求、新期待。

1. 体现鲜明的时代特色,回应时代需求。民法典积极应对时代发展的需要,单独设立人格权编,突出保护民事权利主体的名誉权、隐私权等重要权利,不仅是立法技术的重要突破,更蕴含着对人民权利的充分尊重与保护,呼唤审判与检察实践的正面回应;针对互联网和大数据技术发展所潜在的侵害个人信息的现象,民法典规定了个人信息的保护规则,首次将数据、网络虚拟财产纳入了保护范围;针对频繁发生的高空抛物坠物事件,民法典增加了禁止从建筑物中抛掷物品的规定,并细化各方责任,切实维护人民群众"头顶上的安全"。这些都需要在每一个民事案件和民事诉讼监督案件中予以具体落实。

为贯彻生态文明理念,民法典总则将绿色原则确立为基本原则,规定了民事主体从事民事活动,应当有利于节约资源、保护生态环境;在履行合同过程中,应当避免浪费资源、污染环境和破坏生态;在侵权责任编,增加规定生态环境损害的惩罚性赔偿制度,并明确规定了生态环境损害的修复和赔偿规则。

2. 民法典的特殊制度安排适应了疫情防控需要。结合新冠肺炎疫情防控工作并针对未来的重大紧急突发事件应对,民法典作出了一系列制度安排:规定因发生突发事件等紧急情况,监护人暂时无法履行监护职责,被监护人的临时生活照料措施;增加规定物业服务企业或者其他管理人应当执行政府依法实施的应急处置和其他管理措施，积极配合开展相关工作，业主应当依法予以配合；规定国家根据抢险救灾、疫情防控或者其他需要下达国家订货任务、指令性计划的，有关民事主体之间应当依照有关法律、行政法规规定的权利和义务订立合同。这些都体现了民法典在突发事件之下对"人"的关怀。

（二）重点难点条文解读

本文尝试对两类问题进行重点解读：一是在民事诉讼监督工作中需要作为基本遵循重点理解的条款，如新增的立法目的、原则和基本规定等；二是从诉讼监督的视角，分析司法实践中容易产生理解和适用争议的条款，重点分析其要点或要件。

1. 增加"弘扬社会主义核心价值观"的重要立法目的（第1条）。总则编第一章规定了民法典的立法目的和依据，其中，在原有规定的基础上，将"弘扬社会主义核心价值观"增加为一项重要的立法目的；相应地，在婚姻家庭编，第1043条增加了"家庭应当树立优良家风，弘扬家庭美德，重视家庭文明建设"的规定，体现了坚持依法治国与以德治国相结合的鲜明中国特色。

2. 贯穿"节约资源、保护生态环境"的绿色原则（第9条）。总则编确立了绿色原则，在分编部分，绿色原则得以贯穿始终，例如，侵权责任编增加规定了生态环境损害的惩罚性赔偿制度，并明确规定了生态环境损害的修复和赔偿规则。

3. 修改基本经济制度的表述（第206条第1款）。在物权编通则部分修改有关基本经济制度的表述，将物权法规定的"国家在社会主义初级阶段，坚持公有制为主体、多种所有制经济共同发展的基本经济制度"表述为"国家坚持和完善公有制为主体、多种所有制经济共同发展，按劳分配为主体、多种分配方式并存，社会主义市场经济体制等社会主义基本经济制度"。

4. 完善业主的建筑物区分所有权制度（第277条第2款、第278条、第281条第2款）。针对近年来实践中普遍反映的业主大会成立难、公共维修资金使用难、物业管理不规范、业主维权难等问题，增加了居民委员会作为对设立业主大会和选举业主委员会给予指导和协助的主体；适当降低了业主共同决定事项，特别是使用建筑物及其附属设施维修资金的表决门槛，并增加规定紧急情况下使用维修资金的特别程序。

5. 明确住宅建设用地使用权期限届满自动续期的规定（第359条第1款）。根据该条规定，住宅建设用地使用权期限届满的，自动续期。续期费用的缴纳或者减免，依照法律、行政法规的规定办理。

6. 落实农村承包地"三权分置"改革要求（第二编第十一章、第399条）。完善农村集体产权相关制度，落实农村承包地"三权分置"改革的要求,对土地承包经营权的相关规定作了完善,增加土地经营权的规定。明确了土地承包经营权人可以依法流转土地经营权,土地经营权人可以占有使用土地并取得收益,并删除了原"耕地使用权"不得抵押的规定,从制度配套上适应"三权分置"后土地经营权入市的需要。

7. 增加规定新型用益物权——居住权(第二编第十四章)。根据该章规定,居住权是一种用益物权,居住权原则上无偿设立,应当订立书面合同,亦可以遗嘱方式设立。居住权人有权按照合同约定或者遗嘱,经登记机构登记而占有、使用他人住宅,以满足其稳定的生活居住需要。居住权期限届满或居住权人死亡,居住权消灭,居住权不适用转让和继承,原则上对应住宅也不得出租。

8. 扩大担保合同的范围(第388条第1款)。根据该条,担保合同包括抵押合同、质押合同和其他具有担保功能的合同,在物权法、担保法等原有规定的基础上,新增了"其他具有担保功能的合同",确认了融资租赁、保理、所有权保留等非典型担保合同的担保功能。与此同时,在合同编进一步完善了关于买卖合同、融资租赁合同的具体规则,增设保理合同等典型合同,为优化营商环境提供法治保障。

9. 完善合同总则制度(合同编第一分编)。民法典在原有合同法基础上完善了合同总则制度,实际上承担了相当程度的债法总则的功能:明确了非因合同产生的债权债务关系,优先适用有关该债权债务关系相应的法律规定;没有规定的,适用合同编通则的有关规定,但是根据其性质不能适用的除外。非因合同产生的债权债务关系,包括无因管理之债、不当得利之债(位于合同编第三分编准合同部分)以及侵权之债(第七编)。合同总则还规范了多数人之债的履行规则,包括第517条规定的按份债权和按份债务,第518条规定的连带债权和连带债务,第519条规定的连带债务人之间的份额确定和追偿,第520条规定的部分连带债务人与债权人之间发生的事项对其他连带债务人的效力,第521条规定的连带债权内外部关系等。可以说进一步完善了债法的一般规则。

10. 完善电子合同订立规则(第491条)。关于电子合同的订立,在原《合同法》第33条的基础上,完善了第1款,增加了第2款。根据增加的第2款,一方当事人在互联网等信息网络上发布商品或服务信息,符合要约要件的,即属于内容具体明确、一经承诺即受约束的意思表示,则对方选择该商品或服务并提交订单成功时,视为承诺生效,此时合同成立,当事人另有约定的除外。在尊重当事人意思自治的基础上,依然贯穿了"要约—承诺"的缔约方式。

11. 完善格式条款制度（第495条至第498条）。合同编第一分编第496条规定了格式条款的定义和格式条款提供方的提示说明义务，第497条修改完善了格式条款的无效情形，第498条规定了格式条款的解释。值得注意的是，随着互联网的深入发展和运用，格式条款大量使用，且存在篇幅长、内容多、表达复杂、难于理解的问题，格式条款提供方未就与对方有重大利害关系的条款履行提示或说明义务，致使对方没有注意或者理解该条款的，对方可以主张该条款"不成为合同的内容"。

12. 增加债务清偿抵充规则（第560条）。第560条新增了数项债务的清偿抵充顺序规则，当债务人对同一债权人负担的数项债务种类相同，又不足以清偿全部债务的，清偿规则如下：第一，除当事人另有约定外，由债务人在清偿时指定；第二，债务人未作指定的，优先履行已到期的债务；第三，数项债务均到期的，优先履行对债权人缺乏担保或者担保最少的债务；第四，均无担保或者担保相等的，优先履行债务人负担较重的债务；第五，负担相同的，按照债务到期的先后顺序履行；第六，到期时间相同的，按照债务比例履行。

13. 完善合同解除等合同终止制度（第563条至第566条）。在第563条法定解除事由中增加规定，以持续履行的债务为内容的不定期合同，当事人可以随时解除，但应在合理期限之前通知对方；在第564条解除权行使期限中明确，法律没有规定或者当事人没有约定解除权行使期限，"自解除权人知道或者应当知道解除事由之日起一年内不行使"，或者经对方催告后在合理期限内不行使的，该权利消灭；在第565条解除权行使中，针对实践中频繁出现的情形，增加"通知载明债务人在一定期限内不履行债务则合同自动解除，债务人在该期限内未履行债务的，合同自通知载明的期限届满时解除"，并明确当事人未通知对方，直接提起诉讼或仲裁主张解除合同的，"人民法院或者仲裁机构确认该主张的，合同自起诉状副本或者仲裁申请书副本送达对方时解除"。与此相关联值得注意的是，第580条第2款规定，在非金钱债务中，如有法律上或事实不能、标的不适于强制履行或履行费用过高、债权人在合理期限内未请求履行的情形之一，致使合同目的不能实现的，法院或者仲裁机构可以根据当事人的请求终止合同权利义务关系。这一问题应在今后的司法实践中予以高度关注。

14. 增加4种新的典型合同（第三编第十三章、第十六章、第二十四章、第二十七章）。典型合同，又称为有名合同，是合同编第二分编予以列举性规定的合同，第二分编列举了19种典型合同，其中新增4种，包括保证合同、保理合同、物业服务合同和合伙合同。需要特别注意的是保理合同，所谓保理,是保付代理的简称,作为一种重要的融资工具,可以为企业提供综合性金融服务,特别是可以为中小型企业拓宽融资渠道,解决融资难、融资贵的问题。保理合同,指应收账款债权人将现有的或将有的应收账款转让给保理人,保理人提供资金融通、应收账款管理或者催收、应收账款债务人付款担保等服务的合同。当前保理业务发展迅猛,体量庞大,但也纠纷频发。从第三编第十六章的规定来看,保理合同的要件包括:一是保理人必须是依规定、经批准可以开展保理业务的金融机构和商业保理公司;二是应收账款债权人将现有的或者将有的应收账款转让给保理人;三是保理人提供的服务包括资金融通、应收账款管理或者催收、应收账款债务人付款担保等;四是保理合同要求采用书面形式。

15. 增加禁止高利放贷等关于借款利率的规定(第 680 条)。为维护正常的市场融资秩序,合同编在第十二章借款合同部分增加了关于禁止高利放贷的规定,要求借款的利率不得违反国家有关规定。近年来,民间借贷纠纷数量激增,不仅在一审民事案件中占比较大,在检察机关受理的民事诉讼监督案件中也占比靠前,严重危害社会稳定、金融秩序稳定。在民法典中"禁止高利放贷",体现了国家治理乱象的决心和坚决态度,也要求检察机关在办理每一个诉讼监督案件中对此类问题保持高度敏感、高度关注。

16. 增加准合同分编(合同编第二十八章、第二十九章)。从债法的体系上看,无因管理和不当得利均是债的发生原因,但从规则内容上看,二者既与合同有同属债法性质的内容,又与合同规则有所区别,合同编第三分编"准合同"分别对无因管理和不当得利的一般性规则作了规定,应注意与合同编通则一并理解适用,除因性质不能适用外,适用合同编通则的有关规定。

17. 增加人格权编的一般规定(第四编)。人格权独立成编既是立法技术问题,也是民法典的亮点之一,彰显了民法典浓厚的人文色彩,突出了人格尊严保护。人格权是民事主体对其特定的人格利益享有的权利,是民事主体最基本的权利。民法典对人格权的定义进行了界定,人格权是民事主体享有的生命权、身体权、健康权、姓名权、名称权、肖像权、名誉权、荣誉权、隐私权等。除此之外,自然人还享有基于人身自由和人格尊严而产生的其他人格利益。人格权受法律保护,人格权不得放弃、转让或者继承,以及死者人格利益受法律保护等。

18. 规范与人体胚胎、基因相关的医学、科研活动(第 1009 条)。随着现代医学和科学技术的迅猛发展,医学临床试验和科研活动已经深入到与基因、胚胎相关的层面,反面典型案例已经出现,基因编辑技术可能造成先天畸形婴儿并对人类遗传基因池造成不可逆转的重大损害,对人类代际健康、社会伦理造成巨大挑战。第1009条规定,从事此类活动,应当遵守相关规定,并且不得危害人体健康,不得违背伦理道德,不得损害社会公共利益。应当重视目前存在的相关医学、科研活动的伦理审查形式化的现象,从人类基因健康、个体健康的角度把握社会公共利益。

19. 规定性骚扰的认定标准和防止义务(第1010条)。近年来,性骚扰问题引起了社会的较大关注,民法典规定了性骚扰的认定标准,以及相关单位防止和制止性骚扰的义务。民法典将认定标准界定为违背他人意愿,以言语、文字、图像、肢体行为等方式对他人实施性骚扰。受害人有权依法请求行为人承担民事责任,并特别强调了相关单位应当采取合理的预防、受理投诉、调查处置等措施,防止和制止利用职权、从属关系等实施性骚扰。

20. 新增自然人选取姓氏的规则(第1015条)。针对社会生活中出现的自然人选取姓氏的随意性和已发生的争议,民法典规定了自然人姓氏的选取规则:第一,以随父姓或母姓为原则;第二,父母姓氏之外选取姓氏为例外,事由包括选取其他直系长辈血亲的姓氏、由法定扶养人之外的人扶养而选取其姓氏以及其他不违背公序良俗的正当理由;第三,少数民族自然人的姓氏遵从本民族文化传统和风俗习惯。此处在实践中应当注意对"其他不违背公序良俗的正当理由"的理解和把握。

21. 完善肖像权合理使用规则(第1020条)。人格权编第四章规定了肖像权的权利内容及许可使用肖像的规则,明确禁止侵害他人的肖像权。值得注意的是,为了合理平衡保护肖像权与维护公共利益之间的关系,民法典结合司法实践,完善了肖像权的合理使用规则,在教学科研的必要范围内、为实施新闻报道不可避免地、国家机关为依法履职在必要范围内、为展示特定公共环境不可避免地、为维护公共利益等,可以合理地制作、使用、公开肖像权人的肖像,而不经其同意。

22. 完善名誉权保护与新闻报道、舆论监督的规则(第1025条、第1026条)。人格权编第五章为平衡个人名誉权保护与新闻报道、舆论监督之间的关系,对行为人实施新闻报道、舆论监督等行为涉及的民事责任承担,以及合理核实义务的认定进行了规定。根据该规定,行为人为公共利益实施新闻报道、舆论监督等行为,影响他人名誉的,不承担民事责任。该规定的除外情形包括:捏造、歪曲事实,对他人提供的严重失实内容未尽到合理核实义务,使用侮辱性言辞等贬损他人名誉。关于是否尽到合理核实义务,应当从内容来源的可信度、对明显可能引发争议的内容是否进行了必要调查、内容的时限性、内容与公序良俗的关联性、名誉受贬损的可能性、核实能力和核实成本等方面进行把握。

23. 完善隐私定义和隐私权规则（第 1032 条、第 1033 条）。人格权编第六章对隐私进行了界定，即自然人的私人生活安宁和不愿为他人知晓的私密空间、私密活动、私密信息。自然人隐私权受保护，任何组织和个人不得以刺探、侵扰、泄露、公开等方式侵害他人的隐私权，个人信息中的私密信息适用隐私权的保护规定，没有规定的，适用有关个人信息保护的规定。

24. 构建自然人与信息者之间的权利义务框架（第 1036 条至第 1038 条）。人格权编第六章还构建了一个基本的权利义务框架，用以平衡保护个人信息与满足信息收集、大数据利用之间的关系。根据相应条文的规定，权利义务框架大致如下：第一，处理个人信息应当遵循合法、正当、必要原则，不得过度处理；第二，处理已经权利人同意、已经合法公开的信息（但是该自然人明确拒绝或者处理该信息侵害其重大利益的除外）或为维护公共利益、该自然人合法利益而实施的合理处理个人信息行为，不承担民事责任；第三，自然人可以依法查阅、复制其个人信息并视情况要求更正、删除等；第四，信息处理者不得泄露或篡改个人信息，未经脱敏处理的个人信息未经自然人同意不得向他人提供；第五，信息处理者应采取有效措施确保信息安全，如有泄露及时补救和报告。除了对群众反映强烈的个人信息滥用和侵害行为进行刑事规制之外，能否通过公益诉讼等对公民个人信息予以多元保护，是值得关注的问题。

25. 确立最有利于被收养人的原则（第 1044 条第 1 款）。1991 年 12 月 29 日通过的收养法就确定了平等、自愿，有利于被收养的未成年人的抚养、成长，不得违背社会公德等收养活动应当遵守的原则。此次民法典编纂，为了更好地维护被收养的未成年人的合法权益，将《联合国儿童权利公约》关于儿童利益最大化的原则予以落实并贯穿始终。收养一章各个程序的设置都旨在充分保护被收养人的利益，保障被收养人尽可能得到最好的抚养、保护和教育。第 1105 条增加了"县级以上人民政府民政部门应当依法进行收养评估"的规定，将在全面试点的基础上，对第 1098 条规定的收养人应当具备的条件进行评估，如何保障评估不流于形式以及是否探索对收养后的抚养状况进行回访、评估是值得关注的问题。

26. 明确夫妻共同债务的范围（第 1060 条、第 1064 条）。关于夫妻共同债务的认定，在实务界和学界争论都非常大，也是民事诉讼监督工作的难点之一，应当结合《民法典》第 1064 条和第 1060 条一并理解掌握。此前的主要争议集中在 2004 年最高人民法院《关于适用〈中华人民共和国婚姻法〉若干问题的解释（二）》（以下简称《解释（二）》）第 24 条的规定："债权人就婚姻关系存续期间夫妻一方以个人名义所负债务主张权利的，应当按夫妻共同债务处理。但夫妻一方能够证明债权人与债务人明确约定为个人债务，或者能够证明属于婚姻法第十九条第三款规定情形的除外。"2018年1月，最高人民法院《关于审理涉及夫妻债务纠纷案件适用法律有关问题的解释》（以下简称《解释》）规定，"夫妻双方共同签字或者夫妻一方事后追认等共同意思表示所负的债务，应当认定为夫妻共同债务""夫妻一方在婚姻关系存续期间以个人名义为家庭日常生活需要所负的债务，债权人以属于夫妻共同债务为由主张权利的，人民法院应予支持""夫妻一方在婚姻关系存续期间以个人名义超出家庭日常生活需要所负的债务，债权人以属于夫妻共同债务为由主张权利的，人民法院不予支持，但债权人能够证明该债务用于夫妻共同生活、共同生产经营或者基于夫妻双方共同意思表示的除外"。这一规定较之《解释（二）》第24条发生了很大变化，强调夫妻共同债务形成时"共债共签"原则，区分"家庭日常生活债务"与"非日常生活债务"：前者推定为夫妻共同债务，债权人无需举证；后者由债权人举证。立法机关认为，《解释》施行以来，经过两年多的观察和评估，从施行的效果来看，总体上能够有效平衡各方利益，基本平息了此前的争议，获得各方赞同，故而民法典吸收了《解释》的规定，明确了夫妻共同债务的范围和处理规则，并予以进一步完善。从本条来看，基本上确立了三个方面的规则：第一，夫妻共同债务的确定，包括共同意思表示和家庭日常生活支出两大类。共同意思表示又包括共债共签和事后追认的具体情形。在这类情形下，债务可直接推定为夫妻共同债务，债权人无需举证。第二，以个人名义所负、明显超出家庭日常生活需要的债务，不属于夫妻共同债务，即无共同意思表示的债务。认定为夫妻共同债务应当符合通常的家庭日常生活需要的标准。第三，超出家庭日常生活需要，但是债权人能证明该债务用于夫妻共同生活、共同生产经营或者基于夫妻双方共同意思表示的除外。注意此种情况下，由债权人承担举证责任。

27. 增加离婚冷静期制度（第1077条）。在民法典草案的征求意见过程中，对于该规定，存在两种不同的观点：一种观点认为，这一规定给了夫妻足够的斟酌考虑时间，避免了因冲动离婚而后悔；另一种观点认为，夫妻之间因感情破裂而协议离婚是婚姻自由的重要内涵，婚姻自由既包括结婚自由，也包括离婚自由。从立法机关的制度设计初衷看，本条是针对我国目前的离婚程序过于简单、存在较多的草率离婚、冲动离婚的现象，[①] 解决离婚率逐渐增加的问题。必须承认，婚姻家庭作为社会构成的基本单元，除维持夫妻感情外，还

[①] 参见杨立新、蒋晓华：《对民法典婚姻家庭编草案规定离婚冷静期的立法评估》，载《河南社会科学》2019年第6期。

承担了赡养老人、抚育子女的重要职责。降低离婚率、保持社会和谐稳定必然是立法追求的目标。本条不针对诉讼离婚。对于诉讼离婚，民法典第1079条第4款增加规定了"经人民法院判决不准离婚后，双方又分居满一年，一方再次提起离婚诉讼的，应当准予离婚"，从制度设计上对应解决"久调不判"的问题。根据第1077条的规定，双方符合协议离婚的条件，并亲自到婚姻登记机关申请离婚登记后，还需经过30日的离婚冷静期。冷静期届满，双方仍自愿离婚的，双方应当亲自到婚姻登记机关申请发给离婚证；冷静期届满，双方未共同申请的，视为撤回离婚登记申请；冷静期内，双方任何一方可以向婚姻登记机关撤回离婚登记申请。

28. 增加关于相互有继承关系的数人在同一事件中死亡且死亡时间难以确定的继承规则（第1121条第2款）。由于相互之间有继承关系的人的死亡时间、顺序对继承和财产利益影响巨大，故本条吸收了司法解释的规定，对于在同一事件中相互有继承关系的数人死亡，而难以确定死亡时间的，作出如下关于死亡时间的推定：第一，推定没有其他继承人的人先死亡。所谓其他继承人，是指在该同一事件中死亡的数人之外的继承人。第二，对于在该同一事件中死亡的数人之外都有其他继承人的人，辈份不同的，推定长辈先死亡；辈份相同的，推定同时死亡，则相互不发生继承。以此确定死亡时间，亦明确了继承的发生与否。

29. 确立文体活动的"自甘风险"规则（第1176条第1款）。侵权责任编一般规定中新增了"自甘风险"规则，规定自愿参加具有一定风险的文体活动，因其他参加者的行为受到损害的，受害人不得请求没有故意或者重大过失的其他参加者承担侵权责任。文体活动中可能存在三方当事人，包括参加者、其他参加者和活动组织者。这一条确定的风险分配规则是：第一，在具有一定风险的文体活动中，受害人因其他参加者的行为受到损害的，不得主张没有故意或者重大过失的其他参加者承担侵权责任；第二，受害人因其他参加者的行为受到损害的，可以主张具有故意或者重大过失的其他参加者承担侵权责任；第三，受害人可以主张活动组织者未尽到应有的安全保障义务、教育管理职责而承担侵权责任。

30. 增加规定"自助行为"制度（第1177条）。近现代国家原则上禁止私力救济，主要考虑私力救济的手段、方式、尺度均难以适当把握，可能导致秩序混乱与新的侵害发生。适用本条应把握如下要点：第一，把握紧迫性。当事人合法权益受到侵害，情况紧迫，且无法及时获得公权力保护，如不立即采取措施将使其合法权益受到难以弥补的损害。第二，把握合理性。当事人可以采取扣留侵权人的财物等合理措施，并且应掌握在必要范围内，如受害人采取的措施不当造成他人损害的,应当承担侵权责任。第三,把握事后性。事后应当立即请求有关国家机关处理。

31. 完善网络侵权责任制度(第1195条、第1196条)。为了更好地保护权利人的利益,平衡好网络用户和网络服务提供者之间的利益,民法典细化了网络侵权责任的具体规定,完善了权利人通知规则和网络服务提供者的转通知规则。第一,明确权利人发出的通知应当包括构成侵权的初步证据及权利人的真实身份信息;第二,明确网络服务提供者接到通知后,应及时转送相关网络用户,并根据构成侵权的初步证据和服务类型采取必要措施;第三,明确权利人因错误通知造成损害的,应当承担侵权责任,法律另有规定的依照其规定;第四,网络用户接到通知后,可以向网络服务提供者提交不存在侵权行为的声明,包括不存在侵权行为的初步证据及网络用户的真实身份信息;第五,网络服务提供者接到声明后,应当将声明转送发出通知的权利人,并告知其可以向有关部门投诉或提起诉讼,合理期限内网络服务提供者未收到权利人已投诉或者提起诉讼通知的,应及时终止所采取的措施。

32. 增加生态环境损害惩罚性赔偿、生态环境修复和赔偿规则(第1232条、第1234条、第1235条)。第一,对惩罚性赔偿要件应注意把握侵权人主观故意、造成严重后果和被侵权人有权主张。第二,造成生态环境损害的修复责任,提出的主体为国家规定的机关或者法律规定的组织,能够修复的,主张侵权人在合理期限内承担修复责任;侵权人在期限内未修复的,国家规定的机关或者法律规定的组织可以自行或者委托他人进行修复,由侵权人负担相应费用。第三,造成生态环境损害时的赔偿范围包括生态环境服务功能丧失或永久性损害造成的损失,调查、鉴定、评估等费用,污染修复生态环境费用,以及防止损害发生和扩大所支出的合理费用。

33. 完善高空抛物坠物治理规则(第1254条)。高空抛物坠物涉及人民群众的生命财产安全,实践中存在难以确定行为人、受害人难以得到赔偿等问题。根据本条确立的规则如下:第一,高空抛物坠物由行为人承担侵权责任,公安等机关应当依法及时调查,查清责任人;第二,难以明确侵权人的,由可能的加害人(建筑物使用人等)予以补偿,能够证明自己不是侵权人的除外;第三,可能的加害人补偿后有权向侵权人追偿;第四,物业公司等建筑物管理人应采取安全保障措施防止高空抛物坠物,未采取必要措施的,应承担未履行义务的侵权责任。

三、民法典的体系化助力精准监督

民法典的颁布施行对于民事审判工作和民事检察工作也将产生深远影响。

当前和今后的民事诉讼监督应当充分借力法典的体系化思维和法典内容的全面化,做好精准监督、类案监督。

(一) 借力法典体系化,做好精准监督

精准监督是尊重民事诉讼监督工作的基本规律,以点带面取得放大效应的行之有效的工作方法,是对民事诉讼监督以重点监督进行有效辐射的精辟概括,是当前和今后一个时期民事检察的重要思路和工作方向。我国民法典不同于法国式的三编制结构(人—财产—取得财产的各种方式)和德国式的五编制结构(总则—债法—物权—家庭—继承)为代表的传统民法典体系,独创了七编制结构,是一个极富原创性的新体系。① 众所周知,法典的优越性在于表达一种清晰的结构以统筹法律原则与规则,促进体系的内在和谐。当前,民事检察监督是以裁判结果监督、执行活动监督和违法行为监督三种片段式的、事后监督为主的监督方式,② 尚未能全面、全阶段地实现民事诉讼法规定的"对民事诉讼实行法律监督"。民法典的体系化、现代化、协调化形成了结构严谨的法律体系,厘清了含混不清的法律适用原则,填补了原有的诸多法律空白,民法典展示出来的体系化的思维方式是作为法律实践科学的民事检察所必须吸收、借鉴的思维模式,这些都是我们向民法典借力的重要思路。

(二) 借力法典协调性,做好类案监督

民商事案件,因不同性质的法律关系而被区分为不同案由的具体案件,不同的法律关系,呈现出不同的案件属性、特点和规律,有完全不同的权利义务配置和举证责任分配。区分不同性质民商事案件的不同规律和特点,统一同类型案件的裁判尺度,区分具体类型进行检察监督符合司法规律。民法典对原有单行法在体系化基础上,结合司法实践和未来趋势,进行了整合、纂修、补充、完善和部分的创制,使其更加完备,尽可能地消弭了制度冲突,③ 也更富有时代感。制度冲突的消弭,意味着同案不同判更加不具备法理上的可接受性。以合同编为例,共三分编二十九章,列举了19种典型合同,每一种合同各方当事人的权利、义务配置都是具体不同的,每一类纠纷的处理,都需要检察官的生活阅历、司法实务经验,以及经验与知识的融会贯通、综合运用。民法典的体系严格、逻辑自洽,为民事审判和检察实务提供了统一的法律适用依

---

① 参见石佳友:《中国民法典之体系创新》,载《检察日报》2020年6月11日,第3版。
② 参见王利明、王轶、冯小光:《"三人谈"民法典的诞生与时代发展》,载《检察日报》2020年6月4日,第3版。
③ 参见张雪樵:《树法治自信立检察自觉——为即将颁布实施的民法典鼓与呼并知与行》,载《检察日报》2020年5月24日,第1版。

据，必然会限缩司法解释的需求和制定空间，限缩法官、检察官的自由裁量权，我们对新类型案件、同类型案件、重大争议案件将会有更明确、清晰的把握，将会给类案监督提供全方位的新契机。民法典颁布实施之后的司法解释清理工作，也将成为我们关注的工作重点。

（原载于《人民检察》2020年第13期）

民事虚假诉讼的检察监督路径

李卫东[*]　张传广[**]

民事诉讼程序作为人民群众救济合法权益的重要渠道,在解决纠纷过程中发挥着权益保障和维护社会稳定的双重作用。然而,近年来,一些行为人虚构事实、伪造证据提起民事诉讼,制造大量"假官司",谋取非法利益。这些"假官司"既侵犯了真实权利人的合法权益,又损害了司法公正,影响了社会和谐稳定。近年来,检察机关加大力度办理民事虚假诉讼(以下简称虚假诉讼)监督案件,2017年至2019年3月,全国检察机关共监督虚假诉讼案件5455件,提出抗诉1140件,提出再审检察建议2786件,提出检察建议1529件,移送犯罪线索497件。[①] 但审视司法实践,各方对虚假诉讼危害性认识,对虚假诉讼行为的界定、类型、惩戒处理等方面仍存在争议。笔者结合安徽省检察机关近年办理虚假诉讼监督案件的基本情况,梳理虚假诉讼监督案件呈现的特点、监督中存在的难点及原因,在此基础上提出相应治理对策。

一、安徽省检察机关近三年办理虚假诉讼监督案件情况

(一)案件数据分析

2017年至2019年3年间,[②] 安徽省检察机关共监督虚假诉讼案件1004件。其中,抗诉320件,提出再审检察建议471件,提出审判人员违法检察建议172件,提出执行活动检察建议41件。具体来说,2017年提出监督意见43件,2018年提出监督意见190件,2019年提出监督意见771件,办案数呈逐年上升趋势。此外,全省检察机关共向公安机关和纪检监察机关移送违法犯罪

---

[*] 安徽省人民检察院副检察长。
[**] 安徽省人民检察院第六检察部检察官助理。
[①] 本文系2019年度最高人民检察院检察应用理论研究课题的研究成果。参见最高人民检察院第六检察厅办案一组:《2017年以来全国检察机关民事虚假诉讼监督工作情况分析》,载《最高人民检察院第十四批指导性案例适用指引》,中国检察出版社2019年版。
[②] 本文关于安徽省检察机关的相关办案数据统计截至2019年12月22日。

线索59件，立案查处12件19人，涉及金额达4亿元人民币，共受理公安机关以涉嫌虚假诉讼罪移送起诉58件145人，审查后以虚假诉讼罪向法院提起公诉33件78人。一是从来源看，抗诉和提出再审检察建议的案件中，依职权受理696件，占比约88%，这些案件线索主要来源于检察机关办理的刑事案件，而当事人申请仅87件，利益相关的案外人举报8件，合计占比约12%。二是从发生领域看，抗诉和提出再审检察建议的案件中，82%的案件为民间借贷纠纷，共649件；合同纠纷（主要为买卖和租赁合同）47件，占比6%；追索劳动报酬纠纷33件，占比4%；机动车交通事故责任纠纷、建设工程施工领域纠纷等其他类型纠纷共占8%左右，均为财产性纠纷。三是从监督结果看，法院已审结的62件抗诉案件中，再审改变原裁判的有54件，改变率为87.1%；已审查处理再审检察建议案件226件，采纳141件，采纳率为62.4%。相比其他民事检察监督案件，虚假诉讼监督案件的抗诉再审改变率和再审检察建议采纳率明显偏高。

（二）案件主要特点

一是以依职权发现为主。提出抗诉和再审检察建议的案件中，依职权受理占比达88%，这与虚假诉讼的合谋性、隐蔽性特点密切相关。同时，"套路贷"、高利贷等涉黑涉恶类虚假诉讼监督案件也多为依职权受理。二是基层检察院作用突出。在1004件虚假诉讼监督案件中，基层检察院独立办理并提出监督意见650件，在市检察院提出监督意见的326件案件中，基层检察院参与办理292件，基层检察院参与率高达94%。可见，该项业务已成为基层检察院民事检察的重要工作内容。三是发生领域集中。在提出抗诉和再审检察建议案件中，民间借贷、追索劳动报酬、合同纠纷三类合计729件，占比高达92%。尤其是民间借贷纠纷，因事实简单，成诉证据要求低，违法行为人可通过制造银行交易流水形成支付凭证，使得证据外观更显规范、真实等特点，其已成为虚假诉讼"重灾区"。四是系列案件增多。结合扫黑除恶专项斗争，安徽省检察机关加强内部协作，全面落实"一案三查"机制，主动排查涉黑涉恶刑事案件中以捏造事实提起民事诉讼骗取法院生效裁判的情形，发现了批量"假官司"，检察机关均依法予以监督。五是单方谋利型虚假诉讼日益多发。具体表现为当事人单方伪造证据、虚构事实或者法律关系，提起民事诉讼，或者在案件事实有争议的情况下，单方伪造关键证据提起诉讼。六是法律从业人员时有参与。在办理的虚假诉讼监督案件中，既存在律师直接参与谋划的情形，也有审判人员收受贿赂后枉法裁判，放任虚假诉讼顺利进行的情形。七是利用诉讼程序和执行程序为主，特别程序和督促程序为辅。一般来说，行为人伪造证据、虚构事实后，主要是通过民事诉讼程序骗取法院作出错误的裁判文书。但近年来,一些行为人为了快速获取法院裁判文书,出现了利用特别程序和督促程序方便快捷的特点制造"虚假诉讼"的情形。八是检察机关主动查办虚假诉讼监督案件的意识增强。因虚假诉讼的合谋性、非对抗性和隐蔽性等特征,案外人举证困难,法院也不易发现,但检察机关可以借助民商事法律专业优势发挥引导公安机关侦查职能,并对涉嫌虚假诉讼罪的行为人提起公诉,有效打击刑事犯罪。同时,对涉及的错误民事裁判,检察机关可及时提出监督纠正意见,督促法院对违法行为人进行民事惩戒,形成打击虚假诉讼的司法合力。

(三)案件主要类型

一是双方通谋逃避债务履行。主要表现为原告、被告恶意串通,捏造民事纠纷,伪造相关证据提起诉讼,使法院作出错误裁判,达到转移财产、逃避或减少其对外清偿债务的目的。

二是双方串通谋取非法利益。主要表现为原告、被告通过伪造证据虚构借贷关系、买卖关系等手段,提起民事诉讼,骗取法院裁判文书,让他人无故承担债务、少分共同财产或者使案外人承担债务而谋取非法利益,这些案件多发生在民间借贷纠纷、离婚诉讼等领域。

三是单方谋取非法利益。主要表现为一方当事人伪造证据,虚构事实或隐瞒真相提起民事诉讼,骗取法院作出错误裁判,损害他人合法权益。这种类型又可细分为两种情况:一种是双方当事人之间根本不存在合法的债权债务关系,一方为侵占对方利益或转嫁债务给对方而采取伪造证据的形式起诉。另一种是双方当事人原存在真实的债权债务关系,但原告隐瞒被告已部分或全部清偿事实,利用被告举证不能的现实,仍就全部债权主张权利,骗取法院生效裁判谋取非法利益,从而损害对方合法权益。

(四)安徽省检察机关的具体做法及成效

其一,明晰方向,推动虚假诉讼监督服务发展大局。省检察院以专项活动为引领,指导全省检察机关主动作为,查办一批有影响的典型虚假诉讼监督案件。一是助力扫黑除恶专项斗争。注重政法机关协作配合,合力打击"套路贷"、非法集资等犯罪组织者以民事诉讼手段为掩盖,侵占他人财产的违法犯罪行为。二是服务民营经济健康发展。坚持"一碗水"端平,平等对待各类企业,依法及时办理侵害民营企业财产权的虚假诉讼监督案件。

其二,多措并举,实现虚假诉讼监督全面覆盖。一是注重多途径拓展案源渠道,尤其重视刑事案件的延伸梳理,不断扩大案件规模。二是充分发挥职能作用,积极行使调查核实权,通过询问、查询、委托鉴定评估等方式,查明证据真伪。三是综合运用刑事诉讼监督、民事诉讼监督等方式"全链条"监督，积极承担查处虚假诉讼的主导责任。

其三，突出重点，保障虚假诉讼监督精准深入推进。一是聚焦关键领域，重点关注民间借贷领域虚假诉讼办案力度，严厉打击串通共谋、单方捏造等虚假诉讼行为。二是打击重点对象，高度关注有关中介公司参与的虚假诉讼行为、涉案人员众多的规模造假行为、审判人员参与的虚假诉讼行为等。同时，在发现审判执行人员违法情形后，依职权对其办理的相关案件进行系统排查，查找深层次违法问题，推动追究其违法违纪责任。

其四，强化沟通协作，形成虚假诉讼监督合力。一是形成内部监督合力，突出检察机关内设机构间联动，及时互通信息、通报案情、移送案件线索，形成监督合力。发挥上级检察院指导作用，针对基层检察院力量不足问题，统一调配人员力量，促进案件有效办理。二是促进外部协作配合，就线索移送、案件协查等，加强与公安机关、法院、司法行政机关等的协作配合。

二、虚假诉讼检察办案中需要关注的问题

（一）虚假诉讼范围界定有待进一步明确

其一，从行为主体上看，虚假诉讼不仅包括一方或双方当事人，还可能是其他诉讼参与人如诉讼代理人、证人、鉴定人等，甚至可能是指使这些主体捏造事实的案外人。其二，从行为方式上看，不仅包括当事人主动伪造证据、虚构事实的积极行为，还包括应当说明或告知事实而故意不说明、不提交证据进而隐瞒事实真相的消极行为；不仅包括自己捏造事实，还包括指使或唆使他人伪造证据、毁灭证据、提供虚假专业意见。其三，从类型上看，不仅包括双方恶意串通型，还包括单方虚构型。其四，从主观上看，为了充分保护当事人诉权的行使，虚假诉讼的认定以行为人主观故意为限，不包括过失。其五，从损害利益和侵害客体看，虚假诉讼的本质特征在于其虚假性。[①] 这种虚假性是对司法秩序和司法权威的严重侵蚀。司法秩序作为社会秩序的子系统，属于国家和社会公共利益的范畴。[②] 法律之所以要求法院对虚假诉讼行为人进行司法制裁，并对严重的（无中生有型）虚假诉讼行为追究刑事责任，是因为虚假诉

---

① 参见吕洪涛、兰楠：《虚假诉讼检察监督的视角与切入》，载《人民检察》2019年第16期。
② 参见周清华：《民事检察与虚假诉讼监督的几个基本问题》，载《最高人民检察院第十四批指导性案例适用指引》，中国检察出版社2019年版。

讼损害的是国家和社会公共利益，而不单是他人利益。① 虚假诉讼行为对司法秩序的危害实际上损害了国家利益和社会公共利益，此即检察机关有权依职权进行监督的根本依据所在。据此，检察机关办理虚假诉讼监督案件的来源不能仅限于当事人申请或案外人控告、举报，应重视依职权受理，最大限度维护司法权威。

（二）调查核实权运用不足

从实务办案中看，检察机关常用的调查手段主要有：一是查询、调取、复制相关证据材料。既可以通过调取法院诉讼卷宗和行政机关执法卷宗等方式进行书面审查，初步锁定疑点和明确调查方向，还可以通过调查相关银行账户的交易明细、房产登记、工商登记信息等证据材料，进而审查涉案当事人提交证据材料的真实性。二是委托鉴定、评估、审计，咨询专业人员等对专门问题的意见，勘验物证和现场，固定虚假诉讼的关键证据。三是询问当事人和案外人，获取关键证人证言，突破当事人心理防线，查证伪造证据、虚构事实，制造虚假诉讼的事实。但不可否认的是，办案实践中受调查核实权适用程序与内容不明确、刚性措施不足等因素制约，检察机关在办案中面临调查取证困难。虽然民事诉讼法和人民检察院组织法规定了检察机关具有调查核实权，但对不配合调查核实的行为没有规定法律后果，制约了检察机关正常履行法律监督职能。对于拒不配合调查核实的情况，检察机关在短期内可以通过提出建议、移送违法线索等方式，解决调查受阻问题。但长远看，还需要通过完善法律制度予以彻底解决，如参照民事诉讼法规定，明确对于拒不配合调查的单位和个人，检察机关可以提请法院采取罚款等民事强制措施，法院在违法事实明确的情况下不得拒绝作出决定。②

（三）惩戒制裁不到位

惩防虚假诉讼行为，需要多方共同配合。其中重要的一点就是应建立立体化多层次的制裁机制，强化打击力度。对于涉嫌犯罪的虚假诉讼行为，应依法移送公安机关侦查，并追究行为人刑事责任；对于涉嫌犯罪以外的诸如伪造证据、虚假陈述等违法行为，除及时纠正错误裁判外，还应依法对违法行为人进行民事制裁，保障司法纯洁性，维护法律和司法权威。实践中，不少案件当事人在虚假诉讼行为被发现后，立即申请撤诉，有部分法院和审判人员以"一撤了之"的息诉心态直接裁定准许撤诉。裁定中既不作出否定性评价，也不

---

① 对于虚假诉讼是否直接损害国家利益和社会公共利益，各地适用时有争议，有必要通过修改完善法律、司法解释等方式予以明确，消除认识分歧。
② 参见华锰、颜良伟：《虚假诉讼检察监督问题分析》，载《中国检察官》2019年第19期。

对违法行为人依法作出民事制裁，移送违法犯罪线索的更少。

针对实践中出现的不合法撤诉裁定，检察机关应依法予以监督。主要理由是：首先，虚假诉讼行为违反诚实信用原则，扰乱司法秩序，破坏司法权威，侵害了国家利益、社会公共利益及他人合法权益，应该受到法律的否定性评价，并依法予以惩戒。其次，民事诉讼处分权的行使不是绝对的，必须在法律规定的范围内行使，不得损害国家利益、社会公共利益及他人合法权益。对于虚假诉讼案件，如把撤诉简单认为是当事人诉讼处分权的行使，而不对当事人的虚假诉讼行为作出民事认定并依法予以惩戒，显然无法遏制虚假诉讼蔓延态势。再次，法院对损害国家利益和社会公共利益的起诉作出准许撤诉的裁定，检察机关应进行监督，这缘于检察机关是"国家利益和社会公共利益的代表者和守护者"的地位。

（四）检察机关在诉讼程序中的主导作用有待进一步发挥

打击虚假诉讼需要全社会共同关注、多部门协同发力。其中，检察机关居于何种地位、承担何种责任，直接影响打击虚假诉讼的工作成效。尽管法庭是虚假诉讼发生的"第一现场"、法官具有发现和阻却虚假诉讼的天然便利，[①]但法院与检察机关查办虚假诉讼所处的阶段、面对的问题及扮演的角色均不同，法院更注重虚假诉讼的防范，检察机关偏重于对虚假诉讼进行纠正和打击，关注点是原案的虚假性。[②] 质言之，在虚假诉讼的源头防范方面，法院确有其独特的优势，但一旦虚假诉讼已经形成，检察机关应发挥主导作用。[③] 究其原因，其一，法律规定检察机关有权对民事诉讼活动全过程进行监督。检察权运行具有主动性、职权主义特点，这与法院审判权的中立性、被动性区别明显，对于虚假诉讼特别是当事人串通类型的虚假诉讼，检察机关可以主动审查、依职权启动程序，确保虚假诉讼行为得到应有惩治。其二，检察机关在证据收集、案件查处方面具有优势，既可以运用调查核实权审查证据，又可以引导侦查机关开展侦查活动。其三，检察机关有集民事检察和刑事检察于一体的优势，在通过民事检察监督手段促使生效裁判得以纠正的同时，又可以在发现、移送线索方面充分合作，积极主动发现虚假诉讼活动中的违法情形，追究违法行为人及相关法官的法律责任，构建全方位的监督格局。

[①] 参见周清华：《民事检察与虚假诉讼监督的几个基本问题》，载《最高人民检察院第十四批指导性案例适用指引》，中国检察出版社2019年版。

[②] 参见石娟：《民事虚假诉讼检察监督中的疑难问题研究》，载《中国检察官》2017年第8期。

[③] 参见张军：《关于检察工作的若干问题》，载《人民检察》2019年第13期。

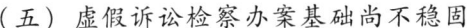

(五) 虚假诉讼检察办案基础尚不稳固

一是惩治虚假诉讼的意识不强。一些地方未能深刻认识虚假诉讼的危害性，发现并惩戒虚假诉讼违法行为的意识不强、积极性不高，预防措施针对性不足，使得违法行为人伪造证据、虚构事实，骗取法院错误裁判有了"可乘之机"，并因违法成本低而敢于"以身试法"制造大量虚假诉讼。二是案件来源渠道仍不畅通。检察机关民事检察监督职能仍难以被广泛知晓，受侵害的当事人或第三人不清楚可以通过申请检察监督维护自身权益，整体上看，向检察机关申请监督、举报、控告的数量偏少。三是人员力量不适应工作需要。实践中，虚假诉讼监督案件集中在基层检察机关，而当前基层检察机关民事检察部门力量偏弱的情况并未根本改变。以安徽省为例，检察机关内设机构改革后，全省仅14个基层检察院设置独立的民事检察部门，其余近百个基层检察院未能实现民事检察部门单设，监督内容多、工作任务重，难免对虚假诉讼监督工作投入力量不足。同时，由于对虚假诉讼的认识不一致，实践经验缺乏，办案人员业务素质和办案水平有待提高。四是协同打击力度有待加大。全省政法机关均在开展打击虚假诉讼工作，但政法各家相互协调配合力度不够，顶层设计和省级层面尚未出台统一、规范的协作配合制度，信息共享机制还不完善。此外，各职能机关未能就防范打击虚假诉讼达成明确共识，工作中各自为阵，难以协调统一，影响了惩治虚假诉讼违法行为的效果。

三、加大虚假诉讼检察监督力度的路径

(一) 完善顶层设计，提高打击虚假诉讼的认识

建议通过修改完善法律和司法解释，合理界定虚假诉讼治理范围，统一认识。增加保障检察机关调查核实权刚性的规定，明确检察机关在虚假诉讼监督中的主导责任和一体化综合监督的实现机制，确保检察机关能在虚假诉讼监督中履行各项职能，运用好相关措施。政法各机关应从推进国家治理体系和治理能力现代化的高度，深刻认识到虚假诉讼对司法公信力和人民群众合法权益的严重危害性，认识到打击虚假诉讼是维护司法公信权威的政治任务，是助力社会综合治理、巩固和完善"中国之治"的重要抓手，不断提高发现虚假诉讼的敏锐性，强化预防、打击虚假诉讼的政治自觉和行动自觉。

(二) 加大监督力度，履行惩治虚假诉讼的主导责任

一是立足职能定位，主动作为。结合扫黑除恶专项斗争，以虚假诉讼领域深层次监督专项活动为契机，强化与法院、公安机关等部门的沟通，积极发现、查处涉及黑恶势力的虚假诉讼案件，借助民事检察专业优势，积极参与并

引导配合公安机关侦查和监委调查，形成检察监督"一盘棋"，充分发挥民事检察监督在"打财断血""破网打伞"等方面的重要作用。二是明确监督重点，提升监督精准性。主动全面审查虚假诉讼易发多发领域，重点审查虚假诉讼案件背后司法人员的违法履职和失职失责行为。充分运用调查核实权，破解发现难调查难问题，用足用好法定监督方式，提升监督质效。通过办理一批深层次监督案件，督促纠正错误裁判，并追究涉案违法行为人和司法人员的违法责任，修复司法公信力。三是"以点带面"，推进社会诚信体系建设。切实办好典型案件，惩戒虚假诉讼违法行为人，警示教育相关人员，推进社会诚信体系建设。注重结合办案，发现相关部门存在的管理问题，及时提出检察建议，推动提升社会治理能力。

（三）加大监管力度，从源头上防范虚假诉讼

一是强化对金融行业的监督。一方面，稳妥引导金融创新，拓宽小微企业和小额贷款的融资渠道，推动解决融资难问题。另一方面，结合打好"三大攻坚战"和金融市场整顿工作，加强对民间借贷行为的监督管理。金融监管部门应严格审批民间借贷公司注册登记，对无证经营、超范围经营的，市场监督管理部门应及时依法予以取缔，规范金融市场秩序。二是强化对公证、仲裁活动的监督管理。严格民间借贷、房产买卖、涉国有资产处置等事项的公证、仲裁程序。三是探索建立职业放贷人黑名单制度，对重点人员和重点领域实施精准监管。通过信用惩戒和信用激励并重的方式，加快推进社会诚信体系建设。同时，加强普法宣传，通过新媒体新方式向社会发布虚假诉讼典型案例，强化公民守法守信意识。

（四）完善协作机制，形成防范打击虚假诉讼合力

通过联席会议、会签文件等方式，在政法各机关之间建立合作机制。开展信息共享、推进联网查询，畅通虚假诉讼线索发现和移送途径，确保案件得到及时查处。通过联合调研、案件研讨等逐步协调虚假诉讼认定、惩戒标准，统一法律适用，确保精准打击。

（原载于《人民检察》2020年第10期）

民事程序构造中的检察监督论纲

——民事检察监督理论基础的反思与重构[*]

肖建国[**]

引 言

现行《民事诉讼法》确立了检察监督原则,明确规定检察机关有权对民事审判和民事执行活动实行法律监督。对于法院民事审判活动的监督,《民事诉讼法》第208至第213条进一步细化了对法院生效裁判的检察监督程序,并且附带勾勒了民事诉讼一审程序、二审程序、特别程序中违法审判行为检察监督的制度框架。各地检察机关依据民事诉讼法的规定,开展了包括再审检察监督、执行检察监督等在内的民事检察实践,既有智慧民事检察改革的探索[①],也有上下级检察机关统筹配合的一体化民事检察工作机制的经验[②]。笔者不否认这些举措在发现民事检察监督线索、实现检察数据信息共享与办案流程化、优化不同层级检察机关的监督资源等方面,具有实效性,但不得不承认,这些工作机制层面上的创新举措,不能改变民事检察监督基础理论不彰的局面,也无法解决作为民事检察监督制度和规则前提的深层次理论缺位问题,并在一定程度上制约民事检察监督实践探索的广度和深度。

民事检察监督具有鲜明的中国特色。这样说,一方面是因为检察机关的法

---

[*] 本文系教育部人文社科重点研究基地重大项目"中国强制执行法体系研究"(12JJD820012)的阶段性成果。感谢中国人民大学法学院民诉法研究生丁金钰、张苏平、廖涵为本文写作提供资料、绘图等帮助。

[**] 中国人民大学法学院教授、民商事法律科学研究中心研究员。

① 参见赵志刚、金鸿浩:《需求主导型智慧民事检察的供给侧改革初探》,载黄河、冯小光主编:《新时代民事检察的理论与实践》,中国检察出版社2019年版,第3页。

② 参见上海市人民检察院第一分院课题组:《民事检察一体化办案工作机制研究》,载黄河、冯小光主编:《新时代民事检察的理论与实践》,中国检察出版社2019年版,第27页。

律监督地位是由我国宪法规定的，检察权与审判权在国家权力体系中居于同样重要的位置；另一方面，是因为民事检察权一直存在于我国民事诉讼制度中，从早期的职权主义诉讼模式转型为市场经济下的当事人主义后，民事检察监督不仅没有削弱，反而有继续强化的迹象。尤其是2012年民事诉讼法的修改，显著扩张了民事检察权的作用范围。最近几年的司法体制改革和检察机关内设机构改革，也大大加强了检察机关对民事程序的检察监督。除了司法政策的着力引导外，公众对民事检察的实际需求，特别是民事检察监督的内在生命力，应该是我国民事检察监督历久不衰的真正原因。在中国社会转型期，或许存在着大量的传统民事诉讼理论和制度无法妥善解决的本土问题，而极具中国特色的民事检察监督恰恰可以为化解这类"中国问题"提供中国方案。当然，仅仅关注民事检察监督制度的工具主义价值，就事论事是不够的，还必须进一步追问：民事检察监督为何以及在多大程度上能够与传统民事诉讼理论和诉讼构造和谐共存？我国目前的检察监督模式存在什么问题，如何进行改造，以便使民事检察权能够有效嵌入民事程序构造之中而非游离在民事程序构造之外？何种类型的"中国问题"是逻辑自足的民事诉讼经典理论所无法涵括，而民事检察监督可以填补的空白？

基于上述问题意识，本文拟从三个方面展开：一是围绕民事检察监督与民事程序构造的两种关系模式的选择与取舍问题，主张将检察监督制度内化为民事程序的有机部分，而非在民事程序构造之外另起炉灶嫁接一个独立的、相互隔离的检察监督体系；二是就检察监督有效嵌入我国民事程序构造的路径问题，提出了民事检察权的司法化改造与民事程序构造的优化方案；三是在德、日大陆法系民事诉讼理论和制度谱系下，以虚假诉讼这一"中国问题"的规制为例，来观照、探寻我国民事检察监督能否以及如何有效地嵌入到当事人主义的程序构造之中，如何将民事检察监督关系与既有的民事诉讼法律关系进行无缝对接，同时为我国民事检察监督的正当化寻找新的增长点。

一、民事程序构造与检察监督的两种关系模式

检察机关在民事程序中行使检察权，虽然有民事诉讼法和人民检察院组织法①的明确赋权，民事检察监督的合法性获得了法律的认可。不过，在比较法上，检察权介入民事诉讼，在某种意义上更多的是例外规定，检察机关履行着

---

① 《人民检察院组织法》第20条规定："人民检察院行使下列职权：……（四）依照法律规定提起公益诉讼；（五）对诉讼活动实行法律监督；（六）对判决、裁定等生效法律文书的执行工作实行法律监督；……（八）法律规定的其他职权。"

公共利益代表的职责,以民事诉讼法律关系主体的身份参与到民事程序中,自然不会给传统的民事程序构造带来实质性的冲击。这一点,显然与民事检察作为检察机关"四大检察"之一、民事检察权全面参与民事程序的定位不同,也与最高人民检察院推动"四大检察"全面协调充分发展,强调"做优刑事检察工作、做强民事检察工作、做实行政检察工作、做好公益诉讼检察工作"[①] 的目标不相匹配。

民事检察监督的强化,客观上存在着两种方向相反的路径,不同路径的选择与民事程序构造也呈现出或"即"或"离"的不同关系模式。

(一) 游离在民事程序构造外的检察监督模式

传统民事诉讼是原告、被告双方当事人对立辩论,法官居中裁判的等腰三角形结构(见图1),由此形成法院与原告、法院与被告、原告与被告的三面诉讼关系。通过诉讼权利(武器)平等原则赋予双方平等的攻击防御方法手段,通过辩论主义和处分权主义形塑当事人主义的民事诉讼模式。近代以来的民事诉讼经典理论,例如诉讼主体、诉讼行为、诉讼标的、既判力、诉讼法律关系等,均是以民法典中的民事权利保护为目的、以法院和双方当事人为中心发展起来的。

如果说民事审判程序是对当事人双方争议的民事权利关系的判定程序,那么民事执行程序则是对生效裁判所判定权利的强制实现程序。传统民事执行理论主要涉及三方主体,即执行法院、执行债权人与执行债务人,由此也形成执行法院与债权人、执行法院与债务人、执行债权人与债务人之间的三面执行法律关系(见图2)。[②] 在这三面关系中,执行债权人与法院、执行债权人与债务人之间关系的准则,与民事审判程序中原告与法院、原告与被告具有高度的一致性;而执行法院与债务人之间的关系准则,同民事审判程序中法院与被告的关系,有根本差异,民事执行制度、规则,如司法查封、拍卖、执行分配等,大体是以执行法院与债务人之间的干预关系为基础建构起来的。

由于近代以来的民事诉讼法高举权利保护的大旗,私权的确认与实现是民事诉讼法的中心任务,虽然涉及到身份关系等与公共秩序相关的争议,但毕竟属于少量的例外情形,况且法院在维护公共利益方面也负有职责,也有所担

---

① 最高人民检察院:《推动"四大检察"全面协调充分发展》,载《检察日报》2019 年 1 月 23 日。

② 这三面关系有不同的称谓。其中,执行债权人与法院的关系称为申请关系,执行法院与债务人的关系称为干预关系,执行债权人与债务人的关系称为执行关系。参见杨与龄:《强制执行法论》(最新修正),中国政法大学出版社 2002 年版,第 11—12 页;陈计男:《强制执行法释论》,元照出版公司 2012 年版,第 15 页。

当。基于此,检察机关在德、日为代表的大陆法系民事程序构造中,无论是审判程序还是执行程序,都很难获得应有的地位。这一点,图1、图2已有明示。

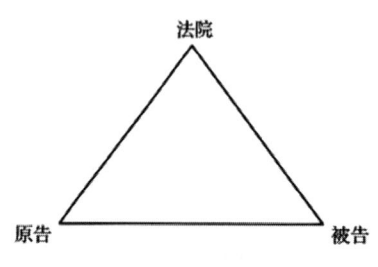

图1 民事诉讼构造

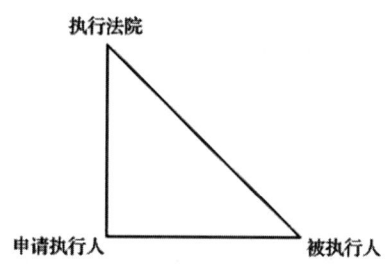

图2 民事执行构造

在建构我国的民事检察监督制度时,一种强有力的声音主张:在落实宪法对检察机关的定位(专门法律监督机关),全面回归检察机关对立法、执法、司法和守法的法律监督权能,建立"大检察""大监督"格局①等前提下,进一步加强检察机关对法院司法审判权和执行权的单向诉讼监督,"法律监督权最根本特点是检察机关单向地向有关机关提出建议、纠正意见……,施加相当的影响力,其权力位阶略微高于对方职权。"② 同时为了确保检察监督有法律依据可循,有必要为专门法律监督机关量身定做一部法律,即统一的检察监督法。③

上述观点无疑具有一定的合理性,强化检察监督应该是大势所趋。不过,该观点撇开民事程序构造的基本要求,讨论民事检察监督的独立性和强化的方向,不免让人担忧。如果检察机关的法律监督权是与立法权、行政权、司法权相区分的独立国家权力,上述观点倒也无可厚非;但实际上,法律监督权并非第四种国家权力,而是兼有行政性质与司法性质的混合性权力。④ 脱离民事程序的法定空间,抽象地议论民事检察权的独立性和行使的机制、程序,是没有法律意义的。如果不认真考虑民事检察监督如何有效嵌入民事程序构造,而是采取简单化的"民事诉讼+检察监督"的拼盘模式,来做大做强民事检察监

---

① 参见王文生等:《论检察机关法律监督权能之回归——"大检察"格局之构想》,载《当代法学》2008年第5期;喻中:《如何理解"检察院是国家的法律监督机关"——宪法第129条对于中国宪政体系的意义》,载《长白学刊》2009年第3期。
② 封安波:《论我国检察权的"三层级"结构》,载《法学家》2015年第4期。
③ 参见汤维建:《检察机关应积极推进检察监督法》,载《检察日报》2015年3月10日。
④ 参见谢鹏程:《论检察权的性质》,载《法学》2000年第2期。

督的话，只会加剧检察监督与民事程序构造的游离甚至脱节的状态。目前理论界有一种不好的倾向，是在民事诉讼/执行法律关系和民事诉讼/执行行为理论之外，在传统的民事程序构造之外，另起炉灶，搭建具有独立性的检察监督法律关系和检察监督行为理论。笔者认为这种"拼盘模式"的弊端之一，在于人为地隔断了检察监督与民事程序的内在联系，存在着为了监督而监督的问题：涉及民事诉讼/执行的，援引民事诉讼/执行经典理论加以解释；涉及检察监督的，则另有一套法律监督理论来解释，由此造成了民事检察监督与民事程序构造的断裂、两张皮和相互抵触的现象（见图3、图4），并最终沦为自说自话的文字游戏。背离民事程序构造，来打造检察监督高地，有南辕北辙之嫌。

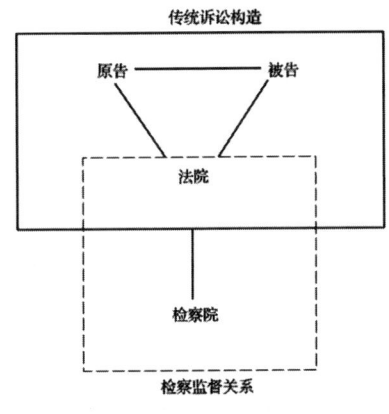

图3 诉讼程序构造与检察监督

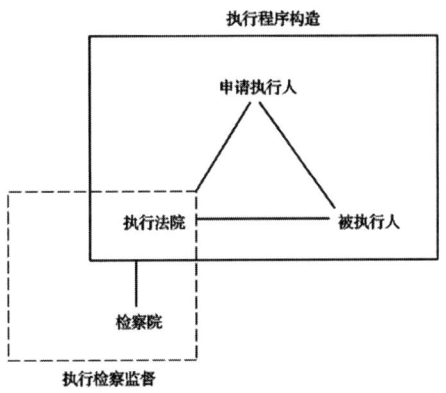

图4 执行程序构造与检察监督

"拼盘模式"的另一弊端，是在检察机关的法律监督权与法院司法权之间，设定高低顺位，力图阐明"法律监督权高于或者不低于法院司法权"这一命题，从而将民事检察监督塑造为检察机关与法院之间的我令你从、我说你服的关系。有学者明确提出，"如果以人民法院审判权为参照点，检察院法律监督权处于略微高于法院审判权的位阶"[①]。有学者则将法律监督权界定为司法权，指出"中国宪法和检察院组织法所确立的检察机关的法律监督地位，则决定了检察机关有权对法院的审判活动实施法律监督，它所行使的司法权不仅十分重要，甚至还略微高于法院所行使的审判权。"[②] 这种观点如果是对中国刑事诉讼现实的描述，笔者不愿置评，但在民事程序中，则不能苟同。仅仅

[①] 封安波：《论我国检察权的"三层级"结构》，载《法学家》2015年第4期。
[②] 陈瑞华：《司法权的性质——以刑事司法为范例的分析》，载《法学研究》2000年第5期。

因检察官可以监督法院审判权、执行权等公权行为的合法性，就认为民事检察权凌驾于法院司法权之上，成为"法官之上的法官"①，则不符合民事程序的本质。在民事程序法中，法官是享有最终的、实质性判断权的诉讼主体，法官对所有事实和法律问题拥有最后的发言权，连同检察官的检察监督意见在内，都要接受法院司法权的终局判断。

图3、图4所示的诉讼检察监督与执行检察监督中，民事检察权发挥作用的方式，只能是行政化的命令，法院接受检察机关的监督指令而作出相应的诉讼行为。问题在于，民事审判是在遵循直接、言词原则，并且给当事人双方充分程序保障的情况下作出的判断，而游离在民事程序构造之外的检察机关，仅仅依靠申诉人的投诉或有权机关移送的材料等碎片化的一面之词，是难以对案件发出精准的检察监督指令的。换言之，"拼盘模式"看似烘托出检察机关的高大、权威、凛然的形象，实际上这种不接地气的幻想，恰恰是造成民事检察监督缺乏理论支撑和程序化保障的根本原因。

（二）有效嵌入民事程序构造的检察监督模式

如前所述，欲做大做强民事检察监督，必由之路是对传统的民事程序构造予以优化，将民事检察权合理地嵌入其中，检察监督制度内化为民事程序的有机部分，而非在民事程序构造之外嫁接一个独立的、相互隔离的检察监督体系。

如何将检察监督有效嵌入民事程序构造之中，民事诉讼法学界也曾有过理论上的尝试。一个被普遍采用和接受的方案，是扩大民事诉讼法律关系概念的外延，对民事诉讼法律关系的三要素即主体、内容和客体，作扩张解释，涵括人民检察院，并把检察机关对法院民事审判和民事执行活动进行监督所形成的监督法律关系，作为"民事诉讼法律关系的组成部分"，即"特殊的民事诉讼法律关系"② 来对待。

这种理论上的阐释，为民事检察监督由行政化向司法化的转型提供了可能，不过仅仅是开始，刚刚迈出民事检察监督融入民事程序构造的第一步。深

---

① 参见陈兴良：《从"法官之上的法官"到"法官之前的法官"——刑事法治视野中的检察权》，载《当代中国刑法新境域》，中国人民大学出版社2007年版，第141页。陈兴良教授也指出，由于刑事诉讼法的专门授权性规定，检察官对于庭审活动享有引人注目的法律监督权，并且这种法律监督权是独立于公诉职能的。由此，在一定意义上说，检察官就成为"法官之上的法官"。

② 参见江伟、肖建国：《民事诉讼法》，中国人民大学出版社2018年版，第21页；江伟：《民事诉讼法》，高等教育出版社2016年版，第9页；刘荣军：《程序保障的理论视角》，法律出版社1999年版，第203页。刘荣军教授虽支持上述观点，但对于检察机关提起抗诉后，不参与再审审理程序的进行，与监督者地位不符这一点有保留意见。

度的司法化改造，应当包含检察机关参与民事案件的范围、方式、程序、诉讼地位、效力等全方位的内容。而且，民事检察权的实际运行，必然会触及法院审判权和执行权的行使，因此厘清民事检察权与法院司法权之间的关系，打消检察监督可能对法院司法权有阻碍或替代作用的疑虑，也是检察监督司法化改造的一项内容。同时还要回应民事检察权与当事人诉权之间关系的质疑，尤其是民事检察监督本来着眼于对公权力的监督，如果客观上发挥了救济当事人私权的效果，① 那么由此所带来的公器私用、检察机关沦为一方当事人的代理人之指责，也不可小觑。

在司法文明史上，要寻找民事检察监督完全内生于民事程序中，成为民事程序构造不可或缺部分的典型例证，当属苏联（其后被俄罗斯所继受）。在比较法上，苏联的民事检察监督被提到前所未有的高度，检察权的行使在民事程序中达到了巅峰，民事检察权嵌入民事程序构造的严丝合缝程度也是空前的。因此，苏联民事诉讼法中检察监督的立法技术和民事检察实践，对于做大做强民事检察监督的我国而言，是一个不可多得的参考样本，具有一定的借鉴价值。

苏联实现了对传统民事程序构造的优化，成功地完成了对民事检察权的司法化改造。总结起来，主要有以下几个方面的做法与实践：

其一，为实现公平审判这一民事检察权的目标，检察权须尊重审判权。一方面，前苏联廓清了民事检察权的目标，即实现公平审判。"检察长在参加诉讼的同时，乃是苏维埃国家的代表人和苏维埃法律的维护者。检察长提起案件也好，在诉讼中提出意见也好，对法院判决或裁定提出抗议也好，他参加审理民事案件的唯一目的不是别的，正是帮助实现社会主义公平审判的任务。"② 公平审判依赖于事实和法律两个要素。为达成公平审判的目标，在事实认定上追求绝对真实、客观真实、实质真实，③ 在法律适用上实现联邦制苏维埃共和国之内的法制统一性。就此而言，苏联法院、检察院的目标是一致的。另一方面，民事检察权的行使，须以尊重审判权为前提。前苏联一再强调检察长在法院参加案件审理时，"应当保证确切遵守诉讼规范"，尊重审判长，"不要和审

---

① 最高人民检察院孙加瑞博士肯定了民事检察通过对公权力的监督，间接具有权利救济的作用。参见孙加瑞：《民事行政检察的审判化误区与检察化回归》，载《国家检察官学院学报》2012 年第 3 期。

② ［俄］B. H. 别里鸠根、A. B. 什维采尔：《民事诉讼中的检察长》，中国人民大学出版社 1957 年版，第 14 页。

③ 苏联检察总长维辛斯基认为，判明实质真实是苏维埃审判程序的基本任务之一，这意味着判明案件的事实情况要确切符合实际。参见［俄］安·扬·维辛斯基：《苏维埃法律上的诉讼证据理论》，法律出版社 1957 年版，第 211、234 页。

判长发生任何的争论"① "参加民事诉讼的检察长的任务,首先在于求得作出合法而有根据的法院判决,以巩固苏维埃法院的崇高威信。"② "检察长的唯一职权,就是把案件提交法院去判决。"③

其二,改造传统民事诉讼的辩论原则和处分原则,以兼容民事检察权。苏联民事诉讼法承认"当事人在法律范围内有处分诉讼客体(主观民事权利)及其审判保护手段(诉讼权利)的自由"④,但要与国家对民事权利关系的干预相结合,因此,被誉为世界上第一部社会主义民诉法的《苏俄民事诉讼法典》⑤第2条明确扩大了处分原则的内涵,包含有"检察长认为对保护国家或者劳动人民的利益有必要的时候,可以提起诉讼或者随时参加诉讼"⑥的内容。苏联学者也将检察长根据法律提起民事案件,并把案件移送法院审理的这种职权行为,理解为"苏维埃的处分原则的表现"⑦。关于辩论原则,苏联将辩论主义改造为法院查明与确定案件实质真实的手段,"责成法院应尽一切方法查明当事人的真实权利及相互关系","法院不应受已提出的解释及资料的限制"⑧。可以看出,苏联在事实证据方面,彻底走向了职权探知主义,而未区分财产性争议的普通民事诉讼与身份关系争议的民事诉讼、公益诉讼。前苏联对财产争议私益诉讼中辩论主义的改造,成为我国民事诉讼体制转型期学者反思和批判的对象。⑨

其三,赋予检察机关全面参与民事诉讼的权利,并就参加诉讼的范围和方式予以明定。为了实现公平审判的目标,前苏联民事诉讼法对检察机关予以赋权,全面参与民事诉讼一审、二审、再审和执行程序。考虑到检察资源的合理

---

① [俄] B. H. 别里鸠根、A. B. 什维采尔:《民事诉讼中的检察长》,中国人民大学出版社1957年版,第37、88页。

② [俄] B. H. 别里鸠根、A. B. 什维采尔:《民事诉讼中的检察长》,中国人民大学出版社1957年版,第37页。

③ [俄] C. H. 阿布拉莫夫:《苏维埃民事诉讼》(上),中国人民大学出版社1954年版,第168页。

④ [俄] C. H. 阿布拉莫夫:《苏维埃民事诉讼》(上),中国人民大学出版社1954年版,第52页。

⑤ 参见柴发邦:《民事诉讼法学》,法律出版社1987年版,第25页。

⑥ 《苏俄民事诉讼法典》,郑华译,法律出版社1955年版,第5页。《苏俄民事诉讼法典》是在当时的领导人弗拉基米尔·列宁的指导下制定的。

⑦ [俄] B. H. 别里鸠根、A. B. 什维采尔:《民事诉讼中的检察长》,中国人民大学出版社1957年版,第14页。

⑧ [俄] C. H. 阿布拉莫夫:《苏维埃民事诉讼》(上),中国人民大学出版社1954年版,第60、61页。

⑨ 代表性的作品,参见张卫平:《转换的逻辑:民事诉讼体制转型分析》,法律出版社2004年版,第三章。

配置问题，事实上不可能让检察长参加所有的民事案件；对于"许多微不足道的案件"①，更没有必要进行检察监督。因此，《苏俄民事诉讼法典》第 2 条将民事检察的案件范围限制在涉及"保护国家或者劳动人民利益"的几类最重要的民事诉讼案件。例如：(1) 因国家或合作社特别是集体农庄中侵用或亏空公款而起诉追索款项的案件；(2) 为集体农庄追索债务人欠款的案件；(3) 集体农民不纳税或不履行国家供售义务而强制征收其财产的案件；(4) 对非法解雇员工应负责任的人追索损害赔偿金的案件；(5) 向造成企业财物损失的工作人员追索损害赔偿金的案件；(6) 请求破坏住宅、以住宅投机或不付房租的人迁出国家房屋的案件；(7) 向父母强行索取子女送交教养的案件以及在妇女不能适当保护自己子女权利时确认父子关系的案件，等等。② 这些案件要么损害了国家利益，要么具有特别重要的原则意义，要么弱势方当事人需要法院和检察院的保护。

检察机关参与民事诉讼有主动参加和被动参加两种情形。在主动参加下，检察长有两种方式可以选择：一是提起诉讼，二是随时参与当事人已经提起的诉讼。对于检察长主动参加诉讼的理由，法院无权审查。③ 至于被动参加的情形，规定在《苏俄民事诉讼法典》第 12 条，如法院认为检察长有必要出席法庭时，检察长必须出庭。

其四，承认检察机关的诉讼主体地位。检察机关必须在民事程序构造内实施诉讼行为，它既是民事诉讼主体，也是民事诉讼法律关系主体。当然，检察机关与同为诉讼主体的法院、当事人也有所不同。检察机关之所以不同于法院，是由于它没有决定权、最终裁判权，不能决定民事案件的任何问题；检察机关虽然享有诉讼当事人所享有的一切诉讼权利，但诉讼地位不等同于当事人，原因在于它作为民事诉讼主体，终究还要履行法律监督职责，因此，"检察机关是为了在诉讼中完成其所担负的任务而享有诉讼权利的"④。此外，由于检察机关要对法院正确和统一适用法律进行监督，作为"国家的代表"，它还享有当事人所不能享有的特殊权利。

---

① [俄] B. H. 别里鸠根、A. B. 什维采尔：《民事诉讼中的检察长》，中国人民大学出版社 1957 年版，第 45 页。
② [俄] B. H. 别里鸠根、A. B. 什维采尔：《民事诉讼中的检察长》，中国人民大学出版社 1957 年版，第 15、16 页。
③ [俄] C. H. 阿布拉莫夫：《苏维埃民事诉讼》（上），中国人民大学出版社 1954 年版，第 172 页。
④ [俄] C. H. 阿布拉莫夫：《苏维埃民事诉讼》（上），中国人民大学出版社 1954 年版，第 173 页。

其五，检察长参与民事诉讼的程序，依据不同的民事程序类型，区分一审程序、二审程序、审判监督程序与执行程序，分别加以具体规定。对此，后文加以阐述。

苏联剧变后，俄罗斯民事诉讼法很大程度上继受了苏联检察机关参与民事诉讼的理念和制度，民事检察权同样有效嵌入了俄罗斯民事程序构造之中。1995年《俄罗斯联邦检察机关法》明确规定检察机关的职责是监督法令的执行，检察长参与民事案件的审理是保障检察机关履职的途径之一。《俄罗斯联邦民事诉讼法典》第41条集中规定了检察长参加诉讼制度。检察长可以提起诉讼或参加到他人提起已开始进行的诉讼中。关于参加诉讼的案件范围，以"检察长认为对保护国家或社会利益，或保护公民权利及合法权益有必要"为准，对于"法律规定或法院认为检察长有必要参加该案件，检察长则必须参加该民事案件的审理"。① 事实上，如果民事案件具有社会意义，或者涉及国家和公民的实质利益，则检察长就应该参加民事案件的审理。《俄罗斯联邦检察机关法》不仅没有禁止俄罗斯联邦检察长向法院起诉来保护他人权利和利益，而且在第27条第4款中规定，在某人或某公民的权利和自由受到侵犯，而受害人因健康、年龄或其他原因不能亲自出庭保护自己的权利利益，或者由于其他情形使侵犯行为具有特殊的社会意义时，俄罗斯检察长应当向法院提起或支持诉讼以保护受害人的权利和自由。例如，公民权利受到公职人员行为侵害的案件、解封财产的诉讼、回复工作的诉讼以及保护未成年儿童权利的民事案件等。此外，按照俄罗斯联邦总检察长的指示，或者根据俄罗斯国内的信仰，检察长可以依法向法院提起民事诉讼。② 在诉讼地位上，俄罗斯民事诉讼立法和实践中，一般认为提起诉讼的检察长居于原告地位，"属于民事诉讼关系的专门主体"③，发挥着法院审判职能启动机制的作用，同时还履行着监督法制的职责。

二、检察监督嵌入我国民事程序构造的路径

应当说，传统的民事程序构造并未给民事检察权的行使、民事检察监督制度的发展留下足够的空间。当前我国已初步建立起当事人主义的民事程序构造，如果无视这一程序构造，脱离这一程序构造的框架议论民事检察监督的强

---

① 参见《俄罗斯联邦民事诉讼法执行程序法》，张西安、程丽庄译，中国法制出版社2002年版，第15页。
② 参见张家慧：《俄罗斯民事诉讼法研究》，法律出版社2004年版，第144—145页。
③ 参见张家慧：《俄罗斯民事诉讼法研究》，法律出版社2004年版，第142页。

化问题,除了带来检察权观念上的自我膨胀外,不会对现实的民事程序制度产生实质影响。因此,必须正面回应检察监督嵌入我国民事程序构造的路径问题。

(一)民事检察权的司法化改造与民事程序构造的优化

1. 民事检察权的强化即司法化。我国民事检察监督运行不畅的重要原因,在于检察权行使的行政化。行政化的民事检察权与民事司法程序存在着内在的紧张关系,二者之间方凿圆枘,不能相合。要摒弃理论和实践中的一种错误观点,主张检察机关在民事程序中行使的"是监督职能而非诉讼职能,既不享有当事人的诉讼权利,也不会针对诉讼本身发表任何辩论意见"①。这种观点是有害的。要强化检察权在民事程序中的作用,惟有一途,即实现民事检察权的司法化改造。司法化的民事检察权,与民事诉讼程序和执行程序具有相同的气质和特性,符合民事司法的规律,才能与民事程序制度融为一体,并且真正将民事检察权有效地嵌入到民事程序构造之中,而不会发生排异反应。

民事检察权的司法化,首要的是确立检察机关的民事诉讼主体地位。检察机关是诉讼主体,而不能游离在诉讼构造之外。民事诉讼程序是一个封闭的空间,在此空间内共同参与民事程序、实施诉讼行为、行使诉讼权利、承担诉讼义务的人,具有同质性,其诉讼行为在该程序空间内会产生相应的法律效果。随着程序的推进,作茧自缚效应的产生,法院作出裁判的条件逐渐臻于成熟,通过法院判决来判断所有程序参与人的诉讼行为效力并结束争议的解决程序。行使检察权的检察机关参与其中,作为一份子,遵守诉讼法规,依循程序流程,起诉、申请保全和先予执行②、主张事实、调查收集证据、举证与证明、反驳或抗辩、异议、复议或上诉等,在程序地位上与其他程序参与人不应有根本差异。当然,诉讼地位问题可以作出进一步细化的规定。

在这方面,苏联以及俄罗斯的立法和实践颇具借鉴价值。苏联将民事检察权严格限定在民事程序框架内,要求检察机关尊重法院的审判权,明确检察机关的诉讼主体地位,尽管有表述细节上的差异,但苏联民事诉讼学界和法律实务界都认可检察机关的诉讼当事人地位,享有当事人的诉讼权利。例如,检察长以提起诉讼方式参加民事诉讼时,苏联学界普遍认为检察长居于民事诉讼原

---

① 参见覃攀等:《检察机关"事中介入"民事诉讼制度研究》,载黄河、冯小光主编:《新时代民事检察的理论与实践》,中国检察出版社2019年版,第183页。

② 前苏联法中,检察长有权在民事诉讼的任何阶段,包括起诉、审前准备、审理程序中申请保全与先予执行。[苏]B. H. 别里鸿根、A. B. 什维采尔:《民事诉讼中的检察长》,中国人民大学出版社1957年版,第32页。

告地位。"如果检察长提起诉讼,他便是诉讼当事人——原告"①,享有原告的全部诉讼权利,除了不缴纳诉讼费用外,一并承担当事人的诉讼义务。不仅学者有共识,连苏联检察总长维辛斯基也把民事诉讼中的检察长看成是当事人,是"在法院代表国家和劳动人民利益的民事原告人"②。与苏联相同,俄罗斯民事诉讼中提起诉讼的检察长,诉讼地位上与原告无异,几乎享有原告的全部诉讼权利,并履行相应的诉讼义务,且"在行使原告的诉讼权利时,并不享有任何特权"。检察长在诉讼中应当遵守民诉法为原告设定的所有规范,"并不存在民事诉讼规则的任何例外"③,这一点令人印象深刻。不过,这不意味着俄罗斯民事诉讼中检察长的诉讼权利与义务与当事人完全重叠,例如检察长享有当事人所不享有的法律监督权,而当事人则享有检察长所不享有的实体权利。提起诉讼的检察长,毕竟只是形式上的原告,其诉权依据是法定诉讼担当,法院判决的实体法利益不归属于检察长——这一点是毋庸置疑的。

民事检察权的司法化,还要处理好民事程序构造中检察官与法官、当事人的关系。检察官固然拥有诉讼当事人所不享有的特殊权利,但检察官没有终局裁判权,不能代替法官履职,因此只能从维护国家利益和社会公共利益、维护法制统一的角度,提出保障法律正确实施的意见、建议或异议等,不能越俎代庖,也不能颐指气使,凌驾于法官之上。前述陈兴良教授所谓"法官之上的法官",并不准确、恰当,在民事检察中称之为"程序之外的检察官"无疑更为合适,因为他们游离在民事程序构造之外、以高度的行政化色彩为特征。他们所发出的指令,不能产生民事程序法上的效果。关于检察官与当事人的关系,需要根据不同民事程序中的不同检察监督方式来分别设定。例如,在检察机关基于法定诉讼担当提起民事诉讼时,检察机关居于原告的地位,与被告、法官形成等腰三角形的结构,与被担当人(实体法上的原告)之间的关系则依据诉讼担当理论解释即可。在检察机关参与他人提起的民事诉讼时,检察机关属于诉讼法律关系的专门主体,应当本着"客观性义务"④,协助法官形成客观准确的裁判,因此检察机关可能支持一方当事人的立场,也可能反对该方当事人的见解。

2. 民事检察权的强化即民事程序构造的优化。我国对于民事检察权的强

---

① [俄] C. H. 阿布拉莫夫:《苏维埃民事诉讼》(上),中国人民大学出版社1954年版,第174页。

② 苏联检察总长维辛斯基语。转引自[俄] B. H. 别里鸿根、A. B. 什维采尔:《民事诉讼中的检察长》,中国人民大学出版社1957年版,第46页。

③ 参见张家慧:《俄罗斯民事诉讼法研究》,法律出版社2004年版,第144—145页。

④ 参见林钰雄:《检察官论》,学林文化事业有限公司1999年版,第30—35页。

化，应当始终纳入民事程序构造的框架内进行；强化民事检察权的过程，也是民事程序构造不断优化、兼容检察权的过程。这才是做大做强民事检察监督的关键所在。

学者已经注意到，这个过程会带来民事程序构造的当事人主义与民事检察监督方式选择之间的紧张关系。杨会新教授指出，作为现行法上民事检察权运行的方式之一，抗诉旨在监督审判权，同时通过再审程序发挥着救济当事人的功能，而抗诉的监督功能必须依附于救济功能，才能发挥作用。不过，抗诉救济当事人功能所依赖的当事人主义程序构造，与抗诉监督功能所依托的职权主义程序构造，相互牵制，顾此失彼。①

如果承认民事检察监督的本意除了监督公权行为的合法性外，还包括"维护个人和组织的合法权益"（《人民检察院组织法》第2条），那么民事检察权嵌入程序构造过程中，对当事人主义的程序构造作出必要的微调，也是无可厚非的，这恰恰是优化民事程序构造的应有之义。在优化传统民事程序构造上，苏联显著的成就是，检察机关的诉讼地位不因其优越的检察权而获得额外照顾，而是遵循民事程序法的固有规律，在不实质改变民事程序构造、不动摇民事程序基本原理的基础上，作必要的微调处理，使得民事程序构造与民事检察监督相得益彰。这一点，也是未来优化我国民事程序构造的方向。

例如，按照《苏俄民事诉讼法典》的规定，检察长可以提起一审诉讼，对一审判决有权在法定期限内提出抗议从而引起二审程序，对生效裁判也有权依监督程序提出抗议从而引发审判监督程序。此外，检察长可以取得执行票并向法院执行员交付执行票，从而提起执行程序。在检察机关主动发起的这四类民事程序中，检察长分别居于原告、上诉人、申请再审人、申请执行人的程序地位（见图5）。苏联的这一制度设计，在扩张民事检察权介入民事程序范围的同时，也最大限度地维护了民事程序构造的稳定性，并且可以借助现行法的规定以及民事程序法基本理论，对民事检察监督制度和规则进行便利、妥当的解释，毫无违和感。综合民事程序构造优化的难度、成本、现实可操作性以及法理上的可接受性等诸多因素的考量，苏联民诉法的上述尝试，可以为民事检察权充分嵌入我国的民事程序构造，提供立法和理论上的指引。

---

① 参见杨会新：《论我国民事检察权的运行方式与功能承担》，载《法学家》2016年第6期。

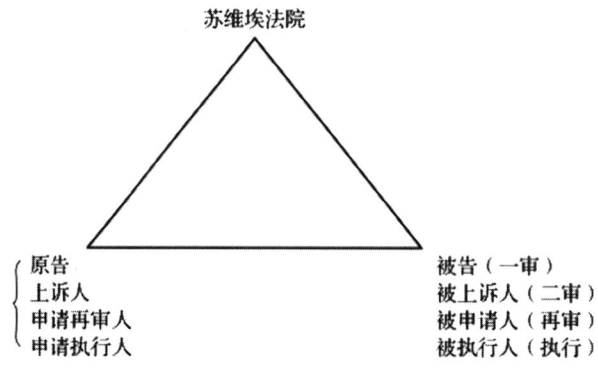

图 5　苏联检察长提起的四类民事程序之构造

(二) 不同民事程序类型中检察权的司法化改造

1. 一审程序构造与检察权的司法化。民事检察权的司法化改造，在不同类型的民事程序中，着重点应有所区别。就提起一审诉讼而言，可以参考借鉴检察机关提起环境民事公益诉讼、食品药品安全消费民事公益诉讼以及涉侵害英雄烈士名誉、荣誉等公益诉讼的制度规则。依据最高人民法院的相关司法解释[①]，检察机关作为公益诉讼的原告（起诉人），享有原告的一切诉讼权利，包括但不限于派员出庭，与实施侵害行为的被告进行质证辩论；对自己主张的事实，有权调查收集提供证据，承担证明责任等。[②] 由于涉及社会公共利益，民事诉讼辩论原则与处分原则在公益诉讼中的适用均受到一定限制，撤诉、反诉、诉讼和解与调解、自认、证据的调查收集等规则，均有别于普通的私益诉讼。因此，就我国目前检察机关提起的一审民事公益诉讼而言，检察权的司法化已完全实现。

在婚姻、收养、监护、亲子关系等涉及身份关系的家事诉讼中，由于案件本身具有公益性，检察机关有必要参与这类诉讼。例如，宣告婚姻无效案件中，因无效婚姻往往违反了有关社会公益的法定结婚条件，请求宣告婚姻无效申请的提起，应当体现国家和社会对无效婚姻的干预，有权申请无效宣告的主体范围应当适当放宽，除当事人外，其近亲属和有关社会组织也应纳入其中；

---

① 如最高人民法院《关于审理环境民事公益诉讼案件适用法律若干问题的解释》《关于审理消费民事公益诉讼案件适用法律若干问题的解释》，以及最高人民法院、最高人民检察院《关于检察公益诉讼案件适用法律若干问题的解释》等。

② 维辛斯基早就指出："不仅是当事人——原告人、被告人，参加本案的检察长或被邀请参加诉讼的所谓第三人，都负有义务向法院提出证明他的请求的证据"。参见 [俄] 安·扬·维辛斯基：《苏维埃法律上的诉讼证据理论》，法律出版社 1957 年版，第 296 页。

检察机关提起宣告婚姻无效请求的主体资格，更是当然无疑。① 从域外看，大陆法系国家（如法国、德国②、日本等）普遍有检察官参与家事案件的立法与实践。法国检察机关在婚姻无效诉讼、剥夺父母亲权之诉中，作为主当事人出庭参加辩论，对一审判决不服的可以上诉；在亲子关系、未成年人监护案件中，作为从当事人参加诉讼，可以出庭，辩论时最后发言，对一审判决无上诉权。③ 日本法中，检察官以原告身份可以提起撤销婚姻诉讼，其他婚姻关系诉讼、亲子关系诉讼、收养关系诉讼等，检察官可作为共同诉讼人或独立当事人参与由其他人提起的人事诉讼或者提出上诉。④ 笔者认为，鉴于身份关系的公益性色彩以及身份关系诉讼判决的对世性效力，民事检察权全面介入身份关系诉讼的必要性和价值日益突显，通过提起或参与身份关系诉讼，可以大幅提升民事检察权的司法化程度。

在我国，民事检察权的司法化还有赖于具体的程序规则的建构。应当分别就检察机关提起诉讼和参与他人提起的诉讼，明确案件范围、诉讼地位、诉讼权利义务、与法官以及其他当事人、诉讼参与人之间的关系处理规则。此外，是否赋予检察机关在事实认定、证据调查、举证责任和法律适用上一些特殊权利，以及是否需要为此设置特殊的程序规则等等，都值得斟酌。尤其在检察机关参与他人提起的民事诉讼时，其诉讼权利义务受到一定的限制，能否申请回避、提供证据、参加质证辩论、提起上诉等，都有疑问；但检察机关的程序参与权以及发表意见的程序权利，应当加以保障。就此而言，《俄罗斯联邦民事诉讼法典》第41条第3款的规定，也有可借鉴之处。该规定指出，"参加诉讼的检察长可以查阅案件材料，请求回避，提出证据，参加对证据的审查，提出申请，就审理案件时发生的问题或就整个案件的实体提出意见，以及实施法律所规定的其他诉讼行为。不能因为检察长放弃所提出的请求，而剥夺该人要

---

① 最高人民法院认为，婚姻行为是公民私权领域的民事行为，婚姻无效的法定情形对社会公益的危害程度也不同，为避免过多干涉公民的私生活，《关于适用〈中华人民共和国婚姻法〉若干问题的解释（一）》第7条将请求宣告婚姻无效的主体，包括婚姻当事人和利害关系人，而利害关系人仅限于当事人和基层组织。参见最高人民法院民事审判第一庭：《婚姻法司法解释的理解与适用》，中国法制出版社2003年版，第34页。

② 德国1877年民诉法就规定了检察官全面参与婚姻案件制度，但1998年7月1日起检察官不再参与民事诉讼，特别是不再参与婚姻案件，而代之以行政机关参与婚姻案件的制度。参见［德］奥特马·尧厄尼希：《民事诉讼法》（第27版），周翠译，法律出版社2003年版，第77页。

③ 参见张晓茹：《家事裁判制度研究》，中国法制出版社2011年版，第130页。

④ 参见［日］松本博之：《日本人事诉讼法》，郭美松译，厦门大学出版社2012年版，第129页；张晓茹：《家事裁判制度研究》，中国法制出版社2011年版，第133页。

求对案件实体进行审理的权利。"①

2. 二审程序构造与检察权的司法化。就检察机关不服提起的一审民事公益诉讼判决的上诉程序而言，检察权的司法化也不存在法律上的障碍。最高人民法院、最高人民检察院《关于检察公益诉讼案件适用法律若干问题的解释》10 条规定了人民检察院对一审判决不服的，可以向上一级法院提起上诉。第 11 条进一步明确了起诉的检察机关应当派员出庭、上一级检察机关可以派员出庭。除此之外，检察机关提起的二审程序，在程序构造、诉讼权利义务的配置上与普通诉讼的二审程序，基本相同。未来建立检察机关全面参与身份关系诉讼的机制后，就身份关系诉讼案件提起的上诉，原理上与公益诉讼判决的上诉，是相同的，此处不再赘述。

检察权的司法化在二审程序中面临的困难，在于协调检察监督与上诉利益、二审审理范围的关系。检察机关提起上诉，是否跟当事人一样，受上诉利益的约束？能否以检察机关享有法律监督权为由，认为用来规制当事人诉权与法院审判权之间关系的上诉利益，可以不适用于检察机关？关于法院二审审理范围是否以当事人上诉请求范围为限，还是可以超出上诉请求的范围，在民事检察权介入二审后，这一问题再次被提到前台。与之相关的用于调整二审裁判的准则，如禁止不利益变更原则与禁止利益变更原则，需要在多大程度上作出相应的调整，也是民事检察权嵌入二审程序构造的难题。

3. 再审程序构造与检察权的司法化。与域外的"救济型再审"相比，我国民事再审制度性质上属于"监督型再审"②，原因在于我国民事再审程序的出发点并不是保障当事人的私权救济、尊重当事人主体地位和处分权利，而是以强调对审判权的监督、保障审判的合法性为核心构建的。尤其是检察机关发动的民事再审，集中体现了"监督型再审"的特点。2012 年民事诉讼法修改确立了"申请再审优先、检察监督断后"的规则，突出了民事再审的补充性、检察监督的谦抑性，在很大程度上恢复了民事再审程序的"救济型再审"之本原。

然而，检察机关发动民事再审的过程，几乎完全发生在民事程序框架之外，与民事程序构造无涉。这一点，从 2013 年最高人民检察院发布的《人民检察院民事诉讼监督规则（试行）》（以下简称《监督规则》）中，可以得到充分的印证。《监督规则》在民事程序构造之外，另建了一套检察机关对于民

---

① 参见《俄罗斯联邦民事诉讼法执行程序法》，张西安、程丽庄译，中国法制出版社 2002 年版，第 15 页。
② 参见汤维建：《我国民事再审制度的模式变迁》，载《法商研究》2006 年第 4 期。

事诉讼监督案件的管辖、受理、审查、办理、管理等内部工作机制，涉及检察机关工作方式方法、内部管理机制与上下级检察机关工作协调机制等方面的内容。在第六章第四节"出庭"中，《监督规则》仅仅列了"派员出庭""宣读抗诉书""职权调查证据的出示和说明"三项程序权利，而对于检察机关在再审审理程序居于何种诉讼地位、享有哪些其他诉讼权利、如何主张举证质证和辩论，再审庭审中如何处理与法官、当事人和其他诉讼参与人的关系等事关民事检察监督的主战场、民事再审程序构造的关键问题，都予以回避。《监督规则》未能触及民事再审内部的程序构造，严格意义上只能算作检察机关的内部工作文件。

由于无法充分、实质性参与民事程序，长期游离在再审程序构造之外，造成了检察官民事法律素养、业务能力一直处于相对较低的水平，仅靠有限的专业培训无法弥补检察官与法官、律师在事实认定和法律适用方面的差距。欲改变这种局面，除了实现再审程序中民事检察权的司法化外，别无他途。

4. 执行程序构造与检察权的司法化。执行程序构造中检察权的司法化有两种路径：一是检察机关提起执行程序。在涉及国家利益、社会公共利益和公序良俗的案件中，当公益维权主体缺位时，检察机关作为公益的代表可以启动民事执行程序。例如，在判决支付赡养费、扶养费、抚育费等涉弱势群体权利的执行，以及判决刑事罚金和没收财产等公法上债权的强制实现上，当实际权利主体不知、不敢或怠于启动执行程序时，检察机关可以积极介入，申请法院强制执行，并且监督执行程序的进行。① 然而，对于上述类型的案件，我国目前规定由法院审判部门移送执行。移送执行未必能够充分保障生效文书中确定的权利得以实现，有必要借鉴前苏联的经验，对于移送执行的案件统一改造为由检察机关提请执行，从而贯彻民事执行中的申请执行原则，补齐执行程序构造中的缺失，最大限度发挥民事检察权在执行程序中的作用。

二是检察机关对违法或不当执行行为进行监督，督促法院及时依法执行。一方面，瑕疵执行行为的执行救济未必周延、到位，民事检察权的介入有利于保护当事人、利益相关人的合法权益；另一方面，民事执行程序涵摄了数量众多、类型不同的参与主体，他们的实体权利和利益都需要经由执行程序加以确认和协调；在信用机制失灵、社会保障体系匮乏、实体法律缺位或冲突的背景

---

① 参见肖建国：《民事执行中的检法关系——民事执行检察监督法理基础的另一种视角》，载《法学》2009 年第 3 期。

下，检察权的介入，有助于法院平衡复杂的权利和利益冲突。① 在这个意义上，民事检察权嵌入执行程序，是在巩固法院的威信，维护判决的执行力。正如维辛斯基所言："不执行法院判决是破坏法院的信用，损害它的威信的……检察长的任务并不是在于指挥法院执行员，像通常所做的那样，而是在于帮助法院执行员执行法院判决。"②

三、虚假诉讼的程序构造与检察监督的契合性

改革开放后，新中国用 40 年时间走过了西方发达国家近 300 年时间经历的四次技术革命的历程。这种"时空压缩"现象，在法律领域不同程序存在。新中国 40 年的民事诉讼史，也浓缩了西方国家 200 多年民事诉讼历程中出现的各种不规范或者病态现象。司法不公、诉讼迟延、滥用诉权、裁判突袭、虚假陈述、伪造证据等等，不一而足。其中有些问题具有共性，而有的问题，如虚假诉讼，则具有鲜明的中国本土特征。正如吴泽勇教授所言，"虚假诉讼是一个典型的'中国问题'"。③ 虚假诉讼的泛滥，源于中国社会信用体系严重缺失以及诉讼诚信原则失灵的现实，当事人主义的民事程序构造对于虚假诉讼恰恰天然地缺乏免疫力。在我国，虚假诉讼初现于 20 世纪 80 年代，90 年代开始蔓延，2000 年开始大行其道，并逐步渗透到仲裁、公证与破产领域，产生虚假仲裁、虚假公证、虚假破产问题。对虚假诉讼的治理，始于 2005 年以后，2010 年后上升到法律层面（包括刑法）的规制。目前，虚假诉讼已成为我国民事诉讼一大公害，是附着在我国民事程序构造上的毒瘤。因此，虚假诉讼的规制，是近年来民诉法学界热议的话题。④ 笔者认为，虚假诉讼扭曲和背离了民事程序构造的本来面貌，对虚假诉讼的检察监督，是观察和讨论民事检察权

---

① 参见肖建国：《民事执行中的检法关系——民事执行检察监督法理基础的另一种视角》，载《法学》2009 年第 3 期。

② ［俄］B. H. 别里鸿根、A. B. 什维采尔：《民事诉讼中的检察长》，中国人民大学出版社 1957 年版，第 129 页。

③ 吴泽勇：《民事诉讼法理背景下的虚假诉讼规制》，载《交大法学》2017 年第 2 期。

④ 吴泽勇：《民事诉讼法理背景下的虚假诉讼规制》，载《交大法学》2017 年第 2 期。另参见李浩：《虚假诉讼与对调解书的检察监督》，载《法学家》2014 年第 6 期；任重：《论虚假诉讼：兼评我国第三人撤销诉讼实践》，载《中国法学》2014 年第 6 期；张艳：《虚假诉讼类型化研究与现行法规定之检讨》，载《政治与法律》2016 年第 7 期；纪格非：《民事诉讼虚假诉讼治理思路的再思考》，载《交大法学》2017 年第 2 期；罗恬漩：《论虚假诉讼受害人的救济：兼探讨第三人撤销之诉适用》，载《交大法学》2017 年第 2 期；熊跃敏、梁喆旎：《虚假诉讼的识别与规制——以裁判文书为中心的考察》，载《国家检察官学院学报》2018 年第 3 期；刘君博：《论虚假诉讼的规范性质与程序架构》，载《当代法学》2019 年第 4 期，等等。

嵌入民事程序构造的一个绝佳的样本。

（一）虚假诉讼给传统民事程序构造带来的挑战

按照《民事诉讼法》第112、113条的规定，虚假诉讼的构成要件是双方当事人"恶意串通"，捏造民事法律关系，虚构民事纠纷，骗取法院裁判文书，以达到转移财产、逃避债务或者非法占有他人财产、获取非法利益之目的。在《民事诉讼法》规定的"双方串通型"虚假诉讼之外，2018年最高人民法院、最高人民检察院《关于办理虚假诉讼刑事案件适用法律若干问题的解释》第1条增设了"单方欺诈型"虚假诉讼，将司法实务中存在的"一手托两家"现象也纳入虚假诉讼概念中。比如，一方当事人偷盖他人印章、利用他人空白文书与他人进行诉讼，而他人不知情的情形，整个诉讼过程实际上是一方当事人自导自演。

双方串通型和单方欺诈型虚假诉讼，具有共通的法律特征，由此所形成的民事程序构造也是相同的，即：无论双方当事人"手牵手"诉讼，还是一方当事人只手擎天，外观上是两造对立的等腰三角形结构，实质上是线性结构，所有诉讼行为要么一唱一和，要么单方表演，通过营造民事权利关系争议的诉讼外观，骗取法院的裁判，司法程序最终沦为当事人实现非法目的之工具，法院和法官则沦为被当事人牵着鼻子走的傀儡，其作出的裁判并没有实现正义，只是保护了虚假诉讼当事人的偏私。①

虚假诉讼对传统民事程序构造形成了巨大的冲击。按照王亚新教授的提炼总结，以日本为代表的大陆法系民事诉讼的程序构造是由"对抗·判定"两个基本要素构成的。"'对抗'是指诉讼当事人的双方被置于相互对立、相互抗争的地位上，在他们之间展开的攻击防御活动构成了诉讼程序的主体部分；而'判定'则意味着由法官作为严守中立的第三者，对通过当事人双方的攻击防御而呈现出来的案件争议事实作出最终裁断，且这个裁断具有一经确定即不许再轻易更动的强烈的终局性。这两个要素相互结合相互规定，就构成了诉讼程序的上述所谓深层的基本结构本身。"② 然而，虚假诉讼抽掉了民事诉讼结构中的"对抗"要素，传统民事程序构造由此崩塌。在笔者看来，近代以来的自由主义民事诉讼，高举当事人意思自治、自我决定自我责任的大旗，将民事诉讼视为私人之间的竞技场，法院仅充当裁判者的角色，以辩论主义和处分权主义为核心的民事程序构造，重心在于防范法院司法权的滥用，但无法应对当事人的虚假竞技行为，因此，传统民事程序构造对于虚假诉讼毫无抵抗

---

① 参见肖建国：《论案外人申请再审的制度价值与程序设计》，载《法学杂志》2009年第9期。
② 王亚新：《对抗与判定——日本民事诉讼的基本结构》，清华大学出版社2010年版，第51页。

能力。

笔者注意到,民诉学界目前努力的方向,是在传统民事程序构造下探讨《民事诉讼法》第112条①的规范目的与适用方法,并且提出了不少有见地的观点。有的观点属于共识,如引入诈害防止参加与法院职权通知案外人参加制度②,或者通过第三人撤销之诉或案外人申请再审,③给受害人直接参与对抗虚假诉讼的机会,将虚假诉讼破坏的民事程序构造回复到正常状态,重新建构"对抗·判定"式的民事诉讼结构。应当说,上述规制虚假诉讼的建言符合法理,也较具可行性。不过没有解决虚假诉讼事中规制时,法院找不到案外人,或者案外人拒绝参加诉讼的妥当处理办法,也没有解决法院在识别和调查虚假诉讼上动力不足、资源有限等结构性问题。

另一种思路也颇具建设性,即把虚假诉讼视作消极诉讼要件④,从法院对诉讼要件职权调查的角度,来回应虚假诉讼下民事程序构造崩塌带来的审理和裁判合法性的难题。由于诉讼要件属于法院职权调查事项,即使当事人没有提出主张、申请,法院也必须依职权予以斟酌、调查,这样可以合理地解释法院对疑似虚假诉讼案件进行职权审查的正当性问题,更重要的是巧妙回答了"对抗·判定"诉讼结构失灵时法院作出相应裁判的正当性问题,毕竟争讼程序外观下,双方没有"对抗",不存在真正的纠纷,属于诉讼要件有欠缺,法院是不得对案件作出实体性裁判的。⑤李浩教授则进一步深入论证了诉讼要件证明责任裁判与民事证明责任本质的相合性,指出法官在无人主张虚假诉讼时,对于疑似虚假诉讼案件主动收集证据证明,依职权适用第112条作出证明责任裁判,具有妥当性,因为"证明责任可以与当事人无关、可以同当事人的主张责任与败诉风险无涉"。⑥不过,这一规制策略存在反对的观点,⑦同时

---

① 该条规定:"当事人之间恶意串通,企图通过诉讼、调解等方式侵害他人合法权益的,人民法院应当驳回其请求,并根据情节轻重予以罚款、拘留;构成犯罪的,以法追究刑事责任。"
② 吴泽勇:《民事诉讼法理背景下的虚假诉讼规制》,载《交大法学》2017年第2期。另参见牛颖秀:《民事虚假诉讼识别的二元控制模式研究》,载《北京社会科学》2019年第1期。
③ 如熊跃敏、梁喆旎:《虚假诉讼的识别与规制——以裁判文书为中心的考察》,载《国家检察官学院学报》2018年第3期;刘君博:《论虚假诉讼的规范性质与程序架构》,载《当代法学》2019年第4期;王约然:《虚假诉讼程序救济论》,载《中国政法大学学报》2019年第3期。
④ 吴泽勇:《民事诉讼法理背景下的虚假诉讼规制》,载《交大法学》2017年第2期。另参见纪格非:《民事诉讼虚假诉讼治理思路的再思考》,载《交大法学》2017年第2期。
⑤ 参见[德]奥特马·尧厄尼希:《民事诉讼法》(第27版),周翠译,法律出版社2003年版,第190—191页。
⑥ 参见李浩:《民事证明责任本质的再认识——以〈民事诉讼法〉第112条为分析对象》,载《法律科学》2018年第4期。
⑦ 参见刘君博:《论虚假诉讼的规范性质与程序架构》,载《当代法学》2019年第4期。

也会面临理论上的诘难。实际上，虚假诉讼既涉及诉讼要件或诉的利益有无欠缺，也涉及所捏造法律关系存在与否的实体判断，而"确定虚假诉讼是否成立，大多数时候要以对案件的实体判断作为基础""将虚假诉讼作为诉讼要件与将其作为实体问题进行审查的区别相当微妙"①。在法院能够做出实体驳回判决时，似无必要回到诉讼要件上裁定驳回；更重要的是，法院作出实体判决驳回原告请求的，可能是证据不足、不能达到证明标准所致，而要查明恶意串通等虚假诉讼要件，显然比法院作出证明责任判决，证明标准更高、难度更大。因此，以查明当事人虚构争议为前提来认定原告无诉的利益或欠缺诉讼要件，据此裁定驳回起诉，成本太高，解释上也过于迂回。

另外，李浩教授将民事证明责任理论由实体法要件事实扩展到诉讼法要件事实。在诉讼法要件事实出现真伪不明时，即使任何一方当事人没有提出主张，法院也要根据证明责任规则，依职权调查收集证据，作出裁判。② 这一学术观点有德国民诉法学家罗森贝克、普维庭的加持，如露入心、醍醐灌顶。当然，该理论的应用需要一系列程序法制度的配套，才具有妥当性。最基本的要求是：诉讼要件事实的争议，构成争议焦点，应当开庭审理、言词辩论，法院对于经言词辩论审理的诉讼要件，作出"诉讼判决"。而且，在德国，如果法院对于是否存在诉讼要件存有疑问时，可以行使释明权催促当事人提出相关资料，但不允许法院依职权自行收集，这一点上德国采用了辩论主义。③ 我国与德国不同的是，在诉讼要件上采取了职权探知主义，且不给当事人提供基本的程序参与和程序保障（管辖权异议程序也是书面审查为主），更无释明权行使问题，因此，法院就诉讼要件所作出的裁定，多数情况下构成突袭性裁判。如果疑似虚假诉讼案件进入了实体审理程序，法院未作任何告知、提示，就自行主动回转到诉讼要件的职权调查，而当事人不知情、没有程序参与、未能提供材料、未发表意见的情况下，法院作出因诉讼要件欠缺而驳回起诉的裁定，同样会构成突袭性裁判。这类裁判的正当性是存疑的。

综上，笔者认为，虚假诉讼事中规制的难点在于，对于疑似虚假诉讼的审查，在线性结构下完全寄希望于法官职权调查诉讼要件之有无，是不现实的，理论和制度上的障碍重重；而引入诈害防止参加，再现"对抗·判定"诉讼

---

① 吴泽勇：《民事诉讼法理背景下的虚假诉讼规制》，载《交大法学》2017年第2期。
② 参见李浩：《民事证明责任本质的再认识——以〈民事诉讼法〉第112条为分析对象》，载《法律科学》2018年第4期。另参见李浩：《民事诉讼法适用中的证明责任》，载《中国法学》2018年第1期。
③ 参见［日］高桥宏志：《重点讲义民事诉讼法》，张卫平、许可译，法律出版社2007年版，第7页。

结构，是主导的方向，但如前所述也无法解决所有问题。为此，笔者主张对于疑似虚假诉讼案件的事中规制，应建立法院通知检察机关参加诉讼的制度，从而形成法官居中裁判，检察机关与虚假诉讼当事人两造对立的诉讼构造（参见图6、图7）。

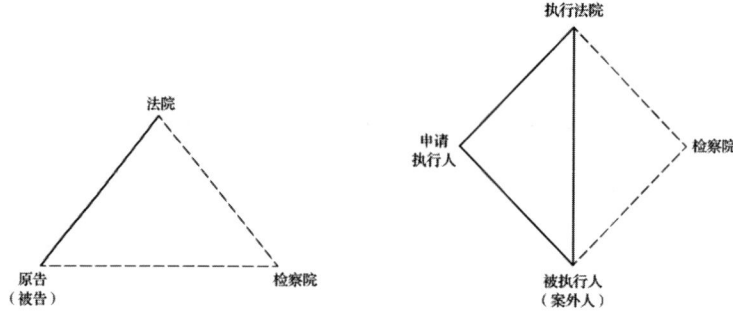

图6　规制虚假诉讼和程序构造　　图7　规制执行程序中虚假诉讼的程序构造

（二）检察监督在弥合民事程序构造缺陷上的独特价值

虚假诉讼破坏了"对抗·判定"诉讼结构，而引入民事检察权，重建新的诉讼结构，以有效规制虚假诉讼。虚假诉讼可能发生在一般的民事诉讼中（《民事诉讼法》第112条），也大量出现在执行程序中（《民事诉讼法》第113条，案外人与被执行人相互串通实施虚假诉讼）。当民事诉讼原告、被告诉讼地位合一时，等腰三角形民事诉讼结构就会变成线性结构，此际案件性质类似于非讼程序，但又与非讼程序有本质区别。依托于传统民事程序构造的民事诉讼经典理论和制度，除非诉讼诈害的受害人参加诉讼，否则就不敷运用了。引入检察机关这一诉讼主体后，等腰三角形程序构造就得以恢复（如图6、图7），规制虚假诉讼的程序构造也得以重建，以辩论主义和处分权主义为核心的当事人主义民事诉讼结构，同样可以适用于虚假诉讼的程序规制上。

对于疑似虚假诉讼，法院之所以可以通知检察机关参加诉讼，以弥合民事程序构造缺陷，主要是基于以下几方面的考虑：首先，虚假诉讼是对司法秩序的侵害，检察机关负有维护司法秩序的职责。正如学者所言，虚假诉讼行为侵害司法秩序是必然的，《刑法》上就侵害司法秩序这一犯罪客体而言，虚假诉讼罪属于行为犯；《民事诉讼法》上虚假诉讼的认定，应当将妨害司法秩序作为构成要件之一。[①] 当事人利用司法程序的外衣，实施虚假诉讼行为，达到其

---

① 参见张明楷：《虚假诉讼罪的基本问题》，载《法学》2017年第1期；纪格非：《民事诉讼虚假诉讼治理思路的再思考》，载《交大法学》2017年第2期。

非法目的,让国家司法权为其非法行为背书,所侵害的法益中必然包含了司法秩序。作为社会公共秩序的一部分,司法秩序的维护,检察机关义不容辞。在侵害司法秩序的同时,虚假诉讼可能也侵害了他人的合法权益。该他人,或许是特定的私权利主体,或许是国家利益、不特定的多数人利益(即公共利益)。为了维护司法秩序的纯洁性,保护国家利益、社会公共利益,检察机关都应当担负其责,在涉嫌虚假诉讼的案件中,法院认为有必要参加诉讼的,应当参与案件的审理,成为民事诉讼主体。

其次,尽管可以通过法院对虚假诉讼这一消极诉讼要件进行职权调查,且不以当事人提出主张和申请为必要条件①,来适当缓和"对抗·判定"诉讼结构被破坏所带来的困境,但前已述及,这种方案因缺乏对诉讼要件争议的程序参与和程序保障(如言词辩论程序),而造成突袭性裁判问题;而且还面临成本高、周期长和过于迂回的难题,因此,实操性不足。

最后,目前打击虚假诉讼的主力是法院系统,但在重建"对抗·判定"诉讼结构加以应对之前,虚假诉讼规制工作会成为冲在第一线的法院不能承受之重。作为"虚假诉讼规制最重要、最核心的主体"②,法院和法官在立案、审判和执行过程中,均被课予了很高的注意义务。例如,对于疑似虚假诉讼案件,法院要"加大证据审查力度""加大依职权调查取证力度""传唤当事人本人到庭""依职权通知利害关系人参加诉讼""加强对调解协议的审查力度""不准许原告撤诉申请"③,等等。这些专门为规制虚假诉讼所量身定做的程序规则,与民事诉讼当事人主义基本理论和制度存在着一定的紧张关系,实际上是在现行法确立的民事程序构造之外,为法官识别、审查、证明和制裁虚假诉讼设定了另外一套程序规则体系,法官要承担法律之外的、更高的义务,问题在于其内容不仅超出了"法院的常规审判范围",也"对法官的审判能力提出了过高的要求",④ 在案多人少、审判执行任务极为繁重的情况下,这套应对方案要真正落地,也非易事。为打击虚假诉讼所构建的程序规则,显然与当事人主义民事程序构造不能兼容,如果勉强推行下去,学者们有理由担忧,中国

---

① 参见[日]高桥宏志:《重点讲义民事诉讼法》,张卫平、许可译,法律出版社2007年版,第6页。
② 吴泽勇:《民事诉讼法理背景下的虚假诉讼规制》,载《交大法学》2017年第2期。
③ 参见最高人民法院《关于防范和制裁虚假诉讼的指导意见》第4、5、7、9、11条;《关于审理民间借贷案件适用法律若干问题的规定》第19、20条等。
④ 吴泽勇:《民事诉讼法理背景下的虚假诉讼规制》,载《交大法学》2017年第2期。

法院在防治虚假诉讼政策下是否有恢复职权主义审判模式之虞。① 虚假诉讼已经摧毁了传统民事程序构造，而目前用于规制虚假诉讼的程序装置，进一步加剧了当事人主义程序构造的崩溃。相反，如果我们转变思路，将检察机关引入虚假诉讼的事中规制之中，借助于检察机关在国家权力体系中的重要地位，国家利益和社会公共利益代表者、维护者和实现者的职能角色，以及在调查收集证据上的法定权限和强大的资源动员和与组织能力，可以重新塑造检察机关与虚假诉讼当事人之间对立辩论、法官居中裁判的等腰三角形诉讼构造。这么做，在强化打击力度的同时，也强化了民事检察监督，而且坚持了当事人主义程序构造不动摇。笔者认为，作为典型中国问题的虚假诉讼，在传统民事诉讼理论和制度框架下无法妥善解决，而中国特色的民事检察监督可以提供化解该问题的妥当方案。

关于具体的制度设计，笔者建议借鉴苏联和俄罗斯的经验，在立法上明确规定，"法院认为检察长有必要参加该案件，检察长必须参加该民事案件的审理"②。通过立法课予检察机关对涉及虚假诉讼在内的、与国家利益或公共利益有关的民事案件，在法院通知其参加诉讼时，应当以民事诉讼主体身份参加的义务。在虚假诉讼案件的审查审理程序中，检察机关的诉讼地位与原告相似。

结　语

中国特色的民事检察监督已运行多年，积累了一定经验，也取得了一些成绩，不过与民事检察权在我国宪法中"法律监督机关"的定位以及公众对民事检察监督的实际需求相比，仍然有很大的差距。进入新时代，按照最高人民检察院张军检察长的要求，作为"四大检察"之一的民事检察要在"强"上做文章，即做强民事检察。通过精准监督、优化监督来实现强化监督。为此必须创新司法理念，对民事检察权的行使进行司法化改造，并优化我国民事程序构造，使检察监督有效嵌入我国民事程序构造之中，内化为民事程序的有机部分，改变目前游离在民事程序构造外的检察监督模式。以虚假诉讼这一典型中国问题的事中规制为切入口，以民事诉讼法学一般法理为指引，建立打击虚假诉讼的中国范式，将虚假诉讼的检察监督作为拯救传统民事程序构造崩塌、重建"对抗·判定"式诉讼结构的关键一环，为虚假诉讼的法律治理提供中国

---

① 吴泽勇：《民事诉讼法理背景下的虚假诉讼规制》，载《交大法学》2017年第2期。另参见牛颖秀：《民事虚假诉讼识别的二元控制模式研究》，载《北京社会科学》2019年第1期。

② 参见《苏俄民事诉讼法典》第12条、《俄罗斯联邦民事诉讼法典》第41条的规定。

方案。在坚守大陆法系民事诉讼基本原理的前提下,实现打击虚假诉讼和强化民事检察的双赢,可以极大改变民事检察监督基础理论不彰的局面,为我国民事检察监督实践探索提供深层次的理论支持,也为解决类似的中国本土问题提供检察监督嵌入民事程序构造的参考样本。

(原载于《国家检察官学院学报》2020年第1期)

民事检察听证程序构想[*]

汤维建[**] 王德良[***]

党的十八届三中全会审议通过的《中共中央关于全面深化改革若干重大问题的决定》对推进法治中国建设、健全权力运行机制、拓宽人民群众有序参与司法提出了明确要求。党的十八届四中全会审议通过的《中共中央关于全面推进依法治国若干重大问题的决定》提出,要构建开放、动态、透明、便民的阳光司法机制,推进审判公开、检务公开、警务公开、狱务公开,依法及时公开执法司法依据、程序、流程和生效法律文书,杜绝暗箱操作。党的十九届四中全会审议通过的《中共中央关于坚持和完善中国特色社会主义制度推进国家治理体系和治理能力现代化若干重大问题的决定》,更是将法治中国建设和深化司法体制改革提升到国家治理体系和治理能力现代化的高度加以部署。具体到检察领域,检察制度的现代化转型成为当前检察改革的重大课题。民事检察制度发展30年来,一个具有中国特色的民事检察制度趋于完备,但还应看到,该制度体系结构中仍存在某些短板,其中之一便是承载公平公正基础价值的听证制度和听证程序尚不完备,制约了民事检察制度的现代化转轨步伐。笔者拟就此进行探析。

一、民事检察听证制度的缘起

听证(hearing)的概念源于英国普通法上的自然正义(nature justice)原则,该原则派生出两项基本规则,其中之一就是"必须听取两方的陈情,任何人不得在未被听取陈情的情况下被判罪或处罚",[①]强调听取双方证词,由此产生了听证程序。听证最初发生于司法领域,它是实现司法公正的一项基础

---

[*] 本文系国家检察官学院2019年度科研基金资助项目《检察公益诉讼案件请求问题研究》(GJY2019C06)的阶段性研究成果。
[**] 中国人民大学法学院教授、博士生导师。
[***] 天津市人民检察院检察官。
[①] 薛波主编:《元照英美法词典》,法律出版社2003年版。

性保障程序，也是判断司法公正的形式标准之一。由于听证具有深刻的程序价值，"后来，随着司法听证的广泛应用和不断发展而移植到立法方面"，① 形成了立法听证程序。现代社会发展的一大趋势就是行政权的日渐扩大，"对此，以个人主义为基础的西方国家通过借鉴司法权的运作模式，将听证引入行政权领域，从而确立了行政听证程序"。② 1946 年的美国联邦行政程序法以成文法的形式规定了听证程序，"其目的在于赋予公民诸如提供证据和由独立的听证官进行听证等基本的正当程序保护权利"。由于美国在二战后所具有的世界性影响力，以及联邦行政程序法"实际上创造了一个新的部门法——行政法"③ 的巨大作用，听证程序逐渐为各国所继受。

相比而言，我国引入听证程序较晚，在 1985 年出版的我国第一部《英汉法律词典》中，"hearing"的译文中还未有"听证"的义项。④ 1996 年行政处罚法首先建立了行政处罚听证程序，1997 年通过的价格法首次建立了价格听证程序，2000 年颁布的立法法建立了立法听证程序。与西方国家相反，我国的听证程序是行政与立法先行，司法领域的听证程序则是姗姗来迟。目前，刑事诉讼法、行政诉讼法、民事诉讼法、以及人民法院组织法、人民检察院组织法等法律均未规定听证制度，只是在司法解释层面涉及听证程序。就民事检察而言，1999 年 5 月最高人民检察院《人民检察院办理民事行政抗诉案件公开审查程序试行规则》（已失效）虽然未明确规定听证程序，但规定了检察机关应当听取双方的事实和理由，以及在听取意见时依案情或当事人请求，可以邀请有关专家和案件有关人参加，这一规定基本具备了听证程序的要素。2013 年最高人民检察院通过的《人民检察院民事诉讼监督规则（试行）》（以下简称《监督规则》）明确规定了听证程序，将其作为案件的审查方式之一。

二、民事检察听证程序的功能定位

（一）制度转型功能

听证作为一个涵盖立法、司法、执法等不同领域的概念，是指有权机关作出决定前，应当听取利害关系人意见的程序。就民事检察而言，主流看法认为，"听证是审查案件的方式之一，主要内容是听取申请人和其他当事人的意

---

① 北京大学法学百科全书编委会：《北京大学法学百科全书法理学立法学法律社会学》，北京大学出版社 2010 年版。
② 章剑生：《行政听证程序研究》，浙江大学出版社 2010 年版。
③ ［美］劳伦斯·弗里德曼：《二十世纪美国法律史》，周大伟等译，北京大学出版社 2016 年版。
④ 参见《英汉法律词典》编写组：《英汉法律词典》，法律出版社 1985 年版。

见,出示相关证据,以达到充分查明案件事实,正确适用法律的目的。"[①] 然而,反观传统的民事检察监督案件审查程序,其所运用的基本方式是书面审查和调查核实,检察机关对民事检察监督案件拥有审查的主导权,审查范围由其决定,审查的方式由其选择,审查的程序由其推进。这种审查模式尽管有效率性、控制性等优势,但其局限性主要表现在:审查程序具有封闭性,既不利于当事人和社会监督,也影响了民事检察的公信力;审查程序排斥当事人的主体作用,将其客体化,既影响了案件事实的查明,也不利于保护当事人的诉讼权利;审查程序将包含私法因素的民事诉讼公法化,私法自治原则未能充分体现。引入以参与性、公开性、社会性和诉讼性为基本属性的听证程序,能够直接针对传统检察审查程序的弊端对症下药,使职权主义和当事人主义的审查程序和谐共生,协同运行。需要指出的是,听证程序应当作为民事检察基础性程序来引入,而不应将其视为"补丁"程序。这样,民事检察监督程序才能够从传统向现代转型。

(二) 诉权保障功能

听证程序为当事人提供了一个平等对抗、积极参与的场域。在听证情境下,当事人可以充分发表意见、提供相关证据,并且平等地进行辩驳对抗,保证了信息交流的充分与畅通,不仅有利于案件的查清,更有利于当事人诉讼主体地位的实现。《民事诉讼法》第 2 条将"保护当事人行使诉讼权利"作为首要任务加以规定,这一任务同样也应体现在检察监督环节。一般而言,民事诉讼是解决民事纠纷的最后一道防线,更具体地说,检察监督应当成为彻底解决民事纠纷的最后防线。在该防线中,当事人的诉权保障不仅不能减弱,反而应当增强。听证程序就是强化当事人诉权保障的最后关口。程序正义不仅要实现,而且应以一种看得见的方式实现,应通过切实的程序保障,使当事人平等充分实质性地参与听证程序。检察监督作为体现程序正义的最后场域,只有加强诉权保障,方能体系性地融入整个民事诉讼过程之中,成为其有机组成部分。

(三) 精准监督功能

将有限的监督资源运用到最需要监督的案件之中,并使之产生最大化的效果,是精准监督的要义。因而,精准监督内在地要求检察机关应设置科学合理的监督审查程序,筛选出可监督、应监督、非监督不可的案件,而听证程序的

[①] 最高人民检察院民事行政检察厅:《〈人民检察院民事诉讼监督规则(试行)〉条文释义及民事诉讼监督法律文书制作》,中国检察出版社 2014 年版。

适用有助于达到此目的。因为，听证不仅是程序正义的体现，也为实体正义提供保障。听证的平等性和参与性，有利于当事人积极参与听证，为维护自身利益，其必然发挥主体能动性，完整有效地表达自身诉求和举证，通过平等对抗，排除信息壁垒，有利于决定者全面深入地掌握案件相关事实与法律，为实现实体公正奠定全面可靠的认知基础。听证的公开性，使得听证暴露于阳光下、置于社会监督中，有利于权力的透明化运行，减少乃至避免各种违法操作，为结果公正提供良好的外部环境。听证的社会性，有助于将非利害方的第三种力量导入检察监督环节，使检察机关能够敞开审查程序的大门，倾听来自社会各个相关领域的意见和主张，相关专家及社会代表可以从其所代表专业领域和社会公众角度，积极参与、发挥作用。他们既发挥监督作用，也是案件结果的评判者，正是他们的参与和监督，为保障检察监督案件实体公正的实现提供了助推力和正当源，精准监督的功能由此得以实现。

（四）服判息诉功能

检察监督是通过民事诉讼解决民事纠纷的最后一站，所有的纠纷到这里都兵分两路：确有错误的，进入精准监督行列；并无错误或者虽有瑕疵，但不足以提出抗诉或再审检察建议的，则进入服判息诉行列。检察监督程序的设置应有助于当事人服判息诉的功能实现。听证程序的特性则有利于实体公正的实现和对当事人权利的保护。由于听证为当事人提供了平等对抗的场域，这种透明公开的对抗，有利于纠纷事实的查清，使得当事人对于案件的风险得失有了更为清醒的认识，从而有助于检察机关在此基础上对当事人开展和解工作、化解纠纷。不仅如此，由于听证还具有开放性和社会性特征，通过社会主体的参与，借助相关专业力量和社会力量来释法说理，既促进当事人之间以及当事人与社会公众之间的理性交流和有效沟通，又增强检察监督的公信力，有助于当事人服判息诉，彻底解决其纷争。

三、民事检察听证程序的现状

（一）民事检察听证程序的现状

《监督规则》用一整节（第五章第二节）8个条文规定了听证程序，明确将其视为审查的一种方式，成为民事检察的法定制度。具体内容有：听证程序的启动条件为，检察机关审查案件认为确有必要的（第57条）；听证参加人员，除了当事人和检察人员外，代表社会的人士和相关专家可以参加听证（第57条）；听证的主持者为承办案件的检察人员（第58条）；当事人有参加听证的权利和义务，缺席不影响听证进行（第60条）；听证的范围为案件的事实认定和法律适用（第 61 条）；听证程序的顺序为当事人发表各自意见，当事人提交证据并说明，出示检察机关调查取得的证据，当事人陈述对证据的意见，当事人发表最后意见（第 62 条）；听证应当制作笔录，当事人应当签字（第 63 条）。在最高人民检察院出台相关听证规定后，一些地方检察机关制定了配套文件，如 2016 年山东省检察院制定了《山东省检察机关民事行政诉讼监督案件公开听证办法（试行）》（以下简称《办法》）。相比《监督规则》，《办法》作了如下细化规定：明确了听证的启动条件，规定了客观条件，即因证据问题和法律适用存在较大争议的可以启动听证；明确了涉及国家秘密、商业秘密和个人隐私案件不适用公开听证；明确了听证员由案件承办人以及其他检察人员担任，人数不少于两人；增加了当事人因正当理由可以申请延期的规定；增加了检察机关主持下和解的程序。

目前，就听证程序的整体适用而言，其在各级检察机关案件审查中适用率偏低，2017 年全国民事检察监督案件适用听证程序的比例为 0.78%，2018 年为 0.81%。就适用听证程序的民事检察监督案件类型而言，裁判结果监督案件适用比率最高，2017 年为 1.11%，2018 年为 1.33%；执行监督案件 2017 年为 0.46%，2018 年为 0.30%；审判人员违法行为监督案件 2017 年为 0.37%，2018 年为 0.21%。对比可以发现，除裁判结果监督案件外，听证程序的适用比例呈下降趋势。就适用听证程序的检察机关层级而言，以裁判结果监督案件为例，2017 年基层检察院适用 116 件，市级检察院适用 400 件，省级检察院适用 4 件；2018 年基层检察院适用 180 件，市级检察院适用 570 件，省级检察院适用 20 件。2019 年 1 月至 4 月，全国检察机关共听证 160 件民事检察监督案件；执行监督和审判人员违法行为监督案件中，大约有 95% 的听证由基层检察院实施，大约 4% 由市级检察院实施，说明适用听证程序的检察机关主要是基层检察院和市级检察院，层级偏低，适用听证程序的检察机关层级具有不均衡性。就适用听证程序的地域而言，也具有很强的地域性，主要是云南、山东、江苏与重庆，四地检察机关办理裁判结果监督案件适用听证程序的比例占全国的 85.7%。① 除全国的数据外，笔者专门调查了天津市检察机关的听证程序适用情况。该市从 2016 年到 2020 年 3 月 26 日，共在 12 件民事检察监督案件中适用了听证程序。其中，2016 年 1 件、2017 年 2 件、2018 年 2 件、2019 年 5 件、2020 年 2 件，案件性质均为裁判结果监督案件。就检察机关的层级来讲，基层检察院 5 件、市检察分院 6 件、市检察院 1 件。该市检察

---

① 本部分数据参见李大扬、滕艳军：《民事检察听证制度实证分析》，载《中国检察官》2019 年第 13 期。

机关对听证程序的适用状况,就数据变化所反映的趋势而言,与全国检察机关的数据基本同步。以上数据说明,听证程序目前适用率偏低,还未成为民事检察的主导性审查方式,该项制度的开展和推进任重而道远。

(二)产生上述问题的原因分析

应当说,造成听证程序的适用困境有多种主客观原因,仅就听证程序的制度设计而言,存在如下不足:

其一,功能较为单一。民事检察听证程序的功能定位,目前主要集中在查清事实和保护当事人诉讼权利。相比书面审查,听证程序确实推进了民事检察制度的发展。但这远远不够,就听证程序自身所蕴含的制度潜力而言,仅仅定位于以上功能还未能充分实现听证程序的制度价值。只有听证制度能为民事检察所面临的诸多问题提供基础性的解决方案,其才能真正与民事检察制度现代化转型之要求相契合,才能兼收制度昭示性价值、个案解决性价值、政策形成性价值、检察导向性价值,才能真正嵌入式地成为常规性制度。

其二,制度规定粗疏。听证程序是一个完整的制度体系,它包括诸如听证的机构主体、听证的参与者、听证的旁听者、听证的主持者、听证的权利和义务、听证的阶段构成与主要环节、听证的启动机制、听证的通知与送达、听证的适用范围、听证的先后顺序、听证的评议、听证的决策机制、听证的说理性、听证的中止与终结、听证的救济与监督、听证的效果约束、听证成果的合理转化、听证的卷宗记录、听证的宣介与答疑、听证的衔接机制、听证的保障机制、听证的配套机制等内容,而不是通知当事人过来,对其进行询问这样简单。但是,目前听证规则设计还限于粗线条状态,尚不足以构成一个有血有肉的制度性体系。例如,对听证主持人的权利只是规定为"参加听证的人应当听从主持人指挥",较为含混笼统,缺乏对其权利的细化规定。又如,对于人大代表、政协委员、人民监督员等社会人士参加听证,仅规定了可以参加,但是其参加听证的具体权利如何则规定阙如。再如,听证的结果是否对当事人与检察机关具有拘束力也语焉不详,等等。

其三,定性存在偏颇。当前,民事检察听证制度在立法本位上过于偏重检察机关职权主义下的工具价值,对当事人在听证中的主体地位考虑还不够充分。例如,哪些案件可以进入听证程序,哪些案件不宜进入听证程序,《监督规则》规定的"确有必要"如何理解和适用,取决于检察机关主观认知下的办案需要,缺乏刚性的约束。对于听证程序的启动而言,目前仍以检察机关依职权启动为主。听证员的遴选、听证范围的确定、听证参与者的选择以及听证顺序、听证方式等重要环节均由检察机关单方面决定,当事人缺乏必要的话语权,易影响其参与听证程序的积极性和能动性。

其四,程序有待完善。作为一种服务于实体的形式,程序不应是一成不变的,应随着实体的需要而变化。我国民事检察监督格局是多元化监督,与之相适应的听证程序也应当体现多元化。而目前的听证程序是以裁判结果监督为标准设计的普通程序,对于其他监督事项,如程序违法监督、执行监督等等,并未个性化地设置相应的听证程序,这不仅与程序设置上的效益成本原则不符,也在客观上制约了听证程序在实践中的广泛运用。因此,如何针对听证事项和监督目标,设置更加多元化、更具灵活性、更有针对性的听证程序体系,需要深入研究。

四、完善检察听证程序的构想

(一) 明确听证原则

其一,依法听证原则。听证一旦制度化,就克服了其随意性特征,而进入法治化轨道,依法听证便是其应恪守的基本原则。该原则要求是否进行听证、如何进行听证以及听证的效力等听证的构成要素,均应纳入法律调整的范围;违法听证应承担相应的法律责任。

其二,听证公开原则。听证与公开常常联系在一起,听证公开实际就是引入社会监督,具有加强对检察人员的监督,提高民事检察的公信力,宣传法治的作用。听证公开的方式可以多样化,允许旁听是基本形式,公民有权旁听听证。鉴于目前信息技术的发展,网络听证或线上线下结合式听证应成为听证公开的主要形式,必要时可考虑开辟网上直播形式的听证专栏,使听证效果更为广泛传播。当然,也应考虑现实中确实存在特定性质的案件不适宜公开听证,如涉及国家秘密、商业秘密、个人隐私案件、涉未成年人案件以及当事人申请不公开确有理由的其他案件,应当适用非公开听证程序。

其三,听证对审原则。对审原则是民事诉讼中适用于争讼案件的基本原则,其含义是纷争双方当事人在纠纷解决过程中都有参与诉讼程序的权利,纠纷裁决者唯有兼听双方对立的陈词,才能作出公允的裁断。这一程序正当性原则无疑也适用于民事检察监督案件的听证程序,通过对审原则保障双方当事人平等行使听证参与权,有利于最大限度地还原案件事实的真相,确保检察机关作出正确的监督决定。为保障对审原则的实现,检察机关应当履行通知义务,尤其是对其他当事人的通知义务,以保证当事人双方出席听证。当然,在检察机关履行通知义务后,其他当事人无合理理由不参加听证的,也可以缺席听证。

其四,听证亲历原则。检察机关是司法机关,司法机关履行职责应当尊重司法规律，司法的亲历性原则就是司法规律之一。听证程序的主持者原则上应当是民事检察监督案件的主办者或决策者，他们应当直接听取听证的过程，通过当事人和参与者的观点交流、理由沟通、举证质证、说理辩驳等过程，深入案件的实质和深层，倾听双方当事人及其他相关方的意见，从细节处消解纠纷案件的矛盾点、争议点和疑难点，切实把握案情和相关法律适用，以此作出正确的决断。听证过程中，应广泛推行直接言词听证主义，尽量避免书面形式的听证和请示汇报式的听证。

其五，听证比例原则。听证资源是有限的，需要听证的案件则可能是众多的。因此，应当合理界定需要进入听证程序的案件范围，按照一定的标准对应听证案件、可听证案件和非听证案件进行划分。同时，对进入听证程序的案件进行繁简分流，使听证程序与听证案件成比例配置。听证程序不像其他一些法律规则，并不是一个与时间、地点和情景无关的机械不变的技术性规则；正当的听证程序是灵活的，它要求提供与具体情境相适应的程序保护。为此，听证的决策者必须善用利益衡量原则，在公正与效率、个人与整体、正价值与负效应、法律效果、社会效果和政治效果等诸多变量之间进行综合权衡。对于听证的结果，有的为仅供参考，有的则对监督决策具有拘束作用，听证说理应当始终保持充分适度。

（二）划分听证类型

其一，以时间为标准，可将检察听证划分为审查中的听证和审查后的听证。审查中的听证是常态性与一般意义的听证，其功能主要是实现检察审查的公正与保护当事人诉讼权利；审查后的听证则属于特殊类型的听证，其功能主要在于服判息诉、化解纠纷，也包括一定意义的纠错作用。

其二，以听证的繁简为标准，可将检察听证划分为普通听证和简易听证。简易听证的参加人主要是检察人员和当事人，普通听证则要求检察机关邀请人民监督员等社会人士参加。审查后听证原则上都应当是普通听证，都应邀请社会人士参加，不宜适用简易听证。

其三，以监督意向为标准，可将检察听证划分为肯定型听证和否定型听证。肯定型听证是检察机关经过对案件的初步审查，拟提出抗诉或提出检察建议时所进行的听证。此类听证一般要求监督案件属于重大复杂疑难情形，而并非所有的肯定型监督案件均需进行听证。否定型听证则适用于检察机关经过审查拟不进行法律监督的案件，这类案件原则上均应进行听证，并经过听证做好服判息诉工作。

其四，以听证的强制性程度为标准，可将检察听证划分为法定型听证和裁量型听证。法定型听证是检察机关必须进行的听证，听证是检察机关作出监督决策的必要步骤和必经程序；裁量型听证是指是否举行听证，由检察机关行使自由裁量权斟酌决定。法定型听证应采取正面清单的形式进行列举，包括重大复杂疑难的监督案件、人数众多的监督案件、社会影响较大的案件、程序违法监督案件、政策形成型监督案件、指导性案件、新类型案件、督办案件等，除此以外的案件，应当属于裁量型听证范围。法定型听证案件无需当事人提出申请，检察机关应当依职权主动启动听证程序。裁量型听证案件则既可由当事人提出申请启动，也可由检察机关依职权启动。一般而言，法定型听证应采用普通程序进行，裁量型听证可采用简易程序进行。

其五，以听证所针对的客体为标准，可将检察听证划分为结果监督型听证和程序监督型听证。结果监督型听证一般仅涉及双方当事人，其参与听证的人员较为单纯；程序违法型监督则除当事人外，还涉及审判和执行案件的法官、证人、鉴定人以及其他诉讼参与人等，因而其严谨程度更甚于前者。

此外，检察听证还可以进行其他标准下的划分。例如，依案件性质划分，可将其划分为私益诉讼的听证和公益诉讼的听证；依听证的目的划分，可将其划分为咨询型听证和决策型听证；依听证的启动程序划分，可分为申请型听证和职权型听证；依听证当事人出席情况划分，可分为单方听证和对席听证，等等。

（三）完善听证配套机制

其一，听证代理机制。进入听证程序的案件，通常都是疑难复杂甚或具有一定社会影响力和敏感性的案件，因而其复杂程度较高，当事人之所以经过一审、二审以及申请再审后，还要申请进入检察监督程序，是因为他们确信案件的处理结果存在错误，损害了他们的合法权益。因而，听证的过程实际上就是对案件抽丝剥茧进行深度剖析和各方会诊的过程。这种情况下，当事人应当配有代理律师进入听证程序，如果他们没有聘请代理律师，检察机关应当为之开辟绿色通道，设定基金提供法律援助。

其二，听证评议机制。听证的过程是广采民意、集思广益、兼听则明的过程，听证不是一听了之，而需要有一个评议的过程，听证主要是听取双方当事人及利害攸关者的意见，评议则主要听取参加听证的专家学者、代表委员、特定群体保护机构代表、基层社会管理机构代表等人员的意见。将他们的意见汇聚起来，概括出具有共识性和分歧性的意见，使共识性意见具有拘束力，对分歧性意见进行科学合理的判断，并就判断的结果充分说理。

其三，听证救济机制。充分保障听证当事人和参与者的程序性权利，对听证程序的效能发挥具有决定性作用，听证救济权是重要的听证程序性权利，其内容主要包括：对听证申请被否定后的复议权；对听证人员和听证方式的建议权；对听证主持人及其听证人员的回避申请权；对听证结果不服的异议权；重新听证申请权等。

其四，听证衔接机制。听证程序需要与三个后续的程序进行衔接：一是检察监督的决策程序，将听证的结果合理地运用到检察决策之中。二是听证程序与检察和解的衔接，检察和解是在检察听证基础上的合理延伸，成功的检察听证将导向成功的检察和解。三是检察听证程序与再审判程序的衔接，一个成功的检察听证是对理想监督效果的有力支持。

（原载于《人民检察》2020年第12期）

做实行政检察监督　实质化解行政争议

论新时代中国特色行政检察

姜明安[*]

行政检察是一项极具中国特色的司法制度。无论是法治发达国家,还是其他法治发展中国家,都没有中国这种由检察机关对法院行政诉讼活动和行政机关行政活动(限特定行政行为)进行法律监督的制度。行政检察是中国特色社会主义国家治理体系中一项独特的反映和体现中国国情的制度。

新时代行政检察,是指党的十八大以后,特别是指2018年我国检察制度推进"四大检察"新格局改革以后,① 其检察职能、范围、方式、手段和作用领域等均发生了一定变化的,所谓"一手托两家"的现行行政检察制度。行政检察在党的十八大以前和"四大检察"新格局形成以前在我国即早已存在,但其地位没有现行行政检察这么突出,其功能、作用没有现行行政检察这么广泛和重要。

在中国特色社会主义国家治理体系中为什么要创建行政检察这样一个制度?在新时代,为什么要将行政检察与刑事检察、民事检察、公益诉讼检察并列,构成"四大检察"的新格局,赋予行政检察以如此广泛的职能和如此重要的地位?这是检察法学领域,乃至整个法学领域应予研究的前沿理论问题。

一、新时代加强中国特色行政检察制度建设的意义

新时代加强中国特色行政检察制度建设的意义主要表现在下述三个方面:

(一)加强中国特色行政检察制度建设是坚持和完善作为我国根本政治制度的人民代表大会制度的需要

人民代表大会制度是我国的根本政治制度。这一制度区别于西方国家的三权分立制度。在三权分立制度下,国家立法权、行政权、司法权相互分立,相

---

* 北京大学法学院教授、博士生导师。
① "四大检察"的概念是2018年7月张军检察长在大检察官研讨班上首次提出的。"四大检察"指刑事检察、民事检察、行政检察和公益诉讼检察。

互制约;① 而在我国人民代表大会制度下，全国人民代表大会和地方各级人民代表大会是国家权力机关，国家行政机关、监察机关、审判机关、检察机关均由人民代表大会产生，对它负责，受它监督。我国的人民代表大会制度虽不实行国家权力的完全分立和平衡制约，但并不否认和反对国家机构的职权分工，而且在确立全国人民代表大会作为国家最高国家权力机关的前提下，承认和实行国家行政机关、监察机关、审判机关、检察机关所行使的权力的一定的相互配合和相互制约。例如，审判机关通过行使行政审判权对行政机关行使行政权进行一定的制约；监察机关通过行使监察权对所有行使公权力的公职人员进行监督，从而对行政机关行使行政权、审判机关行使审判权、检察机关行使检察权也形成一定的实质上的制约；审判机关、检察机关和属于行政机关系统的公安机关在办理刑事案件时互相配合、互相制约;② 等等。在我国这种国家权力配置的宪制体系中，检察机关有着特殊的地位和作用。这种特殊的地位和作用就是宪法对检察机关的性质定位："中华人民共和国人民检察院是国家的法律监督机关"。③

可见，检察机关的法律性质定位是我国根本政治制度——人民代表大会制度——的构成要素之一。而检察机关的"法律监督机关"性质定位体现于刑事检察、民事检察、行政检察和行政公益诉讼检察整个四大检察领域，更多和更大程度地体现于行政检察和行政公益诉讼检察两大领域。从检察机关的传统职能来说，行政检察自然首先是行政诉讼检察，主要是对人民法院行政审判活动的监督，但从检察机关的国家法律监督机关性质定位来说，它还应包括对行政机关行政行为（如行政许可行为、行政处罚行为、行政强制行为等）的监督。即使是对行政诉讼活动的监督，其直接针对的是人民法院行政审判活动，但间接的效力无疑也针对行政机关的行政行为，特别是对行政判决、裁定执行的监督和对非诉执行行为的监督，检察机关在监督过程中发现行政机关有违法行为和违法不作为的情形，可直接对相应行政机关提出检察建议，或者向监察机关移送行政机关公职人员相应的违法行为事实材料或者相关线索。至于行政公益诉讼检察，虽然在检察机关内部机构设置上与行政检察分属不同检察部门，但其基本性质仍属于行政检察，广义上的行政检察无疑应包括行政公益诉讼检察。

---

① 尽管西方各国均实行三权分立制度，但分权模式和权力相互制约平衡的方式不尽相同。如美国采行三权平衡制约模式，英国采行议会主权模式，德国、日本等采行议会内阁制模式等。

② 参见《宪法》第140条。

③ 参见《宪法》第134条。

由此可见，行政检察是中国特色检察制度的基本构成要件，而中国特色检察制度乃是作为我国根本政治制度的人民代表大会制度的重要内容。因此，要坚持和完善我国根本政治制度——人民代表大会制度，就必须切实加强行政检察制度建设，促进行政检察的创新发展。

（二）加强中国特色行政检察制度建设是坚持和完善中国特色社会主义法治体系，建设法治国家、法治政府、法治社会，推进国家治理体系和治理能力现代化的需要

行政检察制度对于坚持和完善中国特色社会主义法治体系的作用主要表现在保障和推进法治国家建设、法治政府建设和法治社会建设三个方面：

在法治国家建设方面，行政检察的主要作用是保障和推进公正行政审判。而公正行政审判是公正司法的重要环节，公正司法则是法治国家的基本要件。在法院整个审判活动中，行政审判是最可能受到各种干预而影响公正的环节。因为行政诉讼的被告是与人民法院、人民检察院同为国家机关的行政机关。[①] 被诉行政机关不仅因与案件有利害关系而有可能干预的意愿，而且因执掌公权力而有较行政诉讼原告以及民事诉讼原告、被告更强的干预能力。所以《行政诉讼法》不仅规定，"人民法院依法对行政案件独立行使审判权，不受行政机关、社会团体和个人的干预"，而且还特别规定，"行政机关及其工作人员不得干预、阻碍人民法院受理行政案件"，"人民检察院有权对行政诉讼实行法律监督"。[②] 为保证检察监督的公正，《人民检察院组织法》又特别规定，任何领导干部或检察机关内部人员均不得干预、插手具体案件。"对于领导干部等干预司法活动、插手具体案件处理，或者人民检察院内部人员过问案件情况的，办案人员应当全面如实记录并报告；有违法违纪情形的，由有关机关根据情节轻重追究行为人的责任。"[③]

为保障检察机关监督法院行政审判的有效性和公正性，行政诉讼法为行政检察监督规定了多种监督手段和方式，如提出抗诉和检察建议等："最高人民检察院对各级法院已经发生法律效力的判决、裁定，上级检察院对下级法院已经发生法律效力的判决、裁定，如发现有主要证据不足、证据未经质证或者系伪造；适用法律、法规确有错误；遗漏诉讼请求等情形，或者发现调解书损害

---

① 这与民事诉讼不同，民事诉讼的被告是与原告法律地位完全相同的自然人、法人或者非法人组织。虽然行政机关也可以以"机关法人"的身份成为民事诉讼的被告，但此时它不再具有公权力主体地位。参见《行政诉讼法》第2条、第26条和《民法典》第96条。
② 分别参见《行政诉讼法》第4条、第3条、第11条。
③ 参见《人民检察院组织法》第47条。

国家利益、社会公共利益的，应当提出抗诉。地方各级检察院对同级法院已经发生法律效力的判决、裁定、调解书，发现有上述情形的，可以向同级法院提出检察建议，并报上级检察院备案；也可以提请上级检察院向同级法院提出抗诉"。① 此外，检察机关还可对行政审判的诉讼程序进行监督，对法院违反法律规定的诉讼程序作出的可能影响公正的终局裁判，检察机关同样可以向法院提出抗诉或者检察建议，以启动再审，纠正裁判中可能的错误。②

此外，行政检察对于法治国家建设的作用除了通过对国家机关的直接监督实现外，同时也通过推进执政党全面从严治党和依法执政的间接作用实现。因为在我国，司法和行政都受各级党委的领导。行政检察监督纠正了行政审判和行政行为中的各种违法偏向，促进了公正司法和依法行政，自然也就会间接保障和推进执政党全面从严治党和依法执政，而执政党全面从严治党和依法执政是建设中国特色法治国家的基本前提。

在法治政府建设方面，行政检察既可以通过对行政审判的直接监督间接保障和推进行政机关依法行政，也可以通过检察建议直接监督行政机关依法行政。政府是国家的基本构成要素，故法治政府建设自然是法治国家建设的组成部分。习近平总书记将法治政府与法治国家、法治社会并列，③ 并不是从理论上将政府独立于国家，④ 而是从实践层面强调法治政府建设在依法治国总工程中的特殊地位和特殊重要性。正因为法治政府建设在依法治国总工程中具有特殊重要的地位和特殊重要性，我国法律才创建了专门的行政审判制度，监督、保障和推进各级各类行政机关依法行使职权、依法行政。但是，要有效监督、保障和推进行政机关依法行政，光依靠行政审判是不够的。因为在实践中存在着各种可能影响行政审判公正、准确的客观或主观因素，行政判决、裁定不可避免地会出现一定概率的错误。这些错误导致不仅不能有效纠正行政机关违法的行政行为和不作为，给予受违法行政行为或不作为侵害的相对人以有效的法

---

① 在修订后的《行政诉讼法》于2015年5月1日实施以前，检察监督的形式主要限于抗诉，原《行政诉讼法》第64条仅规定，"人民检察院对人民法院已经发生法律效力的判决、裁定，发现违反法律、法规规定的，有权按照审判监督程序提出抗诉"。修订后的《行政诉讼法》增加规定了地方检察院可对同级法院已经发生法律效力的判决、裁定、调解书向同级法院提出检察建议的监督形式，参见《行政诉讼法》第93条。

② 参见《行政诉讼法》第91条、第92条。

③ 在党的十九大报告和其他重要讲话中，习近平总书记多次提出"坚持依法治国、依法执政、依法行政共同推进，坚持法治国家、法治政府法治社会一体建设"的思想。参见《习近平谈治国理政》，外文出版社2014年版，第144页。

④ 在理论上，只有社会才相对独立于国家，与国家并列，或称"市民社会"与"政治国家"的对立统一。

律救济，反而有可能助长行政违法，加剧对受害人的伤害。为此，《行政诉讼法》和《人民检察院组织法》在确立行政审判制度的基础上，又确立了行政检察监督制度，通过行政检察监督纠正确有错误的行政判决、裁定，以更有效地监督、保障和推进行政机关依法行政。

行政检察对于保障和推进法治政府建设的作用除了通过对行政审判活动的监督实现以外，另一个重要实现途径则是对行政非诉执行的监督。行政非诉执行监督的直接对象虽然也是人民法院，但是此种监督必然涉及被诉行政机关。检察机关在对人民法院就行政非诉执行案件作出的准予执行或不准予执行的裁定进行法律监督时，必然要审查行政机关所申请法院执行的行政行为的合法性：行为实施主体是否具有行政主体资格；相应行为是否具有明显缺乏事实根据的情形；相应行为是否具有明显缺乏法律、法规依据的情形；相应行为是否具有其他明显违法并损害被执行人合法权益的情形等。如果通过审查，发现相应行为的实施主体不具有行政主体资格，或者相应行为明显缺乏事实根据或法律、法规依据，或者相应行为具有其他明显违法并损害被执行人合法权益的情形，人民法院却对之作出了予以执行的裁定，人民检察院不仅应向人民法院发出检察建议，制止人民法院对违法行政行为的执行，同时还应审查相应行政公职人员在实施相应行政行为的过程中是否有违法乱纪、滥用职权、贪污腐败的行为。如发现相应公职人员有上述行为，应将案件有关材料转送纪检监察机关调查处理。这样，检察机关在对人民法院行政非诉执行活动进行监督时，就同时也监督了行政机关的行政行为和行政公职人员的职务履行行为。检察机关的这种监督无疑有利于防止行政机关及其公职人员滥用职权，保障和推进法治政府建设。

广义的行政检察对于保障和推进法治政府建设的作用除了通过上述两种相对间接的途径实现以外，还有一个重要的直接实现途径。这就是2017年第十二届全国人大常委会第二十八次会议修订的《行政诉讼法》规定的行政公益诉讼：人民检察院在履行职责中发现生态环境和资源保护、食品药品安全、国有财产保护、国有土地使用权出让等领域负有监督管理职责的行政机关有违法行使职权或者不作为的问题，可以直接监督，即可以对这些领域的行政机关直接提出检察建议，督促其纠正。如果相应行政机关在收到检察建议后仍不采取措施依法履行职责，人民检察院可以依法向人民法院提起诉讼。① 检察机关对行政机关的这种直接监督行为，对于保障和促进其依法行政，推进法治政府建设，无疑同样具有重要的作用。

---

① 参见《行政诉讼法》第25条第4款。

在法治社会建设方面,行政检察监督的作用主要是为受到行政违法行为或行政违法不作为侵害的相对人提供进一步的救济,保障社会公平正义,维护社会稳定。行政检察监督的这一作用主要通过两个途径实现:一是受到行政违法行为或行政违法不作为侵害的相对人在通过申请行政复议和提起行政诉讼后仍然得不到其依法应该获得的救济,可向检察机关提出申诉。检察机关在对其申诉材料审查后,如认为法院的行政判决、裁定确有错误,依法向法院提出抗诉或检察建议,使相对人获得其依法应该获得的救济,以保障社会公平正义,避免相对人因冤屈和救济无效做出危害社会的过激行为,影响社会稳定。二是检察机关通过对行政判决、裁定等生效法律文书执行的监督和对非诉行政行为执行的监督,发现法院执行行为违法,或者执行人员在执行时有贪污受贿、徇私舞弊、枉法执行等行为,或者发现法院在执行活动中存在怠于履行职责情形的,可以通过提出检察建议的形式督促法院纠正。这种监督和督促纠正对于保障社会公平正义,维护社会稳定,防止群体性事件的发生和推进法治社会建设同样具有重要作用。

(三)加强中国特色行政检察制度建设是坚持和完善党和国家监督体系,强化对公权力运行制约和监督的需要

2018年《监察法》颁行以后,我国对公权力的监督总体系主要包括四大分支体系:一是人大监督体系;二是纪检监察监督体系;三是检察监督体系;四是审计监督体系。① 这四大体系在监督职能上有所分工。人大与人大常委会负责对所有国家机关行使职权行为的监督,重点监督国家机关立法行为(如行政机关的行政立法行为、监察机关的监察立法行为和司法机关的司法解释行为)和政策制定行为的合宪性、合法性(全国人大常委会可撤销行政法规、监察法规),监督一府一委两院负责人(如总理、副总理、国务委员、部长、委员会主任、监委主任、两院院长等)依法履行职责(全国人大可罢免一府一委两院负责人)。② 纪检监察机关负责监督包括党和国家机关领导干部的所有中国共产党党员以及所有行使公权力的公职人员遵纪守法的行为,重点监督党和国家机关领导干部及公职人员的贪腐、滥权、渎职等腐败行为。③ 审计机关负责监督国务院各部门和地方各级政府的财政收支,以及国家财政金融机构

---

① 我国对公权力的监督总体系除了上述四大体系外,还有国家机关层级监督体系、行政诉讼监督体系、政协和民主党派监督体系、社会监督体系、媒体和舆论监督体系等。但上述四大体系是总体系的最主要构成环节。

② 参见《宪法》第62—63条、第67条、第71条、第73条、《立法法》第96—102条。

③ 参见《监察法》第1条、第15条、《中国共产党党内监督条例》第5—6条。

和企业事业组织的财务收支。① 而检察监督的范围既包括对国家机关行使职权行为（如人民法院的审判行为和对裁判文书的执行行为，公安机关的刑事侦查行为和采取刑事强制措施行为、监狱、看守所的执法行为等②）的监督，也包括对一定范围公职人员行为（如审判人员在审理案件过程中的贪污受贿、徇私舞弊、枉法裁判行为③）的监督；既包括对法院、公安、监狱、看守所等传统监督对象的监督，也包括对作为新拓展监督对象（一定范围一定领域的行政机关）的监督。④

对于上述四大监督系统的监督对象和监督范围，宪法和相关法律虽然对其界限有相应的划分和界定，但其中也不可避免地会有一定的重合、交叉。如对行政不作为、乱作为的监督，既可以是人大监督（通过质询等方式）的对象和范围，也可以是纪委监察监督（通过对行政公职人员调查、处分的方式）的对象和范围，还可以是检察监督（通过行政公益诉讼的直接监督方式或对行政诉讼及非诉执行监督的间接监督方式）的对象和范围。又如，对审判人员在审理案件过程中的贪污受贿、徇私舞弊、枉法裁判行为既是纪委监察监督的对象和范围，也是检察监督的对象和范围。只是前者的监督着重于人，旨在追究违法审判人员的法律责任（给予政务处分或追究刑事责任），后者的监督着重于事，旨在决定对违法审判人员审判的案件是否再审。

在国家公权力的监督总体系中，由于各种监督系统的监督不可避免地存在一定重合、交叉的情形，从而也就不可避免地会存在一定空隙、导致各监督系统都不予监督的情形。某些领域、某些事项几个监督主体都监督，都管，某些领域、某些事项没有监督主体监督，没人管。正是针对此种情形，宪法确定检察机关是"国家的法律监督机关"。对于其他监督主体都不监督都不管的领域和事项（不论其是否应归属于某特定监督主体的监督范围），检察机关均应担负起相应的监督职责。例如，对行政不作为、乱作为的监督，在法律上就存在多个监督主体（如不作为、乱作为机关的所属政府、相应上级行政机关、人大和人大常委会、监察机关、受理相对人起诉的人民法院等），如果这些监督主体都不履行监督职责，检察机关作为"国家法律监督机关"就应该出手监

---

① 参见《宪法》第91条、《中华人民共和国审计法》第1—4条。
② 参见《人民检察院组织法》第20条。
③ 不过，这种监督不是直接的。检察机关发现审判人员在审理案件过程中的贪污受贿、徇私舞弊、枉法裁判行为，应将相关材料移送纪检监察机关，由纪检监察机关处理。同时，检察机关发现审判人员在审理案件过程中的贪污受贿、徇私舞弊、枉法裁判行为后，可以依审判监督程序对相应判决、裁定提出抗诉。参见《行政诉讼法》第91、93条。
④ 参见《行政诉讼法》第25条。

督。这是中国特色宪制所设计的对公权力监督的总体系和监督机制赋予检察监督的功能和使命，而检察监督的这种功能和使命又主要集中于行政检察。当然，行政检察履行这种功能和使命一要受制于自己当下的资源和能力，监督范围只能逐步展开；二要视其他监督主体行使监督职能的情况而定，其他监督主体已经启动或正准备启动监督，行政检察则不宜直接介入。

二、新时代行政检察的范围

行政检察监督属于法律监督。所谓"法律监督"，是指监督主体依法律实施的，对监督对象行使职权、职责的活动、行为所涉法律层面问题的监督。法律监督既区别于监督主体依层级隶属关系对监督对象实施的工作监督（如上级行政机关对下级行政机关的监督、各级人民政府对所属工作部门的监督）；也区别于监督主体依政治体制机制对监督对象实施的政治、政策监督（如人大对一府一委两院的监督）。行政诉讼活动属于法律性质的活动，行政诉讼主体（人民法院、被告、原告）实施的诉讼行为属于法律行为。人民检察院对行政诉讼活动，包括对行政诉讼主体实施的各种诉讼行为（起诉、受理、审理、裁判、执行）进行的监督均属于法律监督，其行使与之相应的职权、职责和采取相应的措施是宪法确定其作为国家法律监督机关的性质所决定的。另外，行政机关的行政活动亦同样属于法律性质的活动，行政主体实施的各种行政行为（包括作为和不作为）均属于法律行为。人民检察院对行政行为实施的监督，包括通过行政诉讼监督间接实施的监督和通过行政公益诉讼直接实施的监督，均属于法律监督。

《人民检察院组织法》第 20 条规定了检察机关的 7 项具体职权和一项概括性职权（即"法律规定的其他职权"），其中第 5 项"对诉讼活动实行法律监督"和第 6 项"对判决、裁定等生效法律文书的执行工作实行法律监督"都同行政检察监督有关。"对诉讼活动实行法律监督"当然包括对行政诉讼活动的法律监督；"对判决、裁定等生效法律文书的执行工作实行法律监督"当然包括对行政判决、裁定等生效法律文书执行的监督，也包括对非诉执行的监督。因为非诉执行裁定也应认为是一种行政裁定，至少是"行政判决、裁定等生效法律文书"中的"等"生效法律文书。另外，《人民检察院组织法》第 20 条第 4 项"依照法律规定提起公益诉讼"也含有行政检察监督的内容（行政公益诉讼）。只是从检察机关的机构设置的角度，行政公益诉讼已归入"四大检察"中公益诉讼检察的范畴，故本文不在行政检察中做重点论述。

据此，我们可以将新时代行政检察的范围分为三大类别：行政诉讼检察监督，行政判决、裁定执行和非诉执行检察监督，以及对违法行政行为的检察监督。

(一) 行政诉讼检察监督

根据宪法、人民检察院组织法和行政诉讼法的规定，行政诉讼检察监督的范围可以概括为以下四项：

1. 对行政诉讼起诉、受理的监督

起诉、受理是行政诉讼活动的第一个环节。检察机关对行政诉讼活动的法律监督是全过程、全方位的。因此，行政诉讼检察监督的第一项监督即是对行政诉讼起诉、受理环节的监督。根据《行政诉讼法》第91条和第93条的规定，公民、法人或者其他组织向人民法院提起诉讼，人民法院作出确有错误的不予立案或者驳回起诉的终局裁定，不管这种裁定是人民法院因受被告行政机关或其他行政机关、社会组织或个人（特别是领导干部）干预作出的，还是人民法院错误适用法律或法官对法律错误理解作出的，人民检察院都可以向人民法院提出抗诉或者检察建议，以纠正此种错误裁定，保护公民、法人和其他组织的行政诉权。

2. 对行政审判活动的监督

行政审判是行政诉讼活动中最重要的环节。这个环节如果出现行政机关、社会团体或个人违法干预或人民法院违反法定诉讼程序等情形，诉讼结果显然就难于保障公正。因此，检察机关对行政审判的监督是整个行政诉讼检察监督的最重要环节。《人民检察院组织法》第47条第2款要求，对于领导干部等干预司法活动、插手具体案件处理，或者人民检察院内部人员过问案件情况的，办案人员应当全面如实记录并报告；有违法违纪情形的，由有关机关根据情节轻重追究行为人的责任。这一条款适用于所有审判活动，但特别适用行政审判活动。另外，根据《行政诉讼法》第91条第1款第5项的规定，检察机关要对行政审判的诉讼程序进行监督，对人民法院违反法律规定的诉讼程序作出的可能影响公正的终局裁判，人民检察院可以向人民法院提出抗诉或者检察建议，以启动再审，纠正裁判中可能的错误。

3. 对生效行政判决、裁定和调解书的监督人民检察院对人民法院生效行政判决、裁定和调解书的监督是行政诉讼检察监督中最常见，最具法律效力的监督类型。根据《行政诉讼法》第93条的规定，最高人民检察院对各级人民法院已经发生法律效力的判决、裁定，上级人民检察院对下级人民法院已经发生法律效力的判决、裁定，发现有本法第91条规定情形之一（如主要证据不足、未经质证或者系伪造；适用法律、法规确有错误；遗漏诉讼请求；有新的证据，足以推翻原判决、裁定的等），或者发现调解书损害国家利益、社会公共利益的，应当提出抗诉。地方各级人民检察院对同级人民法院已经发生法律效力的判决、裁定，发现有本法第91条规定情形之一，或者发现调解书损害国家利益、社会公共利益的，可以向同级人民法院提出检察建议，并报上级人民检察院备案；也可以提请上级人民检察院向同级人民法院提出抗诉。

4. 对行政审判人员在审判程序中的违法行为的监督

对行政审判人员在审判程序中违法行为的监督也属于广义的行政诉讼检察监督的范畴。《行政诉讼法》第 93 条第 3 款规定，各级人民检察院对审判监督程序以外的其他审判程序中审判人员的违法行为，有权向同级人民法院提出检察建议。另外，根据《行政诉讼法》第 91 条第 8 项和第 93 条第 1、2 款的规定，检察机关发现行政审判人员在案件审理时有贪污受贿、徇私舞弊、枉法裁判的情形，应对相应终局裁判提出抗诉，启动法院再审。并且，依据《监察法》第 34 条，检察机关对在监督中发现行政审判人员涉嫌贪污贿赂、失职渎职等职务违法或者职务犯罪的问题线索，应移送监察机关，由监察机关依法调查处置。

（二）行政判决、裁定执行和非诉执行检察监督

1. 行政判决、裁定执行的检察监督

《人民检察院组织法》第 20 条规定的检察机关的职权之一即是对判决、裁定等生效法律文书的执行工作实行法律监督。《行政诉讼法》及其司法解释虽然没有专门规定对行政判决、裁定等生效法律文书执行的检察监督，但是根据行政法理论及实践，最高人民法院和最高人民检察院《关于民事执行活动法律监督若干问题的规定》[①]（以下简称《若干规定》）应可以适用行政判决、裁定等生效法律文书执行的检察监督。根据《若干规定》，"具有下列情形之一的执行案件，人民检察院应当依职权进行监督：（一）损害国家利益或者社会公共利益的；（二）执行人员在执行时有贪污受贿、徇私舞弊、枉法执行等违法行为、司法机关已经立案的；（三）造成重大社会影响的；（四）需要跟进监督的。"此外人民检察院认为人民法院在执行活动中可能存在怠于履行职责情形的，亦属于检察监督的范围。人民检察院对行政判决、裁定等生效法律文书执行的监督主要采取检察建议的形式。

2. 非诉执行检察监督

行政非诉执行检察监督是指人民检察院依据《人民检察院组织法》第 20 条第 6 项的授权，对人民法院行使行政非诉执行职能活动的监督。[②] 行政非诉

[①] 2016 年 12 月 19 日，最高人民检察院召开新闻发布会，发布《最高人民法院、最高人民检察院关于民事执行活动法律监督若干问题的规定》，该规定于 2017 年 1 月 1 日起施行。

[②] 《人民检察院组织法》第 20 条第 6 项规定，人民检察院对判决、裁定等生效法律文书的执行工作实行法律监督。这里的"等生效法律文书"显然包括非诉执行裁定。

执行是指人民法院依据《行政诉讼法》和《行政强制法》的规定，应行政机关的申请，并对相应申请的合法性进行审查和作出执行裁定后，对在法定期限内既不自动履行行政决定，又不申请行政复议和提起行政诉讼的公民、法人或者其他组织采取强制执行措施，强制执行行政决定的行为。①

行政非诉执行检察监督对于新时代法治政府建设具有非常重要的，并有为其他制度不可替代的作用。首先，行政非诉执行检察监督是实现宪法和人民检察院组织法对人民检察院的性质定位，全面履行人民检察院的法律监督职能的需要。在《人民检察院组织法》第20条规定人民检察院享有的8项职权中，有两项包含行政非诉执行检察监督：一项是对诉讼活动的法律监督；另一项是对判决、裁定等生效法律文书执行的法律监督。行政非诉执行是《行政诉讼法》第八章规范的行政诉讼执行活动的重要内容之一，故属于行政诉讼活动的组成部分；行政非诉执行，在行政机关提出申请后，人民法院无论是准予执行，还是不准予执行，都要作出裁定，故此种裁定属于判决、裁定等生效法律文书的范畴，对此种裁定的执行则属于对判决、裁定等生效法律文书执行的内容。因此，检察机关加强行政非诉执行检察监督对于其全面履行人民检察院组织法赋予的法律监督职能，实现宪法和人民检察院组织法对人民检察院的性质定位具有重要意义。

其次，行政非诉执行检察监督是保障人民法院依法、公正、高效履行行政非诉执行职能，保护作为被执行人的公民、法人和其他组织的合法权益的需要。法律之所以授权人民法院应行政机关申请，对在法定期限内既不自动履行行政决定，又不申请行政复议和提起行政诉讼的公民、法人或者其他组织采取强制执行措施，执行行政决定，而非授权行政机关自己强制执行（当然，法律也授权行政机关自己对某些比较紧急的或侵权可能性较小的行政决定的强制执行），其主要目的在于防止行政机关违法行使职权，滥用权力，侵犯公民、法人或者其他组织的合法权益。虽然公民、法人或者其他组织对行政机关违法侵犯其合法权益的行政决定可以申请行政复议和提起行政诉讼，但是，由于各种客观或主观的原因（如法律知识欠缺，不会告；行政机关威胁，不敢告、害怕行政机关打击报复，不愿告等），放弃了复议、诉讼的机会或者耽误了复议、诉讼的法定期限。在这种情况下，法律不将强制执行权赋予行政机关而赋予人民法院，就是要让法院对行政决定的合法性进行审查，以阻止对可能的违法行政决定的强制执行，保护公民、法人和其他组织的合法权益。但是法律的这种目的有赖于人民法院依法、公正地审查相应行政决定和正确作出准予或不

---

① 参见《行政诉讼法》第97条、《行政强制法》第53条。

准予执行的裁定并予以实施。如果法院、法官不依法、公正行使行政非诉执行职能，这种目的就会落空。然而，在目前的法治运行环境下（法院尚存在一定的外部干预，某些法官法律素质或政治素质尚存在一定问题等），法院、法官违法，错误地行使行政非诉执行职能的情况难以完全避免。因此，为了加强对法院、法官依法、公正行使行政非诉执行职能的监督，以更好地保护公民、法人和其他组织的合法权益，法律赋予人民检察院行政非诉执行检察监督的职能。

再次，行政非诉执行检察监督也是防止行政机关及其公职人员滥用职权，推进法治政府建设的需要。行政非诉执行检察监督的直接对象是人民法院，但是此种监督必然涉及行政机关，行政机关无疑构成了行政非诉执行检察监督的间接对象。检察机关在对人民法院就行政非诉执行案件作出的准予执行或不准予执行的裁定进行法律监督时，必然要审查行政机关所申请法院执行的行政行为的合法性：行为实施主体是否具有行政主体资格；相应行为是否具有明显缺乏事实根据的情形；相应行为是否具有明显缺乏法律、法规依据的情形；相应行为是否具有其他明显违法并损害被执行人合法权益的情形等。如果通过审查发现相应行为的实施主体不具有行政主体资格，或者相应行为明显缺乏事实根据或法律、法规依据，或者相应行为具有其他明显违法并损害被执行人合法权益的情形，人民法院却对之作出了予以执行的裁定。对此，人民检察院不仅应向人民法院发出检察建议，制止人民法院对违法行政行为的执行，同时还应审查相应行政公职人员在实施相应行政行为的过程中是否有违法乱纪、滥用职权、贪污腐败的行为。如发现相应公职人员有违法乱纪、滥用职权或贪污腐败的行为，应将案件有关材料移送纪检监察机关调查处理。这样，检察机关在对人民法院行政非诉执行活动进行监督时，就同时也监督了行政机关及其公职人员的行政行为。检察机关的这种监督无疑有利于防止行政机关及其公职人员滥用职权，推进法治政府建设。

最后，行政非诉执行检察监督还是支持公民、法人和其他组织依法维权，促进行政相对人守法和依法履行法定义务的需要。行政非诉执行检察监督大多是由公民、法人或者其他组织向人民检察院申请监督启动的（检察机关通过报刊、广播、电视、网络等其他渠道获得人民法院行政非诉执行违法的信息也可主动启动监督程序）。人民检察院这种应申请启动监督的程序实质是对公民、法人和其他组织维权行为的支持。当然，人民检察院应申请启动行政非诉执行监督程序，最后的结果不一定能如申请人所愿：认定人民法院的执行裁定违法，终止人民法院的强制执行行为。如果行政机关的行政行为确实违法，人民法院仍裁定准予执行，检察机关自然会支持申请人的申请。但是，如果行政机关的行政行为是合法的，公民、法人或者其他组织有依法履行行政行为为之确定的义务的义务，人民法院裁定准予执行，检察机关则不仅不会建议人民法院撤销准予执行裁定，还应说服申请人自觉主动履行行政行为为之确定的义务；如人民法院已经启动强制执行，则应说服申请人配合人民法院的强制执行，使相应行政行为为之确定的义务得以实现。在这种情况下，行政非诉执行检察监督即实质上发挥了促进行政相对人守法和依法履行法定义务的功能。同时，检察机关这样做，还具有防范和化解社会矛盾，推进和谐社会建设的作用。因为公民、法人和其他组织不履行行政机关的行政行为为之确定的义务，通常是其认为相应行政行为违法，侵犯了他们的合法权益，而行政机关申请人民法院强制执行，则通常是其认为相应行政行为合法，相对人不履行是违法的。在这种情况下，二者的争议和矛盾如果不能获得公正的处理，必然会影响社会的和谐和社会秩序的稳定，如果矛盾激化，还可能导致社会冲突。对此，人民检察院展开行政非诉执行检察监督，如认定行政机关的行政行为违法，可建议人民法院不准予强制执行，以平息行政相对人对政府的不满和怨愤情绪；如认定行政机关的行政行为合法，相对人不履行违法，则教育相对人知法、守法，使之认识到自己抗拒履行的错误，从而自觉履行法定义务。上述情形无论属于哪种情形，非诉执行检察监督在其中均可发挥防范和化解社会矛盾，推进和谐社会建设的作用。

（三）对违法行政行为的检察监督

现行《人民检察院组织法》除了规定公益诉讼（包括行政公益诉讼和民事公益诉讼）外，没有直接赋予检察机关对违法行政行为的检察监督职权。[①] 但是，中共十八届四中全会《关于全面推进依法治国若干重大问题的决定》要求"检察机关在履行职责中发现行政机关违法行使职权或者不行使职权的行为，应该督促其纠正"，相当于赋予了检察机关对违法行政行为的行政检察监督职能。当然，党中央决定只是党的文件。要在实践中贯彻落实，还必须通过立法将党的政策上升为法律。尽管 2017 年 6 月 27 日，第十二届全国人大常委会第二十八次会议通过修改《行政诉讼法》，赋予了检察机关提起行政公益诉讼，对违法行政行为进行行政检察监督的职能，但是该法将这种监督的范围仅限于生态环境和资源保护、食品药品安全、国有财产保护、国有土地使用权出让四个领域。当然，法律在这四个领域之后还使用了"等"的表述，从而为检察机关扩大对其他领域行政行为的监督留下了较广阔的余地。事实上，新

---

① 参见《人民检察院组织法》第 20 条。

《行政诉讼法》实施近三年来,全国各地检察机关都在探索拓展行政公益诉讼的范围。[①] 但四大检察格局中的行政检察如何开展对违法行政行为的检察监督,如何界定范围,与行政公益诉讼如何分工配合,是需要进一步认真研究探讨的问题。

关于检察机关对违法行政行为监督的范围,笔者认为可循以下四项原则逐步拓展:一是协同和补充监督的原则。根据这一原则,检察机关对违法行政行为监督只起协同和补充的作用。凡是其他监督主体已经在进行监督的事项,检察机关不应重复介入。只有其他监督主体都缺席监督时,检察机关如再不介入,国家利益、社会公共利益或公民、法人、其他组织的合法权益就要受到重大损害,此时,相应事项才进入检察机关实际行使监督权的范围。在这个意义上,检察监督可以说是制止和纠正违法行政行为,维护国家利益、社会公共利益或公民、法人、其他组织的合法权益的"最后一道防线"。二是循序渐进的原则。根据这一原则,检察机关对违法行政行为监督范围应依自己现时的条件、能力和社会的特别需要逐步拓展,选择当前违法行政行为危害最为严重的若干重点领域开展监督。三是不代行行政权原则。根据国家职能分工的要求,检察机关不能代替行政机关行使行政权。检察机关发现行政机关违法作为或不作为,可以建议行为机关纠正,或建议行为机关的上级机关或监察机关予以处理,或支持公民、法人、其他组织申请行政复议、提起行政诉讼,在所有这些手段都不奏效,都不能纠正行政机关违法的作为或不作为时,检察机关才应启动行政检察监督。在任何情况下,检察机关都不应代替行政机关作出行政处罚、行政许可、行政强制、行政给付等任何行政行为。四是各地检察机关对此的监督范围应有所差别,不搞"一刀切"的原则。根据检察机关的"国家法律监督机关"性质,对违法行政行为监督的范围包括行政机关所有行政管理领域,如生态环境、安全生产、卫生健康、扶贫、资源能源、食品药品安全、知识产权、社会治安、国有财产保护、国防、交通、教育、科技、文

[①] 2019年10月23日,最高人民检察院检察长张军在第十三届全国人民代表大会常务委员会第十四次会议上所作关于开展公益诉讼检察工作情况的报告中指出,检察机关应积极回应人民群众新期待,探索拓展公益诉讼办案范围。对人民群众反映强烈的安全生产、互联网、妇女儿童权益保护、扶贫以及国防、军事等领域公益损害问题,积极以对党和人民高度负责的态度慎重履职、担当作为。北京市海淀区检察院针对部分商户违法向未成年人售烟问题,向区市场监督管理局、烟草专卖局发出检察建议,督促履行监管职责。相关单位迅即开展为期一个月的专项整治,对违规经营者立案查处。浙江省宁波市海曙区检察院针对一段时期骚扰电话泛滥甚至影响"120"等特种电话服务的问题,向市民发放调查问卷,对骚扰电话背后利益链进行调查取证,并听取专家学者意见,负责地向通信管理部门发出检察建议,督促依法履行监管职责。通信管理部门集中整治,效果明显。上海市检察机关从守卫城市公共安全出发,开展电梯运行、消防安全、危险品运输、网约车运营等专项监督,深受群众欢迎。

化、文物保护、互联网等，可及于所有违法作为和不作为，如违法审批、许可、征收、征用、拆迁、处罚、强制、国有资产出让的招拍挂等，以及对依法应审批、许可、征收、征用、拆迁、处罚、强制、国有资产出让的招拍挂的事项违法不予审批、许可、征收、征用、拆迁、处罚、强制、招拍挂等。但一个地方的行政检察监督不可能，也不应该及于所有领域的所有违法行政行为，而只能和只应该根据各地的实际情况确定对违法行政行为监督的范围，不应搞"一刀切"。

三、新时代行政检察的目标

新时代行政检察的目标不是单一而是多元的，但本文由于篇幅的限制，只讨论当下理论和实务界都比较关注的促进行政争议实质性化解的目标，而不论及其他。

行政检察有监督人民法院依法进行行政审判，监督行政机关依法行政和保护公民、法人和其他组织合法权益，保护国家、社会公共利益的目标，也有促进行政争议实质性化解，维护社会关系和谐稳定的目标。从检察机关在整个国家治理体系中所处的地位和提高国家治理能力的需要而言，行政检察的后一目标具有非常重要的意义。

首先，行政争议的实质性化解有利于保障和促进形式法治与实质法治的统一，解决争议的法律效果与社会效果的统一，以防止为片面追求形式法治而忽视和损害实质法治，片面追求法律效果而忽视和损害社会效果。例如，某企业建成一项重大工程或盖起一座大楼，所有其他法律手续都办好了，但因为某种客观原因而少办了某一个证件，行政机关就将之认定为"违法建筑"，一定要"依法"给予强制拆除的行政处罚。该企业不服诉至法院，法院依据形式法治的要求，认定行政机关强拆是"严格执法"，驳回原告的诉讼请求。在这种情况下，如原告向检察机关申诉，检察机关可否调查一下相对人少办一证的原因是否可不归责于相对人，考察一下在现行法律规范范围内有无允许相对人补办相应证件或以其他处罚取代"拆除"处罚的可能，如果有此可能，检察机关即可建议人民法院不硬性驳回原告诉讼请求而是改与行政机关协调，要求行政机关采用更加合理且合法的方式解决与原告的行政争议。这样无疑会更有利于保障形式法治与实质法治的统一，法律效果与社会效果的统一。

其次，行政争议的实质性化解有利于全面实现《行政诉讼法》规定的立法目的（解决行政争议、保护行政相对人合法权益、监督行政机关依法行政），防止行政审判为片面追求某一种价值而忽视或牺牲另一种价值。例如，因房屋拆迁、土地征收引发的行政争议，行政相对人起诉的原因大多是因为补偿标准过低或安置条件过差，诉讼的主要目的是争取获得较多的补偿或较优的安置条件。但其诉讼代理人律师为了胜诉，往往要寻找行政机关相应行政行为的违法之处，有时难于找到行政的实质违法问题，即从行政的程序违法方面找问题，重点从行政行为的某一程序瑕疵上突破，人民法院从监督行政机关依法行政的立法目的出发，也会把重点放在行政行为的程序违法上，而忽略了当事人的主要诉求，即判决撤销行政行为和责令行政机关重新作出行政行为。这样判决虽并不违法，但可能多耗费行政机关和当事人很多时间和精力，而行政争议却未能获得实质性解决。对于这种情况，当事人如向检察机关申诉，检察机关如果能从行政诉讼法的整体立法目的出发，提示人民法院既注重监督行政机关依法行政，也注重解决行政相对人与行政机关的实质争议，建议法院认真审查行政机关给予相对人的补偿标准是否真正过低、安置条件是否真正不符合要求；法院如能全面兼顾行政诉讼的各种价值，注重解决相对人的实质请求，就会收到更好的诉讼效果。

最后，行政争议的实质性化解有利于发挥中国特色解纷机制的优势（兼顾公共利益与私人利益，平衡争议各方的不同利益），防止片面追求公益而忽视、牺牲私益，或者片面追求私益而忽视、牺牲公益。例如，近年来，国家特别重视生态环境。有的地方政府为了改善和提高当地水环境质量，强制关闭了许多农村养猪场；有的地方政府为了降低PM2.5量值和改善大气质量，强制关闭了许多以煤为能源的城市郊区供暖供热设施；有的地方政府为了市镇管理秩序，全面禁止市民摆摊设点占道经营。对此，农村养猪者、城市郊区供暖供热企业和许多生活困难的市民摊贩不服，诉至法院。法院审理此类案件有很大的自由裁量空间，但其自由裁量权运用必须兼顾保护生态环境、市镇管理秩序的公益与养猪者、供暖供热企业的投资赢利私利，以及生活困难的市民摊贩谋求生活出路的私利。如果法院的裁判只注重一种利益而忽略了另一种利益，相应行政争议肯定就难以得到实质性化解。在这种情况下，如果相对人对法院裁判不服，向检察机关申诉，检察机关为实质性化解行政争议，即有必要与法院和行政机关适当协调商榷：养猪场是否可以不关闭或少关闭，而让养猪者加强猪场卫生管理；以煤为能源的供暖供热设施是否可暂缓关闭，待有了充足的天燃气来源后完成"煤改气"以后再关闭，如确需及时关闭，是否应给予相对人以相应补偿；以及对市民摊贩摆摊设点占道经营是否可不全面禁止，而只在特定时段予以禁止。政府的行政措施如能适当兼顾公益与私益，相对人自然就会配合政府的工作，从而从根本上化解与政府的争议和矛盾。

自2019年以来，各地法院和检察院都开始重视行政争议的实质性化解，一些省（如安徽省）、直辖市（如上海市）的高级法院相继出台了加强和完善行政争议实质性解决机制的实施意见。最高检还召开了全国检察机关"加强行政检察监督促进行政争议实质性化解"专项活动电视电话会议。考察"两高"和全国各地法院、检察院的司法实践，其行政争议实质性化解主要有以下方式和途径：（1）充分发挥调解程序在化解行政争议方面的积极作用。调解程序不仅适用于行政诉讼法规定的行政赔偿、补偿以及行政机关行使法律、法规规定的自由裁量权的案件，① 还适用于各种行政协议案件。② （2）充分发挥多元化解决纠纷机制在化解行政争议方面的积极作用。人民法院在行政审判过程中，检察机关在行使行政检察职能时，根据实质性化解行政争议的需要，均可借助职能机构、行业协会、群团组织、基层群众自治性组织等广泛联系各方面群众的功能和作用，协助解决各种不同的行政争议。（3）积极运用司法建议和检察建议的方式促使行政机关依法行政，尊重和保护行政相对人的合法权益，以从源头上减少行政争议的发生。（4）推进法、检与政府，法、检本身横向和纵向间的联动与协作，促使相应行政争议（特别是那些积案多年化解不了的争议和涉及面广的争议）获得全面、整体和根本性解决，消除相应争议解决之后又再度发生的隐患，真正实现案结事了。（5）加强对行政规范性文件的合法性监督。有些行政争议虽然表面是源于行政行为的违法或不当，但实质是源于相应行政行为所依据的行政规范性文件的不合法或者不合理。然而法院和检察院均没有撤销行政规范性文件或确认行政规范性文件无效的法定权力。在这种情况下，法、检应向相应文件的制定机关制发司法建议或检察建议，促成其撤销或改变相应文件，使之不仅从源头上化解相应行政争议，而且通过化解相应争议而解决此一类行政争议。

实质性化解行政争议是当前检察机关行使行政检察监督职能时应当高度重视和下大力追求的一项重要目标。但是，我们也要防止一种倾向掩盖另一种倾向：将这项目标作为行政检察监督的唯一目标。人民检察院行使行政检察监督职能除了追求实质化解行政争议的目标外，还应同时追求法治的价值。我们不能为了化解行政争议而牺牲法治价值。例如，不能为了息讼而建议或劝说行政机关给予相对人法外利益，让相对人对行政机关的违法行为不起诉，或起诉后撤诉；也不能为了平息相对人对行政的异议，建议或劝说行政机关对相对人的违法行为不处罚，不追究，或怂恿行政机关花钱买平安，花钱买稳定。另外，人民检察院行使行政检察监督职能，为实质化解行政争议，与人民法院之间以及与行政机关之间进行适度合作、联动、协调是必要的，但合作、联动、协调

---

① 参见《行政诉讼法》第60条。
② 参见最高人民法院《关于审理行政协议案件若干问题的规定》第23条。

不能放弃监督、制约。检察机关在行使行政检察监督职能时既要注重推进行政争议的实质性化解,同时也要注重监督人民法院公正司法和监督行政机关严格执法,不能因为现在全社会重视和强调行政争议的实质性化解就忽略甚至否定检察机关作为国家法律监督机关的基本性质定位。

(原载于《国家检察官学院学报》2020年第4期)

行政检察与法治政府的耦合发展[*]

刘 艺[**]

在我国宪制格局下,检察权对行政权负有法律监督的职责。行政检察属于行政权与检察权、审判权之间的交叉地带,即检察机关对行政活动、行政审判活动进行检察监督的领域。从建国之初始,我国就将对行政权的一部分监督职能交由检察机关行使,其间关于检察机关是否可以行使该权力以及行使这项权力的边界存在一定争议,但通过特定司法程序监督行政权的架构从未遭受根本性的否定,反而一直在稳步发展。[①] 然而,从制度层面看,行政检察处于检察体系和行政体系的边缘;而从理论层面看,行政检察理论也非行政法学和检察学研究的主要内容。十八大以来,推进国家治理体系和治理能力现代化成为全面深化改革的总目标。国家治理体系是一整套紧密相连、相互协调的国家制度。[②] 新时代的行政检察属于法治国家建设的内容之一。从系统论[③]的视角观

---

[*] 本文系国家社会科学基金重大委托项目"创新发展中国特色社会主义法治理论体系研究"(17@ZH014)、2014年重庆市社会科学规划项目"大数据时代的隐私风险与法律规制变革"(2014YBFX07)、广安市检察官协会、广安市前锋区人民检察院资助"行政执法检察监督理论与实践重大课题"的阶段性成果。

[**] 中国政法大学教授、博士生导师、检察公益诉讼研究基地执行主任。

① 参见刘艺:《中国特色行政检察监督制度的演变与重构》,载《人民检察》2018年第1期。

② 习近平:《切实把思想统一到党的十八届三中全会精神上来》,载《求是》2014年第1期。

③ 本文所指的社会系统论将社会理解为一个自我指涉系统,它凭借其特有沟通运作的递归衔接,而与环境分化开来。它被用于描述系统与环境的关系及系统的功能分化、整合及冲突,及系统最终的自治性等一系列问题。参见[美]乔纳森·特纳:《社会学理论的结构》(上),邱泽奇译,华夏出版社2001年版,第64页;See Niklas Luhmann, "The Autopoiesis of Social System", in Essays on Self – Reference (New York: Columbia University Press, 1990, p. 2 – 3.

察，行政检察与法治政府可互为系统①及其环境②。行政检察与法治政府之间应该存在"相互促进、相互影响"关系。而这种"相互促进、相互影响"的关系，只能通过系统间的"结构耦合"③（structure coupling）实现。结构耦合是一种系统与环境关联的特殊形式，通过这种形式，系统得以持续地设定并依赖于某些特定的环境条件，而且这些条件限制也会指引系统的结构生成。④但长期司法实践证明，缘于功能与地位之间的巨大差异，行政检察与法治政府的关联程度原本不高，⑤更谈不上结构耦合"。耦合"本是物理学、电子学、通信学中常用的一个术语，通常指能量从一个介质（例如一个金属线、光导纤维）传播到另一种介质的过程。后来这一概念扩展到系统科学、经济学、生态学、教育学、法学等领域。⑥本文从控制论意义上使用"耦合"这一术语。虽然行政检察系统与法治政府系统之间并非必然具有选择关系，⑦但研究两者的结构耦合时，则包含了高度选择性意味。即在国家治理体系现代化改革的背景下，行政检察与法治政府不再是两个相互分立平行的系统，而是两个互相利用和依赖的复杂系统。研究两个系统之间的结构耦合，可以深化和丰富我们对两者的认识和理解，也可以找到两者互相刺激、互相依赖、共同演化的路径。⑧

---

① 系统是指一个实体通过建立或稳定内外部的区分来将自己从环境中划分出来。See Niklas Luhmann, Social Systems, trans. John Bednarz and Dirk Baecker（Stanford: Stanford University Press, 1995）, p. 4 – 11.

② 一切与系统有关的社会现象，即系统之外、包括其它各种系统在内的事物，都可称为系统的环境。See Niklas Luhmann, Law as a Social System, tans. Klaus A. Ziegert（New York: Oxford University Press）, 2004, p. 79；参见刘艺：《封闭与开放：论行政与行政法关系的两重维度》，载《南京社会科学》2013 年第 5 期。

③ 结构耦合是指系统与其环境之间，以及两个自创生系统之间递归的和稳定的互动关系，在此种关系中，二者之间并不互相决定，但又互相刺激。See Niklas Luhmann, Introductions to Systems Theory, Ed. Dirk Baecker, Trans. Peter Gilgen（Ocxford: Polity Press, 2013）, p. 85.

④ Niklas Luhmann, "Operational Closure and Structural Coupling: the Differentiation of the Legal System", Cardozo Law Review, Vol. 13, No. 5（1992）, p. 1432.

⑤ 狭义的行政检察只关注诉讼监督中的抗诉和再审问题，参见刘艺：《我国行政检察监督制度论》，载孙谦主编：《检察论丛》（第 23 卷），法律出版社 2018 年版，第 372—375 页。

⑥ 以"耦合"为检索条件，截至 2019 年 10 月 22 日，在国家哲学社会科学文献中心网中共查询到 5700 余篇以之为题名和关键词的文章。

⑦ 参见吴大进等：《协同学原理和应用》，华中理工大学出版社 1990 年版，第 9—17 页。

⑧ See Niklas Luhmann, "Two Sides of the State Founded on Law", in Political Theory in the Welfare State（Berlin: Walter? de? Gruyter, 1990）, p. 196.

一、行政检察与法治政府的耦合强度增加

自 1990 年《行政诉讼法》实施后，行政检察主要作为狭义概念使用，仅指行政诉讼检察监督，只包括对行政诉讼裁判结果的监督。① 虽然理论研究成果中，也提出过广义的行政检察概念，但因无司法实践和制度支撑，行政检察只局限于狭义的概念范畴内。而有制度支撑的广义的行政检察概念在党的十八届四中全会之后才获得广泛认同。它被特指为检察权对行政行为的全过程监督机制。根据十八届四中全会决议要求，最高人民检察院在 20142016 年期间先后制定了《检察机关提起公益诉讼试点方案》《行政违法行为检察监督试点方案》《行政强制措施检察监督试点方案》三份试点方案。但因国家监察体系改革的需要，检察机关仅开展了提起公益诉讼试点工作，而未开展行政违法行为检察监督和行政强制措施检察监督的试点工作。经过两年试点，检察机关提起行政公益诉讼制度于 2017 年 7 月 1 日在《行政诉讼法》修改中予以确认。而学界普遍认为另外两项行政检察改革并未完成。实际上行政公益诉讼诉前程序就是一种限缩了监督范围的行政违法行为检察监督机制。检察机关提起公益诉讼必须经过诉前程序，因此行政公益诉讼的诉前程序成为对造成公益损失的行政违法行为进行监督的法定程序。2018 年 3 月 2 日最高人民法院、最高人民检察院发布了《关于检察公益诉讼案件适用法律若干问题的解释》（以下简称《检察公益诉讼司法解释》）。该司法解释第 21 条第 2 款将行政强制措施检察监督与检察公益诉讼制度结合到一起，创立了检察公益诉讼的诉前紧急程序，即"出现国家利益或者社会公共利益损害继续扩大等紧急情形的，行政机关应在 15 日内书面回复检察建议"。该紧急程序适用的情形并没有限定在行政强制措施范围，而规定"出现国家利益或者社会公共利益损害继续扩大等紧急情形"时都可适用。这意味着如发现行政行为，包括行政强制措施，对不特定多数人的权益造成损害，或者对国家利益造成损害时，且损害有继续扩大的危险或正在继续扩大，检察机关可以要求行政机关在 15 日内对其行为进行说明。这一规定实际上演变为对正在进行的侵害不特定多数人权益的行政行为展开检察监督的机制。可见，相关制度改革已经将广义的行政检察概念予以落实。综上，行政检察是指检察机关以国家名义实施的，以行政执法活动和行政

---

① 对行政检察的认识经历了一个从狭义到广义的过程。有学者也提出过广义的行政检察定义，指出行政检察"为检察机关出于维护行政法秩序的需要，依法对特定行政机关的活动、特定类型的行政行为、行政诉讼活动、行政公职人员严重违法进行监督、纠正和追究的活动与制度。"参见张步洪：《行政检察制度论》，中国检察出版社 2013 年版，第 14 页。

审判活动是否遵守法律、法规和规章为监督对象的检察工作。这种监督活动贯穿于行政执法与行政诉讼全过程，包括行政执法活动监督、提起行政公益诉讼（包含行政公益诉讼、民事公益诉讼一并审理）、行政诉讼活动监督（包含行政裁判、调解监督与非诉执行监督）以及行政审判人员违法行为监督的活动。

2018年底至2019年，最高人民检察院和省级人民检察院分别进行了内设机构改革，设置了并列的行政（诉讼）检察与公益诉讼检察职能部门。① 最高人民检察院将行政（诉讼）检察（监督）与公益诉讼检察分立，是基于机构、履职阶段与履职方式的区分，符合职能分离原则。但此区分并不影响行政检察与公益诉讼检察、行政诉讼检察是种属关系的定性。不可否认，行政诉讼检察与公益诉讼检察两个部门绝大部分的业务内容同属于一个法律门类，监督行政权的阶段不同。而且从功能角度看，将行政检察进行部门和职能的概念限缩，反而容易影响行政检察的整体功能发挥。② 因为在实践中，行政检察制度已建构起了一个多边（包括行政机关、检察机关、审判机关、自然人与法人在内）的治理模式。随着行政检察的发展，检察机关与行政机关的耦合程度逐渐增强。在国家治理体系和治理能力现代化的背景下，行政检察与法治政府耦合强度增加至少具有以下三方面原因：

第一，系统原因。行政检察与法治政府耦合强度增大首先是因为二者共处的宏观制度环境发生了深刻的变化。在坚持与完善中国特色社会主义制度，推进国家治理体系与国家治理能力现代化的背景下，要求对法治国家、法治政府、法治社会进行一体化建设。法治是我国现代化建设的出发点与重要方法之一，而行政检察是法治国家的重要组成内容。行政检察与法治政府建设同频共振，才能共同推动法治国家、法治政府、法治社会的一体化建设。习近平总书记在党的十八届五中全会第二次全体会议上强调，要更加自觉的运用法治思维和法治方式来深化改革、推动发展、化解矛盾、维护稳定，依法治理经济，依法协调和处理各种利益问题，避免埋钉子、留尾巴。因此，应把行政检察放在法治国家、法治政府、法治社会一体化建设的系统中去审视，才能满足系统治理、依法治理的目标。

第二，功能原因。行政检察与法治政府耦合强度增大的第二方面原因在于

---

① 2019年省级检察院完成内设机构改革之后，只有天津市人民检察院、江苏省人民检察院和安徽省人民检察院没有将行政诉讼检察与公益诉讼检察部门分设。

② 本文研究内容以行诉讼检察监督为主，但并不局限于现有的部门和职能分工，而是兼容了广义的行政检察的内容。这是由于从功能和系统的角度看，行政诉讼检察与其他行政检察存在不可分割的联系，如果基于业务和部门立场强行割裂这些关联，不仅会导致理论陈述难以进行，且与实践情况背离，更与国家治理体系和治理能力现代化背景下强调一体化发展的趋势不符。

行政检察的功能定位和法治政府建设的功能需求都发生了重大调整。前者的司法治理功能需要加强，后者则需要更多的司法监督才能建成。在国家治理理念的指引下，十八届三中全会推行的司法改革将司法机关的治理功能潜能逐步释放出来。正如习近平同志在《关于〈中共中央关于全面推进依法治国若干重大问题的决定〉说明》（以下简称《说明》）中指出，"检察机关在履行职责中发现行政机关违法行使职权或者不行使职权的行为，应该督促其纠正。做出这项规定，目的就是要使检察机关对在执法办案中发现的行政机关及其工作人员的违法行为及时提出建议并督促其纠正。"

《说明》同时指出，"检察机关提起公益诉讼，有利于优化司法职权配置、完善行政诉讼制度，也有利于推进法治政府建设。"作为司法治理的重要表现形式，行政检察对法治政府建设的重要性比过去更为突出。

第三，效能原因。在新的制度形势下，只有加强行政检察与法治政府的耦合协调才能双向提升制度效能。行政检察监督如果只重视监督的最末端，如果只关注行政活动输出的结果，显然无法保证其运行符合法治国家的总体性要求。因此，行政检察必须关注前端，即行政活动的信息输入以及行政活动的全过程。从法治国家、法治政府与法治社会的建设来看，"建设法治政府是全面推进依法治国的重点任务和主体工程"，而且法治政府建设的目标和任务对整个行政活动和行政诉讼活动都有统领作用。因此，行政检察必须以更加积极和高效的方式与法治政府建设加强联系，将源头治理与系统治理、依法治理结合起来，才能提升行政检察监督的效能。

二、行政检察与法治政府建设的耦合类型

法治政府建设并非一种固定的状态，而是一种不断调整、不断补充、不断结构化的过程。2015年公布的《法治政府建设实施纲要（2015－2020年）》和2019年4月15日中共中央办公厅、国务院办公厅印发的《法治政府建设与责任落实督察工作规定》中都有要求政府自觉接受司法监督的表述。遗憾的是，这些文件都没指明政府法治建设应该如何与司法监督形成合力，或如何建构耦合机制以提升国家治理质效。然而，行政检察监督，包括检察公益诉讼、行政诉讼监督和行政非诉执行监督共同构建起了与法治政府多层嵌套的复杂耦合机制。以行政诉讼检察为基点，可将目前最为常见的行政检察制度和法治政府建设的耦合类型归纳如下：

（一）公共耦合

行政检察与法治政府在国家治理体系中被赋予了各自特殊的任务，但二者

的目标中也存在着一些交集。行政诉讼检察监督的审查依据是行政权符合实质合法性标准，而法治政府建设的基准是符合依法行政原理。因此，在行政合法性问题上，行政检察与法治政府有相同信息模块，为两个系统形成公共耦合创造了条件。即行政检察与法治政府两个模块在公共数据环境里引用合法性第一共同数据项。在公共模块的引导下，两个系统有较高的耦合度。但公共数据一旦发生变化，两个模块也会随之而修改。目前行政检察与法治政府主要存在目标、程序和重点三个方面的公共耦合模块。

第一，共同目标的耦合。《法治政府建设实施纲要（2015–2020年）》将司法系统与法治政府建设耦合的内容集中在"依法有效化解社会矛盾纠纷"领域，要求政府"自觉接受党内监督、人大监督、监察监督、民主监督、司法监督"。另外需要注意的是，法治政府建设倡导构建多元化的纠纷解决机制，除了诉讼之外，还鼓励公民、法人或者其他组织通过行政调解、行政仲裁、行政裁决等非诉纠纷解决机制化解矛盾。而行政调解、行政仲裁、行政裁决都属于行政司法性行为，由党委领导、政府负责、各职能部门居中进行裁判。这些行政司法行为属于行政检察监督的对象，但检察机关常因这些行为的专业性，而减轻了对其监督的力度。行政司法行为仍然是行政行为，特别是自然资源争议、知识产权侵权纠纷和补偿争议、政府采购活动争议等方面的行政司法行为，[①] 既涉及国家利益保护，也关涉多元纠纷的公正及时解决。行政检察监督不应设定监督禁区，而应加强对该类行为的监督。除此之外，法治政府建设与行政检察的公共耦合还可以延展到法治政府建设的其他六项内容中。比如在"依法全面履行政府职能"的法治政府建设领域，提出依法全面履行政府职能的两个前提（坚持政企分开、政资分开、政事分开、政社分开与简政放权、放管结合、优化服务）与五个依法全面履行政府职能的重点领域。[②] 其中，前提之一的"简政放权、放管结合、优化服务"既是行政体制改革的重要内容，也是法治政府建设的基本要求。[③] 国务院先后推动了行政审批、"放管服"与"改善营商环境"三轮改革，进一步优化了公共管理方式和效率。在此背景下，行政检察监督也应该开展行政审批类争议的专项诉讼监督。这里的行政审批包括行政许可、行政登记、行政确认、行政认可等行政行为。

第二，规范程序的耦合。法治政府建设是衡量法治国家是否建成的重要指

[①] 参见《关于健全行政裁决制度加强行政裁决工作的意见》。

[②] 五个依法全面履行政府职能的重点领域是宏观调控、市场监管、社会管理、公共服务、环境保护领域。

[③] 马怀德：《"放管服"改革促进法治政府建设》，载《中国司法》2016年第7期。

标,更是行政改革的重头戏。法治政府建设的重心是治官而非治民。而治官的重点是规范行政决策与行政执法活动。无论是 2012 年开始的权力清单改革,还是 2019 年 9 月 1 日公布的《重大行政决策程序暂行条例》,抑或是 2019 年 1 月国务院办公厅印发的行政执法三项改革文件,[1] 都是通过约束权力来源和制定程序制度来规范权力。对行政活动的程序规范并非只限定在行政领域,司法程序也是规范行政活动的阶段。而行政程序与司法程序是否采取统一的标准来规范行政活动,可通过公益诉讼或者法律监督程序来检验。也就是说,行政检察监督机制可以实现行政程序与司法程序的衔接,可以推动行政机关、相对人、审判机关在规范权力和程序适用问题上形成共识。

第三,工作重点的耦合。在法治政府建设"完善依法行政制度体系"的要求中,明确指出加强法治政府建设,必须规范红头文件的原则。行政检察工作也应将行政行为附带规范性文件审查的监督活动列为专项计划,与法治政府建设开展同步的专项活动。其次,针对法治政府建设中"坚持严格规范公正文明执法"的建设内容,行政检察部门应将执法监督对象聚焦于五大综合执法部门。行政检察监督不是"一般监督",也不是泛泛的行政违法行为检察监督。我国行政机关类型繁多,有限的检察力量很难建构起对行政机关全面监督的网络。但根据十九届三中全会《关于深化党和国家机构改革的决定》,我国行政执法机构将整合为五大综合执法队伍。[2] 行政检察部门应该与五大综合执法队伍建立业务对口联系,也可针对执法中的难点开展专项监督,比如开展针对执法辅助机构与执法辅助人员的类案监督活动,帮助政府加快执法辅助机制的完善。再次,检察机关可针对全面履行政府职能的五大重点领域开展类案梳理,找出五大领域典型的行政违法行为的表现及纠正措施。通过这些与法治政府建设耦合的专项活动,可以推动检察机关全面了解法治政府建设中政府职能的依据、行使方式等基础性、全局性信息,更利于行政检察工作的深入开展。

(二) 数据耦合

数据是 21 世纪重要的生产资料,也是国家治理的重要依据和手段。在国家治理体系和治理能力现代化的背景下,行政检察和法治政府间的数据耦合不断提升。[3] 所谓"数据耦合"是指两个系统之间有数据调用关系,传递着简单

---

[1] 参见《关于全面推行行政执法公示制度执法全过程记录制度重大执法决定法制审核制度的指导意见》(国办发〔2018〕118 号)。
[2] 即市场监管综合执法队伍、生态环境保护综合执法队伍、文化市场综合执法队伍、交通运输综合执法队伍、农业综合执法队伍。
[3] 所谓"数据耦合"是指一个模块访问另一个模块时,彼此之间通过简单数据参数,而非控制参数、公共数据结构或外部变量来交换输入、输出信息。

的数据值。相对于其他耦合方式，数据耦合较简单，耦合程序度较低，各个系统的独立性好，相互影响程度低，是最理想的一种耦合形式。理想的数据耦合能够保证行政检察与法治政府建设相互之间获取帮助各自良性运转的数据。当然，数据耦合如果运行不顺畅，也会降低行政检察和法治政府各自的制度效能。当前行政检察与法治政府的数据耦合情况尚难令人满意。具体表现为二者之间尚无专门的数据耦合平台，现有数据耦合主要依赖于两法衔接平台，且亦缺乏有效的数据抽取机制。

2015年国务院发布《促进大数据发展行动纲要》[①]，要求设置"数据发布""数据开放"等栏目，建立专门的数据开放平台，实现政府数据的整合共享和集约化管理，打破政府数据的"信息孤岛""数据烟囱"等瓶颈。检察机关与行政机关之间的数据耦合始于2001年7月国务院颁布《行政执法机关移送涉嫌犯罪案件的规定》[②]。该部行政法规首次明确：为进一步加强整顿、规范市场经济秩序工作中行政执法与刑事司法的衔接，要建立健全行政执法与刑事司法衔接信息平台（以下简称"两法衔接平台"）。2006年1月，最高人民检察院会同有关部门发布了《关于在行政执法中及时移送涉嫌犯罪案件的意见》。2011年2月，中共中央办公厅、国务院办公厅转发《国务院法制办等部门〈关于加强行政执法与刑事司法衔接工作的意见〉的通知》，进一步推动了行政执法机关与检察机关之间协作配合的功效。随后，国务院有关部委先后与检察机关签订了食药安全、环境保护等领域的行政执法与刑事司法衔接工作的意见。近年来，两法衔接平台已全面建成，并发挥了一定的监督作用。作为法治政府评估的内容，该平台的建设、运营情况与实际效果还被纳入法治政府示范创建的三级指标中。如2019年5月22日中央全面依法治国委员会办公室公布的《市县法治政府建设示范指标体系》中第4项一级指标第53项三级指标就明确要求，"法治政府示范地区的行政执法和刑事司法衔接机制建立健全，行政执法机关、检察机关、审判机关信息共享、案情通报、案件移送制度建立并全面执行，不存在有案不移、有案难移、以罚代刑现象。"检察机关内部只有侦查监督部门可使用"两法衔接平台"数据。即使经2018年检察机构改革，这项监督任务仍交由刑事检察部门行使，而未能明确行政检察部门可以借助该平台监督行政执法。传统的"两法衔接平台"只能按模块化要求输入相关数据，而已有的模块中并没有包括行政执法公正文明规范的数据，也不包括行政执法活动是否造成国家利益或者社会公共利益损害、行政处罚不执行等数

---

① 国发〔2015〕50号。
② 国务院令第310号。

据。若"两法衔接平台"上有这方面的数据,则可以帮助行政诉讼检察部门和公益诉讼检察部门发现案件线索、开展相关业务。从法治政府建设进程来看,许多地方政府已经建立了较为完善的行政执法平台,比如北京市人民政府行政执法信息平台、① 天津市滨海新区行政执法监督平台等。但实现行政执法信息与检察信息之间互连互通的平台并不多。

(三) 控制耦合

相比公共耦合和数据耦合而言,控制耦合(control coupling)是一种更为强力的耦合方式。② 控制耦合指一个模块调用另一个模块时,传递的是控制变量(如开关、标志等),被调模块通过该控制变量的值有选择地执行块内某一功能。这种耦合对系统的影响较大,控制联结的耦合度高于数据耦合,但这种联结是必要的。检察机关通过各种传统行政检察方式以及新增的公益诉讼等方式,对行政活动进行直接调控,具有控制耦合的功能。行政检察对法治政府的控制耦合,主要表现为两种形式。

第一,直接控制耦合。行政检察与法治政府的直接控制耦合表现为检察机关在没有实际提起诉讼的情况下,通过检察建议等方式,直接导致行政机关做出相关作为或纠正不作为。例如在四川省绵阳市涪城区追缴被骗医保金公益诉讼案中,四川省绵阳市涪城区人民检察院审查起诉部门在办理刑事案件过程中发现,2015年至2016年期间,绵阳佰信医院、绵阳天城医院负责人分别组织医务人员采取开具"阴阳处方"等非法手段向绵阳市医疗保险管理局进行报销,共计骗取医疗保险基金人民币3115余万元。相关行政机关未对涉案医院和涉案医务人员作行政处理,也未责令医院退回被骗取的医保金,国家利益和社会公共利益持续受损。2017年12月26日,涪城区检察院依法向绵阳市人社局、绵阳市卫计委、绵阳市涪城区卫计局发出诉前检察建议书。③ 三部门立案调查后,对两家涉案医院分别处以人民币8102余万元和人民币2178余万元的罚款,对12名医务人员责令整改或予以警告,26名医师被吊销执业证书或

---

① 《北京打造科技平台助推法治政府建设让"沉睡"的执法数据主动"说话"》,载《法制日报》2018年10月17日。

② "控制耦合"是指一个模块在界面上传递一个信号(如开关值、标志量等)控制另一个模块,接收信号的模块的动作根据信号值进行调整。

③ 该检察建议书的内容包括建议相关部门对两家涉案医院和涉案医务人员依法予以行政处罚;建议市人社局责令两家涉案医院退回被骗的医疗保险基金,并依法予以行政处罚;建议三家行政机关加强对医疗机构、执业医务人员的监督管理,对全市医疗机构和医务人员执业情况开展专项监督检查。

暂停执业一年，并追缴回被骗医保基金人民币 3115 余万元。① 这类案件推动相关机关修复制度漏洞，规范医院与医生的执业行为。

第二，间接控制耦合。所谓间接控制耦合是指两个模块之间没有直接关系，它们之间的联系完全是通过主模块的控制和调用来实现的。耦合度最弱，模块独立性最强。行政检察与法治政府建设之间的间接控制耦合表现为检察机关通过审判监督程序等间接方式对行政机关的活动进行调控。检察机关没有审判监督程序的控制权，但行政诉讼监督程序的启动，人民检察院有主动权。根据《行政诉讼监督规则》第 9 条的规定，当出现损害国家利益或者社会公共利益的，审判、执行人员有贪污受贿、徇私舞弊、枉法裁判等违法行为的，或者其他确有必要进行监督的的情形时，人民检察院应当依职权进行监督。比如在洪某某、②李某某、③焦某某、④邓某某⑤诉上海市交通委、上海市公安局、上海市人力资源和社会保障局、上海市地方税务局一系列行政诉讼案件中，都明确提出根据《上海市规范性文件制定和备案规定》，额度拍卖属于规范性文件不得设定的事项，作为规范性文件的《上海市非营业性客车额度拍卖管理规定》（以下简称《管理规定》）不仅设定了非营业性客观额度拍卖的限制性规定，还设定了签订承诺书等限制公民权益的程序。⑥ 法院基于支持并促进非营业性客车额度拍卖管理工作的现实考量，四案均驳回了原告的诉讼请求。因为《管理规定》中限定三年内不再受理参拍申请的法律后果影响当事人合法权益、采用三年内不再受理参拍申请的方式不符合行政比例原则、签署承诺书设定法律后果的方式有欠妥当等原因，《上海市非营业性客车额度拍卖管理规定》有可能损害社会公共利益，检察机关本应该依职权主动启动对系列案件的监督，推动人民法院重启对四个案件的实质审理。而且只要人民法院同意启动抗诉程序，就有可能对《上海市非营业性客车额度拍卖管理规定》这份规范性文件进行附带审查，纠正了行政机关的违法行为。而对该规范性文件的附

---

① 参见四川省绵阳市涪城区追缴被骗医保金公益诉讼案，《最高检召开"坚持以人民为中心全面推进公益诉讼检察工作"新闻发布会》，最高人民检察院网站 https://www.spp.gov.cn/spp/zgrmjcyxwfbh/zgjqmtjgyssjcgz/index.shtml，最后访问日期：2019 年 10 月 22 日。
② （2016）沪 0115 行初 855 号、（2017）沪 03 行终 781 号。
③ （2016）沪 0115 行初 896 号、（2017）沪 03 行终 780 号。
④ （2017）沪 0115 行初 175 号（2017）沪 03 行终 767 号。
⑤ （2017）沪 0115 行初 175 号（2017）沪 03 行终 767 号。
⑥ 根据《上海市非营业性客车额度拍卖管理规定》第 7 条、第 9 条、第 26 条之规定，四机关在处理四案原告的参拍申请过程中，需参拍申请人填写承诺书，承诺如不符合参拍条件，三年内将不再被受理参拍申请。因四案原告在提交参拍申请之后，经审核发现不符合参拍条件，四机关遂决定三年内不再受理其参拍申请。

带审查，对法治政府建设产生间接控制的效应。

（四）标记耦合

标记耦合（Stamp Coupling）是指一组模块通过参数表传递记录信息。这个记录是某一数据结构的子结构，而不是简单变量。行政检察与法治政府间的标记耦合表现为前者成为后者评价机制的重要参照。① 理论上，法治政府建设的成效也可以作为行政检察的评价参照。但行政检察是比法治政府更为具体的制度现象，其评价更依赖于检察机关内部的工作评价机制。法治政府建设作为更为宏观的系统工程，其成效依赖于复杂和体系性的评价机制。法治政府建设成效的评价和"标记"不仅是一种事后的评估，更是一种反馈和指导机制，对法治政府的发展起着实质性的指引作用。在国家治理体系和治理能力现代化的背景下，行政检察作为一种"标记"活动的重要性得到了提高，已经实质性地影响了法治政府建设的评价机制。在中央全面依法治国委员会办公室公布的《市县法治政府建设示范指标体系》中已将部分行政检察监督的数据作为法治政府示范创建相关活动的重要参数。如该指标体系第 5 个一级指标"行政权力制约监督科学有效"中的第 73 项三级指标明确要求，对于涉及重大公共利益的案件、社会高度关注的案件、可能引发群体性事件的案件、检察机关提起的行政公益诉讼案件、行政机关败诉的案件、检察建议回复率等等，都视列为法治政府示范创建评估的内容。遗憾的是，法治政府建设评估指标中并没有加入行政再审检察建议与抗诉案件这些"标记"。行政诉讼检察监督是对行政审判活动和行政执法活动进行监督的最后一个环节，不将该环节的数据纳入法治政府评估，显然忽略了这个环节的治理功效。而且，已确立标记耦合的性质与内涵仍需要进一步明确。比如将行政公益诉讼中败诉的行政机关视为违反法治原则的典型，并进行负面评价是否适当？检察建议回复率达到 100% 能说明什么问题呢？有些地方政府或者行政职能部门虽然百分百地回复了检察建议，但并未采取任何实质性的整改措施。显然，评估时只考核行政检察领域形式性的数字，并不能正确地引领法治政府建设。未来应该对这些标记耦合机制的性质与评估标准进行深入研讨。

三、行政检察与法治政府的耦合发展前景

研究行政检察与法治政府的结构耦合，是为了揭示行政检察受到法治政府

---

① "标记耦合"是指模块间通过参数传递复杂的内部数据结构，此数据结构的变化将使相关的模块发生变化。

耦合结构的方向性引导，协调自身结构以适应法治政府发展。但是，结构耦合仅仅关注两个系统的结构而非两个系统的运作。否则，就会打破系统的封闭运行，将环境视为决定性因素影响系统的运作。① 不同形式的行政检察与法治政府建设的耦合机制正逐步形成，带来诸多正面的影响，但负面的影响也难免。如果耦合方式不当，则可能造成相关实体的不稳定和功能失常。基于此，应以实现治理体系和治理能力现代化目标为大前提，区分不同性质的行政检察业务，并分别从解耦、耦合、内聚的方向促进其良性发展。

（一）行政检察的解耦式发展

系统之间的耦合效应太大了，反而说明某系统的内聚程度不高。长久以来，行政检察与法治政府两个系统各自的内聚程度较高，而耦合程度不高。在国家治理体系现代化的改革背景下，作为动态开放的自适应系统，行政检察与法治政府互为对方的环境变量。环境中的某些要素被系统的结构所包容与接纳，而某些要素则被结构所排斥。② 耦合机制兼具"吸纳/排斥"功效。一方面，耦合机制可以选择性地屏蔽环境对系统刺激的可能性，或者将环境对系统的持续叨扰限制在一定区间内。另一方面，结构耦合对环境的刺激叨扰被压制，反而促进和强化系统的环境。系统不得不提升对环境的敏感度，并内在地建构起能与复杂环境化约的高度复杂性结构。为了降低负面效果和完善组织制度，必须研究两个系统的解耦（decoupling）问题。解耦是组织制度理论的重要议题。③ 解耦与耦合是表征具有相互联系的两个现象之间动态关系的概念。耦合代表二者之间的密切契合；解耦则相反，代表二者之间的疏离。行政检察与法治政府间存在各种类型的耦合机制，其中一部分表现为过度关联或者不当关联。为了完善组织结构和提高系统运行效率，行政检察未来发展时应当有意识消除和减少与法治政府系统不恰当的或不必要的关联。

在法治国家、法治政府、法治社会进行一体化建设的要求下，更强调法治实施的系统性特征。法治政府建设采取了更加整体的眼光，摒弃了通过立法质量来决定执法质量的"扣其一端而竭之"的思路，运用"扣其两端而竭之"的方法，即强调不同系统之间合作与协同，特别注重司法数据来帮助法治政府的实现。司法数据可以反映出各个主体适用法律的信息，并转化为系统性信息，用于指引各个行动者当下的行动，并将众多行动与前行经验行动相贯通起来。但是，行政检察与法治政府毕竟是两个完全独立、功能分化的系统，其系

---

① See Luhmann, Social Systems, pp. 66-67.
② See Luhmann, "Operational Closure," 1433.
③ 陈琳、李玉刚：《组织合法性中解耦问题研究综述》，载《科技进步与对策》2015年第14期。

统要素并不相同，因此系统内容不能互换。换言之，行政检察与法治政府建设解耦，才能保证两个系统处于一种良性的联系状态。比如行政检察部门（包括公益诉讼部门）是法律监督部门而非行政执法部门，其行使职责有独特的程序和方式。部分行政职能部门将行政检察部门（包括公益诉讼部门）视为自己的执法部门，出台任何一份文件，都要让检察机关提供相关的办案数据，或者都要求检察机关提供意见；或者生态环保督察时叫上公益诉讼检察部门一起去执法等现象，这都反映了两个系统的过度关联，显然并不利于各自优势的发挥。故建议有关部门树立科学观念，在两个系统功能的事务上适度解耦。

行政检察与法治政府之间不能形成恶性依赖。若过分依赖对方的活动指引，一味迎合，让环境与系统之间成为因果条件，反而会影响良性耦合的形成。比如在优化营商环境问题上，若司法机关只提民营企业保护问题，重点开展涉民营企业的法律监督活动，即便相关文件出台颇具深意和时代性，一定程度上也违背了平等原则。近年来，各国经济受到民营化、电子化、国际化的冲击，要求简化或者加快许可程序的呼声越来越大。在我国，保障民营企业能够在各个层面顺利展开经济活动与我国的稳定和发展关系密切。在国务院优化营商环境的大背景下，最高人民法院、最高人民检察院先后出台营造法治化营商环境的文件。2016年3月最高人民检察院公布的《关于充分发挥检察职能依法保障和促进非公有制经济健康发展的意见》中主要涉及刑事犯罪领域，也涉及行政诉讼检察监督的任务。从中可归纳出三项行政诉讼检察监督任务：即重点监督纠正涉及非公有制企业的案件该立不立、不该立乱立；着力加强对涉及非公有制企业工伤赔偿等案件审判、执行活动的法律监督；切实加强对涉及市场准入、不正当竞争等问题的法律监督。2017年1月最高人民检察院公布的《关于充分履行检察职能加强产权司法保护的意见》中有两项内容可归为行政诉讼检察监督。① 司法机关在个案办理过程中增加维护民营企业的考量维度，根据个案情况进行综合判断，并不违反司法公正原则。但如果将行政检察监督的保护对象只限于民营企业，而且作为司法政策广泛适用，可能会引发法律适用不公的置疑。这些文件的出台是为了纠正历史性问题，也受到改善营商环境的公共政策之影响。但这样的过度关联不宜长期存在，否则容易引发不良反应。在这类问题上两个系统应该适当解耦。

---

① 这两项内容是依法保障各类产权主体申请监督权，规范行政诉讼监督案件的受理和审查程序，注重倾听当事人意见，畅通申请监督渠道，积极通过抗诉、提出检察建议等方式加强对涉产权行政案件的审判监督；加强对行政执行活动的监督，重点监督因不依法履行执行职责及错误采取执行措施、错误处置执行标的物、错误追加被执行人，致使当事人或利害关系人、案外人等财产权受到侵害的案件。

（二）行政检察的耦合式发展

经过多年发展，行政检察已与法治政府建立了关联深广的耦合联系。然而，随着国家治理体系和治理能力现代化目标的确立，在反思相关机制问题时，我们却不得不承认，在一些本应该存在较强耦合的问题上，部分行政检察的业务和法治政府的关联却不够紧密甚至缺乏必要的联系。今后应该加强二者在这些领域内的关联，建立良性的耦合协调机制。就行政非诉执行监督而言，检察机关与行政机关之间便缺乏耦合机制。自2018年行政检察部门开展行政非诉执行监督工作以来，行政机关、审判机关与检察机关之间才逐步建立起了良性耦合关系。2011年国务院颁布的《国有土地上房屋征收与补偿条例》第28条第1款的规定，① 确立了征收补偿决定与执行相分离的机制。2012年1月1日实施的《行政强制法》将行政强制执行的设定权进行限定，只允许法律设定行政强制执行权，且行使行政强制执行权的主体仅为海关、公安等少数几个行政职能部门。这就意味着，大部分没有行政强制执行权的行政机关只能申请人民法院强制执行。遗憾的是，《行政强制法》并没有明确规定行政机关强制执行与申请人民法院非诉执行之间的关系。该法第四章中并列规定了行政机关和人民法院的行政强制执行程序。这就意味着立法是似乎允许有行政强制执行权的行政机关也申请人民法院非诉强制执行。这种态度表明当时立法机关想把行政强制执行权都交由人民法院行使的意图。但是，最高人民法院在2013年的两个司法解释②中都明确了"法律已经授予行政机关强制执行权，人民法院不受理行政机关提出的非诉行政执行申请"的意见。自2013以来，许多法院因执行力量严重不足等原因而不再受理行政非诉执行案件，事实上堵塞了行政执法"最后一公里"的通道。2014年修改的《行政诉讼法》虽然保留了二元的行政强制执行结构，但实践中"裁执分离"机制运行并不通畅。据国土部门统计，大约有95%的国土类行政处罚无法得到执行。

2015年12月27日党中央和国务院发布的《法治政府建设实施纲要（2015-2020年）》中提出"改革行政执法体制"，将"理顺行政强制执行体制，科学配置行政强制执行权，提高行政强制执行效率"作为2020年基本建成法治政府目标的具体措施之一。2015年7月至2017年6月检察机关开展公

---

① "被征收人在法定期限内不申请行政复议或者不提起行政诉讼，在补偿决定规定的期限内又不搬迁的，由作出房屋征收决定的市、县级人民政府依法申请人民法院强制执行。"

② 参见《关于违法的建筑物、构筑物、设施等强制拆除问题的批复》（法释〔2013〕5号）和《关于行政机关申请法院强制执行维持或驳回诉讼请求判决应如何处理的答复》（〔2013〕行他字第11号）。

益诉讼试点工作期间,发现大量行政机关不作为案件都表现为行政行为不执行。因行政机关没有行政强制执行权,在做出行政处罚之后未向人民法院申请执行;或者向人民法院申请执行,而人民法院不受理或者受理后不执行的情况十分普遍。此问题既涉及行政机关与审判机关之间职能衔接问题,也涉及两个机关是否依法履职的合法性判断问题,适宜由检察机关来监督。当时的民行检察部门开展了非诉执行的专项监督活动。2018年检察机关内设机构改革之后,这项职能交由行政检察部门。实际上,无论是公益诉讼检察部门还是行政检察部门在办案中发现行政机关有执行权而怠于行使时,都可以进行监督。两者的区别在于,公益诉讼检察部门应该对享有行政强制执行权的行政机关做出行政行为却不执行的情形进行监督;而行政检察部门则应对没有行政强制执行权的行政机关做出行政行为之后,相对人不主动履行时,行政机关不向人民法院提交行政非诉执行的申请或者向人民法院提交了申请而人民法院不受理的情形进行监督。而只有在人民法院判决行政机关应该履行职责之后,行政机关仍然不执行判决时,才应该移送监察部门。行政检察部门对行政行为的"最后一公里"的执行活动和行政非诉执行活动进行监督,既能发挥人民检察院对人民法院、行政机关和公民、法人或者其他组织"三叉戟"式的监督功能,也将执行活动中多方纳入多元治理的框架中,促进严格执法原则的落实。而这种将行政执法、行政审判与行政检察联结的耦合机制也是行政检察与法治政府耦合发展的一个方向。

(三) 行政检察的内聚式发展

行政检察系统的迭代演进虽然受法治政府这类外部环境的影响,但关键还在于内部驱动因素,如理论创新、机制完善等,实现内聚式发展。① 换句话说,这部分行政检察工作今后要想更好地服务于法治政府建设、更适应国家治理体系和治理能力现代化的要求,主要途径是"练好内功",做好自身的机制发展和效能提升。如同工程学上为了追求消耗最小的能量,会遵循"低耦合、高内聚"的自然进化普遍规律。适宜内聚式发展最典型的行政检察工作就是行政诉讼检察监督。行政诉讼检察监督虽是检察机关的传统职责,却一直是较弱的一项职能。通过各种方式将行政诉讼检察做实,实现内聚性式发展,是行政检察发展的重要内容。

---

① "内聚"是耦合理论中的重要概念,用于表征模块对外在关系依赖较低,而内在关联和功能整合程度高的状态。从字面上看,"内聚"有聚精会神、聚在一起之义。"高内聚"也就是尽可能的使一个模块专注做好一件事。

1. 做精行政诉讼检察监督

检察机关办理行政诉讼检察监督案件常受民事诉讼检察监督规则影响，从而悖离行政诉讼检察监督的本质。行政诉讼检察监督有五个方面的独特性，如果重视这些规律就能提升行政诉讼监督的效能。第一，坚守原告主体资格认定标准，重点监督人民法院裁定不予立案、驳回起诉的案件。修改后的《行政诉讼法》第 25 条第 1 款对原告资格条件扩大为"有利害关系"的人，进一步放宽了对原告主体资格的认定标准。近年来，当事人认为人民法院以原告不具有主体资格为由裁定不予受理或受理后判决驳回起诉错误而申请监督的案件数量高居不下，占全部申诉案件的 18% 左右。据统计，最高人民检察院受理行政裁判结果监督案件 23 件中，当事人认为法院裁定不受理、不立案错误而申请监督的案件共 10 件，占案件总数的 43.5%。北京市检察院受理行政裁判结果监督案件 176 件，其中当事人认为法院裁定不受理、不立案错误而申请监督的 130 件，占案件总数 73.9%。北京市检察院二分院受理行政裁判结果监督案件 267 件，其中当事人认为法院裁定不受理、不立案错误而申请监督的 179 件，占案件总数的 67%。这一现象的主要原因是人民法院借助"利害关系"这一不确定法律概念的解释空间，主动避免群体性、敏感性案件进入司法程序，或者积极减少案件受理量。检察机关应全面准确地把握修改后《行政诉讼法》的立法精神，大力保护公民、法人或者其他组织的诉权，监督人民法院依法履行职责。第二，防止人民法院滥用举证原则来分配证明责任。在行政审判实践中，具体表现为两种情形：（1）人民法院将行政机关没有正当理由逾期提交的证据作为认定事实的依据，甚至为证明行政行为的合法性调取被告作出行政行为时未收集的证据；（2）人民法院通过对相对人行为的违法性认定弱化对行政行为违法性的审查。行政行为的合法性审查要件中并不包含对相对人行为的评价，行政相对人行为的违法性与行政行为的合法性不具有必然联系。但有些行政案件将审查重点置于对相对人行为违法性的认定，通过认定相对人行为违法，弱化对行政行为违法性审查或直接以此推定行政行为合法，将相对人行为的违法性与行政行为的合法性画上等号。第三，杜绝行政诉讼程序适用的盲点。比如在通知利害关系人参与诉讼方面，行政诉讼与民事诉讼有不同的要求。《民事诉讼法》第 56 条规定，利害关系人可以申请参加诉讼或者由人民法院通知他参加诉讼。该条规定系裁量性规范，检察机关很难以人民法院未通知利害关系人参加民事诉讼认定其违反法定程序。但根据《最高人民法院关于适用〈中华人民共和国行政诉讼法〉的解释》30 条规定，行政机关的同一行政行为涉及两个以上利害关系人，其中一部分利害关系人对行政行为不服提起诉讼，人民法院应当通知没有起诉的其他利害关系人作为第三人参加诉讼。该规定属于强制性规范，人民法院在明知存在利害关系人的情况下，不通知其参加诉讼，属于违反法定诉讼程序，检察机关可直接以此作为抗诉理由。第四，落实行政诉讼全面审查原则。比如行政诉讼要求对行政行为进行全面审查，包括全面审查原行政行为和复议行为、二审时全面审查原审裁判和被诉行政行为。据此，在审查经过复议的案件时，复议机关决定维持原行政行为的，应该在审查原行政行为合法性的同时，一并审查复议程序的合法性。第五，遗漏诉讼请求而判决的案件应以适用法律、法规错误为由启动监督程序。《行政诉讼法》将遗漏诉讼请求归属于适用法律、法规错误的一种情形，明显不同于《民事诉讼法》。这既说明行政诉讼具有客观诉讼的特征，也说明行政诉讼检察监督更具法律监督的属性。行政审判实践中，人民法院遗漏诉讼请求而判决的属于比较普遍性的情形，各级检察机关应以此为监督的切入点。①

2. 加强治安领域行政执法检察监督

公益诉讼检察部门可以对造成国家利益或者社会公益受损的四大领域的行政违法行为进行监督，但并不包括治安领域行政违法行为的监督问题。对治安领域行政违法行为的监督职责可以交给行政检察部门。该部门监督治安领域行政执法活动的依据分别是《治安管理处罚法》第114条第2款②和《行政执法机关移送涉嫌犯罪案件的规定》第14条③。尽管法院才是确定被告人是否有罪的最终机关，但公安机关、检察机关针对自己立案或直接受理的案件均具有撤销案件的决定权。据统计，每年有超过3/4甚至4/5的以刑事案件名义立案却并未进入司法程序的案件，这也就意味着它们最终都消化在公安侦查阶段或者检察院拟起诉阶段。这种局面说明公安机关对违法还是犯罪的裁量空间十分广阔。行政检察部门应该依据以上两条规定，加强对治安领域行政执法的检察监督。而行政检察部门通过检察建议仍无法纠正治安领域行政违法行为时，也可以将案件交由公益诉讼部门提起撤销之诉或者履行之诉。

"和合"是中华民族先贤在实践中孕育的智慧。和合价值观不仅影响了国

---

① 例如在广西壮族自治区人民检察院向广西壮族自治区高级人民法院提出抗诉一案中，检察机关认为原生效判决未对容县人民政府颁证的行政行为是否合法进行判决属于遗漏诉讼请求。参见桂检行抗（2013）3号行政抗诉书。
② "公安机关及其人民警察办理治安案件，不严格执法或者有违法违纪行为的，任何单位和个人都有权向公安机关或者人民检察院、行政监察机关检举、控告；收到检举、控告的机关，应当依据职责及时处理。"
③ "行政机关移送涉嫌犯罪案件，应当接受人民检察院和监察机关依法实施的监督。"

人的处世原则和交往理念，更是推动我国制度发展的优秀文化基因。"耦居无猜"是国人对融洽家庭和人际关系的美好期许。在新时代的历史征程中，检察制度与各相关制度一定能"耦居无猜"，齐心合力推进国家治理体系和治理能力现代化的实现。

（原载于《国家检察官学院学报》2020年第3期）

完善行政检察监督促进行政争议实质性化解*

杨建顺**

自 2019 年 10 月至 2020 年 12 月,最高人民检察院在全国检察机关开展"加强行政检察监督促进行政争议实质性化解"专项活动,并对两批共 45 件行政争议实质性化解重点案件进行挂牌督办。这是落实"四大检察"职能、补强并充分发挥行政检察作用的重要体现,有助于促进法院公正司法、促进行政机关依法行政,推动解决行政诉讼案件得不到实体审理、行政争议得不到实质化解等群众反映强烈的行政诉讼"程序空转"问题,促进国家治理体系和治理能力现代化。[①]

为了更好地回应人民群众对通过行政争讼实现公平正义的强烈关切,确保作为"国家的法律监督机关"的检察机关能够依法全面履行职责,加强行政检察监督,完善行政检察建议,促进行政争议实质性化解,有必要确认并正确把握检察机关的地位和作用,建立健全相应的制度、机制、程序和标准。

一、行政争议实质性化解需要行政检察监督的支持

(一)行政争议实质性化解的含义

行政争议实质性化解,或曰实质性解决行政争议,是近年来我国理论界和实务界共同关心的重要问题。围绕行政复议和行政诉讼的功能定位,有争讼秩序维护说、权力监督说、权益保护说、解决行政争议说和综合功能说等不同观点。可以说,综合功能说是理论界和实务界的共识。

所谓行政争议实质性化解,一般与行政救济具有密切相关性,是指经过相

---

* 本文系北京市与中央在京高校共建项目《行政过程论视野中的法治政府建设研究》(2013010372)的研究成果。
** 中国人民大学教授、博士生导师,比较行政法研究所所长。
① 参见闫晶晶:《最高检部署开展"加强行政检察监督促进行政争议实质性化解"专项活动》,载《检察日报》2020 年 3 月 8 日,第 1 版。

应救济程序之后，不再存在或者产生异议，不再存在争讼的标的物。前者是从程序层面来看，经过行政复议程序或者行政诉讼程序之后，再没有启动新的法律程序；后者是从实体层面来看，经行政复议程序或者行政诉讼程序之后，行政补偿与行政赔偿等实体救济得以落实，其他实体法律关系问题皆得到实质处理，再没有启动新的法律程序的标的物。

其实，从行政过程论的视角来看，行政争议实质性化解既可以与行政救济相联系，亦可以将节点前移，在整个行政过程之中甚至在进入行政过程之前，建立健全预防和化解矛盾纠纷的一系列制度。① 从这种意义上讲，检察机关加大行政检察监督力度，将行政争议实质性化解确立为专项活动的目标，既可以选择抗诉和提出检察建议的路径，为法律的司法适用或者通过诉讼程序为行政活动提供坚实的事后保障；亦可以采取检察建议的方式，依职权或者依申请启动对行政过程的事中监督，及早有效处理相关问题，切实维护公共利益和人民群众合法权益，维护社会和谐稳定，助推国家治理体系和治理能力的现代化。

（二）遏制"程序空转"现象有待于行政检察监督发挥权力制衡作用

众所周知，随着形式法治的推进，我国行政过程乃至行政复议和行政诉讼等行政救济实务中"程序空转"的现象增多，在有些案件中，即便当事人认真地走完寻求救济的程序，也不一定能够获得有效救济，在有些情况下甚至只能落个"竹篮打水一场空"。这种现象亟待行政检察监督介入，以实现行政争议实质性化解。比如，张某某诉安徽省芜湖市人事局取消公务员录取资格案（以下简称"张某某案"），曾被称为全国"乙肝歧视第一案""中国乙肝歧视第一案"或曰全国首例"乙肝歧视案"，产生了广泛的社会影响，留下了诸多值得关注和反思的问题，其中就有行政争议实质性化解的问题。这是因为，虽然本案最终判决结果是张某某胜诉，但是对照判决的具体内容时，却难免让人感慨。法院判决确认被告芜湖市人事局取消原告张某某进入考核程序资格主要证据不足，对原告要求被录用至相应职位的请求不予支持。正如法谚所云："任何人不受不可能的事情拘束。"张某某报考的岗位已经被当时排名第二的人考取，所以张某某的上述诉讼请求无法得到支持。换言之，该案中原告张某某虽然胜诉了，却没有实现真正意义上的权利救济。如何确保对原告的权利救济更具有实效性，使"张某某们"能够通过提起行政诉讼而得到实实在在的

---

① 参见杨建顺主编：《行政法总论》（第二版），北京大学出版社 2016 年版，第 277 页；杨建顺：《从扁鹊论医术谈提升法治思维能力》，载《检察日报》2019 年 8 月 7 日，第 7 版。

权利救济，是摆在理论界和实务界面前的共同课题。① 可以考虑的重要路径之一是修改相关法律，建立和完善预防性复议及预防性诉讼等制度，导入异议停止执行的原则。在国家立法和修法任务非常繁重的背景下，要启动相关修法程序，在理论上达成共识尚待时日，而在实务层面更是存在诸多阻隔，难免使人有"远水解不了近渴"的无力感。

其实，为防止案件结束后当事人无法实现其通过争讼所得到的合法权益，维护行政救济制度的公信力，落实行政救济保护公民、法人和其他组织合法权益的根本目的和任务，② 也并非只有修改法律这一种路径。毋宁说，在现行法律体系之中寻求充分救济更符合救济经济原则。我国目前尚未建立起统一的预防性行政争讼制度。《行政复议法》第 2 条和《行政诉讼法》第 56 条皆确立了异议不停止执行的原则，并分别以但书规定的形式明确了停止执行的例外情形。在此种情形下，若能够适时导入行政检察监督，或可期待此类但书规定在科学的法规范解释论指导下，切实发挥其类似预防性争讼制度的作用，让"张先著们"得到真正的权利救济。换言之，为了避免程序空转，避免导致原告胜诉了却无法实现合法权益的现象，既应当求解于制定新的法律规范，亦应当致力于对现行法律规范的科学解释，依法启动实定法上"但书"所规定的例外停止执行机制。

值得注意的是，在反对繁文缛节之束缚，更加强调实质性化解行政争议的重要价值，而导入行政检察监督来启动相关权利救济程序之际，依然应当坚持程序正义和实质正义的有机结合：应当让尽可能广泛的利害关系人，尽可能早期参与，尽可能充分表达意见；尽可能确保各方资源得到"适当且合理的利用"；尽可能建立健全"公正、慎重的程序"；尽可能确保对权利受限或受损的当事人给予"正当的补偿"。③ 笔者认为，活用公开听证和专家咨询等方式，以正当程序助推行政争议实质性化解始终保持在法治轨道上运行，是完善行政检察监督职能的题中应有之义。

---

① 参见杨建顺：《完善标准和证据制度，以正当程序确保权利救济实效性——张先著公务员录取资格案评析》，载《中国法律评论》2019 年第 2 期。

② 根据行政复议法第一条规定，该法的立法目的是"防止和纠正违法的或者不当的具体行政行为，保护公民、法人和其他组织的合法权益，保障和监督行政机关依法行使职权"。根据行政诉讼法第一条规定，该法的立法目的是"保证人民法院公正、及时审理行政案件，解决行政争议，保护公民、法人和其他组织的合法权益，监督行政机关依法行使职权"。可见，两法的目的存在差异，而"保护公民、法人和其他组织的合法权益"是共同项。

③ 参见杨建顺：《论土地征收的正当程序》，载《浙江社会科学》2019 年第 10 期。

(三) 行政检察监督促进行政争议实质性化解的路径和方式

行政检察监督的"根本价值应在规制国家公权、构建检察权威和保障公民权利之间寻求平衡。"① 行政检察监督促进行政争议实质性化解的路径和方式选择,取决于其"寻求平衡"的必要性和可行性。从其对行政争讼的作用来看,主要包括撬动行政争讼制度的行政检察监督,补强行政争讼制度的行政检察监督,避免或者减少行政争讼的行政检察监督。

行政争议的纷繁复杂性,行政复议和行政诉讼等解决行政争议的制度、机制和程序的专业性,都对行政检察监督形成了较高的挑战。为了有效应对这种高难度的挑战,完成行政争议实质性化解的目标,检察机关在推进行政检察监督过程中,应当强调和重视以检察监督撬动行政复议和行政诉讼制度,以行政复议机关和法院的专业优势来实现行政争议实质性化解。同时,检察机关应当强调和注重发挥各相关方面的智慧,聚力完善解决行政争议的程序制度,为使程序正当化从而更加具有可接受性提供坚实的制度保障,并侧重推动相关方面对行政实体法律关系进行调整,建立健全立法、司法和行政全过程的合理分工、制约与协作的法律体系,实现党的十八届四中全会通过的《中共中央关于全面推进依法治国若干重大问题的决定》(以下简称《决定》)所要求的"优化司法职权配置"状态。

而补强行政争讼制度的行政检察监督,主要是指检察机关按照行政诉讼法规定有权对行政诉讼实行法律监督。检察机关对行政诉讼活动实行全过程、全方位的法律监督,包括裁判结果监督、审判违法行为监督和执行监督,采用的方式包括提出抗诉、再审检察建议、检察建议等。这是行政检察监督的基本功能定位。

最高人民检察院张军检察长指出:"要做实行政检察工作。行政检察要围绕行政诉讼监督展开,做到精准,抓好典型性、引领性案件的监督,做一件成一件、成一件影响一片。"② 落实精准监督,坚持精准化导向,需要对行政诉讼监督进行分类研究,实行精细化审查。对行政诉讼实行法律监督,其自身内容非常丰富,主要包括如下五个方面:一是对行政诉讼起诉、受理的监督;二是对行政审判活动的监督;三是对生效行政判决、裁定和调解书的监督;四是对行政判决、裁定等生效法律文书的执行的监督;五是对行政审判人员在审判

---

① 秦前红:《两种"法律监督"的概念分野与行政检察监督之归位》,载《东方法学》2018年第1期。

② 姜洪:《全国贯彻习近平总书记重要讲话精神推动各项法律监督工作全面协调充分发展》,载《检察日报》2019年1月18日,第1版。

程序中的违法行为的监督。补强行政争讼制度的行政检察监督不应当、实际上也并非限于检察机关按照行政诉讼法的规定对行政诉讼实行法律监督，对非诉强制执行等实行法律监督也是行政检察监督的重要领域。

二、检察建议成为行政检察监督的有效手段

在"四大检察"中，行政检察相对薄弱，实务中长期以来基本上被限定在对法院行政诉讼活动结束后的判决、裁定或者调解是否存在违法情形，从而提出抗诉或者提出检察建议。其实，行政检察监督不应限于对行政诉讼案件的抗诉和提出检察建议。"学界和实务工作者对于行政检察监督大多形成了这样的统一认知：唯有走出诉讼程序，才能真正实现行政检察监督的法律价值。"①作为"国家的法律监督机关"重要职能之一，行政检察监督应当扩展至行政过程中适用法律规范的相关活动。做强、做实行政检察监督，一方面要继续落实行政检察在行政诉讼中对法院审判活动的监督，另一方面应当夯实行政检察在行政过程中对行政主体适用法律活动的监督。应注重完善促进行政争议实质性化解意义上的检察建议制度。

（一）夯实检察建议制度

在推动"四大检察"全面协调充分发展的背景下，2019年最高人民检察院《人民检察院检察建议工作规定》（以下简称《规定》）对检察建议的功能和作用进行了如下描述："检察建议是人民检察院依法履行法律监督职责，参与社会治理，维护司法公正，促进依法行政，预防和减少违法犯罪，保护国家利益和社会公共利益，维护个人和组织合法权益，保障法律统一正确实施的重要方式。"这对于统一人们对检察建议的认识具有重要的意义。根据这种功能和作用的描述，可以将检察建议的适用范围概括为参与社会治理等七个方面，也可以将检察建议的适用范围按照《规定》第5条规定的类型来理解，即主要包括：再审检察建议、纠正违法检察建议、公益诉讼检察建议、社会治理检察建议、其他检察建议。②

检察建议的法律依据主要有人民检察院组织法、民事诉讼法和行政诉讼法。例如，《人民检察院组织法》第21条为检察机关行使法律监督职权而适用检察建议提供了一般性概括授权，只要是行使该法第20条规定的法律监督

---

① 秦前红：《两种"法律监督"的概念分野与行政检察监督之归位》，载《东方法学》2018年第1期。

② 参见汤维建、杨建顺、高景峰、张振忠：《检察建议做成刚性的内涵及路径》，载《人民检察》2019年第7期。

职权，检察机关就可以选择适用检察建议。并且，该规定也为检察建议做成"刚性"提供了保障——有关单位应当予以配合，并及时将采纳纠正意见、检察建议的情况书面回复检察机关。尽管其中的"纠正意见"和"检察建议"之间尚存在需要进一步界分的问题，但是二者都是需要"配合"并"书面回复"的，从而具有不折不扣的"刚性"。与人民检察院组织法的概括性授权不同，诉讼法上关于检察建议的规定相对具有限定性。从法治思维和法治方式的角度考虑，对检察建议的适用条件不宜过度扩张解释，起码应当有"人民检察院有权实行法律监督"这类组织法规范依据。民事诉讼法和行政诉讼法都为诉讼中的检察建议提供了明确的法律依据。但是，相关法规范并没有进一步就检察建议的效力作出规定。考虑到人民检察院组织法依据的普适性，可以将人民检察院组织法规定的有关单位对于检察建议应当予以"配合"并"书面回复"理解为检察建议当然具有的拘束力。在前述人民检察院组织法依据、诉讼法律依据等基础上，制定《规定》本身就是落实检察建议"刚性"建设的重要体现。

其实，在相关法律对检察建议作出明确规定之前，最高人民检察院已于2009年发布《人民检察院检察建议工作规定（试行）》（以下简称《规定（试行）》），首次对检察建议的定义、适用范围、运行程序等作出规定。《规定（试行）》第1条规定："检察建议是人民检察院为促进法律正确实施、促进社会和谐稳定，在履行法律监督职能过程中，结合执法办案，建议有关单位完善制度，加强内部制约、监督，正确实施法律法规，完善社会管理、服务，预防和减少违法犯罪的一种重要方式。"从《规定（试行）》到《规定》，可以发现最高人民检察院关于检察建议的界定已发生较大变化，呈现出对其功能和作用进行分类基础上的总体把握，而检察建议作为检察机关履行法律监督职能的一种重要方式之定位没有变，并且该定位相继得到后来修订的人民检察院组织法和修改后的诉讼法规范的确认。

（二）要辩证地理解检察建议的"刚性"内涵

这里的"刚性"应当是针对"没有硬性要求"而言的，故而可以理解为"有硬性要求"，而这种硬性要求又可以从程序规范、专业内容和制度机制等不同层面来理解。作为柔性监督手段的检察建议，也并非一概不具备司法或者行政强制力。这就需要分门别类，针对不同领域、不同事项、不同主体及不同阶段，分别考察检察建议的相关效力，要有利于检察机关在运用检察建议促使有关部门改进工作、完善治理方面发挥其独特优势。在办理行政诉讼监督案件时，应当加强对行政行为合法性的审查，对于那些虽然法院裁判没有错误，但由于相关行政机关不依法及时履行职责，致使个人或者组织合法权益受到损害或者存在损害危险,需要及时整改消除危险的,按照《规定》,依法提出改进工作、完善治理的检察建议,其价值不可小觑。

(三) 从规范层面提升检察建议"刚性"

长期以来,人们对检察建议的理解不一致,对检察建议落实效果的评判各有不同,对检察建议的刚性或者柔性的理解也因人而异。但是,毋庸置疑,检察建议一发了之的做法肯定不是好的履职形态,被监督单位不及时落实并反馈执行情况的状态也不是该制度所追求的目标。把检察建议做成刚性、做到刚性的具体内涵即检察建议要有硬性要求,而且这种硬性要求是"在规范上下功夫,在落实上做文章,在机制上花心思",去努力"做成"和"做到"刚性。在这方面,《规定》第18条、第19条和第20条提供了较为系统的程序规范保障。在上述制度化建设的基础上,《规定》进一步确立了跟踪督促等配套机制,具有较强的针对性和可操作性,对于提升检察建议"刚性",具有重要的规范保障作用。

(四) 从专业层面提升检察建议"刚性"

如前所述,检察建议的多样性决定了对其"刚性"需要分门别类地把握,而专业性当是确保检察建议实效性的最坚实支撑。故而,"四大检察"中适用检察建议应当分别根据该领域的特点,确立专业支撑的相关制度、机制和措施。例如,重视检察建议的"刚性"但不拘泥于检察建议的强制性,涉及行政机关专业性、技术性判断的领域,检察建议指出问题,提出建议,重在督促行政机关采取相应措施,而不是取代行政机关作出判断决定,做到充分尊重行政机关首次性判断权,①督促行政机关对行政行为违法或者不作为的情形进行确认并采取相应的整改措施。行政机关应当积极配合检察机关检察建议,依法履职,无论是否采纳检察建议,都应当及时书面回复,不采纳检察建议的,要切实履行向检察机关说明理由的义务。简而言之,针对行政机关履职、纠正违法行为等的检察建议,应当侧重督促行政机关依法履职,通过促使行政系统自身采取有效整改措施,达到检察建议的目的。

为提升检察建议的专业性支撑,《规定》第23条要求尊重被建议单位的异议权。检察建议书正式发出前,可征求被建议单位意见;被建议单位在一定期限内可以提出异议;对异议应当立即进行复核,异议成立的及时修改检察建议书或者予以撤回,异议不成立的应当说明理由。此类规定既保障了被建议单位的程序参与权,又为检察建议的专业性提供了支撑,从而可望助力提升检察

---

① 参见杨建顺:《日本行政法通论》,法制出版社1998年版,第205页、第376页。

建议的"刚性"。

(五)从机制层面提升检察建议"刚性"

这个问题跟前面所讨论的规范层面和专业层面有很多重合，或者说，规范层面和专业层面的保障亦是依托于相关制度机制的支撑。比如，在专业层面谈到尊重被建议单位的异议权，是《规定》第23条确立的提升检察建议实效性的"刚性"机制，依托该机制，可望健全检察建议的专业性和针对性。健全检察建议督促落实机制，应当强调科学分类，尊重检察建议自身规律性，也尊重检察建议所针对事项的规律性。当然，针对调查核实，规定被监督单位的配合义务及反馈机制，进而完善该单位的评价和奖惩等机制，都是提升检察建议"刚性"的机制支撑。

三、完善听证制度提升行政检察监督的实效性

(一)调查核实权为行政检察监督提供根据

《人民检察院组织法》第21条规定："人民检察院行使本法第二十条规定的法律监督职权，可以进行调查核实，并依法提出抗诉、纠正意见、检察建议。"该规定为检察机关行使法律监督职权而进行调查核实提供了手段支持。只要是行使该法第20条规定的法律监督职权，检察机关就可以进行调查核实，并且该调查核实是为后面依法提出抗诉、纠正意见、检察建议提供支持的。检察机关为履行职责而进行调查核实，可以采取公开听证、专家咨询等方式来确保调查核实的信息是全面、准确、真实的，从而为避免行政诉讼"程序空转"、使行政争议得到实质性化解提供前提性和基础性的支持。

(二)听证的实质及所追求目的

听证的实质是当事人就引起行政争议的事项进行答辩防御，故从促进行政争议实质性化解的角度考虑，应当听取各方当事人及利害关系人的意见，对重要证据应当加强调查核实，对于重大疑难法律适用等问题应当向专家咨询或者组织专家论证等，并建立健全说明理由责任制度。从法律程序的角度来看，这是体现程序之形式公正的最基本要求。

我国的听证制度最初确立于1996年行政处罚法，其后的价格法、行政许可法、行政强制法等法律都确立了听证制度。通常所说的听证主要指行政听证，分为正式听证和非正式听证。非正式听证的规则灵活、形式多样，如当事人陈述和申辩是较常见的非正式听证。前述各相关法律层面的听证是正式听证，也称为公听会或者听证会，其程序模仿司法程序，由听证主持人居中主持，行政主体和行政相对人处于两造对抗的态势。在听证过程中，行政相对人

可以委任代理人,陈述意见,提出证据,对质证人,询问行政机关代表和鉴定人,等等。一般而言,正式的听证程序由如下基本步骤构成:(1)通知。指行政主体在举行听证前将有关听证的事项书面告知行政相对人及其他利害关系人。(2)确定听证主持人。(3)举行听证。(4)做好听证笔录。听证笔录具有约束行政行为的法律效力,也就是说,经过听证之后的行政决定必须依据听证笔录作出。① 行政检察监督中的听证程序和制度建构,应当通过相应的法律法规予以明确规定。

(三) 应当制定相关规则

如前所述,法律为检察机关行使法律监督职权而进行调查核实提供了依据。检察机关应当针对包括公开听证、专家咨询等方式在内的调查核实制定相应的规则,为恪守检察权、行政权和审判权的界限,尊重行政活动和审判活动的基本规律,突出治理实效,推动行政争议实质性化解,提供坚实有效的手段保障。

(四) 从主体要素考虑解决行政争议

《规定》第3条第1款规定:"人民检察院可以直接向本院所办理案件的涉案单位、本级有关主管机关以及其他有关单位提出检察建议。"该规定一方面将适用检察建议的对象主体限定为"本院所办理案件的涉案单位、本级有关主管机关以及其他有关单位",另一方面则拓展了检察建议的适用范围,只要是本院所办理案件即可。然而,依然存在一个分门别类适用检察建议的问题有待明确。

与通过活用检察建议来拓展行政检察监督空间具有相应的指导性色彩不同,从行政检察的主体要素来考虑拓展行政检察监督的空间,则可以同时为行政检察监督提供参与性色彩和利益均衡视角。并且,把行政诉讼中的法院、行政机关和当事人三方主体为原点来考察行政检察监督职能,将有助于析出各种各样的问题,明晰各种各样的诉求,展开全面、综合的利益均衡,从而促进行政争议实质性化解。

四、构建行政检察监督促进行政争议实质性化解的配套机制

《决定》指出:"优化司法职权配置。健全公安机关、检察机关、审判机关、司法行政机关各司其职,侦查权、检察权、审判权、执行权相互配合、相互制约的体制机制。""健全行政执法和刑事司法衔接机制,完善案件移送标

---

① 参见杨建顺主编:《行政法总论》,北京大学出版社2016年版,第249—250页。

准和程序，建立行政执法机关、公安机关、检察机关、审判机关信息共享、案情通报、案件移送制度，坚决克服有案不移、有案难移、以罚代刑现象，实现行政处罚和刑事处罚无缝对接。"要使行政检察监督发挥应有的作用，除了需要扎实推进行政检察监督自身的制度、机制、程序和标准之外，还需要完善相应的配套机制，尤其是需要建立健全行政检察与其他机关之间乃至检察系统内部相互之间的协作和配合机制，构筑行政执法与行政检察衔接机制，确保"四大检察"始终在法治轨道上全面、协调、充分发展。伴随着相关配套制度和机制的建立和不断完善，使相关专项监督常态化，为行政执法和行政检察监督分别提供过程论和动态把握视角，进一步助推行政争议实质性化解。

（原载于《人民检察》2020 年第 13 期。）

检察机关开展行政争议实质性化解的路线图

吴世东[*] 王 斌[**] 罗志丰[***]

随着社会主义法治建设进程的加快，检察机关受理行政争议案件的数量呈逐年上升的态势。行政争议案件涉及的部门和人员往往较多，争议存续的时间较长，行政诉讼"程序空转"问题较为突出，因此，如何及时有效化解行政争议成为新时期检察机关面临的难题。检察机关探索建立系统完善的行政争议实质性化解机制，提高解决社会矛盾和问题的效率，有效节约司法资源，具有重大的理论和现实意义。

一、检察机关开展行政争议实质性化解的理论基础与现实必要性

（一）行政争议的含义

行政争议，"从最广泛的范围看，包括行政机关和相对人之间、行政机关和公务员之间以及行政机关之间发生的各种争执。"[①] 本文研究的行政争议是指在行政管理活动中行政主体和行政相对人之间产生的矛盾和纠纷，体现的是行政权存在及行使过程中对私益的侵害，也就是行政相对人认为行政主体的行政行为侵犯或影响了自己的合法权益，属于狭义上的行政争议。

（二）我国行政争议解决机制运行现状

我国行政争议的传统解决途径主要有三种：行政复议、行政诉讼、信访。在性质上都属于事后机制，其中行政复议和行政诉讼属于较为成熟的解决行政争议的法律途径。但是，我国的行政复议制度尚未发挥其应有的作用，从实际效果看，行政复议利用率不高。而在行政诉讼制度中，由于实践中行政案件类

---

[*] 福建省人民检察院第七检察部主任、三级高级检察官。
[**] 福建省人民检察院第七检察部副主任、三级高级检察官。
[***] 福建省人民检察院四级高级检察官。
[①] 王东伟：《国家治理体系现代化视域下行政争议解决机制研究》，载《华北电力大学学报（社会科学版）》2015年第12期。

型丰富多样，在行政不作为、民行交叉、行政给付、城市房屋拆迁补偿等类型的行政案件中，法院对行政行为展开的合法性审查往往没有触及案件的实质争议点，很难真正解决当事人的利益诉求。在一些案件中，历经一审、二审、再审，原告手拿胜诉判决，看似赢了官司，问题却没有得到实际解决。① 法律"程序空转"浪费国家司法资源和当事人的人力物力，不仅无法解决行政争议，还有可能引发新的社会矛盾。② 而信访由于其结果的不确定性等，容易造成"大闹大解决、小闹小解决"的社会心理预期，带来新的社会不稳定因素。

（三）解决行政争议的"新路径"

1. 检察机关开展行政争议实质性化解的现实需求。以福建省为例，在全省审结的一审行政诉讼案件中，2017 年裁定不予立案、驳回原告起诉 2306 件，占比 32.21%；2018 年裁定不予立案、驳回原告起诉 2585 件，占比 32.96%。而这部分案件即使当事人申请检察监督，绝大部分案件是不符合提出抗诉、再审检察建议条件的，如果检察人员就案办案，简单作不支持监督处理，那么相当部分当事人的合理诉求并没有解决，从而"案结事未了"，给社会稳定带来隐患。检察机关提出检察行政争议实质性化解的命题，正是针对司法实践长期面临的"行政诉讼程序空转"问题作出的回应。

2. 检察机关开展行政争议实质性化解的职能优势。第一，符合行政检察职能。行政诉讼监督是行政诉讼制度的重要组成部分。解决行政争议是行政诉讼的立法宗旨，也是行政检察的重要职责。第二，具有法律上的权威性。相较于行政复议、信访化解、行政调解等行政程序内的化解机制，检察机关运用宪法赋予的法律监督权对行政主体与行政相对人之间的争议进行监督调解，无疑是更具权威性、公正性的途径之一。同时，行政诉讼监督的程序制度、责任设置相对比较成熟，检察机关能更好地把握案件依法调解的走向，并能凭借其法律监督地位，更好地调动和整合各种资源，与多元化解机制有效衔接。第三，审查深度强于行政诉讼。行政诉讼以审查行政行为合法性为原则，但检察机关作为法律监督机关，其履职更具能动性和主动性：既可以受理当事人申诉，也可以依职权主动介入；既可以监督原行政裁判，也可以监督行政违法行为；既可以主动调查核实，也可以引入专业判断；既可以调查原诉讼的相关事实，也可以调查被诉行政行为之外的相关事实。由此，可以满足多层次的司法需求。

---

① 如撤销之诉，行政机关若重新作出与原行政行为相近的行政行为，原告只能再次起诉，然后法院又再次撤销，从而陷入诉讼的循环之中。

② 参见王万华：《行政复议法的修改与完善——以"实质性解决行政争议"为视角》，载《法学研究》2019 年第 5 期。

二、检察机关开展行政争议实质性化解的"路线图"

检察机关要立足行政诉讼监督职能推进行政争议实质性化解,可以通过"争议提出→调查核实→监督促和→多元化解"的行政争议实质性化解工作路线图,形成合理衔接、相互协调的行政争议化解体系。这一工作模式,要求不再把行政诉讼监督仅仅作为启动新一轮诉讼程序的"钥匙",而是要从简单的"启动器"转变为"调节站",探索建立起依法维护原告诉求、回应私权救济、化解实质利益冲突的机制。

(一)"争议提出":以回应"程序空转问题"为指引

当前以合法性审查为核心构筑起来的行政裁判模式,使得大量案件只是在法律规范的层面解决行政行为合法性问题,而无法真正触及行政争议的核心内容及原告实体权益的救济,使行政裁判脱离利益诉求方现实需求、远离社会期待,最终造成行政诉讼"程序空转"问题。

检察机关在行政诉讼监督中导入行政争议实质性化解机制,其根本目的和出发点是解决"程序空转问题"。为此,有必要对行政诉讼监督理念进行合理调适,即由单一注重监督功能逐步向监督功能与救济功能并重转变,在诉讼监督中更加关注原告的实质诉求和权利救济,努力在行政诉讼监督的全过程树立起实质性化解行政争议的新监督理念。因此,检察机关在完成对行政裁判公正性的审查和监督后,更需要考虑如何使原告受到损害的合法权益得以恢复和救济。只有当检察机关在诉讼监督程序中对行政实体法律关系作出处理,既纠正了不当行政行为所引起的消极法律后果,又保障了原告获得实质性权利救济,实现定分止争,才能实现行政争议实质性化解的目标。

检察机关进行实质性化解行政争议,也有限度,不可能"包打天下"。检察机关受理的行政争议实质性化解案件主要限于两类:一类是法院裁判错误致使行政争议未能得到实质性化解的案件;另一类是法院驳回起诉并无不当,但当事人的诉求又具有合理性、有矛盾化解可能的案件。

(二)"调查核实":查清事实、厘清是非,为依法化解行政争议奠定基础

《人民检察院组织法》第21条规定,检察机关行使法律监督职权,可以进行调查核实。因此,检察机关对与行政争议有关的事实,通过书面审查当事人提供的材料、审判卷宗仍难以认定的,应当主动进行调查核实,确保查清案件事实,分清责任,为精准、实质性化解行政争议创造条件。

在具体办案时,检察机关应重点围绕以下情形进行调查核实:(1)法院

生效行政判决、裁定和执行活动是否存在法律规定需要监督的情形；（2）被诉行政行为是否合法；（3）当事人诉求是否合法合理；（4）行政争议是否得到实质性化解等。调查核实的范围既包括行政相对人合理诉求的相关事实，也可以涵盖被诉行政行为之外的相关事实。同时，要注意运用好调查核实的方式：针对案件事实问题，可以向当事人或者案外人核实有关情况，向相关审判、执行人员或者有关职能部门了解情况、听取意见，查阅、调取或者复制相关法律文书、案卷或者档案材料，但不得限制被调查人的人身自由或者财产权利；针对在案件事实、适用法律方面存在较大争议或有较大社会影响的案件，可以主动或依申请组织开展公开听证；针对法律适用或者专业技术等问题提请专家咨询论证，借助"外脑"实现"精准监督"。

（三）"监督促和"：把抗诉的"势能"转化成调处争议的"动能"

在充分运用调查核实手段，查明案件事实，明确法律责任的基础上，首先应该考虑的化解手段是"监督促和"，要立足行政诉讼监督职能，监督法院生效行政裁判，通过抗诉促使法院改变错误裁判，从而为当事人达成和解提供法律和事实依据。一方面，要坚持依申请监督与依职权审查相结合。因为行政违法不可逆，即使行政相对人不申诉或者放弃诉求，也不能改变已经发生的行政违法事实。从这一逻辑出发，即使当事人不向检察机关申请监督，检察机关也可以依职权审查，对于法院行政判决、裁定或执行活动确有错误的，依法提请抗诉、提出抗诉或提出再审检察建议。同时需要注意的是，检察机关在提出监督意见后，要积极参与法院的司法调解，充分发挥检法各自优势，在诉讼阶段推动行政争议实质性化解，避免让当事人陷入不断循环的诉讼程序纠缠之中。另一方面，要坚持把纠正错误裁判与纠正违法行为有机结合起来。在办好抗诉案件的同时，注意发现隐藏在司法不公背后的司法人员职务犯罪线索和行政违法问题线索。同时，在法院裁定并不违法但行政行为存在违反法律规定情形，且当事人诉求具有正当性、合理性的情况下，检察机关应当指出行政行为存在的问题、推动行政机关解决具体的行政争议。

（四）"多元化解"：凝聚多方调解合力，从源头上促进依法行政、减少行政争议

行政争议实质性化解，仅依靠成本较高、程序复杂的行政诉讼制度是不现实的，应充分发挥非诉讼争议解决机制的重要作用，广泛建立起包括检察调处会、上级检察院联动化解、民事争议一并解决、多元衔接解决、党委政府支持化解、诉源治理、司法救助等多元化行政争议解决机制，检察机关可根据具体情况选择最合适的化解方式。

1. 建立检察调处会机制。这是福建省检察机关借鉴"枫桥经验",由检察机关居间调处,协商解决行政争议的一种新方式。即对符合法定条件,可以引导当事人通过和解或者调解解决纠纷的,检察机关通过召开检察调处会,邀请各相关人员参与争议化解、释法说理、心理疏导。(1)关于适用条件。检察调处会主要针对不符合监督条件同时诉求合理合法的案件。(2)关于参会人员。参加检察调处会的人员除了案件涉及的行政机关、行政相对人之外,还可以邀请其他与化解争议相关的职能部门参加,开启解决问题的"绿色通道";为提升检察调处会的专业性,还可以邀请专业人员参会,对相关问题进行技术性指导或答疑解惑;为推动行政机关主动履职纠错,还可以邀请人大代表、政协委员、人民监督员等参加会议共同监督;为更好地息诉和解,还可以邀请专家学者、基层干部等社会第三方参与共同做好释法说理、心理疏导。(3)制发检察确认书。对经检察调处会调处,当事人达成和解协议,行政争议得到实质性化解的,检察机关可以制作行政争议实质性化解检察确认书。这是以检察监督权来确认当事人和解的法律效力,使经确认的和解协议获得检察监督权的保障。如果行政机关不执行经确认的和解协议,检察机关可以通过提出检察建议、制发纠正违法通知书、移送相关职能部门处理等检察监督手段督促和保障协议的执行。

2. 上下级检察院联动化解。行政争议往往比较复杂、敏感,牵涉利益相关方多。要化解争议,必须充分发挥检察一体化优势,在检察机关内部形成上下协同联动机制,共同推动行政争议化解。上级检察院承担办案主体责任,要做好案件审查、分析研判、指挥协调等工作;市、县检察院应积极配合,协助做好调查核实、沟通联系等工作。但也不能一律把具体化解工作推给基层检察院,基层检察院的同级监督较容易受利益牵绊和干扰,因此上级检察院承办检察官要跟着案件"沉到底",直接与行政机关面对面,上下级检察院齐心协力,共同做好化解工作。

司法实践中,福建省法院系统正在推行行政案件跨行政区域管辖改革,实行中级法院管辖的一审行政案件指定异地中级法院管辖,基层法院管辖的一审行政案件集中管辖,这容易造成法院审理管辖地与争议所在地不一致。对此问题,实践做法是一般由争议所在地检察院办理行政争议实质性化解案件,法院审理管辖地检察院积极予以配合,并协助做好与当地法院互动沟通工作,必要时可以报请上级检察院协调。这样有利于发挥争议所在地检察院人熟、地熟、群众信任的优势,提升与当事人沟通的有效性,加快争议化解。

3. 相关民事争议一并解决。行政争议实质性化解过程中涉及关联民事争议的,特别是该民事争议属于行政案件前置基础的,检察机关应当予以释明,对符合一并处理条件,当事人提出监督申请的,应当一并予以解决。对于民事争议虽不具备一并处理条件,但属于本院管辖的,应当做好与民事检察部门的会商工作,实行联合办案,或者采取先行解决民事争议等方式,力促行政争议实质性化解。对于关联民事纠纷,当事人已经在其他检察院申请监督的,争议受理案件的检察院应当保持沟通、及时关注,对于有实质性化解可能的,可以参与民事争议的调解。如果民事争议为解决行政争议的基础,但当事人没有请求检察机关一并监督处理的,检察机关应当告知当事人依法申请监督一并解决民事争议。

4. 多元衔接解决。当今社会生活的多样性使得矛盾呈现多元性,不同利益主体的诉求并不相同,单独依靠某一种纠纷解决机制很难有效地化解各种类型的矛盾,因此行政争议实质性化解机制也需要多元化。域外成熟的行政争议解决经验也越来越关注对各类行政争议解决制度进行整合,形成一套系统完善的行政争议解决机制。英国的行政争议解决机制通过行政裁判所制度和行政诉讼制度适当的分工和科学的衔接,使之相互配合,并保证争议存在的所有领域实现全面覆盖,且以司法解决为最终保障;美国的争议解决机制也是整合替代性争议解决方式、行政裁决、听证与法院司法审查等制度,使其相互配合、共同作用,最终形成一套便捷高效的争议解决体系。[①] 可见,检察机关在开展行政争议实质性化解工作中,要善于运用当地政府主导的多元化解机制,将各类争议解决机制进行有效整合。特别是可以充分利用县级政府一站式纠纷化解服务平台,为当事人提供多样、便捷、适宜的纠纷化解服务。

5. 党委政府支持化解。解决行政争议要从全局的角度来考量,光有法院的行政诉讼、检察机关的诉讼监督和行政机关的行政复议还不够,因为行政争议首先就是由政府的行政部门产生的,政府有责任也有能力予以解决。对于群众反映强烈、争议化解阻力大的案件,检察机关可以主动向地方党委及其政法委、人大报告,争取由其牵头充分整合行政和司法资源,集中力量破解难题。

三、检察机关开展行政争议实质性化解应当注意的几个问题

(一) 掌握正确的工作方式方法

一是坚持自主自愿化解。由于行政争议实质性化解本质上是为实现双方利益上的均衡化,具有灵活性、协商性、综合性、非正式性等特点,体现的是当事人自由处分权,而不是体现检察机关的意志。因此,检察机关在化解过程中

---

① 参见应松年:《构建行政纠纷解决制度体系》,载《国家行政学院学报》2007 年第 3 期。

应当保持独立性和中立性,着重发挥好"主持人"角色,具体工作内容主要包括:提供协商对话的场所、机会等沟通平台;对相关法律政策及调解方案作出解释;指导当事人对实质诉求和争议焦点展开协商,从中找到双方当事人利益诉求的最大公约数,促成和解。

二是依法化解。实质性化解行政争议虽然要以当事人的自愿为基础,但前提是要符合法律规定,否则就是违法和无效的化解。因此,检察机关在行政争议实质性化解过程中,要坚持程序公正和实体公正并重,把依法化解作为首要前提,按照法律规定履行监督职责,加强调查核实,在查清事实、辨明是非的基础上,努力实现案结事了。

三是掌握节奏,防止久调不决。通过协商来化解矛盾固然有很多长处,但过于依赖协商也存在一些弊端。特别是行政诉讼中,行政机关相对处于强势地位,若案件久调不结,不仅影响效率,而且会使当事人对检察机关的中立性或独立性产生怀疑。因此,司法实践中,检察机关对确有错误的裁判或者有指导性意义的案件,在双方条件差距太大无法达成和解情形下,对符合抗诉或再审建议条件的,要及时抗诉或提出再审检察建议;对不符合监督条件的,要及时作出不支持监督申请决定。此外,有条件的地方可以建设科学化、便民化和温情化的纠纷化解场所,营造有利于争议解决的氛围,以加快化解进度。

(二)延伸职能助力社会治理

行政诉讼监督这种事后救济程序的特性,决定了其并不能对行政争议的发生和发展起到有效的预防和阻止作用,因而行政争议实质性化解的终极目标,是必须能够从源头上促进行政机关依法行政,努力推动系统治理、依法治理、综合治理、源头治理,为社会问题的解决提供助力。一方面,要找准检察机关在社会治理中的职能定位。检察机关既是社会治理的参与者,也是社会治理的法律监督者,要在履行检察职能过程中,对发现的相关涉案单位工作制度不健全、管理不完善等问题,找出制度、机制层面的原因,然后,针对明显的监管漏洞,督促主管部门改进工作。另一方面,要发挥检察建议和"行政检察白皮书"以及"典型案例"的作用。其中,社会治理类检察建议,主要针对办理行政争议实质性化解案件过程中,发现有关行政机关在社会治理或单位管理等方面存在漏洞,而向行政机关提出的完善治理、加强管理的建议。① 而"行政检察白皮书"是指通过总结行政检察案件的办理,以及检察建议反馈行政争议化解等方面的情况,深入分析突出问题及原因,提出切实可行的工作意见

---

① 《人民检察院检察建议工作规定》第11条对社会治理类检察建议具体内容作了规定,包括6种情形。

和建议，为领导决策和改进工作提供参考。适时发布行政争议实质性化解"典型案例"既可以对各地检察机关办理类似案件提供重要参考，也能够对行政机关以及社会公众的类似行为产生引导作用，并对可能发生的行为产生预期作用，以规范自身行为。这几种形式都是检察机关助力社会治理的有效手段。

（三）做好释法说理等工作

从现实情况看，进入检察环节的行政诉讼案件法律关系复杂，化解难度很大，在此情况下，做好释法说理司法救助等工作，很有必要，也很有意义。一是做好释法说理工作。释法说理首先要做好文书说理。当前，文书说理的重点和难点是检察机关作出不支持监督申请决定或终止审查案件。对此，检察机关应当在归纳双方争议焦点的基础上，运用规范语言，准确表达阐明案件所认定的事实及其根据和理由。同时，还要说明所依据的法律规范以及不支持监督或终结审查的理由，通过文书的说理来展示案件事实认定的客观性、公正性以及法律适用的准确性。此外，还要结合具体案件，采用口头与书面释法相结合的方式，有针对性地开展与当事人的沟通与说理工作，增强解释法说理实际成效。二是积极开展司法救助。有的当事人提起行政诉讼、申请行政检察监督，其真实目的是实现诉讼请求之外的某种利益。于诉讼和监督而言，诉讼请求之外的利益并不受司法保护，但诉讼请求之外的目的并非都是不正当的。检察机关在办理行政诉讼监督案件时，发现申请人的真实诉求合理合法的，可以积极作为，帮助申请人协调解决现实困难。经过协调化解等途径仍无法实现当事人正当诉求的，检察机关可以根据司法救助有关规定，给予当事人必要的司法救助。三是依法打击滥诉行为。修改后的行政诉讼法确立了立案登记制，对有效保障当事人合法救济权发挥了积极作用，但与此同时，也引发了一些恶意诉讼和滥诉行为的发生。检察机关在办案中如果发现有不以保护合法权益为目的、违反诚实信用原则，长期恶意反复提起大量诉讼，滋扰诉讼秩序的滥诉案件，应当及时作出不支持监督申请或终结审查决定。

（原载于《人民检察》2020年第13期）

做好公益诉讼检察　强化公共利益保护

国家治理视野下的公益诉讼检察制度*

胡卫列**

党的十九届四中全会通过的《中共中央关于坚持和完善中国特色社会主义制度　推进国家治理体系和治理能力现代化若干重大问题的决定》(以下简称《决定》)对坚持和完善中国特色社会主义制度,推进国家治理体系和治理能力现代化进行了深入研究和全面部署,既是"政治宣言",又是"行动纲领"。《决定》涉及国家制度和国家治理的方方面面,对公益诉讼工作也提出了明确要求,直接表述有两处,即"拓展公益诉讼案件范围","完善生态环境公益诉讼制度"。①《决定》这一重要文献中的两处提到公益诉讼,体现了对公益诉讼制度的高度重视,深刻认识、准确把握其精神内涵和具体要求,不仅对于推进新时代公益诉讼工作的持续健康发展具有重要意义,而且为我们提供了国家治理的新视野,对于深化公益诉讼理论研究,认识和把握我国公益诉讼检察的制度本质,完善中国特色公益诉讼检察制度具有重要的指导意义。

一、《决定》关于公益诉讼的丰富内容

《决定》关于公益诉讼虽然只有两句话,22 个字,意蕴却十分丰富。仅从字面表述,并结合公益诉讼的发展和《决定》的起草等背景情况来理解,至少包括以下五方面的含义:

(一) 对公益诉讼制度设计的认可

公益诉讼在我国,还是一项年轻的制度,最早的制度设计见于 2012 年修

---

* 本文系根据作者 2019 年 12 月 14 日上午在最高人民检察院机关"学习贯彻党的十九届四中全会精神培训班"的交流汇报材料整理而成。

** 最高人民检察院第八检察厅厅长。

① 参见《中共中央关于坚持和完善中国特色社会主义制度　推进国家治理体系和治理能力现代化若干重大问题的决定》。

订的《民事诉讼法》，①随后2014年党的十八届四中全会提出"探索建立检察机关提起公益诉讼制度"，2017年同步修订《民事诉讼法》和《行政诉讼法》，规定检察机关可以提起民事公益诉讼和行政公益诉讼。由于制度建立时间不长，相应的制度规范还比较粗疏，理论和实践都还存在不少分歧，质疑的声音也始终未绝于耳，在这种情况下，《决定》不仅要求拓展公益诉讼范围，还提出完善生态环境公益诉讼制度，鲜明表达了对公益诉讼制度的肯定和支持态度。

（二）对公益诉讼制度实践特别是公益诉讼检察工作的肯定

2012年《民事诉讼法》修订后，主要由符合法律规定的有关社会组织提起了一些民事公益诉讼，其中有一些具有广泛社会影响和良好社会效果的案件。从2015年7月试点开始，检察机关参与到公益诉讼中来，被称为公益诉讼"国家队"，②公益诉讼无论从案件数量、效果，还是社会关注度等方面，都呈现出新的特点，取得了很多新的成果。实践是检验真理的唯一标准，制度的生命力、科学性也需要实践来验证。十九届四中全会提出拓展和完善公益诉讼，是基于对公益诉讼制度实践的准确研判，体现了对公益诉讼实践成效的充分肯定。

（三）对公益诉讼在国家治理体系中地位作用的确认

对公益诉讼特别是检察公益诉讼的地位作用，无论是学术界还是实务界，都有不同认识。《决定》在其第四部分"坚持和完善中国特色社会主义法治体系，提高党依法治国、依法执政能力"的第四项"加强对法律实施的监督"中明确提出"拓展公益诉讼案件范围"。在《决定》逻辑严密的框架结构中，从表述摆放的位置看，公益诉讼首先是国家治理体系的重要组成部分，又是加强对法律实施监督的具体举措，是国家治理体系的重要保障，这是对检察公益诉讼在国家治理体系中重要地位和制度价值的权威确认。

（四）对完善公益诉讼制度、更多更好发挥公益诉讼作用的期许

《决定》提出要"拓展公益诉讼案件范围"，既意味着目前公益诉讼发挥的作用还十分有限，没有全面发挥制度的理想效能，又是希望在更大的范围内、更多的案件中、更充分地发挥公益诉讼的作用。《决定》特别提出要在生

---

① 根据2012年8月31日全国人大常委会第28次会议《关于修改〈中华人民共和国民事诉讼法〉的决定》，修正后的《民事诉讼法》第55条规定："对污染环境、侵害众多消费者合法权益等损害社会公共利益的行为，法律规定的机关和有关组织可以向人民法院提起诉讼。"

② 陈菲、白阳：《公益诉讼迎来最强"国家队"》，载《人民日报》2015年7月2日。

态环境领域"完善公益诉讼制度",凸显了公益诉讼制度在生态环境领域的特殊作用,同时也表明现有制度机制还不够成熟完善,需要通过制度机制的进一步完善,更好地发挥其在生态文明建设中的独特作用。

(五)对公益诉讼发展方向的明确

公益诉讼作为一项新的制度,需要探索和完善的问题很多,对于公益诉讼制度应如何发展等方向性问题也是见仁见智。《决定》用明晰的语言,指明了当前公益诉讼的发展方向和着力点,即在实践层面要拓展范围,在制度建设层面要完善制度;明确了将生态环境作为公益诉讼的重点领域。在公益诉讼千头万绪的问题中,把拓展公益诉讼案件范围和完善生态环境公益诉讼制度作为最突出的问题、最需突破的问题,确实抓住了问题的关键,起到了提纲挈领、推动公益诉讼全面发展的作用。拓展公益诉讼案件范围体现了鲜明的实践导向。制度建设中的问题需要通过实践来呈现,并在丰富的实践中积累经验、解决问题;完善生态环境公益诉讼制度,则体现了以重点带动全局的辩证思维和鲜明的问题导向。生态环境是公益诉讼案件量最大、成效最显著、制度也最丰富的领域,最有条件率先在这一领域推动公益诉讼制度的完善,从而对其他领域起到示范、带动作用。而完善的实质是针对存在的问题找出解决的办法。

总之,《决定》关于公益诉讼的表述蕴含着丰富的内涵,为公益诉讼理论、制度和实践的发展提供了指引。同时由于《决定》的语言表述具有高度凝练概括的特点,对于公益诉讼案件范围具体拓展到哪些领域、怎样拓展,生态环境领域的公益诉讼制度需要完善哪些、怎么完善等问题,都有待进一步明确,体现了其内涵和外延的开放性、包容性,既为下一步探索和发展公益诉讼制度预留了空间,也包含《决定》对贯彻落实提出的具体要求。

二、检察公益诉讼的制度初衷——以法治思维和法治方式推进国家治理体系和治理能力现代化的重要制度设计

由于公共利益是一个不确定的法律概念,对于什么是公益诉讼,不同国家、不同学者的认识并不完全一致。有学者认为,公益诉讼由来已久,最早始于古罗马时期。[①] 二战以后,特别是二十世纪六七十年代后,美国和西欧在自然资源和生态环境保护等领域出现了公益诉讼发展的高潮。我国在 2012 年《民事诉讼法》正式建立公益诉讼之前也出现了一些具有公益诉讼案件性质的

---

① 参见张雪樵:《检察公益诉讼比较研究》,载《国家检察官学院学报》2019 年第 1 期。

零星探索,既有消费者提起的,① 也有检察机关提起的。②

检察机关提起公益诉讼(检察公益诉讼)作为一项制度,成为我国公益诉讼制度中特殊的组成部分,其源头在党的十八届四中全会。从党的十八届四中全会到十九届四中全会,党中央对检察公益诉讼始终高度关注。追根溯源,认识制度缘起、梳理发展脉落,有助于更准确把握制度设计的初衷、更深入认识制度的性质和本质。

(一) 检察公益诉讼的制度源头

党的十八届四中全会是检察公益诉讼的制度源头。会议通过的《中共中央关于全面推进依法治国若干重大问题的决定》提出,"探索建立检察机关提起公益诉讼制度"。习近平总书记就《中共中央关于全面推进依法治国若干重大问题的决定》起草情况向全会作了专门说明,就建立检察公益诉讼制度作了阐释。

(二) 检察公益诉讼的目标追求

习近平总书记向十八届四中全会所作的说明中,对探索建立检察机关提起公益诉讼制度,专门作了解读。解读分两段,第一段解读了这项制度所针对的需要解决的问题,都与行政机关违法履职和不作为有关,在此基础上明确了制度的初衷和最核心的定位。习总书记指出,"作出这项规定,目的就是要使检察机关对在执法办案中发现的行政机关及其工作人员的违法行为及时提出建议并督促其纠正。"

第二段解读了为什么要通过由检察机关提起诉讼的方式来监督。习总书记指出,现实生活中,对一些行政机关违法行使职权或者不作为造成对国家和社会公共利益侵害或者有侵害危险的案件,由于与公民、法人和其他社会组织没有直接利害关系,使其没有也无法提起公益诉讼。违法行政行为缺乏有效司法监督,不利于促进依法行政、严格执法,不利于加强对公共利益的保护。建立检察机关提起公益诉讼制度,实质是找一个适格的主体,利用司法介入的手段,堵塞原有制度中司法手段无法作用的漏洞,通过有效司法监督,促进依法行政。

---

① 如乔占祥诉铁道部2001年春运价格上浮案,参见唐莹莹、陈星言:《抽象行政行为可诉性探析——从乔占祥诉铁道部春运票价上浮案谈起》,载《法律适用》2004年第11期。又如郝劲松律师提起的一系列案件,参见蒯乐鹏:《郝劲松,不服从的公民》,载《南方周末》2009年11月9日。

② 如河南省方城县人民检察院1997年就工商局低价转让国有资产向基层人民法院提起民事诉讼。参见最高人民检察院民事行政检察厅:《民事行政检察工作30周年经典案例》,中国检察出版社2019年版,第403页。

关于检察公益诉讼制度的价值追求和意义，习总书记强调三句话：一是有利于优化司法职权配置。指明了由于原告资格门槛的设定，司法介入的途径受限，公共利益保护中面临很多缺位。二是完善行政诉讼制度。除刑事公诉外，我国的诉讼制度设计，其基本理念是当事人通过行使诉权维护自身合法权益，对公益的保护是不够的。比如我国《行政诉讼法》第2条规定，公民、法人或者其他组织认为行政机关和行政机关工作人员的行政行为侵犯其合法权益的，有权向人民法院提起诉讼，而没有包括对公共利益的维护。三是有利于推进法治政府建设。即希望介由检察机关通过提出检察建议和提起诉讼，监督行政机关依法行政，这也是对检察机关监督特性充分发挥作用的关切和追求。

概言之，赋予检察机关提起公益诉讼的职权，就是为了弥补缺失行政违法侵害公共利益的司法监管的治理漏洞，有效地发挥司法在监督行政、维护公益方面的治理效能，其实质就是推进国家治理体系和治理能力的现代化。

（三）检察公益诉讼的发展脉络

十八届四中全会提出"探索建立检察机关提起公益诉讼制度"后，有几个重要的时间节点值得关注，它们串连起检察公益诉讼制度发展的基本脉落，勾勒出制度定位的基本轮廓。

1. 三次深改组（委）会议接续完成了检察公益诉讼制度的"形塑"，确定了制度的基本框架，为制度的建立奠定了基石

（1）深改组第十二次会议——检察公益诉讼制度的"催生婆"。2015年5月5日，中央深改组召开第十二次会议。这次会议在检察公益诉讼制度的发展历程中具有重要意义，完成了检察公益诉讼从制度构想到制度设计的关键性跨越。一是审议通过了《检察机关提起公益诉讼改革试点方案》，将十八届四中全会提出的制度构想，落实为改革试点实施方案，成为具体的、有形的制度雏形。二是明确了检察公益诉讼制度的目的。会议指出，"检察机关提起公益诉讼制度，目的是充分发挥检察机关法律监督职能作用，促进依法行政、严格执法，维护宪法法律权威，维护社会公平正义，维护国家和社会公共利益"。这一关于制度目的的表述，同时也是对检察机关在公益诉讼中的职能定位的明确界定，清晰阐明了检察机关公益诉讼职能与法律监督职能的关系。赋予检察机关提起公益诉讼职能，其着眼点仍然在于发挥检察机关法律监督的职能作用，可见，公益诉讼并不是法律监督职能之外的新职能，而是由法律监督职能作用派生的，其实质仍然是法律监督。而这一点并没有引起各方面的重视，导致在公益诉讼职能定位上长期存在各种各样的纷争。三是明确了公益的范围和制度的重点领域。会议指出，"要牢牢抓住公益这个核心"，确定了生态环境和资源保护、国有资产保护、国有土地使用权出让、食品药品安全等四个重点领

域,明确了公益诉讼维护的公共利益,既包括国家利益,也包括社会公共利益,但未将十八届四中全会决定里包含的"侵害危险"纳入试点期间公益保护的范围,同时将公益诉讼明确为民事公益诉讼和行政公益诉讼两种类型。四是明确了检察公益诉讼制度推进的模式和步骤。即通过试点先行,在取得实践经验后,再通过立法正式确立这项制度,最后在全国全面推进检察公益诉讼。在某种意义上而言,深改组第十二次会议可以称为检察公益诉讼制度的"催生婆"。

(2)深改组第三十五次会议——检察公益诉讼制度的"压舱石"。2017年5月23日,中央深改组召开第三十五次会议。会议审议通过了《关于检察机关提起公益诉讼试点情况和下一步工作建议的报告》。会议充分肯定了试点的成效,认为在北京等13个省区市开展为期两年的检察机关提起公益诉讼试点,"办理了一大批公益诉讼案件,积累了丰富的案件样本,制度设计得到充分检验"。会议明确了推进下一步制度发展的方向,认为"正式建立检察机关提起公益诉讼制度的时机已经成熟。要在总结试点工作的基础上,为检察机关提起公益诉讼提供法律保障"。

(3)深改委第三次会议——检察公益诉讼制度的组织保障。2018年7月6日,习近平总书记主持召开中央全面深化改革委员会第三次会议,批准最高人民检察院设立公益诉讼检察厅。同时指出了公益诉讼检察机关设置的目标导向。会议强调,"设立最高人民检察院公益诉讼检察厅,要以强化法律监督、提高办案效果、推进专业化建设为导向,构建配置科学、运行高效的公益诉讼检察机构,为更好履行检察公益诉讼职责提供组织保障"。一个国家机关的内设机构,由中央深改委批准设立,是极为罕见的。这个极不寻常的举动,充分体现了党中央对检察公益诉讼制度的高度重视。

2. 全国人大常委会四次专项审议、五部法律为检察公益诉讼提供了法律依据

(1)全国人大常委会四次专项审议。为保障检察公益诉讼这项改革措施与制度构建始终运行在法治的轨道上,全国人大常委会先后四次就检察公益诉讼专题进行审议,作出决定、决议。一是2015年7月1日,全国人大常委会作出决定,授权最高人民检察院在北京等13个省区市检察机关开展为期两年的公益诉讼试点。二是2016年11月,全国人大常委会审议了最高人民检察院关于检察机关提起公益诉讼试点情况的中期报告,强调要构建"具有中国特色、符合检察机关职能特点的公益诉讼制度"。三是2017年6月,全国人大常委会修订了《民事诉讼法》和《行政诉讼法》,为检察公益诉讼的全面实施提供了基本法律依据。四是2019年10月,全国人大常委会听取了最高人民检察

院关于公益诉讼的专项报告,并进行了专题询问,肯定了公益诉讼检察工作的成效,对支持解决相关问题提出了要求。

(2)五部法律。除修改《民事诉讼法》和《行政诉讼法》,正式确立检察公益诉讼制度外,2018年4月颁布《英雄烈士保护法》,明确检察机关可以就侵犯英雄烈士姓名、肖像、名誉、荣誉,损害社会公共利益的行为,在英烈近亲属不提起诉讼的情况下,提起民事公益诉讼,拓展了公益诉讼办案范围。2018年10月修订的《人民检察院组织法》和2019年4月修订的《检察官法》,也明确规定了公益诉讼检察职权。

3. 一系列中央层面的规范性文件关于检察公益诉讼的规定,凸显了其在国家治理中的职能定位

在十八届四中全会提出"探索建立检察机关提起公益诉讼制度"后,党中央和国务院发布了诸多重要文件,均对检察公益诉讼制度作出规定。据不完全统计,截至2018年上半年,以中共中央、国务院名义发布的有:2015年4月《关于加快推进生态文明建设的意见》、2015年12月《法治政府建设实施纲要(2015—2020)》、2016年12月《关于推进安全生产领域改革发展的意见》、2018年6月《关于全面加强生态环境保护,坚决打好污染防治攻坚战的意见》。以国务院名义发布的有:2016年5月《土壤污染防治行动计划》、2017年9月《关于完善进出口商品质量安全风险预警和快速反应监管体系,切实保护消费者权益的意见》。以中共中央办公厅、国务院办公厅名义发布的有:2017年8月《生态环境损害赔偿制度改革方案》、2017年10月《国家生态文明实验区(贵州、江西、福建)建设实施方案》等。

对上述文件作个大致的分析,发现制订和发布这些规范性文件,都是为了落实十八届三中全会提出的改革举措,共同体现了十八届三中全会的主题,即完善中国特色社会主义制度,推进国家治理体系和治理能力现代化。将检察公益诉讼纳入这些规范性文件,其目的就是引入司法手段,来保障这些改革举措的切实推行,更好地促进国家治理。概括起来,检察公益诉讼无论是制度的提出,还是制度的实际运用,体现了共同的制度初衷,即以法治思维和法治方式推动国家治理体系和治理能力现代化。

三、公益诉讼检察职能的本质定位——以监督法律的正确实施来促进国家治理

(一)关于公益诉讼的概念辨析

关于公益诉讼,本文使用了四个概念,需要作一个简要的辨析。关于

"公益诉讼"与"检察机关提起公益诉讼"。公益诉讼首先是一个学术用语，而后逐步成为法律用语。此前，在《民事诉讼法》和《行政诉讼法》关于公益诉讼的条款，都未特别点明是"公益诉讼"，而是笼统地表述为"提起诉讼"。近年来，《人民检察院组织法》《检察官法》也规定了公益诉讼的有关条文。而"检察机关提起公益诉讼"是十八届四中全会决定的用语。两者均是从制度层面来表述的，两者的关系容易理解，是包含与被包含的属种关系，主要区别在于提起诉讼的主体范围不同。

关于"检察公益诉讼"与"公益诉讼检察"。这两个概念，目前在检察机关内部均被使用，并未作严格的区别，在公开发表的文献中也未见到对其作概念辨析。在笔者看来，在没有特别需要作出区分的场合，两个概念的区别并不大，很多情况下可以混用。要作严格区分的话，主要区别在于，"检察公益诉讼"是"检察机关提起公益诉讼"的简称，在规范性文件中最早见于最高人民法院和最高人民检察院2018年3月1日公布的《关于检察公益诉讼案件适用法律若干问题的解释》中，是在国家制度层面的一种表述，相关的主体不光是检察机关，还包括人民法院、行政机关等机构的共同参与。而"公益诉讼检察"多在检察机关内部的文件材料中使用，是在检察职能层面的一种表述，用于表示一项检察职能、检察业务、检察工作，其主体一般只限于检察机关。实践中也有使用"公益诉讼检察制度"这一表述的，这是从检察制度的一个分支理解的，侧重点仍然是关于检察职能的制度安排，与"检察公益诉讼制度"还是有所区别。

就本文而言，文章前半部分主要是从国家制度层面进行阐释，所以使用"检察机关提起公益诉讼（检察公益诉讼）"的表述。后半部分侧重于与其他检察职能进行比较以及相关的工作理念和要求，因此多使用"公益诉讼检察"的表述。

（二）公益诉讼检察职能本质定位

关于公益诉讼检察职能的本质定位，可以从两个方面来理解：

第一，检察公益诉讼是法律监督职能的时代回应，具有时代特色。即以提起公益诉讼方式履行宪法赋予检察机关的法律监督职能，更好地促进国家治理，维护公共利益。党中央始终高度重视检察公益诉讼制度，推动其更好发挥作用，就是因为中国检察机关法律监督的法定职责与检察公益诉讼制度的定位、追求是完全契合的。

进入新时代，社会主要矛盾发生变化给整个社会带来的变化是全方位的，因应人民群众日益增长的美好生活需要，公权力包括司法职能的工作重心、运行方式等都需要适时作出调整和变化。公益诉讼检察职能就是在这样的时代背景下应运而生，这既是党和国家对检察机关在新时代更好发挥作用的新要求和新期待，也是检察机关积极、主动发挥法律监督职能、服务大局、回应时代之需的责任担当。

2018年7月张军检察长在大检察官研讨班上强调，公益诉讼是新时代检察工作发展的着力点，是我们各项检察监督工作中更带有"主动性"的诉讼职能，也是一项为人民群众新时代更高水平、更丰富内涵的需求提供服务的检察业务。（公益诉讼）是检察机关法律监督职能内涵和外延的拓展。

公益诉讼检察相比于传统的诉讼活动、传统的检察职能，具有自身的特殊性。最突出的特点就是主动性和全流程。无论是从线索收集、调查取证、诉前建议、提起诉讼、出席庭审、诉讼监督、督促执行等，还是从个案到类案、督促进行面上整治等，涵盖了检察职能的所有环节流程，是一个全流程的检察业务职能。同时，在几个核心程序环节上，无论是程序的启动还是推进，检察机关都需要主动作为，工作的成效也与检察官的主动性密切相关，体现为主动性的特点。

行政公益诉讼是检察公益诉讼的核心，其监督对象是行政机关的履职行为。对于公益诉讼与法律监督的关系问题，有学者认为，这是对传统的诉讼监督职能的拓展；也有学者认为，这是法律监督职能应有之义的回归。

第二，公益诉讼检察充分完整体现了传统检察权的所有特点。学界针对检察权的特性，存在不同概括，但主要包括监督性、程序性、有限性、兜底性和协同性。在公益诉讼检察职能中，检察权的这些主要特性均有清晰的体现。

一是监督性。作为国家的法律监督机关，监督，特别是对公权力的监督，是检察职能的本质特性。根据十八届四中全会习总书记的说明，公益诉讼的出发点就是监督行政机关依法履职。行政公益诉讼从诉前检察建议督促履职，到提起诉讼，都鲜明地体现了对行政机关不依法履职、损害公共利益行为的监督。

二是程序性。程序性，是在现代法治社会中，公权力运行的共同特性。换言之，就是所有的公权力都应当依照法定程序行使，以法定程序来约束公权力不被滥用。而检察监督的程序性特点，并不是指其也要受到法定程序约束这一所有公权力的共同特性，而是强调其具有不同于人民法院以及其他公权力机关的特有属性。检察权归根结底，是一种程序性权力。虽然检察机关和人民法院都属于司法机关，但检察机关不能像审判机关那样进行实体性、终局性的裁判。检察监督，其实质是法定的监督程序的强制性启动。在公益诉讼检察中，提起诉讼，是启动了一个监督程序即诉讼程序，通过诉讼，借由法院的裁判督促相关主体履职。行政公益诉讼诉前检察建议，也是启动一个督促相关行政机关自我纠错、依法履职的程序。

三是有限性。关于检察机关法律监督权能范围是全面的还是有限的，一直存在理论上的争论。法律监督权能应当是有限的。公益诉讼检察职能的有限性，具有以下含义：其一，履职范围有限。尽管十九届四中全会提出拓展公益诉讼案件范围，但其无论怎么发展，公益诉讼的范围依然是有限的。其二，履职手段有限。目前公益诉讼检察的法定手段主要是检察建议和提起诉讼两种。其三，履职过程受限。检察机关在履行公益诉讼职能过程中，受到很多程序性的限制。比如，要求案件线索必须是在履职中发现，这不仅是对检察机关履行公益诉讼职能的一种授权，同时也是对检察机关履行公益诉讼职能的一种限制，即限制检察机关毫无边界的找寻公益诉讼案件线索，从而造成公益诉讼职能的滥用，影响行政机关的正常履职，这里体现的是一种既授权又限权的立法理念。其四，履职效果有限。检察机关行使公益诉讼检察职能，最终实现的效果也是有限的。

四是兜底性。法律监督的要义是保障法律的统一正确实施，监督性决定了其与被监督者的职能具有不同性质。检察机关的监督，是保障法律实施；被监督者的职能是执法，是具体实施法律。十九届四中全会《决定》，在"法律实施的监督"部分，提出"拓展公益诉讼案件范围"，就是将公益诉讼作为一种法律实施的司法保障手段。如前所述，有关公益诉讼的各个规范性文件，均是如此对公益诉讼进行定位，就是把它作为在行政机关等其他相关主体不履职或履职不到位情况下的一种兜底性司法保障手段。

五是协同性。监督性和兜底性的特点，决定了法律监督机关不是自己直接去执法。在与被监督者的关系上，从监督的角度看，监督的功能是督促被监督者依法履职。监督效果的实现，需要通过被监督者的积极履职来体现，需要被监督者的协同配合；从法律实施的角度，在被监督者履职不到位的情况下，法律监督职能具有通过监督来协同实施的性质。在与其他监督职能的关系上，法律监督并不排斥其他监督。十九届四中全会确认了在国家治理体系中有一个完整的监督体系，法律监督是其中的一个组成部分。而公益诉讼检察则是法律监督的一个部分，其职能作用的发挥，与其他检察职能的良好运行紧密关联，从而实现法律监督的综合效果。因法律监督、公益诉讼检察具有启动程序的功能，其作用机理在某种程度上相当于鲶鱼效应。实践中一些公益被侵害，不仅有制度的缺位，也有制度的僵化、失效等问题，通过公益诉讼检察的促进、激活作用，可以使已有的制度和未充分履行的职能得到更好的发挥。

（三）提起诉讼与法律监督的关系

对于检察机关法律监督的内容，列宁提出，"检察长的唯一职权和必须作的事情只有一件：监督整个共和国对法制有真正一致的理解，不管什么地方的差别，不受任何地方的影响。检察长的唯一职权是把案件提交到法院判决。"① 这一经典论述，深刻揭示了诉讼和监督的关系，两者在本质上是一致的。针对公益诉讼检察而言，诉讼是载体，是检察机关履行法律监督的方式和途径；监督是本质，是公益诉讼检察制度的根本属性和价值追求。

公益诉讼检察制度的法律监督本质，具体而言，可以用"四个决定"来概括：一是决定了检察机关与社会组织、与行政机关不同的角色和职能定位。一般认为，行政机关是公共利益最直接的代表，强调公益诉讼检察法律监督的本质，有助于为公益诉讼检察提供基本的理论基石和框架。检察机关不是普通的原告，是基于纠正违法、保障法律正确实施来维护公共利益的，法律监督与纠正违法行为相关联，因而也决定了检察机关在诉讼中享有不同于普通原告的诉讼地位。检察机关不是直接的行为主体，而是监督主体，其目的是督促直接的行为主体更好地履行法定职责。因此，对其他主体而言，公益诉讼检察职能具有协同性和兜底性。

二是决定了公益诉讼检察的独特程序设计，尤其体现在行政公益诉讼诉前程序设计中。西方行政诉讼中，法院审判，注重先积极发挥行政机关自我纠错的作用。美国行政诉讼有两个原则：成熟原则和穷尽救济原则。也就是说，行政行为已经完成。当事人在寻求司法救济时，首先必须利用行政内部存在的、最近的和简便的救济手段，然后才能请求法院救济。中国特色的公益诉讼也借鉴了这个理念，同时加入了崭新的中国内容，即由检察机关提起公益诉讼，并在诉前程序中采用检察建议的方式督促履职，这与其他国家有很大不同。近几年，检察公益诉讼的成果，在很大程度上体现在行政公益诉讼诉前程序中。在整个公益诉讼案件中，行政诉前程序案件占比95%左右。

三是决定了公益诉讼检察独特的工作理念。最高人民检察院张军检察长针对公益诉讼明确提出了"双赢多赢共赢"的工作理念。这个理念是与检察监督程序性的特点以及法律监督的运行规律紧密相关，强调应当与监督事项关联的各主体共同发挥作用。②

四是决定了公益诉讼检察在推进国家治理体系和治理能力现代化的地位作用。十九届四中全会关于公益诉讼的规定，凸显了公益诉讼监督法律实施、为

---

① 列宁：《论"双重领导"与法制——致斯大林同志转中央政治局》，载《列宁文选》（第2卷），人民出版社1954年版，第778页。转引自闵钐：《中国检察史资料选编》，中国检察出版社2008年版，第931页。

② 胡卫列：《做强民行检察，从树立科学理念做起》，载《检察日报》2018年5月30日。

生态环境提供司法保障的制度定位和职能作用，这既是国家治理体系的重要组成部分，又是国家治理体系的重要保障。

（四）对其他一些理论和实践问题的初步思考

1. 维护公益与法律监督的关系

关于维护公益与法律监督的关系，习近平总书记在其他场合还有两个相关表述，一是检察官是公共利益代表，二是法律监督以维护公益为核心。随着新时代人民群众美好生活需要的提高，法律监督职能、公益诉讼检察职能会有进一步拓展，但拓展应有范围和限制。边界大致在哪里？公益保护可能为法律监督的未来发展提供了一个指引，即公共利益是法律监督职能延展、拓展的条件和限制。比如行政机关执法领域宽泛、数量巨大，检察机关不可能纠正行政机关的所有违法行为。针对行政机关的违法行为，有具体受害人的，应由当事人去提起诉讼，这也是一种监督。另外，保障基本人权，有无可能也作为法律监督的条件和限制，值得探讨。

2. 检察机关维护公益与行政机关代表公益的关系

在不同的国家机关中，职能定位、资源配置不同，维护公共利益的效果也不相同。行政机关是公共利益的第一顺位的代表，其不仅负有维护公共利益的法定职责，也有能力和资源能够维护好公共利益。检察机关在社会公共利益维护中，可以代表公共利益，但不是唯一的代表，也不是首要代表。检察机关在公益诉讼中的公共利益代表身份主要体现在民事公益诉讼中，相对于行政机关而言，检察机关的公益代表身份不仅是第二位的，而且实质上是对行政机关的一种代位诉讼。也就是说，检察机关并不具有典型的公益代表身份。而在行政公益诉讼中，检察机关提出的诉讼请求，都是围绕着行政机关依法履职展开，并不直接针对被损害的公共利益。从这个角度而言，行政公益诉讼是一种典型的督促履职之诉，很难说是纯粹的公共利益之诉。针对公益诉讼实践中出现的有关检察机关的不当定位，检察机关应坚持"不越位、不缺位、不混同"原则，不能把自己当作行政机关去执法，这是一个重要的职能界限。

如何理解、评估公益诉讼检察职能作用的效益问题。在生态环境的保护中，行政机关发挥了主要作用，比如污染防治攻坚战。与行政机关相比，检察机关履行公益诉讼检察职能，即便生态环境发生了向好的变化，也不一定就是检察公益诉讼在发挥作用，这是法律监督有限性的体现。当然，在检察公益诉讼有效开展的一些地区、一些行业，行政机关在发挥主要作用的同时，也包含着公益诉讼检察官们的努力。

3. 民事公益诉讼诉权问题

在民事公益诉讼中，检察机关提起诉讼是其公共利益代表身份的体现，但检察机关不是唯一的公益代表，涉及与其他公益代表的顺位问题。比如，生态损害赔偿与公益诉讼的关系，已明确生态损害赔偿优先。民事公益诉讼还涉及检察机关与其他社会组织的关系，即社会组织是否享有优先诉权？公益诉讼保护的不是私益，针对受侵害的公益提起诉讼的权利是否属于传统诉权，还是属于一种诉讼资格的配置？如果属于起诉资格配置，那么它将不同于针对直接受害者的优先诉权，这是一种法律配置，主要应考虑以下两个要素：一是要考虑谁是最合适的代表，这涉及诉讼资源和诉讼能力问题；二是要防止滥诉。已有越来越多的学者注意到，民事公益诉讼从制度基础、机理等方面完全不同于传统的普通民事诉讼。这一点，长期以来，我们在理论和制度层面都有误读，造成制度设计的重大问题。[①] 实践中，在检察机关提起诉讼后，有的社会组织还要求由其起诉，不仅要求检察机关向其移送证据，还要求被告（损害公益的主体）支付高额的律师费等。学界已有主张，鉴于检察机关的法律监督能力和资源优势，在检察机关与社会组织的起诉顺位上，可以考虑赋予检察机关优先的起诉权，至少两者的诉权应该是并行的。

4. 行政公益诉前程序和提起诉讼的关系

关于行政公益诉前程序和提起诉讼的关系，学界有两种代表性观点：一是认为提起诉讼为干，串起整个行政公益诉讼制度。二是提出需要换一种思路，充分认识行政公益诉讼诉前程序的独立性。[②] 理由为：其一，在几年来的公益诉讼实践中，诉前程序发挥了主要作用，95%的公益诉讼案件在诉前得到了解决。其二，自觉把诉前程序实现公益维护作为最佳司法状态，努力把问题解决在诉前程序。诉前程序的实际效能不是自发产生的，而是工作中积极主动追求的结果。其三，诉前程序是一项具有鲜明中国特色的制度设计，契合检察机关法律监督的职能特点，体现了中国特色社会主义的制度优势。西方的公益诉讼，主要由非政府组织起诉，特定情况下普通公民也可起诉，是一种对抗性的诉讼制度设计。各国公益诉讼制度的区别主要在于，公益诉讼的案件领域和范围不同，提起公益诉讼主体范围不同。我国公益诉讼制度没有完全按照这一模式来复制，而是与行政机关协同解决为主的制度设计，即先由检察机关在诉前程序中发出检察建议，督促行政机关依法履职，而后以提起诉讼作为保障手段。这是基于我国的国家政体以及检察机关的职能性质而设计的公益诉讼程

---

① 比较有代表性的成果，如巩固：《环境民事公益诉讼性质定位省思》，载《法学研究》2019年第3期。

② 胡卫列、迟晓燕：《从试点情况看行政公益诉讼诉前程序》，载《国家检察官学院学报》2017年第2期。

序,与我国的制度背景、文化传统紧密相关,不仅可提高效率,还可更好发挥行政机关的专业优势。其四,诉前程序不是法定用语,而是实践用语。十八届四中全会强调的是督促履职。

有关行政公益诉前程序和提起诉讼的关系,目前学界和实务界未达成共识。行政公益诉前程序是诉讼程序的附加品,还是具有独立价值?需要进一步的深入研究。完善公益诉讼检察制度,既可从完善中国特色的检察制度入手,也可从完善诉讼制度做起。而构建行政公益诉前与诉讼相衔接的逻辑链条,实现公益的更好保护,使之成为区别于单纯的西方公益诉讼制度的崭新设计,也是一种理论选项。

四、检察公益诉讼的实践探索——体现了助力提升国家治理、社会治理效能的制度价值

(一)丰富鲜活的办案实践

自建立检察公益诉讼制度以来,全国检察机关已立案办理超过20万件的公益诉讼案件。2019年1月至10月,全国检察机关共立案公益诉讼案件101285件,办理诉前程序案件83913件,提起诉讼3381件。与2018年相比,由于2019年最高人民检察院开展了公益诉讼"回头看"专项活动,规范了类案群发检察建议问题,因此,2019年1月至10月检察机关共办理的公益诉讼案件数量可以说更加实在、更有说服力。

(二)全方位的制度价值

一是实现了制度初衷。检察公益诉讼的实践探索,对于完善诉讼制度、维护国家和社会公共利益、促进法治政府建设都有帮助。行政机关对公益诉讼从抵触到接受,再到欢迎,甚至还主动邀请检察机关进行监督,就很好地说明了这一点,这在其他国家是无法想象的。最高人民检察院与生态环境部等九个部委共同签署了《关于在检察公益诉讼中加强协作配合依法打好污染防治攻坚战的意见》,对深化行政执法与检察监督的协作机制建设作出规定。检察公益诉讼的实践探索,使得地方行政执法人员加强了行政执法规范的学习,起到了促进行政机关规范执法的作用。与此同时,检察机关通过办理公益诉讼案件,加强了与行政机关的交流沟通与协作配合,也增进了对行政职能部门的理解。很多行政机关在具体的执法过程中,需要多方协调才能解决问题,而检察公益诉讼则促进了问题的有效解决。比如,贵州省检察机关开展的传统村落保护专项行动,办理了一批保护当地传统村落的公益诉讼案件。国家住房和城乡建设部主动到最高人民检察院进行交流讨论,研究如何借助检察公益诉讼力量提高文物监管水平和执法规范化能力。

二是服务了国家战略与经济发展。检察机关积极发挥公益诉讼职能作用，助力推进"三大攻坚战"、乡村振兴、长江经济带发展等国家战略部署，并对服务黄河生态环境和高质量发展战略，提前进行了谋划。

三是促进了国家治理、社会治理、乡村治理。检察机关通过办理一批公益诉讼案件，与行政部门形成合力，解决了诸多长期以来得不到有效处理的"老大难"问题，实现了综合整治。如云南省安宁市温泉地下水资源保护公益诉讼系列案中，检察机关针对地下水资源被滥开滥采的现象发出检察建议，有效保护了地下水资源。据统计，2019年7月安宁市温泉街道地下水的取水量较年初下降了56%，干涸多年的温泉摩崖石刻处自涌井终于重新涌出约70厘米深的地热水，地热水水位逐步回升。

此外，检察机关通过履行公益诉讼检察职能，还增强了人民群众的获得感，积极回应了人民群众的新期待，不断满足人民群众在民主、法治、公平、正义、安全、环境等方面内涵更丰富、水平更高的需求；维护了社会主义核心价值观，如检察机关办理了侮辱凉山救火烈士等一系列英烈权益保护领域公益诉讼案件；助推了企业的转型升级。检察机关在生态环境污染治理中不能就案办案、机械办案，在实现公益保护的同时，要促进企业进行结构调整和转型升级，注重民生保护，实现价值平衡。

五、检察公益诉讼的制度特点——彰显了高度契合国家治理要求的独特优势

（一）党的领导

党中央和习近平总书记亲自决策、亲自部署、亲自推进，从检察机关提起公益诉讼的最初设想，到作出顶层设计，随后从授权试点，到修订法律全面实施，再到机构设置，每一个发展阶段，每一个关键节点，都是经中央深改组（委）研究和决定的，都是中央直接谋划推进的。① 地方各级党委、人大、政府高度重视，截至2019年10月，24个省区市党委主要负责同志专门作出批示，25个省区市党委、政府或"两办"联合下发支持检察公益诉讼工作的文件，河北、内蒙古、吉林、黑龙江、山东、河南、湖北、湖南、广西、云南等11个省级人大常委会作出专项决定。各级党政领导的重视是公益诉讼检察制度的直接保障，同时也是公益诉讼检察工作的方向引领。地方各级检察机关始

---

① 参见胡卫列：《在实践中丰富和发展检察公益诉讼制度》，载《法制日报》2019年3月6日。

终聚焦大局，这个大局包括地方的大局。同时，坚持党的领导还成为检察机关解决公益诉讼办案中具体问题的方法和力量。

（二）人民性

在公益诉讼中人民性具有特定的含义。我国社会主义国家的政体性质与国家利益、社会利益、人民利益根本上是一致的。我们把国家利益引入公益保护，从而对人民利益实现更充分、更广泛的保护。公共利益，说到底就是人民的利益；公益诉讼，归根结底是为了保护广大人民的利益。为了人民，是公益诉讼的根本目的和价值追求。我国没有赋予人民群众直接提起公益诉讼的主体资格，而检察机关提起公益诉讼，正是为了代表人民的利益，反映的是人民的呼声，"公益代表"的身份定位实质就是代表人民。当然，人民群众也是公益诉讼的参与者、监督者和推动者，在线索提供、案件办理、问题整改等各个环节，都发挥着积极作用。为了人民，代表人民，依靠人民，凸显了我国检察公益诉讼的人民性特点。更充分的公众参与，是推动公益诉讼健康发展的必由之路。①

（三）专门机关履职

在公益诉讼中引入专门机关和国家力量，由国家的法律监督机关负责提起公益诉讼，是我国公益诉讼的一个突出特点。这种制度设计，被称为"国家公益诉讼"，与西方国家赋予社会组织、普通公民公益诉权不同。由于专门机关具有专业人员优势、法定职责优势、办案资源优势等，因此，我国取得了完全不同于西方国家的办案效果。以环境公益诉讼为例，此前，我国由社会组织提起的案件数每年不超过 50 件，检察机关提起公益诉讼后，我国由社会组织提起的案件数维持在 60—70 件。也就是说，检察机关介入公益保护后，并没有影响社会组织发挥作用，反而是促进了社会组织提起公益诉讼的案件量。从国际范围看，公益诉讼作为一种补充性的诉讼制度，多由社会公益团体（有的国家允许个人或特定机关）提起，案件数量比较小。以美国为例，每年涉及生态环境公益诉讼案件，基本稳定在 70 - 80 件。②

（四）多元主体协同

在我国，国家制度的性质决定了公益诉讼主体的利益是一致的。西方的公

---

① 胡卫列：《深化理论研究，丰富制度实践，推动检察公益诉讼可持续发展》，载《中国检察官》2019 年第 4 期。

② 以国际上影响大、有代表性的美国环境公益诉讼以例，2008 年—2010 年的案件总数为 227 件（其中 2008 年为 73 件、2009 年为 81 件、2010 年为 73 件），这个数字比较稳定，1996 年至 1998 年的案件总数为 228 件。参见李静云：《美国的环境公益诉讼》，载《中国环境报》2013 年 7 月 4 日。

益诉讼是一种对抗性的制度逻辑,而我国的公益诉讼制度是协同性的。检察机关在公益诉讼办案中,与行政机关形成了既依法督促又协同履职的新型监督关系,与法院、监察委等机关加强了协调协作,实现双赢多赢共赢。湖北省黄石市违章建筑破坏了磁湖生态环境长达14年,黄石市国土局主动要求检察机关进行监督,检察机关向五家行政机关发出诉前检察建议,督促联合执法从而成功破解了难题。2018年全国"两会",140余位代表、委员提出建议、提案,要求检察机关充分发挥公益保护职能作用。人民群众在检察公益诉讼的线索提供、参与和监督案件办理、推动问题整改等各个实践环节,也积极发挥了作用。

综上,检察公益诉讼不仅是检察机关的职责,也是执政党、国家机关以及社会各界共同关注、共同参与的事业。这使得公益诉讼具有非常广泛的支持力量,也是推动检察公益诉讼快速发展的力量源泉。检察公益诉讼制度能够充分发挥效能,关键在于中国共产党的宗旨与人民民主专政的国家性质是一致的,在于党的领导、依法治国、人民当家作主三者有机统一。我国执政党、国家机构没有独立于人民利益的自我利益,在维护人民利益的目的上是一致的,因行动同行,从而使党的领导和社会主义制度的优势在检察公益诉讼制度中得到更充分的彰显。即便是检察机关与作为监督对象的行政机关,在维护公益这一点上也没有根本的利害冲突,而是拥有共同的终极目标。在检察公益诉讼中,检察机关与行政机关不是硬要一争高下、一分是非,而是完全有可能找到一个契合点,共同推动受损的公益得到恢复,实现双赢多赢共赢。

六、检察公益诉讼的前景展望——以制度成效更好发挥助推国家治理的职能作用

(一)背景基础

1. 党中央对发挥好检察公益诉讼作用寄予厚望

习近平等中央领导对检察公益诉讼多次作出批示、指示。2019年10月23日至25日,十三届全国人大常委会第十四次会议听取和审议《最高人民检察院关于开展公益诉讼检察工作情况的报告》。2019年11月22日,十三届全国政协召开第三十次双周协商座谈会,围绕"协调推进公益诉讼检察工作"协商议政。

2. 人民群众对检察公益诉讼加大公益保护有更高期待

一是《关于全面加强生态环境保护坚决打好污染防治攻坚战的意见》中提到的生态环境问题,已成为重要的民生之患、民生之痛。二是食品药品安全是最基本的民生问题,针对食品药品安全领域危害公共利益的现象比较突出,

社会各界高度关注,人民群众反映强烈。三是新领域的公益保护的重要性越发凸显。根源在于人民群众对美好生活的需要已经从"有没有"到"好不好"转变。

3. 最高人民检察院党组对做好公益诉讼检察工作提出更高要求

最高人民检察院党组为贯彻十九届四中全会精神,将"等"外探索原则从"稳妥、积极"调整为"积极、稳妥"。张军检察长在2020年1月召开的全国检察长会议上强调,不仅要把法律明确赋权的"4+1"领域案件办好、办扎实,还要以高度负责的精神,积极办理群众反映强烈的其他领域公益诉讼案件,为健全完善立法提供实践依据。

(二)积极稳妥开展公益诉讼新领域拓展

"积极、稳妥"作为最高人民检察院关于公益诉讼新领域案件拓展的指导性原则,既包含着对拓展公益诉讼案件范围秉持的工作态度,也蕴含着对具体开展公益诉讼的工作要求。

从工作态度的角度来理解,"积极"是指在政治站位上,要有对人民高度负责、勇于担当作为的积极态度;"稳妥"是指在业务工作和案件办理中,要坚持稳妥、慎重的态度,秉持法治和理性的精神,牢牢把握办案的规范性和质效。

从工作要求的角度来理解,"积极"是指在拓展公益诉讼案件范围的工作上,要积极主动,有所作为。在具体的政策把握上,要用足用好现有的法律制度,现有的法定领域范围依然有很大的案件范围拓展空间;对于中央政策文件有明确要求的领域,对于地方人大常委会根据当地实际以地方性法规支持探索的领域,应加强与相关部门沟通协调,积极开展探索实践。"稳妥"是指对于新领域的拓展探索,既要把握分寸尺度,有所不为,更要把办案质量、办案效果放在突出重要的位置。要注重做足做实调查取证、研究论证、民意舆情研判等相关工作,积极争取地方党委、人大、政府等各方面和人民群众的支持,努力实现政治效果、社会效果和法律效果的有机统一。

"积极、稳妥"不光是对具体办案工作的要求,还包含着深化公益诉讼制度和理论建设的要求。在制度建设方面,要求检察机关在个案探索基础上,推进与相关行政机关形成有关制度机制,与最高人民法院联合出台司法解释,条件成熟的推动入法,争取为新领域探索提供明确法律依据。

在理论建设方面,"积极、稳妥"要求检察机关既要解放思想,拓宽视野,打破思维僵化的樊篱,不能把公益诉讼探索过程中形成的一些做法、观念当作颠扑不破的真理,从而阻碍中国特色检察公益诉讼理论的进一步创新和发展,又要秉持客观理性的立场,将中国特色检察公益诉讼的创新探索扎根于坚实的实践逻辑和理论逻辑基础上，增强问题意识，着眼于为解决中国公益诉讼自身发展中的问题找寻切实可行的中国方案。具体而言，比如，拓展案件范围是否仅仅理解为拓展案件领域？是否还包括对公益范围、案件类型等的拓展？比如，是否需要向预防性公益诉讼延伸，从实然损害到风险预防？对英烈名誉的保护是否包括对英烈纪念设施的保护，是否可以从民事公益诉讼拓展到行政公益诉讼？这些都值得研究和探索。

（三）积极稳妥推进整个公益诉讼检察工作

"积极、稳妥"不仅是对"等"外领域探索的基本原则，也是适用于整个公益诉讼检察工作的发展原则，应当作为公益诉讼检察这项依然在探索发展中的新制度，作为整个公益诉讼检察工作的指引。

1. 积极

推进公益诉讼检察工作要秉持积极进取的态度。这是基于对职责使命清醒认识的政治自觉、思想自觉和行政自觉。公益诉讼检察是崇高的政治责任、神圣的法定职责、美好的公益使命、创新的检察职能（更带有主动性），必然要求检察机关具备积极进取、担当作为的精神状态和相应的工作要求。

检察机关要在具体工作中落实好"积极"的要求。一是要加大办案力度。既要拓展案件的范围，又要注意办理具有重大影响、关系人民群众切实利益的案件，通过办案增强人民群众的获得感。上级检察院还要积极直接办理案件。二是要积极推进制度机制建设，特别是一体化办案机制和跨区划协作机制等。三是要积极深化基础理论研究。中国的公益诉讼制度发展和实践走了一条与西方很不同的路径，必须夯实理论基础，打造自己的理论体系。四是要积极加强公共关系建设。要结合公益诉讼工作的特点，确定公共关系建设的重点。要在各级党政领导干部、人大代表中凝聚更多的共识。要走到孩子们中间，在孩子们幼小的心灵中植入公益的种子。要注意运用新的平台和媒体及其传播形式等，争取更多的公众关注和参与。公益诉讼只有真正走入人民大众中间，才会有持续的生命力。五是要加强技术支撑，注重现代科技手段在公益诉讼检察各个环节的运用。六是要积极加强检察机关内部协同，发挥好检察职能的整体作用。目前刑事附带民事公益诉讼是典型的刑事检察职能的延伸，主要也是对刑事检察作用的借用。

2. 稳妥

在公益诉讼检察中坚持"稳妥"的原则，是对司法规律、公益诉讼制度特点现状准确认识基础上的理性坚守、法治坚守。公益诉讼检察是司法性活动，要遵循司法规律，具体工作中要坚持理性、平和、谦抑的原则，更重视程序性、规范性的要求。公益诉讼检察制度还没有定型，认识分歧还比较大，包含着发展的各种可能性,发展的走向与检察机关的工作思路、工作状态和工作效果紧密相关。检察机关必须更加注重质量和效果,以实实在在的成效促进更广泛的社会认同和更可持续的健康发展。

检察机关要在具体工作中落实"稳妥"的要求。一是要坚持以办案为中心。专门机关的监督与其他监督的区别就是办案,法律监督的成效首先要通过办案来体现。二是完善办案规范体系。检察机关要抓紧制订公益诉讼检察办案规则,同时推动系统的一体化、跨区划、异地管辖,构建符合我国公益诉讼特点的规范和机制体系。三是坚持公益诉讼"回头看"常态化,对公益诉讼办案质量和效果给予特别关切。四是科学设定考核指标,其中最核心的是数量、质量和结构的关系。稳中有升,取消具体的数量数字要求,实质是对办案力度的强调,要以"啃硬骨头"的力度和"打持久战"的韧性保持办案的力度。质量是公益诉讼成效的体现,要把质效放在更加突出的位置,摆在第一位。结构优化,其实也是整个公益诉讼检察制度良性发展的重要保障,要降低刑事附带民事公益诉讼比例,要通过提高直接起诉案件数量,特别是行政公益诉讼直接起诉案件数量来达成。

公益诉讼检察是一项具有鲜明中国特色的检察制度和诉讼制度,同时也是一项新的检察职能,是在推进国家治理体系和治理能力现代化的探索中应运而生的。它既是国家治理体系和治理能力现代化的组成部分,也是其法治保障体系的组成部分。公益诉讼检察是推进国家治理体系和治理能力现代化的生动实践,是中国共产党领导和中国特色社会主义制度的优势转化为治理效能的一个真实写照。我们有理由具备充分的制度自信。公益诉讼检察作为一项新的制度,依然行进在探索发展的道路上,也将随着国家治理体系和治理能力现代化的进程进一步发展完善。

(原载于《国家检察官学院学报》2020年第2期)

检察公益诉讼调查核实权的规则优化*

刘加良**

检察公益诉讼调查核实权是指检察院在办理民事公益诉讼和行政公益诉讼案件过程中,为证明公益性侵权责任的构成要件事实,依照法定程序主动进行证据收集与案情核实的非实体处分性权力。检察公益诉讼纵向的两阶化构造由"诉前+诉讼"组成,① 诉前程序的功能在检察公益诉讼于我国《民事诉讼法》和《行政诉讼法》确立后大为加强。作为基础性、监督性、主动性、弱强制性权力,调查核实权的行使状况越理想,独立起诉的检察公益诉讼案件办理难度就越小,诉前检察建议的明确性、针对性、全面性、可行性就越好,检察院主导诉前程序的可能就越大,其提出和坚持诉讼请求的底气就越足,检察公益诉讼促进国家治理的制度效能就越明显。当前,检察公益诉讼的案件结构已经出现刑事附带民事公益诉讼案件占比过高而行政公益诉讼案件占比过低的异化现象,调查核实不到位导致检察公益诉讼败诉案例开始出现,② 同时,疑难复杂案件屈指可数,检察公益诉讼偏离良性发展轨道的危险正在迫近。近年来已有多位全国人大代表和全国政协委员建议推进检察公益诉讼专门立法以破解调查核实权规则不够优化所导致的困境。为抑制上述异化现象、避免败诉案例、削减简单案与凑数案、消除偏离正轨的危险,检察公益诉讼调查核实权的构成要件与配套机制都亟待完善。

一、检察公益诉讼调查核实权的显著特征

检察公益诉讼本质上是对民事公益优先诉权和特定公权力(行政权)、限

---

* 本文系山东省社会科学规划研究项目"经由检察行政公益诉讼推进基层治理法治化研究"(项目编号:19BYSJ08)的阶段性成果,本文写作受到"山东大学青年学者未来计划"(项目编号:YSPS-DU)资助。
** 山东大学法学院副教授、博士研究生导师。
① 参见刘辉:《检察公益诉讼的目的与构造》,载《法学论坛》2019年第5期。
② 参见滕艳军:《检察机关一审败诉行政公益诉讼案件实证研究》,载《社会治理》2019年第9期。

定案件范围的监督，检察院行使调查核实权以证明公共利益受到侵害的事实为目标，查明争议事实成为起码要求，检察院的立场与民事侵权行为的实施主体、未依法履职的行政机关对立，对公益诉讼调查核实权持欢迎或容许态度的只能是享有民事公益诉权的优先主体。由此，决定了检察公益诉讼调查核实权具有调查重于核实、行使内容广泛等显著特征。

（一）调查重于核实

民事行政检察（以下简称：民行检察）调查核实的方式具有高度一致性，故施行在后的《人民检察院行政诉讼监督规则（试行）》（以下简称：《行政诉讼监督规则》）不再对行政诉讼检察调查核实权作出规定，而准用《人民检察院民事诉讼监督规则（试行）》（以下简称：《民事诉讼监督规则》）第66条。从实践状况看，在《民事诉讼监督规则》第66条第1款肯定列举的六种方式中，"查询、调取、复制相关证据材料"和"询问当事人或者案外人"运用最多、比例绝对占优。检察院以审查民行检察监督程序启动前已经出现在诉讼程序中的证据材料为主，遵循"从有到好"的行动逻辑，追求"去伪存真"的目标。其在民行检察监督程序启动后调取的证据材料多是当事人及其诉讼代理人在之前已结束的诉讼程序中不能自行收集的，在案件证据材料的整体上占比不高，如有关单位保存的不动产登记材料、公司登记材料、纳税申报材料、银行账户交易材料、第三方账户支付材料，调取这些证据材料意在印证对存在需要监督之法定情形的预判，调查服务于核实，两者的关系更接近于手段与目的的关系。①

在检察公益诉讼程序启动前，类似于民行检察监督申请人那样的主体向检察院提供可观证据材料的情形基本不会出现。为保证办案质效，检察公益诉讼中的调查核实宜放弃"等靠要"思维，恪守主动性原则，遵循"从无到好"的行动逻辑，追求"去粗存精"的目标，工作量更大和挑战风险更多均不属意外。检察院在公益诉讼程序中调取的卷宗材料主要来源于在当下权力结构中影响力比法院强大得多的行政机关。查勘现场与物证在民行检察监督中几乎不会被用到，而在公益诉讼检察中则成为常规动作。生态环境和资源保护领域至今一直是检察公益诉讼的重点领域，环境损害司法鉴定意见书对证明要件事实

---

① 有观点认为："立法尽管将调查、核实放在一起，但侧重点不同：核实主要侧重于对已知的事实或证据，采取相应措施鉴别真伪；调查主要针对未知事实展开，需要收集相关证据，作为处理决定的事实基础。"张雪姮、李强、常海蓉：《民事检察调查核实权的理论探析》，载《人民检察》2017年第13期。这一观点从对象层面对核实与调查进行区分，具有较强的说服力，但其对两者的关系则令人遗憾地未予表述。

至关重要。环境损害司法鉴定是新兴业务，费用很高、难度很大，有资质、有口碑的鉴定机构目前仍然屈指可数，经费保障不充分的检察院受制于高昂的鉴定费用可能会放弃办理有鉴定必要的案件，或者不当地运用专家意见作为替代方式。不难看出，在检察公益诉讼中，调查不再处于辅助地位，调查重于核实，调查方式运用的均衡度比民行检察监督的更好，检察院所持的立场具有显著的"进攻"性。

（二）行使范围的广泛性

民行检察监督包括生效裁判文书监督、执行监督、审判人员违法行为监督和虚假诉讼监督。生效裁判文书监督的事由具有限定性，我国《民事诉讼法》200条和第208条、我国《行政诉讼法》91条和第93条对其作出了明确规定。其绝大多数事由无须进行调查核实，包括实践中占比最高的"生效裁判认定的基本事实缺乏证据证明"。其中"有足以推翻生效裁判的新证据、主要证据系伪造、调解书损害国家利益和社会公共利益"，是需要进行调查核实的高频次事由。针对审判人员应当回避而未回避等程序性再审事由启动的调查核实明显少于针对实体性的再审事由。审判人员违法行为监督主要针对违法送达、违法采取保全措施、适用审判程序错误，执行行为监督主要针对明显超标的执行、消极执行、选择性执行、违法处置被执行财产、错误分配财产、变相变更裁判结果，这些情形很多不具有隐蔽性或隐蔽性很弱，通过书面审查即可作出认定。虚假行政诉讼在实践中几乎不会出现，虚假民事诉讼的高发领域可轻易锁定、识别与制裁机制日趋完善且该类案例多发的时段已经过去，几乎每案皆需要调查核实的虚假诉讼监督在民行检察监督中占比最低的状况很难发生实质性的改变。① 简而言之，民行检察监督调查核实的启动具有或然性，单纯通过阅卷实现监督目标的可能不小，依申请被动监督远多于依职权主动监督使得检察院通常不会面对无证据材料可供审查的窘境。

检察公益诉讼在立案时对证据材料的数量与质量要求很低，线索只要真

---

① 2013年至2017年，全国检察院针对生效裁判文书提出民事抗诉21795件、民事再审检察建议25958件，对民事审判人员违法行为提出检察建议86104件，对违法民事执行行为提出检察建议135145件，对5178件虚假民事诉讼向法院提出抗诉或检察建议。参见张军：《最高人民检察院关于人民检察院加强对民事诉讼和执行活动法律监督工作情况的报告（摘要）》，载《检察日报》2018年10月26日，第2版。2019年全国检察院受理民事申诉案件142203件，同比增加23.9%；提出民事抗诉5103件，同比增加29.8%；提出再审检察建议7972件，同比增加95.1%；对违法民事执行行为提出检察建议23437件，同比下降1.6%；纠正虚假诉讼3300件，同比增加122.4%。参见张军：《最高人民检察院工作报告——2020年5月25日在第十三届全国人民代表大会第三次会议上》，载《检察日报》2020年6月2日，第1—2版。

实、可查、风险可承受，纵然没有证据材料，也能立案。检察公益诉讼在立案前无法做到"等米下锅"，只能在立案后"找米下锅"。不进行调查核实，诉前程序中发出公告或检察建议所要求的"基本事实已查清，基本证据已收集到位"就无法实现，后续可能的起诉与胜诉所需要的条件就无法具备。不管案件线索来源于内部还是外部，检察公益诉讼调查核实的启动都具有必然性。尽管刑事附带民事公益诉讼会削弱调查核实的必然性，但无法做到彻底消除，因为公益诉讼的待证事实不可能完全借助刑事证据而得到证明。民行检察监督中调查核实证据须受诉讼证明规则的约束，检察院不得调取在原审庭审结束前已存在但因申请监督人一方的责任而未提交的证据，也不得为证明行政行为的合法性而调取行政机关在作出行政行为时未收集到的证据。类似的约束性规则在检察公益诉讼中则无须适用，调查核实的自由度与广泛性远非民行检察监督可比。正视检察公益诉讼调查核实权行使范围的广泛性特征，须反对"行使调查核实权在诉前程序阶段应遵循必要性原则、在起诉阶段应遵循全面性原则"这一观点，① 这种观点主张检察院在诉前程序中的调查核实应该留有余力，担心检察院在诉前程序中的全面调查核实因为优先诉权主体提起民事公益诉讼或行政机关积极整改而白费心血，这是对检察公益诉讼调查核实权之谦抑性的误读，也不利于尽早地收集固定证据、体现检察院对优先诉权主体的切实支持和保证诉前检察建议的质量。

二、检察公益诉讼调查核实权既有规范的整体评判

在我国《民事诉讼法》2012年修改之前，有关单位和个人拒绝配合检察院的调查核实多以"法无明文规定不可行"作为理由。作为检察制度法制化进程中的标志性事件，2012年修改后的我国《民事诉讼法》首次赋予检察院调查核实权，该法第210条将行使条件限定为"因履行法律监督职责提出检察建议或者抗诉的需要"，将被调查人限定为"当事人或者案外人"。2014年11月修改后的我国《行政诉讼法》第101条对行政检察调查核实权采取了准用我国《民事诉讼法》第210条的简约式立法技术。有学者认为："现行民事诉讼法第二百一十条规定的调查核实权，仅适用于民事审判程序，通常用于指称私益诉讼程序，而不包括公益诉讼程序。"② 显然，这一判断的得出运用的是体系解释和历史解释的方法，体系解释的方法聚焦于我国《民事诉讼法》

---

① 陈宏：《检察机关公益诉讼调查核实权探究》，载《人民检察》2019年第8期。
② 庄永廉、肖建国、元明、余敏：《民事检察调查核实权运行机制探索》，载《人民检察》2019年第5期。

第 210 条,在该法中位于"审判程序"编,历史解释的方法则立足于 2012 年该法修订未赋予检察院民事公益诉权的事实。2017 年检察公益诉讼的入法使我国《民事诉讼法》第 210 条中"法律监督职责"一词的文义扩充,使历史解释方法的局限性显露无疑,具有适用优先性的文义解释方法和更契合实践状况的目的解释方法成为科学解释我国《民事诉讼法》第 210 条的正确选项。从文义上看,检察院在民事行政领域的法律监督职责包括但不限于提出再审检察建议和抗诉,检察建议是再审检察建议的上位概念,故不能因为我国《民事诉讼法》第 210 条在该法中的位置而将民行领域调查核实权的作用范围封闭在对生效裁判文书的监督方面。倘若当年立法者前瞻性地把我国《民事诉讼法》第 210 条的内容前移至"总则"编,那么民行领域调查核实权的作用范围就能避免不同解释方法的抵牾,检察公益诉讼就不会屡屡遭到其调查核实权缺乏直接法律依据的诘问。

迄今为止,检察公益诉讼调查核实权的外部规范仅有《最高人民法院、最高人民检察院关于检察公益诉讼案件适用法律若干问题的解释》(以下简称:《检察公益诉讼司法解释》)第 6 条和我国《人民检察院组织法》21 条。① 这两个条文中的"可以"在语义上与"有权"大体相当,意在向检察院进行授权,不是给其以选择性空间。《检察公益诉讼司法解释》第 6 条规定的配合主体为"有关行政机关以及其他组织、公民",我国《人民检察院组织法》第 21 条规定的配合主体是"有关单位"。就配合主体而言,使用虚词"应当",使这两个条文可被归为义务性规范;从法律规范的结构要素看,它们都只有行为条件和行为模式,而缺少法律后果,极易沦为无害的"僵尸法条"。外部规范的概括性、粗疏性、非强制性使得检察公益诉讼调查核实权的运行只得依赖效力层级偏低的内部规范,即 2018 年 3 月最高人民检察院的内设机构印发的《检察机关民事公益诉讼案件办案指南》和《检察机关行政公益诉讼案件办案指南》(以下统一简称:《办案指南》)。《办案指南》采用"总-分"结构,先一般性地规定调查核实的方式、前期准备、内容、具体要求和保障,后在分领域针对性地规定调查核实的重点,基本结束了检察公益诉讼调查核实权规则供给不足的历史,有助于解决办案人员不会调查核实的问题。与 2017 年 6 月起失效的《人民检察院提起公益诉讼试点工作实施办法》6 条第 2 款、第 33

---

① 我国《人民检察院组织法》第 21 条规定,检察院行使法律监督职权(含依照法律规定提起公益诉讼),可以进行调查核实,有关单位应当予以配合;《检察公益诉讼司法解释》第 6 条规定,检察院办理公益诉讼案件,可以向有关行政机关以及其他组织、公民调查收集证据材料;有关行政机关以及其他组织、公民应当配合。

条第 2 款两次强调"调查核实不得采取限制人身自由以及查封、扣押、冻结财产等强制性措施"不同,《办案指南》对调查核实能否采取强制性措施付诸阙如,可能的原因是最高人民检察院已经意识到通过司法解释、司法文件、内部规范规定强制性保障措施缺乏我国《立法法》依据,① 且在法理层面缺乏有力支撑。

2019 年 1 月至 2020 年 6 月共有十六个有关检察公益诉讼的专项或综合省级法规性文件出台,除《吉林省人民代表大会常务委员会关于加强检察机关公益诉讼工作的决定》和《河南省人民代表大会常务委员会关于加强检察公益诉讼工作的决定》以外,其余的湖北省、黑龙江省等十四个省级人大作出的决定中均有条文对调查核实权的保障措施予以规定。综合来看,这些省级法规性文件所设计的保障措施包括规定检察院对拒绝配合的人员有处分建议权,规定司法警察在特定情形下有紧急处置权和警械武器使用权,规定公安机关对妨害检察公务行为有及时查处义务等三种。后两种保障措施的适用情形具有例外性,对消极履行配合义务者没有用武之地;与第二种保障措施可在事中发挥作用,无须向外借力,具有直接强制性不同,另两种保障措施只能在事后发挥作用、必须向外借力、具有间接强制性,防止证据灭失或被转移的效果难免会打不小的折扣,无法很好地满足调查核实的迫切性需求。若拒绝配合的人员为公职人员,检察院可向监察机关发出给予政务处分的检察建议,借助监察机关的职权行使,可成规模地使处分建议权的强制性由间接状态尽可能地接近直接状态;若拒绝配合的人员为非公职人员,检察院可向其主管部门或所在单位提出处分建议,但建议的采纳率与处分的震慑力很难保证,这使得处分建议权作为公益诉讼保障措施的实效性不被看好。不能拔高地认为前述省级法规性文件对保障措施的规定具有突破性,因为这些保障措施在我国《监察法》、我国《人民警察法》《人民检察院司法警察条例》、我国《治安管理处罚法》、我国《刑法》、我国《刑事诉讼法》中能找到上位法依据。针对以暴力、威胁、抢夺调查设备、限制人身自由、聚众围攻以外的方式妨碍调查核实的人员,前述省级法规性文件没有越权地规定具有直接强制性的保障措施。简而言之,在既有的规则框架内,检察公益诉讼调查核实权的保障措施尚不具有完整意义上的直接强制性,对其是否应当补强以及如何补强将是值得继续探讨的课题,但不能由此悲观地认定"检察机关并不享有比其他法定机关和社会组织更加优越

---

① 根据我国《立法法》第 8 条的规定,有关"限制人身自由的强制措施和处罚"的事项,只能由全国人民代表大会和全国人民代表大会常务委员制定法律。另外,法院对妨害诉讼行为的实施主体予以罚款或拘留,依据的是我国《民事诉讼法》第十章和我国《行政诉讼法》第 59 条。

的调查核实权力,实质上等同于普通原告的调查取证权利"。①

三、检察公益诉讼调查核实权的要件优化

虽然 2017 年修改后的我国《民事诉讼法》和我国《行政诉讼法》对检察公益诉讼调查核实权未予涉及,但 2018 年修改后的我国《人民检察院组织法》对其已进行确认。检察公益诉讼调查核实权如何行使,迄今仍高度依赖属于内部办案规则、效力位阶低、缺乏对外约束力的《办案指南》,规则供给体系化不够科学、质量不高的问题非常突出,亟需对其构成要件进行规则优化,以确保其预设功能得到充分发挥。

(一)主体要件

在深化司法责任制改革的背景下,检察公益诉讼调查核实权奉行决策主体与实施主体同一或者分离,取决于对其严格运行的重视程度和对民行监督调查核实权决策主体规则的参照力度。通常而言,在一项权力的运行初期,内部约束和外部监督越严格,社会公众对其所可能产生的担心和警惕就会越轻微,其赢得普遍的社会支持就会越迅速。从拥有外部规范的情况看,检察公益诉讼调查核实权显然处于运行初期,奉行决策主体与实施主体分离,更有利于保证其严格运行。根据《民事诉讼监督规则》第 70 条和《行政诉讼监督规则》第 36 条,民行检察调查核实权由承办案件的检察官动议,由部门负责人或检察长批准。《办案指南》对检察公益诉讼调查核实权的决策主体未予涉及,实践中普遍采取由分管副检察长批准的做法,体现出检察机关对这一权力之决策环节的重视与谨慎。不难看出,尽管检察系统深化司法责任制改革遵循"谁办案谁负责"原则并且以扩大检察官办案事项决定权为主要内容之一,检察公益诉讼调查核实的决策权仍宜明确列入检察长(副检察长)的权力清单中,在未来不短的时间内不宜赋予办案检察官自主启动调查核实程序的权力。对询问以外的其他调查核实方式,《办案指南》并未明确要求应当由两名以上办案人员共同进行。为维护调查核实的过程合法性,采取询问以外的其他方式调查核实,可以由检察官独自进行,也可以由检察官和检察官助理或司法警察共同进行,但不能由检察官助理或司法警察独自进行,公益诉讼办案力量未能充足配置,不能成为将位列检察官权力清单之内的调查核实实施权全部移转给检察官助理或司法警察的理由。司法警察参与公益诉讼办案的实践做法整体上值得肯定。"据初步统计,2018 年是司法警察参与公益诉讼工作的起步之年,全国检

---

① 曹建军:《论检察公益调查核实权的强制性》,载《国家检察官学院学报》2020 年第 2 期。

察机关司法警察维护公益诉讼办案场所秩序、参与公益诉讼调查核实、保护公益诉讼检察人员安全等工作 8946 件、29519 人次。"① 山东省东营市人民检察院正在探索"1 名检察官 + 1 名检察官助理 + 2 名司法警察"和"1 名检察官或 1 名检察官助理 + 1 名司法警察"的公益诉讼调查取证模式。对重大案件中需要临场应变的事项,采用 1 名检察官 + 1 名检察官助理 + 2 名司法警察模式;对一般案件中需要临场应变的事项,采用"1 名检察官 + 1 名司法警察"模式;对诸如纯书证调取、不需要临场应变的事项,采用"1 名检察官助理 + 1 名司法警察"模式。② 司法警察被纳入公益诉讼办案团队,其与检察官之间即可形成紧密型工作关系,其参与调查核实就可实现常态化。检察官和司法警察共同进行调查核实的次数越多,其联合调查的模式就会越固定。在这种模式下,司法警察的参与可缓解由于公益诉讼办案力量短缺所带来的人案矛盾,在研判线索的真实性、可查性、风险性和制定调查核实计划时检察官和司法警察可发挥各自的业务专长,司法警察的制式服装及其标志可助力于提高调查核实过程的严肃性并震慑可能实施拒绝行为的被调查者,遇有妨害调查行为时司法警察可依法强力进行处置。

(二) 内容要件

根据我国《民法典》第 1202 条和第 1229 条,食品药品安全领域的缺陷产品生产者、生态环境和资源保护领域的污染破坏者承担的是无过错责任。根据我国《民法典》第 1230 条,生态环境和资源保护领域的污染破坏者对其行为与损害之间不存在因果关系承担举证责任。有学者认为:"因果关系交由原告举证乃是其不可承受之重且不符公益定位,而完全由被告负担又极易引发原告滥诉乃至裁判结果与案件真相相距甚远的风险。环境民事公益诉讼的公益定位决定了证明责任减轻设计的核心要素乃是因果关系推定。"③ 因果关系推定属于事实推定,其与法院的自由裁量权具有天然的亲和力,主观性和不确定性是因果关系推定的短板所在。坚持举证责任分配实体法至上主义,为防止权力滥用而除去法院裁量分配举证责任的空间,使得我国《民法典》第 1230 条放弃了因果关系推定的方案。被侵权人的举证能力与污染破坏者相差很远,针对因果关系不实行举证责任倒置,会出现实质不公。这是环境民事私益诉讼针对因果关系实行举证责任倒置最重要的考量因素。有论者以已经出现的典型案例为

---

① 谢文英:《公益诉讼:在共识中形成合力》,载《检察日报》2019 年 10 月 21 日,第 5 版。
② 王新建:《检察公益诉讼调查取证可采取检警协作模式》,载《人民检察》2019 年第 9 期。
③ 刘显鹏:《环境民事公益诉讼证明责任分配研究》,中国社会科学文献出版社 2019 年版,第 109 页。

观察对象，判断环保行政机关、环保组织、检察院作为环境民事公益诉讼起诉主体已具备很强的举证能力，认为环境民事公益诉讼继续参照实行举证责任倒置"就会矫枉过正，对于被告方显失公平，不利于被告诉讼权益的保护，重新出现当事人诉讼地位实质上的不平等，对诉讼结构的稳定与平衡产生冲击，有可能导致案件的处理出现不公正，影响诉讼公正的实现"。① 这一观点缺陷明显。首先，其未注意到环境侵权中的复杂因果关系和简单因果关系给举证责任承担者带来的压力存在不小的差异，污染破坏者和环境民事公益诉讼的起诉主体对复杂因果关系的证明都难言轻易。其次，用作观察对象的典型案例数量过少，在样本规模和代表性方面都不足以支持得出"环境民事公益诉讼起诉主体已具备很强的举证能力"的判断。环保组织提起的民事公益诉讼案件已远远少于检察民事公益诉讼案件，有过起诉案例的环保组织在符合环境民事公益诉讼适格原告条件的社会组织中占比很低，在很大程度上说明环保组织的举证能力整体上并不理想。不区分起诉主体的身份，对环境民事公益诉讼中的因果关系证明实行统一的举证责任分配规则，有助于避免对环保行政机关、环保组织、检察院之举证能力强弱的判断困难，可让污染破坏者对己方举证责任的负担经由一体化规则获得确定的预判，还可通过因果关系证明的举证责任倒置加大污染破坏者的违法成本、促进其合规运营。此外，出现连带责任情形时，起诉书所列明之被告少于或多于行为主体但适格的事实理应落入检察院调查核实的范围。当存在共同侵权行为时，检察院有权根据我国《民法典》第1168条只确定部分侵权行为人为被告，以便降低诉讼应对难度、缩短诉讼周期和确保将来生效裁判文书得到有效实现。对全部侵权行为人的财产状况与履行能力进行充分的调查核实，方能保证减少被告数量之行为的精准度。当公司的财产不足以承担民事责任时，检察院可把与公司构成人格混同的股东或关联公司列为共同被告以避免胜诉结果的全部或部分实现不能。② 鉴于立法和司法对否认公司法人人格的从严立场，检察院须对公司人格混同的要件事实进行有力的证明，否则股东或关联公司承担连带责任的诉请很难得到判决支持。对公司人格混同的要件事实进行充分的调查核实，方能保证共同被告适格和诉讼请求获得全部支持。

根据我国《行政诉讼法》34 条和第 38 条，作为类和不作为类行政诉讼的

---

① 徐淑琳、冷罗生：《反思环境公益诉讼中的举证责任倒置——以法定原告资格为视角》，载《中国地质大学学报》2015 年第 1 期。

② 有关公司和公司股东构成人格混同的规定可参见我国《公司法》第 20 条第 3 款和第 63 条；有关关联公司之人格混同的裁判要点可参见最高人民法院指导案例 15 号。

举证责任分配有所不同,被告应对作出的行政行为承担举证责任,行政相对人在不作为类行政诉讼中应提供其向被告提出过申请的证据、在行政赔偿和补偿案件中应对行政行为造成的损害提供证据。行政公益诉讼依法二分为违法行使职权类和不作为类,在这两类行政公益诉讼中检察院须承担举证责任的事实有同有异。对被告适格、被告之法定职责、诉前程序履行、案件属于行政公益诉讼受案范围和受诉法院管辖、公共利益受到损害的事实等,检察院均须提供证据加以证明。鉴于可用以证明行政行为合法的证据材料掌握在行政机关手中,行政机关比检察院距离这些证据材料更近、拥有更多的举证可能性,故不能以检察院的举证能力不弱于行政机关为由将证明行政行为合法的责任配置给检察院。在违法行使职权类行政公益诉讼中,就行政行为的合法性,行政机关被假定持肯定立场,距离证据的远近优先于举证能力的强弱被加以考量,符合举证责任分配的基本原理。在不作为类行政公益诉讼中,就行政机关完全不履行或不完全履行法定职责,行政机关被假定持否定立场,若让其证明不存在不作为的情形,证明无果就认定不作为的存在,则构成"强迫自证其错",故在不作为类行政公益诉讼中检察院须承担更重的举证责任,相应地要求其在诉前程序中应重点把行政机关不作为的事实纳入调查核实的范围。有论者主张:"在将来公益诉讼立法修法中,应将行政机关违法行使职权类和不作为类行政公益诉讼的举证责任区别规定,同时以列举的方式明确规定检察机关和行政机关分别应当承担举证责任的事项。"① 其实,这两类行政公益诉讼的举证责任分配规则所呈现出的差异性能够为我国《行政诉讼法》第 34 条和第 38 条所容纳和回应,日后在该法修订中对此加以区别规定和列举规定的必要性不大,相关法条中的部分术语(如"原告")略作调整或新增准用条款即可解决举证责任分配规则目前看似供给不足的问题。

在诸多既有案例中,为捍卫公益诉讼的严肃性、实现公益诉讼的目的、克服庭审的走过场化、尽可能获得事实认定型裁判文书,检察院对本应由侵权人

---

① 王玎:《检察机关提起行政公益诉讼的举证责任》,载《上海政法学院学报(法治论丛)》2017 年第 4 期。

或行政机关承担举证责任的事实提供证据加以证明,① 其承担的仅是行为意义上的举证责任,相关事实真伪不明时的不利后果仍应由侵权人或行政机关负担。由此可见,检察院在公益诉讼中承担全面的举证责任与举证责任分配的基本原理不符,其为了实现公益诉讼的宗旨所追求调查核实的全面性与其应承担全面的举证责任之间没有必然的关联;在立法简约主义的语境下,检察公益诉讼可以准用私益诉讼的举证责任分配规则,检察院应调查核实的内容不能少于其在公益诉讼中须承担举证责任的事实。

(三) 对象要件

检察公益诉讼调查核实权的指向对象大体上可分为具有社会管理职能的主体和不具有社会管理职能的主体,前者与公权力密切关联,对其拒绝配合应持尽可能低的容忍度;后者通常与公权力无涉,对其拒绝配合可持较高的容忍度。从可行性和公信力的视角看,检察院应优先向具有社会管理职能的单位调查核实。

从负有监管职责的行政机关调取的行政执法卷宗材料是检察公益诉讼案件中极为重要的证据材料。确定向哪个或哪些行政机关调查核实,是检察院进行调查核实的前置性问题。2018年3月,中共中央印发了《深化党和国家机构改革方案》,各级政府机构改革陆续到位,导致了在检察公益诉讼法定领域确定负有监管职责之行政机关的难度有所降低。生态环境保护领域负有监管职责的行政机关主要是生态环境部门,资源保护领域负有监管职责的行政机关主要是自然资源部门(含林业和草原管理部门),食品药品安全领域负有监管职责的行政机关主要是市场监管部门、农业农村部门和卫生健康部门,国有资产保护领域负有监管职责的行政机关主要是国有资产监督管理部门、财政部门、税务部门、海关、人防部门、行业主管部门、人力资源与社会保障部门以及实际占有、使用国有财产的行政单位,国有土地使用权出让领域负有监管职责的行政机关是自然资源部门、财政部门、住房和城市建设部门,英雄烈士保护领域负有监管职责的行政机关为县级以上人民政府有关部门(包括但不限于民政

---

① 在湖北省人民检察院汉江分院诉利川市五洲牧业有限责任公司环境污染案中,检察院举出的利川市环保局《关于利川市五洲牧业有限责任公司储存池沼液渗透导致地下水受到污染的情况报告》,意在直接证明被告的排污行为与饮用水源被污染之间存在因果关系。参见最高人民检察院第八检察厅编:《民事公益诉讼典型案例实务指引》,中国检察出版社2019年版,第19页。在贵州省铜仁市汉口县人民检察院诉铜仁市国土资源局、贵州梵净山国家级自然保护区管理局不依法履职案中,检察院举出第三组证据分四部分证明铜仁市国土资源局颁发采矿许可行政行为违法。参见最高人民检察院第八检察厅编:《行政公益诉讼典型案例实务指引(生态环境、资源保护领域)(下册)》,中国检察出版社2019年版,第1032—1035页。

部门、文物保护部门、退役军人事务部门、公安部门、网信部门、电信部门、文化旅游部门）。目前，检察公益诉讼五大领域负有监管职责的行政机关均不单一，它们的执法领域存在交叉或界限不明现象在所难免。在行政许可和行政处罚相对集中改革继续探索的背景下，为精准地确定调查核实的对象，"领域→行政行为→权力清单→行政机关"的思维模式应当为检察公益诉讼办案人员所遵循。① 如在以某重点污染防控企业为被告的案件中，该企业的立项、规划、环境影响评价、建设、经营涉及多个行政审批行为，办案人员可从行政部门公布的权力清单中予以比对，进而从名称和级别两个方面确定负有相应监管职责的行政机关。

在行政公益诉讼中，为证明工作人员受过政务处分或刑事处罚的行政机关违法行使职权或不作为，检察院可向监察机关或法院调取相关的案件卷宗材料。在民事公益诉讼中，为证明曾受过行政拘留或刑事处罚的侵权人的主观过错和侵权行为事实，检察院可向公安机关或法院调取相关的案件卷宗材料；为证明公共利益受损状况的事实，检察院可向税务部门调取侵权人的纳税申报材料；为证明公司及其子公司、人格混同的公司作为共同被告适格，检察院可以向市场监管部门调取企业信息档案材料；为事先摸清侵权人的财产状况和履行能力，检察院可向金融机构、车辆管理部门、不动产登记部门、市场监管部门等单位调取侵权人的财产状况材料。

检察院还可向私益受害人、行政相对人、利害关系人、证人（含线索提供者）以及侵权人调查核实，这些主体要么不具有社会管理职能，要么具体案件与其职权范围没有关联性。在民事公益诉讼中，侵权人与案件裁判结果的利害关系最为直接和明显，向其调查核实虽然未被明文禁止，但应有相应的自愿性保障，不然诉辩审三方结构的稳固性将受到削弱，并出现被告客体化的异化现象。例如，鉴于证明损失数额远远难于证明价款数额，为确保有关惩罚性赔偿金的诉讼请求得到支持，检察院在消费民事公益诉讼中普遍选择价款十倍或三倍作为主张数额。② 为确定价款的基数，检察院可向税务部门调取纳税申

---

① 当检察公益诉讼拓展到未成年人保护、安全生产等领域时，这一思维模式将同样有效，可有助于快速提高新兴领域的办案质效。与检察公益诉讼有关的行政行为主要有行政审批、行政处罚、行政强制、行政协议、行政征收、行政给付、非诉行政执行。

② 在 2019 年 8 月修改后的我国《药品管理法》生效前，2018 年 9 月 3 日重庆市永川区人民检察院以张某春、张某利生产、销售假药罪提起刑事附带民事公益诉讼，根据我国《消费者权益保护法》第 55 条请求法院判令两被告承担价款三倍的惩罚性赔偿金；2019 年 5 月 7 日重庆市永川区人民法院判决予以支持。参见詹文渝、吴军：《强化食药领域检察公益诉讼保障舌尖上的安全》，载《检察日报》2019 年 8 月 9 日，第 3 版。

报表、纳税定额表、核定定额通知书等纳税申报资料,考虑到侵权人在申报时会本能地就低不就高或同时存在报税账本与实际账本,检察院还需要向侵权人调取账簿、记账原始凭证以准确判断单日销售金额和销售时间,但这种面向侵权人的调查核实不能优先进行,也不能强制进行。

(四) 方式要件

在《办案指南》列举的六种调查核实方式中,与询问、调取书证和物证、调取视听资料和电子数据、勘验不同,咨询与委托鉴定、评估、审计须针对专门性问题进行。一般而言,咨询耗时短、费用低、可提供咨询意见者多、程序性约束少;鉴定耗时长、费用高、可提供鉴定意见者少、程序性约束多。咨询与鉴定何者优先适用的条件判断,早已成为检察公益诉讼中亟待合理解决的难题。

检察公益诉讼中需要鉴定的专门性问题当前主要集中在生态环境和资源保护领域,具体包括确定污染物的性质,确定生态环境遭受损害的性质、范围和程度,评定因果关系,评定污染治理与运行成本以及防止损害扩大、修复生态环境的措施或方案,等等。在环境损害司法鉴定机构和司法鉴定人的数量已能够满足实践需求的情况下,"能鉴则鉴"迄今没有实现,主要原因在于不少检察院无力承担不菲的鉴定费用。为避免预交不菲的鉴定费用,经费紧张的检察院对生态环境和资源保护领域的公益诉讼案件要么尽量不办或少办,要么搭便车多办刑事附带民事公益诉讼案件,要么多用咨询意见替代司法鉴定意见。为破解鉴定费用对检察环境公益诉讼的制约,最高人民检察院、生态环境部等九部门 2019 年 1 月联合印发的《关于在检察公益诉讼中加强协作配合依法打好污染防治攻坚战的意见》11 条指出:"与相关鉴定机构协商,探索检察机关提起生态环境损害公益诉讼时先不预交鉴定费,待人民法院判决后由败诉方承担。"2019 年 5 月司法部办公厅印发的《关于进一步做好环境损害司法鉴定管理有关工作的通知》则"鼓励引导环境损害司法鉴定机构在检察公益诉讼中不预先收取鉴定费",并要求每个省份原则上至少报送一家。不管环境损害司法鉴定机构是否具有官方或半官方的色彩,都普遍承受着收支自负的压力,若败诉方最终无力承担鉴定费用,以尊重鉴定机构的自主意志为必要条件的"先鉴定,后付费"的政策设计将难以为继,一味地强调鉴定机构的社会责任注定将徒劳无功;若可预判败诉方有能力承担鉴定费用,"先鉴定,后付费"的政策设计则可能存在诱使鉴定机构虚增鉴定费用的道德风险。此外,就环境民事公益诉讼而言,"先鉴定,后付费"的政策设计构成对优先诉权主体的歧视,经费实力普遍弱小的环保组织更加需要鉴定费用压力消减政策的支持。由此可见,"先鉴定,后付费"的政策设计具有应急性和局部性的特征。若要彻底解决检察公益诉讼中的鉴定费用问题，做到"应鉴则鉴"，尽快构建充足的财政保障机制才是治本之策。

当下检察院对公益诉讼中专门性问题之鉴定必要性的过严判断，也是值得注意的现象。因为判断过严将无法如实地反映公共利益受损的状况，要求侵权人承担的违法成本与其违法收益将不相适应，咨询意见将被不当地扩大使用。只有当鉴定费用多于或高度接近于索赔费用以及鉴定客观上不能时，适用咨询才能优先于适用鉴定。咨询意见可以由监管部门或行业协会出具，也可以由专业人员出具。出具咨询意见的个人可不局限于各级检察院聘请的专家咨询委员会委员，检察院向其咨询前应同时审查其专业背景和中立品质，如有可能，可让其签署保证客观、公正、诚实地提供咨询意见的承诺书。

对于尚未查清的事实，民事行政检察可以利用听证程序进行调查核实。民事行政检察中的听证程序通常包括如下环节：（1）承办检察官作为主持人介绍基本案情；（2）申请人陈述申请监督的请求、事实和理由；（3）其他当事人发表意见；（4）申请人、其他当事人出示新证据并说明证据来源和证明内容；（5）检察院出示调查取得的证据；（6）各方当事人对听证中所出示证据的证据资格及证明力发表意见；（7）各方当事人发表最后意见。经过这些环节，居于中立地位的检察院可利用各方当事人当面辩论的优势提高调查核实的精准度。作为公益诉权的法定主体，检察院与作为公益诉讼被告的侵权人或行政机关立场对立、诉讼目的相异，致使公益诉讼检察无法利用听证程序进行调查核实。如若不然，检察院在听证程序中将出现顶角角色与底角角色的竞合，如此，该听证程序应然的正等腰三角形结构将不复存在，利用听证程序进行的调查核实将无法具备起码的正当性。

（五）期限要件

为调查核实设定明确合理的期限，有利于使受损的公共利益尽快得到救济或阻止公共利益的受损风险变成现实，也有利于减少检察院拖延办案现象的出现和提高公益诉讼办案资源的整体效益。诉前程序中的调查核实期限应适当短于诉前审查期限。《办案指南》未区分民事公益诉讼和行政公益诉讼而将诉前审查的正常期限统一设定为3个月，并允许把办案检察院无法有效控制的鉴定、评估、审计期间和报送审批期间予以扣除。考虑到《诉前审查报告》的制作、终结审查决定的作出、发出公告或检察建议之决定的作出以及公告或检察建议的发出均需要一定的时间，诉前程序中的调查核实应在诉前审查期限届满15日前完成。

诉前程序中的调查核实最早可始于公益诉讼立案之日。若损害公共利益的行为涉嫌犯罪，公益诉讼的办案主体不必等到审查起诉阶段方才介入，在刑事侦查阶段即可提前介入，向刑事侦查借力，以尽早收集到足以支撑公益诉讼诉讼请求的证据材料。公益诉讼的办案主体提前介入到刑事侦查阶段，须以办妥公益诉讼的立案手续为前提条件。

在民事公益诉讼的诉前公告期（30 日）、行政公益诉讼的检察建议回复期（2 个月或 15 日）和起诉准备期（2 个月）、审判期间内，检察院可否继续调查核实，应以证明的必要性作为评价标准。① 如行政机关在检察建议回复期内未依法履职，检察院即有必要收集证据证明行政机关仍不依法履职的事实。又如，在审判期间内需要提供反驳证据或对已提交证据的来源、形式等方面的瑕疵进行补正的，检察院在法院酌定的举证期限内也可以继续调查核实。

（六）控权要件

"一切有权力的人都容易滥用权力，这是万古不易的一条经验。有权力的人们使用权力一直到遇有界限的地方才休止。"② 作为检察院法律监督职权的衍生性权力，公益诉讼调查核实权同样面临"谁来监督监督者"的诘问和如何有效控制以防止滥用的难题。内部控制的严格化和外部救济的实质化，有助于增强其在运行层面和来源层面的正当性。调查核实的启动，应经过严格且全程留痕的内部审批程序，须由承办人提出、部门负责人或检察长批准，部门负责人和检察长的批准情形应明确列入各自的权力清单；调查核实涉及国家秘密、重大商业秘密、重大个人隐私和有重大社会影响的，必须由检察长批准。司法警察参与调查核实时，应充分发挥其在内部监督层面的作用，其有权对检察官不合法不规范的行为进行评价反馈。被调查人认为调查核实行为侵犯其合法权益或存在违法情形的，应有权向上一级检察院申请复议，复议成立的，上一级检察院应在合理期限内及时予以撤销或纠正。

坚持证据裁判主义和尊重法院审判权的判断属性，就不能认为检察院行使公益诉讼调查核实权收集的证据具有天然的证据资格和优先的证明力，对其进行合法性控制非常必要。除在规范层面为其事先设定边界和为被调查人设定事后的救济途径外，还应在事中对其进行严格控制。即当检察院采取询问、勘验、检查的方式进行调查核实时，应做到同步录音录像；在质证环节，检察院无法提交同步录音录像的，相关证据不能被法院认定为具有证据资格。

---

① 关于检察公益诉讼调查核实权，我国学术界和实务界有无取证权论、分阶段取证权论、部分取证权论和完全取证权论四种观点，分阶段取证权论认为在审判期间内检察院只有举证的义务、没有取证的权力。参见关保英：《检察机关在行政公益诉讼中应享有取证权》，载《法学》2020 年第 1 期。分阶段取证权论显然忽视了审判期间内检察院有继续调查核实的必要性。

② ［法］孟德斯鸠：《论法的精神（上册）》，张雁深译，商务印书馆 2005 年版，第 184 页。

四、检察公益诉讼调查核实权有效运行的配套机制

检察公益诉讼调查核实权的有效运行离不开配套机制的支撑与策应。只有从内部和外部两个层面建构配套机制，检察公益诉讼调查核实权的有效运行才具有实现的可能性。其内部配套机制应以横向重视内设机构改革之红利和纵向重视办案资源之统筹的一体化办案机制为主，其外部配套机制应以遵循诉讼权利同等保障原理且有助于强化保障措施之间接强制性的诉前证据保全程序为主。

（一）内部配套机制：一体化办案机制

我国《宪法》第137条规定，上下级检察院之间是领导与被领导的关系，上级检察院有权统一调配辖区内的所有办案资源。检察一体化原则是对我国《宪法》第137条的严格遵循。其基本要义在于上下级检察院和检察院的内设机构在依法行使各自的法律监督职权时，作为协调配合、合力共进的有机整体来运行。以"纵向联动、横向配合、上下一体、指挥有力、协作密切、运转高效"为目标的一体化办案机制是对检察一体化原则的具体落实，其对尚处于起步阶段的公益诉讼检察大有裨益。①

在职务犯罪侦查权被剥离后，检察系统开始以机构改革为突破口的重塑性变革，形成新时代检察监督体系的"四梁十柱"。② 公益诉讼检察被期待能与刑事检察、民事检察、行政检察齐头并进、协调发展。在最高人民检察院和省级检察院层面，公益诉讼检察机构得以独立设置；在市级检察院层面，公益诉讼检察机构极少独立设置，③ 公益诉讼检察大多与行政检察实行机构合设；在基层检察院层面，公益诉讼检察几乎都与民事检察、行政检察实行机构合设。员额制改革后，在基层检察院多名检察官组成公益诉讼办案团队的模式极其罕见，一名检察官加一名检察官助理的办案组已属"高配"，检察官兼顾办理民行检察监督案件和公益诉讼案件也不鲜见。刑事部分由刑事检察部门办理、民事部分由公益诉讼检察部门办理、两部门共同出庭的分办模式，刑事检察官和公益诉讼检察官临时组成办案组共同办理的混办模式，以及由公益诉讼检察部门统一办理刑事部分和民事部分的统办模式，是目前基层检察院办理刑事附带

---

① 行政检察尽管迄今仍是"短板中的短板，弱项中的弱项"，但其于1989年已被载入我国《行政诉讼法》，远远早于公益诉讼检察被载入我国《民事诉讼法》和我国《行政诉讼法》。
② 蒋安杰：《2019最高检重塑性变革后》，载《检察日报》2020年5月25日，第1—2版。
③ 在山东的市级检察院中，只有济南市人民检察院和青岛市人民检察院单独设置了公益诉讼检察机构。

民事公益诉讼案件的三种主要模式。与分办模式和混办模式相比,统办模式有助于提高生态环境和资源保护领域及食品药品安全领域提起刑事附带民事公益诉讼的比例、增强案件审查的系统性与综合性、实现办案效果的最大化。在基层检察院内部建立与推行公益诉讼一体化办案机制,采用统办模式将是不二之选。① 基层检察院最容易接触到公益诉讼案件线索、离案件事实发生地最近、最熟悉当地行政机关和私益受害人的情况,由其主要负责调查核实显然更为便利,相应的办案成本也更低。上级检察院在制定调查计划、协调行政机关和法院方面通常具有更大的优势。基层检察院进行调查核实时,除了会遇到办案力量不足这一短期内无法破解的难题外,还会遇到当地行政机关或行政行为利害关系人的阻挠或抗拒。注重统筹整合上下级检察院的办案力量以及上级检察院有权针对不同情形提办、领办、② 交办、督办案件的一体化办案机制可把排除干扰的任务交给协调能力更强的上级检察机关,还可针对疑难复杂案件、跨行政区划案件和法律明确赋权领域外案件统一调配辖区内的人员与设备,实现"集中力量办大事",有助于分解完成调查核实的职责和及时消除办案期限所形成的压力。

依《检察公益诉讼司法解释》和《办案指南》,民事公益诉讼案件一审一般由市级检察院提起,若进入二审程序,省级检察院也可以派员出庭;行政公益诉讼案件一审一般由基层检察院提起,若进入二审程序,市级检察院也可以派员出庭;刑事附带民事公益诉讼案件一审尽管存在由市级检察院提起的可能,但实践中几乎都由基层检察院提起,若进入二审程序,省级检察院派员出庭的可能微乎其微。另外,自 2015 年 7 月至今,检察公益诉讼案件一直实行起诉审批制,当前民事公益诉讼案件和行政公益诉讼案件的起诉审批权由省级检察院行使,刑事附带民事公益诉讼案件的起诉审批权由市级检察院行使。因此,上级检察院不参与或不监督下级检察院所立公益诉讼案件的办理在规范和事实层面均缺乏可行性。检察公益诉讼起诉案件结构失衡,反映出基层检察院

---

① 2020 年 4 月印发的《最高人民检察院关于加强新时代未成年人检察工作的意见》提出,涉未成年人刑事、民事、行政、公益诉讼案件原则上由未成年人检察部门统一集中办理,争取自 2021 年起未成年人检察业务统办模式在全国全面推开。随着我国《未成年人保护法》修改的完成,未成年人保护将成为检察公益诉讼的新增法定领域,检察院采用统办模式办理公益诉讼案件将更具有普遍性。

② 2019 年 12 月 11 日立案的万峰湖流域生态环境公益诉讼案是最高人民检察院直接办理的首起公益诉讼案件,该案专案组由最高人民检察院分管副检察长任组长,成员来自最高人民检察院第八检察厅和广西、贵州、云南的三级检察院。截至 2020 年 7 月 15 日专案视频调度会召开前,专案组共挂牌交办 26 件,地方检察院立案 20 件,磋商解决问题 9 件,发出诉前检察建议 8 件;已督促行政机关拆除湖面网箱 349809 平方米,清理浮房 808 个、鱼棚 33 个。参见闫晶晶:《最高检直接立案办理首起公益诉讼案件》,载《检察日报》2020 年 7 月 16 日,第 1 版。

和市级检察院办简单案、凑数案的问题已相当突出。究其多元成因，省级检察院的领导指导能力不足是其中之一。公益诉讼一体化办案机制可让省级检察院获得更多的办案机会，完整亲历诉前程序和诉讼两个阶段，积累更多的直接办案经验，总结分析省域范围内遇到的共性难题，日后可为基层检察院和市级检察院行使调查核实权提供更具针对性与可行性的指导方案。

当前，刑事附带民事公益诉讼在起诉案件中占比优势明显且会继续保持，直接办理公益诉讼案件已被列为最高人民检察院和省级检察院的办案重点。在此背景下，借鉴地方探索的有益经验，① 在全国范围内建立并推行精细化的公益诉讼一体化办案机制已刻不容缓。

（二）外部配套机制：诉前证据保全程序

对公益诉讼中拒绝配合的被调查人，应否赋予检察院自行采取罚款或拘留措施的权力，目前依然存在严重的分歧。有学者主张，公益取证模式应成为检察院在公益诉讼中取证的未来常态，"根据这一模式，检察机关为了保护社会公共利益，有权采取强制性手段和措施调查取证，若有妨碍者，检察机关可以采取诸如罚款、拘留等措施对妨碍取证者实施司法制裁，排除妨碍"。② 有学者以检察公益诉讼调查核实权和法院取证权都具有保障诉讼程序顺利进行、保护公共利益、实现司法公正的目的且行使方式具有相似性为理由，建议参照法院取证权的保障方式赋予检察院对拒不配合的单位和个人采取罚款、拘留等强制性措施的权力。③ 有学者提出，既然我国《行政强制法》赋予行政机关实施暂时性限制人身自由或暂时性控制财物的强制权，作为监督行政机关的主体，检察院在公益诉讼中也可以享有同样的强制权，对人身的强制可以由法院为之。④ 这些观点均寄希望于将来的法律修改，难以被用以应对既存的规则困境，属于"远水难救近火"，待其被具体化为法律条文时，检察院和法院在公益诉讼中将常态地共享直接强制性取证权，检察公益诉讼调查核实权将具有完整意义上的直接强制性，检察院与民事侵权人或行政机关的激烈对抗很可能前移到诉前程序阶段，公益诉讼两造对抗的形式平等性在诉前程序中可能就会遭到严重减损。民事侵权人或行政机关配合检察院调查核实的，则构成背离其本意的"自证其错"；拒绝配合检察院调查核实的，将受到强制措施的制裁。当

---

① 笔者在山东省调研得知，2020年1月泰安市人民检察院制发《泰安市检察机关公益诉讼办案一体化管理办法》，2020年7月滕州市人民检察院制发《关于"一体化"办理刑事附带民事公益诉讼案件的试点工作意见》，公益诉讼一体化办案机制的地方探索已初见成效。

② 汤维建：《公益诉讼的四大取证模式》，载《检察日报》2019年1月21日，第3版。

③ 熊文钊、赵莹莹：《检察机关公益诉讼调查核实制度的优化》，载《人民检察》2019年第8期。

④ 参见关保英：《检察机关在行政公益诉讼中应享有取证权》，载《法学》2020年第1期。

受强制措施制裁的代价明显小于拒绝配合的收益时，强制措施对民事侵权人或行政机关的威慑作用将不复存在。有学者则认为，诉前程序是检察公益诉讼的前置组成部分，诉前程序中被调查人拒绝配合检察院调查核实的行为性质属于妨害诉讼的行为，检察院可提请法院采取强制措施。如此观点着眼于对现有制度资源的挖潜，坚持常态情况下检察公益诉讼调查核实权不应具有直接强制性。其不仅更容易为法院、优先诉权主体、民事侵权人、行政机关所接受，而且有利于促进法院参与到诉前程序中，使"检察公益诉讼的程序起点远早于法院登记立案之日"成为现实。民事侵权行为的实施主体和未依法履职的行政机关对自己行为的违法性一清二楚，出于趋利避害的本能，其对检察院的调查核实采取消极回避、敷衍搪塞、故意拖延、公然拒绝的态度并非不可思议。禁止检察院自行采取直接性强制措施，有助于倒逼办案人员创新办案技巧、弥补能力短板、拓展借力途径。

检察公益诉讼调查核实权经由法院实现间接强制，应以证据保全程序作为载体。鉴于其他公益诉讼主体也有权动议法院保全证据，故以该程序作为载体增强检察公益诉讼调查核实权的强制性，可在取证权保障方面实现对各类公益诉讼起诉主体的一视同仁，防止诉讼权利的基本保障厚此薄彼。依据我国《民事诉讼法》第81条和我国《行政诉讼法》第42条的规定，"证据可能灭失"和"证据以后难以取得"是法院保全证据的法定情形，当被调查人拒绝配合检察院调查核实有较大概率时，这两种情形即可认定已经存在。根据《检察公益诉讼司法解释》第6条，检察院办理公益诉讼案件，需要采取证据保全措施的，须向有管辖权的法院提出证据保全的建议，由法院采取查封、扣押、冻结或者法律规定的其他方法保全证据。这说明《检察公益诉讼司法解释》的制定主体对"检察院不能采取具有直接强制性的证据保全措施"以及"法院有义务经由证据保全程序协助检察院进行调查核实"已有共识，法院不愿看到在公益诉讼中检察院拥有与自己相同的强制性取证权。法院应检察院的要求采取证据保全措施，办案负担或多或少会有所增加，当法院应对这种负担力不从心时，本应由法院主导的证据保全程序就可能异化为检察院持法院出具的调查令进行调查核实。这种做法固然有助于把被调查人拒绝配合的行为定性成妨害诉讼的行为，为法院依法对被调查人采取罚款或拘留措施提供事实基础，但无法赋权检察院采取兼具控制性和强制性特征的保全措施，证据保全的最佳时机可能会因此错过。如此的担心并非多余。最高人民法院在答复2019年全国人大代表所提出的有关增强检察公益诉讼调查核实权刚性的建议时表示，对公益诉讼中拒不履行法院的协助调查决定的相关行为人，法院可以采取训诫、罚款、拘留等强制措施。① 合法性时常受到质疑的协助调查模式之所以比合法性十足的证据保全程序更受法院青睐，尽量减轻己方的办案负担是其作出非理性选择的最大动因。故从提高调查核实权质效的角度看，检察院对法院青睐的协助调查模式不应默示顺从，更不应公然支持。

虽然发布在先的《检察公益诉讼司法解释》没有把检察院建议法院保全证据的时间限制在法院登记立案之后，但发布在后的《办案指南》只要求检察院可以在诉讼过程中建议法院保全证据，对诉前证据保全的动议权只字未提。这表明检察院对法院以支持者的角色介入诉前程序仍持有显而易见的排斥态度，对在诉前程序中向法院的直接强制性取证权借力存在不言自明的心理障碍。由于检察公益诉讼的调查核实主要在法院登记立案之前完成，如果检察院对诉前证据保全的抵触情绪不从根本上加以消除，以证据保全程序为载体经由法院增强调查核实权的强制性就无法获得可观的实效。诉前程序只有两方主体，对其启动、进行与结束，检察院拥有绝对的主导权，诉前程序的司法属性非常弱，时常会受到正当性质疑。允许法院以诉前证据保全程序为载体参与进来，有助于强化诉前程序的司法属性和法理正当性。为避免检察院向诉前证据保全程序借力在"入口"处遇到障碍，应明确法院对检察院提出的证据保全建议不得拒绝。

（原载于《政治与法律》2020 年第 10 期）

---

① 谢文英：《公益诉讼：在共识中形成合力》，载《检察日报》2019 年 10 月 21 日，第 5 版。

论检察公益调查核实权的强制性

曹建军[*]

检察公益调查核实程序是连接线索发现与诉前、诉讼程序的关键性纽带，检察公益调查核实权也构成检察机关开展与推进民事公益诉讼的前提性权力与基础性保障，直接决定检察机关履行诉前程序的实际效果与提起公益诉讼的胜负成败。然而，2015年12月16日最高人民检察院颁布施行的《人民检察院提起公益诉讼试点工作实施办法》（以下简称《最高检试点办法》）第6条规定了检察公益调查核实权的行使方式、对象与限度之后，调查核实权一直面临过度软化、刚性不足的质疑，可能无法应对调查取证的重重困境，更可能无法胜任公益诉讼的严峻任务。2018年3月2日最高人民法院、最高人民检察院联合施行的《关于检察公益诉讼案件适用法律若干问题的解释》（以下简称《两高司法解释》）第6条则切断了民事检察监督的调查核实权与检察公益诉讼的调查取证权之间的联系，原则性地规定检察机关享有"调查收集证据材料"的权力，调查取证环节的强制性措施在"两高"司法机关的共识性框架内，只能借助和利用民事诉讼法上证据保全的规定。

为解决我国检察公益调查核实权的强制性欠缺问题，我国学界有积极主张赋予检察机关不同于一般当事人的调查取证权，不仅要对拒绝配合检察机关调查取证的主体进行制裁，[①] 而且要探索构建"检察官+法警"的直接强制型调查取证模式。[②] 也有消极主张检察机关作为普通原告的证据收集手段理应没有国家强制力，[③] 当维持检察机关在公益诉讼的有限调查取证原则，[④] 或将检察

---

[*] 天津大学法学院讲师，天津大学检察理论研究中心研究员。

[①] 参见陈宏：《民事公益诉讼中检察调查权研究》，载《法治论坛》2018年第3期。

[②] 参见王新建：《公益诉讼"检察官+法警"调查取证模式研究——以D市检察机关实践为分析样本》，载《检察调研与指导》2019年第1辑。

[③] 参见占善刚、王译：《检察机关提起民事公益诉讼的角色困境及其合理解脱——以2018年〈检察公益诉讼解释〉为中心的分析》，载《学习与探索》2018年第10期。

[④] 参见钱文杰、方福建：《公益诉讼中检察机关的角色扮演——从"支持起诉"、"督促起诉"迈向"直接起诉"》，载《云南大学学报》（法学版）2015年第4期。

公益调查权定位为一项"弱权力"。① 另有折衷主张，调查保障措施包括查封、扣押、冻结等在必要情形和必要限度内的强制措施，② 或在严禁限制人身自由和侵犯他人财产的约束下，可以采取封存台账等直接强制措施和对不配合调查的主体实施惩罚的间接强制措施。③ 以上纷纭不一的立场及其举措，使得检察机关在民事公益诉讼是否应当享有强制性调查核实权这一问题，越发扑朔迷离。

为推进该问题的全面审视与细致研讨，笔者认为应当在思路上既要向前追溯到调查核实权的生成基础，即调查核实权在理论上是否应当具有强制性，在实践中是否有必要具有强制性，也要向后延展到调查核实权的发展走向，即调查核实权应当具有怎样程度的强制性，调查核实权的强制性对内与对外应当具备何种表现形态。

一、检察公益诉讼的"调查难"与调查核实权的"强制性"

检察机关能够介入和提起民事公益诉讼，一是源于国家法律监督机关的特殊身份，适合作为公益原告维护社会公共利益，二是凭借国家权力机关的职权与资源，足以担负民事公益的证明责任与诉讼任务。④ 但现实却存在另一种声音，检察机关一面在制度设计的上层理念上享受优势证明能力的光环，另一面又在司法实践的具体活动中发出强化检察公益调查核实权的呼唤。⑤

（一）检察公益诉讼是否存在"调查难"

1. 调查事实贪多求全，证明责任负担较重

依据 2018 年 3 月 12 日最高人民检察院民事行政检察厅出台的《检察机关民事公益诉讼案件办案指南》（以下简称《最高检办案指南》），⑥ 须调查核实的待证事实，包括侵权主体的基本情况、侵害公益的行为及其过程、损害社会公共利益的事实、违法行为与损害事实之间的因果关系以及侵权主体的主观过

---

① 参见崔进文：《检察公益调查的特点与依据》，载《人民检察》2012 年第 1 期。
② 参见张庆辉：《检察机关公益诉讼调查核实权保障制度研究》，载《上海法学研究》2019 年第 8 卷。
③ 参见季俊强：《公益检察调查基本问题探析》，载《司法改革论评》2018 年第 1 期。
④ 参见徐全兵：《检察机关提起公益诉讼有关问题》，载《国家检察官学院学报》2016 年第 3 期。
⑤ 参见秦长胜：《检察公益诉讼证据问题研究——取证、举证、质证与认证》，载《依法行政和法治政府建设——第九届法治河北论坛论文集》（下）（中国河北石家庄 2018 年 7 月 10 日）。
⑥ 该内部指导性业务文件对检察公益司法实践具有很强的指引作用，可以视为进一步指导办案方式流程的具体细则与操作规程，因此笔者认为可以将其作为窥探检察公益实践做法与实务理念的重要规范性依据。

错程度。尽管法律已经规定破坏生态和污染环境案件的因果关系证明责任由侵权行为人承担，污染环境和食品药品产品责任案件实行无过错责任原则，但是检察机关为了公益诉讼的职责履行、庭审情况的事前应对以及确定违法事实的内在需要，依然对检察系统的办案实践明确提出现行法规定之外的证明要求。实际上在试点阶段即是如此，① 试点结束之后检察机关为保持公益诉讼案件的办案水平与诉讼质量，依旧延续了这一超高标准的证明要求。因此，检察机关实际承担了更加沉重的证明责任负担，调查困难的潜在风险也自然增加。②

2. 调查要求相对严格，证明标准变相提高

检察民事公益诉讼的立案条件仅须达到"行为可能损害社会公共利益"的程度，检察机关经过诉前初步调查取证之后发布公告的条件则是"损害社会公共利益的基本事实已查清、基本证据已收集到位"。尽管起诉时只要求提交"被告的行为已经损害社会公共利益的初步证明材料"，但《最高检办案指南》明确规定检察公益起诉条件要"有充分证据证明"。因此，检察机关在诉前程序就要"依法、全面、客观地调查收集"相关证据，证据收集的具体要求接近或等同于审判机关在诉讼程序的调查规范与证明标准，调查困难的概率进一步增加。

3. 调查对象范围广泛，证据信息较难调取

检察公益调查的对象身份与证据信息，主要包括行政执法和司法机关依职权取得的涉案信息，侵权主体掌握的涉案信息，非国家机关的案外第三人掌握的涉案信息。③ 对方当事人天然存在隐藏毁灭证据的主观动机，行政和司法机关一般制定复杂严格的内部信息管理制度，而案外私权利主体经常欠缺配合取证的意识与动机。因此，若被调查主体因证据信息的利益影响，产生拒绝提供、懈怠配合的动机时，检察机关抱怨"调查难"的困扰就是现实存在的。

综上，检察机关"调查难"问题的产生既有被调查主体拒绝配合的外在

---

① 参见刘辉、姜昕：《检察机关提起民事公益诉讼试点情况实证研究》，载《国家检察官学院学报》2017年第2期。

② 参见樊华中：《检察公益诉讼的调查核实权研究——基于目的主义视角》，载《中国政法大学学报》2019年第3期。

③ 具体对应：（1）公安机关掌握的侵权主体身份、户籍、涉诉信息，市场监督管理机关掌握的工商登记注册、安全事故调查信息，税务机关掌握的税收盈利信息，环保行政机关掌握的环境影响评价、环境监测、环保维护信息，国土、林业、环保、发改等部门掌握的立项审批、行政处罚信息，人民法院、监察委员会掌握的另案卷宗材料、现场勘测资料等。（2）污染企业环保设施的运行、维护信息，污染物排放与形成的方式、过程、种类、数量、浓度等特征信息，侵权主体进行生产、经营、销售的信息等。（3）证人目睹或知晓环境污染、生态破坏、消费侵权等发生发展结局信息，金融、服务、制造、营销等经营主体与侵权主体的经济交往信息等。

原因，也有检察机关自我制定严格的证明责任和证明标准的内在原因。前者是检察证明理论应予重视的主要方面，目前各地检察机关的调研结果也反映出外部调查阻力的实质影响。① 而后者是检察机关应当自我克服的临时障碍，调查工作的"自我加压"反映出检察机关推行初创制度的政策性偏好与追求胜诉业绩的实践性倾向。我们可以鼓励检察机关进行详细充分的诉前调查核实，但不宜形成强制性要求以免制约公益诉权的行使。相信在可以预期的未来，检察机关形成良好稳定的办案机制之后，就会回归民事诉讼法规定的证明责任和证明标准。至于环境侵权因果关系复杂性、环境鉴定在当前阶段的稀缺性、环境损害数额的模糊性、事实调查的高度专业性等诸种因素可能造成的证明困境，应当属于公益诉讼案件的内在属性与该类证明活动的固有特征，并不是外在主体故意或过失造成的阻力和障碍，故不属于人为原因的"调查难"。我国应当针对性地完善因果关系、环境鉴定、损害酌定等事实认定机制，以解决这类客观存在的事实认定困境。

（二）检察公益调查核实权是否具有"强制性"

检察机关仅凭借身份和权力的"软性"外衣，并不能畅通无阻地进行调查核实。若对方当事人以及作为第三人的国家机关和私权主体拒绝配合，检察机关应当给调查核实权配上"强制性"的徽记。那么，既有法律规范意义上的检察公益调查核实权是否属于强制性的权力呢？

1. 调查方式不得强制

《最高检试点办法》第 6 条与《最高检办案指南》均规定检察机关可以采取六项调查方式，每一项调查方式均需要被调查主体的配合与协助，当然也随时可能遭到被调查主体的拒绝、干扰或阻碍。② 同时，检察公益的调查核实不得采取限制人身自由以及查封、扣押、冻结等强制性措施。检察机关询问被调查人时不得拘传，调取物证、书证的《调取证据通知书》、《调取证据清单》没有法律上的强制力，检察技术部门受托调取视听资料、电子数据时也不得采取强制性措施。检察机关唯一可以凭借的只是身为国家法律监督机关的威信，依法向专业人员、相关部门或行业协会咨询专门问题，委托适格主体进行鉴

---

① 江苏检察机关在问卷调查中，100%的基层检察院皆提出调查取证难的问题。参见汪莉、刘丹：《江苏基层检察公益诉讼实践研究》，载《中国检察官》2019 年第 7 期。在东部某市的问卷调查中，检察机关参与环境公益诉讼的阻碍因素，第二位即是"举证困难"，占比 53.76%。参见孙洪坤：《检察机关参与环境公益诉讼的实证分析》，载《苏州大学学报》（法学版）2014 年第 4 期。

② 行政执法机关可能拒绝提供卷宗材料，违法行为人和相关证人可能拒绝接受检察机关的询问，掌握书证、物证、视听资料、电子数据等的持有人可能拒绝提供实物证据，特定场所的所有人或管理人可能拒绝检察机关进入现场进行勘验调查。

定、评估和审计。

2. 调查保障不够强制

《最高检办案指南》引入司法警察协助调查、检察人员警告后果、从严惩处妨碍司法公务行为这三项措施。① 但是，现有的法律规范并没有授权司法警察可以采取强制性的调查措施，司法警察协助调查的权力限度根本上仍取决于检察机关和检察人员在调查核实活动中的权力强度。② 检察人员在调查过程的警告类似于法院对违反法庭规则的人予以训诫，并无实质上的强制力与足够的威慑力。即使检察机关建议有关机关或部门追究拒不履行协助调查义务或阻碍调查核实的单位和人员的责任，检察建议也只是依靠督促落实或上报上级检察院继续通报，并不具有直接的或强制的法律约束力。③ 《刑法》246条侮辱罪和诽谤罪、第277条妨害公务罪可以援引，处置以暴力、威胁等方法严重干扰和阻碍调查活动的行为；《治安管理处罚法》50条第1款第2项可以援引，对妨碍国家机关工作人员依法执行职务的行为处以警告、拘留、罚款。但这些刑事制裁和行政处罚一般是针对积极阻碍行为而非消极拒绝行为，无法成为检察机关保障调查核实活动的通常手段。④

3. 调查优势不在强制

若其他法定机关和社会组织没有提起民事公益诉讼，检察机关就成为公益诉讼起诉人履行公益监督职责。但是，检察机关并不享有比其他法定机关和社会组织更加优越的调查核实权力，实质上等同于普通原告的调查取证权利。因此，在缺乏原生性强制调查优势之时，检察机关在实务中另辟蹊径，更多地提起刑事附带民事诉讼，利用刑事侦查强制手段获取的有利证据，证明附带民事

---

① 参见《最高检办案指南》第一（三）1.（5）节规定。
② 2013年5月8日最高人民检察院发布的《人民检察院司法警察条例》、2015年6月1日最高人民检察院制定的《人民检察院司法警察执行职务规则》并没有明确授予司法警察在民事公益诉讼活动中协助调查的职责，司法警察是否可以行使检察人员不具备的强制性调查权力，并非当然能参照公安机关和人民警察的权限规定，因为司法警察在司法系统或检察系统是处于辅助性配合地位，其权限在刑事诉讼法之外要由法律另行规定或检察机关另行批准授权。
③ 参见2019年6月14日《南京市人民代表大会常务委员会关于加强检察公益诉讼工作的决定》第4条。
④ 参见上海市嘉定区人民检察院课题组：《检察公益诉讼调查核实机制研究》，载黄河主编：《深化依法治国实践背景下的检察权运行》，中国检察出版社2018年版，第472—473页；张晓凤、贾向明：《论妨害公务的行为》，载《上海公安高等专科学校学报》2006年第4期。

公益诉讼的待证事实。① 另有检察机关民事行政或公益诉讼检察部门选择与行政执法机关或本院其他部门合力调查，借力其他机关或部门的调查职权克服柔性调查取证职权的不足。② 尽管这在一定程度上反映了检察机关在调查困境下的实践智慧与灵活思路，③ 但就检察公益诉讼的职权配置与预期目标而言，不得不说是一项亟待在法律规范上弥补完善的作业。

（三）克服"调查难"是否要增强调查核实权的"强制性"

检察公益诉讼的"调查难"与调查核实权欠缺"强制性"之间存在一定的联系，即司法实践中现实存在的调查困境在外部原因方面主要源于检察机关在证据收集过程中遭遇的阻力，而规范意义上的检察公益调查核实权也的确没有获得法律授权的强制性。亦即，欠缺强制性的调查核实权构成"调查难"的部分"充分条件"，但增强调查核实权的强制性是否构成克服"调查难"的必要条件，仍须阐明。

首先，强制性调查核实权是检察机关积极参与民事公益诉讼的必要职权保障。检察机关积极参与民事公益诉讼的形式包括督促或建议起诉、支持起诉、诉前纠纷解决、提起公益诉讼，四类活动中的调查核实基本可以分为协助调查取证与主导调查取证。无论检察机关调查核实的证据资料是移交其他机关和组织，还是用于自身的纠纷解决活动，均无法否认调查核实在诉前阶段的必要性与重要性。同时，检察公益诉前程序具有必经的前置属性、独立的纠纷解决功能与重要的司法运行价值，④ 故应当赋予检察机关在诉前程序享有职权上的保障。无论检察机关在诉前阶段有无实际遭遇外部调查阻力，法律均须为调查核实权配置适当程度的强制性，以保障证据收集的实效与排除可能的公务阻碍。

---

① 参见刘艺：《检察公益诉讼的司法实践与理论探索》，载《国家检察官学院学报》2017年第2期。例如，2015年7月至2018年12月江苏检察机关提起诉讼的案件除行政公益诉讼65件以外，其余218件皆是刑事附带民事公益诉讼，在案件类型上呈现出严重失衡的现象。参见汪莉、刘丹：《江苏基层检察公益诉讼实践研究》，载《中国检察官》2019年第7期。2018年全国检察公益诉讼案件中，约有76.7%是刑事附带民事公益诉讼案件，呈现出井喷现象。参见刘加良：《刑事附带民事公益诉讼的困局与出路》，载《政治与法律》2019年第10期；天津市人民检察院第二分院课题组：《检察机关提起民事公益诉讼制度的实践与完善》，载《检察调研与指导》2019年第3辑。

② 参见曹军：《论民事公益诉讼中检察机关的调查取证权》，载《探求》2017年第6期。

③ 刑事附带民事公益诉讼具有节约司法资源、平衡刑民责任、督促自觉修复等功能，合理运用刑事附带民事公益诉讼的确有助于全面实现公益诉讼的目标和任务。但若公益诉讼被告与刑事被告人范围不一致等不符合附带审理条件的，或民事修复赔偿责任更加紧迫的，或附带诉讼会损害社会组织的在先诉权的，应当独立提起民事公益诉讼。参见江必新：《中国环境公益诉讼的实践发展及制度完善》，载《法律适用》2019年第1期。

④ 试点时八成以上的公益纠纷经诉前程序解决。参见张锋：《检察环境公益诉讼之诉前程序研究》，载《政治与法律》2018年第11期。

若法定机关和组织经公告仍未提起诉讼的,检察机关作为公益诉讼起诉人,享有的应当是调查核实的"权力"而非"权利"。至于该项权力的强制性程度,可能在诉前程序与诉讼程序内表现为不同的方式或手段。

其次,调查核实权的"强制性"建构应当遵循必要性限度。调查核实权"强制性"的反向约束主要包括事前条件性约束与事后可采性约束。根据强制调查的程度与手段之差异,检察机关行使调查核实权要区分场景与层次,受法定条件与程序的约束。正如后文将述,以任意调查与间接强制调查为主体的调查核实权基本不会造成强制性过度的问题,也缺少侵害他人合法权益的直接接触机会。假若检察机关违法行使调查核实权,可以依照《最高人民法院关于适用〈中华人民共和国民事诉讼法〉的解释》(以下简称《民诉法解释》)第106条,依法排除违法收集的证据材料。

再次,强制性调查核实权不会使得检察机关挤压其他起诉主体的参与空间。尽管法律已经明确规定有关机关和组织在起诉顺位上优先于检察机关,并以诉前公告程序保障在先顺位原告的诉权,但已经获得授权的法定机关仍然较少,而社会组织更是日益呈现出边缘化的趋势,检察机关已然成为提起民事公益诉讼的主要力量。但"究竟是检察机关侵蚀了社会组织原本的活动空间,还是检察机关的介入极大地拓展了环境民事公益诉讼的运用空间?从环境民事公益诉讼的整体发展状况来看,后者似乎更为突出。"[①] 亦即,社会组织的自身发展不足导致其法律资格受限,进而制约社会组织参与民事诉讼的空间,检察机关正是在有关机关和社会组织参与缺位且亟需激活公益诉讼的制度活力之背景下,作为第三顺位的补充主体加入到公益诉讼的力量组合中。[②] 检察机关起诉确实有过度占据社会治理空间的制度风险,但社会力量的培育及其法律资格的拓展有其渐进过程。既然立法安排与司法政策已经注重发挥检察公益诉讼的制度效用,适时赋予调查核实权"强制性"既能符合目前的导向与需要,也为检察机关在今后进程中由"行动者"向"监督者"或"支持者"的转变提供必要铺垫。

至于检察机关目前取得的100%胜诉率,并不能例证检察公益诉讼已经不存在调查困境,也不能归功于检察机关以公权威信和优势技术克服"调查难"的成绩。这是检察机关在制度实施的初始阶段,为完成中央部署的政治任务,有意筛选可能胜诉的典型案件、集中全院之力投入调查、加强与行政执法机关

---

① 高琪:《检察机关提起环境公益诉讼:历程与评价》,载《南京工业大学学报》(社会科学版)2019年第6期。

② 参见韩波:《公益诉讼制度的力量组合》,载《当代法学》2013年第1期。

的沟通协调、积极获得法院的理解支持等综合因素造就的特殊现象，在客观上反映出检察机关追逐胜诉率的强烈倾向。① 但是，完美的胜诉成绩既不可能一直持续，相反还会成为拖累检察机关办案的负担，加剧着"调查难"问题的恶化。因此，检察机关在民事公益诉讼中应当享有"强制性"的调查核实权，以克服理论与实践上均现实存在的"调查难"困境。

二、检察公益调查核实权的"强制性"源泉

由于《最高检试点办法》第 6 条已经定下"不得采取强制性措施"的基调，检察公益调查核实权要获得"强制性"，必须在权力源泉上寻求更加坚实的理论支持。可能的途径包括：一是在检察权范畴内比照民事检察监督的调查核实权；二是为公益诉权的保障而获得强制性调查取证职权；三是在审判权框架下对外借力审判机关的调查取证职权。

（一）调查核实权与法律监督权的联系

检察公益诉讼的"调查核实权"沿用了民事检察监督的"调查核实权"概念，即在规范和文义上检察机关在公益诉讼的调查活动与民事抗诉、审判监督、执行监督等传统法律监督的调查活动共享相同的调查权力，且共用或延续着基本相似的调查核实规则。② 之所以如此的原因，可能归纳为以下观点：（1）民事检察权可以划分为检察监督权与公益诉权两部分，若在检察理论上将公益诉权纳入民事检察权的组成体系，检察机关在公益诉讼也可以行使类似甚或相同的调查核实权；（2）在剥离职务犯罪侦查权、新增公益诉讼权的改革背景之下，检察机关正在重新建构自身的职权体系，尝试将民事、刑事、行政领域的诉权整合为统一的公诉权，那么检察机关在公益诉讼的职权于统一的公诉权体系下也将增加更多的强制性色彩；③（3）以检察监督领域已经积累的调查核实权行使规则和实践经验，指导检察公益诉讼中运用调查核实权的

---

① 参见张忠民：《检察机关试点环境公益诉讼的回溯与反思》，载《甘肃政法学院学报》2018 年第 6 期；王社坤：《检察机关提起环境公益诉讼的现状与建议》，载《环境经济》2013 年第 4 期。

② 2013 年 11 月 18 日最高人民检察院公布施行的《人民检察院民事诉讼监督规则（试行）》第 66 条与 2019 年 2 月 26 日公布施行的《人民检察院检察建议工作规定》第 14 条对调查核实作出了基本相似的规定。

③ 参见滕艳军：《完善检察机关提起公益诉讼的制度设计》，载《社会治理》2017 年第 7 期；王帮元：《检察机关提起公益诉讼工作机制完善路径分析》，载黄河主编：《深化依法治国实践背景下的检察权运行》，中国检察出版社 2018 版，第 445—446 页。但是，公益诉权与刑事公诉权的差异仍然明显且巨大，检察机关在公益诉讼的职权没有司法属性，实施的是单方而非客观中立的诉讼行为。参见张雪樵：《检察公益诉讼比较研究》，载《国家检察官学院学报》2019 年第 1 期。

新兴业务,这也是人类经常以既有经验和知识套用未知新领域的习惯性做法;(4)检察机关在立法上正式获得公益诉讼的原告主体资格后,仍期望能够维持法律监督者的角色地位,利用国家法律监督机关的职权促进公益诉讼的顺利展开。①

但是,最高人民法院在其参与制定的司法解释中更倾向于将公益诉讼的检察机关等同于其他类型的普通原告对待,例如将"调查核实"称为"调查取证"或"调查收集证据材料",将"公益诉讼人"称为"公益诉讼起诉人",将检察机关不服一审裁判的方式由"抗诉"改为"上诉"等。②"两高"的观点分歧根源于检察机关在民事公益诉讼是否仍为法律监督者以及如何行使法律监督权的路线型争议。肯定论者认为,就民事公益诉讼的立法宗旨、顶层设计和预期效果而言,检察机关在公益诉讼是享有法律监督权的特殊原告,③ 检察机关的司法公正使命、内部职能分离和庭后行使方式可以避免双重身份造成的角色混同或职权混淆;④ 否定论者认为,检察机关应当遵从民事诉讼法理和规则,享有民事诉讼原告的权利和义务,不能违背或破坏当事人平等、法院中立裁判等基本原则。⑤ 但折衷论者认为,检察机关在民事公益诉讼的主要地位是原告,不得在诉讼中对被告但可以在庭审之后对法院的审判活动实施法律监督。⑥ 甚至检察机关内部也有折衷论的倾向,即检察机关在公益诉讼的职权(包括调查取证权)应严格遵循职权法定原则,公益诉讼起诉人的诉讼权利可

---

① 参见黄忠顺:《公益性诉讼实施权配置论》,社会科学文献出版社2018年版,第154—155页。例如,《最高检办案指南》已经明确规定,检察机关对民事公益诉讼的审判和执行活动也要履行监督职责。

② 关于检察机关与审判机关在司法解释的微妙关系,参见张卫平:《民事诉讼检察监督实施策略研究》,载《政法论坛》2015年第1期。

③ 参见徐全兵:《检察机关提起公益诉讼有关问题》,载《国家检察官学院学报》2016年第3期。有观点更是提出"诉监合一"模式,既承认角色多元化的必要性与合理性,又肯定法律制度技术安排的可能性与有效性。参见张旭东:《检察机关提起民事公益诉讼之中国样本》,载《云南社会科学》2016年第3期。有观点认为,法律监督权此时是一项宏观、上位、抽象的权力,依靠原告的具体诉讼权利得以落实,因此双重身份可以兼容。参见翟健锋:《检察机关提起公益诉讼程序性问题探析》,载《政法学刊》2010年第4期。

④ 参见杨华:《检察机关提起环境民事公益诉讼的法律障碍分析——从两起司法判决谈起》,载《广东社会科学》2010年第6期;李艳芳、吴凯杰:《论检察机关在环境公益诉讼中的角色与定位——兼评最高人民检察院〈检察机关提起公益诉讼改革试点方案〉》,载《中国人民大学学报》2016年第2期。

⑤ 参见陈文华:《我国检察机关提起民事公益诉讼的实务评析与程序设计》,载《法学杂志》2010年第12期;洪浩、邓晓静:《公益诉讼中检察权的配置》,载《法学》2013年第7期。

⑥ 参见李浩:《论检察机关在民事公益诉讼中的地位》,载《法学》2017年第11期;蔡彦敏:《中国环境民事公益诉讼的检察担当》,载《中外法学》2011年第1期。

能比普通当事人还要少,但作为检察公益诉讼制度来源的法律监督权必须坚持,而出庭主体、监督方式、监督时间等具体规则可以尽可能做到与民事诉讼规范和原理协调一致。① 刑事诉讼领域也早已存在检察权的属性争议,如一元论与二元论,② 行政权说、司法权说、双重属性说与法律监督权说。③ 这种认识上的分歧、争议,甚或每一观点的内在矛盾,可以归因于我国检察公益诉讼制度的"中国特色"一面,即我国公益诉讼具有强烈的创造和拟制色彩,两种身份在中国语境下既混同又不同。④

"两高"关于检察机关法律地位、检察公益权力属性以及民事公益诉讼平衡的观点分歧在短期内不易达成共识,目前检察机关在司法改革的动态背景下也不会放弃立法已经明确规定的法律监督权,检察公益诉权与法律监督权之间的联系更不会轻易在理念上就此斩断。不过,这对检察公益调查核实权的影响主要在于,无法改变调查核实权没有直接强制属性的现状,使得检察机关不能在宏观权力架构层面获得支持"强制性"调查核实权的有效依据。因此,笔者选择从检察公益诉讼的调查核实权与民事检察监督的调查核实权之间的制度比较入手,观察检察公益调查核实权是否可以基于检察权源获取必要的强制性依据。

(二) 检察公益调查核实权与检察监督调查核实权的比较

首先,检察公益的调查核实权与检察监督的调查核实权之间的联系在于行使主体的公权性与公益性。调查核实的公权属性自然引起立法对权力滥用的忌惮与权力约束的强化,特别是检察公益的诉前调查会比检察监督的事后调查更容易侵害被调查主体的合法权益,因此公益诉讼的调查核实规则会沿袭检察监督、检察建议的司法解释,均明文规定调查核实活动中不得采取直接强制性措施。同时,调查核实的公益属性主要体现在民事领域与检察领域,不同于刑事追诉的公益利益。在刑事诉讼场域,检察机关在追诉犯罪时,为收集和保全证据的需要,享有必要的强制处分权,可以依据《人民检察院刑事诉讼规则》

---

① 参见张雪樵:《检察公益诉讼比较研究》,载《国家检察官学院学报》2019 年第 1 期。

② 二元论主张法律监督权与检察权并列,一元论主张全部检察权可统一于法律监督权。参见秦前红:《全面深化改革背景下检察机关的宪法定位》,载《中国法律评论》2017 年第 5 期;石少侠:《论我国检察权的性质——定位于法律监督权的检察权》,载《法制与社会发展》2005 年第 3 期。也有主张,法律监督权不包括实体处分权和惩戒的权力。参见张智辉:《法律监督三辨析》,载《中国法学》2003 年第 5 期。

③ 参见陈卫东:《我国检察权的反思与重构——以公诉权为核心的分析》,载《法学研究》2002 年第 2 期;孙谦:《中国的检察改革》,载《法学研究》2003 年第 6 期。

④ 参见张忠民:《检察机关试点环境公益诉讼的回溯与反思》,载《甘肃政法学院学报》2018 年第 6 期。

128、203、210、212条等施加逮捕、搜查、查封、扣押、冻结等强制措施。但检察机关在民事诉讼的调查核实权非为惩罚犯罪的目的,不能过度干预私权纠纷,不可破坏原诉讼当事人对等的诉讼结构,无论是作为公益诉讼当事人还是作为法律监督者均应当有限地介入调查取证活动。因此,检察公益的调查核实权与检察监督的调查核实权之间的共性决定了,前者沿用后者否定直接强制性的规则具有逻辑正当性。

其次,两者之间的差异仍较为巨大,使得检察公益的调查核实权应当配置符合公益诉讼特点与检察公益诉权需要的行使规则,应当在直接强制性之外寻求其他强制性保障渠道。一方面,检察公益调查核实权在调查内容和方法上表现出更加强烈的取证需求。在民事检察监督,检察机关主要依靠当事人申诉、本院履行职责中发现线索,调查核实的主要举措是调阅卷宗,针对当事人或第三人调查收集证据的活动不多也不具有那么强烈的对抗性。检察监督的调查核实权重在核实已知证据和隐蔽行为,原则上不就新证据进行调查,依当事人申请调查新证据时旨在弥补当事人举证能力的不足。① 但在民事公益诉讼,检察机关作为一方当事人与对方当事人呈现出更强的对抗态势,检察机关调查收集新证据的需求也相对强烈,重在调查和证明是否存在侵犯社会公共利益的未知行为。

另一方面,检察公益调查核实权在调查范围上的约束更少且程度更轻。检察机关在公益诉讼的调查核实活动处于诉讼开启之前,而非在诉讼结束之后进行事后监督,故应当主动地行使调查取证职权,以积极贯彻检察公益诉讼的立法宗旨与制度效用。实际上民事检察监督的调查核实权因非强制性,已经在司法实践中呈现出运行的阻力与适用的不足,不过内部调查实力的增强与外部沟通机制的建设在一定程度上可以缓解民事检察监督相对有限的取证需求。② 但检察公益调查核实权的独特需求,使得我国有必要为检察公益调查核实权配置强制性的保障,只是检察公益调查核实权不能以监督的权力属性与监督的保障需要为由,当然地获得法律上的强制性。

(三)检察公益调查核实权与法院调查取证职权的对照

依据《民诉法解释》第96条第3项,社会公共利益成为法院职权调查取

---

① 参见杨会新:《民事检察监督中调查权的范围》,载《人民检察》2013年第15期;田晶:《多元化监督格局下民事检察调查核实权初探》,载《中国检察官》2013年第10期。

② 在S省检察机关,有29次调查核实未取得结果或未达到预期效果,占案件总数的43.4%。但对内的检察一体原则与对外的协作配合,仍可以确保调查核实权能够取得监督效果。参见范卫国:《民事检察调查核实权运行机制研究》,载《北方法学》2015年第5期。

证的正当性依据，使得法院在依当事人申请调查收集证据的原则之外获得了职权上的积极性与主动性。依据公益代表理论与客观诉讼理论，检察机关是以公益代表人与起诉人的身份参与民事公益诉讼，应当追求和实现公益诉讼案件的客观真实，① 似乎检察机关作为国家公权力机关也可以在民事诉讼领域行使强制性的调查核实权。但是，检察机关既没有获得立法的明确授权，也不享有审查决定与具体实施强制调查措施的审判职权。第一，检察机关在民事公益诉讼是否可以采取直接强制性取证措施，要依据职权法定原则由法律规范明确、单独地授予。② 然而，目前法律或司法解释仍没有赋权的迹象，若赋权则面临刑事侦查与民事调查、刑事追诉与民事诉讼之间的界限模糊和权能不分。第二，审判机关之所以能够在民事公益诉讼中积极主动地行使调查取证职权，是因为裁判职权已经包含强制性调查取证措施的审查权与实施权。而检察机关除了在刑事公诉的侦查阶段可以采取限制人身自由和查封扣押财产的强制调查措施之外，不能在民事诉前阶段自行决定和自行实施强制调查措施。第三，检察机关在刑事诉讼的强制性处分权已经面临一定的争议，刑事诉讼理论界一直有呼吁将强制性处分行为的审批权交由审判机关行使。尽管这种职权分化与移交的改革设想未必能实现，但强制性措施的决定权与执行权要分离的理念已经深入人心。③ 故检察公益调查核实权在属性上不能比同法院在公益诉讼的调查取证职权，强制性调查或处分措施在民事诉前阶段尤其应当交由国家审判机关进行司法审查。

那么，在民事公益的诉前程序，检察机关可否也依赖或借助法院的调查取证职权呢？《最高检试点办法》《人民法院审理人民检察院提起公益诉讼案件试点工作实施办法》（以下简称《最高法审理办法》）均没有规定法院对检察

---

① 参见田凯：《检察公益诉讼理论：亟待确立的新理论体系》，载《检察日报》2019年7月22日。

② 参照行政法理论，行政调查中存在一些被调查主体必须接受、协助、服从和配合的调查方式与措施，这些强制性调查涉及相对人的重大合法权益，应当得到法律的明确授权，行政法规、地方法规在例外情况下可以设定对物的行政强制措施。参见王周户：《行政调查活动的法律程序分析——以相关法律制度规定为样本》，载《行政法学研究》2011年第4期。

③ 由于强制性处分触及公民的基本权利（即依法享有的人身自由与财产权益），故各国一般对强制性处分设置司法审查，以贯彻司法权对行政权的制约、控审分离原则、司法最终裁判原则。参见陈瑞华：《论检察机关的法律职能》，载《政法论坛》2018年第1期；刘根菊、杨立新：《对侦查机关实施强制性处分的司法审查》，载《中国刑事法杂志》2002年第4期。也有观点区分侦查行为的对象与强制性进行司法审查，对搜查、扣押、强制取样等强制性侦查措施进行事前授权，同意搜查、现场提取物证等任意侦查措施或对物的强制措施采取事后救济，即允许提起行政诉讼。参见龙宗智：《强制侦查司法审查制度的完善》，载《中国法学》2011年第6期；孙长永：《通过中立的司法权力制约侦查权力——建立侦查行为司法审查制度之管见》，载《环球法律评论》2006年第5期。

院调查核实活动的保障职责，最高人民法院《关于审理消费民事公益诉讼案件适用法律若干问题的解释》第 8 条、《两高司法解释》第 6 条陆续规定了证据保全的原则性条款，为检察机关在诉前程序获得法院的职权支持与取证保障，指明了一条前景可期的途径。不过遗憾的是，《最高检办案指南》只规定检察机关可以在诉讼过程中建议法院保全证据，既没有指示检察机关申请诉前证据保全及其具体规则，也似乎是想以"建议"为名掩盖"申请"之实。

依据 2019 年修正后《最高人民法院关于民事诉讼证据的若干规定》第 27 条，法院的证据保全措施包括查封、扣押、录音、录像、复制、鉴定、勘验等方法，明定了查封、扣押等强制性措施。① 依据《最高人民法院关于人民法院办理财产保全案件若干问题的规定》第 17 条，申请人应当在法定期间内（采取保全措施后 30 日内）提请诉讼或仲裁，否则要及时申请解除保全且可能承担损失赔偿责任。但是，《最高检办案指南》规定，检察机关的诉前调查核实须在决定立案之日起 3 个月内办理终结，只有鉴定、评估、审计的证据调查期间不计入该审查期限之内。加上检察公益诉前程序中 30 日的督促公告期间，检察机关一般在诉前 1 个月至 4 个月的期间可以申请诉前证据保全。故诉前证据保全的申请期限与起诉期限不能类似诉前财产保全的规定，应当给予检察机关必要的时间（如决定立案之日起）申请诉前证据保全与调查核实保全的证据，如此检察机关在有限的诉前审查期间也不会走向失控或过度拖延。至于检察机关申请诉前证据保全的具体程序，现行司法解释虽然没有明确细致的规定，但均可以参照诉前保全的程序规范。②

因此，检察机关申请诉前证据保全也不存在其他阻碍因素或不便条件，唯一要克服的可能是检察机关另行向法院提出请求的部门思维和心理障碍。但就强制性调查措施的对抗性与公正性而言，由法院以诉前证据保全程序实施强制性取证措施，相对更加符合审判机关的使命与职责。因为要实施证据保全中的强制性措施，在实践中也常常遭遇抗拒或阻挠，激化双方当事人之间以及被申请人与国家机关之间的对立和矛盾，在当前的司法环境下可能引发复杂多变的不利社会影响。故调查核实的权力强度与职务责任是对应的，若检察机关主动剥离直接强制的调查权限，会更有助于检察机关作为支持起诉人或公益起诉人

---

① 冻结却属于《民事诉讼法》第 101 条、《民诉法解释》第 27 条规定的财产保全措施，一般针对银行存款或金融资金，经常运用于因经济活动引起的诉讼纠纷及其调查事项，较少作为民事证据收集或保全措施使用。

② 依据《民事诉讼法》第 81 条，因情况紧急，在证据可能灭失或以后难以取得时，利害关系人可以申请诉前证据保全，诉前证据保全的具体程序可以参照适用诉前财产保全或诉前行为保全的相关规定。

便捷顺畅地参与民事公益诉讼，避免在诉讼之外与对方当事人或第三人发生对抗或冲突。

三、检察公益调查核实权的"强制性"形态

行政执法机关在环境、消费等公益诉讼中往往扮演着提供证据信息的重要角色，这正是行政调查权的行使结果与行政措施强制性的鲜明表现。那么，参照行政法领域有关行政调查的既有理论，可能更易于理解检察公益调查核实权的"强制性"形态。依据强制程度与手段的不同，行政调查可划分为任意调查、间接强制调查、直接强制调查三类。任意调查完全依赖相对方的同意与协助，行政机关不能强制实施，法律也没有规定保障手段或责任追究；间接强制调查是以制裁性威慑迫使相对方协助，拒绝调查时会面临处罚甚或刑罚；直接强制调查是允许调查主体采取直接的物理强制手段，以公权机关的实力强制相对方配合调查。综合比较而言，任意调查不具有处分性，不影响相对方的权利义务；而后两者均属于具有行政处分性的强制调查，间接强制调查是以事后的制裁手段代替直接强制执行，直接强制调查是事先允许采取行政强制执行措施，经法律授权或申请令状之后得强制进入、行政搜索或扣留证据。① 调查形态的划分意义在于是否适用法律保留原则，以及如何进行法律上的规制。即强制调查相比于任意调查，要求法律上的明确授权以及相对方权利的救济；直接强制调查相比于间接强制调查，要求更加审慎的赋权与更加严谨的保障。②

由于检察机关必须申请法院进行诉前证据保全、诉讼证据保全或诉中职权调查，无法自行直接实施或请求司法警察协助实施查封、扣押等强制性调查措施，因此检察公益调查核实权的强制性形态不包括直接强制调查，只可以划分为任意调查与间接强制调查两类，检察机关在不同的层次可以实施不同的调查核实行为。检察公益调查核实权只是不具有直接强制的属性，但这并不影响其在整体上仍具有强制性。强制调查形态的不同，既是检察机关内在权力自然衍生的结果，也是检察机关从事公益调查核实的发展性策略。检察公益调查核实的任意调查与间接强制调查足以承载调查核实的目标与任务，在渐进发展和完

---

① 参见叶必丰等：《行政调查与取证制度研究》，载《政府法制研究》2012年第5期；洪家殷：《论行政调查中之行政强制行为》，载《行政法学研究》2015年第3期。已有观点主张，行政公益诉讼的调查核实应当借鉴行政调查制度，赋予检察机关类似的强制调查措施。参见沈冰川：《借鉴行政调查制度完善公益诉讼调查方式》，载《检察日报》2019年1月21日。但是，行政调查实行职权主义，强制性色彩更强，民事公益诉讼无法套用行政调查的强制措施，只是可以参考行政调查的概念与类型。

② 例如美国、日本和韩国等的行政法律一般只规定间接强制，较少给予行政机关直接强制调查的权力。参见汤俪瑾：《论行政调查的类型化》，载《西部法学评论》2010年第1期。

善的过程中可以逐步克服检察公益的调查难问题,而直接强制措施可以内化为手段型间接强制的一部分,在措施的强制性与手段的间接性之间实现有益的平衡,更加契合检察机关的角色定位与职责任务。

(一) 检察公益调查核实权中的任意调查

《最高检试点办法》第 6 条第 3 款、《两高司法解释》第 6 条已经规定,检察机关在办理公益诉讼案件过程中享有调查收集证据的权力,有关行政机关以及其他组织、公民负有应当配合的义务。亦即,在检察公益调查核实活动中,检察机关享有实施任意调查措施的"权力",尽管这项"权力"在一开始没有任何实质措施上的保障,但司法解释的赋权性规定本身就使得其作为一项"权力"得以成立。而检察公益调查核实权的有效行使离不开相对方协助调查取证的协力义务,拒绝配合的主体至少会受到法律上的负面评价。因此,检察公益调查核实权首先在形态上表现为任意调查,其与《民事诉讼法》第 49 条规定的当事人举证权利与《律师法》第 35 条规定的律师调查权具有相似的法律效力,均有权向有关单位和个人调查取证,但是否获得预想的调查结果或举证效果,却取决于当事人的自愿履行。

不过,检察机关为提升公益调查核实的成功率,首先在内部技术实力方面,着手强化任意调查的效力与成果。(1) 提升公益诉讼队伍的办案能力与专业水平。例如,江苏省基层检察院进行内设机构改革,设立专门的检察公益诉讼办案机构;强化检察一体化办案机制,由市级检察院主导、基层检察院配合,全面整合检察资源和力量;加强调查核实人员的专业学习与培训,设立专家库提供智力支持。① (2) 开发利用先进新型的技术手段调查收集证据。例如,武汉市检察机关通过无人机、卫星遥感、区块链等提取证据,将公益诉讼的改革探索与现代科技深度结合。② 重庆市检察机关着力促进智慧检务建设,规划公益诉讼大数据平台,升级检务办案系统,引进人脸识别、智能机器人等智能装备。③ (3) 拓展多元化的证据收集渠道。例如,南通市建立生态环境保护执法司法联动中心,将刑事公诉、民事公益诉讼、行政公益诉讼进行"三诉合一",形成生态环境司法保护的完整链条,加强三诉证据的衔接与共享。注意从新闻媒体或网络平台上筛选和分析线索与证据,引入悬赏举证的方式激

---

① 参见汪莉、刘丹:《江苏基层检察公益诉讼实践研究》,载《中国检察官》2019 年第 7 期。
② 参见汪光吉、陈默:《公益诉讼引入"黑科技"——武汉:探索应用区块链和卫星遥感技术,破解取证难题提升办案效率》,湖北省人民检察院官网:http://www.hbjc.gov.cn/xxkj/201806/t20180601_1293945.shtml,最后访问日期:2019 年 9 月 17 日。
③ 参见黎琳:《促进智慧检务与检察公益诉讼深度融合》,载《检察日报》2018 年 9 月 17 日。

励社会主体积极提供检察公益的线索与证据。①

其次,在外部权力协调方面,检察机关与行政机关在调查核实领域正日益加强合作,检察机关既可以请求行政机关提供其已经掌握的证据信息(任意调查),也可以请求有管辖权的行政主体在对私权主体的调查过程中提供必要的职权协助(间接强制调查)。2019年1月2日《关于在检察公益诉讼中加强协作配合、依法打好污染防治攻坚战的意见》规定,要从检察机关与行政执法机关的沟通协调机制、专业支持机制的角度,解决检察机关在调查取证环节面临的问题。同时,各省市纷纷建立检察机关与行政执法机关的沟通协调、信息共享与互助支持机制,② 例如要求政府为检察机关开展调查取证等诉讼工作提供必要的财政资金保障,③ 要求环境资源保护行政职能部门代替可能败诉的被告先行垫付检察机关调查取证费等诉讼费用,④ 强调辖区内的单位、组织和个人负有配合检察机关调查核实的义务,规定政府把行政机关配合调查取证的情况纳入依法行政的考核指标。⑤ 不过,由于国家机关之间的公务配合以及职权协助基本是以协商、建议等方式约定达成,故不构成法律上必须履行的义务。即使是以地方性行政法规、行政规章或行政规范性文件等方式明文规定的,仍然只是任意调查。

(二)检察公益调查核实权的间接强制性

由于检察机关在民事公益诉讼兼具当事人与国家机关的双重身份,为符合其主体角色的身份属性和适应公益诉讼的特征与任务,检察公益调查核实权应当具有中等强制性,即介于刑事侦查权与当事人取证权之间,若被调查主体拒绝配合和协助的,将面临间接强制性的制裁。⑥ 检察公益调查核实权的间接强制性主要包括手段型间接强制与后果型间接强制。前者是指被调查主体拒绝检

---

① 参见顾雪君等:《三诉合一守护食药安全南通检察打出公益诉讼组合拳》,江苏检察网:http://www.jsjc.gov.cn/yaowen/201805/t20180514_406071.shtml,最后访问日期:2019年9月7日。

② 参见2008年江苏省无锡市《关于在环境民事公益诉讼中具有环保行政职能的部门向检察机关提供证据的意见》,2018年4月4日《常德市检察机关关于推进公益诉讼实施方案》第(三)节,2018年6月8日《湖南省人民政府关于支持检察机关依法开展公益诉讼工作的意见》第2条等。

③ 参见2018年6月7日中共银川市委办公厅出台的《关于支持检察机关依法开展公益诉讼工作的意见》第2条,2018年8月30日《合肥市人大常委会关于支持检察机关公益诉讼工作的决定》第8条。

④ 参见2011年3月1日施行的《玉溪市中级人民法院、玉溪市人民检察院关于办理环境资源民事公益诉讼案件若干问题的意见(试行)》第21条。

⑤ 参见2019年7月31日《广州市人民代表大会常务委员关于支持和促进检察机关公益诉讼工作的决定》第18、21条。

⑥ 参见陈宏:《公益诉讼检察调查权的权属特征研究》,载《汕头大学学报》(人文社会科学版)2019年第1期。

察机关的任意调查时，检察机关可以借助审判机关的力量，经由法定的诉讼程序实现直接强制的目的与效果。后者是指被调查主体拒绝检察机关的任意调查时，检察机关可以施加制裁措施，以心理强制或人身强制、财产强制替代直接对证据材料的物理强制，确保被调查主体自觉履行协力调查义务。

手段型间接强制包括：（1）检察机关在诉前或诉中发现新的事实疑点或证据漏洞的，可以借助法院审判职权生发的强制性调查权限克服可能的取证阻碍。其优势在于法院调查的程序规范，经验丰富，既可获得检察机关期待的证据材料，也利于证据在诉讼程序的采信。但劣势却在于目前的诉前证据保全并没有规定检察机关参与调查程序，使得检察机关无法直接应对调查过程中出现的新情况或新事实。（2）在诉前阶段请求相关行政执法机关提供职权上的协助，借助行政调查上的法定职权及其强制性，实现直接强制或间接强制的调查。其优势是行政执法机关的调查职权广泛且有效，可以在各项纠纷类型中助力检察机关的调查核实。[①] 只是检察机关与行政机关之间跨领域的职权协助在目前尚没有形成稳定的程序机制，不似民事诉讼中依申请的证据保全或职权调查那般完备。

为弥补申请法院调查与请求行政机关职权协助这两项手段的固有局限，有观点提出检察机关要向对方当事人或第三人强制收集证据时，可以先向法院申请提出民事调查令，借此获得自行取证所没有的强制性。被调查主体拒绝履行协助调查义务的，采取查封、扣押等直接强制措施，或者按照妨害民事诉讼的行为处理。[②] 但是，笔者认为，证据保全与民事调查令在诉前程序皆能够发挥确定案件事实、事前预防纠纷的功能，两者相似的功能使得创设诉前调查令的必要性并不充足和必要；既然检察机关已经享有任意调查权力，那么也没有必要申请法院转授权调查取证的司法职权，被调查主体拒绝检察机关的调查取证要求的，也同样可能会拒绝检察机关持法院民事调查令进行调查的要求；尽管

[①] 例如实践中，检察机关可以与市场监督管理机关一同前往执法现场调查取证，直接配合或协商建议行政执法机关收集除行政行为违法性以外的其他相关证据（如违法产品的品质、数量等）。参见樊耀东：《检察机关在食药领域提起民事公益诉讼的困境与对策》，载《检察调研与指导》2009年第2辑。再如，广州市海珠区检察院起初是乔装打扮成环保执法人员，调查取证工作均是以环保部门的名义完成，之后是与环保部门共同进行证据调取，对外公开检察机关的身份，继而单独进行调查核实，由隐形走向公开与独立。参见广州市番禺区人民检察院课题组：《检察机关提起环境公益诉讼制度研究》，载《中山大学法律评论》第9卷第1辑。

[②] 参见赵信会、宋聚荣：《论民事诉讼中检察机关的证据调查权》，载《国家检察官学院学报》2008年第5期；朱媛媛：《如何保障检察机关在公益诉讼中的调查权》，载《江苏法制报》2017年11月29日。也有观点认为，检察机关本身就有权向有关组织和个人发出"民事调查令"。参见杨金顺：《检察机关提起民事公益诉讼若干问题探析》，载《宁夏社会科学》2015年第5期。

民事调查令在调查取证的亲历性、能动性与实践效果的补足性等方面具有独特优势，但民事调查令仍然无法赋权检察机关像法院那般直接采取查封、扣押等物理强制措施，我国现有的民事调查令法律规范也并没有规定持令主体可以采取直接强制措施。① 故诉前阶段的民事调查令不应成为检察公益调查核实权的另一项间接强制手段。

后果型间接强制应当包括：（1）《最高检办案指南》对妨碍司法公务行为的刑事责任追究与行政责任处罚，这对被调查主体形成一定的强制与威慑，后备性的制裁可以确保被调查主体遵守公务调查秩序。（2）由于检察公益调查核实活动主要是处在诉前程序的时空阶段，此时民事公益诉讼尚未系属于法院的主管和管辖，因此不能适用《民事诉讼法》第111条规定的对妨害司法行为的强制措施以及第114条对拒绝履行协助调查义务的强制措施。但是，我国民事诉讼法应当将拒绝协助检察机关调查核实的行为也纳入妨害民事诉讼的范围。检察机关进行调查核实之时，其执法记录仪拍摄的电子数据资料正好可以证明被调查主体的配合程度与状况。然后，检察机关可以独立申请法院对被调查主体的拒绝履行行为，处以强制或制裁，以法院的司法审查权与司法制裁权，保障检察公益调查核实权力的间接强制性。（3）我国还可以尝试建立检察公益诉讼的社会征信体系，赋权检察机关发布被调查主体拒绝或干扰调查核实的失信名单，由相关机关对其失信行为进行信用惩戒。② 依据2016年5月30日国务院出台的《关于建立完善守信联合激励和失信联合惩戒制度、加快推进社会诚信建设的指导意见》，拒不履行司法机关作出的决定属于严重失信行为，可以实施失信联合惩戒，因此检察公益调查核实领域具有失信惩戒的正当性与可能性，符合联合信用惩戒旨在强化法律实施效果的目的。但当前的联合信用惩戒主要由法院与行政机关主导，检察机关只是加入科研、电力、食品药品、法院执行等领域的联合信用惩戒，尚没有获得明确的法律授权。为防止失信惩戒的过度泛化、二次处罚与合法性危机，检察机关在积极争取法律授权与探索实施机制的同时，也应当注重依据法定原则、比例原则以及具体的程序设计进行法律控制。③

由此，我国应当继续发展和完善后果型间接强制措施，对积极妨碍调查核实的行为与消极拒绝协助调查的行为都要进行间接强制，增加和丰富间接强制

---

① 参见曹建军：《论民事调查令的实践基础与规范理性》，载《法学家》2019年第3期。
② 参见曹军：《论民事公益诉讼中检察机关的调查取证权》，载《探求》2017年第6期。
③ 参见门中敬：《失信联合惩戒之污名及其法律控制》，载《法学论坛》2019年第6期；沈毅龙：《论失信的行政联合惩戒及其法律控制》，载《法学家》2019年第4期。

措施的多样性与威慑性，以相对温和的间接强制替代激烈对抗的直接强制，以免检察机关的调查核实活动可能过度侵害被调查主体的行为自由与合法权益。就不同的调查进展阶段而言，间接强制调查也构成了任意调查的延伸与保障，即检察机关应当先从任意调查开始，争取被调查主体的主动配合与自觉履行，在相对人积极妨碍或拒绝配合时，再由检察机关采行手段型间接强制与后果型间接强制措施。① 手段型间接强制使得检察机关可以获得其他国家机关的行政职务上协助或司法职务上协助，② 若检察机关在职权协助过程中也能亲临调查取证现场，将更有助于检察公益的调查核实与证据收集。后果型间接强制是从事后制裁的角度促使相对方履行协力调查的义务，这既是对手段型间接强制的有益补充，也构成对任意调查权力的有效保障。故我国检察公益调查核实权的强制形态已经初步形成相对完整的强制性调查框架，且正在走向更加健全的强制性调查体系。

结　语

本文主要探讨了检察公益调查核实权增强"强制性"的现实必要性、权源正当性与措施可能性。若能依此全面理解与合理建构检察公益调查核实权，那么检察机关将足以担负民事公益诉讼之前的调查准备任务。

第一，由于检察机关在民事公益诉讼已经面临"调查难"的现实困境与"强制难"的规范困境，我国检察公益调查核实权应当配备适度的强制性，以应对被调查主体积极妨碍或消极拒绝协助调查的情形。③ 理论界与实务界有关检察公益调查核实权的强制性不足问题及其争议，实际上主要集中在直接强制性不足方面，并不能否定检察公益调查核实权可以具有职务上的调查权力与间

---

① 参见黄学贤：《行政调查及其程序原则》，载《政治与法律》2015 年第 6 期。
② 有观点认为行政调查可以在法律允许的范围内委托法院进行调查，以提升合法性程度。相似的，申请法院进行诉前证据保全，也可以看成法院提供的司法上的职权协助。参见周佑勇：《作为过程的行政调查——在一种新研究范式下的考察》，载《法商研究》2006 年第 1 期。
③ 行政公益诉讼的检察调查核实权基本存在本文论及的类似规则与问题。《最高检试点办法》第 33 条与第 6 条的规定基本相同，《行政公益办案指南》关于两者在调查方式、调查保障、程序要求、证据保全等方面的规定也基本相同。检察机关在行政公益诉讼不仅直接面对行政机关，调查核实行政机关违法行使职权或不作为的相关事实和证据，而且要同时面对行政相对人或利害关系人，调查核实社会公益受损的事实及状态，如环境损害或资源破坏的过程、事实和程度。因此，检察行政公益诉讼的证明主题或调查核实的内容更加广泛和多样，可能遭遇的调查核实困难也会更多更严重。关于检察机关应当在行政公益诉讼享有强制性调查核实权的观点，参见关保英：《检察机关在行政公益诉讼中应享有取证权》，载《法学》2020 年第 1 期；孔祥稳等：《检察机关提起行政公益诉讼试点工作调研报告》，载《行政法学研究》2017 年第 5 期。

接强制性。

第二，检察公益调查核实权既不能类比或沿用刑事诉讼的强制侦查权，也不能比同或模仿法院在审理公益诉讼案件的强制调查权限，而应是在既有法定授权基础上获得国家审判机关在诉前证据保全上的职权协助。法院在诉讼系属之前先行介入证据调查与收集程序，既是对直接强制措施行使司法审查权，也是积极担当激烈型强制调查措施的司法职责。这对检察机关摆正监督角色和诉讼地位具有益处，而非职权上的剥夺或替代。

第三，无论是从调查经济的角度，还是从取证效果的角度而言，查封、扣押等直接强制性措施应当让位于任意调查与间接强制性措施。若检察机关在诉前调查初始就能够取得相对方的协助与配合，顺利阅览书证、查阅电子记录、提取物证、询问证人、进场勘验等，那么采取录音、录像、登记等温和的方式就可以在诉前阶段固定证据材料。同时，检察机关可以借助法院的诉前证据保全以及行政执法机关的职权协助，以手段型的间接强制调查实现直接强制的最终目的与效果。后果型间接强制调查也可以行政处罚、刑事责任、妨碍民事诉讼的强制措施、社会信用制裁的方式，保障检察公益调查核实活动的有序进行。

（原载于《国家检察官学院学报》2020年第2期）

论民事检察公益诉权的本质*

韩 波**

当我们在探讨如何运用诉讼方式而不是仅仅通过行政命令与强制的方式维护公共利益时，本身就意味着社会理念的进步。维护公共利益是国家治理的重要内容。以诉讼方式维护公共利益就是在诉讼解决纠纷的功能之上发现了它整合社会利益、优化国家治理方式的功能，发现了它的公共性价值。这一发现的因由是诉讼场域为争议各方赋予了辩论权、营造了在法律框架内理性对话的空间，最有可能从根本上平息争议，维护包括公共利益在内的各种正当利益。

自2017年修正《民事诉讼法》《行政诉讼法》确立检察公益诉讼制度以来，公益诉讼实践蓬勃展开。社会各界对检察公益诉讼的期待与日俱增，一些深层次的问题也浮出水面，亟待解决。比如，在行政检察公益诉讼中出现驳回起诉的裁定、① 在检察民事公益诉讼中出现管辖权转移的裁定。② 法院可以对公益诉讼作出这样的裁定吗？最高人民法院、最高人民检察院《关于检察公益诉讼案件适用法律若干问题的解释》（以下简称《检察公益诉讼解释》）第18条规定，法院可以就诉讼请求向检察院释明。对于作为起诉人的检察院，法院何以释明？这些问题都与诉权理论密切相关。诉权理论既是关于诉讼起点的理论，也对民事检察公益诉讼实践社会满意度提升具有体系性影响。在诸多需要解决的问题中，民事检察公益诉权的定性问题具有基础意义。目前，对于检察院的民事公益诉权的定性有民事诉权、民事公诉权、公诉权与民事诉权的结合、公益诉权等不同见解。为民事检察公益诉讼实践行稳致远，在国家治理体系和治理能力现代化的新时代发挥应有的作用，本文拟以检察院的民事公益

---

* 本文系教育部人文社科研究项目"民事审判权与审判责任研究"（11JJD820015）的阶段性研究成果。

** 中国政法大学教授。

① 滕艳军：《行政公益诉讼问题研究——以4起败诉案件为切入点》，载黄河主编：《深化依法治国实践背景下的检察权运行》，中国检察出版社2018年版，第40页。

② 安徽省阜阳市人民检察院诉安徽阜阳富强新型建材有限公司恢复原状纠纷案，安徽省阜阳市中级人民法院（2019）皖12民初115号民事裁定书。

诉讼为对象，探究民事检察公益诉权的本质。

一、民事公诉权学说的再考量

当检察院这样的新的起诉人出现在诉讼中时，人们首先会想到"何以能诉"的问题。解答这一问题的是诉权范畴。通常认为，诉权是指当事人为维护自己的合法权益，要求法院对民事争议进行裁判的权利。① 民事检察公益诉讼制度规定在《民事诉讼法》中，启动的是意在以被告承担民事责任方式维护公益的民事诉讼程序。作为新型诉权的民事检察公益诉权也应是一种诉权。如何认识这种新型诉权呢？不少学者认为检察院的公益诉权是可与刑事公诉权、行政公诉权并列的民事公诉权。② "民事公诉权"是本土意味浓厚的概念。上世纪九十年代后期以来，专家学者们以民事公诉权为概念工具呼吁检察院介入公益诉讼。客观地讲，"民事公诉权"学说为民事检察公益诉讼实践的制度化营造了积极的理论氛围。功不可没！不过，该学说总体上是以检察院能够代表公共利益、能够以国家名义提起公诉为理由，将民事检察公益诉权就是民事公诉权作为不证自明的命题，论证不够充分。该学说能否作为指引民事检察公益诉讼制度的基础理论，牵涉到"民事公诉权"概念与民事检察公益诉讼的整合可能性、民事诉讼与公诉的目的差异性、该说与民事检察公益诉讼运行逻辑的协调性、该说对民事检察公益诉讼制度架构的潜在影响等诸多问题。为此，首先需要对"民事检察公益诉权就是民事公诉权"的命题重新加以考量。

（一）对"民事公诉权"概念界定准确性的考量

"民事公诉权"是个偏正结构的词组。公诉权是中心语，民事是修饰语。考量"民事公诉权"的概念，需先理清公诉与公诉权的概念。界定"民事公诉权"的代表性观点是，公诉是检察机关为维护国家利益和社会公共利益，代表国家向法院提起或参加诉讼的活动。民事公诉是检察机关依照法律规定代表国家向法院提起的，要求依法追究严重损害国家利益或社会公共利益的违法行为民事法律责任的诉讼。民事公诉权就是检察机关基于国家授权或法定情形，代表国家利益或社会公共利益对某些民事公益案件向法院提起诉讼或参与

---

① 张卫平：《民事诉讼法》，法律出版社 2019 年版，第 181 页。
② 徐光岩：《民事诉讼公诉权探析》，载《检察理论研究》1996 年第 3 期；杨雅妮、马鑫武：《论检察机关民事公诉权的根据及其范围》，载《甘肃政法成人教育学院学报》2001 年第 2 期；何文燕：《略论检察机关民事公诉权》，载《河南政法管理干部学院学报》2005 年第 3 期；何燕：《检察机关提起民事公益诉讼之权力解析及程序构建》，载《法学论坛》2012 年第 4 期；胡子君：《公诉权若干基本问题研究》，吉林人民出版社 2014 年版，第 21 页；姜起民：《实然与应然——中国检察权对审判权的监督关系研究》，知识产权出版社 2017 年版，第 142 页。

诉讼的权力。民事公诉权是公诉权的应有之义。① 对此界定，不乏质疑之声。②笔者认为，应从"民事公诉""民事公诉权"两个层面，对上述界定细加考量。

1. 对"民事公诉"用语准确性的考量

公诉一词不仅明确规定在我国《刑事诉讼法》中，也是绝大多数国家刑事起诉制度中的专用法律术语。③ 将检察院提起民事公益诉讼的活动"冠名"为民事公诉，在各国民事诉讼法中是极为罕见的。据被称为"多学科全才"的法国学者贝尔纳·布洛克解析，任何违反刑法的犯罪行为都会引起针对犯罪行为人的诉讼。这种诉讼通常被称为"公诉"（action publique）。公诉以制裁危害社会秩序的行为为目的，以对犯罪人适用刑罚或保安处分措施为目标。④日本学者认为，公诉就是请求法院对特定的刑事案件进行审判的意思表示。⑤美国学界也是将公诉作为刑事领域中与自诉相对的概念运用的。⑥ 在我国，"提起公诉"是指人民检察院对公安机关移送起诉或者人民检察院自行侦查终结认为应当起诉的案件，经全面审查，对事实清楚，证据确实、充分，依法应当处以刑罚的，提交人民法院进行审判的刑事诉讼活动。⑦ 对法律概念的界定应以法律规定为依据，这是法律概念界定的基本原则。不遵循这一原则，将导致法律解释与适用的混乱。上述脱离法律规定的公诉界定背离了法律概念界定的基本原则。

即便把这种界定理解为学理上对刑事公诉说的解构性解释，该界定的具体内容也是不准确的：第一，依该界定，公诉的目的是"维护国家利益和社会公共利益"，然而，就刑事公诉而言，不仅仅维护国家利益、社会公共利益，

---

① 何文燕：《略论检察机关民事公诉权》，载《河南政法管理干部学院学报》2005 年第 3 期。
② 陈珲：《质疑民事公诉权》，载《琼州学院学报》2008 年第 4 期。
③ 目前可以确定的在刑事起诉制度中运用公诉、公诉人概念的国家有韩国、日本、土库曼斯坦、印度、德国、俄罗斯联邦、法国、芬兰、克罗地亚、拉脱维亚、挪威、瑞典、土耳其、英国、阿尔及利亚、埃及、加纳、喀麦隆、肯尼亚、摩洛哥、突尼斯、阿根廷、巴西、古巴、智利、斐济、瑞鲁、瓦努阿图等，载孙谦：《刑事起诉制度——外国刑事诉讼法有关规定》，中国检察出版社 2017 年版，第 15、22、35、47、77、92、124、138、157、171、183、199、217、253、278、285、301、306、309、320、343、346、353、377、400、467、479、495 页。
④ [法] 贝尔纳·布洛克：《法国刑事诉讼法》，罗结珍译，中国政法大学出版社 2009 年版，第 82 页。
⑤ [日] 田口守一：《刑事诉讼法》，张凌、于秀峰译，中国政法大学出版社 2019 年版，第 232 页。
⑥ [美] 爱伦·豪切斯泰勒·斯黛丽·南希·弗兰克：《美国刑事法院诉讼程序》，陈卫东、徐美君译，中国人民大学出版社 2002 年版，第 220 页。
⑦ 全国人大常委会法制工作委员会刑法室：《中华人民共和国刑事诉讼法释义及实用指南》，中国民主法制出版社 2012 年版，第 327 页。

也维护公民、集体的权利。按照上述界定，就侵犯公民人身权的犯罪行为、侵犯公民与集体的财产权的犯罪行为提起的诉讼并非公诉。显然，无论在法律规定还是在法理分析层面，这都是无法成立的。公共利益可以理解为公诉权的必要条件而非公诉权的充分条件。比如，在法国刑事诉讼中，允许为社会性目的成立的协会就犯罪行为提起维护公益的民事诉讼。在此类公益诉讼中，协会享有的是民事当事人可以享有的权利。① 申言之，将目的公益性作为界定公诉的核心要素是不周延的。既与公民、集体权益也是刑事公诉保护的法益的共识相悖，又难以对社会组织提起的（涉及刑事或不涉及刑事的）公益诉讼作出合理定性；第二，依该界定，公诉的行为模式是"代表国家向法院提起或参加诉讼"。对此，难以排解的疑问有：在我国，国有企业的财产权属于国家。国有企业为追讨债务提起的诉讼也可以理解为代表国家起诉，也属于公诉吗？国家行政机关就其管理范围内的公共利益提起诉讼，也属于公诉吗？生态环境利益不仅仅是社会公共利益，也是国家利益，环保组织提起的公益诉讼代表的是国家还是社会？这种诉讼也要纳入公诉之列吗？可见，如此界定公诉的行为模式只能让公诉这一术语的外延陷入无休止的争论之中；第三，依该界定，公诉的主体仅限于检察院。在比较法层面上，这一界定不能成立。与我国一样，日本采彻底的国家追诉主义。因此，日本学者认为，（刑事）诉讼是由检察官这一国家机关提起的，所以称为公诉。不过，从比较法的角度看，存在德国轻微犯罪案件中的被害人追诉主义、英国传统上的警察官的私人追诉主义、美国大陪审团追诉的民众追诉主义等多样追诉形态。② 在法国，"进行公诉"的权利原则上仅属于检察院，但按照特别条件，税收征管部门、海关管理部门等行政机关也有权进行公诉。③ 在我国，上述超越刑事诉讼领域的公诉界定，难以解释为何只有检察院能维护公共利益？为何只有检察院能代表国家？公诉是否还要继续细分出行政机关提起的公诉、社会组织提起的公诉？如果不可以，公益诉讼是不是要细分为社会组织公益诉讼、国家行政机关公益诉讼、民事公诉？这样的公益诉讼分类体系显然难称严谨；第四，上述广义公诉界定存在逻辑冲突。上述界定中以检察院拟追究被告责任的责任类型作为划分刑事公诉与民事公诉的界限。检察院为追究被告民事责任提起的诉讼就是民事公诉。民事责任

---

① ［法］贝尔纳·布洛克：《法国刑事诉讼法》，罗结珍译，中国政法大学出版社2009年版，第140—142页。

② ［日］田口守一：《刑事诉讼法》，张凌、于秀峰译，中国政法大学出版社2019年版，第197—198页。

③ ［法］贝尔纳·布洛克：《法国刑事诉讼法》，罗结珍译，中国政法大学出版社2009年版，第98—100页。

是私法意义上的不利后果。其应以私法性质的民商事法律为依据加以评价。通过公诉的形式去追求一种通过私法规范评价的效果，在法律适用逻辑和法理上都很难证立。再有，不容忽视的是公诉负载着最强力度的社会谴责。如美国学者瑞德所言，刑事犯罪与民事行为真正的区别在于"触犯法律的人受谴责的程度"。这种区别要求刑事法院比民事法院遵循更严格的程序。[①] 以负载着最强力度的社会谴责的公诉追究行为人的民事责任在社会效应层面恐难获得当下一般社会公众的认同。

质言之，追究民事责任的"正当程序"应该是民事诉讼程序而非公诉程序。无论从法律概念还是从学理创新层面看，作为"民事公诉权"学说立论基础的公诉、民事公诉的概念界定都是不准确、难以成立的。

2. 对"民事公诉权"用语严谨性的考量

"民事公诉权"学说主张者没有提供民事公诉权是公诉权"应有之义"的确凿的比较法学依据。事实上，在学理上公诉权是一个严格限定在刑事诉讼领域并且与民事诉权的界限不容模糊的学术范畴。现代公诉制度源自法国。将"提起公诉的权利"（exercise de l'action publique）交给共和国检察官、将预审的权力交给法官是法国自1808年《刑事审理法典》颁布以来形成的法律传统。[②] 有专家认为，"大陆法系的法国最早赋予了检察机关在某些民事诉讼中的公诉权"。[③] 以此为据，国外检察机关参加民事诉讼的制度被直接"拔高"为这些国家授予了检察机关民事公诉权。这种比较法评价虽被广为传播，但是缺乏依据。法国是少有的在民事诉讼法中明确界定诉权的国家。但是，除法国《民事诉讼法典》第30条的诉权规定外，法国并未在其法律中为检察官参加民事诉讼单独创设民事公诉权的概念。在法国，传统上的检察机关可以自由起诉的案件主要是关于人身权和家庭权利的案件。现代法律的发展已经将检察机关可干涉的案件范围扩展到经济案件。另外，依据法国《司法组织法》，自1810年起检察机关就可以为公共秩序提起诉讼。检察机关进行的诉讼是《民事诉讼法典》第30条意义上的真正的诉讼。检察机关的这种诉权与法律赋予维护他人利益的某个人的诉权、赋予维护特定利益或集体利益的某团体的诉权

[①] ［美］爱伦·豪切斯泰勒·斯黛丽、南希·弗兰克：《美国刑事法院诉讼程序》，陈卫东、徐美君译，中国人民大学出版社2002年版，第13页。

[②] ［法］贝尔纳·布洛克：《法国刑事诉讼法》，罗结珍译，中国政法大学出版社2009年版，第29页。

[③] 徐光岩：《民事诉讼公诉权探析》，载《检察理论研究》1996年第3期。

属于同类诉权。① 依据上述学理，法国检察官参加民事诉讼行使的就是当事人的民事诉权。法国既未授予检察院民事公诉权，又何来他国的"争相效尤"？

日本检察官也参与民事诉讼，但是，也没有民事公诉权的学说。如日本学者所言，检察官的诉讼追行权叫公诉权，即检察官提起和维持公诉的权限。日本的公诉权学说经历了实体公诉权说、抽象公诉权说、具体公诉权说以及认为公诉权就是请求法院作出有罪或无罪这一实体判决的权利的实体审判请求权说等四个阶段。目前的通说是实体审判请求权说。② 作为对犯罪的追诉权的公诉权也是我国对公诉权进行了系统研究的学者认同的概念界定。③ 应该说，在比较法学层面，公诉权专属于刑事诉讼领域的学术认知是个"共振峰"。有刑事诉讼法学者认为，将公诉权一分为三的观点虽有新意，但是与我国长期以来认为公诉权就是犯罪追诉权的理解存在冲突。这种对公诉权进行扩大定义的做法会带来概念上的混淆。④ 仅仅在难以证成的民事公诉概念基础上加上"……的权力"岂能使"民事公诉权"不证自明？为推进公益诉讼而在公诉权之上"添附""民事"这一修饰语，不仅是学术传统的颠覆，也会带来理论体系的混乱。

（二）对实现"民事公诉权"的程序平衡机制的前瞻性考量

如果检察机关提起公益诉讼以"民事公诉权"为基本权能，必须要考虑到公诉权引发的公诉具有的诉讼实际力量对比的不对等格局；诉讼结果及性质的严重性等特性。因此，诉讼运行中补足被告"劣势"诉讼处遇的程序平衡机制应该受到高度重视。在"民事公诉权"的概念框架下，为给相对方高度程序保障权，就不可缺席判决；为充分保障被告人的人权，就应该实行严格的非法证据排除规则，采用排除合理怀疑的证明标准。如果以"民事公诉权"为理论指引，民事检察公益诉讼维护公益的实效可能受到影响。

"民事公诉权"学说与我国民事诉讼、刑事诉讼的既成观念、制度、学理已成掣肘之势，亦存在国际对话障碍之弊，实难担当指引蓬勃发展的民事检察公益诉讼的理论基石之重担。有学者认为民事检察公益诉权是公诉权与民事诉

---

① ［法］洛伊克·卡迪耶：《法国民事司法法》，罗结珍译，中国政法大学出版社 2010 年版，第 129、130、315 页。

② ［日］田口守一：《刑事诉讼法》，张凌、于秀峰译，中国政法大学出版社 2019 年版，第 232、233 页。

③ 徐静村：《刑事诉讼法》，法律出版社 1997 年版，第 220 页；王新环：《公诉权原论》，中国人民公安大学出版社 2006 年版，第 1 页。

④ 谢小剑：《公诉权制约制度研究》，法律出版社 2009 年版，第 12 页。

权的结合,具有权力和权利的双重属性。① 值得深思的是,存在本质差异的两个范畴能结合吗?公诉权与民事诉权的差异是二者行使规律差异的自然延伸。二者的结合意味着各自独特属性的销蚀、各自行使路径的异化、行动者法律地位的冲突。

二、民事检察公益诉权的权利属性及其权利来源

"民事公诉权"学说新近的观点是,从法律监督权的内涵、权能设置目的、参与诉讼的方式、公权力与权利的不可兼容性角度分析,法律监督权难以引申出民事公益诉权。公诉权是检察机关提起民事公益诉讼的权力基础,民事公益诉权是公诉权的一种表现形式。② 基于国家机关性质与其权力一致的原理,法律监督权是检察权的本质,而非与公诉权并立的下位权力。"公诉权是法律监督权的一部分,公诉权的唯一表现方式就是刑事追诉职能"的认识并非是对《宪法》及相关法律的"误读"。这种解释完全符合以最贴近文字本身意思进行文义解释的法解释基本规则。如果是"误读",只需做出正确解释即可,就不需要如前述学者所主张的那样要修改《宪法》《人民检察院组织法》才能确立检察院的民事公益诉权。提出该观点的学者似乎要表达民事检察公益诉权是具有权利属性的诉权的意思,以此中心意思之上的权利与权力的不可兼容关系推演出民事检察公益诉权与法律监督权无关,其本质是公诉权的结论。在此观点的论证过程中,该学者既认为检察权是主要包含法律监督权、公诉权两种不可兼容的权能的复合型权力,认可"公诉权是启动审判程序的程序性权力"的界定,又认为"公诉权在本质上也是一种司法行为请求权,这与诉权并无二致",这使得公诉权、民事检察公益诉权究竟是权利还是权力的问题陷入飘忽不定状态,其论证逻辑也陷入民事公益诉权与公诉权的"权利—权力"关系悖论中。上述论述意在推进民事检察公益诉讼,其论证过程充分体现出当下对民事检察公益诉权的性质及其来源问题认识进程的复杂性。

(一)民事检察公益诉权的权利属性

权力与权利既有联系,也有本质差异。凯尔森认为权力意味着权威和上级与下级之间的一种关系。③ 法律权力通常被界定为法律承认并保护的强制他人

---

① 江国华、张彬:《检察机关民事公益诉权:关于公权介入私法自治范畴的探微》,载《广东行政学院学报》2017 年第 1 期。
② 何燕:《检察机关提起民事公益诉讼之权力解析及程序构建》,载《法学论坛》2012 年第 4 期。
③ 〔奥〕凯尔森:《法与国家的一般理论》,沈宗灵译,中国大百科全书出版社 1996 年版,第 213 页。

服从的力量。① 有学者指出，权力具有排他性、公共性、不可随意放弃性等特征。② 从通常的社会认知层面看，权力的力量属性及其支配性、强制性等特征，还是大多数人能理解与接受的。从意志论视角看，权利就是由自由意志支配的，以某种利益为目的的一定的行为自由。③ 从利益论视角看，权利的本质以及权利的核心就是利益，具体来说就是指受社会存在限制及约束的人在物质与精神方面的应得利益。在主体相互关系方面、在对主体的要求等方面，权利与权力存在基本差异。④ 民事检察公益诉讼是通过民事诉讼让被告承担民事责任的方式维护公益的活动。启动此诉讼的诉权究竟是何属性？对检察院提起民事公益诉讼进行权力解析的学者认为诉权是要求解决纠纷的一种资格和可能性、公法上的权利。⑤ 这一观点值得称许。不过，该学者认为此种诉权属于公诉权的一种，又认可公诉权的程序性权力的属性，还是模糊了权利与权力的差异，不可避免地会产生下位概念不能包含于上位概念的逻辑悖论。这必然带来权力性质的民事检察公益诉讼与作为权利的诉权之间的涵摄障碍。从前述日本学者田口守一对公诉权的界定看，即便作为实体判决请求权的公诉权也属权利性质。检察机关为维护公益向法院提起民事诉讼，行使的也是实体判决请求权。这种公益性质的实体判决请求权与诉权并无本质差异，都具有权利属性。

如宪法学者指出的，当检察机关提起诉讼时，其法律监督的特性表现在对民事违法行为实行监督，又表现在对权利人放弃诉权不当行为实行监督。在这里，监督权转化为起诉权。⑥ 无疑，检察院行使的法律监督权是重要的国家权力。不过，需要注意的是，具有强制性、支配性的法律监督权并非只能选择强制性的监督方式。正如，行政机关的行政权具有强制性，但行政执法也可以采取缔结行政合同的方式。法律监督是对法律实施过程的监督。因为法律实施过程的复杂性，需要结合被监督对象的特点灵活调整监督方式。当被监督的行为存在争议时，以诉讼方式实施监督就是最佳选择。如果做出这种选择，监督权的实现就要遵循诉讼领域的一般规律。近代以来，民事诉讼逐步形成针对现实存在且有解决必要的争议、一元且中立的权威主体、争议双方平等、以理性论辩方式发现真实并确定法益为直接目的等自有构造特征，这不仅是正义理念作用的结果，更是民事诉讼运行基本规律的内在要求。民事诉讼基本构造预设了

---

① 吴玉章：《论法律权力的概念》，载《华东政法大学学报》2017年第5期。
② 段凡：《权力与权利：共置和构建》，人民出版社2016年版，第4、5页。
③ 程燎原、王人博：《权利论》，广西师范大学出版社2014年版，第31页。
④ 蔡治廷：《政治学研究中对权力及近义概念的比较分析》，载《学理论》2016年第5期。
⑤ 何燕：《检察机关提起民事公益诉讼之权力解析及程序构建》，载《法学论坛》2012年第4期。
⑥ 韩大元：《中国检察制度宪法基础研究》，中国检察出版社2007年版，第134页。

争议者对构造内审判者权威的认同。启动位置上的争议者赖以启动程序的权能只能是请求的权利,而不是命令的权力。如果启动者能命令启动程序,也可以就其他行为作出命令,中立权威预设将不复存在。因此,在民事检察公益诉讼中,处于启动者位置的检察院赖以启动程序的权能是请求的权利,而非权力。

(二) 作为诉权来源的法律监督权

"诉权是检察机关法律监督权的必要构成"、"检察机关实施民事公益起诉权正是行使其法律监督权的体现"是民事诉讼法学界这些年来较为稳定的"有力说"。[1] 笔者认同这一"有力说",不过,仍需阐明法律监督权是民事检察公益诉权的权利来源,而非诉权本体。

诉权是一种程序性救济权,也可以理解为一种衍生权利。衍生或转化出诉权的可以是实体权利,也可以是某种权益,还可以是某种法定的权力。诉权与其权利来源(或权利根据)关联密切,但又有其本自诉讼运行规律的相对独立性。在诉权学说史上,曾产生过将诉权与其权利来源混同的学说。这种学说被称为私法诉权说。该说认为诉权乃行使私法上权利之手段。惟此说不能兼顾法院与当事人之间的关系,在消极确认之诉,亦难作完满之说明,已无人予以采取。[2] 如行政机关公益诉权由行政机关对特定公共利益的管理权转化、衍生而来一样,在检察权场域与审判权场域对接时,民事检察公益诉权由法律监督权转化、衍生而来。作为权利来源的法律监督权的国家权力属性对民事检察公益诉权具有潜在影响,但是,作为启动审判权并对其回应内容起决定性作用的民事检察公益诉权又有着审判权场域赋予其的独特属性。如果能从诉权来源与诉权本体的角度看待法律监督权与民事检察公益诉权,通过检察院内部组织机构的权能(民行检察监督权、公益起诉权)分离、机构分立、人员分流,辅之以对机构本位意识的主动克服,检察监督权行使者与诉权行使者身份在同一场域重叠度可降至最低;加之以人大监督、检察院上下级之间的监督、监察委监督、媒体监督,检察监督权与公益诉权行使的合规律性可得到最大程度保障。检察机关对于民事公益诉讼同样具有法律监督权,但要清晰地界分当事人与监督机关两种角色。[3] 如有诉讼监督的必要,检察院完全可以在审判权场域外进行从诉权行使者到法律监督者的身份"切换",这样民事检察公益诉权的

---

[1] 张晋红、郑斌锋:《论赋予检察机关民事诉权的法理依据》,载樊崇义主编:《诉讼法学研究》(第1卷),中国检察出版社2002年版,第261页;王琦、崔声波:《检察机关民事公益起诉权探究》,载《海南大学学报》(人文社会科学版) 2009年第3期。

[2] 杨建华:《民事诉讼法要论》,北京大学出版社2013年版,第195页。

[3] 李浩:《论检察机关在民事公益诉讼中的地位》,载《法学》2017年第11期。

运行可以既遵循检察权运行规律,又遵循审判权运行规律。区分诉权本体与诉权来源是实现上述检察院身份在审判权场域外"切换"的前提。在民事审判权场域,检察院行使诉权进而取得程序启动及参加者、具体诉讼权利行使者的诉讼地位,应尊重法院的诉讼指挥权、程序事项及实体事项的裁决权、释明权。

三、通过公益代表人身份行使的民事诉权

民事诉权概念的包容性一度受到质疑。本世纪初就有专家提出"公益经济诉讼"的概念,并从切实维护公益经济诉权的视角探讨了公益经济诉讼的整体制度架构。① 专家们也提出我国应当确立作为社会公益权利的保障性权利的公益诉权。② 上述理论探索提出一个很尖锐的问题:包括民事检察公益诉权在内的公益诉权能否纳入民事诉权的理论体系?倘若不能,就有必要将公益诉权作为独立于民事诉权的新的诉权形态,并以此为基础构建新的诉讼体系。是否有必要推进这样跨度大、影响深的社会工程?依此认知路径,在明确民事检察公益诉权的权利属性之后,还需结合民事诉权学理分析这种新型诉权与民事诉权的兼容性。

我国民事诉讼法学者认为,诉权作为一种权能,是启动和运行民事诉讼程序的根据。③ 诉权的特点是:第一、诉权是民事纠纷当事人所享有的一项权利;第二、诉权是诉讼系属之前纠纷当事人所享有的权利;第三、诉权是当事人在其纠纷发生后,向法院起诉,要求法院审判的权利;第四、诉权是一种受益权。④ 近年来,学术界倾向于通过对国外诉权学说(特别是大陆法系国家)的精细化梳理并结合我国具体情况的分析谋求本土诉权理论的进一步完善。有学者认为诉权理论可以按照是否给诉权附加条件为标准,将诉权理论分为附条件诉权论和不附条件诉权论。德国的私法诉权说、具体诉权说、本案判决请求权说、法国的诉权学说都属于附条件的诉权说;德国的抽象诉权说、司法行为请求说是不附条件的诉权说。从为立案登记制改革提供理论支撑、诉权理论在刑事诉讼与行政诉讼领域扩展的便利性、推动诉权宪法化的角度提出回到抽象的诉权说的观点,该文主张应接受弥补了抽象诉权说缺陷的司法行为请求权说

---

① 颜运秋:《公益诉讼理念研究》,中国检察出版社2002年版,第316—367页。
② 颜运秋:《公益诉讼法律制度研究》,法律出版社2008年版,第123—133页。
③ 张卫平:《民事诉讼法学》,法律出版社2004年版,第32页。
④ 刘敏:《诉权保障研究——宪法与民事诉讼法视角的考察》,中国人民公安大学出版社2014年版,第16—17页。

诉权理论。司法行为请求权包括两层含义：一是无条件诉诸法院的权利；二是要求法院公正审理和裁判的权利。① 有学者认为，这两层含义构成了裁判请求权的内容。② 裁判请求权是一种人权。在对诉权的应然性质界定上，我国学界在认为其是宪法上基本权利、人权这一点上是达成共识的。③ 在此共识基础上，对诉权内容的界定也是可以明确的。我国公布的《国家人权行动计划》（2016—2020 年）继《国家人权行动计划》（2012—2015 年）再次确定获得公正审判的权利为公民基本权利并拟定了保障公正审判获得权的实施计划。我国于 1998 年签署了《公民权利与政治权利国际公约》。该公约第 14 条约定了民事案件的公正审判获得权。④ 需注意的是，人权一词中的人，主要是指个人，即有生命的自然人或鲜活的个体人，同时还包括某些特殊群体（如妇女、儿童、残疾人等）。⑤ 毋庸置疑，作为人权的公民诉权是诉权的核心所在，但是，难以涵盖法人与其他组织的诉权。因此，有必要在民事诉讼法的层面参照公民诉权的内涵，将民事诉权界定为公民、法人、其他组织就民事争议诉诸法院的权利以及要求法院公正审判的基本权利。不能忽视的是，争议主体行使诉诸法院的权利意在获得诉讼系属，实施立案登记制的国家通常不设立诉讼系属条件（或称起诉条件、受理条件），法院登记原告递交的诉状即产生诉讼系属效果；争议主体要求法院公正审理必然会涉及到案件是否具备适合审理并作出裁判的条件，即诉讼要件。两大法系国家，不论是否实施立案登记制，不规定诉讼要件的国家极为罕见。因为诉讼要件确立与否直接关涉到审判资源最优化运用与诉权保障的平衡，关涉到正常诉讼秩序的维持。民事检察公益诉讼与民事诉权可否进行兼容性"对接"呢？

---

① 严仁群：《回到抽象的诉权说》，载《法学研究》2011 年第 1 期。
② 刘敏：《诉权保障研究——宪法与民事诉讼法视角的考察》，中国人民公安大学出版社 2014 年版，第 16 页。
③ 江伟等：《民事诉权研究》，法律出版社 2002 年版，第 149 页；刘敏：《裁判请求权研究——民事诉讼的宪法理念》，中国人民大学出版社 2003 年版，第 121 页；张卫平：《民事诉讼法学》，法律出版社 2004 年版，第 14 页；吴英姿：《论诉权的人权属性——以历史演进为视角》，载《中国社会科学》2015 年第 6 期。
④ 《公民权利与政治权利国际公约》第 14 条第 1 款："一、所有的人在法庭和裁判所前一律平等。在判定对任何人提出的任何刑事指控或确定他在一件诉讼案中的权利和义务时，人人有资格由一个依法设立的合格的、独立的和无偏倚的法庭进行公正的和公开的审讯。"转引自董云虎：《人权大宪章》，中共中央党校出版社 2010 年版，第 170 页。
⑤ 鲜开林：《中国特色社会主义人权理论体系研究》，人民出版社 2014 年版，第 24 页。

（一）作为公法人的检察院有权诉诸法院

资格是权利很重要的一层内涵。有学者认为，权利概念之要义是资格。①就诉诸法院的权能这层内涵，诉权具有抽象意义，实质是从资格视角对诉权进行了界定。在资格意义上，诉权与诉讼权利能力有共通之处。有诉讼权利能力者就可以诉诸法院。根据我国《民事诉讼法》第49条的规定，公民、法人、其他组织都可以作为当事人。作为公法人，检察院具备提起和参加诉讼的资格。

（二）作为公益代表人的检察院有权就公共利益要求法院公正审理和裁判

就要求法院公正审理和裁判这层内涵，诉权体现具体层面的意义。只有满足诉讼要件方能实现此项权能。诉讼要件是诉权行使的条件。各国民事诉讼法，通常从法院适格性、当事人适格性、诉讼标的可审判性等方面设定诉讼要件。不具备诉讼要件，诉讼将会被驳回。在诸种诉讼要件中，诉的利益与当事人适格最为重要。日本学者兼子一认为："诉的利益和当事人适格是诉权的要件"②；新堂幸司认为，"诉权即请求以诉的利益及当事人适格为成立条件的本案判决的权利"。③ 在理论上，实体权益主体与诉权行使主体分离是民事检察公益诉权面对的比较突出的问题，也是对民事检察公益诉权困扰较大的问题。

1. 诉的利益

诉的利益为大陆法系民事诉讼理论上的概念，是指对于具体的诉讼请求，是否具有进行本案判决的必要性和实效性（判决所能够实现的实际效果）。从保障诉权行使的角度，只要具有诉的利益，法院就应当予以审理并作出裁判，从而实现其诉权。另外，诉的利益这一概念还具有积极确认权利的功能。给付之诉、形成之诉、变更之诉的共同的诉的利益大致可以从三个方面认识：其一，须是针对已经成熟的具体法律关系。所谓"成熟的法律关系"是大陆法系民事诉讼理论中的一个学理概念，通常是针对法律关系中的权利或利益而言。其二，不具有提起诉讼的障碍事由。其三，不存在滥用诉权的情形。④ 公共利益属于一种扩散性利益，关系到不特定多数人的生存、发展及幸福获得感。走出"公地悲剧"，保护公共利益是世界各国的共识，在我国更是受到重

---

① ［英］A.J.M. 米尔恩：《人的权利与人的多样性——人权哲学》，夏勇、张志铭译，中国大百科全书出版社1995年版，第89页。
② ［日］兼子一、竹下守夫：《民事诉讼法》，白绿铉译，法律出版社1995年版，第51页。
③ ［日］新堂幸司：《新民事诉讼法》，林剑锋译，法律出版社2008年版，第179页。
④ 张卫平：《诉的利益：内涵、功用与制度设计》，载《法学评论》2017年第4期。

视。《民事诉讼法》《消费者权益保护法》《环境保护法》《英雄烈士保护法》明确规定了应受法律保护的公共利益。检察院提起的民事公益诉讼符合针对已经成熟的具体法律关系的要求；就不具有提起诉讼的障碍事由而言，检察院提起民事公益诉讼只要依据《民事诉讼法》，在其他公益诉讼诉权主体不提起诉讼时提起诉讼、符合《民事诉讼法》关于主管与管辖的规定、不存在重复诉讼等诉讼消极条件，就具有诉的利益，可以行使诉权；就不存在滥用诉权的情形而言，只要检察院针对法律规定的公共利益而非在此范围之外提起公益诉讼，就具有诉的利益，可以行使诉权。

2. 当事人适格

诉的利益主要斟酌的是对本案诉讼请求作出本案判决的必要性与实效性，当事人适格主要考察对特定当事人作出本案判决的必要性及实效性。① 原则上，法律认可作为诉讼标的的权利关系主体的当事人适格。但是，作为该原则例外的概念是诉讼担当。诉讼担当是指权利义务主体以外的第三人取代主体而被认可具有当事人适格的情形。诉讼担当在担当人本身成为当事人这一点上不同于诉讼代理。诉讼担当根据担当人具备当事人适格的原因的不同，可分为基于法定效果的法定诉讼担当以及基于主体意思的任意诉讼担当。法定诉讼担当又分为狭义的法定诉讼担当与职务上的当事人。日本人事诉讼中的检察官就属于职务上的当事人。② 我国民事诉讼已经确立诉讼担当制度。③ 我国《民事诉讼法》第55条明确规定检察院可以提起公益诉讼，就是创设了一种新类型的法定诉讼担当。诉讼担当是当事人适格的特殊形式。通过诉讼担当，检察院取得诉讼实施权。

作为法律监督机关的检察院为维护法制统一，对法律实施过程有权依法展开监督。正如国家主席习近平在给第二十二届国际检察官联合会年会暨会员代表大会贺信中指出的，检察官作为公共利益的代表，肩负着重要责任。④ 俄国法学家穆拉耶夫也曾述及："检察机关……这些公职人员的使命，按职务来说，主要是使他们在司法方面成为法律的监督者，公共利益和政府机关的代

---

① 黄忠顺：《论诉的利益理论在公益诉讼制度中的运用——兼评〈关于检察公益诉讼案件适用法律若干问题的解释〉第19、21、24条》，载《浙江工商大学学报》2018年第4期。
② ［日］伊藤真：《民事诉讼法》，曹云吉译，北京大学出版社2019年版，第130、131页。
③ 江伟：《民事诉讼法学》，中国人民大学出版社2001年版，第114页。
④ 闵钐：《以公共利益的代表为核心构建新时代检察权理论》，载黄河主编：《深化依法治国实践背景下的检察权运行》，中国检察出版社2018年版，第40页。

表。"① 法国《民事诉讼法》第 423 条规定，除法律有特别规定外，在涉案事实妨害公共秩序时，检察院得为维护公共秩序提起诉讼。② 检察院的公益代表人身份既在国际社会有广泛共识，在我国也有跨越一个世纪的法文化渊源。早在 1907 年清政府颁布的《高等以下各级审判厅试办章程》中就出现检察官可提"民事保护公益陈述意见"的规定。建国后，1949 年 12 月制定的《中央人民政府最高人民检察署试行组织条例》第 3 条规定，检察机关的职权之一是"对于全国社会与劳动人民利益之民事案件及一切行政诉讼，均得代表国家公益参与之"；1951 年《中央人民政府最高人民检察署暂行组织条例》第 3 条规定："最高人民检察署代表国家公益参与有关全国社会和劳动人民利益之重要民事案件及行政诉讼"；1954 年 9 月制定的《人民检察院组织法》第 4 条规定，地方各级人民检察院的职权之一是"对于有关国家和人民利益的重要民事案件有权提起诉讼或参加诉讼"；另外，我国《民事诉讼法（试行）》的制定过程前后共有 7 稿，前 6 稿都有关于人民检察院参与民事诉讼的内容。第 6 稿有如下规定："人民检察院有权代表国家提起或者参加涉及国家和人民重大利益的民事诉讼。"③ 检察院实施的法律监督既维护法制统一，也是在捍卫公共利益。法律监督权与由之自然衍生的公益代表人身份是内在统一的。公益代表人的身份以及相应的公益代表权可以使检察院更全面地进行对侵害公益行为的监督。这既符合法律监督的原理，也符合检察权运行的规律。因此，公益代表权就是检察院在民事公益诉讼适格当事人地位的依据。民事检察公益诉权就是以公益代表人身份行使的诉权。这种新类型的诉权与民事诉权的理论以及诉权运行机制可以兼容。

就经济法律关系争议能否纳入民事诉讼的问题，笔者认为需要认识到"民事"是一个发展性、包容性很强的概念。民事诉讼所面对的争议主要是私权益争议，但是，一直也容纳着一部分涉及身份关系等具有社会公共利益维护性质的争讼或非讼案件。随着社会发展，民事争议可以理解为所有以确认、变更民事法律关系或以相对方民事责任承担为诉讼目的的争议。这样的民事争议界定既有法文化根基，也可以满足民事诉讼应对公共利益保护的现实需求。

综上所述，从诉权主体与客体相结合的角度看，民事诉权的理论框架及其运行机制可以与民事检察公益诉权有效对接。在独立的公益诉权概念框架下进

---

① 宋英辉、陈永生：《英美法系与大陆法系国家检察机关之比较》，载《国家检察官学院学报》1998 年第 3 期。

② 《法国新民事诉讼法典》，罗结珍译，法律出版社 2008 年版，第 436 页。

③ 徐祥民等：《环境公益诉讼研究——以制度建设为中心》，中国法制出版社 2009 年版，第 269—270 页。

行诉讼体系的大调整缺乏显在的必要性。

四、法律监督权衍生的特殊民事诉权

民事检察公益诉权由法律监督权衍生而来。法律监督权的监督性程序权力、国家权力、谦抑的权力等特质对民事检察公益诉权必然会产生潜在影响。这种潜在影响集中体现在诉讼系属前。尽管这种潜在影响不直接型塑民事检察公益诉权,但是会使民事检察公益诉权表现出一些有别于其他类型公益诉权的特异之处。

(一) 以起诉人地位行使诉权

《检察公益诉讼解释》第4条规定人民检察院以公益诉讼起诉人身份提起公益诉讼。起诉人是一个有明显的程序当事人标识的概念。我们从法律上承认程序当事人概念,强调程序诉权的广泛性和普遍性的同时,实体权利的保障范围也得到了扩张与加固。① 程序当事人的观念在我国民事诉讼中对实务界影响越来越大。程序当事人第一层含义的制度目的是为了在争议主体的实体权利主张成立与否存疑的情况下,以实体权利成立与否需审判方才能确定的理念的指引下展开诉讼进程,以此保障诉权。实务中,法院在不予受理案件中作出的裁定书中大都以起诉人的称谓指称提起诉讼的一方。程序当事人第二层含义主要用于解释实体权利与诉权行使主体相分离的诉讼担当情形的当事人主体地位。在公益诉讼中,提起公益诉讼的一方都属于程序当事人。原告的称谓可以被解释为程序上的原告与适格原告,但不能清楚地显现诉权主体并非争议的实体权益的受领者的特殊状况。起诉人则可以非常明确地显示这种特殊状况。检察机关行使的法律监督权是程序性权力。专家学者对法律监督权的这一特性广为认同。有专家阐明,法定程序性是检察权产生和发展的理论基石之一。从价值层面上讲,检察权实现司法公正、实体正义、程序正义和效益等价值理念。国家干预和以保护国家利益、社会利益、公共利益等为宗旨的检察权介入并非无条件的,检察权的价值理念要求检察权行使具有法定程序性,这既是对检察权的加强,也是一种制约。检察机关的法律监督权只是一项程序性权力,仅仅具有程序意义。② 以起诉人身份行使诉权这一民事检察监督权的特异之处与法律监督权系程序性权力的特质是相通的。

行政机关、社会组织提起的公益诉讼也属于诉权行使方与实体权利分离的

---

① 齐树洁、苏婷婷:《公益诉讼与当事人适格之扩张》,载《现代法学》2005年5期。
② 朱秋卫:《我国检察权的定位及职权配置研究》,中国政法大学出版社2012年版,第100页。

情况。为何行政机关提起的公益诉讼、社会组织提起的公益诉讼中，行政机关、社会组织的称谓仍然是原告，而启动民事检察公益诉讼程序的检察院称为起诉人呢？这就需要注意到，衍生民事检察公益诉权的法律监督权更确切地说是一种监督性程序权力。监督权威与监督权的有效行使都要求监督者处于高度利益无涉地位。相较而言，这种"利益无涉"要近乎最高标准、最严尺度，否则，监督的正当性无从确立。正因为如此，"利益无涉"的标识意义最明显、最直接的起诉人是民事检察公益诉讼中的检察院的最佳诉讼地位。

（二）交纳案件受理费不是诉权行使条件

根据最高人民法院《关于适用〈中华人民共和国民事诉讼法〉的解释》第213条规定，缴纳案件受理费也是诉权行使条件之一。那么，对于民事检察公益诉权，实践中是否也将交纳案件受理费作为诉权行使条件呢？最高人民法院颁发的《人民法院审理人民检察院提起公益诉讼案件试点工作实施办法》（以下简称《试点工作实施办法》）第22条曾规定，人民法院审理人民检察院提起的公益诉讼案件，人民检察院免交《诉讼费用交纳办法》第6条规定的诉讼费用。《检察公益诉讼解释》中并未做相应规定。笔者发现，在目前的民事检察公益诉讼判决书中，都有诉讼费用负担的判决内容，但未见起诉人已经预交案件受理费的记载。可见，实践中检察民事公益诉讼不以案件受理费预交作为诉权行使条件。万一检察院败诉，诉讼费用如何承担？笔者尚未发现相关裁判文书。这个问题的实质在于检察院提起公益诉讼应不应该缴纳案件受理费？显然，这不是一个可以忽视的问题。在上述《试点工作实施办法》已经随着《民事诉讼法》正式确立民事检察公益诉讼制度而丧失效力后，检察院起诉人不预交案件受理费的法律依据何在？如没有法律依据，检察院起诉人的起诉岂非也应依法按撤诉处理？还需注意到的是，检察院作为公诉人提起的刑事附带民事诉讼中，无论判决还是裁定都没有关于诉讼费用负担的记载。刑事附带民事诉讼在本质还是民事诉讼，因为其与刑事案件并案审理就和刑事诉讼案件一样免交案件受理费，合理性在哪里？最直接的解释就是公诉权背后是国家权力。那么，民事检察公益诉权也由检察院的法律监督权衍生而来，需要将缴纳案件受理费作为诉权行使条件吗？笔者认为答案应该是否定的。① 通常认为案件受理费属于国家规费。民事检察公益诉讼是检察院依法律监督权，行使提起公益诉讼的职权的方式，将交纳案件受理费作为民事检察公益诉权的行使

---

① 另有学者从案涉公共利益、检察院"执行公务"等角度也论证了检察院在公益诉讼中不交纳案件受理费的合理性。参见江伟、段厚省：《论检察机关提起民事诉讼》，载《现代法学》2000年第6期；邓思清：《论检察机关的民事公诉权》，载《法商研究》2004年第5期。

条件，显然与案件受理费征收目的不相符合。

（三）诉权行使方式上的备位性

我国《民事诉讼法》第 55 条规定，人民检察院在履行职责中发现破坏生态环境和资源保护、食品药品安全领域侵害众多消费者合法权益等损害社会公共利益的行为，在没有前款规定的机关和组织或者前款规定的机关和组织不提起诉讼的情况下，可以向人民法院提起诉讼。《检察公益诉讼解释》第 13 条规定，拟提起公益诉讼的检察院，应当依法公告，公告期间为 30 日。公告期满，法律规定的机关和有关组织不提起诉讼的，人民检察院可以向人民法院提起诉讼。这种在多种公益诉讼诉权中的备位性是民事检察公益诉权非常鲜明的"个性"。在国家治理的大格局中，以监督方式参与治理的检察机关保持谦抑性，有助于行政机关积极主动履职、社会组织充分发挥参与潜能。这种"个性"是衍生民事检察公益诉权的法律监督权的谦抑性特征在民事检察公益诉讼中的映射。

结　语

民事检察公益诉讼制度在推进我国治理体系和治理能力现代化的进程中具有重要意义。民事检察公益诉权既是启动民事检察公益诉讼的正当性根据，也是检察院在公益诉讼中享有各项诉讼权利的基础。民事检察公益诉权是检察权场域与审判权场域的"衔接点"。本文从诉权来源与诉权本体应当区分、审判权运行规律独特性的认知基点出发，发现居于民事诉讼基本构造中启动者位置的检察院赖以启动程序的权能应该是权利属性的诉权。在诉诸法院的权利层面，民事检察公益诉权符合民事诉权成立条件；在获得公正审判的权利层面，民事检察公益诉权符合民事诉权的行使条件。因此，它可以与民事诉权理论有效对接。在本质上，民事检察公益诉权是法律监督权衍生的特殊民事诉权。在独立的公益诉权理论框架下进行大规模的公益诉讼制度建构尚无明显必要。法律监督权是民事检察公益诉权的权利来源，对民事检察公益诉权具有潜在影响。因此，这种新型诉权具有以起诉人地位行使诉权、交纳案件受理费不是诉权行使条件、诉权行使方式上的备位性等特性。

（原载于《国家检察官学院学报》2020 年第 2 期）

检察机关在行政公益诉讼中应享有取证权*

关保英**

在行政诉讼的制度设计中，取证权应当归属于人民法院。作为被告的行政主体承担着举证责任，但并不享有取证的权利。尤其进入庭审阶段以后，被告更是不能再向原告等搜集证据。依这个制度设计和举证责任的理论，检察机关在行政公益诉讼中应当不享有取证的权利。然而，行政公益诉讼有着相对独立的质的规定性，有着相对独立的诉讼运作机制，进而也应当有着相对独立的证据规则。检察机关作为公益诉讼起诉人身份提起行政公益诉讼，在整个行政公益诉讼中起着非常特殊和重要的作用："检察机关和检察权自诞生之日起，就一直在行政权（警察权）和审判权的夹缝中进行坚守，恪守检察官客观义务，对行政权（警察权）和审判权两面均进行监督。"[①] 无论在理论上还是实践上，它都应当有相应的取证权，这也许与行政诉讼制度中的证据规则有不契合之处，但如果检察机关在行政公益诉讼中不享有取证权则会使行政公益诉讼的制度实践，甚至理论逻辑存在较大阻滞和不适。基于此，笔者主张在行政公益诉讼中检察机关应当享有取证权，本文试对该权利的深层理论和实践问题予以探讨。

一、行政公益诉讼中检察机关取证权诸理论

检察机关在行政公益诉讼中究竟应当适应什么样的证据规则，是我国行政公益诉讼制度构型中学界和实务部门关注的热点问题之一，而且形成了不同的理论认知。有学者就主张："在行政公益诉讼中，检察机关拥有更多的调查取

---

* 本文系 2017 年度教育部哲学社会科学研究重大课题攻关项目"新时期改革与法治关系实证研究"（项目批准号：17JZD004）部分研究成果，"上海市高原学科（行政法）""中央财政支持地方高校建设专项（行政法）"资助项目。

** 上海政法学院教授。

① 田凯等：《人民检察院提起公益诉讼立法研究》，中国检察出版社 2017 年版，第 63 页。

证权,应承担更多的举证责任。"① 在这里我们必须区分检察机关在行政公益诉讼中应当遵守和适用的证据规则的其他问题。

首先,检察机关的取证权与举证责任不是同一范畴的问题。所谓举证责任是指在诉讼中由谁负责提供证据的问题。在传统民事诉讼理论中便有谁主张谁举证的证据规则,而在行政诉讼中也有被告负举证责任的证据规则:"判决在判定原告负有对有关裁量权行使是不合理的判断进行主张和立证责任的基础上,试图减轻原告的主张和立证责任。"② 检察机关在行政公益诉讼中是否承担举证责任不能与检察机关的取证权相混淆,这是不同性质的问题。

其次,检察机关在行政公益诉讼中具有多大的提供证据的能力同样不能混同于取证权。也许在行政公益诉讼中,检察机关通过公权力能够较为方便地从行政相对人和行政主体那里获取证据,而其获取证据的方便程度等仅仅是它获取证据的能力问题,而不一定当然地就享有取证的权利。取证权是检察机关在证据获取方面的主体资格问题,而不是一个简单的取得证据的能力问题。

最后,检察机关的取证权和其所承担的举证义务同样是不能相混淆的。在人民法院审理行政公益诉讼案件的庭审阶段,检察机关无论如何只是一方当事人③,而不能够有其他特殊的身份。作为一方当事人,与其他当事人一样有向人民法院提供证据的义务,该义务相对于人民法院的取证权,检察机关在这个义务提供中只是义务主体而不是权利主体。

上列三个范畴的关系是我们厘清检察机关取证权的前提条件,如果混淆了上列关系,该问题的进一步探讨则会陷入困境。那么,在我国学界和实务部门有关检察机关的取证权究竟是怎样认知的呢?概括起来有下列诸论点。

(一) 检察机关无须享有取证权的理论

此论认为,行政公益诉讼是行政诉讼的特殊形态,它不是行政诉讼的例外。基于此,行政公益诉讼的相关制度设计和运作规则便不能够超越行政诉讼的基本运作规则。

由于我国《行政诉讼法》关于证据规则已经作了规定,就取证权而论,只有人民法院享有取证权,而被告和原告只有提供证据的义务或者承担提供证

---

① 最高人民检察院民事行政检察厅编:《检察机关提起公益诉讼实践与探索》,中国检察出版社2017年版,第87页。
② [日]盐野宏:《行政法》,杨建顺译,法律出版社1999年版,第361页。
③ 在行政公益诉讼的诉前程序中,检察机关有权主导整个程序,甚至有权结束相关的程序。而且在目前我国行政公益诉讼的实践中,由检察机关结束程序的案件占的比重是非常高的。然而一旦公益诉讼案件进入到了庭审阶段,检察机关只是一方当事人,是与公益诉讼的被告处在相对一方的当事人。

据的责任。检察机关在行政公益诉讼中究竟以什么身份参与到行政诉讼中来虽然有不同的见解,①但主导行政公益诉讼的仍然是人民法院而不是检察机关。因此,诸多学者主张行政公益诉讼在证据规则方面不应当有任何特殊性。现行行政诉讼的证据规则足以对公益诉讼中的证据规则予以支撑和支持。进而言之,在行政公益诉讼中检察机关并不需要享有相应的取证权。依据该理论作进一步的推演,便可以说若检察机关享有取证权,便会在行政诉讼中形成人民法院与检察机关共同享有取证权的结论,这应当不利于人民法院主导行政公益诉讼的过程。以此而论,该理论似乎具有一定的合理性。

（二）检察机关分阶段享有取证权的理论

行政公益诉讼在试点期间已经形成了区别于其他行政诉讼的特点。例如,在其他行政诉讼中,诉前程序的概念是不存在的。即使有些行政案件尚未通过人民法院的审判而提前终结,这也不能叫作诉前程序。而且其他绝大多数行政诉讼案件的结案都是在人民法院审判以后才做出的。与之相比,行政公益诉讼则大相径庭,诉前程序在行政公益诉讼中已经是一个基本程序,是人们所公认的行政公益诉讼的诉讼程序阶段。即便在《行政诉讼法》确立了行政公益诉讼之后,通过诉前程序结案的公益诉讼案件也占到绝大多数②。该数据充分表明,行政公益诉讼的主要结案方式是在诉前程序阶段,而不是在人民法院主导下进行的。由于行政公益诉讼中诉前程序和庭审程序已经构成了两个相对独立的程序阶段,而且诉前程序所呈现出来的制度优势已经超过了庭审程序的优势,所以将行政公益诉讼分成若干阶段的认知也是顺理成章的。有关检察机关取证权的理论便与行政公益诉讼这样的特定阶段性勾连在了一起。

有学者就主张行政公益诉讼一旦进入了庭审阶段,便由人民法院主导公益诉讼的过程,检察机关在此一阶段只有提供证据的义务而不享有取证的权力。反之,在诉前程序阶段检察机关主导了公益诉讼的过程,它既可以向行政相对人了解案件事实,了解违法行为的事实,也可以向行政主体调取相关案件的处理情况,掌控行政主体的行政不作为等。由于检察机关在诉前程序中享有检察

---

① 在行政公益诉讼试点期间,学者们关于检察机关的公益诉讼主体资格提出了若干不同的理论,如有的认为检察机关是公诉人,有的认为检察机关是原告等。而《行政诉讼法》修订以后,检察机关的主体资格得到了明确规定,这体现在最高人民法院和最高人民检察院颁布的《关于检察公益诉讼案件适用法律若干问题的解释》,该解释第4条规定:"人民检察院以公益诉讼起诉人身份提起公益诉讼,依照民事诉讼法、行政诉讼法享有相应的诉讼权利,履行相应的诉讼义务,但法律、司法解释另有规定的除外。"

② 最高人民检察院民事行政检察厅编:《检察机关提起公益诉讼实践与探索》,中国检察出版社2017年版,第70页。

建议权，享有督促行政机关履行法定义务权等，其自然而然地就应当享有取证权。因为检察建议是建立在强大的案件事实和证据材料的基础之上的，检察建议作为一种公权力的行使不能虚无缥缈，不能仅凭简单的判断和推理，所以在诉前程序阶段检察机关便应当享有取证权，这也是诉前程序能够成立的逻辑前提。

（三）检察机关部分取证权的理论

行政公益诉讼与其他行政诉讼相比，其所涉及的关系要复杂得多。它涉及检察机关与行政相对人的关系，虽然与民事公益诉讼不同，检察机关与行政相对人是一种较为间接的关系，我们不能因为这种关系的间接性而否认检察机关与行政相对人在公益诉讼中的关系形式。例如，在一些造成重大污染或者其他事件的案件中，行政相对人便构成了行政违法的主体，诸多公益行政诉讼案件的前提条件就是这些行政相对人违法行为的存在，只是行政主体没有很好地处理这样的违法行为，没有很好地制止这样的违法行为，才导致了公益诉讼的发生。事实上，检察机关在此类公益诉讼案件的启动中首先要掌握行政相对人的违法行为事实，这样的掌握并不是蜻蜓点水似的，而是基于检察机关对违法行为的性质、程度、危害后果等充分调查的基础上形成的。① 如果检察机关没有一定的取证行为就很难使此方面的违法行为进入行政公益诉讼的程序；它更涉及检察机关与行政主体的关系，这是行政公益诉讼诸关系中最为重要的。

在公益诉讼中检察机关是以行政主体作为诉讼对象的，以行政行为作为诉讼的实质客体的，它涉及行政主体自身的违法行为，涉及行政主体对行政相对人违法行为予以默示的行为，涉及行政主体的不作为等。检察机关和行政主体在行政公益诉讼中是相互矛盾和对立的两个主体，检察机关处于矛盾的主要方面，它必须享有对行政主体采取法律行为的权力，这是公益诉讼得以顺利进行的关键之所在；检察机关还与人民法院有着天然的联系，因为行政公益诉讼所涉及的案件有一部分会进入到庭审阶段，在庭审阶段，检察机关便以公益诉讼起诉人身份参与公益诉讼，而在这一阶段人民法院便处于公益诉讼的主导地位。由于在行政公益诉讼中涉及上列若干复杂的关系，那么检察机关的取证权也就应当分而论之。所以有学者就主张检察机关享有部分取证权，如当检察机

---

① 例如，《宕昌县人民检察院行政公益诉讼起诉书》有关案件事实就有非常翔实的调查和取证："经本院查明，宕昌县水务局作为河道采砂管理费收缴主管单位，2009年至2014年在对莱江头骆驼下砂场、老树川砂场、冲家石料场等砂场的管理中，相关责任人严重违反《甘肃省河道采砂收费管理实施细则》及《陇南市关于进一步加强和规范开采经营砂、石、土、水、金等资源税费征收管理的意见》的规定，超越职权，擅自降低河道采砂收费标准，少收河道采砂管理费……"。参见宕检民行公诉（2016）1号起诉书。

关与行政主体发生检察建议、检察督促等行为时，检察机关就享有取证权。只有在这个部分，检察机关的取证权才是周延的。至于检察机关是否能够在相对人那里完全取证，享有完全取证权，有学者提出可以分别对待。

（四）检察机关完全取证权的理论

行政公益诉讼在我国的建立是有关司法改革的尝试，① 而该制度的构建是基于公共利益维护的考量，是基于公共利益受到违法行为威胁的考量等。行政公益诉讼是行政诉讼的组成部分虽然没有争议，但多数学者认为行政公益诉讼有着独立的诉讼价值，有着独立的诉讼特性。② 尤其检察机关在行政公益诉讼中公权主体的地位被凸显，尤其在诉前程序结案率占91%以上的格局下，检察机关在公益诉讼中的核心地位已经毋庸置疑。在这样的情形下，赋予检察机关取证权是十分应当的。

有学者主张，检察机关在公益诉讼中的取证权既不应当是分阶段的，也不应当是部分的，而应当作为行政公益诉讼中检察机关的基本权利："作为公益诉讼人的检察机关具有较强的调查取证能力。"③ 只有检察机关享有当然的取证权才能够有效地保障行政公益诉讼中检察机关的权威。通过检察机关的取证权可以进一步使行政公益诉讼的案件在诉前程序予以结案，既能够节省司法成本，更能使公共利益的维护更加具体和实际。这便是该理论的基本内容。

笔者认为，上列有关行政公益诉讼中检察机关取证权的理论都从不同的角度对检察机关的取证权提出了见解，在上列诸理论中，笔者赞同检察机关完全取证权的理论，并将在本文的后续讨论中结合行政公益诉讼的实践对该理论作进一步的阐释。

二、行政公益诉讼中检察机关取证权的正当性

取证权是指："证据搜寻的成本和收益以及由此而来的证据搜集的最佳方式和数量，是随搜寻者类型的变化而变化的。"④ 证据的收集是对诉讼主体资

---

① 对行政公益诉讼的考量必须放在我国司法改革的大背景之下，正如《上海市关于支持检察机关依法开展公益诉讼的意见》所指出的："建立检察机关提起公益诉讼制度，是贯彻习近平新时代中国特色社会主义思想，坚持以人民为中心的发展思想，坚持新发展理念的重要制度安排……有利于优化司法职权配置，完善行政诉讼制度，也有利于推进法治政府建设。"参见沪委办发〔2019〕77号文件。

② 在德国的行政诉讼制度中，有关公益诉讼的制度设计也与普通行政诉讼的制度设计有显著区别。参见［德］弗里德赫尔穆·胡芬：《行政诉讼法》，莫光华译，法律出版社2003年版，第53页。

③ 最高人民检察院民事行政检察厅编：《检察机关提起公益诉讼实践与探索》，中国检察出版社2017年版，第87页。

④ ［美］波斯纳：《法律理论的前沿》，武欣等译，中国政法大学出版社2002年版，第360页。

格的强化、对诉讼主体法律人格的强化。换言之，某主体在诉讼中是否享有取证权决定了它的主体资格属性，也决定了它在诉讼中的法律人格等。

检察机关在行政公益诉讼中，尽管在庭审阶段它是公益诉讼的起诉人，似乎只有原告的身份。而不可否认的是，检察机关是公权主体，它不是一般意义上的原告。若仅仅将检察机关在行政公益诉讼中的身份定性为原告，那就降低了检察机关在行政公益诉讼中的主体资格。作为公权主体，检察机关在宪法的规定中和人民法院具有平等的法律地位，而我国公益诉讼的制度构型也确认了检察机关作为公权主体的身份。① 因此，检察机关在行政公益诉讼中享有取证权是理所当然的。我们可以从下列五方面对其取证权的正当性做出考量。

(一) 从检察机关主导公益诉讼考量

《行政诉讼法》在2017年的修正中对公益诉讼作了这样的规定："人民检察院在履行职责中发现生态环境和资源保护、食品药品安全、国有财产保护、国有土地使用权出让等领域负有监督管理职责的行政机关违法行使职权或者不作为，致使国家利益或者社会公共利益受到侵害的，应当向行政机关提出检察建议，督促其依法履行职责。行政机关不依法履行职责的，人民检察院依法向人民法院提起诉讼。"究竟如何看待该规定中检察机关在行政公益诉讼中的地位，便是十分重要的理论和实践问题。

毫无疑问，该规定是对我国行政诉讼的补充，该规定没有淡化人民法院在行政诉讼中的地位，然而该规定却凸显了人民检察院在行政公益诉讼中的主导地位。之所以这样说，是因为该规定强调了检察机关在公益诉讼中对行政主体的相对独立的关系形式。如检察机关有权提出检察建议，检察机关有权督促行政机关履行法定职责等。无论检察建议，还是督促行政机关履行法定职责，都是检察机关以独立主体的身份与行政系统发生关系。我们可以认为，该关系不是在人民法院的主导下而为之的。深而论之，在行政公益诉讼中检察机关主导了行政机关的职权履行，甚至主导了相关的诉讼过程。既然我们已经认为在行政公益诉讼中检察机关处于主导地位，那么很难想象检察机关在没有取证权的情况下便能够主导公益诉讼的过程。换言之，检察机关若要能够顺利地主导行政公益诉讼的过程，就应当能够向行政机关收集证据，向行政相对人收集证据，向其他利害关系人和相关社会主体收集证据。因为收集证据的权能是检察

---

① 在试点期间有关的制度设计就强调了检察机关在行政公益诉讼中与有关公共职责的关系，与有关公共利益的关系，与有关行政主体行政行为的方式等，这实质上都凸显了检察机关作为公权主体的身份。例如，《人民检察院提起公益诉讼试点工作实施办法》第28条第2款规定："人民检察院履行职责包括履行职务犯罪侦查、批准或者决定逮捕、审查起诉、控告检察、诉讼监督等职责。"

机关作为公权主体身份的象征，也是能够保障行政公益诉讼顺利进行的基础条件。之所以这样说，是因为取证权作为一种权力，尤其当检察机关享有该权力时，它作为一种公权是具有排他性的，具有强制力的。取证权与检察机关的主导是一个事物的两个方面，不可以割裂。

（二）从案件启动的角度考量

行政公益诉讼中案件究竟如何发生，即是说一个行政违法或者不当的案件怎样才能进入公益诉讼的程序。《行政诉讼法》规定是在人民检察院履行职责中发现的，这其中有两个关键词，一个是检察机关履行职责，另一个是发现，这就涉及行政公益诉讼中的案件线索问题。

在行政公益诉讼试点期间，有关案件线索或者案件来源就有不同的主张，[①] 而通常情况下行政公益诉讼中的案件来源可以有这样一些路径：一是有关的举报信息。就是社会主体对环境保护、食品药品安全、国有财产保护等方面的违法行为或者行政违法行为向检察机关的举报。二是检察机关主动履行职责，对有关公共利益遭到侵害的情形进行调查和了解，对有关行政机关保护公共利益的行为进行调查和了解。三是其他公权主体转交给检察机关的案件，如人民代表机关转交给检察机关的、有关公益行政违法的案件。四是利害关系人维权中的案件线索。有些行政违法行为在侵犯公共利益的同时也可能对第三人的利益造成了侵害，该第三人便是法律上的利害关系人，他们为了维护自身的权益而向检察机关或者其他公权主体提出维权主张，该主张如果涉及公共利益，涉及违法行为人对公共利益的侵害就有可能成为行政公益诉讼的案件线索。不同的案件线索或来源尽管有着不同的特殊性，而最后的归口都必然要归到检察机关，所有的案件线索或来源只是行政公益诉讼案件中最为原始的东西，是第一手材料，它们是否能够进入行政公益诉讼的程序还需检察机关进行调研和了解，而检察机关调研和了解的过程便是取证的过程。由此可见，行政公益诉讼案件启动伊始，检察机关就享有取证的权力，检察机关取证权的正当性就孕育在案件的启动之中。

（三）从检察建议权考量

关于检察建议权，有学者有比较充分和现实的认知："为检察机关配置执

[①] 在行政公益诉讼实践中，有关发现案件线索的渠道和方法主要有：通过"两法衔接平台"发现线索；建立内部协作机制，通过检察机关内设部门办理案件发现并移送线索；结合检察机关开展的专项行动发现线索；在履行生态保护检察工作中发现线索；通过与其他单位、部门建立外部协作机制发现线索；积极关注各类新闻媒介、两微平台寻找案件线索；加大宣传，提高检察机关提起公益诉讼工作的社会知晓度。

法检察建议权不仅仅是开展执法检察建议工作的需要,更是为了衡平监督主体与被监督主体关系的需要。"① 在行政公益诉讼中,检察建议和检察建议权都是极其重要的。某种意义上讲,它充分体现了我国行政公益诉讼的制度特色,它更体现了我国作为检察机关的公权主体与作为行政机关的公权主体之间的理性的关系形式。之所以说这种关系是理性的,是因为检察建议是检察机关对行政机关所采取的、比较包容的法律行为,它是让行政机关在履行职责中有下台阶的机会。可以说通过检察建议,检察机关给足了行政机关"面子"。同时要强调,检察建议中的理性关系并非人情关系,并非和稀泥的关系。说到底,检察建议是一种法律行为,在检察建议中检察机关和行政主体是法律上的关系,这种法律关系具有一定的单方面性,就是检察机关可以单方面地对行政机关提出主张,甚至单方面地提出这样和那样的要求。有检察建议书就有这样的内容:"建议你局积极履行职责,完善南排水工程建设,加强跟踪监督,消除安全隐患,做好工程建设中生态环境保护工作,消除环境污染。"②

如果说理性化是这种关系的实质性表现的话,而公事公办则是这种关系的形式要件,因为二者作为平等的公权主体,任何一者向另一者的指指画画都不能够具有随意性和任意性。检察建议在说服和要求行政机关采取实施某种行为的同时便应当有充分的事实依据,应当具有充分的客观性,也就是说应当具有充分的证据支持。我们注意到,在行政公益诉讼的实践中,有些检察建议非常有底气,它的底气便建立在扎扎实实的证据基础之上。例如,有检察建议就有这样的内容:"本院依法进行了调查。现查明:射阳县合德镇藕耕堂村散布着诸多次规模化畜禽养殖场,养殖设施简陋,基本无粪便、污水等处理设施,诸多污物堆放在农田旁或直接排入附近河沟……该村生态环境遭受损害的现象仍在持续中。"③ 若检察机关没有取证权,它便没有这样的底气。

(四)从行政公益诉讼标的复杂性考量

行政公益诉讼在我国目前的制度设计中对其范围作了一定的限定,目前在众多的公共利益中仅仅选择了生态环境和资源保护、食品药品安全、国有财产保护、国有土地使用权出让等。这四个范畴的公共利益是目前行政公益诉讼的核心范畴,仅就这四个范畴的公共利益而论,其所涉及的内容便是相当复杂的。我们知道,在一般的行政诉讼中诉讼标的是非常具体和特定的,它通常是原告对行政机关某一具体行政行为的诉求。具体行政行为是一般行政诉讼的诉

---

① 杜承秀:《执法检察建议机制法治化问题探析》,载《政治与法律》2018 年 1 期,第 153 页。
② 西安铁路运输检察院检察建议书(西铁检民行建〔2016〕01 号)。
③ 射阳县人民检察院检察建议书(射建民(行)行政监〔2015〕32092400005 号)。

讼标的，而行政公益诉讼中的诉讼标的究竟是什么，似乎是需要多角度认知的。

毫无疑问，将行政公益诉讼中的诉讼标的仅仅框定在具体行政行为中是有失偏颇的①。行政公益诉讼所针对的是行政机关，也与行政行为天然地联系在一起，而如果仅仅将诉讼标的定性为行政行为则是牵强的和不妥当的。因为行政公益诉讼制度设计的基础是公共利益，就是某种行政行为对国家利益、社会利益、公众利益等所造成的侵害或者威胁。由此可见，行政公益诉讼中的诉讼标的不是单一的，而是复合的。如果随着我国行政公益诉讼制度的成熟，我们将行政公益诉讼用公共利益予以框定，而不要做出当下制度设计中的数种选择，那便使得行政公益诉讼的诉讼标的更加复杂。换言之，检察机关在行政公益诉讼中不仅仅要查明行政行为，更要查明公共利益受到侵害的程度、受到威胁的程度，更要查明对公共利益造成侵害和威胁的复合行为，包括违法当事人的行为等。而这个复杂的行为过程便使得检察机关必须享有取证权。

（五）从诉前程序独立价值的考量

行政公益诉讼中的诉前程序是发生在行政公益诉讼期间，尚未进入庭审程序的程序阶段。诉前程序究竟是什么性质的程序在学界争议颇多，主要争议点在于，在诉前程序阶段由于没有人民法院的介入，检察机关和行政机关之间就解决了公益诉讼的相关问题，就使得公益诉讼的案件已经了结。正如上述，目前绝大多数行政公益诉讼的案件就了结于这个阶段。那么，诉前程序究竟是不是一种司法程序便可以有这样的疑问，因为司法程序既是由法院主导的程序，又是体现一种三角关系的程序。这个三角关系的构型是原告、被告和作为公断一方的法院或者法官。人们之所以认为司法权是危险较小的权力，主要因为司法关系所体现的是三角关系，正如有学者所指出的："司法程序上的公平通常意味着在法律面前人人平等，以及在实施法律时提供公正的程序。"② 而诉前程序则不具备司法程序的这种特性，它是在两个主体之间进行，启动也在两个主体之间，结束也在两个主体之间，这样的质疑似乎是具有合理性的。

笔者认为《行政诉讼法》将检察机关对行政机关提出检察建议，将检察机关督促行政机关履行法定职责做了固化，该固化是通过立法而为之的，而且

---

① 由于在《行政诉讼法》的制度设计中确立了检察机关提出检察建议的权力，这便与一般诉讼制度中人民法院只能审查具体行政行为的情形有所不同。即是说，当检察机关在履行职责中发现行政机关存在公共利益中违法或者不履行职责的情形，除了可以建议行政机关改变具体行政行为之外，还可以做出诸如制定相应行政规范性文件以保护公益的建议等。

② [美]加布里埃尔·阿尔蒙德等：《比较政治学》，曹沛霖译，上海译文出版社1987年版，第468页。

将它们的关系框定在行政诉讼的机制之中,这样的框定是具有司法属性的。因此相关的质疑也是多余的。更为重要的是,在检察建议不能够被履行,在检察机关的督促无效的情形下,人民法院便有出场的权力和机会。所以将行政公益诉讼作为一条长河来看的话,诉前程序和庭审程序是这条河流中的两个段位,而不是两条河流。即是说,将诉前程序作为司法程序的认知和判定是没有错的,这是一方面;另一方面,诉前程序有着独立的法治价值,有学者对诉前程序就作了这样的评价:"试点中的行政公益诉讼案件绝大部分是通过诉前程序办结的。设置诉前程序,符合行政诉讼中的'成熟原则'和'穷尽救济原则'。"[1] 基于诉前程序在司法实践中的极高结案率,基于诉前程序独立的司法价值,所以很好地打造诉前程序就显得十分重要。检察机关可以决定在诉前程序中结案,其前提便是对案件事实的充分掌握。在诉前程序中检察机关享有取证权,某种意义上讲,构成了诉前程序的本质属性,也保证了诉前程序的公正性。

三、行政公益诉讼中检察机关取证权的滞后性

行政公益诉讼中有关证据规则的问题一直存在着较多困扰,有学者就指出:"现行行政诉讼法将举证的责任归于作为被告的行政机关,主要基于这两个原因:其一是作为原告的行政相对人在证据的保存与收集方面的能力远弱于作为被告的行政机关,将举证责任归之被告较为公平;其二是作为被告的行政机关在诉讼中不能举出上述事实及依据,说明它所作的该行政行为非法……。"[2] 这充分表明在行政公益诉讼制度建构初期,有关证明责任的问题就存在着巨大的争议。而《行政诉讼法》通过修改确立了行政公益诉讼之后,有关证据规则的问题仍然没有解决,因为《行政诉讼法》在公益诉讼的条文中尚未涉及证据规则。由此可见,在我国行政公益诉讼制度中有关的证据规则还是一个空白,那么检察机关在这样的立法空白中是否享有取证权,则必然具有巨大的理论和实践障碍。在笔者看来,在行政公益诉讼中检察机关的取证权是相对滞后的,对这样的滞后性我们可以从下列方面予以论证。

(一)检察机关取证权理论基础缺失

学界有关公益诉讼中证据规则的探讨存在一定的偏失。笔者注意到,诸多

---

[1] 胡卫列、田凯:《检察机关提起行政公益诉讼试点情况研究》,载《行政法学研究》2017年第2期,第31页。
[2] 最高人民检察院民事行政检察厅编:《检察机关提起公益诉讼实践与探索》,中国检察出版社2017年版,第87页。

探讨将问题集中于检察机关在行政公益诉讼中是否存在举证责任的问题,或者检察机关如何与作为被告的行政主体分担证据的问题上。该问题的研究是应当的,也有利于行政公益诉讼的实践,但是在我国学界却甚少有人关注在行政公益诉讼中检察机关取证权的问题,尤其检察机关取证权的理论基础问题。

诉讼制度有关证据的基本理论建立在原告和被告之间如何分配证据,被告负举证责任是行政诉讼中基本的证据规则,该证据规则是有相应的理论支持的,它推翻了谁主张谁举证的传统定式,而让被告对自己做出的行政行为负责。被告作为公权主体对自己所实施的行政行为提供证据在理论上是说得通的,这也是被告负举证责任的理论基础。在最高人民法院的司法解释中也规定了原告承担举证责任的诸种情形,如在不作为行政诉讼中提供证明被告不作为的事实依据和证据材料。在行政赔偿诉讼中,原告要提供证明自己受损失的事实依据和证据材料等。应当说,让原告提供一定的证据并不为过,但是原告不是负举证责任的一方,这同样是行政诉讼的证据规则。而行政公益诉讼将检察机关置于了相对核心的地位,置于了在较长一个阶段主导行政公益诉讼的地位,检察机关在行政公益诉讼中扮演的角色与一般行政诉讼中扮演的角色有着非常大的区别。也可以说行政公益诉讼是检察机关在传统行政诉讼中插了一杠子,这一插不要紧,但使得行政诉讼中的若干理论,至少证据理论发生了危机。而目前我们对检察机关取证权和提供证据尚未从理论上给予很好的诠释,这个理论仍处于断层状态,也正因为这一点便使得学界和实务部门不敢深入和大胆探讨检察机关取证权的内容,该滞后性是非常致命的。

(二)检察机关取证权实现路径的缺失

依据最高人民法院、最高人民检察院《关于检察公益诉讼案件适用法律若干问题的解释》(以下简称《解释》),检察机关在行政公益诉讼的庭审阶段是有举证责任的,《解释》第 22 条规定:"人民检察院提起行政公益诉讼应当提交下列材料:(一)行政公益诉讼起诉书,并按照被告人数提出副本;(二)被告违法行使职权或者不作为,致使国家利益或者社会公共利益受到侵害的证明材料;(三)检察机关已经履行诉前程序,行政机关仍不依法履行职责或者纠正违法行为的证明材料。"该规定表明,检察机关在行政公益诉讼的庭审阶段具有提供证据的义务,甚至具有举证责任。当然,检察机关的举证责任与被告的举证责任如何分配是需要予以澄清的问题。该规定从制度运行上讲符合行政公益诉讼的运作实践,因为既然检察机关向人民法院提起了行政公益诉讼,就应当同时提供相应的证明材料。

而不得不强调的是,该规定是有些突兀的,因为《行政诉讼法》关于行政公益诉讼的规定中并没有要求检察机关提供证据。检察机关在办理刑事案件过程中有侦查的手段，它完全可以通过侦查的手段获取大量的证据和证据材料，而在行政公益诉讼中检察机关是否享有调查权则是存在一定疑问的。《行政诉讼法》所涉及的关键词是检察机关在履行职责中所发现的情形，而在行政案件中检察机关如何履行职责，即便在检察院组织法中也没有作出规定，在《行政诉讼法》中更是没有做出相应规定。基于此，我们认为检察机关如何实现取证权在我国的制度设计中是相对缺失的，即便我们从理论上认可检察机关在行政诉讼中享有取证权，但该权力实现的取证路径在相关的程序规则中却没有体现，这必然阻滞该权力的实现。

（三）检察机关取证权因举证责任分配缺失

如何处理行政公益诉讼中的举证责任和行政诉讼中的举证责任之间的关系是学界关注的热点问题之一。笔者注意到，主流观点主张行政公益诉讼是行政诉讼制度的基本构成，作为基本构成，检察机关在公益诉讼中便不应当负举证责任，应当继续遵循举证责任倒置的惯例。"作为公益诉讼人的检察机关具有较强的调查取证能力，对于行政行为违法性和行为危害后果的调查能力相较于公民、法人或者其他组织具有明显优势。但是检察机关不是行政行为的相对人，很难掌握行政机关违法行使职权或不作为的全部情况。因此，检察机关提起行政公益诉讼也应遵循行政诉讼法确定的'举证责任倒置'。"[①] 此论非常清晰地表明，行政公益诉讼中的证据规则并不能因为行政公益诉讼的特殊性而有所例外，在最新的司法解释中似乎也进一步强调了被告对公益违法行为的举证责任。

在一般行政诉讼中，被告承担举证责任已经成为共识，也已经成为理性的制度安排，甚至也有非常良好的制度效果。而在行政公益诉讼中，如何建构检察机关的取证权便受制于当下举证责任的分配。作为被告的行政主体既然承担了举证责任，那就似乎顺理成章地得出一个结论，检察机关在公益诉讼中享有提起公益诉讼的权力，但并不一定有提供行政诉讼证据的义务，更不承担行政公益诉讼的举证责任。这样的推论对于行政公益诉讼中检察机关取证权的构造具有极大的理论障碍和实践障碍。检察机关在这个理论惯性下，也许只需要对案件事实有一个大概的了解，好像普通行政诉讼中原告对行政行为的违法性有一个大体上的了解和掌握一样。然而，正如上述行政公益诉讼中检察机关的行为方式并不像普通行政诉讼中那样简单，所以如何矫正传统行政诉讼中举证责任分配的这种惯性，如何赋予检察机关一定的举证责任，进而强化检察机关的

[①] 最高人民检察院民事行政检察厅编：《检察机关提起公益诉讼实践与探索》，中国检察出版社2017年版，第87—88页。

取证权,便不仅仅是理论上的问题,更是制度和实践问题。

(四) 检察机关取证权因以法院为本位而缺失

应当说行政公益诉讼在我国的建立是诸种复杂综合因素导致的,司法改革是公益诉讼建构的、大的法治背景,同时有关政治体制的改革也是这个大的背景之一。在政治体制改革方面,由于检察机关以前所承担的反贪污职能被归入到监察机关的职能之中,就使得检察机关原来的若干职能中被分流或者整合了一些职能,而在反贪等职能被整合之后,检察机关便能够集中一定的力量关注公共利益的问题。

当然,行政公益诉讼制度的建构还有相应的社会背景,那就是近年来在环境保护、国有资产保护、食品药品安全方面存在着较大的危害或者侵犯公共利益的行为。对这些公共利益的保护,传统的保护已经略显疲软,而且由于地方保护和部门保护的泛化,一些行政主体甚至成为公共利益破坏的助力,将公共利益的保护纳入司法机制也就成为一个很好的选择。检察机关便是在上述大背景下,成为行政公益诉讼的承担者之一,甚至成为行政公益诉讼的主导者,这便造成了检察机关和人民法院两个公权主体共同在行政公益诉讼中发生作用的格局。

由于行政公益诉讼是行政诉讼制度的有机构成,所以绝对不可以否认人民法院在公益诉讼中作为司法本位的地位。也就是说,在行政公益诉讼中的最后一道防线还是要由人民法院来把持。到了庭审阶段,检察机关只是另一方当事人,好在它是以原告的身份而不是被告的身份,但是它与行政机关至少在法庭上是平起平坐的,它们享有平等的诉讼权利和诉讼义务。人民法院支持和主导庭审过程,这便使得人民法院既可以向作为被告的行政主体索取证据,也可以向检察机关索取证据,而相关的司法解释也是这样规定的。[①] 由于法院处于司法本位的地位,所以取证权也当然归属于人民法院,这就淡化了检察机关取证权的确立和实现。在庭审过程中检察机关只能提供证据,只能负举证责任,而取证的权利则淹没在这样的举证责任之中。这是检察机关取证权滞后的另一个表现。

四、行政公益诉讼中检察机关取证权的实现方式

《行政诉讼法》关于行政公益诉讼的规定仅有一个条款,该条款对行政公

[①] 《关于检察公益诉讼案件适用法律若干问题的解释》第3条规定:"人民法院、人民检察院办理公益诉讼案件,应当遵守宪法法律规定,遵循诉讼制度的原则,遵循审判权、检察权运行规律。"

益诉讼的制度设计，所勾画出的是该制度的基本轮廓，其中与证据制度以及理论有关的内容有三个方面：

一是，检察机关"在履行职责中发现"。即是说检察机关启动公益诉讼行为的前提是对职责的履行和在履行职责中发现的违法行为。检察机关究竟如何进行取证便应当从法律赋予检察机关所履行的职责进行演绎，其证据的取得方式受制于它对职责的履行，受制于它所履行职责的范围，受制于它履行职责时所能够采取的手段。这是取证方式的一个重要切入点。

二是，行政机关违法行使职权或者不作为。行政公益诉讼尽管以公共利益为基础，而行政公益诉讼中公共利益的状态是与行政主体的行政行为勾连在一起的，行政主体天然地负有维护公共利益的义务和责任，如果其行使的行政职权侵害了公共利益，这样的职权以及由该职权引起的行政行为就会被作为诉讼标的。在不作为的情形下，则是行政主体漠视了公共利益，这种漠视公共利益带来的不作为的行为方式同样可以作为诉讼标的。检察机关在公益诉讼中取得的证据便与行政主体的此类行为密不可分，这也是检察机关取证方式的另一个切入点，它要求检察机关要经常地发现、判定、获取行政主体的此类不法行为。

三是，公共利益受到侵害。公共利益包括国家利益和社会利益等，它受到的侵害有时来自相关的社会主体，有时则来自行政主体，对于这两种情况的侵害，行政主体都要负一定的责任，这与行政在现代国家中的功能拓展有关。"现代国家已经将其活动范围扩大到了经济指导、经济结构转型、社会阶层间的利益调整（税收措施和福利措施）、规划工作等方面。"① 检察机关提起行政公益诉讼的前提之一就是公共利益实实在在地受到了侵害，侵害的事实和状况，乃至于侵害的过程都是检察机关要关注的问题。检察机关的取证方式的第三个切入点便在于此。笔者所提到的这三个方面的切入点，在《行政诉讼法》中并没有与证据规则结合起来予以规范。但从深层而论，检察机关取证的方式与《行政诉讼法》目前关于公益诉讼的此三方面的规定有着千丝万缕的联系。如果我们能够在立法或者司法解释中对行政公益诉讼的证据规则作出规定，上述三个方面的考量便是必需的。从上列三个方面切入，笔者认为行政公益诉讼中检察机关取证权实现的方式有下列诸种。

（一）检察调查的方式

在《刑事诉讼法》中规定了检察机关的侦查权，进而也使得侦查行为成

---

① ［日］大桥洋一：《行政法学的结构性变革》，吕艳滨译，中国人民大学出版社 2008 年版，第 262—264 页。

为检察机关在刑事案件中取证的重要手段。侦查行为是一个特指的行为,它仅仅适用于公权主体对犯罪行为的调查和取证。在行政公益诉讼中,至少侦查的概念是不可以使用的。那么,在行政公益诉讼中检察机关查明公共利益受侵害的事实,查明行政违法行为的事实,查明行政不作为行为的事实则是必需的。检察机关要查明这样的事实,虽然不能与在刑事案件中采用侦查的手段同日而语,但是检察机关必须有相应的手段深度了解案件事实,深度调查案件事实。所以,调查的方式便成了检察机关在公益诉讼中与侦查方式相对应的一种行为方式。

这里的调查不是调查研究中的调查,而是一个具有法律属性的取证方式。在我国《监察法》中规定了监察机关的调查权,其所指的是监察机关的调查方式。而在《行政处罚法》中赋予行政机关的调查权,则指的是行政机关的调查方式。在我国行政诉讼制度中,调查的方式已经是一种正式的取证方式,在行政公益诉讼中,我们则应当允许检察机关通过调查的方式进行取证,而且可以将检察调查作为检察机关的一项权力。这是检察取证的首要环节,也是检查取证的基本保障。笔者注意到,《解释》第6条就规定:"人民检察院办理公益诉讼案件,可以向有关行政机关以及其他组织、公民调查收集证据材料;有关行政机关以及其他组织、公民应当配合;需要采取证据保全措施的,依照民事诉讼法、行政诉讼法相关规定办理。"通过司法解释来确立检察调查的方式是一个好的开端。

(二)检察咨询的方式

公益诉讼中涉及的公共利益是极其多样和复杂的,就《行政诉讼法》所列举的、可以进入公益诉讼中的诸种公共利益而论,每一种都包含了极其复杂的具体内容。如食品药品安全就可以有数十种违法行为的状态。[①] 生态环境违法、环境保护不力等也都有大量的行政违法行为。如此复杂的违法行为,检察机关如何在履行职责中予以发现就是一道难题。检察机关介入行政公益诉讼还是一个新的制度设计,而且我国检察机关的传统职能并不在公共利益方面,其对公共利益的判定也只是一个新的尝试。这就要求检察机关要判定公共利益受到的侵害,判定公共利益侵害中的违法行为,判定公共利益侵害中行政主体应当承担的责任,就需要有其他社会主体的参与。

例如,在环境保护违法中可以从有关的环境管理科学与技术部门获取有关环境问题的专业知识;在食品药品安全的公益诉讼中,则可以从食品药品安全

[①] 参见《食品安全法》第53条、第54条,《药品管理法》第72—99条。

方面的科学和技术部门获取知识和信息。检察机关合理利用其他社会主体对公益案件的认定，对公益案件掌握的信息，对公益案件判定的态度，是公益诉讼是否周延的重要保障因素，这也是检察机关提起行政公益诉讼的底气，也是行政公益诉讼证据充实所必需的。因此笔者认为，检察咨询是检察取证权实现的又一个基本方式。而令人遗憾的是，我国目前有关公益诉讼的制度设计中还没有确认该方式的正当性。

（三）检察证据保全的方式

在《解释》第6条中提到了证据保全措施的问题，即是说，在行政公益诉讼中检察机关为了使后续的公益诉讼行为有充分的证据支持，便可以采取证据保全的措施。证据保全在行政诉讼中是指："证据已经存在但存在灭失或者可能灭失的客观情况，人民法院在调取证据之前，依当事人的申请或依职权采取了预先收集并保存证据的措施。"① 《解释》规定检察机关在公益诉讼中如果需要证据保全，就应当适用《民事诉讼法》和《行政诉讼法》的相关规定，并按照规定的程序采取保全措施，这就使得证据保全成为检察取证权实现的方式之一。

我们要强调的是，在行政公益诉讼中证据保全显得极其重要，行政公益诉讼既涉及公共利益，又涉及对公共利益侵害的判定，更涉及行政主体在公共利益保护中的职责履行。证据保全也在这种复杂的关系形式中显得更有难度，一方面检察机关要对公众举报或者其他反映公共利益受到侵害的事实材料进行保全，以免这样的事实材料丢失或者被篡改。另一方面，行政相对人在公共利益中的违法行为事实需要保全，尤其在食品和药品安全方面的诸多违法行为常常具有隐蔽性等，检察机关除了调取相关的证据材料之外，还要很好地处置和保全该证据材料。我国的行政执法行为是在行政主体和行政相对人两方面之间进行的，有些行政执法就存在着严重的恶意串通和公权寻租的问题，② 通过恶意串通和公权寻租行政相对人也得到了利益，行政主体也得到了利益，而最终侵害了公共利益。

在环境污染的行政公益案件中，此类恶意串通或者权力寻租的情形非常多见，行政主体常常通过表面上的程序合法掩盖实质上的违法，而且会不适当地

---

① 关保英：《行政法教科书之总论行政法》，中国政法大学出版社2009年版，第645页。
② 例如，一些地方企业在生产经营中没有很好履行环保义务，向河流等排放废水，对于这样的违法行为，行政主体除了实施罚款这种处罚行为之外，还应当吊销其营业执照，禁止其继续从事经营活动。但是在行政执法实践中，诸多行政主体都仅仅选择第一种处罚形式，而实施违法行为的企业也很愿意接受这样的处罚，双方主体在这种处罚中都得到了实质上的好处，而最终使社会利益和国家利益受损，这本质上是一种隐形的恶意串通。

将有关的信息透露给违法行为人。检察机关如何在第一时间发现这样的情形，如何使行政机关和违法行为人之间的恶意串通不会被转换或者转移等，就需要采用证据保全的手段。行政公益诉讼的诸多案件在诉前程序阶段就已经结案，那么，我国程序法中所规定的证据保全应当由人民法院主导的制度设计，究竟如何在公益诉讼的证据保全中予以具体实施则是需要予以解决的问题。

（四）检察听证的方式

听证制度在我国行政法治中已经广泛采用。例如，在价格行政执法中，采用听证的方式使价格的确定具有广泛的社会参与度，尤其利害关系人能够通过听证对相关价格问题的决策和执行产生影响。[①] 比较典型的听证是我国《行政处罚法》所设计的、有关行政处罚决定的听证，行政主体做出有些范畴的行政处罚决定，在行政相对人的请求下便应当进入听证程序。在《行政处罚法》设计的听证程序中，办案的行政机关是一方，行政相对人与其代理人是另一方，而处于它们中间的是听证主持人。办案人员与行政相对人及其代理人可以进行论辩，包括事实问题的论辩，也包括法律问题的论辩，通过论辩使案件事实更加清楚。毫无疑问，整个论辩过程都是通过证据来说话的，而主持听证的人员或者机关则根据论辩的情况作出最终的行政处罚决定。该制度在我国行政处罚的实施中效果明显，它使行政处罚显得更加公平和公开，正如有学者所指出的："保障相对人权利的原则实质上是由保障相对人陈述权、申辩权的原则和无救济便无处罚的原则构成的。相对人对行政机关给予的行政处罚，享有陈述权、申辩权。"[②]

行政公益诉讼与其他行政诉讼一样，必须在案件事实调查清楚的基础上开展后续的程序，最终作出对违法行为纠正的措施，对有关纠纷解决的措施等。检察机关在诉前程序中主导了行政公益诉讼，检察机关本身就负有查明事实的义务，它的取证权应当是全方位的，而取证权便决定了检察机关可以采用听证

---

① 国务院颁布的《重大行政决策程序暂行条例》明确规定有关重大行政决策应当使用听证程序，而且对听证程序作了具体规定。例如第 17 条规定："听证会应当按照下列程序公开举行：（一）决策承办单位介绍决策草案、依据和有关情况；（二）听证参加人陈述意见，进行询问、质证和辩论，必要时可以由决策承办单位或者有关专家进行解释说明；（三）听证参加人确认听证会记录并签字。"

② 姜明安：《行政法与行政诉讼法》，北京大学出版社 2011 年版，第 277—278 页。

程序使案件事实更加清晰。① 该程序可以由检察机关主持,让违法行为人作为一方,行政主体和利害关系人作为另一方,或者公共利益受损主体作为一方,行政主体作为另一方。让两方当事人进行论辩,检察机关主导整个论辩过程。这种听证属于个案性听证,在行政公益诉讼中可以大量采用。另外,检察机关也可以针对公众所关注的公共利益的违法事件,公共利益受侵害中行政主体的不作为等召开规模较大的听证会,让更加多元的主体予以介入。通过这两种形式的听证,后续的行政公益诉讼便不愁找不到有力的证据。

五、行政公益诉讼中检察取证权的保障

行政公益诉讼在我国《行政诉讼法》中予以确立对我国行政诉讼制度而言是一次革命性变化,因为它将公共利益纳入了诉讼程序之中。更为重要的是,它确立了检察机关在行政诉讼中的特殊身份,即除了传统上监督人民法院的行政审判之外,还能够主导或者至少以公益诉讼人的身份参与行政公益诉讼。然而,检察机关在行政公益诉讼中究竟应当具有什么样的法律地位,应当具有什么样的公权权威,我们的制度设计还是不清晰的。从目前的制度设计来看,检察机关在公益诉讼中应当有三个基本职能:

一是,提出检察建议的职能。即检察机关向行政机关就公益违法、不当行为或者不作为行为提出检察建议。这是检察机关在行政公益诉讼中的基本职能,该职能在《解释》中也作了规定。《解释》第21条规定:"人民检察院在履行职责中发现生态环境和资源保护、食品药品安全、国有财产保护、国有土地使用权出让等领域负有监督管理职责的行政机关违法行使职权或者不作为,致使国家利益或者社会公共利益受到侵害的,应当向行政机关提出检察建议,督促其依法履行职责。行政机关应当在收到检察建议书之日起两个月内依法履行职责,并书面回复人民检察院。出现国家利益或者社会公共利益损害继续扩大等紧急情形的,行政机关应当在十五日内书面回复。行政机关不依法履行职责,人民检察院依法向人民法院提起诉讼。"

二是,督促行政主体履行职责的职能。行政公益违法案件中,行政主体不

---

① 《关于检察公益诉讼案件适用法律若干问题的解释》第13条规定:"人民检察院在履行职责中发现破坏生态环境和资源保护、食品药品安全领域侵害众多消费者合法权益等损害社会公共利益的行为,拟提起公益诉讼的,应当依法公告,公告期间为三十日。公告期满,法律规定的机关和有关组织不提起诉讼的,人民检察院可以向人民法院提起诉讼。"该规定是针对民事公益诉讼的,而在有关行政公益诉讼的条文中则没有规定相应的公告程序。事实上,公告程序有利于听证程序的设置,因为公告的目的在于让社会公众参与到公益诉讼中来。在民事诉讼中既然能够设立公告程序,那么在行政诉讼中设立这样的程序也应该没有什么障碍。

作为是行政违法或者不当的主要表现之一，就是有些行政主体对行政相对人的违法行为没有给予处理甚至充当保护伞，有些则是处罚畸轻的不作为，有些则是仅仅进行处罚和强制而不督促停止违法行为等。此类行为都符合行政不作为的构成要件，检察机关便有权督促行政主体履行监管职责、处罚职责、终止违法行为的职责等。该职能是一个独立的职能，不能与检察建议职能相混淆。

三是，向人民法院提起行政诉讼的职能。上面已经指出，行政公益诉讼的大量案件是在诉前程序阶段解决的，但是如果诉前程序还不足以纠正行政违法行为，检察机关便有权向人民法院提起行政诉讼，就是将违法的行政主体告上法庭。这是检察机关在公益诉讼中的核心职能，若没有该职能，诉前程序也难以发挥很好的作用。

上列三个职能体现了我国行政公益诉讼的制度特色，也凸显了检察机关在公益诉讼中的重要作用，然而检察机关在公益诉讼中的基本价值定位还需要进一步厘清，检察机关在行政公益诉讼中发挥作用的方式还需要具体化，检察机关在公益诉讼中作为公权主体的权威还需要有所保障。检察取证权建立在相关权力相对具体和完善的基础之上，那么如何在行政公益诉讼中保障检察机关的取证权呢？笔者试提出下列见解。

（一）赋予检察机关深度调查权

《行政诉讼法》在行政公益诉讼的制度设计中没有对检察机关所采用的取证手段作出规定，而《解释》则规定了检察机关可以对行政主体和公民进行调查，《解释》的规定是否为对检察机关在行政公益诉讼中调查权的确认呢？我们还难以得出这样的结论。

《解释》仅仅提到检察机关可以向行政机关、其他组织或者公民进行调查，它所用的措辞是"可以"而不是"应当"，法理上的"可以"与法理上的"应当"是有质的区别的，"可以"是一个选择性的问题，而"应当"则是必须的问题。同时《解释》仅仅是一个司法解释，还不具有立法文件的地位。调查权是检察机关开展公益诉讼所必须具有的权力，它不是一个选择问题，而是一个与其身份天然地相适应的问题。该权力的确认通过司法解释的方式是不够严谨的，换言之，我们应该在相关的立法文件中通过立法赋予检察机关调查权，就好像《刑事诉讼法》赋予检察机关侦查权那样。这样的调查权不仅仅是针对行政主体和单个公民的，而是全方位的，不仅仅是收集证据材料，而是与查明案件事实相契合的。

（二）赋予检察机关强制权

在行政公益诉讼中检察机关的权能与其身份是紧密联系在一起的，学界关于检察机关在行政公益诉讼中的身份有不同的认知。一种观点认为检察机关在行政诉讼中具有原告身份或者仅仅扮演原告的角色。另一种观点认为检察机关在公益诉讼中是公益起诉人的身份,这个论点似乎被普遍认可。《解释》第4条规定:"人民检察院以公益诉讼起诉人身份提起公益诉讼,依照民事诉讼法、行政诉讼法享有相应的诉讼权利,履行相应的诉讼义务,但法律、司法解释另有规定的除外。"该规定表明检察机关在公益诉讼中的身份是特殊的和特定的,就是公益诉讼起诉人。还有一些学者主张,在行政公益诉讼中检察机关应当扮演公诉人的角色:"人民检察院以公诉人的身份提起公益诉讼。"[1] 就是将行政公益诉讼中检察机关扮演的角色与刑事案件中扮演的公诉人角色相提并论。由于我国行政公益诉讼的制度还在探索之中,或者说还没有较为完整的制度构型,诸多学者认为对检察机关的身份要谨慎处理,其作为公诉人的身份便没有被接受和采纳。正因为如此,检察机关在行政公益诉讼中是否享有强制权也普遍采取谨慎态度。

笔者认为,无论如何检察机关作为公权主体的身份是确定的,而依据宪法和相关组织法的规定,它本身就承担着法治监督职能,在公益诉讼中,它应当享有一定范围的强制权。我国在《行政强制法》中赋予了行政机关在行政执法中对相对人人身的强制权和对财产的强制权,既然行政机关能够享有这样的权力,那么监督它的检察机关怎么不可以享有强制权呢?在公益诉讼中,检察机关若不能够对财产进行查封、进行扣押、进行冻结,那就必然会缺失大量的证据材料。当然对人身的强制可以由人民法院为之,但为了取证,检察机关强制传唤或者采取其他强制取证的手段是其进行后续诉讼行为的前提条件,这是检察取证权最有力的保障手段。

(三) 赋予检察机关举证权

进入庭审阶段以后,证据的分配已经非常明确,就是由被告承担举证责任。之所以在行政公益诉讼中按目前的制度设计仍然由被告承担举证责任,主要因为行政公益诉讼的庭审程序是以行政诉讼的基本程序而为之的,而我们没有为行政公益诉讼设立特殊的庭审程序。一旦检察机关将行政机关告上法庭,行政机关自然而然地成为被告,向人民法院提供证据便是它的义务,这是行政诉讼举证责任倒置的体现。

《解释》同时对检察机关在提供证据方面也作了规定,例如,在第22条规定"检察机关要向人民法院提交起诉书及其副本,要向人民法院提交被告

---

[1] 田凯等:《人民检察院提起公益诉讼立法研究》,中国检察出版社2017年版,第61页。

违法行使职权或者不作为致使国家利益或者社会利益受到侵害的材料"。"检察已经履行诉前程序,行政机关仍不依法履行职责或者纠正违法行为的证明材料等。"该规定实质上确立了检察机关在公益诉讼中具有提供证据的义务,换言之,在行政公益诉讼中检察机关也有一定的举证责任。笔者认为,将检察机关在行政公益诉讼中确定为证据的义务主体,确定为证据的责任主体都是不妥当的。让检察机关提出证据无可厚非,但是绝对不可以将检察机关提供证据的行为与被告提供证据的行为同日而语,不能在二者之间画等号。检察机关在公益诉讼中即便不是公诉人的身份,也是公益起诉人的身份,它享有指控行政机关的权力,基于此,我们应当换一种思维方式,就是在公益诉讼中确立检察机关的举证权,而不是举证责任。即是说,检察机关在庭审阶段可以提供证据,也可以要求行政机关提供证据,其提供证据的行为是主动的而非被动的。若检察机关主动地向人民法院提供证据,其取证权便有充分的制度保障。反之,让检察机关被动地举证,被动地承担举证责任则不利于取证权的确立和实现。事实上,在公益诉讼的诉前程序阶段,检察机关主导了整个过程,收集证据、查明证据都是它的基本职责,也是它的权能的体现。而我们在庭审阶段将它本来享有的权力不适当地转化为责任或者义务,则会降低它作为公益诉讼起诉人的身份,就是将它置于了被告的对立面,混同于一般意义的原告。由举证责任向举证权的转化既是一个诉讼理念的转化,也是检察机关身份和理念的转化,不可以简单地理解为文字游戏的问题。

(四)赋予检察机关论证权

在庭审阶段检察机关肯定不能处于主导地位,这主要是基于人民法院在庭审中的权力和权威。我们可以认为,检察机关在行政公益诉讼中与被告的地位是不对等的,但这样的不对等并不意味着检察机关可以与人民法院平起平坐,有权凌驾于人民法院之上。具体地讲,在庭审过程中作为被告的行政主体享有论辩权,即是说,它有权与检察机关就公益诉讼中的实施问题和法律问题展开辩论,有权提出自己的事实主张和法律主张。在被告享有论辩权的情形下,检察机关必须作出相应的回应,或者说检察机关享有与被告对等的论辩权。

当然,在公益诉讼中检察机关更多的是指控权而非论辩权,无论如何它为了证明行政机关的行为违法,行政机关的论辩不能成立,便必须提出比行政机关更加充实的事实依据和法律依据。通常情况下,行政机关对公益案件事实情况和法律依据比检察机关更加熟悉,如环境保护行政部门,它本身就履行着环境保护的行政执法职能,而食品药品监管部门既有可能是食品药品相关规则的制定者,也是食品药品的执法主体等。从这个角度讲,在行政公益诉讼中检察机关在技术层面上,乃至于在事实和法律层面上,并不比行政机关强势。尤其进入庭审阶段,行政机关已经通过检察建议,已经和检察机关有过这样和那样的博弈,更有可能使检察机关处于更加被动的地位。这就要求我们在行政公益诉讼的制度设计中应当防患于未然,就是赋予检察机关论证权。

所谓论证权,就是检察机关一旦启动行政公益诉讼程序,就应当展开对案件的论证,包括聘请相关的专家,聘请相关的当事人,甚至聘请长期办理相关案件的律师,对案件事实进行全方位的查明和考量。在论证阶段是否选择行政主体介入,是否选择违法当事人介入则可以由检察机关自行决定。笔者要强调的是,我们要把论证权作为检察机关的一种权力确认下来,要从立法上设定检察机关这样的权力。该权力一旦确立,检察机关在行政公益诉讼中的取证就不成问题,在庭审中的证据提供也不成问题,这是检察权实现的技术手段。在目前的制度设计中,我们并没有赋予检察机关这种权力,甚至连该权力的概念也没有。不可否认,在行政公益诉讼的实践中,检察机关也许会召开类似的咨询会、专家论证会、专题调研会等,而这些有效的会议在目前情况下只是检察机关的内部行为,并不具有法律效力。检察机关不能以此作为证据是否充分的依据,这非常不利于行政公益诉讼的顺利进行。因此,正式的、具有法律属性的论证权的确立是检察取证权保障的又一机制。

六、结语

行政公益诉讼作为我国新《行政诉讼法》的一个崭新制度出现在立法中,无疑是行政诉讼制度的一个非常显眼的亮点,然而,这一新型诉讼类型的运行建立在检察机关权威性的基础上,尽管检察机关取得公益诉讼主体资格也是一种权威的体现,但这样的权威还停留在价值权威的层面,是相对抽象的。检察机关在公益诉讼中的取证权才是这种权威的具体体现。这是我们探讨检察机关取证权要强调的第一层意思。同时,还必须看到,行政公益诉讼中检察机关取证权并非单一的、以简单方式就可以赋予的一项权力,因为它牵扯到检察机关与行政机关、检察机关与人民法院之间复杂关系的处理;牵扯到行政、审判、法律监督等不同性质权力的分配;牵扯到既有行政诉讼证据制度的颠破等。本文更多的是对检察机关取证权正当性的论证以及从中观视角对取证权相关范畴的构架,具体到操作层面,如检察机关应当享有完全取证权还是部分取证权、取证权与提供证据的界分、检察机关取证权与人民法院取证权的关系;在现有证据规则框架下来谈检察机关取证权,还是完全突破现行证据规则来设计检察机关取证权等一系列问题,都是需要进一步思考的。

(原载于《法学》2020年第1期)

图书在版编目（CIP）数据

检察智库成果. 第 5 辑 / 童建明主编. —北京：中国检察出版社，2021.5
ISBN 978-7-5102-2595-6

Ⅰ.①检… Ⅱ.①童… Ⅲ.①检察机关-工作-研究成果-中国 Ⅳ.①D926.3

中国版本图书馆 CIP 数据核字（2021）第 075446 号

检察智库成果　第 5 辑
童建明　主编

出版发行：	中国检察出版社
社　　址：	北京市石景山区香山南路 109 号　（100144）
网　　址：	中国检察出版社（www.zgjccbs.com）
编辑电话：	（010）86423709
发行电话：	（010）86423726　86423727　86423728
	（010）86423730　86423732
经　　销：	新华书店
印　　刷：	北京玺诚印务有限公司
开　　本：	710 mm×960 mm　16 开
印　　张：	27.5
字　　数：	501 千字
版　　次：	2021 年 5 月第一版　2021 年 5 月第一次印刷
书　　号：	ISBN 978-7-5102-2595-6
定　　价：	99.00 元

检察版图书，版权所有，侵权必究
如遇图书印装质量问题本社负责调换